Gesellschaft, Gesundheit, Medizin

Alf Trojan, Hanneli Döhner (Hrsg.)

Gesellschaft, Gesundheit, Medizin

Erkundungen, Analysen und Ergebnisse

Mabuse-Verlag
Frankfurt am Main

Bibliografische Information der Deutschen Bibliothek
Die Deutsche Bibliothek verzeichnet diese Publikation in der Deutschen Nationalbibliografie; detaillierte bibliografische Angaben sind im Internet über über http://dnb.ddb.de abrufbar.

Kasseler Str. 1a
60486 Frankfurt am Main
Tel.: 069-97 07 40 71
Fax: 069-70 41 52
Email: info@mabuse-verlag.de
www.mabuse-verlag.de

Umschlaggestaltung: Christian Häussler, Frankfurt am Main
Satz: Karin Dienst, Frankfurt am Main
Druck: Prisma Verlagsdruckerei, Frankfurt am Main
ISBN 3-935964-01-3
Printed in Germany

Inhalt

III. Medizin-Soziologie und Sozialgeschichte

IV. Ethik und Bio-Medizin

V. Ethnologie, Migration und Gesundheit

Statt eines Vorwortes

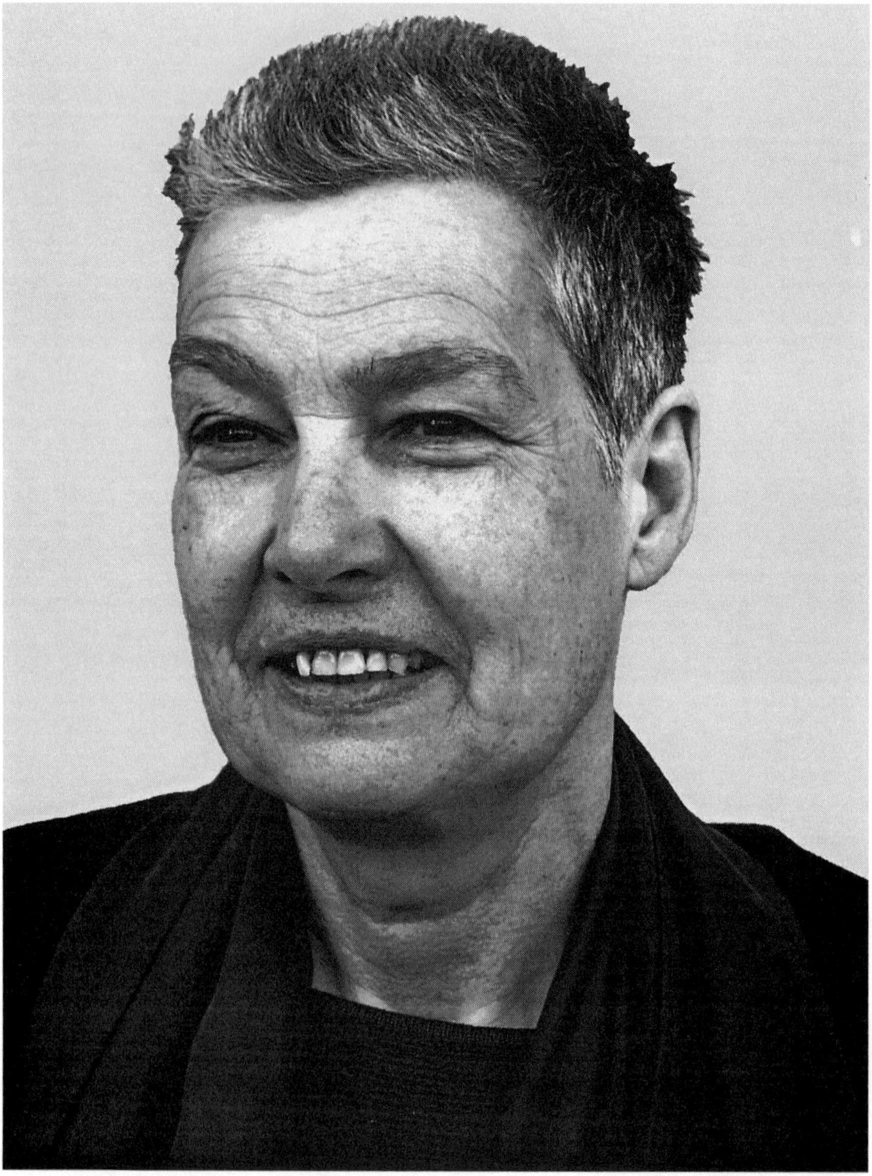

Heidrun Kaupen-Haas zum 65. Geburtstag gewidmet

ALF TROJAN und HANNELI DÖHNER

Medizin-Soziologie in Hamburg mit Heidrun Kaupen-Haas

Auch wenn dieses Buch erscheint, wird Medizinische Soziologie in Hamburg sicher nicht abrupt *ohne* Heidrun Kaupen-Haas stattfinden. Aber dennoch bedeutet der Zeitpunkt ihrer Pensionierung am Ende des Semesters, in dem sie 65 geworden ist, eine Zäsur. Eine Ära geht zu Ende. Daran ändert auch nichts, dass wir, die schreibenden Verbleibenden, noch einige wenige Jahre den Beginn der neuen Ära mitgestalten können. Aber dazu erst später!

Mit Heidrun haben wir ziemlich exakt ein Vierteljahrhundert zusammengearbeitet, gemeinsam Freud und Leid im Auf und Ab einer wissenschaftlichen Institution geteilt. Die groben Linien dieser Aufbau- und Entwicklungsjahre der Medizin-Soziologie und einige Schlaglichter auf diese Zeit möchten wir diesem wissenschaftlichen Band zu Ehren Heidruns voranstellen.

Die Entstehungsphase

Mit der Berufung Heidruns auf die erste Professur für Medizin-Soziologie im Jahre 1974 war das Fach in Hamburg (wenn auch zunächst nur als »Fachbereichsunmittelbare Einrichtung«) fest institutionalisiert. In einer ca. dreijährigen Aufbauphase wurden die Grundlagen hierfür gelegt. Einige von ihnen sind prägend bis in die heutige Zeit geblieben.

Im Wintersemester 1970/1971 und Sommersemester 1971 wurden von dem Sozialpsychiater Klaus Dörner zuerst medizinsoziologische Veranstaltungen angeboten. Für eine detailliertere Darstellung der ersten Phase greife ich auf die Dissertation von Reinhard Laux (1978) zurück, der als einer der »Tutoren der ersten Stunde« die Anfangsjahre als Chronist beschrieben hat:

> »Das erste Seminar Medizinische Soziologie fand in einer Situation statt, in der in der Bundesrepublik kaum Ansätze einer Medizinischen Soziologie existierten, entsprechend diffus waren die Erwartungen, die an dieses Seminar herangetragen wurden. So verliefen die ers-

ten Diskussionen und Seminarsitzungen mit Ab- und Eingrenzungs- und Definitionsversuchen, die festlegen sollten, womit man sich hier eigentlich zu beschäftigen habe."

Die (aus studentischer Sicht unbefriedigenden!) Arbeitsformen waren der eigentliche Stimulus für die Entstehung einer Arbeitsgruppe, die zunächst einmal im laufenden Seminar etwas besser machen wollte und sich später als »Tutorengruppe« auch für die Gestaltung des Pflichtunterrichts in Medizin-Soziologie gemäß der neuen Approbationsordnung von 1970 verantwortlich fühlte. Reinhard Laux schreibt dazu:

»Das Wintersemester 1970/1971 war formal noch ebenso unstrukturiert wie die inhaltliche Konzeption. Wer den Mut hatte, redete, die anderen hörten mehr oder weniger zu, man saß in einem wenig überschaubaren Plenum, kannte sich nur teilweise. Im Sommersemester 1971 wurde dann - nach einem Anfangsplenum zwar schon in kleineren Gruppen gearbeitet, die Arbeitsweise blieb aber vorerst noch traditionell seminaristisch: Einer breiten Diskussion des Themas und verschiedenen Definitions- und Eingrenzungsmöglichkeiten folgte die Verteilung von Referaten, die ausgearbeitet und vorgetragen wurden. (...) Die Seminarteilnehmer waren in der Entstehungsphase der Medizinischen Soziologie in Hamburg sehr heterogen. Sie setzten sich fachlich aus Studenten der Bereiche Soziologie, Psychologie und Medizin zusammen. Die Altersstruktur und der Ausbildungsstand der Teilnehmer waren ebenfalls völlig uneinheitlich und reichten vom Studienanfänger bis zum bereits berufstätigen Arzt.«

Die ersten Jahre sind davon geprägt, sich in die Umsetzung der neuen Approbationsordnung einzumischen und der Medizin-Soziologie ihren Platz im Fachbereich Medizin mit allen nötigen Ressourcen zu verschaffen. Schon früh gab es Streit um die »Rechtmäßigkeit« und »Sinnhaftigkeit« dieses Platzes: Der von der ersten studentischen Medizin-Soziologie-Gruppe vor dem Sommersemester 1971 entwickelte Unterrichtsplan war Grundlage eines im Fachbereichsrat Medizin gestellten Antrags auf Bewilligung von Tutorenstellen für die Durchführung des Pflichtunterrichts nach der Approbationsordnung. Am 7.7.1971 wandte sich ein Professoren-Vertreter im Fachbereichsrat mit einem Brief an den Sprecher, in dem es u.a. hieß:

»Ein Pflichtpraktikum, das sich ausschließlich mit soziologischen Fragen beschäftigt, ist auch kaum denkbar. Was sollte hier wohl ›praktiziert‹ werden? ... Dass in einem aus der experimentellen Psychologie herausgelösten Pflichtkurs für Soziologie einiger politischer Zündstoff enthalten ist, dürfte Ihnen ... klar sein.«

Der Studienreformausschuss des Fachbereichs unterstützte jedoch die Durchführung des Kurses und die Bewilligung des Antrages, – und damit eines Lehrangebots mit Tutorien, wie es zu Teilen noch heute besteht.

In der Formulierung »politischer Zündstoff« wurden die studentischen Vertreter der Medizin-Soziologie bestärkt in einer Sichtweise des Faches, die zunächst stark schwankte zwischen »affirmativer Wissenschaft« und »tendenziell revolutionären Gehalten«. Wahrscheinlich war der Widerstand im Fachbereich, das Schwanken zwischen Über- und Unterschätzung des Faches, äußerst hilfreich, eine Solidarität in der Gruppe herzustellen, die in den nächsten Jahren bis hin zu den Querelen um die Berufung von Heidrun Kaupen-Haas nötig war, um das Fach mit Hilfe des starken studentischen Engagements im Fachbereich Medizin zu verankern.

Auszug aus einem Flugblatt des Fachschaftsrates (FSR) Medizin vom 4.6.1973:

Kriterien für die Auswahl des Bewerbers für die Medizinische Soziologie
vorgelegt vom FSR Medizin

Der FSR schlägt vor, dass die studentischen Vertreter in der Berufungskommission per Vollversammlungsbeschluss an diese Kriterien gebunden werden.

1) Der Bewerber darf keine antidemokratischen, militaristischen, rassistischen, faschistischen, antikommunistischen oder friedensfeindlichen Lehrinhalte vermitteln.
2) Der Bewerber muss die Studenten in die Lage versetzen, die Abhängigkeit des Gesundheitswesens von den gesellschaftlichen Verhältnissen zu erkennen und an deren Veränderung bewusst mitzuarbeiten.
3) Er muss sich für die Verbesserung der medizinischen Versorgung im Interesse der werktätigen Bevölkerung einsetzen, dazu gehört:
   - die Ausbildung einer größeren Zahl von Ärzten
   - die Einrichtung von Ambulatorien und Polikliniken
   - Kontrolle der Krankenversicherung durch die Gewerkschaften
   - Einführung allgemeiner Vorsorgeuntersuchungen
   - paritätische Mitbestimmung im Bereich der Krankenversorgung der medizinischen Forschung und Lehre
   - Abschaffung der Privatliquidation
   - demokratische Kontrolle der Pharmaproduktion.
4) Der Bewerber muss die Erkenntnis vom Menschen als natürlichem und gesellschaftlichem Wesen vermitteln und deshalb die Trennung der natur- und geisteswissenschaftlichen Aspekte in der medizinischen Ausbildung und in allen medizinischen Disziplinen beseitigen.
5) Er muss eine Ausbildung vermitteln, die durch intensiven Unterricht in den psychosozialen Fächern den Arzt befähigt, soziale und ökonomische Krankheitsfaktoren zu erkennen. Dabei muss eine Zusammenarbeit mit der Medizinischen Psychologie gewährleistet werden.
6) Er muss die bisherige Form des Kleingruppenunterrichts in der Medizinischen Soziologie aufrechterhalten und mit den Tutoren zusammenarbeiten.
7) Eine demokratische Diskussion und Mitbestimmung bezüglich Inhalt und Ablauf der Seminare muss gewährleistet sein.
8) Maßgeblich ist die Stellung des Bewerbers zur verfassten Studentenschaft. Wir fordern, dass er sich für die Erhaltung der verfassten Studentenschaft einsetzt und zur Zusammenarbeit mit dem FSR bereit ist.

Als Heidrun Kaupen-Haas zum Wintersemester 1974/1975 nach Hamburg kam, übernahm sie die formelle Verantwortung für die Medizin-Soziologie von dem seinerzeitigen Lehrbeauftragten Prof.Dr.Dr. Klaus Dörner. Dieser war einige Jahre davor nach Hamburg gekommen und hatte genau vier Jahre vorher das erste Mal ein Seminar unter der Überschrift »Medizin-Soziologie« angeboten. Anlässlich des 10jährigen Jubiläums des Tutorenkreises (1981) hat er sich selbst rückblickend zu dieser Anfangszeit geäußert:

> »Aus meiner Erinnerung ist es so, dass ich 1968 von Berlin nach Hamburg zurückkam, eine Assistentenstelle an der Psychiatrischen Klinik bekommen hatte. Also Ostern 68 bin ich von Berlin nach Hamburg gekommen. Das war ja mitten in der Studentenbewegung drin, gerade richtig, um noch die Blockade des Springer-Hauses mitzumachen. Wie schon in Berlin, so war auch in Hamburg für mich persönlich die Frage, wie verbindest du dein politisches Engagement mit deinem beruflichen Engagement?
>
> Das hatte zur Folge, dass ich erstens im psychiatrischen Bereich mich daran machte, den Auftrag zu übernehmen, diese Tagesklinik aufzubauen, was zumindest damals noch als etwas Gewagtes erschien, etwas Schwieriges und Anstößiges, wo man sich gegen Widerstände durchzusetzen hatte. Auf der anderen Seite – gewissermaßen mein zweites Bein, was ja vom Studium her das soziologische ist – war es mir wichtig, eine Gruppe innerhalb des Fachbereichs Medizin zu finden, wo das Nachdenken über die gesellschaftlichen Bezüge der Medizin und der Mediziner seinen Platz finden würde. Und so kam es dazu, dass ich das Seminar – ich glaube, das hieß auch Medizin-Soziologie – angeboten habe, um einfach einen Ort zu schaffen, einen Rahmen zu schaffen, in dem sich zunächst einmal alle Mediziner, die über gesellschaftliche Bezüge nachzudenken bereit waren, zwanglos treffen konnten und Gedanken, Meinungen und Erfahrungen austauschen konnten. Das war das wichtigste Motiv.
>
> Und dann zeichnete sich ja ab, dass eine Kanalisierungsform für das politische Engagement der Studenten darin bestand, dass jetzt überall Studienreformen ausgedacht wurden, und für die Mediziner spielte dabei eine Rolle, dass dann eben auch die Psychologie und die Soziologie in den vorklinischen Unterricht eingebaut werden sollten. Das war dann der Anlass, darüber nachzudenken, dass ich oder wir in dieser Seminargruppe uns überlegten, wie man den Ereignissen der offiziellen Studienreformkommissionen gewissermaßen vorweg kommen könnte, um möglichst viel von dem ursprünglichen gesellschaftspolitischen und gesellschaftskritischen Ansatz in das normale Studienangebot für Mediziner mit einzubringen, gewissermaßen hinüberzuretten. Sowohl von den Inhalten wie auch von der Grundhaltung her, die ja in der damaligen Zeit von den Studenten und auch von einem Teil der Dozenten so gesehen wurde, dass statt einer hierarchisch organisierten und teilweise auch schon verschulten Ausbildung für Studenten – und in diesem Fall für Mediziner – sehr viel in Selbstorganisation laufen sollte. Das hat mich dazu gebracht, den Antrag zu stellen, der damals noch verhältnismäßig leicht durchzubringen war, dass man ein Tutoriensystem schafft.«

Die Worte Klaus Dörners zeigen nicht nur ein klares Konzept, sondern auch das politische, emotionale und intellektuelle Klima (ebenso wie das vorher zitierte Flugblatt), das die Anfangsphase der Medizin-Soziologie und ihre ganze weitere Entwicklung entscheidend geprägt hat. Das wichtigste Element in diesem Selbstverständnis, wie man am besten Entwicklung zulässt und fördert, hat Reinhard Laux in seiner Arbeit recht prägnant und knapp zusammengefasst:

> »Die Leitung in diesen Anfangssemestern hatte der Psychiater und Soziologe Klaus Dörner. Er verstand es, mit einem ausgeprägt non-direktiven Führungsstil der Gruppe das Gefühl zu vermitteln, die Sache selbst in die Hand nehmen zu müssen und – was wichtiger ist – auch zu können.«

Bezüglich dieses Führungsstils war der Übergang der Verantwortung von Klaus Dörner auf Heidrun Kaupen-Haas nahtlos! Insbesondere für alle ihre MitarbeiterInnen, und dabei natürlich vorrangig auch uns Schreibende, war dieser Führungsstil eine Herausforderung, der wir uns gern gestellt haben und ein »wahrer Segen«, der unsere gemeinsame Arbeit über mehrere Jahrzehnte begleitet hat!

Wie wir uns zu einer Institution entwickelten ...

Die frühe Phase war ganz und gar von der Idee der Veränderung der Medizin und des Gesundheitswesens durch eine verbesserte *Ausbildung* geprägt. Grundlage waren einerseits die seinerzeitig viel ausgeprägteren Bemühungen der Studierenden, so etwas wie selbstorganisiertes Lernen auf die Beine zu stellen, um dem etablierten Medizinbetrieb Alternativen gegenüberzustellen. Durch die Änderung der Approbationsordnung für Ärzte von 1970, mit der Neueinführung der psychosozialen Fächer in das bis dahin ausschließlich naturwissenschaftlich geprägte Medizinstudium, standen die Türen weit offen für Reformbemühungen, mit denen die gesellschaftliche Dimension von Gesundheit und Krankheit sichtbar gemacht werden konnte. Bevor Heidrun kam, hatte sie, nach zunächst einem Studium der Soziologie und Ökonomie in Freiburg, Kiel und Köln, von 1962 bis 1974 als Wissenschaftliche Assistentin an verschiedenen Instituten für empirische Sozialforschung in Köln (Direktor: Prof. Dr. René König) gearbeitet. Als Tochter eines Arztes lag ihr die »Soziologie medizinischer Berufe« (so der Titel eines ersten, von ihr 1968 herausgegebenen Buches) nahe.

Weiterhin war 1969 das Buch über »Stabilität und Wandel ärztlicher Autorität« erschienen. Wissenschaftliche Forschung und wissenschaftlicher Diskurs im Rahmen von publizierter *Forschung* waren bis dahin kein nennenswertes Thema für den Tutorenkreis gewesen. *Lehre* als Form der Aufklärung und intellektuellen Auseinandersetzung über notwendige Reformen bestimmten fast ausschließlich unser Denken und Fühlen.

Im Laufe der Jahre haben wir dann gelernt, dass die Lehre für die Etablierung einer wissenschaftlichen Institution eher das »Spielbein« darstellt. Die Forschung hingegen das eigentliche Standbein! Beide Themen sollen im Folgenden kurz resümiert werden, unter besonderer Berücksichtigung der Forschung Heidruns. Für diese rückblickende Darstellung haben wir natürlich sofort Probleme gesehen, wie ausführlich und umfassend 25 Jahre Medizin-Soziologie dargestellt werden sollen und können. Wie schön, dass Heidrun zunächst anlässlich des 100jährigen Jubiläums des UKEs (und einer darauf bezogenen Buchpublikation) und später für die Internetseiten der Medizin-Soziologie selber einen Abschnitt »Geschichte des Instituts« verfasst hat! Wir können sie daher im Folgenden selbst zu Wort kommen lassen (lediglich um die einleitenden Sätze über die Aufbauphase mit Klaus Dörner gekürzt).

Geschichte des Instituts: Quer zur etablierten Forschungs- und Gesundheitspolitik?

von HEIDRUN KAUPEN-HAAS

Noch in der Reformphase wurde die Personalstruktur für die Einrichtung fixiert (zwei Professorenstellen, zwei wissenschaftliche, eine technische Assistentenstelle und eine Sekretärin).

Zuerst wurden die Assistentenstellen in der damals noch fachbereichsunmittelbaren Einrichtung besetzt (1974). Alf Trojan und Heiko Waller, beide Mediziner und Soziologen, bildeten zusammen mit dem reformerfahrenen Klaus Dörner ein ideales Team, um sich ungelösten Fragen der psychiatrischen Versorgung zu widmen. 1979 verließ Waller das Team und übernahm eine Professorenstelle für Sozialmedizin an der Fachhochschule Lüneburg, hielt jedoch weiterhin den Forschungskontakt. 1979 initiierte Alf Trojan Gesundheitsselbsthilfe- und Netzwerkforschung und organisierte darum herum den heutigen Arbeitsschwerpunkt »Gesundheitsförderungs-, Selbsthilfe- und Netzwerkforschung«. Der von ihm angeregte Trägerverein »Sozialwissenschaften und Gesundheit e.V.« wurde zur organisatorischen Klammer für zahlreiche selbstständige Gesundheitseinrichtungen in Hamburg, u.a. Kontakt- und Informationsstellen für Selbsthilfegruppen (KISS).

1975 wurde Heidrun Kaupen-Haas, Soziologin, zur Professorin ernannt und übernahm die Geschäftsführung der Einrichtung. Gemeinsam mit Wilfried Karmaus, Mediziner und Soziologe, initiierte sie Ende der 70er Jahre Forschungen über verschleißbedingte rheumatische Erkrankungen. In den 80er Jahren entwickelte sie – in Kooperation mit dem 1984 gegründeten »Verein zur Erforschung nationalsozialistischer Gesundheits- und Sozialpolitik e.V.« und der daraus entstandenen »Hamburger Stiftung für Sozialgeschichte des 20. Jahrhunderts« – den Forschungsschwerpunkt »Sozial- und Bevölkerungspolitik im historischen und internationalen Vergleich«.

Die Forschung über arbeitsbedingte Erkrankungen wurde in den 80er Jahren von Karmaus zum international beachteten Schwerpunkt Sozialepidemiologie erweitert. Er schließt Projekte über verschleißbedingte rheumatische Erkrankungen, Medikamentenkonsum von Frauen, Schadstoffe in Hamburger Kindergärten ein.

1975 wurde Hanneli Döhner, Soziologin, zunächst als technische Assistentin, seit 1982 als wissenschaftliche Mitarbeiterin beschäftigt. Sie baute in den vergangenen Jahren den in Hamburg vielbeachteten und sehr geschätzten Arbeitschwerpunkt Sozialgerontologie auf, in dessen Mittelpunkt die Untersuchung von Strukturen der Gesundheitssicherung für alte Menschen steht.

1985 entstand aus der fachbereichsunmittelbaren Einrichtung ein Institut für Medizin-Soziologie mit zwei Abteilungen und mit der Option einer dritten Abteilung mit dem Schwerpunkt Sozialmedizin. Leiterin der Abteilung I wurde H. Kaupen-Haas; A.Trojan, 1984 zum Professor ernannt, wurde Leiter der Abteilung II. Wilfried Karmaus wurde Abteilung I, H. Döhner Abteilung II zugeordnet. 1989 übernahm Beate Ritz, Medizinerin, die Hochschulassistentenstelle, die zuvor W. Karmaus innehatte (beide inzwischen auf Professoren-Stellen für Epidemiolgie in den USA). Ihr folgte 1991 Thomas Uhlemann mit den Forschungsschwerpunkten: Ärztesterblichkeit, Professionssoziologie, neue Interaktionsräume und Versorgungswege, Medizin im Internet.

Während in der medizinsoziologischen Forschung der 70er Jahre vor allem Fragen der sozialen Ungleichheit in der Entstehung und in der Behandlung von Erkrankungen im Vordergrund standen, hat sich in der Beziehung zu Entwicklungen in der Medizin und deren gesellschaftlichen Rahmenbedingungen eine Umgewichtung ergeben. Medizin-Soziologie wurde zunehmend zur Produzentin von Komplementär- und Korrekturwissen zur naturwissenschaftlich-technisch ausgerichteten Medizin mit der Besonderheit, dass sie nicht nur genuin soziologische und naturwissenschaftliche Methoden kombinierte, sondern auch historische Ansätze erprobte und sie in die nationalen und internationalen wissenschaftlichen und außerwissenschaftlichen Diskurse einbrachte.

Die von Heidrun gewählte Überschrift »Quer zur etablierten Forschungs- und Gesundheitspolitik« trägt ein Fragezeichen. Wahrscheinlich waren wir mehr »schräg« als wirklich quer zur etablierten Forschungs- und Gesundheitspolitik. Immerhin waren wir, auch wenn die Mehrzahl der Arbeiten sicher nicht schräg genug war, um ein Hindernis für wissenschaftliche Karrieren zu sein, immer wieder anstößig, manchmal sogar Ärgernis, in den Anfangszeiten sogar gelegentlich »rotes Tuch« für den Fachbereich Medizin, dem wir angehören. Obwohl bei allen von uns Kritik an vielen Mängeln der Medizin und des Gesundheitssystems und das Aufdecken dieser Mängel Leitmotive waren, lässt sich doch ohne Einschränkung sagen, dass Heidrun diejenige war, die am mutigsten »heiße Eisen« jenseits des Main-Streams der ›etablierten Forschungs- und Gesundheitspolitik‹ anpackte. Dies im einzelnen nachzuzeichnen wird uns in diesem Zusammenhang sicher nicht erschöpfend gelingen. Im folgenden Abschnitt soll es jedoch wenigstens schlaglichtartig aufscheinen.

Forschung

Endlos erscheinende Anläufe, Antrags- und Rechtfertigungspapiere im Rahmen der Institutswerdung erforderten immer wieder zusammenfassende Darstellungen unserer wissenschaftlichen Aktivitäten. So entstand schon relativ früh der sogenannte »Forschungsbaum« (s. Abb. 1).

Anfangs konnten noch einzelne Projekte der verschiedenen Arbeitsstränge, repräsentiert durch die wissenschaftlichen MitarbeiterInnen, aufgeführt werden, bald aber drohte der Baum über den Rand einer DIN-A4-Seite hinauszuwachsen oder so kleine Äpfel zu tragen, dass man die Schrift darin nicht mehr lesen konnte. Dies führte zu einer immer größeren Abstrahierung und Verdichtung, – also letztlich einer für die Zwecke dieser kurzen Einleitung hervorragend brauchbaren Zusammenfassung der Arbeitsschwerpunkte im Institut für Medizin-Soziologie und seine Entwicklung.

Da zu den einzelnen Zweigen, insbesondere den aktuellen Projekten und Publikationen, umfangreiche Informationen auf den Internetseiten unseres Instituts verfügbar sind (http://www.uke.uni-hamburg.de/institute/medizinsoziologie/index.de.html) soll in diesem Zusammenhang nur ausführlicher auf die Arbeitsschwerpunkte von Heidrun Kaupen-Haas bzw. der Abteilung I des Instituts eingegangen werden (dabei sind uns auch eigene Zusammenfassungen ihrerseits Grundlage und Leitfaden gewesen).

Soziologie der Medizin und Medizinische Soziologie

Unter dieser Überschrift lassen sich die schon erwähnten frühen Arbeiten zur Soziologie der Ärzteschaft fassen, wie aber auch spätere Arbeiten in den frühen Jahrgängen der »Medizinsoziologischen Mitteilungen«, die die Situation der Lehre und der Etablierung von Medizin-Soziologie in Deutschland aufgreifen. Die relevanteste jüngere Veröffentlichung hierzu war ein Beitrag über die Medizinische Soziologie in dem Band »Einführung in Praxisfelder der Soziologie« (Kaupen-Haas 1997a).

Für unser Institut von großer Bedeutung ist die nationale und internationale Kooperation mit anderen Universitäten und Forschungseinrichtungen. Heidrun Kaupen-Haas initiierte und organisierte sehr erfolgreich übergeordnete Veranstaltungen des Instituts. Außereuropäisch konnte eine Zusammenarbeit mit Medizin-Soziologen und anderen Experten aus den Gesundheitswissenschaften implementiert werden.

U.a. ist die Kooperation des Instituts mit chinesischen Einrichtungen aus dem Bereich Public Health, der Expertenaustausch mit dem Ministry of Health (MOH) bzw. dem Ministry of Labor and Social Security (MLOSS) und die seit 1998 bestehende Forschungskooperation mit dem Institute of Development Studies (IDS, University of Sussex) sowie der Shanghai Medical University im Rahmen eines Projekts der Europäischen Union mit dem Thema »Reforming Health Services for Equity and Efficiency in Urban China« auch ein Ergebnis ihres großen persönlichen Einsatzes bei der Aquisition von Forschungsmitteln, der Organisation und der Durchführung der Projekte, in diesem Fall zusammen mit Thomas Uhlemann.

Ein frühes, später weniger intensiv verfolgtes Interesse richtete sich allgemein auf die Gesundheitssituation in der »Dritten Welt« und die Ethno-Medizin. Später war ein Dolmetscher-Projekt für die im UKE vorsorgten fremdsprachigen Patien-

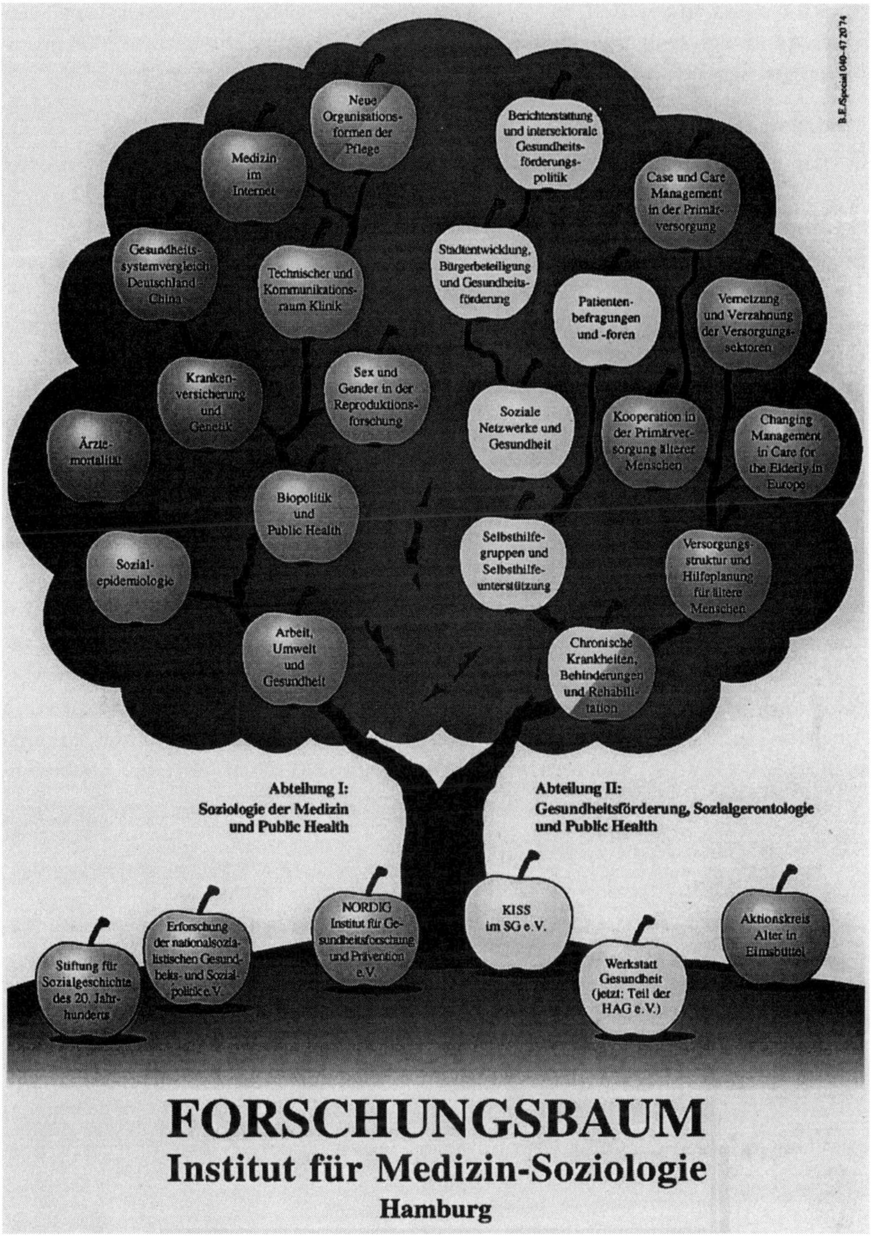

B.F./Special 040-47 20 74
Neue Organisations-formen der Pflege
Medizin im Internet
Berichterstattung und intersektorale Gesundheits-förderungs-politik
Case und Care Management in der Primär-versorgung
Gesundheits-systemvergleich Deutschland - China
Technischer und Kommunikations-raum Klinik
Stadtentwicklung, Bürgerbeteiligung und Gesundheits-förderung
Patienten-befragungen und -foren
Vernetzung und Verzahnung der Versorgungs-sektoren
Kranken-versicherung und Genetik
Sex und Gender in der Reproduktions-forschung
Soziale Netzwerke und Gesundheit
Kooperation in der Primärver-sorgung älterer Menschen
Changing Management in Care for the Elderly in Europe
Ärzte-mortalität
Biopolitik und Public Health
Selbsthilfe-gruppen und Selbsthilfe-unterstützung
Sozial-epidemiologie
Versorgungs-struktur und Hilfeplanung für ältere Menschen
Arbeit, Umwelt und Gesundheit
Chronische Krankheiten, Behinderungen und Rehabili-tation
Abteilung I: Soziologie der Medizin und Public Health
Abteilung II: Gesundheitsförderung, Sozialgerontologie und Public Health
Stiftung für Sozialgeschichte des 20. Jahrhunderts
Erforschung der nationalsozia-listischen Gesund-heits- und Sozial-politik e.V.
NORDIG Institut für Ge-sundheitsforschung und Prävention e.V.
KISS im SG e.V.
Werkstatt Gesundheit (jetzt: Teil der HAG e.V.)
Aktionskreis Alter in Eimsbüttel
FORSCHUNGSBAUM
Institut für Medizin-Soziologie
Hamburg

tInnen bei uns angesiedelt. Ein Arbeitsschwerpunkt »Migrantenversorgung«, vertreten durch den langjährigen Mitkämpfer Niels-Jens-Albrecht, konnte 2001 im Institut etatisiert und institutionalisiert werden.

Sozialepidemiologie

In diesem in der Drittmitteleinwerbung sehr erfolgreichen Arbeitsschwerpunkt wurde medizinsoziologische Ursachenforschung geleistet und darauf aufbauende Prävention entwickelt. Fokussiert wurde vor allem auf weibliche Büroarbeit und männliche Maurerarbeit in der Hochzeit des Einsatzes tailoristischer Prinzipien der Arbeitsteilung. Untersucht wurden psychophysische Veränderungen des Muskel-Skelett-Systems (Rheuma) und Übergänge in die Berentung in Abhängigkeit von der Arbeitsorganisation und dem Gesundheitsverhalten. Zum Einsatz kamen insbesondere quantitative (Fall-Kontroll- und Panel-Studien) sowie qualitative Erhebungsverfahren. Untersucht wurden nicht nur der vorzeitige Verschleiß in Abhängigkeit vom Grad der Fragmentierung der Arbeit, der Zeitsouveränität, der Handlungs- und Bewegungsfreiräume, der Selbst- und Fremdkontrolle, sondern auch der soziale Umgang mit Arbeitsbelastungen und Beschwerden (z.B. die ärztliche Hilfesuche) und insbesondere die höhere Wahrscheinlichkeit des verordneten Medikamentenkonsums (bis zur Medikamentenabhängigkeit). Unter den zahlreichen Arbeiten aus diesem Arbeitsschwerpunkt ist insbesondere die Buchpublikation von Ellinger, Karmaus, Kaupen-Haas (Hrsg.) zu »Büroarbeit und Rheuma« (1985) hervorzuheben. Wie schon aus der Kurz-Geschichte des Instituts hervorgeht, sind unsere besten epidemiologischen Nachwuchskräfte auf Professuren in Amerika »gelandet«. Dieser »Brain-Drain« hat dazu geführt, dass der Arbeitsschwerpunkt Epidemiologie im Institut seit Anfang der 90er Jahre nur noch rudimentär vertreten ist.

Biopolitik und Public Health

Unter diesem Titel wird die wissenschafts- und sozialhistorische Forschung seit 1984 vorgestellt, die in Zusammenarbeit mit dem »Verein zur Erforschung Nationalsozialistischer Gesundheits- und Sozialpolitik e.V.« und der »Stiftung für Sozialgeschichte des 20. Jahrhunderts« entstand. In diesem Schwerpunkt wird nach den Wurzeln der modernen Gesundheits- und Sozialpolitik der Humanbiologie gefragt und nach verschütteten positiven Alternativen und Ansätzen in der Gesundheits- und Sozialpolitik des 20. Jahrhunderts. Die ethischen Fragestellungen, die mit diesen Themen zusammenhängen, haben die Studien vielfach zur Arbeit mit »heißen Eisen« gemacht. Chronologisch lassen sich drei Schwerpunkte herausstellen:

- Die unbearbeitete nationalsozialistische Gesundheits- und Sozialpolitik: Das Thema »Heilen und Vernichten im Mustergau Hamburg« war nicht nur für die Stadt Hamburg eine Provokation, sondern wurde es auch als Thema einer in Hamburg ausgerichteten Jahrestagung der Deutschen Gesellschaft für Medizinische Soziologie. Die Arbeiten der Hamburger Gruppe (darunter auch an vielen Stellen präsent: Klaus Dörner) waren bahnbrechend für eine später folgende breitere Beschäftigung mit der Verwicklung des gesamten Sozial- und Gesundheitssystems, einschließlich einiger, zunächst vermeintlich »sauber gebliebener« prominenter Mediziner. Zwei Buchpublikationen gingen aus dieser ersten Studienphase hervor (Ebbinghaus, Kaupen-Haas, Roth 1984 und Kaupen-Haas 1996).
- Eine kritische Auseinandersetzung mit den Vorläufern und Ursprüngen von Public Health: Hierzu wurde 1992 unter Federführung Heidrun Kaupen-Haas' ein (auch international) hochrangig besetzter Kongress in Hamburg veranstaltet, bei dem ein breites Spektrum an Public Health-Aspekten unter sozialhistorischen und sozioökonomischen Aspekten kritisch hinterfragt wurde. Das lag quer zur Anfang der 90er Jahre einstimmig euphorischen Begrüßung von Public Health als Ergänzung der Medizin. Aufbauend auf den Kongress und ihn ausbauend, wurden von Heidrun Kaupen-Haas und Christiane Rothmaler von 1994 - 1997 fünf Bände der Reihe »Sozialhygiene und Public Health« (im Mabuse Verlag) herausgegeben. Sie trugen die Titel »Naturwissenschaften und Eugenik« (Band 1), »Industrielle Pathogenität und Krankheit« (Band 2), »Doppelcharakter der Prävention« (Band 3), »Strategien der Gesundheitsökonomie« (Band 4) sowie »Biomedizin und Bevölkerungskontrolle« (Band 5).
- Die Organisation einer wissenschaftlichen Vorlesungsreihe im Allgemeinen Vorlesungswesen der Universität Hamburg, anlässlich eines von Studenten öffentlich gemachten Verdachts rassistischer Lehre im Institut für Biologie: Diese Veranstaltungsreihe wurde im Auftrag des Universitätspräsidenten organisiert, um den Konflikt um das Institut für Biologie in einen wissenschaftlichen Diskurs münden zu lassen. Die Ergebnisse dieses Diskurses sind von Heidrun Kaupen-Haas und Christian Saller herausgegeben worden unter dem Titel »Wissenschaftlicher Rassismus. Analysen über Kontinuitäten in den Human- und Naturwissenschaften« (1999).

Sex and Gender in der Gen- und Reproduktionsforschung

Auf der Grundlage historischer und international vergleichender Forschung wird in diesem Arbeitsbereich nach den Gemeinsamkeiten zwischen der Rassenhygiene, deren Anfänge im 19. Jahrhundert liegen, und der modernen Gen- und Reproduktionstechnologie gefragt. Auch hier handelt es sich zumeist um Arbeiten, die im

Grenzbereich zwischen Sozialgeschichte, aktueller Gesundheitspolitik und ethischen Grundsatzfragen der Medizin liegen. Die Arbeiten dieses Schwerpunkts richteten einerseits einen kritischen Blick auf Bevölkerungsplanung und Politik (vgl. z.B. Kaupen-Haas 1997b) und andererseits auf die aktuelle Gen- und Reproduktionstechnologie in der Medizin. Die Veröffentlichungen dieses Arbeitsschwerpunktes wurden (wie die auf unseren Internetseiten aufgeführten einzelnen Publikationen zeigen) auch international beachtet. Aktuell konzentriert sich die Forschung in diesem Schwerpunkt auf die Frage, welche Bedeutung die neuen Möglichkeiten der Diagnostik auf molekulargenetischer Grundlage für unser Krankenversicherungssystem haben werden. Die im Frühjahr 2002 bei NOMOS erschienene, von Thomas Uhlemann gemeinsam mit Günter Feuerstein und Regine Kollek erstellte Studie »Gentechnik und Krankenversicherung - Neue Leistungsangebote im Gesundheitssystem« ist Ausdruck dieser Arbeit.

Technischer- und Kommunikationsraum Klinik

In diesem Schwerpunkt werden seit 1991 zwei vernachlässigte Bereiche medizinsoziologischer Forschung ins Zentrum verschiedener Untersuchungen gerückt: technische und organisatorische Innovationen in der klinischen Medizin (vgl. Kaupen-Haas 1997c). Fokussiert werden sie auf die Kommunikation mit Patienten in den technischen Räumen und am Krankenbett. Diese Themen drängten sich auf durch die massiven Veränderungen der klinischen Medizin, durch das Vordringen von Technologie und Ökonomie im Gesundheitswesen allgemein und speziell im Krankenhaus. Anfänglich handelte es sich vor allem um verschiedene Dissertationsprojekte, die auf Interviews und/oder Tonbandaufzeichnungen aus teilnehmender Beobachtung basierten.

1998 begann als größeres Forschungsprojekt (von der DFG finanziert) die Studie »Kommunikation am Krankenbett, Vergleichsstudie zu neuen Organisationsformen in der Pflege«. Diese Studie, die in Zusammenarbeit mit Eva Hampel und Maren Vogt durchgeführt wurde, untersucht Kommunikation am Krankenbett unter den Bedingungen zweier Organisationsformen in der klinischen Krankenpflege: der heute schon relativ verbreiteten Bereichspflege einerseits und dem »Primary Nursing« andererseits, einer Organisationsform, die die verantwortliche Stellung der Primärschwester für jeweils eine kleinere Anzahl von PatientInnen in den Mittelpunkt stellt. Herausgefunden werden sollte, wie sich die unterschiedlichen Konzepte auf die Kommunikation zwischen ÄrztInnen, Pflegenden und PatientInnen auswirken und ob bzw. in welcher Weise unter neuen Bedingungen Veränderungen von Geschlechterverhältnissen evoziert werden. Denn möglicherweise führt die Professionalisierung der Pflege und die Umstrukturierung des Krankenhauses zu einer Art »De-Gendering« des Pflegeberufes insgesamt, wobei trotz strukturellerVorgaben und dem subjektiven Wunsch – vor allem weiblicher Pflegekräfte – nach Demarkierung von Geschlecht nicht von Gender abstrahiert werden kann. Das erhobene Material legt vielmehr nahe, von einer neuen geschlechtsspezifischen Arbeitsteilung zu sprechen. Gleichzeitig scheint das im Hinblick auf Gender gegenüber der Bereichspflege traditionellere Modell des »Primary Nursing« mit Sicht auf veränderte Pflege-Anforderungen mit der modernen Klinik stärker kompatibel zu sein.

Das aktuelle Forschungsinteresse von Heidrun Kaupen-Haas ist vor allem auf diesen Arbeitsschwerpunkt gerichtet. Mit großer Energie ist sie dabei, ihn zu stabilisieren und abzurunden: Zum Zeitpunkt der Entstehung dieses Beitrages laufen zwei Forschungsanträge zu diesem Bereich! Wir gehen davon aus, dass er auch nach Heidruns Statuswechsel noch einige Jahre lebendiger Bestandteil des Instituts bleiben wird.

Bei aller Vielfalt der Themen gibt es in Heidruns wissenschaftlichem Werk in den meisten Themen eine große Kontinuität. Man kann dieses zuletzt genannte Forschungsfeld »Klinik« in vielen Facetten als anschließend an die Berufssoziologie der ersten Jahre, damals allerdings vor allem im ambulanten ärztlichen Bereich, betrachten. So schließt und vollendet sie einen Kreis von Themen, der die wichtigsten Institutionen und Professionen des Krankenversorgungssystems umfasst. Die Gliederung des vorliegenden Buches ist angelehnt an die Arbeitsschwerpunkte von Heidrun Kaupen-Haas.

Seit einigen Jahren gibt es auch im UKE die um sich greifende, sogenannte »leistungsbezogene Mittelvergabe«: Für das Einwerben von Drittmitteln und Publikationen werden nach einem bestimmten System Punkte vergeben. Umgerechnet auf die Punkte pro wissenschaftlichem Mitarbeiter hat das Institut dabei hervorragend abgeschnitten: erste, zweite und bis zuletzt vordere Plätze unter allen Instituten und Kliniken des UKE! (Da das Berechnungssystem noch nicht fest etabliert ist, zuletzt leider auch zu unseren Ungunsten verändert wurde, sind kontinuierliche Entwicklungstendenzen nicht genau angebbar.) Obgleich die Rechenschaftslegung dieser Art viel kostbare, für die eigentliche Wissenschaft benötigte Zeit kostet, hat sie doch den Vorteil gehabt, dass der Bedeutungszuwachs unserer Forschung auch im Vergleich mit anderen Einrichtungen des Universitätsklinikums sichtbarer als jemals zuvor geworden ist.

Lehre

Seit den Anfängen bis heute haben wir die Lehre mit Tutorinnen und Tutoren durchgeführt. In den »fetten« Anfangsjahren waren wir damit außerordentlich großzügig ausgestattet. Das Interesse, als TutorIn bei uns zu arbeiten, war zeitweise so groß, dass die TutorInnen mit freiwilligen Senkungen des Entgelts für die Tutorentätigkeit einverstanden waren. So hatten wir in den Anfangszeiten 15 und mehr TutorInnen! In den vergangenen Jahren sind es durchschnittlich 6 bis 7 TutorInnen, die den Unterricht mitgestalten. Über viele Jahre wurde das Tutorium Medizin-Soziologie im Fachbereich kritisch beäugt und periodisch immer mal wieder in Frage gestellt. Alle diese Anfeindungen hat es erfolgreich überdauert. Das ist sicher auch auf die Standfestigkeit und Entschiedenheit Heidruns bei der Verteidigung unseres Konzepts zurückzuführen!

Wir alle sind der Meinung, dass diese Form der Lehre sowohl für die Medizinstudierenden wie auch für uns selbst die beste Form des Unterrichts ist: Sie garantiert eine ständige Infragestellung durch neu hinzukommende TutorInnen. (Inzwischen sind viele von ihnen, einige selbst auf Professoren-Stellen, Kooperationspartner bei unseren ständigen Bemühungen, den Unterricht durch Praxis-Kontakte lebendiger und realitätsnahe zu gestalten.) Wir sind den Tutorinnen und Tutoren all dieser vielen Jahre dankbar, dass sie uns vor der sonst wohl unausweichlichen Routinisierung bewahrt haben! Während die ergebnisorientierte »Lehrevaluation« zwar seit mehreren Jahren beschlossene Sache für den Fachbereich Medizin ist, gleichwohl aber noch in den Kinderschuhen steckt, hat das Tutorenmodell auch mit sich gebracht, dass wir eine qualitative Evaluation der Lehre schon seit über 20 Jahren - und seit ca. 10 Jahren in quantitativer Form durchführen.

Schwierig für die Resonanz unserer Lehrangebote war immer, dass die Medizin-Soziologie mit einem zweistündigen Kurs (auch Praktikum genannt) einerseits Teil des offiziellen Studienplans, andererseits aber als einziges vorklinisches Fach nicht scheinpflichtig war. Dies hat uns früh dazu geführt, die Scheinpflichtigkeit der Medizinsoziologie (als wichtige symbolische Gleichstellung mit den anderen Fächern) zu fordern. Als mögliche Zwischenlösung (wie sie an einzelnen Universitäten praktiziert wird) haben wir schon sehr früh daran gedacht, uns mit einem definierten Anteil in den Pflichtkurs Medizinische Psychologie einzubringen.

Ein weiteres Anliegen, schon der Anfangsjahre, war es, definierte Anteile des Sozialmedizin-Unterrichts zu übernehmen. Dies erschien deswegen besonders naheliegend, weil dieses Fach in Hamburg lediglich durch einen Lehrauftrag, aber keinerlei sonstige personelle oder institutionelle Ressourcen abgesichert ist. Dies hätte auch die von uns immer propagierte stärkere Integration der psychosozialen Inhalte in Vorklinik und Klinik, zumindest punktuell, mit sich bringen können. Aber selbst, dass die Medizin-Soziologie Anfang der 70er Jahre das Grundkonzept für den ökologischen Kurs im Studienreformausschuss konzipieren konnte, eröffnete uns keine Chance der direkten Beteiligung an den sozialmedizinischen Lehrangeboten.

Fast erscheint es wie ein Wunder, aber es ist wohl eher unserer Zähigkeit und dem Festhalten an ursprünglichen Zielen zu verdanken, dass sich in den letzten

Jahren in allen diesen Punkten entscheidend wichtige Verbesserungen für die Situation unseres Faches ergeben haben:

- In der Vorklinik trägt die Medizinische Soziologie 50 % des Pflichtkurses »Berufsfelderkundung« (BFE).
- Medizinische Soziologie und Psychologie sind zu einem Viertel (d.h. genau wie die anderen großen vorklinischen Fächer) an neuen integrativen (naturwissenschaftlich-vorklinische, psychosoziale und klinische Fächer übergreifenden) Lehrveranstaltungen beteiligt (»Einführung in die klinische Medizin«).
- Im Rahmen eines Anfang 2001 vom Fachbereich Medizin verabschiedeten Studienplans werden eine Semesterwochenstunde (SWS) Praktikum und eine SWS Seminar in Medizinischer Soziologie Teil des scheinpflichtigen Kurses »Medizinische Psychologie und Medizinische Soziologie«.
- Das erste scheinpflichtige Praktikum in Medizin-Soziologie für alle Studierenden (im WS 2001/02), in dessen Zentrum Interviews mit Patienten stehen, hat in der Lehrevaluation durchgängig positive Bewertungen erhalten.
- In einem (im selben Semester) in Hamburg eingeführten Modellstudiengang Problemorientiertes Lernen (POL) ist die Medizin-Soziologie mit einem eigenständigen Kursus und Seminarangeboten vertreten.
- Im Rahmen erst beginnender Bemühungen um Studienreformen im klinischen Teil des Studiums haben wir Anfang 2002 das erste Mal federführend 0,5 SWS Pflichtkurs Sozialmedizin im Kursus »Ökologisches Stoffgebiet« gestaltet.

All diese Entwicklungen sind auf die Bemühungen um eine neue Approbationsordnung zurückzuführen, deren Entwurf seit 1996 vorliegt und erst jetzt endlich (April 02) verabschiedet wurde. Dieser Entwurf hat die Reformbemühungen im Fachbereich Medizin des Universitätsklinikums Hamburg-Eppendorf beflügelt. Hinzu kommen Veränderungen, die auch *strukturell* die Zusammenarbeit der psychosozialen Fächer untereinander, mit den Naturwissenschaften und mit der Klinik stärken sollen und schon erfolgreich gestärkt haben. Davon gleich mehr!

So entschieden wie für die Forschung, hat Heidrun Kaupen-Haas sich auch für die Lehre eingesetzt, mit nicht nachlassendem Engagement! In den meisten Semestern hat sie mehr Lehrveranstaltungen angeboten, als es die Lehrerfüllung erfordert hätte. Viele der Seminare, von denen bisher kaum die Rede war, richteten sich an Studierende anderer Fächer an der Universität Hamburg - aber auch außerhalb (z.B. Hamburger Universität für Wirtschaft und Politik). Die Nähe zum Herkunftsfach Soziologie hat sie immer gesucht. Sie wurde Mitglied des Fachbereichs Soziologie (Doppelmitgliedschaft, zusätzlich zum Fachbereich Medizin), um dort Lehrveranstaltungen anbieten und Diplomanden und Doktoranden betreuen zu können. Sie hat kontinuierlich mehr Abschlussarbeiten und Dissertationen stimuliert und betreut als wir anderen, einfach weil sie der Integration von »Forschung und Lehre« großes Gewicht beigemessen und entsprechend ihren Überzeugungen auch stets gehandelt hat. Über viele Jahre hat sie als Studienbeauftragte des Fachbereichs Medizin Studierende in allen aufkommenden Fragen beraten und bis jetzt betreut sie als Studienbeauftragte der Hans-Böckler-Stiftung Stipendiaten dieser Stiftung.

Wenn Heidrun Kaupen-Haas aus dem Institut ausscheidet, kann sie es in dem Bewusstsein tun, dass sie mit uns zusammen der Medizinischen Soziologie zu größerer Bedeutung und Anerkennung als je zuvor verholfen hat. Als akademische Lehrerin, Beraterin von Studierenden und »Doktormutter« wird sie eine Lücke im Institut hinterlassen.

Und die institutionelle Zukunft?

Bis Mitte der 90er Jahre haben wir auf einen Ausbau des Instituts gehofft und - unter Berufung auf unsere Leistungen für Public Health und Sozialmedizin und die notwendige Repräsentation dieser Fächer im UKE - entsprechende Anträge an den Fachbereichsrat Medizin gestellt. Zur Behandlung dieser Anträge kam es nicht, weil kurz darauf ein politischer Beschluss des Senats der Stadt Hamburg die Reduzierung der Studierendenzahl um ein Drittel vorsah. Im Rahmen der Umsetzung dieses Beschlusses mussten alle vorklinischen Fächer ein Personalkonzept vorlegen, das der verringerten projektierten Nachfrage von Lehrleistungen entsprach. Bei uns hätte dies mindestens zur Reduktion einer Professur, möglicherweise sogar einer weiteren Wissenschaftlerstelle geführt. Weitere, später folgende Strukturvorschläge des Fachbereichs, teilweise bedingt durch den allgemeinen Spardruck der Öffentlichen Haushalte, teilweise durch notwendige Strukturveränderungen für die Verselbständigung des Universitätsklinikums sehen noch ungünstiger für die institutionelle Zukunft der Medizin-Soziologie aus (z.B. »Stärkung der Medizin-Soziologie durch Verlagerung der Aufgaben in den Fachbereich Soziologie der Universität«, - so der »Generalplan«).

Da nicht allein die Medizin-Soziologie von diesen zum Teil radikalen Strukturveränderungen betroffen gewesen wäre, haben diese Entwicklungen zu einer erheblich intensivierten Zusammenarbeit der psychosozialen Fächer geführt. Das erarbeitete Zukunftskonzept lautet schlicht: größere Sichtbarkeit, Stärke und Bedeutung der psychosozialen Fächer durch Zusammenschluss. Dies wird verwirklicht durch das im Universitätsklinikum Hamburg-Eppendorf entstandene »Zentrum für Psychosoziale Medizin« (aus Psychiatrischer Klinik, Kinder- und Jugendpsychiatrie, Sexualwissenschaftlicher und Forensischer Medizin, Allgemeinmedizin, Medizinischer Psychologie und Medizinischer Soziologie).

In diesem Zentrum werden wir auch in Zukunft als »Institut« mit Budget-Autonomie im Rahmen von Zielvereinbarungen weiterarbeiten.

Der Preis, den wir für ein Mehr an institutioneller Sicherheit zahlen, ist die verringerte Unabhängigkeit, die die bisherige, vollständig autonome Institutionalisierung bedeutete. Wir sehen aber im bisherigen Prozess des Zusammenwachsens vor allem große Vorteile für unsere Arbeit (insbesondere die quantitativ und qualitativ verbesserte Lehrsituation), so dass wir in dieser Hinsicht keine nennenswerten Sorgen haben. Offen ist allerdings noch die Frage, ob und wie die Stelle von Heidrun Kaupen-Haas neu besetzt wird.

Betrachtet man diese institutionellen Veränderungen, ist es sicher nicht übertrieben von einer neuen Ära zu sprechen, die vor uns steht: »Es muss sich alles verändern, damit es bleibt, wie es ist!«

Arbeiten – und leben!

Jeder Lebenserfahrene weiß, dass Außendruck auf Institutionen zwar einerseits Solidarität, andererseits jedoch auch erheblich erhöhten Binnendruck erzeugen kann. Trotz unterschiedlicher Ansichten über Ursachen, nötige und sinnvolle Reaktionen, Bewertungen etc. von doch im Laufe der Zeit nicht wenigen »üblen Nachreden« bis hin zu handfesten existenzbedrohenden Attacken auf das Institut, waren bei uns die Gemeinsamkeiten letztlich immer größer als das Trennende. Die »Außenpolitik« des Instituts war, manchmal mit unterschiedlicher Rollenverteilung, stets gemeinsam getragen. Die Unterschiede - wir scheuen das Wort »Konflikte«, weil dies eine Dramatisierung von Auseinandersetzungen bedeuten würde, die wir nie als Drama empfunden haben - auf einen Nenner zu bringen, war zwar manchmal zeitraubend, jedoch letztlich erfolgreich - bis hin zu dem Konzept der institutionellen Zukunft der Medizin-Soziologie im Rahmen eines größeren Ganzen, der psychosozialen Medizin und der Gesundheitswissenschaften.

Konkurrenz gehört zum Alltag, insbesondere zum Berufsalltag. Nach unserer Einschätzung hat es dies bei uns zwar vereinzelt als Konkurrenz um Arbeitsressourcen gegeben, aber sicher nicht im Sinne der Mißgunst oder des Neides (oder gar von Intrigen, wie sie uns aus wissenschaftlichen Instituten vielerorts bekannt sind).

Unglaublich aber wahr: wir sind immer noch und immer wieder engagiert, identifiziert, manchmal sogar über-identifiziert mit unserer Arbeit und dem Institut für Medizin-Soziologie. Wir sind gern an unserem Arbeitsplatz, arbeiten gern zusammen! Das gilt auch für die nichtwissenschaftlichen MitarbeiterInnen, insbesondere Frau Tomadich und Frau Svanström, die sich in vielfältigem Engagement für »Klima«, Wachsen und Gedeihen des Instituts verdient gemacht haben.

Die gute Zusammenarbeit liegt sicher zum einen an der Autonomie, die jeder in seiner wissenschaftlichen Arbeit hat. Dies hat zu jeweils eigenen Arbeitsschwerpunkten und eigenen Außenbeziehungen geführt und ist in erheblichem Maße dem schon eingangs angesprochenen »nicht-direktiven Leitungsstil« Heidruns zu verdanken. Zum anderen liegt es aber auch an der wechselseitigen Wertschätzung, von der das Klima des Instituts über all die Jahre geprägt war und ist! Wertschätzung bezieht sich dabei nicht nur auf die Arbeit. Auch als Personen haben wir über all die Jahre intensiv Kontakt gehabt und über das »gemeinsam arbeiten« haben wir auch immer ein Stück weit gemeinsam gelebt! Über eine ganze Weile wurden die Institutssitzungen (»Mittwoch-Sitzungen«) mit einem »Arbeits- Essen« beendet, das eine(r) von uns zubereiten musste. Auch wenn sich dies später (unter zunehmendem Arbeitsdruck) wieder verlor, gibt es doch weiterhin eine Vielzahl von Anlässen, bei denen Feiern und Geselligkeit im Vordergrund stehen. Diese Anlässe sind in all den Jahren nicht weniger geworden, bzw. werden nicht weniger gern wahrgenommen: Geburtstage, Jubiläen, Einladungen u.ä. sind uns willkommene Anstöße zu Einladungen und teilweise üppigem Wohlleben.

Als symptomatisch dafür, dass das Institut nicht nur als Arbeitsplatz den »Lebensmittelpunkt« darstellt, sondern auch unter anderen Aspekten, darf wohl gelten, dass der Weinkauf der meisten Institutsmitglieder weitgehend zentralisiert über das Institut läuft – teilweise vorbereitet durch wunderbare, genüssliche Wein-Verkostungen.

Im Landkreis Lüchow-Dannenberg, in Streetz, ist Heidrun Kaupen-Haas seit ihrem Stellenantritt in Hamburg zu Hause. Hier haben zahlreiche TutorInnen-Treffen und -Vorbereitungs-Wochenendseminare stattgefunden. Seit 15 Jahren ist auch Alf Trojan als Wochenend-Fischerhütten-Bewohner (in Gümse nur wenige Kilometer von Streetz entfernt) zu Hause. Das jährliche Fest in Streetz/Gümse am Ende des Sommersemesters ist uns ein lieb und teuer gewordener Markstein im Jahresablauf, bei dem bisher keine Ermüdungserscheinungen der Feier-Fähigkeiten und -Freudigkeit festzustellen sind. Zu diesen Festen kommen KollegInnen aus dem UKE und auch von außerhalb, insbesondere aus dem großen Freundesbereich, der von Heidruns Interesse an Kunst und Kultur geprägt ist.

Diese ausgeprägten Elemente gemeinsamen Lebens (und nicht nur Arbeitens!) sind vielleicht die wichtigste Grundlage für die Erfolge der vergangenen Zeit und ein – wir scheuen es nicht zu sagen – glückserfülltes Arbeits-Leben.

Als Heidrun von diesem Buchprojekt »Wind bekommen hatte«, war ihre größte Sorge, dass zu viel Persönliches den Blick auf das Wissenschaftliche verstellen könnte. Diese Sorge hat sich hoffentlich nach Lektüre dieses Einleitungsbeitrags in Nichts aufgelöst! Soviel darf aber und muss gesagt werden: Ohne Heidruns unermüdlichen Einsatz, kraftvoll-unauffälliges Engagement für Lehre und Forschung, ohne ihren großen und unerschütterlichen Optimismus, ihre durchgängige Gelassenheit und Heiterkeit, ohne ihre Zähigkeit und ohne ihre unerschöpflichen Fähigkeiten, uns anderen Mut zu machen, wäre die Medizinische Soziologie in Hamburg heute nicht das, was sie ist!

Literatur

Ebbinghaus A., Kaupen-Haas H., Roth K. H. (Hrsg.) (1984): Heilen und Vernichten im Mustergau Hamburg. Hamburg: Konkret-Literatur-Verlag

Ellinger S., Karmaus W., Kaupen-Haas H. (Hrsg.) (1985): Büroarbeit und Rheuma. Frankfurt/ New York: Campus-Verlag

Kaupen-Haas H. (Hrsg.) (1968): Soziologie medizinischer Berufe. Stuttgart: Enke Verlag

Kaupen-Haas H. (Hrsg.) (1986): Der Griff nach der Bevölkerung. Aktualität und Kontinuität nazistischer Bevölkerungspolitik. Nördlingen: Greno-Verlag

Kaupen-Haas H. (1969): Stabilität und Wandel ärztlicher Autorität. Stuttgart: Enke Verlag

Kaupen-Haas H. (1993): Le Troisième Reich à l'origine des technologies de la reproduction et de la génétique. In: Olff-Nathan, J. (Hrsg.): La science sous le Troisième Reich. Victime et alliée du nazisme? Paris

Kaupen-Haas H. (1997a): Medizinische Soziologie. In: Korte H., Schäfers B. (Hrsg.): Einführung in Praxisfelder der Soziologie, Leske und Budrich, Stuttgart 1997a: 97-110

Kaupen-Haas H. (1997b): Reproduktive Rechte von Frauen oder Bevölkerungspolitik. Thesen über Heilkünste von Frauen im historischen Vergleich. In: Gerhardt U. u.a. (Hrsg.): Differenz und Gleichheit. Frankfurt am Main: Helmer-Verlag:175-181

Kaupen-Haas H. (1997c): Zur Soziologie der körperlichen Präsenz und der Arzt-Patient-Kommunikation in der Humanmedizin: Neue bildgebende Verfahren in der Klinik. In: Rehberg K.-S. (Hrsg.): Differenz und Integration. Die Zukunft moderner Gesellschaften. Opladen / Wiesbaden: 702-706.

Kaupen-Haas H., Rothmaler C. (Hrsg.) (1994): »Sozialhygiene und Public Health« - Band 1, »Naturwissenschaften und Eugenik«. Frankfurt am Main: Mabuse-Verlag

Kaupen-Haas H., Rothmaler C. (Hrsg.) (1995): Sozialhygiene und Public Health - Band 2, »Industrielle Pathogenität und Krankheit«. Frankfurt am Main: Mabuse-Verlag

Kaupen-Haas H., Rothmaler C. (Hrsg.) (1995): Sozialhygiene und Public Health - Band 3, »Doppelcharakter der Prävention«. Frankfurt am Main: Mabuse-Verlag

Kaupen-Haas H., Rothmaler C. (Hrsg.) (1998): Sozialhygiene und Public Health - Band 4, »Strategien der Gesundheitsökonomie«. Frankfurt am Main: Mabuse-Verlag

Kaupen-Haas H., Rothmaler C. (Hrsg.) (1997): Sozialhygiene und Public Health - Band 5, »Moral, Biomedizin und Bevölkerungskontrolle«. Frankfurt am Main: Mabuse-Verlag

Kaupen-Haas H., Saller C. (Hrsg.) (1999): Wissenschaftlicher Rassismus. Analyse einer Kontinuität in den Human- und Naturwissenschaften, Frankfurt/New York: Campus Verlag

Laux R. (1978): Kursus der Medizinischen Soziologie. Entwicklung und Erprobung eines Unterrichtsmodells zur problemorientierten und praxisbezogenen Ausbildung von Medizinstudenten im Fach Medizinische Soziologie. Hamburg: Diss. Med.

Uhlemann T., Feuerstein G., Kollek R. (2002): Gentechnik und Krankenversicherung - Neue Leistungsangebote im Gesundheitssystem. Baden-Baden: NOMOS Verlag

Hinweis: Unser Beitrag verweist nur auf die wichtigsten Publikationen. Vollständigere Quellennachweise finden sich auf den Internet-Seiten: www.uke.uni-hamburg.de/institute/medizinsoziologie

Wir möchten an dieser Stelle zunächst den AutorInnen für ihre Beiträge und dem Verlag für seine bereitwillige und unbürokratische Kooperation ganz herzlich danken!

Bei Koordination und Korrespondenz der Beiträge konnten wir uns stets auf die engagierte Mitarbeit Frau Brigitte Tomadichs und Frau Kirsten Svanströms verlassen, bei der redaktionellen Bearbeitung und Korrektur der Beiträge auf die große Sorgfalt und Gewissenhaftigkeit Frau Bettina Jantzens. Ihnen allen möchten wir aufrichtig Lob und Dank sagen!

Frau Prof. Dr. Marianne Schuller sprechen wir für die kontinuierliche »Hintergrund-Beratung« bei der Entstehung dieses Buches unseren herzlichen Dank aus!

Die Herausgabe dieses Sammelbandes für Heidrun Kaupen-Haas ist uns durch ihrer aller tatkräftige Unterstützung ein besonderes Vergnügen geworden.

HANNELI DÖHNER, ALF TROJAN

MARIANNE SCHULLER

Wissenschaft als Beruf

Eine Etude. Für Heidrun Kaupen-Haas.

Im November 1917 hat Max Weber in München einen Vortrag gehalten mit dem Titel *Wissenschaft als Beruf*. Der Veranstalter war der »Freistudentische Bund, Landesverband Bayern« als Teil der Freistudentischen Bewegung, der unter anderen der junge Walter Benjamin angehörte. Ende des 19. Jahrhunderts als Reaktion auf die Veränderung der Universitäten zu technischen Großbetrieben hervorgegangen, hatte sich diese Vereinigung der nichtkorporierten Studenten den Kampf gegen die zunehmende Anpassung der Universitäten an die Erfordernisse der kapitalistischen Wirtschaft- und Gesellschaftsordnung auf ihre Fahnen geschrieben. Dazu gehörte nicht zuletzt die Kritik am Spezialistentum im Namen einer Öffnung der Universität auf allgemeine Prinzipienfragen der Wissenschaft sowie auf die Grundlagen der Kultur. Im Auditorium dieses Vortrages, der 1919 in einer bearbeiteten Fassung publiziert worden ist, saß unter anderen der Philosophie-Student mit Namen Karl Löwith. Er sah darin die »Erfahrung und das Wissen eines ganzen Lebens verdichtet«. Webers Wort war ihm »wie eine Erlösung«.[1]

Der Weg, den der Text zurücklegt, geht aus von den »äußeren Verhältnissen«, in denen Max Weber – vor allem im Vergleich zu Amerika – die materiellen und institutionellen Seiten der »Wissenschaft als Beruf« anspricht. »Ich soll nach Ihrem Wunsche über ›Wissenschaft als Beruf‹ sprechen. Nun ist es eine gewisse Pedanterie von uns Nationalökonomen, an der ich festhalten möchte: dass wir stets von den äußeren Verhältnissen ausgehen, hier also von der Frage: Wie gestaltet sich Wissenschaft als Beruf im materiellen Sinne des Wortes?« (S. 1)
In Rücksicht auf diese Frage, die nur dank rhetorischer Noblesse als pedantisch erscheint, betont Max Weber, dass die Universität als ein »Ausleseapparat« gefasst

1 Ich zitiere im Folgenden nach der Max-Weber-Studienausgabe (MWS), Band I/17, hrsg. von Wolfgang J. Mommsen und Wolfgang Schluchter in Zusammenarbeit mit Birgitt Mogenbrod, Tübingen 1994 (Verlag Mohr). Die Seitenangaben des Textes werden hier in Klammern angegeben. Hier: S. 123.

werden muss, in dem der *Hazard* regiert. (S. 3) In besonderer Weise gilt dies nach Weber für die »großen Institute medizinischer oder naturwissenschaftlicher Art«, die als »›staatskapitalistische‹ Unternehmungen« nicht »ohne Betriebsmittel größten Umfangs« verwaltet werden können. »Es besteht«, so Weber, »eine außerordentlich starke Kluft, äußerlich und innerlich, zwischen dem Chef eines solchen großen kapitalistischen Universitätsunternehmens und dem gewöhnlichen Ordinarius alten Stils. [...] Ob es einem [...] Privatdozenten [...] jemals gelingt, in die Stelle eines vollen Ordinarius und gar eines Institutsvorstandes einzurücken, ist eine Angelegenheit, die einfach *Hazard* ist. Gewiss: nicht nur der Zufall herrscht, aber er herrscht doch in ungewöhnlich hohem Grade.«

Und es gibt viele, so Weber, »die trotz aller Tüchtigkeit innerhalb dieses Ausleseapparates nicht an die Stelle gelangen, die ihnen gebühren würde.« (S. 3) Drängt sich hier der Aktualisierbarkeit auf, so auch in anderer Hinsicht. Webers Diagnose trifft bereits das, was heute als Evaluation nach Maßgabe studentischer »Einschaltquoten« mehr oder minder gang und gäbe ist. Während die Zuhörerzahl messbar ist, ist die »Gelehrtenqualität unwägbar und gerade bei kühnen Neuerern oft (und ganz natürlicherweise) umstritten.« (S. 4) Das Resümmé: »Das akademische Leben ist also ein wilder Hazard. Wenn junge Gelehrte [sic!] um Rat fragen kommen wegen Habilitation, so ist die Verantwortung des Zuredens fast nicht zu tragen. Ist er ein Jude, so sagt man ihm natürlich: lasciate ogni speranza.« (S. 5)

Wenn Max Weber dann von den »äußeren Bedingungen des Gelehrtenberufs« zu dem »*inneren* Berufe zur Wissenschaft« (S. 5) überwechselt, so ist eine leise Ironie zu vernehmen. Sie trifft nicht nur die tendenzielle Idealisierung des ›inneren Wesens‹, sondern auch die programmatisch-utopischen Vorstellungen seiner Gastgeber, das Rad der Geschichte zurück zu drehen, sprich: das Spezialistentum in einer neuen emphatischen Ganzheit überwinden zu können. »Ich glaube nun aber, Sie wollen in Wirklichkeit von etwas anderem: von dem *inneren* Berufe zur Wissenschaft, hören. In der heutigen Zeit ist die innere Lage gegenüber dem Betrieb der Wissenschaft als Beruf bedingt zunächst dadurch, dass die Wissenschaft in ein Stadium der Spezialisierung eingetreten ist, wie es früher unbekannt war, und dass dies in alle Zukunft so bleiben wird.« (S. 5)

Mit dieser Feststellung ist nicht einfach ein Sich-Fügen in die Verhältnisse, die nicht so sind, verbunden. Vielmehr schlägt Max Weber einen Weg des Denkens ein, einen Weg, der die fatale Opposition zwischen einer rückwärts gewandten Utopie einerseits und einer resignativen Unterwerfung unter die Botmäßigkeit moderner Ausdifferenzierung andererseits in Bewegung bringt und damit verändert. In dem Maße, wie die Spezialisierung und Arbeitsteilung als irreversibel diagnostiziert wird, wird nicht der Einhaltung der Grenzen der sich spezialisierenden Wissenschaften, vielmehr einer Dynamik das Wort geredet, welche das Wissen an die

Grenzen der Disziplinen treibt, um sie von daher gleichsam zum Platzen zu bringen.

Können daraus neue Konfigurationen entstehen, so wird diese Dynamik dem Theoretiker moderner Rationalität zufolge durch Leidenschaften, durch die Kontingenz des Einfalls und durch den Rausch ins Leben der Wissenschaft gerufen. Wissenschaft und Affektivität, Wissenschaft und Wahnhaftigkeit, Wissenschaft und Obsession bis zur Blödigkeit sind nicht sich ausschließende Gegensätze, sondern sie sind, wenn auch nur auf Zeit, verschwistert: Max Weber stellt das Unding einer Verschwisterung von vermeintlichen Gegensätzen dar.

Das irreversible Spezialistentum wird von dieser Verschwisterung nicht aufgehoben, sondern heimgesucht. Diese Heimsuchung ist weniger auf der Ebene der Aussage fixiert als vielmehr im Modus des leidenschaftlich bewegten Aussagens zu lesen. Max Weber schreibt: »Eine wirklich endgültige und tüchtige Leistung ist heute stets: eine spezialisierte Leistung. Und wer also nicht die Fähigkeit besitzt, sich einmal sozusagen Scheuklappen anzuziehen und sich hineinzusteigern in die Vorstellung, dass das Schicksal seiner Seele davon abhängt: ob er diese, gerade diese Konjektur an dieser Stelle der Handschrift richtig macht, der bleibe der Wissenschaft nur ja fern. Niemals wird er in sich das durchmachen, was man das ›Erlebnis‹ der Wissenschaft nennen kann. Ohne diesen seltsamen, von jedem Draußenstehenden belächelten Rausch, diese Leidenschaft, dieses: ›Jahrtausende mussten vergehen, ehe du ins Leben tratest, und andere Jahrtausende warten schweigend‹: - darauf, ob dir diese Konjektur gelingt, hat einer den Beruf zur Wissenschaft *nicht* und tue etwas anderes. Denn nichts ist für den Menschen als Menschen etwas wert, was er nicht mit *Leidenschaft* tun *kann*. [...] Es ist ja wohl heute [...] die Vorstellung sehr verbreitet, die Wissenschaft sei ein Rechenexempel geworden, das in Laboratorien oder statistischen Karthotheken mit dem kühlen Verstand allein und nicht mit der ganzen ›Seele‹ fabriziert werde, so wie ›in einer Fabrik‹.[...] Hier wie dort muss dem Menschen etwas - und zwar das richtige - *einfallen*, damit er irgendetwas Wertvolles leistet. Dieser Einfall aber lässt sich nicht erzwingen. [...] Der Einfall ersetzt nicht die Arbeit. Und die Arbeit ihrerseits kann den Einfall nicht ersetzen oder erzwingen, so wenig wie die Leidenschaft es tut. Beide - vor allem: beide *zusammen* - locken ihn. Aber er kommt, wenn es ihm, nicht, wenn es uns beliebt.« Und Max Webers leidenschaftliches Plädoyer für die Leidenschaft steigert sich, wenn er sagt, dass die Eingebung in der Wissenschaft »keine geringere Rolle [spielt] als auf dem Gebiete der Kunst. [...] Die mathematische Phantasie eines Weierstreß ist natürlich dem Sinn und Resultat nach ganz anders ausgerichtet als die eines Künstlers und qualitativ von ihr grundverschieden. Aber nicht dem psychologischen Vorgang nach. Beide sind: Rausch (im Sinne von Platons ›Mania‹) und ›Eingebung‹». (S. 6/7)

Wie die Leidenschaft, wie der Rausch als notwendiges Supplement der Wissenschaft eingeführt ist, als das, was selbst nicht wissenschaftlich begründbar, die Wissenschaft mitbegründet, so gilt dies ebenso von dem, was wir als ›wissenswert‹ bestimmen. Einerseits ist es eine Voraussetzung wissenschaftlichen Arbeitens, dass ihr Ergebnis »*wichtig* im Sinne von›wissenswert‹ sei. Und da stecken nun offenbar alle unsere Probleme darin. Denn diese Voraussetzung ist nicht ihrerseits mit den Mitteln der Wissenschaft beweisbar. Sie lässt sich nur auf ihren letzten Sinn *deuten*, den man dann ablehnen oder annehmen muss, je nach der eigenen letzten Stellungnahme zum Leben.« (S. 13)

Nach Max Weber müssen wir von der irreversiblen Dominanz der sich spezialisierenden Wissenschaften in der Moderne ausgehen, die zu einer »Intellektualisierung« des Menschen und einer ebenso irreversiblen »Entzauberung der Welt« führt. »Die zunehmende Intellektualisierung und Rationalisierung bedeutet [...] *nicht* eine zunehmende allgemeine Kenntnis der Lebensbedingungen, unter denen man steht. Sondern sie bedeutet etwas anderes: das Wissen davon oder den Glauben daran: dass man, wenn man nur wollte, es jederzeit erfahren *könnte*, dass es also prinzipiell keine geheimnisvollen unberechenbaren Mächte gebe, die da hineinspielen, dass man vielmehr die Dinge – im Prinzip – durch *Berechnen beherrschen* könne. Das aber bedeutet: die Entzauberung der Welt. Nicht mehr, wie der Wilde, für den es solche Mächte gab, muss man zu magischen Mitteln greifen, um die Geister zu beherrschen oder zu erbitten. Sondern technische Mittel und Berechnung leisten das. Dies vor allem bedeutet die Intellektualisierung als solche.« (S. 9)

Ich möchte an dieser Stelle, in der wissenschaftliches Fortschreiten und Sinnverlust ineinander verschränkt sind, innehalten. Denn bei aller Strenge der Weberschen Diktion, bei aller melancholischen Unerbittlichkeit seines Denkens der Moderne, stellt sich nachträglich doch etwas heraus, was als eine Art eingewebter Hoffnung lesbar wird: das Moment der Heimsuchung bzw. der Heimgesuchtheit der Wissenschaften durch das, was sie zu überwinden trachten: Kontingenz, Leidenschaft, Rausch und das Geisterhafte. Denn sieht man genau hin, so eignet der entzaubernden Intellektualisierung und Verwissenschaftlichung der Welt zugleich etwas Phantasmatisches: Wenn Weber schreibt, dass es das Wissen oder der Glaube an die Wissenschaft sei, welche die Geister austreiben könnte, dann erscheint dieses Wissen von der Austreibung der Geister selber von einem geisterhaften Glauben durchwirkt. Es hat, in sich selbst, eine abgründige Wunde, ohne die es nicht leben und nicht weben könnte.

Warum erzähle ich diese alten Geschichten? Nicht nur als Erinnerung daran, dass sich durch das wissenschaftliche Leben von Heidrun Kaupen-Haas die kritische Auseinandersetzung mit Max Weber wie ein roter Faden zieht, sondern: Heidrun Kaupen-Haas hat in ihrer Wissenschaft als Beruf niemals dieses Abgründige vergessen: das Leidenschaftliche in der unermüdlichen Arbeit, die Unwiderruflichkeit der Entzauberung der Welt, die den Zauber des Denkens freisetzt, die Ungenügsamkeit, die daraus entsteht, dass jede wissenschaftliche Erfüllung zugleich den Wunsch nach Überbietung mit sich bringt.

Wie die Heimsuchung der Wissenschaft durch Leidenschaft auf der Seite des Lebendigen ist, so kann Wissenschaft als Beruf im Weberschen Sinne zuweilen nicht nur den Beruf, sondern das Leben schwierig machen. Auf dieser schwierigen Schwelle bewegt sich Heidrun Kaupen-Haas – und gewinnt von daher ihre Haltung, ihre Kraft und ihr Glück. Diesen kostbaren Ort auszukosten bedeutet auch, der zunehmenden Anpassung der Universitäten an die Erfordernisse der kapitalistischen Wirtschafts- und Gesellschaftsordnung zu widerstehen. In diesem Sinne ist es auch ein politischer Ort.

P.S. Am Beginn meines Studiums habe ich in Heidelberg den alten Karl Löwith gehört. Er sprach von dem mir unbekannten Max Weber und also von der Entzauberung der Welt. Dieses Zauberwort hat mich getroffen. In dieser Etude über Wissenschaft als Beruf für Heidrun Kaupen-Haas hat es ein wenig zu sprechen begonnen.

I.

Medizin-Soziologie und Gesundheitspolitik

HANS-ULRICH DEPPE

Der Beitrag der Medizinischen Soziologie zur Gesundheitspolitik

Die Medizinische Soziologie hat eine traditionelle Affinität zur Gesundheitspolitik, dem institutionalisierten Prozess der Gestaltung des gesellschaftlichen Umgangs mit Krankheit und Gesundheit. Der Buchtitel »Krankheit ist ohne Politik nicht heilbar«, der in den 80er Jahren noch eine Provokation war, ist heute fast zur Selbstverständlichkeit geworden. Die Schwerpunkte in der Gesundheitspolitik werden allerdings sehr unterschiedlich gesetzt. Nur in seltenen Fällen wird tatsächlich Gesundheitspolitik betrieben - also eine Politik, die sich auf die Erhaltung der Gesundheit konzentriert. Was in der gesellschaftlichen Realität angetroffen wird, ist in der Regel eine Politik, die sich mit der Krankenversorgung beschäftigt. Dabei geht es um den altbekannten Diskurs von Prävention und Kuration - oder anders ausgedrückt: um den jeweiligen Stellenwert von Gesundheitsförderung und Krankheitsbewältigung. Darüber hinaus ist festzustellen, dass sich in Zeiten wirtschaftlicher Engpässe und Krisen Gesundheitspolitik pragmatisch auf Kostenpolitik reduziert. In Deutschland heißt das, es geht vor allem um die Ausgaben der gesetzlichen Krankenversicherung.

In den letzten beiden Jahrzehnten hat eine Verwissenschaftlichung von Gesundheitspolitik stattgefunden. Im Mittelpunkt stehen dabei die Sozialwissenschaften in Form der Gesundheitswissenschaften. Ausdruck dessen sind nicht nur die akademische Institutionalisierung von Studienfächern wie Medizinische Soziologie, Sozialmedizin, Public Health oder Gesundheitsökonomie, sondern auch die vielfältigen Expertengremien, Ausschüsse, Sachverständigenräte und Institute, in denen Wissenschaftler unmittelbar mit und für die Politik arbeiten oder gutachterlich tätig sind. Sie schaffen Grundlagen für politische Entscheidungen. Auch die Einrichtung eines eigenständigen Bundesgesundheitsministeriums Anfang der 90er Jahre ist in diesem Kontext zu sehen.

Im Prozess der Verwissenschaftlichung von Gesundheitspolitik geht es zunächst um die empirische Ermittlung zuverlässiger Daten. Dabei handelt es sich meistens um die Beschreibung eines isolierten Sachverhalts - nicht selten mit vorgegebener Fragestellung, über deren Bedeutung anderenorts entschieden wird. Es geht sozusagen um Berichterstattung. Deutschland hat auf diesem Gebiet einen erheblichen Nachholbedarf im Vergleich zu den USA, Schweden oder Großbritannien. Deshalb wird häufig auf Datenquellen aus diesen Ländern zurückgegriffen, obwohl bekannt ist, dass sie sich nicht bruchlos übertragen lassen. Allerdings lässt sich feststellen, dass in den letzten Jahren in Deutschland auf diesem Gebiet Erhebliches geleistet wurde. Das wissenschaftliche Bild, das sich daraus auch für die Medizinische Soziologie ergibt, lässt sich so beschreiben: viele relevante und seriöse Einzelprojekte mit unterschiedlicher inhaltlicher und methodologischer Ausrichtung, gesucht wird aber nach einem verallgemeinerbaren Gesamtkonzept. Um es mit einer Metapher zu kommentieren: Es gibt zahlreiche gutgewachsene Bäume, aber der Wald - seine charakteristischen Merkmale - sind noch nicht erkennbar! Es handelt sich hierbei übrigens um ein weitverbreitetes Problem, das für viele sozialwissenschaftliche Disziplinen gilt. Mir fällt dazu das Habermasche Wort von der »neuen Unübersichtlichkeit« ein, das jedoch inzwischen schon etwas älter ist.

Wissenschaft erschöpft sich nicht im sorgfältigen und methodologisch korrekten Vermessen, Auszählen oder Beschreiben eines begrenzten Sachverhaltes. Wissenschaft hat auch - und vor allem - die Aufgabe zu analysieren. Festgestellte Erscheinungen sind auf ihre wesentlichen Voraussetzungen abzuklopfen, zu erklären und schließlich zu hinterfragen. Die sozialwissenschaftliche Analyse erhebt den Anspruch, historisch gewachsene Strukturen durchschaubar zu machen, an der Oberfläche sich vollziehende Entwicklungen und Erscheinungen in ihrem Kern zu begreifen. Gesetzmäßigkeiten und treibende Kräfte sollen erkennbar werden. Wie Röntgenstrahlen den menschlichen Organismus durchleuchten und innere Strukturen erscheinen lassen, so soll die sozialwissenschaftliche Analyse die Anatomie sozialer Gebilde erhellen. Bei der Strukturanalyse kommt es darauf an, wie weit die Analyse vordringt, welchen Tiefgang sie hat. Ob sie bei den Akteuren stehen bleibt, oder aber ob sie auch die Strukturen des Systems, die konstitutiven Zusammenhänge und Widersprüche, erkennbar und damit seine Gesetzmäßigkeiten begreifbar macht. Es geht dabei um die Vermittlung von Besonderem und Allgemeinem, von Teil und Ganzem sowie von Objektivem und Subjektivem. Es geht um den Stoffwechsel zwischen Medizin und Gesellschaft - um ein Synonym für Medizinische Soziologie zu gebrauchen.[1]

Der analytische Tiefgang ist also ein unverzichtbares Kriterium von Wissenschaft. Er ist es aber zugleich auch, der erhebliche Probleme für die Wissenschaft bringen kann. Mit unseren bohrenden Fragen nach dem Warum und Wozu kom-

1 H.-U. Deppe, Zur sozialen Anatomie des Gesundheitssystems, Frankfurt a.M. 2000, S. 19.

men wir um die Auseinandersetzung mit Interessen - und zwar nicht nur mit professionellen, bürokratischen und finanziellen, sondern auch mit grundlegenden gesellschaftlichen Interessen - nicht herum. In diesem Zusammenhang denke ich gerne an die JAMA, die 1998 in ihrem Editorial die empirisch abgesicherte allgemeine Feststellung machte: Ein niedriger sozialökonomischer Status ist offensichtlich der mächtigste einzelne Faktor für vorzeitige Morbidität und Mortalität, nicht nur in den Vereinigten Staaten sondern weltweit.[2] Gesellschaftswissenschaftler können eine solche Feststellung nicht schlicht zur Kenntnis nehmen und wieder zur Tagesordnung übergehen. Die Logik der Aufklärung drängt über die einfache Feststellung hinaus bis in die ursächlichen gesellschaftspolitischen Felder mit ihren spezifischen strukturellen Widersprüchen. Und diese artikulieren sich in Form von Macht, Herrschaft und damit verbundenen partikularen Interessen, keineswegs nur bei der Umsetzung von Forschungsergebnissen. Sie haben ebenso Einfluss auf die Forschungsfragen, Forschungsmethoden und Forschungsprozesse. Je weniger den Subjekten transparent ist, desto mehr! (so Rosenbrock und Kühn.[3]) In der konkreten Situation des forschenden Wissenschaftlers verbleibt allerdings in der Regel nur ein schmaler Spielraum, um balancierend auszuloten, wie weit und tief er oder sie wissenschaftlich vordringen kann, ohne dass die existenzbedrohende Verweigerung des Auftraggebers einsetzt.

So wichtig Wissenschaft für Politik geworden ist, so wichtig ist es für Wissenschaft, dass sie eine relative Autonomie von außerwissenschaftlicher Einflussnahme behält. Nur so kann sie ihre Identität bewahren, ohne zur Apologetik zu verkommen. Und ideologische Rechtfertigung nutzt letztlich auch wohlverstandener Politik auf Dauer nicht.

Deskription und Analyse, als wissenschaftliche Kriterien, gehören zusammen. Sie bilden die Grundlage für die bewusste Gestaltung des gesellschaftlichen Umgangs mit Krankheit und Gesundheit. Gesundheitspolitische Relevanz erfährt die Strukturanalyse seit einigen Jahren bei der Suche nach wissenschaftlichen Instrumenten zur Steuerung und Regulierung des Gesundheitswesens. Es wird davon ausgegangen, dass Steuerungspotenziale auf unterschiedlichen Ebenen bestehen: bei Individuen als Nachfrager und Erbringer von Leistungen, auf der Ebene von Verbänden und Interessengruppen und nicht zuletzt auf staatlicher Ebene.[4] In langfristiger Perspektive ist zweifellos der Staat als der wichtigste Prägefaktor für

2 R.B. Williams, Lower Socioeconomic Status and Increased Mortality, in: JAMA, Vol. 279, June 3, 1998, S. 1745.

3 R. Rosenbrock, H. Kühn, B.M. Köhler (Hrsg.), Präventionspolitik, Gesellschaftliche Strategien der Gesundheitssicherung, Berlin 1994, S. 39.

4 SVRKAiG, Sachstandsbericht 1994, Gesundheitsversorgung und Krankenversicherung 2000, Baden-Baden 1994, S. 207ff.

die Entwicklung des deutschen Gesundheitssystems anzusehen. So sind z.B. die Gründung der Krankenkassen und Kassenärztlichen Vereinigungen, die Schaffung gesundheitsbezogener Berufsbilder und die Regelung von Versicherungspflicht und Leistungsansprüchen auf staatliche Eingriffe zurückzuführen. In der jüngeren Gesundheitspolitik bis zum Gesundheitsstrukturgesetz von 1992 hatte jedoch der Staat erheblich an Regulierungskompetenz eingebüßt. Den zahlreichen vorausgegangenen Gesetzen zur Kostendämpfung im Gesundheitswesen war lediglich kurzfristiger Erfolg beschieden, da sich strukturelle Neuerungen gegen die Verbände mit ihren gruppenegoistischen Interessen nicht durchsetzen ließen. Das deutsche Gesundheitssystem galt deshalb auch als besonders resistent und nur schwer steuerbar. Ursächlich wurden dafür die verkrusteten Machtstrukturen im Gesundheitswesen verantwortlich gemacht.[5] Und auf der Individualebene, auf der der Patient dem Arzt, der Versicherte der Krankenversicherung und die Krankenversicherung dem Leistungserbringer gegenübertritt, werden seit Ende der 80er Jahre zunehmend neoliberale Instrumente der Steuerung wie Flexibilisierung, Privatisierung, Markt und Wettbewerb propagiert, die den Tauschcharakter dieser Beziehungen präzisieren, Kosten dämpfen, die Effizienz erhöhen und zur Stärkung der ökonomischen Selbstregulierung beitragen sollen.

Diese Überlegungen werden im Folgenden an medizinsoziologischen Kernbereichen erläutert und präzisiert, in denen der Beitrag der Medizinischen Soziologie zur Gesundheitspolitik unverkennbar ist. Es soll der Bezug zur aktuellen Gesundheitspolitik in Deutschland hergestellt werden, die unter dem Druck des neoliberalen Diskurses steht, der sich inzwischen keineswegs mehr nur auf die Ökonomie beschränkt, steht. Und bei den medizinsoziologischen Kernbereichen handelt es sich um den Krankheits- bzw. Gesundheitsbegriff, soziale Ungleichheit und Krankheit bzw. Gesundheit, das Gesundheitssystem und seine Reformen sowie die Arzt-Patient-Beziehung. Es kann dabei nur um Skizzierungen gehen, die das Problem bewusst machen. Zur Differenzierung und Vertiefung gibt es inzwischen zahlreiche Publikationen.

1. Die Debatte um den Krankheits- bzw. Gesundheitsbegriff ist keine abstrakte und akademische Spielerei, sondern die gesellschaftliche Akzeptanz ihrer Ergebnisse ist wesentlich für die normative Orientierung eines Gesundheitssystems. Es geht dabei um das, was sein soll – in der Sprache der Gesundheitssystemforschung um »Gesundheitsziele«. Besonders deutlich wird das an dem Unterschied der Weltgesundheitsorganisation und unserem Sozialgesetzbuch oder noch besser der früheren Reichsversicherungsordnung. Während die Weltgesundheitsorganisation von einem Gesundheitsbegriff ausgeht, beruht das deutsche Regelwerk auf einem

5 V. Wanek, Machtverteilung im Gesundheitswesen, Frankfurt a.M. 1994.

Krankheitsbegriff, auch wenn das in den vergangenen Jahren verstärkt problematisiert wurde. Dahinter steht die unterschiedliche strukturleitende Intention von Gesundheitsförderung einerseits und Krankheitsbewältigung andererseits in einem Gesundheitssystem. Konkret sieht die Problematisierung dieses intentionalen Unterschiedes in der deutschen Gesundheitspolitik so aus: »Gesundheitsförderung« und »Prävention« als Aufgabe der gesetzlichen Krankenversicherung wurden erstmals in das Gesundheits-Reformgesetz (1988) aufgenommen. Im Zuge der Kostendämpfungsmaßnahmen Mitte der 90er Jahre wurden die Gesundheitsförderung und primäre Prävention allerdings wieder aus der paritätischen Kassenfinanzierung gestrichen (Beitragsentlastungsgesetz 1996). Diese Maßnahme wurde nach dem Regierungswechsel 1998 rückgängig gemacht und erweitert (GKV-Gesundheitsreformgesetz 2000). Und sie lautet jetzt:

»Die Krankenkasse soll in der Satzung Leistungen zur primären Prävention vorsehen ... Leistungen zur Primärprävention sollen den allgemeinen Gesundheitszustand verbessern und insbesondere einen Beitrag zur Verminderung sozial bedingter Ungleichheit von Gesundheitschancen erbringen.«[6]

Ebenfalls unter dem Stichwort Krankheitsbegriff finden gegenwärtig Veränderungen statt, die an den Nerv der Gesundheitspolitik gehen. Sie sind mit der Frage verbunden, ob Krankheit und der gesellschaftliche Umgang damit den Charakter einer marktgängigen Handelsware oder Dienstleistung annehmen kann, ob der Kranke in seinem innersten Kern eigentlich ein Kunde zu sein hat, ob der Umgang mit Kranken deshalb der Logik der Betriebswirtschaft folgen muss. Andererseits werden berechtigte Überlegungen geäußert, ob es nicht gesellschaftliche Bereiche gibt, die eine Dekommodifizierung des Status der Individuen gegenüber dem Markt implizieren, die also von Marktmechanismen abzukoppeln sind.[7] Immerhin haben die Versicherten im deutschen Sozialstaat einen Rechtsanspruch auf demokratisch festgelegte Leistungen, deren Inanspruchnahme öffentlich garantiert ist. Darüber hinaus zählt das Recht auf Gesundheit zu den offiziell anerkannten Menschenrechten. Die soziologische Analyse des gesellschaftlichen Umbruchs, der sich offensichtlich aus der Etablierung eines neuen Akkumulationsregimes ergibt und dessen Auswirkungen auf den Krankheitsbegriff, die Medizin und Krankenversorgung unverkennbar sind, ist für die Gesundheitspolitik unverzichtbar, wenn sie diesen Prozess nicht nur adaptiv rezipieren, sondern bewusst und aktiv mitgestalten will.

6 § 20 Abs.1 SGB V

7 G. Esping-Andersen, Die drei Welten des Wohlfahrtskapitalismus. Zur politischen Ökonomie des Wohlfahrtsstaates, in: St. Lessenich, I. Ostner (Hrsg.), Welten des Wohlfahrtskapitalismus, Der Sozialstaat in vergleichender Perspektive, Frankfurt a.M. 1998, S. 36.

2. Soziale Ungleichheit und Krankheit bzw. Gesundheit: Dabei handelt es sich um einen Themenbereich, der in der Geschichte der sozialen Medizin weit zurückverfolgt werden kann. Er bildete gleichsam den Kern der sozialen Medizin, der dieser immer wieder den »Ruch des Politischen«, ihrer zu engen Nähe zur Politik, anheftete. In den letzten Jahren hat dieses Thema eine enorme nationale und internationale wissenschaftliche Präzisierung erfahren. Offensichtlich scheinen sich frühere Einzelergebnisse auf einer beeindruckenden Bandbreite zu bestätigen, die tatsächlich eine Verallgemeinerung zulassen. Ich möchte aus diesem Spektrum nur einige inzwischen nicht mehr bestrittene Teilergebnisse erwähnen: Die Sterblichkeit im Erwerbsalter variiert in allen entwickelten Industriegesellschaften schichtenspezifisch - bei Männern stärker als bei Frauen, bei Jüngeren stärker als bei Älteren. Die Zusammenhänge sind in der Regel linear. Das meint, je ungünstiger der sozioökonomische Status, desto höher ist die Sterblichkeit. Faktoren wie Verfügbarkeit, Inanspruchnahme und Qualität medizinischer Leistungen haben bei der Erklärung lediglich eine nachgeordnete Bedeutung. Das Hauptgewicht liegt auf schichtspezifischen Arbeits-, Lebens- und Umweltbedingungen, gesundheitsbezogenen Lebensstilen und daraus resultierenden Verhaltensmustern. Gleiches gilt für eine große Zahl chronisch-degenerativer Erkrankungen wie koronare Herzkrankheiten, zerebrovaskuläre Krankheiten, Atemwegserkrankungen, Bronchialkarzinome, Diabetes mellitus und rheumatische Erkrankungen.[8] In diesem Zusammenhang ist auch an die aktuelle Debatte um die Forschungsergebnisse von Wilkinson u.a. zu erinnern, die herausfanden, dass unter den reichen Ländern offensichtlich nicht die Länder mit einem hohen Bruttoinlandsprodukt (BIP) auch die höchsten Lebenserwartungen haben, sondern jene mit den geringsten Einkommensdifferenzen.[9] Hier geht es um den Grad der Polarisierung in einer Gesellschaft und dessen nachweisbarem Einfluss auf Lebenserwartungen. Auf dem Hintergrund dieser Erkenntnisse wundert es nicht, dass der wissenschaftliche Such- und Frageprozess weiter drängt - von der »health inequality« zur »health inequity«, von der Verteilung zur Gerechtigkeit. Und damit wird die Politik direkt angesprochen. Mit der Frage nach der sozialen Gerechtigkeit im Umgang mit gesellschaftlichen Risiken kommen sich Wissenschaft und Politik sehr nahe.

3. Die Struktur und Entwicklung des Gesundheitswesens oder Gesundheitssystems wurde am Anfang der Medizinischen Soziologie nicht als ein ihr zugehöriges Gebiet anerkannt. Es gab darum heftige Auseinandersetzungen. Heute befindet es sich als eigenständiges Kapitel in allen medizinsoziologischen Lehrbüchern.

8 J. Siegrist, A. M. Möller-Leimkühler, Gesellschaftliche Einflüsse auf Gesundheit und Krankheit, in: F.W. Schwartz u.a. (Hrsg.), Das Public Health Buch, München 1998, S. 97.

9 R.G. Wilkinson, Unhealthy Societies, The Afflictions of Inequality, London, New York 1996, S. 3.

Schauen wir uns die Geschichte der europäischen Gesundheitssysteme, ihre Einführung oder strukturelle Neuordnung an, so ist diese ohne die damit einhergehende politische Entwicklung nicht zu verstehen. Bei Betrachtung der strukturellen Veränderungen in den europäischen Gesundheitssystemen fällt auf, dass sie dann auf der politischen Tagesordnung standen, wenn gesellschaftliche Systemfragen virulent wurden. Das war der Fall in Deutschland bei der Einführung der gesetzlichen Krankenversicherung in den 80er Jahren des 19. Jahrhunderts, bei der Gründung und Auflösung der Sowjetunion, in Großbritannien nach dem Zweiten Weltkrieg, in den mediterranen Ländern nach dem Ende der Militärdiktaturen in den 70er und 80er Jahren und nicht zuletzt bei der deutschen Vereinigung für die DDR.

Aber nicht nur bei der Transformation von Gesundheitssystemen, auch bei ihren inneren Reformen, der Anpassung an veränderte gesellschaftliche Bedingungen und politische Kräftekonstellationen werden medizinsoziologische Inhalte thematisiert. Die »Gesundheitsreformen« in den 90er Jahren waren geprägt von der Frage – und das ganz besonders in Deutschland –, ob sich die komplexen Strukturen des Gesundheitssystems überhaupt steuern und regulieren lassen. Es wurde bereits angedeutet: Bei den Orten der Steuerung werden die Ökonomie, die Politik und im Gesundheitssystem die Selbstverwaltung genannt. Bei der Ökonomie dominieren entsprechend dem neoliberalen Modell markt- und konkurrenzwirtschaftliche Instrumente sowie betriebswirtschaftliches Denken. Die Politik kann auf Orientierung am Gemeinwohl, demokratische Prozesse und Solidarität nicht verzichten. Auf der Suche nach einem »Dritten Weg« ist es zumindest in Europa bisher nicht zu überzeugenden und durchschlagenden Vorschlägen gekommen. Dieser Prozess selbst, aber auch die Fülle seiner Detailschritte, ist gespickt von medizinsoziologischen Aspekten, die wissenschaftlich bearbeitet wurden und werden. Dazu fallen im Kontext der aktuellen Gesundheitspolitik zahlreiche medizinsoziologische Themen auf: Ob es sich um Fragen der Unter-, Über- oder Fehlversorgung handelt, die hausärztliche Versorgung, Selbsthilfe, Soziotherapie, integrierte Versorgung in der Rehabilitation, Verbraucher- und Patientenberatung, Patientenrechte, Qualitätssicherung – ja bis zur Frage, wie die paritätische Finanzierung der Kassenbeiträge zukünftig gestaltet werden soll.

Die Gesundheitssystemforschung ist ein elementarer Bestandteil der medizinischen Soziologie. Im Gesundheitssystem und seinen Institutionen findet der Stoffwechsel zwischen Medizin und Gesellschaft statt. Sie sind sozusagen der geronnene gesellschaftliche Ausdruck dieses Prozesses. Die Beziehungen, die die Menschen hier miteinander eingehen, die Kodifizierungen, die ihr Verhalten regeln und steuern, Sanktionen und Gratifikationen, sind vielfältiger Gegenstand medizinsoziologischer Forschung.

4. Bei der Arzt-Patient-Beziehung handelt es sich um einen Schwerpunkt, der ebenfalls zu den Essentials der Medizinischen Soziologie zählt. Er ist deshalb auch in der ärztlichen Approbationsordnung (AppOÄ) ausdrücklich fixiert. Dabei handelt es sich um spezifische soziale Beziehungen, welche nicht in der Öffentlichkeitssphäre der bürgerlichen Gesellschaft liegen. Sie befinden sich vielmehr in der Intimsphäre, die als abgeschirmter Kern des Privaten beschrieben wird. Es ist festzustellen, dass sich die traditionellen Zuordnungen zu den einzelnen Sphären der Gesellschaft seit Anfang der 70er Jahre verändern. Das Intime ist stärker öffentlich geworden. Zu denken ist dabei vor allem an den Umgang mit sexuellen Fragen, psychischen Problemen und der persönlichen Betroffenheit durch Krankheit. Man spricht darüber - auch öffentlich. Die Selbsthilfebewegung hat dabei eine nicht unbedeutende Rolle gespielt.

Parallel zu dieser Entwicklung kommt es auch zu einer Veränderung des Arzt-Patient-Verhältnisses. Seiner Herkunft nach ist es paternalistisch und autoritär strukturiert. Hier gilt der Arzt als Anwalt eines unmündigen Patienten. Die Veränderung dieses Verhältnisses geht zwar langsam, aber offensichtlich in eine Richtung, die mehr partnerschaftlich orientiert ist. Dabei bekommen Mitbestimmung und Mitverantwortung, aber auch Information und Kontrolle zunehmend Bedeutung. Der Arzt als »Anwalt« wird immer mehr zum »Treuhänder«.[10]

Allerdings gilt die Arzt-Patient-Beziehung nach wie vor als eine strukturell asymmetrische. Unterschiedliche Wissensverteilung und instrumentelle Fähigkeiten, einseitige fachliche und soziale Kompetenzen bis zur Verordnung von Sanktionen statten die soziale Position des Arztes mit der Macht des Experten aus. Nur - ob und wie der Arzt diese professionelle Macht einsetzt und ausspielt - oder gar missbraucht, hängt nicht unerheblich von der Struktur und der Machtverteilung im Gesundheitswesen sowie von »externen Einflüssen« ab. Dabei spielt eine bedeutende Rolle, welchen Stellenwert z.B. die professionelle Macht bei der Gestaltung des eigenen Einkommens hat, nach welchen Kriterien Überweisungen und Verordnungen vorgenommen werden oder was die ausgesprochenen und unausgesprochenen Richtlinien der Indikationsstellung sind. In der ambulanten Versorgung ist die Konkurrenz z.B. ein nicht zu unterschätzender externer Faktor. -Inzwischen auch in vielen Kliniken! Es ist bekannt, dass die »Klientenzentrierung« der Ärzte steigt, je stärker die Konkurrenz um Patienten einkommenswirksam wird. Die Anpassungsbereitschaft der Kassenärzte ist dabei nahezu grenzenlos, ob es sich um die Standortwahl ihrer Praxis, Sprechzeiten, die Anzahl der behandelten Patienten, Arzneimittelverordnungen, Verschreibungen bis hin zu therapeutischen Anwendungen

10 T.C. James, The Patient-Physician Relationship: Convenant or Contract? In: Mayo Clin. Proc., Vol. 71, 1996, S. 917-918.

handelt, von denen bekannt ist, dass sie nicht nur unwirksam - sondern gelegentlich sogar schädlich - sind. Das Desaster mit dem Einheitlichen Bewertungsmaßstab (EBM) Anfang 1996 war dafür ein lebendiges Beispiel.[11]

Mit dem Eindringen des neoliberalen Diskurses in die Arzt-Patient-Beziehung wird sich dieses strukturell verändern. Es wird zu einer weiteren Ökonomisierung kommen. Dabei werden berechtigte emanzipatorische Forderungen des »Objektes« dieser asymmetrischen Beziehungen, die in der medizinsoziologischen Forschung häufig thematisiert wurden, aufgegriffen und in kommerzielle umgemünzt. Das Leistungsangebot der medizinischen Experten soll sich stärker an kaufmännischen Kriterien orientieren. Bei der Nachfrage habe der Patient deutlicher die Position eines Kunden einzunehmen. Und der Umgang der Leistungserbringer mit den Leistungsnachfragern habe marktwirtschaftlichen Standards zu entsprechen. Angesichts der Besonderheit und Differenziertheit der Arzt-Patient-Beziehung ist diese Entwicklung äußerst fragwürdig. So handelt es sich auf Seiten der praktischen Medizin in der Regel um begrenzt wissenschaftliche Entscheidungen mit einem großen Ermessensspielraum bezogen auf den Einzelfall. In der ambulanten Versorgung bestehen überdies unternehmerische Prioritäten. Auf Seiten vieler Patienten existiert andererseits nicht selten Unsicherheit, Angst, Scham und Hilfsbedürftigkeit. Die Medizinische Soziologie wird im Zuge ihrer Überlegungen und Forschungen hinsichtlich einer Aktivierung der Patientenseite besonders darauf achten müssen, dass ihr berechtigtes Anliegen nicht einer Kommerzialisierung preisgegeben wird. Denn die betriebswirtschaftliche Logik unterliegt der Gefahr, die Sache, für die sie eingesetzt wird, zu ignorieren, und dann die für den »Kundenpatienten« erreichte Selbständigkeit auf einem anderen Feld wieder rückgängig zu machen.

Abschließend scheint mir die Fragestellung, ob die Medizinische Soziologie einen Beitrag zur Gesundheitspolitik leistet, fast banal, auch wie und in welchen inhaltlichen Zusammenhängen sie das tut, sollte in meinen Ausführungen nur noch einmal vergegenwärtigt und schlaglichtartig beleuchtet werden. Die große inhaltliche Nähe der Medizinischen Soziologie zur Gesundheitspolitik scheint mir auch kein Zufall zu sein. Die Medizinische Soziologie in Deutschland ist nämlich vor mehr als 30 Jahren aus einer kritischen politischen Bewegung hervorgegangen, in der die Forderung nach Demokratisierung der Medizin und Krankenversorgung einen hohen Stellenwert hatte. Mit der Einführung der psychosozialen Fächer in die Ausbildung, Weiterbildung und Forschung von Gesundheitsberufen wurde die Chance eröffnet, den kranken Menschen nicht nur als Objekt sondern auch als Subjekt zu begreifen und mit ihm in der Praxis entsprechend umzugehen.

11 Th. Gerlinger, Wettbewerbsordnung und Honorarpolitik, Frankfurt a.M. 1997.

Zur Zeit befinden wir uns allerdings in einer schwierigen Situation. Es herrscht ein Klima, das vor allem von zwei Strömungen geprägt wird und nicht nur die Medizinische Soziologie, sondern die psychosozialen Fächer insgesamt bedroht. Zum Ausdruck kommt das gleichermaßen bei den lokal unterschiedlichen Plänen, die die zukünftige Gestaltung der Medizinischen Soziologie zum Gegenstand haben:

- Die Erkenntnisse der naturwissenschaftlichen Medizin über den Zellkern und molekularbiologische Zusammenhänge sowie daraus folgende Überlegungen für therapeutische Eingriffe sind beeindruckend. Die Medizintechnik scheint bisher unüberwindliche Grenzen zu sprengen. Unter diesen medienwirksamen Ereignissen beginnt sich das gesellschaftliche Verständnis von Krankheit und Gesundheit zu verschieben.
- Die andere Seite ist die ökonomische Entwicklung im Gesundheitswesen. Inzwischen wird in fast allen Bereichen unseres Gesundheitssystems fieberhaft nach Möglichkeiten des Einsatzes von Marktmechanismen, wirtschaftlicher Konkurrenz und betriebswirtschaftlichen Konstrukten gesucht. Damit droht das medizinisch Notwendige der ökonomischen Rentabilität als Hauptkriterium ärztlichen Handelns zu weichen.

Und unter den ökonomisierenden Bedingungen der Krankenversorgung kommen selbst gut informierte Patienten in eine schwierige und unübersichtliche Situation. Was bedeuten nämlich ärztliche Auskünfte während einer Behandlung wie: Das ist medizinisch nicht notwendig; das Risiko des Eingriffs ist bei Ihnen zu hoch; diese Maßnahme ist in ihrem Fall unwirksam? Heißt das, sie ist medizinisch nicht gerechtfertigt - oder heißt es lediglich, sie ist zu teuer? Woher weiß der Patient, warum ihm der Arzt diesen Rat gegeben hat? Hängen von solchen Empfehlungen vielleicht das Einkommen, die Karriere, der Arbeitsplatz des Arztes oder gar die wirtschaftliche Bonität eines Krankenhauses ab, die den Aktienkurs und die Dividende bestimmen? Oder ist dem Arzt gerade mitgeteilt worden, dass sein Budget bereits überschritten ist? Damit zeichnet sich die Grenze betriebswirtschaftlicher Rationalität in der Krankenversorgung ab, die dann vielleicht noch rentabel ist, aber nicht mehr dem Gesellschaftsvertrag unserer Zivilisation entspricht. Der Druck der wirtschaftlichen Konkurrenz setzt das betriebswirtschaftliche Modell der Gefahr aus, seine immanenten destruktiven Potenziale zu ignorieren. Und das führt zu einer Kulturwende in der Medizin.[12]

Die Kombination von Biologie und Ökonomie kann zu fatalen Folgen führen, wenn sich das Menschenbild auf den »homo biologicus« und den »homo oeconomicus« reduziert. Ich möchte hier gar nicht die spezifischen Erfahrungen unserer

12 H.-U. Deppe, Vor einer Kulturwende in der Medizin, in: Soziale Sicherheit, H. 5, 1999, S. 183-185.

Geschichte bemühen, weil sich heute diese Beziehungen in einem anderen Licht, unter anderen politischen Bedingungen, darstellen. Aber ich denke, es ist Aufgabe der Politik, diese Entwicklung sorgfältig zu beobachten und speziell in der Gesundheitspolitik Maßnahmen zu ergreifen, die das Gemeinwesen vor einer unkontrollierten und selbstbestimmten Kombination von Biologie und Ökonomie schützen. Nicht nur die Medizinische Soziologie, sondern die Gesundheitswissenschaften insgesamt können dazu einen wichtigen Beitrag leisten.

NORBERT SCHMACKE

Innovation im Gesundheitswesen: Semantik und soziale Dimensionen eines Leitbegriffs

Begriffe sind mächtig. Der Zeitgeist transportiert in seinem Geleitzug eine kritische Menge an Schlüsselwörtern, welche die Moderne erst auf den Begriff bringen. Dem Ökonomismus des beginnenden 21. Jahrhunderts dienen Begriffe wie Globalisierung und Deregulierung. In der Gesundheitspolitik werden Fortschritt, Wirtschaftsförderung und Innovation als sprachliche Wellenbrecher eingesetzt. Es wird bedingungslos nach vorne gedacht, Barrieren werden aus dem Weg geräumt, der Zukunft wird immer wieder eine Bresche geschlagen. Bei kaum einem Begriff schwingt mehr Optimismus und Modernität mit als bei »Innovation«. Nicht nur, dass alles im Fluss ist, darf als eine seit der Schulzeit bei vielen Menschen tief verinnerlichte philosophische Weisheit unterstellt werden; das Loblied der Erneuerung gehört insbesondere zur Pflichtübung jeder heranwachsenden Generation von Leistungsträgern. Die Rezepte der Alten sind stets verdächtig. Innovation ist das Gute schlechthin, so steht zu vermuten, und gerade in der Medizin waren stets sowohl die Heilkundigen wie die erwartungs- oder angstvoll auf sie blickenden Patienten dankbar für die nahezu wöchentlich verkündete Botschaft, endlich sei der Durchbruch bei der Überwindung eines der Erzübel der Menschheit gelungen.

Genomics als neuester Hoffnungsträger

Denkt man an die als bedrohlich erlebten Krankheiten und Behinderungen, so ist »Innovation« ohne Frage mit den Konnotationen Fortschritt, Problemlösung, Zukunft, Heilung und Befreiung von Menschheitsgeißeln belegt. Schon immer hat es die Sehnsucht nach den »Magic Bullets« gegeben, und stets waren Heilkundige bereit, vieles zu riskieren und hohe Risikobereitschaft bei ihren Patienten einzufordern, um diese Sehnsüchte zu befriedigen. So wird an der Wende vom 20. zum 21. Jahrhundert die Gentechnologie zur neuen Hoffnungsträgerin stilisiert, und mit einem Schlag ist eine ganze Generation von Politikern, Forschern, Ärzten und Journalisten mehrheitlich davon überzeugt, dass die Menschen tatsächlich kurz vor der Befreiung aus dem Panzer stehen, in den sie durch ihre Körperlichkeit eingebunden sind. Noch ist ein leichtes Zögern beim Anstimmen von Jubelgesängen zu verzeichnen, da den allermeisten Menschen die naturwissenschaftlichen Grundlagen der Genwissenschaften fremd und nicht geheuer sind. Aber: Trotz der noch zu verzeichnenden Offenheit in der ethischen Debatte um die Nutzung gentechnologischer Ansätze in der Medizin gibt es bereits so etwas wie eine tiefe Gewissheit, dass wir es mit einer Mega-Innovation völlig neuer Qualität zu tun haben. Der genetische Code des Menschen scheint entschlüsselt zu sein: dieser Satz wird jeden Tag immer wieder artikuliert, ohne dass die Vor- und Nachbeter angeben könnten, worin der fundamentale Erkenntnisgewinn für die Menschheit liegt, wenn nunmehr über weite Strecken die Basensequenzen der DNS beschreibbar geworden sind. Dass wir von einem Verständnis der Zusammenhänge zwischen Basensequenzen und Merkmalsausprägungen und Gesundheitsrisiken Lichtjahre entfernt sind, lässt sich in den kritischen Winkeln der Medienlandschaft zwar nachlesen; aber von der vermeintlichen Entschlüsselung der Erbinformationen bis zum gezielten Handeln kann es dann doch letztlich nur eine Frage der Zeit sein, lautet die Kernbotschaft vieler Kommentare. Die Gendiagnostik erlaubt angeblich die frühzeitige Ermittlung von Krankheitsrisiken: nur wenige Wissenschaftler und Ärzte sind darum bemüht, die enormen Grenzen unseres Verstehens und der Aussagefähigkeit der bisher eingesetzten Gentests zu kommunizieren. Klarer scheinen die Grenzen bei der Therapie benannt zu werden. Wenn gesagt wird, die Gentherapie erlaube endlich kausale korrigierende Eingriffe in die krankheitsdeterminierenden Strukturen des Menschen, so ist die Hybris dieser Aussage durchaus noch vielen Menschen klar, doch im Grunde ist die Bereitschaft groß, sich die eigene Skepsis durch den Fortschritt der Medizin austreiben zu lassen.

In der Gesellschaft und im Gesundheitswesen steht die moderne Molekularbiologie für Innovation schlechthin. Forschungsmittel fließen reichlich, und der unmittelbare Zusammenhang zwischen der Förderung der modernen Biotechnologien und der wirtschaftlichen Überlebensfähigkeit moderner Gesellschaften ist fast schon ein neuer Glaubenssatz geworden, den nur noch hinterfragen darf, wer das Abkoppeln der eigenen nationalen Wirtschaft von der übermächtigen Konkurrenz riskieren will. Da wird es schwer, den Blick noch auf das Ganze zu richten und zu fragen, welches denn die Hauptlasten und -probleme sind, die Gesundheitssysteme und Sozialversicherungen heute zu schultern haben; und welche Antworten auf die Herausforderungen des bestehenden Krankheitenpanoramas gegeben werden müssen, weil es weder vernünftig noch ethisch verantwortbar ist, die heutige Generation von Kranken auf utopische Konzepte einer radikalen Genkur zu vertrösten.

Die Suche nach einfachen Lösungen bleibt eine mächtige Triebfeder des Irrationalismus. So schreibt Sigusch in seiner Analyse der Logik der modernen Medizin zum Reduktionismus der medizinischen Mainstream-Forschung: »Medizinprofessoren, die sich als Naturforscher missverstehen, können der Öffentlichkeit jeden Unsinn als neueste Erkenntnis der Forschung einblasen« (1999, S. 31).

Nun steht außer Frage, dass die Geschichte der Medizin immer auch eine Geschichte des Wartens auf bahnbrechende Innovationen gewesen ist und dass die Biomedizin in Prävention, Diagnostik, Therapie und Rehabilitation ihren beachtlichen Anteil an der Verbesserung der Lebenserwartung und der Lebensqualität der Menschen gehabt hat. Wir betrachten heute vieles als selbstverständlich, was noch vor wenigen Generationen schier undenkbar gewesen wäre: Narkosetechnik, Unfallchirurgie, Transplantationsmedizin, Antibiotika – all dies ist erfahrbarer Alltag geworden. Die positive Bewertung dieser Innovationen steht außer Frage, wenn auch die Effekte auf die Lebenserwartung der Menschen häufig überschätzt werden.

Die Wertehierarchie der Forschungsförderung

Es lohnt eine vertiefte Betrachtung, welche sozialen Dimensionen mit dem Thema Innovation im Gesundheitswesen verbunden sind. Es ist vor allem zu fragen, was wir über die realen Anforderungen an die ärztliche, pflegerische und psychosoziale Versorgung von Kranken wissen. Erstens: es gibt keine stimmige Balance zwischen diesen verschiedenen Ansätzen einer guten medizinischen Versorgung. Zweitens: Über-, Unter- und Fehlversorgung insbesondere bei der Betreuung chronisch Kranker stehen unvermittelt nebeneinander. Drittens: Es gibt eine Schiefverteilung bei der Förderung der jeweils zugehörigen Innovationsansätze. Versorgungsforschung, die danach fragt, welchen Einfluss Struktur und Form der Leistungen im Gesundheitswesen auf die Lebenserwartung und Lebensqualität von Kranken hat, ist gemessen an den Mitteln für Grundlagenforschung und klinische Studien das Aschenputtel des deutschen Gesundheitswesens. Der Glanz fällt vor allem auf diejenigen Forschungsansätze, die eindimensionale Lösungen für Heilung in Aussicht stellen. Karrieren von Wissenschaftlern sind an den so genannten Impact-Faktor ihrer Publikationen (Häufigkeit des Zitiertwerdens in wichtigen Zeitschriften) und an die Höhe eingeworbener Drittmittel gebunden. Versorgungsforschung kommt in dieser Systematik nicht vor, ihre Förderung innerhalb der Scientific Community ist deshalb fast die Quadratur des Kreises. Bei dieser Ausgangslage findet sich im Gutachten der Boston Consulting Group für den Verband der forschenden Arzneimittelindustrie folgende Kernaussage: »Biomedizinische Forschung wird in Deutschland nur unterdurchschnittlich gefördert. Um die Forschungsförderung auf das Niveau der internationalen Spitzengruppen zu bringen, muss die Förderung in Deutschland um 1,5 Mrd. Euro pro Jahr angehoben werden«. Und man fordert die Einrichtung von patientenorientierten klinischen Forschungszentren, die "aus öffentlichen Fördermitteln eingerichtet und getrennt von der Krankenversorgung aufgestellt werden". Man kann sich leicht vorstellen, dass eine derartige Verzahnung von Grundlagen- und Anwendungsforschung im lyrischen Rahmenprogramm ohne weiteres einige Versorgungsforschungsprojekte mitfinanziert. Der Aufbau einer tragfähigen Infrastruktur für Public Health und Versorgungsforschung aus öffentlichen Mitteln wird demgegenüber bislang klein geschrieben, sehr klein.

Primäre Prävention und Salutogenese fristen ein trauriges Schattendasein unter dem üppig sich ausbreitenden Dach des medizinischen Versorgungsbaums. Dass bis ins hohe Alter hinein gesundheitsfördernde Impulse gesetzt werden können, und dass eine Gesellschaft mit glücklicherweise wachsender durchschnittlicher Lebenserwartung diese Chancen systematisch nutzen müsste, bleibt einstweilen Insiderwissen, das dem Medizinbetrieb wesensfremd zu sein scheint. Wenn es um den Umgang mit den dominierenden Erkrankungen geht, wird nach wie vor ganz generell verkannt, dass ohne Nutzung der Laienpotenziale systematische Optimierungsprozesse in der medizinischen Versorgung nicht möglich sind. Pflanz formulierte schon in den sechziger Jahren wie folgt: »Die wesentlichen Entscheidungen des Gesundheitsverhaltens finden im medizinischen Laiensystem statt« (1967, S. 287). Eine Versorgungsforschung, die diese später auch in anderer Variante als »Koproduzententhese« gefasste Basiserkenntnis ernst nähme, gibt es praktisch bis heute nicht.

Erstaunlicherweise erhalten trotz des Loblieds der Innovation Untersuchungs- und Behandlungsverfahren, die in ihrer Wirksamkeit als zweifelhaft und überholt gelten, in der Regel lange Überlebensfristen. Das Neue wird eher additiv als substitutiv eingesetzt. Dies gilt insbesondere für die diagnostische Neugier der Medizin. Die Frage, ob beispielsweise ein kombinierter Einsatz verschiedener bildgebender Verfahren die diagnostische Aussagekraft und die Behandlungschancen steigert, stellt sich das System in der Regel gar nicht. Man setzt einfach die Batterien des Möglichen ein, weil es plausibel zu sein scheint, dass viel auch viel hilft.

Die Versprechungen der pharmazeutischen Industrie

Die Faszination des Neuen wirkt als starkes Gegenmittel zur Haltung »In Ruhe abwarten, ob das Fortschrittsversprechen auf Dauer auch eingehalten wird«. So besteht ein folgenschwerer Mangel an Studien, welche die Bewährung neuer Methoden unter Alltagsbedingungen zum Ziel haben. Es fehlen insbesondere Nutzen-Schaden-Bilanzen, welche Auskunft darüber geben, ob mit einer vielleicht vorhandenen therapeutischen Überlegenheit eines neuen Verfahrens auch zusätzliche gravierende Nebenwirkungen einhergehen. Insbesondere, wenn die Vermeidung gefürchteter Erkrankungen in Rede steht, finden Medikamente und Heilverfahren rascher Verbreitung als dies gut ist. So wurde Frauen versprochen, dass die Langzeiteinnahme von Östrogenen die Häufigkeit von Herzinfarkten senkt, das Auftreten von Alzheimer-Demenz hinauszögert und Knochenbrüche im Alter vermeiden hilft. Zudem wurde durch geschicktes Marketing die Hoffnung genährt, Östrogene verhinderten nach dem Eintreten der Wechseljahre die Alterungsprozesse und Frauen könnten so hormonell unterstützt ihre körperliche Attraktivität nachhaltig beeinflussen. All diesen Versprechungen lag die Annahme zugrunde, die Frau nach der Menopause sei ein Hormonmangelwesen, nahezu gleich der Diabetikerin, die lebenslang auf die Gabe von Insulin angewiesen ist. Dass diese Versprechungen zu vollmundig sind und die Langzeiteinnahme von Östrogenen vermutlich mit erheblichen zusätzlichen Krebsrisiken behaftet ist, dringt erst allmählich in das Bewusstsein. Dass innerhalb der Regulierung des Arzneimittelmarktes bislang hochwertige Studien mit Langzeitperspektive nicht verlangt werden, spiegelt nichts anderes wider, als dass die Gesellschaft keine befriedigenden Antworten auf den unabweislichen Zielkonflikt zwischen ökonomischen Interessen der Industrie und den Sicherheitsbedürfnissen der Patienten gefunden hat.

Die Einführung neuer Medikamente erfolgt in Deutschland nach den Vorschriften des Arzneimittelgesetzes. Neue Medikamente müssen nach toxikologischen und pharmakologischen Vorprüfungen in hochwertigen klinischen Studien unter Beweis stellen, dass sie in einer konkreten medizinischen Anwendung unbedenklich und wirksam sind. Kiewel und Rostalski schreiben hierzu knapp und bündig: »Die therapeutische Zweckmäßigkeit bzw. der therapeutische Nutzen, z.B. im Vergleich mit anderen, bereits länger etablierten Verfahren spielt dabei keine Rolle« (2000, S. 72). Ob ein Medikament tatsächlich neuartig ist oder bloß eine unbedeutende pharmakologische Variante darstellt, interessiert nicht. Der Ruf nach einer spezifischen Zulassung für den Markt der gesetzlichen Krankenversicherung losgelöst von den Bestimmungen des jetzigen Arzneimittelgesetzes wird immer lauter.

Der Kampf um Health Technology Assessment

Neben der Arzneimittelindustrie ist der Bundesverband der Medizinprodukteindustrie (BVMed) Wortführer im Kampf um die rasche Einführung von Innovationen in das Gesundheitswesen. Dabei richtet sich die Politik des Verbandes gegen zwei Hauptkontrahenten: zum einen gilt die Budgetierung der Kosten für die gesetzliche Krankenversicherung als systematische Fortschrittsblockade, zum anderen wird den gesetzlich vorgeschriebenen Bewertungsverfahren des Health Technology Assessment ein Übermaß an Reglementierung und Behinderung unterstellt. Die zentrale Botschaft der 2000 vorgestellten Studie »Die Bedeutung von Medizinprodukten im deutschen Gesundheitswesen« lautet: »Ziel muss es sein, dass innovative Medizinprodukte und -technologien allen Patienten, die sie benötigen, ohne Verzögerung zugute kommen«. Wer wollte dieser These widersprechen? Die Nahbetrachtung der Problematik zeigt nun aber auf, wie bitter nötig im Bereich der Medizin exakte Studien zum Nachweis der Wirksamkeit und des Nutzens eines neuen Verfahrens sind. So musste der Bundesausschuss der Ärzte und Krankenkassen nach der Bewertung der Autologen Chondrozytenimplantation (ACI) zu dem Ergebnis kommen, dass es in keiner Weise begründbar wäre, dieses High-Tech-Verfahren zur Behandlung von Knorpelschäden in der gesetzlichen Krankenversicherung einzuführen. Es erscheint faszinierend, außerhalb des Körpers gezüchtete Knorpelzellkulturen für die Deckung von Knorpelschäden nach akuten Verletzungen im Kniegelenk einzusetzen. Die Geschichte der Medizin zeigt, dass plausibel wirkende Behandlungsverfahren keineswegs immer zum Nutzen von Kranken eingesetzt werden können. Und so fehlt auch für die ACI der Beleg, dass implantierte Knorpelzellen den verletzungsbedingten Verlust an gesundem Knorpel tatsächlich ersetzen können. Nun ist es aber keine zufällige oder willkürliche Regelung des Sozialgesetzbuchs V, dass Methoden, die sich noch im experimentellen Stadium befinden, von den Krankenkassen nicht finanziert werden. Genau so verständlich ist, dass die Industrie versucht, neue Verfahren so frühzeitig wie möglich zur Kassenleistung werden zu lassen. Das Ansinnen ist absolut nachvollziehbar, und ebenso wenig kann man es einem Interessenverband wie dem BVMed verübeln, dass er mit allen Mitteln versucht, die Gefahr einer verzögerten Einführung von Innovationen an die Wand zu malen. Wer den gesetzlichen Auftrag erfüllt, neue Untersuchungs- und Behandlungsverfahren durch das Bewertungsverfahren von Health Technology Assessment zu schicken, ist zunächst immer in der wenig komfortablen Situation, den Skeptizismus zum Prinzip zu erheben. Diese Ausgangsposition ist leicht als systematische Verhinderungsstrategie zu diffamieren, lebt doch der Einsatz der Medizin vom Prinzip Hoffnung. Und koppelt sich das Innovationsversprechen noch an die Argumentation, dass innovative Medizinprodukte zudem oft auch einen wirtschaftlichen Vorteil mit sich bringen und deutliche Einsparungspotenziale böten, wie es die BVMed-Studie ganz grundsätzlich behauptet, dann wirkt gesetzlich geregelte, formalisierte Innovationsüberprüfung fast schon wie ein staatlich verordneter mittelalterlicher Tort. Da in Zeiten der schrumpfenden Arbeitsmärkte erst einmal einleuchtet, dass die Arzneimittel- und Technologieindustrie einen Wachstumsmarkt par excellence darstellt, ist Innovationsbewertung bei oberflächlicher Betrachtung fast schon so etwas wie die unverantwortliche Antimoderne.

Es ist ein weiter Weg dahin, die kritische Bewertung neuer Untersuchungs- und Behandlungsverfahren als das im öffentlichen Bewusstsein zu verankern, was sie sind: nämlich unverzichtbare Instrumente zur Herstellung von Qualität, Wirtschaftlichkeit und Sicherheit. Der Versicherte und der Patient müssen sich darauf verlassen können, dass die von der Medizin eingesetzten Verfahren tatsächlich einen Fortschritt gegenüber dem Bewährten bedeuten, dass sie einen wirtschaftlichen Ressourcenverbrauch sicherstellen und dass die Anwendung auf einer angemessenen Nutzen-Schaden-Bilanz basiert. Letzteres ist im übrigen weder für die Einführung von neuen Arzneimitteln noch von Medizinprodukten ausreichend geregelt. Zugelassene Verfahren lassen Nutzen und Schaden in der Breitenanwendung in der Regel erst nach vielen Jahren erkennen. Dies ist auch bei Optimierung der Zulassungsverfahren im Grundsatz nicht zu ändern, müsste aber Konsequenzen für eine systematische Beobachtung nach Zulassung und für die Auswahl an versorgungsrelevanten Leistungen haben. »Bei der generellen Verwendung nicht ausreichend geprüfter Medikamente«, schreiben Berger und Mühlhauser treffend, »handelt es sich um unkontrollierte Bevölkerungsexperimente, während die Patienten davon ausgehen, mit wirksamen und sicheren Medikamenten behandelt zu werden« (2000, S. 154). Dies ist notabene keine skandalisierende Behauptung sondern die nüchterne Beschreibung eines Sachverhaltes. Dass die Erhöhung der Sicherheitsstandards kein akademisches Thema und schon gar nicht ein Innovationsverhinderungsinstrument ist, ist durch tragische Erfahrungen immer wieder belegt worden. Man muss an das Drama der Breiteneinführung von Medikamenten zur Behebung von Herzrhythmusstörungen erinnern. Erst in einer wissenschaftlichen Studie mit kontrollierendem Ansatz (Epstein et al 1993) wurde deutlich, dass man mit diesen Mitteln bei Hochrisikopatienten zwar die Extrasystolen verringern konnte, dafür aber die Mortalität sich fast verdoppelt hatte.

Evidenzen und Soziale Innovationen

Wissenschaftler, die sich um den Aufbau einer evidenzbasierten medizinischen Versorgung Gedanken machen, weisen immer wieder darauf hin, dass eine zwingende Voraussetzung für sicheres Handeln der medizinischen Fachberufe die systematische und transparente Aufarbeitung der Veröffentlichungslawinen ist. Die Aufgabe besteht, wie Del Mar und Jewell sagen, nicht nur darin, effektive Suchstrategien in den Beständen einzurichten, sondern sich vertieft darüber Gedanken zu machen, in welcher Qualität welche Informationsbestände vorliegen, den Anwendungsnutzen zu beschreiben und Fachberufen wie Patienten diese Recherchen verständlich aufzubereiten und zu erklären. Absolut defizitär sind diese Ansätze für die primärärztliche Versorgung, deren Bedeutung in keinem Verhältnis zu ihrer Vernachlässigung in der Wissenschaft und den Bemühungen um anwendungsorientierte Evidenzbasierung steht.

Dass man den Begriff der Innovation auch völlig anders belegen kann, soll abschließend an dem Projekt »Soziale Innovationen in Public Health und Gesundheitspolitik« des Wissenschaftszentrums Berlin gezeigt werden. Das Projekt geht unter Hinweis auf Einschätzungen der Weltgesundheitsorganisation davon aus, dass das deutsche Gesundheitswesen und die deutsche Gesundheitspolitik unter einer Reihe von gravierenden Mängeln leidet. Dazu zählen insbesondere die

- zu einseitige Ausrichtung an der Versorgung von Krankheiten und eine starke Unterbewertung von Prävention und Gesundheitsförderung
- Unfähigkeit von Gesundheitspolitik, die soziale Ungleichverteilung von Gesundheitsbelastungen und -chancen nachhaltig zu verringern
- Dominanz der Medizin gegenüber anderen Disziplinen und Berufen in der Krankenversorgung
- geringe Bedeutung allgemeinmedizinischer Tätigkeit sowie die mangelhaft ausgeprägte hausärztliche Koordinations- und Betreuungsfunktion
- insgesamt unzureichend entwickelte Qualitätssicherung, insbesondere teilweise gravierende Mängel bei der Versorgung von chronisch Kranken.

Es ist zu hoffen, dass Public Health im vor uns liegenden Jahrzehnt die Orientierung von Gesundheitspolitik nachhaltig prägen kann, und dass endlich angemessene Mittel in eine Innovationsforschung fließen, die diesen Namen verdient. Das Gutachten des Sachverständigenrats der konzertierten Aktion im Gesundheitswesen 2000/2001 ist voller Materialien und Analysen zum weithin nicht verstandenen Nebeneinander von Unter-, Über- und Fehlversorgung im Gesundheitswesen. Es ist an der Zeit, die Benutzung des Begriffs Innovation an belastbare Analysen zu binden und sich nicht länger von der Zauberwirkung der mitschwingenden Botschaften betören zu lassen, die neuen medizinischen Untersuchungs- und Behandlungsverfahren mit auf den Weg gegeben werden.

Luhmann schrieb 1983: »Die Ansprüche auf Hinausschieben des Todes, auf Festhalten der Jugend, auf Heilung von Krankheiten, auf Linderung oder Betäubung von Schmerzen haben einen festen Rückhalt am Körper des Menschen. Sobald ihre Erfüllung möglich ist, lässt sich ihre Nichterfüllung kaum mehr begründen... Der Sog der besseren Möglichkeiten ist eine politische Kraft ersten Ranges« (S. 43 und 49). Es bedarf wohl titanischer Anstrengungen, den Begriff der Innovation im Gesundheitswesen immer wieder aufs Neue zu entzaubern.

Literatur

Abholz H., Schmacke N. (2000): Ist mehr Rationalität mittels »bestvorliegender Evidenz« ausreichend für die Gestaltung der vertragsärztlichen Versorgung? Thesen zur Arbeit des Ausschusses »Ärztliche Behandlung« im Bundesausschuss der Ärzte und Krankenkassen. Arbeit und Sozialpolitik Heft 5/6: 10-15

Berger M. und Mühlhauser I. (2000): Wirksamkeit von Medikamenten muss auch nach Zulassung geprüft werden. Deutsches Ärzteblatt 97: 154-156

Bundesausschuss der Ärzte und Krankenkassen (2000): Beschluss zur Autologen Chondrozytenimplantation (10.04.2000, Bundesanzeiger Nr. 128

vom 12.07.2000; Bericht des Arbeitsausschusses unter www.kbv.de (PDF 1,8 MB)

Bundesfachverband Medizinprodukteindustrie (2000): Die Bedeutung von Medizinprodukten im deutschen Gesundheitswesen. (www.bvmed.de/innovation.htm)

Egger B., Hoberg R., Schmacke N. (2001): Substitution oder Addition: Wie ist die Einführung neuer Leistungen zu steuern? MDK-Forum 3/4: 12-18

Del Mar C., Jewell D. (1999): Tracking down the evidence. In: Silagy C., Haines A.: Evidence Based Practice in Primary Are. London: BMJ Books:21-33

Epstein A. E. et al. (1993): Mortality following ventricular arrhythmia supression by encainide, flecainide, and moricizine after myocardial infarction. The original design concept of the Cardiac Arrhythmia Suppression Trial (CAST). Journal of the American Medical Association 270: 2451-5

Greiser E., Günther J., Niemeyer M., Schmacke N. (2000): Weibliche Hormone - ein Leben lang. Mehr Schaden als Nutzen? Bonn: Wissenschaftliches Institut der AOK

Kiewel A., Rostalski, B. (2000): Deutschland. In: Klauber J., Schröder H., Selke G. W. (Hrsg.): Innovation im Arzneimittelmarkt. Berlin/Heidelberg: Springer-Verlag: 67-84

Luhmann N. (1983): Anspruchsinflation im Krankheitssystem. Eine Stellungnahme aus gesellschaftstheoretischer Sicht. In: Herder-Dornreich P., Schuller A. (Hrsg.): Die Anspruchsspirale: Schicksal oder Systemdefekt? Stuttgart/Berlin/Köln/Mainz: Kohlhammer: 28-49

Pflanz M. (1967): Gesundheitsverhalten. In: Mitscherlich A. u.a.: Der Kranke in der modernen Gesellschaft. Köln/Berlin: Kiepenheuer & Witsch: 283-289

Schmacke N. (2000): Stimmen die Schwerpunkte in der Gesundheitsversorgung? Indizieren und Begrenzen von Leistungen als Qualitätsmerkmal. Arbeit und Sozialpolitik Heft 5/6: 16-34

Schmacke N. (2001): Die Bewertung von Untersuchungs- und Behandlungsmethoden durch den Bundesausschuss der Ärzte und Krankenkassen. Rationale Ressourcensteuerung oder Politisierung von Evidenzbasierter Medizin? In: Leitlinien (Jahrbuch für Kritische Medizin Bd. 35). Berlin: Argument Verlag: 72-84

Schmacke N. (2002): Schafft eine vierte Hürde Raum für Innovationen? In: Lauterbach K. W., Volmer T.: Arzneimitteltherapie. Über-, Unter- und Fehlversorgung. Stuttgart: Schattauer Verlag

Sigusch V. (1999): Wissenschaft, Krankheit, Gesellschaft. Bemerkungen zur Logik der modernen Medizin. In: Schmacke N. (Hrsg.): Gesundheit und Demokratie. Von der Utopie der sozialen Medizin., Frankfurt: Verlag für Akademische Schriften: 31-48

The Boston Consulting Group (2001): Wettbewerbsfähigkeit Deutschlands als Standort für Arzneimittelforschung und -entwicklung. Gutachten für den Verband forschender Arzneimittelhersteller. November (www.vfa.de/extern/d/index/html)

Wissenschaftszentrum Berlin: Bereich Public Health. Projekt »Soziale Innovationen in Public Health und Gesundheitspolitik« (www.wz-berlin.de/ph)

PETER NOVAK

Macht und Medizin

»Macht und Gewalt«, alle zwölf Vorträge eines gleichnamigen Kolloquiums im Ulmer Humboldt-Studienzentrum »Philosophie und Geisteswissenschaften« verorten ihren Inhalt in ganz verschiedenen Feldern des menschlichen Handelns, wie immer dieses auch organisiert ist, ob in bestimmten Gebieten der Wissenschaft und der Technik, ob in bestimmten Koalitionen von Wissenschaft und gesellschaftlicher Praxis oder in der zwar ubiquitär vorkommenden und doch immer als einzigartig empfundenen Form der Liebe. Eines wird an den Einzelthemen sofort augenfällig: nur zwei von zwölf thematisieren in ihrem Titel ausdrücklich auch Gewalt. Alle anderen beschränken sich auf die Macht.

»Macht«, das wäre der naheliegende, aber vielleicht voreilige Schluss, ist offenbar der eher diskutable Topos, während »Gewalt« so eindeutig der öffentlichen und veröffentlichten Missbilligung überlassen ist, dass sich ernsthafte Überlegungen um Für und Wider zu erübrigen scheinen. Ich halte das für problematisch. Dennoch thematisiert auch mein Beitrag *explizit* nicht die Beziehung zwischen Medizin und Gewalt, sondern die zwischen Medizin und Macht.

Ich habe mich gefragt, warum auch ich der Gewalt gleichsam ausgewichen bin. Es kann ja nicht sein, dass man das, was man ablehnt bis verabscheut, in privater wie in öffentlicher Kommunikation einfach verschweigt, denn so verbirgt man doch das Problem und entzieht es dringend erforderlichen Lösungsmöglichkeiten. Mir scheint, dass viele von uns – und ich wohl auch – von einem alten, traditionsreichen Begriff der Macht eingenommen sind, den in Bezug zur Gewalt der Franziskaner William von Ockham sehr klar und kritisch thematisiert hat, William von Ockham, der englische Scholastiker und Vater des Nominalismus, nicht zuletzt durch seine Position in dem berühmten Disput seines Ordens mit Papst Johannes XXII über kollektive Armut, Kirche und Staat. Diesen Papst bezeichnete er als Pseudopapst, und er hielt ihn nicht nur wie jeden Papst der Häresie für fähig, sondern sogar für überführt. Gerade auch Glaubensfragen seien nicht durch Dekret eines höchsten Machthabers zu klären und zu entscheiden. Was alle betrifft, müsse auch von allen behandelt werden. Es sei evident – so schrieb Ockham zu Beginn des 14. Jahrhunderts –, dass eine Glaubensfrage sogar in die Kompetenz gläubiger katholischer Frauen gehöre »nach dem Vorbild vieler weiblicher Heiligen, die für die Verteidigung und für das Bekenntnis des rechten Glaubens in höchster Standhaftigkeit Tod und Martyrium auf sich nahmen« (Dialogus Ib). Ockhams Position generell war, dass alle Macht, insbesondere die politische, legitimatorisch abhängig ist von der gehorsamen oder kritischen Zustimmung derer, über die sie ausgeübt wird. Jenseits dieser Zustimmung würde Macht zur Gewalt, für die es seiner Ansicht nach eine Legitimation nicht gäbe. Latent vermag sich in der Wirksamkeit dieser Tradition Gewalt der Diskussion zu entziehen – und tut es auch, Macht im Prinzip nicht. Diesem Problem scheint mir in unserer Zeit Hannah Arendt sehr nahe gekommen zu sein, mit einem bedeutenden Unterschied. Macht ist für die Politologin und Philosophin – durchaus im Einklang mit Ockham – als notwendige Bedingung jeder sozialen Ordnung legitimatorisch auf die Akzeptanz der Mehrzahl der ihr Unterzogenen angewiesen. Aber auch Gewalt verfügt über eine, wenn auch nachträgliche, Legitimation. Angewiesen auf Werkzeuge zur Verwirklichung einer Zweck-Mittel-Funktion findet Gewalt ihre Rechtfertigung im Erfolg. Und eben da sehe ich die heutige Medizin in einem Spannungsfeld zwischen Macht und Gewalt.

Es ist die janusköpfige Rechtfertigung, die Legitimation ihres Handelns, welche dieses Spannungsfeld aufbaut und unterhält: hier, qua Macht, die Notwendigkeit der Konsensschaffung oder -beschaffung, dort, qua Gewalt, der Erfolgsnachweis. Die Schwierigkeit, dieses Verhältnis von Macht und Gewalt in der Medizin, z.B. in Gestalt der Molekularbiologie und Gentechnologie zu verstehen – und vermutlich nicht nur dort – liegt aus meiner Sicht größtenteils darin, dass wir mit Blick auf die Legitimation das zweifache Gesicht des Januskopfes von Macht und Gewalt kaum einmal gleichzeitig sehen können; mag sein, dass wir nicht mehr hinreichend dialektisch gebildet und erfahren sind, im Einen immer auch das Andere mit zu sehen. Das »oder« zwischen zwei Sachen sehen wir offenbar ganz überwiegend als ausschließendes, und daher entzieht sich uns andererseits auch der Unterschied zwischen zwei Sachen, die wir mit »und« verbinden.

Wie ist das denn nun mit der Macht und der heutigen Medizin?

Darauf die zunächst nur kurze und bündige Antwort, die ich gleich etwas ausführlicher darzustellen und zu begründen versuche: Seit noch nicht einmal 70 Jahren hat der Beruf des Arztes – übrigens nur er wird als Mediziner bezeichnet, nicht der Heilpraktiker, nicht die Krankenschwester, nicht der heute selbständig therapierende Psychologe – das staatlich gesicherte Monopol verliehen bekommen, Krankheiten zu definieren, zu diagnostizieren und zu behandeln. Ist das keine Beziehung zwischen Medizin und Macht?

Auf die politischen Umstände, die dazu geführt haben, kann ich an dieser Stelle nicht näher eingehen, wohl aber auf die Beziehung zwischen moderner Wissenschaft, ihrer pragmatischen Nutzung als Technologie und Medizin.

Am Anfang stand Rudolph Virchows Forderung nach einheitlicher ärztlicher Ausbildung auf dem Boden der Naturwissenschaften und nach Schaffung eines selbstkontrollierten und -verantwortlichen ärztlichen Berufsstandes. Zugleich schuf Virchow ein neues Erkenntnisparadigma für die Medizin mit Aussicht auf ein neues Behandlungsparadigma. Er löste die aus der griechischen Antike – wir können heute sagen »ökologisch« orientierte – Humoralpathologie der hippokratischen Schriften durch die von ihm so bezeichnete Zellularpathologie ab, die Krankheit ganz vorrangig in veränderten Zellstrukturen wissenschaftlich korrekt erkennen soll. Dass Virchow auf der anderen Seite engagiert und außerordentlich mutig für Erkennen und Ausräumen gesellschaftlicher Ursachen bedeutender Krankheiten eingetreten ist, das ist ein anderes Kapitel, auf das ich hier auch nicht eingehen kann. In unserem Kontext erscheint mir der Hinweis auf die Verbindung zwischen Virchows Zellpathologie und der heute die Medizin dominierenden Molekularbiologie wichtiger. Sie nämlich lässt unleugbar die heute enge Verflechtung zwischen der Medizin und dem erkennen, was ich nicht ganz originell als den wissenschaftlich-technisch-wirtschaftlichen Komplex reicher Industrie- und Dienstleistungsstaaten bezeichne.

Aber welche Rolle spielt in diesem Zusammenhang Macht und insgeheim womöglich auch Gewalt? Ich versuche, das etwas provokativ anzugehen und behaupte – wie ich denke auch mit guten Gründen – die Beziehung zwischen dem wissenschaftlich-technisch-wirtschaftlichen Komplex und unserer natürlichen wie auch unserer sozialen Umwelt sei eine *agonale*. Es geht da um das Beherrschen, nicht um ein partielles Beherrschen, damit überlebenswichtige Bedürfnisse befriedigt werden können, sondern um ein immer »besseres«, eigentlich um ein totales Beherrschen von Natur, auch der Natur des Menschen und vor allem dessen, was daran problematisch erscheint oder auch ist, obwohl mir da der Unterschied zwischen Sein und Schein zu verschwimmen droht. Die Frage des Beherrschenwollens und des aktuellen Beherrschens von Natur in jeder ihrer Variationen – an der sog. natürlichen Umwelt können wir das augenfällig wahrnehmen – ist nicht die nach dem Konsens, nach dem Einstimmen oder Zustimmen, sondern vorrangig die nach dem Erfolg.

Als sogar formale Reaktion auf diesen Sachverhalt im medizinischen Bereich ist es heute gesetzliche Vorschrift, den sog. informed consent des Patienten vor jedem Eingriff einzuholen, und zwar schriftlich. Es fällt sicherlich niemandem schwer, sich die praktische Einlösung dieses Gebots vorzustellen.

Anknüpfend an das bisher Gesagte versuche ich jetzt, die Beziehung zwischen Medizin, Macht und auch Gewalt mit der Erläuterung eines Neologismus zu charakterisieren, den ich als *Agonalisierung des medizinischen Umgangs mit Krankheit und Tod* bezeichne – durchaus mit Rückblick auch auf die bekannte Medikalisierung gesellschaftlicher Probleme durch Überweisung in den Bereich ärztlichen Handelns, wie etwa am Maßregelvollzug bei kriminellen Handlungen in psychiatrischen Krankenhäusern gezeigt werden kann. Als Preis für ihre staatlich gesicherte Machtposition übernimmt dabei die Medizin die Aufgabe, gesellschaftlich deviantes Verhalten – gelegentlich auch politisch nicht konformes Verhalten – nosologisch, d.h. durch Krankheit zu begründen, ein ungeheuer brisantes Problem. Hier wird die Medizin unausweichlich zum gesellschaftlichen Sanktionsmechanismus.

Agonalisierung von Krankheit und Tod: In Übereinstimmung mit dem Beherrschungsmodell des modernen wissenschaftlich-technisch-wirtschaftlichen Komplexes ist für die heutige Medizin Krankheit der Feind, und Tod der noch härtere Feind, der Todfeind. Es gilt allgemein, diesen Feind unter die Herrschaft der Medizin zu zwingen, ihn zu besiegen, ihn möglichst auszurotten. Wer, wenn er an eigenes krankheitsbedingtes Leiden denkt, wenn er einen Herzinfarkt oder eine Krebserkrankung überleben möchte, mag da der offensichtlichen Fortschrittsentwicklung in der Medizin etwas entgegenhalten? Was denn auch? Warum sollte denn jemand diese Fortschrittsentwicklung von irgendwelchen Konsensbemühungen im medizinischen Laienpublikum abhängig machen wollen?

Nähern wir uns doch einmal ganz oder einigermaßen nüchtern der Sache als schlichte Menschen, die sich nicht in jeder Minute von Krankheit bedroht und vom Tode umfangen fühlen. Ziehen wir doch einmal auch sozialwissenschaftliches Wissen heran, wenn es um Krankheit und medizinischen Fortschritt geht. Da wird z.B. im bundesöffentlichen Bericht über die Lage der psychisch Kranken 1975 vom Sachverständigenrat erklärt, die große Zahl chronischer und psychischer Erkrankungen sei dadurch bedingt, dass die moderne Medizin die akuten Infektionskrankheiten sehr erfolgreich beherrsche, und dass sich damit das Medusenhaupt der besagten Krankheiten des höheren Lebensalters habe erheben können. Dieses werde man aber auch in bewährter Manier abschlagen. Nur leider: Als die Todesraten an Infektionskrankheiten sanken, gab es noch gar keine Medizin im heutigen Sinne der Moderne. Verbesserungen der Lebenssituation der großen gefährdeten Bevölkerungsgruppen hatten den Erfolg gebracht, was auch wissenschaftlich hinreichend belegt ist: nichts anderes.

Damit möchte ich etwas vernehmbar machen, was das agonistische Modell des heutigen medizinischen Umgangs mit Krankheit und Tod verschweigt – ich denke, nicht allein unbewusst. Das sind die Grenzen der medizinischen Macht, das sind die alle Erfolge schmerzlich begleitenden Erfahrungen der Ohnmacht. Macht und Ohnmacht gehören so geschwisterlich zusammen, wie es treffender wohl kaum das griechische Stammwort für alles Agonale oder Kämpferische oder Beherrschende auszudrücken vermag: es ist das Verb »ago« d.h.: tun, handeln, führen, leiten, kämpfen, ja bis beherrschen, vorne, an der Spitze stehen. In seinen Nominalformen kommt aber nicht nur der Kampf, der Wettkampf, auch der Kampf ums Überleben zum Ausdruck, sondern ebenfalls das Verführen - denken wir an »Demagogie« - die Besorgnis, das taten- und hoffnungsunabhängige Herbeikommen des Todes - Agonie. Das so erfolgreiche agonistische Modell der heutigen Medizin im Umgang mit Krankheit und Tod verschweigt also die alltäglichen Erfahrungen seiner Agonie. Wie eine destruktive Kritik mag das klingen. Doch wer verstehen kann und vor allem, wer verstehen will, wird erkennen: wo im agonistischen Modell der heutigen Medizin die stets anwesende Ohnmacht von den aktuellen und erwarteten Machterfolgen verdrängt wird, da werden wieder unverantwortbare Experimente mit Menschen möglich, da wird es möglich, medizinische Machtinteressen (das Beherrschen von Krankheiten) immer wieder in den Dienst gesellschaftlicher und politischer Machtinteressen zu stellen, unter anderem in den Dienst von Verteilungskämpfen etwa derart, ab welchem Alter eine Nierentransplantation nicht mehr bewilligt wird.

Nicht die in das Gedächtnis der heutigen Medizin provozierte Nähe von Macht und Ohnmacht betrachte ich als hinreichendes Prophylaktikum gegen die Verschmelzung von Macht und Gewalt in der Medizin. Die Reflexion der Rechtfertigung ihres Handelns und Forschens halte ich für ebenso unabdingbar, und hier gilt es, die Legitimation durch öffentlichen und privaten Konsens - das sind die Patienten - mit der Legitimation durch den Erfolg in Übereinstimmung zu bringen. Dieses Problem zu lösen, ja überhaupt erst wahrzunehmen, ist sehr schwierig und vor allem auch sehr belastend für den einzelnen Arzt im Umgang mit seinem individuellen Patienten.

Nicht nur der Arzt als berufliche Kategorie, sondern auch als einzelner Mensch, der einen bestimmten Beruf ausübt, ja nicht selten einer Berufung folgt, steckt in einem Dilemma, das sich nicht durch eine Entweder-Oder-Entscheidung lösen lässt. Der Arzt ist ja nicht nur der spezialisierte Experte, dessen Wissen und Können sich so auf den Kranken bezieht, wie das des Kraftfahrzeugmeisters auf Automobile.

Zwar hat René Descartes mit unglücklicher Wirkung die Dichotomie von res extensa und res cogitans in die Welt gesetzt, aber mit Bezug auf medizinische Handlungsfelder hat bereits einer seiner Schüler, der Arzt Julien Offray de la Mettrie, die Problematik dieser Dichotomie ausführlich diskutiert. Ich weise auf seine 1748 in Leyden publizierte Schrift hin, die den provokanten Titel trägt »L'homme Machine«. Diese übrigens von Friedrich dem Großen hoch geschätzte Schrift ist keineswegs nur ein Plädoyer dafür, den Menschen als Maschine zu begreifen und ihn so schlicht dem Zeitgeist der Anfänge der Industrieproduktion zu überantworten. Seinen Lehrer Descartes vor Augen muss er mit gleichzeitigem Blick auf den kranken Menschen – und wohl auch mit Blick auf den behandelnden Arzt – verschreckt erkennen, dass es lebenspraktisch von nun an unausweichlich ist, uns als beides in einem zu verstehen: als eine Einheit von res extensa und res cogitans. Von der Sache her, das ist hier der Mensch in Konfrontation mit Krankheit, die auch zum Tode führt, kann es nur um diese *dichotome Einheit* gehen. Von einem wissenschaftlich reduktionistischen Standpunkt aus ist es dagegen schon möglich, hier den abstrakten Organismus als Maschinenmodell zu thematisieren, das ist die sogenannte *Organmedizin*, dort den immer noch irgendwie sich aufdrängenden Rest als psychischen Anteil, sogar auch als so tatsächlich genannten »psychischen Apparat«, das tun die heutigen *»Psychofächer«* in der Medizin.

Indes, der Kranke begegnet selbst heute welchem Facharzt oder Arztspezialisten auch immer zunächst nicht als Cholecystitis, Pankreascarcinom, Hüftgelenksarthrose, Sexualneurose oder endogene Psychose aus dem schizophrenen Formenkreis. Er begegnet jedem Arzt als leidender Mensch, der zumeist gar nicht weiß, dass es einen internationalen Krankheitenkatalog (ICD) gibt, in den man mit einigem diagnostischen Aufwand sein Leiden einordnen könnte, um es dann voraussichtlich angemessen zu behandeln.

Auch der Arzt ist nicht nur Träger einer beruflich definierten Rolle. Das Leiden »seines« Patienten lässt sich nur schlimm verkürzend damit analogisieren, dass das Auto eines Kunden ähnliche Probleme machen kann wie das des Kraftfahrzeugmechanikers. Denn auch unabhängig davon, dass sie Ärzte sind, werden Ärzte krank, an manchen Krankheiten häufiger als ihre Patienten, z.B. an Drogensucht, an manchen Infektionen, und selbst ihre Lebenserwartung ist nicht herausragend lang; Pfarrer, insbesondere evangelische, schneiden da viel besser ab.

Diese wenigen Beispiele mögen zeigen, dass in meinen Augen unvermeidbar die persönliche und menschliche Identifikation des Arztes mit dem Patienten im Grunde nur schlecht vergleichbar ist mit der zwischen einem Anbieter von Waren und Dienstleistungen und seinen Kunden. Nur schlecht vermeidbar ist der Arzt stets auch Mitleidender. Und gleichzeitig ist er doch der, welcher über die gesellschaftlich zugelassenen und ihm überantworteten technischen Mittel verfügt, die Leiden lindern und Krankheit – eben nach diesem agonistischen Modell – erfolgreich bekämpfen und Tod verhindern können.

Der berühmte amerikanische Soziologe Talcott Parsons, der nicht nur bei Max Weber in Heidelberg studiert hatte, sondern auch psychoanalytisch ausgebildet war, hat angesichts des gerade beschriebenen Dilemmas moderner wissenschaftlich geleiteter ärztlicher Praxis das Postulat und den Begriff der affektiven Neutralität formuliert. Schon in seiner universitären Ausbildung soll der angehende Arzt die Fähigkeiten erwerben, Abstand vom individuellen Leiden des Patienten und seinem eigenen Mitleiden mit ihm zu nehmen und das Problem des Patienten wissenschaftlich objektiv zu betrachten lernen, eben fallspezifisch und nicht individuell adäquat. Die empathische Komponente der Arzt-Patient-Begegnung ist da keineswegs geleugnet. Nur liegt das Problem darin, beides miteinander zu verbinden – und eben dafür hat die moderne Medizin kein Rezept gefunden. Ich wage die Behauptung, dass die dominierende Orientierung am spektakulär publizierbaren Erfolg ihrer wissenschaftlich-technischen Bemühungen eine solche Rezeptur bis heute in Frage stellt, obwohl der Bedarf danach immer dringender wird.

Ich will zum Schluss noch ein besonderes und zugleich allgegenwärtiges Problem zur Sprache bringen. Es ist das Problem des Todes im Kontext des Verhältnisses von Macht und moderner Medizin. Der Tod als Zeichen und einmaliges Ereignis der Endlichkeit des Lebens eines jeden von uns Menschen und vieler anderer Lebewesen ist eine so augenfällige Sicherheit, eben Evidenz, die durch die Sicherheitsversprechungen einer machtbewussten heilungs-orientierten evidence-based medicine unserer Tage auch nicht im Ansatz erreichbar ist. Diese beiden Evidenzen, von denen ich die eine, die des Todes, die eigentliche nennen möchte und die andere, die heilungsfixierte, die ich erwartungsgemäß als uneigentliche bezeichne, die begegnen sich alltäglich besonders in unseren Krankenhäusern. Viele kranke Menschen verlassen Krankenhäuser gesund, im gebesserten Gesundheitszustand zumindest häufig. Aber etwa 95 von 100 Menschen auf der anderen Seite müssen heute letztendlich im Krankenhaus ihr Leben irgendwie beschließen. Das heißt, wenn wir »Krankenhäuser« sagen, unterschlagen wir euphemistisch, dass wir im gleichen Atemzug von Sterbe- und Todeshäusern sprechen. Doch der Akzeptanz oder gar der Vorbereitung des Todes sind diese Einrichtungen ganz und gar nicht gewidmet. Als Institutionen eines bedeutenden wissenschaftlich-technisch-wirtschaftlichen Komplexes unserer Tage (1994 etwa 114 Milliarden DM Ausgaben und über 1 Mio Beschäftigte) sind sie auf den wie auch immer definierten Erfolg diagnostischer und therapeutischer Bemühungen und Investitionen festgelegt.

Der Tod kann als Freund des Menschen auftreten, aber er ist der Todfeind der Medizin. Er kann in dem unschön formulierten Machtkomplex, in dem die Medizin steckt, nur schlecht zugelassen werden. Deswegen erscheint er dort als begrifflich fragmentiert, aber nicht als sinnvoll.

Was ist gemeint? Medizinisch aus der heutigen Sicht gesehen verschwimmt uns die Endgültigkeit und damit auch die Aufgabe des Todes, die darin besteht, dass wir eben nur eine begrenzte Zeit zur Verfügung haben, unser Leben zu gestalten, wenn es ein »gutes Leben« sein soll und wenn wir daran Freude haben wollen. Das Ende unseres Lebens im Rahmen moderner Medizin ist nahezu beliebig verlängerbar geworden und wir haben, wenn wir nicht aufpassen und beispielsweise eine Patientenverfügung verfassen, nicht einmal die Zustimmung zum Ende unseres eigenen Lebens in der Hand, wenn wir unseren Willen nicht mehr äußern können.

Die Macht der heutigen Medizin hat den Tod als ultimative Aufforderung zur Frage nach dem Sinn eines jeden individuellen Lebens unbewusst und wissenschaftsgläubig zu eskamotieren versucht.

Sie ist damit gescheitert.

Der Tod ist auch in der neuen Gestalt seiner Vermeidbarkeit und Aufschiebbarkeit im Rahmen medizinischen Handelns so gegenwärtig wie eh und je. Doch neben seinem Eintritt als selbständiges, höchstens von dem Menschen, dem er gerade bevorsteht, durch Zustimmung beeinflussbares Ereignis, ist durch medizinische Intervention eine ganz andere Form des Todeseintritts zur Realität und zum Problem geworden: eine von Konventionen, die rechtlich abgesichert werden, abhängige Festlegung dieses Eintretens durch ärztliche Experten und damit auch des Zulassens des Todeseintritts. Diese Konventionen fragmentieren zugleich den Tod. Daher kann von Herztod, Hirntod, multiplem Organversagen etc. gesprochen, g eschrieben und dokumentiert werden. Viele Ursachen des Todes können im Rahmen des agonistischen Umgangs der Medizin mit Krankheit und Tod ermittelt werden, nur die eine für den Sinn unseres weltlichen Daseins aus meiner Sicht entscheidende Ursache nicht, nämlich die, die im endgültigen Abschiednehmen müssen und können besteht, welches uns auf diese Weise zusteht, unser Recht ist, und die zugleich eben auch die besondere Art unserer Existenz ist.

Ich möchte, wie jeder, nicht missverstanden werden. Ich wünsche der heutigen Medizin noch mehr Erfolg, besonders auch mit Blick auf das Missverhältnis zwischen Aufwand und Outcome, und dazu trage ich auf meine Weise als Forscher und Lehrer auch bei – so gut ich eben kann. Mein Beitrag zur Relativierung von Macht und Erfolg der Medizin will nur auch ein Beitrag zur Möglichkeit der Erhaltung oder der Wiedergewinnung des Humanen in und mit der modernen Medizin sein. Und ich denke, dass man in diesem Zusammenhang die Chance der Reflexion und Kommunikation von Ohnmacht und Ausbleiben von Erfolg der Medizin unserer Tage nutzen sollte. Dazu gehört, dass wir alle, die medizinischen Experten inklusive, begreifen müssen: Technik ist Mittel medizinischen Handelns, aber nicht medizinisches Handeln selbst. Medizinisches Handeln selbst ist Interaktion, ganz besonders Interaktion der medizinischen Experten und der Kranken. Dazu gehört Kommunikation und gegenseitige Anteilnahme und Beteiligung. Heute sagen wir dazu »Partizipation«. Sie bietet am ehesten die Aussicht, beides, Macht und Erfolg der Medizin unserer Tage legitimatorisch zu vereinen und damit Medizin gewaltfrei zu gestalten.

Literatur

Arendt, H. (1970): Macht und Gewalt. München/Zürich: Piper.

Miethke, J. (1970): Nachwort zu: Wilhelm von Ockham: Dialogus; hrsg. v. J. Miethke. Darmstadt: Wissenschaftliche Buchgesellschaft.

Wilhelm von Ockham: Dialogus: hrsg. v. J. Miethke. Darmstadt: Wissenschaftliche Buchgesellschaft.

Brief an eine langjährige Freundin und Mitstreiterin

Liebe Heidrun,
vor nicht langer Zeit – was zählen da ein oder zwei Jahre – haben wir in unserem Ulmer Humboldt-Studienzentrum »Philosophie und Geisteswissenschaften« ein Colloquium veranstaltet. Das Thema war »Macht und Gewalt«. Obwohl ich auch Mitveranstalter war, wurde ich um einen eigenen Beitrag gefragt, und zwar mit Blick auf die Medizin. Lange habe ich mir die Sache überlegt und dachte: wenn schon, dann werde ich nicht kommentierend referieren, was Du, Rik van den Bussche, Friedemann Pfäfflin, Michael H. Kater und andere dazu geschrieben habt. An Eure Kompetenz »Macht und Gewalt der Medizin im Nationalsozialismus« reiche ich nicht heran und kann auch nicht anschließen. Aber ich dachte an Dich und Deinen bevorstehenden Abschied von der Uni, und so entschloss ich mich zu dem angefragten Beitrag.

Ganz anders allerdings wollte ich an das Problem herangehen und fragte:

Gibt es in der Geschichte unseres Denkens Beispiele für die Reflexion des Verhältnisses von Macht und Gewalt? Und gesetzt, es gibt sie: Können wir ihre Ergebnisse heranziehen zur besseren Orientierung unserer aktuellen Frage nach Beziehung zwischen Macht, Gewalt und Medizin?

In der Tat wurde ich fündig, und zwar im hohen Mittelalter bei William von Ockham. Von dort meinte ich einen zwar verschlungenen, aber eben doch einen Weg bis zu Hannah Arendt zu erkennen, um von da aus Anschluss an die aktuelle Problematik zu erhalten.

Vernimm nun in meinem Beitrag, was mir da durch den Kopf ging und was ich dann auch gesagt habe.

Dein Peter Novak

KLAUS DÖRNER

Der Bedarf an Psychotherapie, an stationärer Spezialisierung und an Heimen in der Psychiatrie als medizinsoziologisches Aufmerksamkeitsdesiderat

Die »Aktion Psychisch Kranke« hat anlässlich ihrer Jubiläumstagung »25 Jahre Psychiatrie-Enquete« am 22./23. November 2001 öffentlich die beginnende zweite Reform-Halbzeit unter das neue Paradigma »Von den institutions- zu den personzentrierten Hilfen« gestellt. Die Aufgabe, die die reform-bewegten psychiatrisch Tätigen sich damit stellen, verlangt von ihnen nicht nur einen Wandel ihrer Grundhaltung. Sie enthält vielmehr auch eine medizinsoziologische Kernfrage. Daher bietet es sich geradezu an und ist es zugleich auch mein Wunsch, dass die jüngeren Medizinsoziologen zukünftig den Prozess der Psychiatrie-Reform wieder mit einem ähnlichen Engagement begleiten mögen, wie dies für die älteren Vertreter und Begründer dieser fachlichen Perspektive, die jetzt allmählich abzutreten beginnen, in der Pionierzeit der Psychiatrie-Reformbewegung der Fall war, als sie hierfür wichtige Akzente zu setzen verstanden haben.

Dass die Erfüllung dieser Aufgabe für uns psychiatrische Profis schwer sein wird, ergibt sich schon aus der Überlegung, dass wir in der ersten Halbzeit in der Regel Reformerfolge erzielen konnten, ohne die Schmerzgrenze der Infragestellung unserer eigenen Institutionen und Interessen zu überschreiten; gerade diese Überschreitung wird aber jetzt im Interesse der Betroffenen unvermeidlich: jetzt geht es ans Eingemachte, wobei kein Profi ungeschoren davonkommen wird und unsere Trialogpartner uns Profis als ihre Assistenten dabei zu kontrollieren haben.

Denn dieses neue Paradigma enthält das Eingeständnis, dass wir bisher überwiegend und im Zweifel von unseren eigenen Institutionen und Interessen ausgegangen sind, was auch heißt, dass wir bisher eher mit den therapeutisch und rehabilitativ lohnendsten psychisch Kranken begonnen haben.

Der paradigmatische Umschlag aus der Institutions- in die Personzentrierung bedeutet dabei nicht nur eine technisch-methodische, sondern auch eine ethische (äußere und innere) Deinstitutionalisierung (nicht mehr Enthospitalisierung), denn es geht jetzt im Kern darum, dass ich aus dem primären Dienst an meiner Institution in den Dienst der Person des jeweils Anderen trete, und zwar nur in dem Umfang, den *er* braucht, beginnend mit dem jeweils Kränksten, auch auf Kosten meiner Institution und meiner Interessen.

Zusätzlich brisant wird das neue Paradigma dadurch, dass die Politik - in ihrer Entscheidungsschwäche gegenüber den Lobby-Verbänden - der Steuerung durch den Markt nicht nur für die Produktionswirtschaft freien Lauf lässt, wo dies überwiegend sinnvoll ist, sondern auch für den Bereich des Sozialen und der Gesundheit, wo dies nur partiell Sinn macht. Marktsteuerung bedeutet nämlich, dass (psychiatrische) Institutionen, wenn sie auch nur überleben wollen, zur Expansion geradezu verurteilt sind. Betriebswirtschaftliche Rationalität zwingt stationäre wie ambulante Einrichtungen, nicht vom Bedarf der Person des Anderen auszugehen, sondern diesen - notfalls künstlich - zu vermehren, sich nicht an der Selbstbegrenzung und »Verüberflüssigung«, sondern am Wachstum zu orientieren, wobei die »vested interests« der Institutionen bei den psychischen Störungen noch wesentlich schwerer zu begrenzen sind, als z.B. bei chirurgischen Erkrankungen (Originalton des Repräsentanten eines großen psychiatrischen Krankenhausträgers: »Zwanzig Reformjahre lang haben wir an die Patienten gedacht; jetzt müssen wir erstmal wieder an uns selbst denken.«).

Aus diesen Gründen ist die Durchsetzung der Institutionszentrierung viel wahrscheinlicher als die der Personenzentrierung. Wenn ich nun im Sinne des neuen Paradigmas dennoch gegen diesen Wahrscheinlichkeitstrend die unwahrscheinliche Personenzentrierung verwirklichen will (und verhindern will, dass das neue Paradigma zu einem zahnlosen Tiger wie das jahrzehntealte Motto »ambulant vor stationär« wird), dann kann ich nicht mehr auf Konsens bauen, sondern dann muss ich Kontroversen, notfalls Polarisierungen riskieren, dann muss ich wegen der Unwahrscheinlichkeit meines Ziels meinen Aktivitäten ständig zusätzliche Energie - Selbstbegrenzungsenergie - zuführen - im Sinne wissenschaftlicher, fachlicher, aber auch moralischer Rationalität. Zugunsten der letztgenannten Rationalität hat sich bei uns in Gütersloh eine Norm bewährt, bewusst als komplementäre Gegennorm zur Marktnorm formuliert, nach der es erlaubt ist, dort zu investieren, wo es sich am meisten lohnt. Wir haben diese Gegennorm unseren kategorischen Imperativ genannt: »Handele in deinem Verantwortungsbereich so, dass du mit dem Einsatz all deiner Ressourcen (an Zeit, Kraft, Manpower, Aufmerksamkeit und Liebe) immer beim jeweils Letzten beginnst, bei dem es sich am wenigsten lohnt«. Natürlich – um jedem Missverständnis zuvor zu kommen – kann kein Mensch diese Norm ständig erfüllen; sie ist aber schon unter dem Strich wirksam, wenn alle sie für sich als wahr akzeptieren, wie wir in Gütersloh empirisch zeigen konnten.[13]

Im folgenden will ich die Frage nach dem richtigen Umfang der Psychiatrie durch Entfaltung der Kontroverse zwischen Institutions- und Personenzentrierung an drei Beispielen beantworten: 1. dem Psychotherapiebedarf, 2. dem Spezialisierungsbedarf und 3. dem Heimbedarf.

Psychotherapiebedarf

Institutionszentrierung schlägt sich hier z.B. in dem Bettenberg an psychosomatischen Reha- und Kurklinikbetten nieder, der in Deutschland so groß ist wie im Rest der Welt, ohne dass sich jemand für diese Milliardenverschleuderung interessiert. Um zu einem weiteren Beispiel zu kommen, habe ich über zwei Jahre in zwei Tageszeitungen alle Meldungen und Berichte zu Prozentzahlen (auch) psychotherapeutisch behandlungsbedürftiger Leiden gesammelt, als da sind: Angst, Depression, chronische Schmerzen, Schlaflosigkeit, Alkohol, Nikotinsucht, kindlicher Missbrauch, sexuelle Gewalt, Übergewicht, Essstörung, Behinderung, Hörschäden, Blutdruck, Demenz, Mobbing und Migräne. Wenn ich die jeweils schon werbewirksam hohen Prozentzahlen addiere, komme ich auf 201 %! All diese Meldungen, in denen meist renommierte Wissenschaftler zu Wort kommen, haben dasselbe Strickmuster: Erst erschrecken sie den Leser, dann aber trösten sie ihn, da es doch heute hoch effektive Psychotherapiemethoden gebe, die sich zudem wunderbar mit ebenso effektiven Psychopharmaka ergänzen würden: die »normative Kraft des Fiktiven«.

In der unwahrscheinlicheren, daher anstrengenderen Perspektive der Personzentrierung würde es hingegen einmal darum gehen, zunächst 4/5 der psychosomatischen Reha- und Kurklinikbetten abzuschaffen und damit den Zauberberg-Zopf abzuschneiden, der sich noch der sozialen Befriedungspolitik Bismarcks verdankt und uns heute zur weltweiten Lachnummer macht; wie in anderen Ländern wären die rehabilitativ und präventiv sinnvollen Leistungen vom lukrativen Bett zu trennen und ambulant-kommunal umzuorganisieren. Zum anderen würde es um die organisatorische Selbstbegrenzung der psychotherapeutischen Möglichkeiten gehen, wobei man – personzentriert – sich zunächst auf die Psychotherapeutisierung der Psychiatrie, vor allem aber der somatischen Medizin ohne neue Spezialbetten zu konzentrieren hätte, in Bindung an die medizinische Indikation, mit dem Kränksten beginnend. Diese Aufgabe wäre so groß, aber auch so sinnvoll, dass man

13 K. Dörner (Hrsg.): Ende der Veranstaltung, Gütersloh: Verlag Jakob van Hoddis, 1998

guten Gewissens alle weiteren psychotherapeutischen Bedarfsexpansionsfragen vertagen könnte.

Stationärer Spezialisierungsbedarf

Es entspricht der *Institutionszentrierung*, wenn sich in der letzten Zeit in den Gesundheitsministerien der Länder die Listen solcher Patientengruppen häufen, für die von Krankenhausträgern oder Universitätskliniken wegen ihrer besonderen Problematik stationäre Spezialangebote mit überregionalem, marktgesteuertem Einzugsbereich unter Aufhebung des Sektorprinzips gefordert werden. Inzwischen umfassen diese Listen bereits den größeren Teil des Gesamtspektrums der stationär behandlungsbedürftigen Patienten, obwohl es in der ganzen Welt bisher keine seriösen Vergleichsuntersuchungen gibt, die beweisen würden, dass ein stationäres Spezialangebot wirksamer wäre, während einigermaßen gesichert ist, dass eine monokulturelle Unterbringung psychiatrischer Patienten das Chronifizierungsrisiko erhöht.

Personzentrierung hingegen würde bedeuten, dass das Sektorprinzip so lange absoluten Vorrang hat, bis diese erste und vornehmste Norm der Psychiatrie-Enquete (Gemeindenähe) verwirklicht ist, d.h. bis alle stationären Einheiten die ausnahmslose Vollversorgung des Sektors, der Region garantieren, in der sie selbst geographisch lokalisiert sind, was vielerorts noch nicht erreicht ist. Damit hätte man nicht nur bei der Chancenverbesserung der Chancenlosesten begonnen, sondern damit wäre auch der Streit zwischen der »Fachklinik« und der »psychiatrischen Abteilung am allgemeinen Krankenhaus« gegenstandslos; denn während z.B. die Fachklinik Mönchengladbach diese Norm schon erfüllt hat, können dies manche Abteilungen noch nicht von sich behaupten.

Erst in dem Maße, wie dieses Ziel der Psychiatrie-Enquete wirklich erreicht wäre, könnte man überlegen, auf welche Weise ein wirklich rational gesicherter Spezialisierungsbedarf zu organisieren ist, ob innerklinisch, ob ambulant (wohin der Trend bei sich verkürzender Verweildauer ohnehin geht) oder ob in gegenseitiger Nachbarschaftshilfe.

Heimbedarf

Die institutionszentrierte Perspektive der ersten Halbzeit der Psychiatriereform hat den Heimbedarf erst hervorgebracht. Das Heimsystem, so wie es jetzt noch expandiert, entstand erst als Folge der Reform, als wir zu schnell zu viel gewollt haben und uns daher nicht auf die Person des einzelnen chronisch psychisch Kranken »zeitraubend« einlassen und zentrieren mochten. Die psychiatrischen Krankenhäuser definierten die chronisch Kranken als Fehlplatzierte, als Nichtbegehrenswerte, als Menschen, für die sie nicht zuständig seien. Diese Sicht ist auch heute noch wirksam. Insofern war und ist die »Enthospitalisierung« überwiegend nur eine Umhospitalisierung; sie war und ist eine Aktion der Säuberung.[14]

Unsere Institutionszentrierung greift aber noch tiefer: Insbesondere wir Psychiater gaben und geben unsere Endverantwortung für die chronisch psychisch Kranken an andere Institutionen und an andere Berufsgruppen ab, so als ob sie aus unserem Zuständigkeitsbereich einfach herausgefallen seien.[15] Dies wird besonders beschämend deutlich, wenn heute die ehemaligen Großkrankenhäuser, überwiegend zur Finanzierung ihrer zu groß gewordenen Infrastruktur, sich ca. 100 chronisch psychisch Kranke in einem Heimteil halten, wobei der leitende Psychiater die Endverantwortung für diese Patienten an den kaufmännischen oder Verwaltungsleiter abgibt, der dann für sie einen Sozialarbeiter oder einen Psychologen einsetzt. Nur solange wir diesen institutionszentrierten Defekt an wissenschaftlicher, fachlicher und moralischer Rationalität zulassen, können die Kostenträger die widerlegbare Behauptung wagen, sie könnten den freien Markt derer nicht steuern, die Anträge auf die Eröffnung neuer Heime stellen.

Wie können wir nun im Rahmen der Umsetzung des neuen Paradigmas der *Personzentrierung* chronisch psychisch Kranken gerecht werden? Einmal dürfte die These schwer widerlegbar sein, dass eine Psychiatrie a) wissenschaftlich nur dann rational ist, wenn sie auch über eine Chronisch-Kranken-Psychiatrie verfügt und mit dieser auch noch beginnt.[16]

Zum anderen ist eine Psychiatrie auch b) fachlich erst dann rational, wenn sie im Umgang mit chronisch psychisch Kranken über einen Kanon methodischen Handelns verfügt, zu dem z.B. gehört: Rehistorisierung der chronisch Kranken; Archäologie ihrer Angehörigen; psychotherapeutische Intensität der 1:1-Beziehung vom Anderen her; Vielfalt der Arbeitsmöglichkeiten für chronisch Kranke (von der Assistenz über die Werkstätten für Behinderte bis zur Selbsthilfe- und Zuverdienstfirma), schon weil diese Ansätze die Tagesstätten als gefährlichen Institutionalisierungsbeginn der Kommune weitgehend überflüssig machen würden; und zu diesem Methodenkanon gehört auch die Erkenntnis, dass die vernachlässigste Gruppe

---

14 Dies ist keine Schuldzuweisung an die psychiatrisch Tätigen der 70er Jahre; denn wenn ich noch 10 Jahre früher in einem Landeskrankenhaus angefangen hätte, hätte ich vermutlich genauso gehandelt. Nachdem aber H. Kunze u.a. uns dafür die Augen geöffnet haben, wissen wir es besser und dürfen daher heute nicht mehr so handeln; insofern ist meine Bewertung eine Schuldzuweisung an uns Heutige.

15 Diese makabre Engführung der psychiatrischen Perspektive reicht zurück bis in die 60er Jaher des 19. Jh., also bis zum Streit zwischen dem gemeindepsychiatrisch sonst so verdienstvollen Griesinger und den Anstaltspsychiatern: Griesinger hatte kein Interesse an den chronisch psychisch Kranken, weil diese keinen »lebendigen« Krankheits-Prozess mehr hätten und daher kein medizinisches Problem mehr seien, vgl. K. Sammet: Über Irrenanstalten und deren Weiterentwicklung in Deutschland, Wilhelm Griesinger im Streit mit der konservativen Anstaltspsychiatrie 1865-1868, Hamburg: LIT 2000.

16 Fingerübungen zu einer Chronisch-Kranken-Psychiatrie in Dörner, a. a. O.

in der Gemeinde nicht etwa die chronisch psychisch Kranken, nicht mal deren Angehörige, sondern die Normalbürger sind, mit denen 90 % der Sozialkontakte der bereits kommunal lebenden chronisch psychisch Kranken stattfinden und die wir (statt sie durch Antistigmakampagnen als Stigmatisierer zu stigmatisieren) im Sinne von community care in ihren freiwillig-unfreiwilligen, unbezahlten Sozialkontakten zu begleiten, zu ermutigen und zu gewöhnen haben, wofür wir die meisten Gemeinwesen-Methoden erst noch erfinden müssen (empowerment für die Normalbürger).

Schließlich ist eine Psychiatrie auch c) moralisch erst dann rational,[17] wenn jeder - vom Chefarzt angefangen - seine Verantwortung beim letzten ausgelagerten Heimbewohner seiner Region oder auch bei den »Heimunfähigen« beginnen lässt.[18]

Doch hinsichtlich der Frage des Heimbedarfs, was den Umfang der Psychiatrie angeht, reicht all dies für die Verwirklichung der Personzentrierung noch nicht aus: Weil nämlich inzwischen empirisch erwiesen ist, dass 1. mindestens 50 % der psychisch kranken Heimbewohner auf der Stelle in ambulante Betreuung entlassen werden können (ähnlich könnten 50 % der psychisch Kranken im betreuten Wohnen ohne diese Hilfe auskommen), dass wir 2. ohne fachlichen Grund und widerrechtlich bis zu 50.000 Heimbewohnern wesentliche Freiheitsrechte vorenthalten (und dennoch gut schlafen können) und dass 3. der Heimstatus eines Menschen den personzentrierten Umgang mit ihm fast ausschließt, haben wir nicht nur mit den Patientenrechten bei den Letzten, den Heimbewohnern, anzufangen, sondern auch ab sofort, mit dem heutigen Tage, den Prozess der »Verüberflüssigung« der Heime einzuläuten. Dies ist eilbedürftig, gerade weil dieser Prozess die Sozialstruktur der gesamten Gesellschaft so umwälzt, dass er so behutsam und verantwortlich zu betreiben ist, dass er mindestens 50 Jahre dauern muss und dass wir heute noch nicht wissen dürften, wie weit wir verantwortlich mit ihm kommen werden. Aber die Argumente für die Notwendigkeit, diesen Prozess jetzt wenigstens einzuläuten, sind vielfältig und überwältigend:

Viele Länder, insbesondere die skandinavischen Länder, aber auch Regionen in England, der USA und Kanada, haben einen Vorsprung von zehn bis 20 Jahren und uns vorgemacht, wie weit man auf diesem Weg unter Berücksichtigung der Interessen aller Beteiligten kommen kann.

17 Vielleicht könnte man Moral hier spaßeshalber operationalisieren als das Quantum der ständig zusätzlich meinen Aktivitäten zuzuführenden Energie, das erforderlich ist, um gegen den Wahrscheinlichkeitstrend das Unwahrscheinliche (die Personzentrierung) zu realisieren.

18 K. Dörner: Der gute Arzt, Stuttgart: Schattauer 2001

Der Institutionstyp Heim (oder Anstalt) war eine Problemlösungsmethode des 19. Jh. und damals nicht nur segensreich, sondern oft sogar lebensrettend, ist aber als Problemlösungsmethode für das 21. Jh. überholt.

In der Perspektive der Individualisierungsnorm von uns post- oder spätmodernen Menschen muss man heute sagen, dass kein Mensch in Kenntnis der durchaus schon vorhandenen kommunal-ambulanten Alternativen wirklich freiwillig von sich aus das Leben in einem Heim wählen würde: Insofern gibt es heute nur noch unfreiwillige Heimaufenthalte.

Bezogen auf die gewaltige Expansion der Persönlichkeitsrechte in unseren Gesellschaften ist das Heim als Institutionstyp heute nicht mehr kontrollierbar – gleichgültig, wieviele Heimkontrollgesetze man auch nachschieben mag.

Nicht nur aufgrund von Gerichtsurteilen in den USA, sondern auch aufgrund des Urteils des Bundesverfassungsgerichtes zum »besonderen Gewaltverhältnis« ist das Leben in einem Heim, weil nicht – wie das Gefängnis oder die Schule – absolut notwendig, mit der Verfassung nicht vereinbar.

Blankenburg und Gütersloh sowie – bezogen auf geistig Behinderte – Alsterdorf, Hephata/Mönchengladbach und Berlin haben empirisch gezeigt, wie weitgehend behinderte Menschen ohne ein Heim leben können.

Wer ernsthaft unsere Gesellschaft in eine Zivil- oder Bürgergesellschaft weiterentwickeln will, muss wissen, dass dies nur eine weitgehend heimlose Gesellschaft sein kann. Und

schließlich machen sich die überörtlichen Sozialhilfeträger aufgrund von Hochrechnungen Gedanken darüber, dass das Heimsystem in einiger Zeit ohnehin nicht mehr zu bezahlen sein wird, dass Geld aber nicht zu vermehren und stattdessen ganz anders auszugeben ist: die technischen und zwischenmenschlichen Hilfen und was sonst früher einmal das Heim akzeptabel gemacht hat, sind dorthin, wo die Menschen leben, in ihre Wohnung und in ihre Lebenswelt zu holen.

Da solche epochalen Veränderungen, wenn sie wirklich auf jede einzelne Person zentriert sind, sämtliche sozialen Verhältnisse der Gesellschaft in Bewegung und zu einem neuen Zusammenspiel bringen müssen, ist der Gesetzgeber hier gefordert und ist sinnvollerweise zunächst eine Heim-Enquete einzusetzen. Denn nur wirklicher politischer Willen ist in der Lage, das seit 150 Jahren eingespielte, entmündigende und kostentreibende Ausgrenzungssystem institutionszentrierter Interessen in Frage zu stellen und vielleicht, wenigstens anteilig, durch das so naheliegende wie unwahrscheinliche Hilfe-Prinzip der Personzentrierung zu ersetzen.

MARIA MIES

Soziale Bewegung, Erkenntnis, Politik

Alles, was ich über die Zusammenhänge zwischen Sozialer Bewegung, Erkenntnis und Politik gelernt habe, habe ich als Teilnehmerin an verschiedenen sozialen Bewegungen gelernt. Da war zuerst die Frauenbewegung, an deren Aufbau und Fortentwicklung ich seit Ende der sechziger Jahre des letzten Jahrhunderts mitgewirkt habe. Hinzu kamen die Bewegung gegen Gen- und Reproduktionstechnik, die Ökologie- und Friedensbewegung, die Dritte-Welt-Bewegung und heute, seit etwa vier Jahren, die weltweite Bewegung gegen die neoliberale, konzerngesteuerte Globalisierung.
In all diesen Bewegungen ging es nie nur um partikulare Verbesserungen im Hier und Jetzt. Alle fanden im Rahmen des internationalen Kontextes statt, den meine Freundinnen und ich mit dem Begriff des kapitalistisch-patriarchalen Weltsystems kennzeichneten. Es ging auch nie nur um bloße Aktion. Es war ganz unausweichlich, dass im Rahmen diverser Aktionen nicht nur die theoretischen Grundlagen unserer Gesellschaft in Frage gestellt wurden, sondern vor allem auch das Wissenschafts- und Politikverständnis, das dieses Gesellschaftsgebäude trotz aller Fehlentwicklungen aufrecht erhält.

Für mich fing die Kritik am herrschenden Wissenschaftsparadigma 1977 mit dem feministischen Kampf um die Frauenforschung an. Ich habe diese Kritik in meinen »Methodischen Postulaten zur Frauenforschung« formuliert (Mies 1978). Sie sind weltweit rezipiert worden und gelten immer noch als wissenschaftstheoretischer Anfang der neuen feministischen Forschung.

Die Jahre 1976-1980 waren eine Gründerphase der deutschen Frauenbewegung und Frauenforschung. 1976 gründeten wir in Köln das erste autonome Frauenhaus in Deutschland. Im Februar 1977 beschlossen wir in Frankfurt die Gründung des Vereins: »Sozialwissenschaftliche Forschung und Praxis für Frauen e.V.« . Gleichzeitig gründeten wir die Zeitschrift: »*Beiträge zur feministischen Theorie und Praxis*«, die erste theoretische, feministische Zeitschrift in Deutschland. In der ersten Nummer dieser Zeitschrift wurden die »Methodischen Postulate« veröffentlicht. Soweit mir bekannt, sind sie in sieben deutschen und englischen Publikationen erschienen. Ich selbst habe noch mehrere Beiträge zur Methoden-Diskussion geschrieben (z.B. 1982/84; 1987; 1991; 1992; 1994; 1996).

Wenn ich heute über diese Erfahrungen nachdenke, bin ich erstaunt über die Weisheit der Anfänge: Bei diesen feministischen Gründungen ging es uns nicht etwa nur darum, Frauen einen Platz im akademischen Elfenbeinturm zu erobern, sondern die Wissenschaft aus diesem Elfenbeinturm zu befreien und allen zugänglich zu machen. Es ging uns um nichts weniger als um die Revolutionierung der patriarchalischen Wissenschaft. Vor allem wollten wir *Praxis und Theorie* verbinden, und zwar in dieser Reihenfolge (Mies 1994:107 ff.). Zuerst war da die Frauenbewegung, die wir selbst initiiert hatten: unsere Kämpfe gegen Gewalt gegen Frauen, um die Abschaffung des §218, für Frauenhäuser, für viele feministische Projekte, um Raum in den Universitäten. Und nun wollten wir diese Erfahrungen nicht mehr länger aus unserem akademischen Alltag ausblenden, sei es als Studentinnen oder Dozentinnen.

Diese Suche nach einem neuen Praxis-Theorie-Verhältnis war nicht zufällig, sondern für die meisten Feministinnen in den Hochschulen eine existenzielle Notwendigkeit. Denn die meisten Frauen mit einem beginnenden feministischen Bewusstsein befanden sich in einer Situation der »double consciousness«, eines widersprüchlichen Bewusstseins, wie June Nash es ausdrückte. Da wir selbst der Ort dieses patriarchalen Widerspruchs waren, des Widerspruchs zwischen »Frau-Sein« und »Wissenschaftlerin-Sein« entstand das, was ich damals unsere Betroffenheit nannte.

Ich sah in dieser Betroffenheit keineswegs ein Handicap, sondern geradezu den Ausgangspunkt für einen kreativen, neuen, verändernden Forschungsansatz. In meinem zweiten Aufsatz zur Methodenfrage (1984) habe ich Betroffenheit als den subjektiven Prozess beschrieben, der mit Gefühlen der Empörung, Wut, Angst beginnen mag, aber dann zu Reflexion, Analyse und Erforschung der Ursachen dieser Gefühle führen muss. Und schließlich müssen diese neuen Erkenntnisse zu transformativer Praxis führen, wenn das Ganze einen Sinn haben soll. Wenn Charlotte Bunch von »passionate scholarship« spricht, dann meint sie etwas Ähnliches (Bunch 1987).

Zu der Weisheit der Anfänge gehörte auch, dass wir Feministinnen sofort begriffen, dass die Spaltung zwischen Praxis und Theorie nicht nur *das* wichtigste Strukturprinzip der herrschenden Erkenntnistheorie ist, sondern dass diese Spaltung nicht geschlechtsneutral ist, sondern zur patriarchalen Arbeitsteilung gehört: Männer für die Theorie, Frauen für die Praxis – und ferner, dass dieser Dualismus sich wiederfindet in der hierarchischen Spaltung zwischen Kopf- und Handarbeit, die alle unsere Gesellschaften bis heute durchzieht.

Ferner war uns klar, dass wir die »Frauenfrage« nicht einfach den existierenden Disziplinen hinzufügen konnten, gewissermaßen als neue Bindestrich-Soziologie, -Psychologie, -Ethnologie usw. Bereits 1977 hatten wir formuliert, dass Frauenforschung »quer« zu allen Disziplinen steht; d.h. sie transzendiert alle Fragmentierungen und Spezialisierungen und verlangt einen anderen – heute sagt man holistischen – Ansatz.

Die Erkenntnis der hierarchischen und dualistischen Struktur unseres gesamten Wissenssystems führte natürlich auch zu bestimmten Fragen in Bezug auf Frauen im Hochschulbereich. Vielen von uns wurde klar, dass Gleichstellung oder Quoten für Frauen bei gleichbleibenden positivistischen Theorien und Methodologien höchstens zu einer Feminisierung einiger Hochschulen führen konnte, nicht aber zur Aufhebung von Ausbeutung und Unterdrückung aller Frauen, ja zur Aufhebung von Ausbeutung, Unterdrückung und Kolonisierung insgesamt. Ich begriff damals, dass wir nach einem neuen Paradigma von Wissenschaft, nach einer neuen Methodologie suchen mussten. Frau-Sein allein war noch nicht gleichbedeutend mit einer anderen politischen Vision oder gar einem anderen Erkenntnisparadigma. Notwendig war vielmehr eine neue Beziehung zwischen Wissen und Politik, zwischen Leben und Wissen, Handeln und Wissen – nicht nur für Frauen, sondern für alle.

Wie schon erwähnt, hatte dieses radikale Infragestellen des herrschenden Wissenschaftsparadigmas seine Wurzeln zunächst in der Frauenbewegung und den existenziellen Erfahrungen von Feministinnen. Es fand aber auch in einem historischen Kontext statt, in dem viele Menschen, besonders Studenten in den Studentenbewegungen auch solche grundsätzlichen Fragen aufwarfen. In Deutschland war die Studentenbewegung um 1968 inspiriert von der Wiederentdeckung des Marxismus. In bezug auf das Praxis-Theorie-Verhältnis spielten vor allem die Feuerbach-Thesen von Marx von 1845 eine wichtige Rolle, insbesondere These 11:

»Die Philosophen haben die Welt nur *verschieden* interpretiert. Es kömmt darauf an, sie zu *verändern*.« (Marx 1845:7)

Als ich meine sieben Postulate niederschrieb, war ich jedoch nicht nur von diesem Text inspiriert, sondern auch von Paulo Freire's »Pädagogik der Unterdrückten« (1970). In all diesen Ansätzen ging es nicht nur darum, Praxis und Theorie wieder in ein lebendiges Verhältnis zu setzen, sondern die Priorität der Praxis *vor* der Theorie zu etablieren. Die Bewusstwerdungs-Methode (Conscientisacao) von Freire passte gut zu unseren feministischen Ansätzen der Selbsterfahrung. Sie durchbrach die ›Kultur des Schweigens‹ und half nicht nur den Unterdrückten zu einem Bewusstsein über ihre Unterdrückung sondern auch zu befreienden Aktionen. Freire gehörte zu den Wissenschaftlern, die wie Huizer, Mannheim und Stavenhagen (1993) daran arbeiteten, die Sozialwissenschaften, insbesondere die Ethnologie, zu entkolonisieren und für die Unterdrückten relevant zu machen (Hammersley 1993, Fonow & Cook 1991).

Die akademische Linke war in Deutschland in jenen Jahren stark beeinflusst von der »Kritischen Theorie«, von Horkheimer, Adorno, Marcuse und Habermas. Obwohl ich vieles, was diese Theoretiker geschrieben hatten, einleuchtend und wichtig fand, war mir nicht klar, wie wir von dieser »Kritischen Theorie« zu einer kritischen, d.h. transformierenden Praxis kommen sollten. Die »Kritische Theorie« beantwortet diese Frage nicht. Sie erhält die strukturelle Trennung zwischen beiden Bereichen aufrecht.

Als ich die »Postulate« formulierte, war mir daher klar, dass wir über den Ansatz der Kritischen Theorie hinausgehen mussten, wenn wir es ernst mit der Frauenbefreiung meinten. Um die Frauen zu befreien, musste das ganze Wissenschaftssystem revolutioniert werden. So wie es war, war es untauglich, dieser Befreiung zu dienen.

Es ist angebracht, die »Methodischen Postulate« noch einmal in einer Kurzfom zu referieren.

1. Das Postulat der Wertfreiheit, der Neutralität und Indifferenz gegenüber den Forschungsobjekten - bisher wichtigster Maßstab für Objektivität - wird ersetzt durch bewusste Parteilichkeit.
2. Die vertikale Beziehung zwischen Forschern und Erforschten, die »Sicht von oben« wird ersetzt durch die »Sicht von unten«.
3. Die kontemplative, uninvolvierte »Zuschauerforschung« (spectator knowledge), wird ersetzt durch aktive Teilnahme an emanzipatorischen Aktionen und die Integration von Forschung in diese Aktionen.
4. Teilnahme an Aktionen und Integration von Forschung in Aktionen bedeuten ferner, dass die Veränderung des Status Quo als Ausgangspunkt wissenschaftlicher Erkenntnis angesehen wird. Das Motto für diese Vorgehensweise könnte sein: Um ein Ding kennenzulernen, muss ich es verändern.
5. Aus dem Vorangegangenen ergibt sich, dass die Wahl des Forschungsgegenstandes nicht mehr der Beliebigkeit der einzelnen Sozialwissenschaftlerin oder ihren subjektiven Karriereinteressen überlassen bleiben kann, sondern abhängig sein wird von den allgemeinen Zielen und den strategischen und taktischen Erfordernissen der sozialen Bewegung zur Aufhebung von Ausbeutung und Unterdrückung von Frauen.
6. Der Forschungsprozess wird zu einem Bewusstwerdungsprozess, sowohl für die bisherigen Forschungs«subjekte« als auch für die bisherigen Forschungs«objekte«.
7. Die Aneignung der eigenen Geschichte als Subjekte und als Voraussetzung der Frauenemanzipation bedeutet weiterhin, dass die Entwicklung einer feministi-

schen Gesellschaftstheorie nicht in Forschungsinstituten entstehen kann, sondern in der Teilnahme an den Aktionen *und Kämpfen der Bewegung und in der theoretischen Auseinandersetzung über ihre Ziele und Strategien.*

Wenn ich mich heute erneut zu diesem Ansatz äußere, geschieht das bewusst als Aktion gegen das Vergessen. Denn wer weiß noch etwas von den Anfängen der neuen Frauenbewegung und ihrem Versuch, Praxis und Theorie zu verbinden, wer erinnert sich noch an Paulo Freire's Pädagogik der Befreiung, oder wer hat gar etwas von den Feuerbach-Thesen gehört? Besonders seit dem Fall der Berliner Mauer werden alle solche Bewegungen und universalen Befreiungsentwürfe in den Mülleimer der Geschichte geworfen, d.h. dem großen Vergessen überantwortet. Es scheint keine andere Realität mehr zu geben als die kapitalistisch-patriarchale, euphemistisch »Marktwirtschaft« genannt.

Ein neuer Erkenntnisbegriff: eine Kritik der Postmoderne

Mir ist bewusst, dass die Politik des Vergessens nicht zufällig entstanden ist, sondern durch die Ideologie der Postmoderne begründet wird. Diese Ideologie stellt die epistemologischen, politischen und philosophischen Grundlagen der europäischen Aufklärung in Frage, vor allem die Hoffnung, dass alle Menschheitsprobleme durch Fortschritt und Wissenschaft gelöst werden würden. Die Postmoderne kritisiert jedoch nicht nur die Aufklärung des 18. und 19. Jahrhunderts, sondern auch alle weiteren Versuche, irgendeine allgemeine Sozialutopie zu formulieren, die auf universalen Prinzipien beruht, wie etwa Freiheit oder Gleichheit. Für das postmoderne Denken gibt es nur noch Unterschiede, keine Gemeinsamkeiten mehr. Es gibt auch keine Geschichte mehr. Geschichte als ein Lebensprozess, der Vergangenheit, Gegenwart und Zukunft verbindet, hat sich aufgelöst in einzelne Momente, die nichts miteinander zu tun haben.

Auch Wissen wird auf ähnliche Weise atomisiert und zu bloßer unverbundener und unverbindlicher Information degradiert. Kein Wunder darum, dass die Menschen dieses zerstückelte Wissen so schnell wie möglich vergessen.

Füssel fasst die postmoderne Ideologie in fünf »Strategien des Vergessens« zusammen, die das Ziel haben, alle subversiven Erinnerungen zu töten. Diese Strategien des Vergessens laufen auf Folgendes hinaus:

1. Alles ist nur Oberfläche und Erscheinung. Selbst die Materie ist wie eine Zwiebel, bestehend aus Schichten und Schichten von Erscheinungen. Darunter gibt es kein Wesen.
2. Alles ist gleichwertig. Alles kann in Frage gestellt werden. Das macht alles gleichzeitig beliebig und wertlos. Wenn alles gleich-gültig ist, entfällt jeglicher Grund, eine Möglichkeit gegenüber einer anderen zu wählen. Methodologisch läuft das

auf Feyerabends »anything goes« hinaus. Ergänzen müsste man es durch Somer Brodribbs: »Nothing Matters«. Totale Beliebigkeit.

3. Es gibt keine Beziehung mehr zwischen Input und Output im Produktionsprozess. Es zählt nur das Resultat – und zwar in Form von Geld. Vergessen wird, wer diesen Prozess steuert und in wessen Interesse er geschieht.
4. Klassenunterschiede werden vergessen und ersetzt durch den Konsumismus, der Massen und Eliten in einer homogenisierten, globalisierten Kultur verbindet. Je nach Marktwert wird das »Traditionelle«, »Ethnische« oder das »Moderne« kodiert.
5. Niemand bezieht mehr Stellung. Es gibt nur noch unterschiedliche Meinungen, die nebeneinander bestehen. Sie sind privat und folgenlos: »Vor allem muss Streit vermieden werden. Die Konfrontation des Gegensätzlichen weicht dem Nebeneinander des Unterschiedlichen ...« (S. 59). Es gibt keine vereinigende Vision und Strategie mehr (Füssel 1993).

Es ist klar, dass die postmoderne Ideologie den »Postulaten zur Frauenforschung« diametral entgegengesetzt ist. Sie passt aber haargenau in die Strategie der neoliberalen Globalisierung. Sie eliminiert die emotionale, intellektuelle und praktisch- politische Grundlage für Bewusstwerdung, Subversion, Rebellion und Aktion. Sie atomisiert nicht nur die Realität, vereinzelt die Menschen und löst alle Gemeinschaftlichkeit auf, sondern reduziert die Menschen auch zu bloßen Konsumenten im globalen Supermarkt, ohne Wissen oder Gewissen über die Interessen und Institutionen, die das Ganze steuern. Die totale Beliebigkeit der »Wahl« in diesem globalen Supermarkt ist jedoch nichts anderes als die Äquivalenz und Beliebigkeit, die durch das Geld hergestellt wird. Diese »Wahlfreiheit« ist das Einzige, was von unserem Begriff von Freiheit noch übrig geblieben ist. Das gilt auch für den Freiheitsbegriff, den wir zu Beginn der Frauenbefreiungsbewegung noch emphatisch verwandten.

Die Zerstörung des Wissens und des wissenden Subjekts (Postman 1982) durch eine Flut unverbundener Information ist jedoch nicht nur eine Folge des Prozesses, den ich das »Töten der Anfänge« genannt habe. Denn die Postmoderne hat noch eine andere Dimension, die viel expliziter auf dem Frauen- bzw. Muttermord beruht.

Somer Brodribb ist eine der ersten Feministinnen, die darauf hingewiesen haben, dass die Eliminierung der *Materie* und der Geschichte in der postmodernen, post-strukturalistischen Ideologie und ihre Ersetzung durch Diskurse und Narrative letzten Endes auf der »Ermordung der Mutter« als des Beginns des menschlichen Lebens beruhen. In ihrem Buch »Nothing Mat(t)ers: A Feminist Critique of Postmodernism« (1993) erinnert sie uns an die gemeinsame linguistische Wurzel von »mater« und »materia«. Sie weist nach, dass die patriarchalen Kultheroen des Postmodernismus Nietzsche, Lacan, Lyotard, Derrida, Foucault die Tatsache nicht akzeptieren konnten, dass wir alle von Frauen geboren werden und wie alle anderen organischen Kreaturen sterben. Somer Brodribb identifiziert den *»Mord der Anfänge«* in der Form des tatsächlichen oder symbolischen Frauen- bzw. Muttermordes als den wichtigsten Impetus postmodernen Denkens. Ohne diesen Mord der mat(t)er als unseres Ursprungs in dieser Welt, ohne die Entmaterialisierung, Verdunkelung oder Mystifizierung dieses Ursprungs wäre es nicht möglich, den Mann als Erschaffer der Kultur, der symbolischen Ordnung, vor allem der Technologie zu feiern. Postmoderne Männer und Frauen, die in diese symbolische Ordnung »aufsteigen« wollen, müssen daher als erstes vergessen, dass sie von einer Frau geboren wurden (Rich 1977, v. Werlhof 1996). Sie verstehen sich als selbst-»konstruiert«, durch die Kombination der Maschinen-Logik mit organischen »Systemen«. Sie sind Cyborgs, wie Donna Haraway schreibt (Haraway 1991).

Dieser postmoderne Muttermord hat einen neuen Idealismus produziert, der nicht nur die gesamte Realität zu einem »Text«, zu einer »Erzählung« macht, sondern auch die Erinnerung sowohl an unsere individuellen Anfänge als auch an das Band vernichtet, das uns mit dem Rest der organischen und inorganischen Welt verbindet, an unser Verwurzeltsein in der Natur, *als etwas Gegebenem* und nicht Konstruiertem.

Ich habe nie verstanden, warum Feministinnen diese Ideologie im Namen der Frauenemanzipation vor allem in den »Gender Studies« propagieren können. Denn es geht dieser Ideologie nicht um die Aufhebung des kapitalistischen Patriarchats, sondern um die »Emanzipation« vom Ursprung, den symbolischen Müttern, den wirklichen Müttern und von Mutter Erde. Für Frauen bedeutet diese »Emanzipation« schließlich, dass sie, wie Renate Klein schreibt, »körperlos im Cyberspace« herumschweben (Klein 1996: 376f.). Erst in einer virtuellen Wirklichkeit können sie sich als frei und gleich empfinden. Die postmoderne Kritik am »Essentialismus« z.B. des Ökofeminismus hat m.E. ihre Wurzeln in diesem Hass auf die Ursprünge. Für Frauen kann dieser Hass jedoch nur selbstzerstörerisch sein. Kein Wunder, dass so viele junge Frauen magersüchtig werden, sich und ihre Körper sadomasochistischen Folterungen unterwerfen, um endlich ins Reich postmoderner, patriarchaler Transzendenz aufzusteigen. Gen- und Reproduktionstechnik befreien sie dann endgültig von diesem lästigen, »wilden« weiblichen Leib.

Die Trennung von Praxis und Theorie, die Zerstörung von Geschichte und die Leugnung der materiellen Ursprünge im herrschenden Wissenschaftsparadigma gehen einher mit einer reduktionistischen Erkenntnistheorie (Mies/Shiva 1993). Dies ist mir und vielen anderen Feministinnen im Zusammenhang der Bewegung gegen Gen-und-Reproduktionstechnologien klar geworden. Carolyn Merchant hat nachgewiesen, dass der Aufstieg der modernen Naturwissenschaft einher ging mit der Zerstörung eines organischen Naturbegriffs und seine Ersetzung durch die Maschinen-Metapher (Merchant 1984). Dies setzt voraus, dass lebendige Zusammenhänge und lebendige Wesen zuerst bis in ihre kleinsten Elemente zerstückelt werden müssen, und dass diese Elemente dann zu neuen Maschinen rekombiniert werden. Dieser reduktionistische Prozess beschränkt sich nicht nur auf die anorganische Materie, sondern auch auf die organische, ja, auf das Leben als Ganzes. Gen- und Reproduktionstechnologie, heute die so genannte Bio-Wissenschaft, wären ohne diese Methodologie nicht entstanden. Die so gewonnene Erkenntnis der Natur geht immer einher mit Gewalt gegen Frauen und die Natur. Reduktionistische Wissenschaft ist außerstande, ein Naturding in seiner unverletzten Ganzheit zu »erkennen« (Mies 1989).

Ein neuer Politikbegriff

Als ich 1977 meinen Methodenaufsatz schrieb, ging es mir und den anderen Feministinnen jedoch nicht nur um einen neuen, ganzheitlichen Erkenntnisbegriff, sondern auch um einen anderen Politikbegriff, um eine neue Verbindung zwischen Politik und Wissen, Praxis und Theorie. Doch bereits 1984, als ich die erste Replik auf die Kritik an den »Postulaten« veröffentlichte (Mies 1984), bemerkte ich, dass »feministische Forschung« schon zu »Frauenforschung« reduziert worden war, und dass eine Integration in den akademischen »Mainstream« angestrebt wurde. Heute heißt das »gender-mainstreaming«. Freilich geschah diese Integration auch um den Preis der Abspaltung der Frauenforschung von der sozialen Bewegung, aus der sie entstanden war. Aktion und theoretische Analyse wurden wieder getrennt, entsprechend der nach wie vor herrschenden positivistischen Arbeitsteilung zwischen Theorie und Politik. Ich nannte das damals die Re-Akademisierung der feministischen Forschung (Mies 1994).

Mit der neuen Gender-Terminologie einher geht auch eine andere Politik und Ökonomie. Seit dem Fall der Berliner Mauer wird die konzerngesteuerte, neoliberale Globalisierung als weltweit alternativlos dargestellt. Manchmal wird sie als »Marktwirtschaft«, manchmal als »Reformpolitik«, manchmal als »New Economy« bezeichnet. Die Hauptsäulen dieser Politik sind Globalisierung, Liberalisierung (Deregulierung) und Privatisierung (GLP-Politik). Ihr Ziel ist die Abschaffung des keynesianischen Sozialstaates und die Durchsetzung absoluter Freiheit für multinationale Konzerne, überall in der Welt zu »investieren, wo und wann sie wollen, zu produzieren, was sie wollen, zu kaufen und zu verkaufen was und wo sie wollen« und dabei möglichst wenig Rücksicht nehmen zu müssen auf staatliche Regelungen und gesellschaftliche Einschränkungen (Barnevik, zit. in Mies 2001 S.1).

Die neue internationale Protestbewegung gegen diese GLP-Politik - ich nenne sie Globalisierung von unten (Mies 2001) - befolgt einen ähnlichen Ansatz wie den, den wir seinerzeit in der Frauenbewegung entwickelt haben: Zuerst kommt der tatsächliche Widerstand, gekoppelt mit kritischer Analyse. Daraus folgt die Suche nach einer anderen Ökonomie und einer anderen Politik. Wie die Ökonomie folgt auch diese andere Politik nicht mehr länger dem »Blick von oben«, sondern ist verankert in zahllosen Graswurzelbewegungen in der ganzen Welt. Diesen Bewegungen geht es nicht um die Ersetzung einer Machtelite durch eine andere, sondern um die Wiedergewinnung der Kontrolle über die eigenen Lebensbedingungen, lokal und global (Mies 2001).

Der aus der Frauenbewegung erwachsene methodologische Ansatz stellt auch heute nicht nur einen besseren, weil ganzheitlichen Ansatz zur Gewinnung von Erkenntnissen dar. Er hat in der internationalen Methodendiskussion ein breites Echo gefunden. Er gehört nicht nur zur Grundlagenliteratur von Frauenstudien sondern auch der methodologischen Literatur, vor allem zur Aktionsforschung (Hammersley 1993; Maguire 1987; Fonow und Cook 1991).

In einer Situation, die heute weltweit gekennzeichnet ist von einer Überfülle an unverbundener Information, Desorientierung, Ohnmachtsgefühlen, hängt die Erhaltung von Vernunft und Erkenntnis mit der Erhaltung von Handlungsfähigkeit, und das heißt Politikfähigkeit, zusammen. Die neuen Sozialen Bewegungen erobern sich diese Handlungsfähigkeit zurück (Mies 2001).

Literatur

Brodribb S. (1993): Nothing Mat(t)ers: A Feminist Critique of Postmodernism. Melbourne

Bunch Ch. (1987): »Not by Degrees«. Feminist Theory and Education. In: Dies.: Passionate Politics. New York

Fonow M., Cook J. A. (Hrsg.) (1991): Beyond Methodology. Bloomington/Indianapolis

Freire P. (1970): Pädagogik der Unterdrückten. Stuttgart

Füssel K., Sölle D., Steffensky F.(1993): Die Sowohl-als-auch-Falle: Eine theologische Kritik des Postmodernismus. Luzern

Haraway D. J. (1991): Simians, Cyborgs and Women. The Reinvention of Nature. London

Huizer G., Mannheim B. (Hrsg.) (1993): The Politics of Anthropology. From Colonism and Sexism Towards a View from Below. Den Haag

Klein R. (1996): (Dead) Bodies Floating in Cyberspace: Post-modernism and the Dismemberment of Women. In: Bell D. und Klein R.(Hrsg.) Radically Speaking: Feminism Reclaimed. Melbourne

Maguire P. (1987): Doing Participatory Research: A Feminist Approach. Amherst

Marx K. (1845): Thesen über Feuerbach, in: Marx-Engels Werke, Bd. 3: 5f.

Merchant C.(1983) The Death of Nature: Women, Ecology and the Scientific Revolution. San Francisco: Harper & Row

Mies M. (1978): »Methodische Postulate zur Frauenforschung - dargestellt am Beispiel der Gewalt gegen Frauen. In: *beiträge zur feministischen theorie und praxis*, Jg. I, Köln: 41-63

Mies M. (1979): Towards a Methodology of Women's Studies. ISS-Occasional Paper Nr. 77. Den Haag: Institute of Social Studies

Mies M. (1982): Fighting on two Fronts. Women's Struggles and Research. Den Haag: Institute of Social Studies

Mies M. (1983): Towards a Methodology of Feminist Research. In: Bowles G., Klein R. D. (Hrsg.): Theories of Women's Studies. London/Melbourne

Mies M. (1984): Frauenforschung oder feministische Forschung? In: *beiträge zur feministischen theorie und praxis Nr. 11*. Köln

Mies M. (1989): Wissenschaft, Gewalt, Ethik. Feministische Wissenschaftskritik. In: Keller C., Koechlin F. (Hrsg.): Basler Appell gegen Gentechnologie. Zürich

Mies M. (1989): Women's Research or Feminist Research? The Debate Surrounding Feminist Science and Methodology. In: Fonow M. M., Cook J. (Hrsg.): Beyond Methodology. Bloomington/Indianapolis: 60f.

Mies M. (1993): Towards a Methodology For Feminist Research. In: Hammersley M. (Hrsg.): Social Research. Philosophy, Politics and Practice. London/Newbury Park/New Delhi: 64f.

Mies M., Shiva V. (1993): Ecofeminism. London/New Delhi

Mies M. (1994): Frauenbewegung und 15 Jahre »Methodische Postulate zur Frauenforschung«. In: Diezinger A. u.a. (Hrsg.): Erfahrung mit Methode. Freiburg

Mies M. (1996): Liberating Women, Liberating Knowledge: Reflections on Two Decades of Feminist Action Research, University of Victoria, Canada. In: Atlantis: A Women's Studies Journal, Vol. 21, Nr. 1. Halifax, Kanada

Mies M. (2001) Globalisierung von unten. Der Kampf gegen die Herrschaft der Konzerne. Hamburg: Rotbuchverlag

Postman N. (1982): Wir informieren uns zu Tode. In: Die Zeit Nr. 41

Rich A. (1977): Of Woman Born. Motherhood as Experience and Institution. London

Stavenhagen R. (1993): »Decolonizing Applied Social Sciences«. In: Hammersley M. (Hrsg.): Social Research. Philosophy, Politics and Practice. London/Newbury Park/New Delhi

v. Werlhof C. (1996): Mutter - Los. Frauen im Patriarchat. Zwischen Angleichung und Dissidenz. München: Frauenoffensive

J. v. TROSCHKE, B. BORGETTO und G. DICK

Der Beitrag der Selbsthilfe zur Gesundheitsversorgung in der Bundesrepublik Deutschland

Mit dem Begriff der Selbsthilfe wird in unserer Gesellschaft ein weites Spektrum unterschiedlicher Erwartungen und Handlungen verbunden, das von der Selbstbehandlung von Bagatellerkrankungen über die Durchführung und Unterstützung medizinischer Verordnungen (Compliance), die gemeinschaftliche Selbsthilfe bis zur Selbstbeteiligung der Versicherten an den Kosten der medizinischen Versorgung reicht (vgl. z.B. Kickbusch/Trojan 1981, Grunow et al. 1983, Trojan 1986, Moeller 1996, Grunow 1998, Borgetto/v. Troschke 2001). Ein großer Teil der Gesundheitsstörungen wird im sog. Laiensystem von den Betroffenen und deren Bezugspersonen selbst versorgt, ohne dass eine Inanspruchnahme professioneller Hilfe erfolgt. Viele chronisch und infaust Kranke ergänzen die schulmedizinische Versorgung durch selbst finanzierte Leistungen der Alternativ- und Komplementärmedizin.

Führende Wirtschaftswissenschaftler prognostizieren, dass sich der Gesundheitsmarkt in den entwickelten Industriegesellschaften zu einem der größten Wirtschaftsbereiche entwickeln wird (z.B. Nefiodow 1997). Man geht davon aus, dass psychosoziale Bedürfnisse weiter wachsen und die Bürger sich immer mehr zu informierten und selbstbewussten Kunden bzw. Verbrauchern entwickeln werden. So überrascht es nicht, dass der aktuelle Beitrag der Selbsthilfe zur Gesundheitsversorgung schwer zu bestimmen und die Datenlage in hohem Maße unzureichend ist. In unserem Beitrag wollen wir einen kurzen Überblick über die aktuelle Situation gesundheitsbezogener Selbsthilfe in Deutschland geben und darauf aufbauend den Forschungsbedarf heraus arbeiten.

Definitionen und Abgrenzungen

In Anlehnung an Christian v. Ferber kann man die Aktivitäten der Selbsthilfe im Laiensystem auf einem Kontinuum von Autonomie zu Heteronomie ordnen.

Tab. 1: Laiensystem und Selbsthilfe

▪ Selbstbehandlung ▪ Familiäre Selbsthilfe ▪ Erweiterte Selbsthilfe	(erweiterte) individuelle Selbsthilfe
▪ Selbsthilfegruppen ▪ Selbsthilfeorganisationen ▪ Laienhilfe u. Ehrenamt	gemeinschaftliche Selbsthilfe

nach: Ch. v. Ferber

Innerhalb der gesundheitsbezogenen Selbsthilfe ist zunächst zwischen individueller und gemeinschaftlicher Selbsthilfe zu unterscheiden. Eine Form der *individuellen Selbsthilfe* ist die Selbstbehandlung. Sie kann völlig auf Eigeninitiative und Laienkenntnissen beruhen und damit unabhängig vom professionellen Versorgungssystem erfolgen. Selbstbehandlung ist aber immer auch ein Bestandteil der professionellen medizinischen Therapie, beispielsweise wenn krankengymnastische Übungen in Eigenregie durchgeführt werden oder Medikamente zu Hause regelmäßig eingenommen werden. Dies gilt in erweitertem Sinne auch für die Familie und das primäre soziale Netzwerk, also enge Freunde und Verwandte. Oftmals unterstützen sie sich gegenseitig mit Rat und Tat bei der Selbstbehandlung. Entsprechend könnte man die familiäre Selbsthilfe und die erweiterte Selbsthilfe auch als *erweiterte individuelle Selbsthilfe* bezeichnen.

Die Selbsthilfe in Gruppen und Organisationen kann demgegenüber als *gemeinschaftliche Selbsthilfe* bezeichnet werden. Unterschieden werden Selbsthilfegruppen und Selbsthilfeorganisationen.

Kennzeichen von *Selbsthilfegruppen (SHG)* sind die Treffen von Betroffenen bzw. Angehörigen von Betroffenen in selbstorganisierten Gruppen, die freiwillige Teilnahme und die Bereitschaft zum Austausch in der Gruppe. SHG bei denen die Anliegen der eigenen Mitglieder im Vordergrund stehen, werden als innenorientierte Gruppen (Trojan 1986) oder als SHG von Betroffenen (Braun et al. 1997) bezeichnet. Analog dazu gibt es außenorientierte Gruppen, die sich darüber hinaus auch der Beratung und Vertretung der Interessen anderer Betroffener widmen.

Selbsthilfeorganisationen (SHO) sind häufig auf Länder- und Bundesebene organisiert und haben in der Regel eine kleine Zahl von hauptamtlichen Mitarbeitern. Sie stellen sich vor allem die Aufgabe der Interessenvertretung und der Aufklärung der Öffentlichkeit, das Spektrum reicht jedoch von Dienstleistungen für ihre Mitglieder und andere Betroffene bis hin zur Initiierung, Unterstützung und Durchführung von Forschungsprojekten. Bisweilen werden auch therapeutische Angebote durch Fachkräfte organisiert.

Vielfach sind SHO auch von *Laienhilfe* und *ehrenamtlichem Engagement* abhängig, ohne die ihre Aufgaben kaum zu bewältigen wären. Hier handelt es sich mitunter nicht mehr nur um Selbsthilfe im eigentlichen Sinne, sondern oft um soziales Engagement Nicht-Betroffener, welches der Tätigkeit und Organisationsform klassischer Wohlfahrtsverbände ähnelt.

Wir wollen uns hier auf die gemeinschaftliche gesundheitsbezogene Selbsthilfe konzentrieren. Im Sinne der Grundsätze der Spitzenverbände der Krankenkassen zur Förderung der Selbsthilfe nach § 20 Abs. 4 SGB V umfasst diese

- »eine besondere Form des freiwilligen gesundheitsbezogenen Engagements. Sie findet innerhalb selbst organisierter, eigenverantwortlicher Gruppen statt, in denen sich Betroffene, einschließlich ihrer Angehörigen, zusammenschließen;
- Hilfe außerhalb der Sphäre privater Haushalte und Familien sowie professioneller Dienstleistungen;
- gesundheitsbezogene Initiativen, Projekte oder Organisationen im Übergangsbereich zu professionellen Dienstleistern. Ihre Leistungen beruhen hauptsächlich auf freiwilligem Engagement und Ehrenamtlichkeit« (zitiert nach Borgetto/v. Troschke 2001: 204).

Die gemeinschaftliche Selbsthilfe wird unterstützt von *Selbsthilfekontaktstellen (SHK)*. Sie sind gemäß den Grundsätzen der Spitzenverbände der Krankenkassen örtlich oder regional arbeitende professionelle Beratungseinrichtungen, in der Regel getragen von Vereinen, Kommunen oder Wohlfahrtsverbänden. SHK stellen themen- und indikationsübergreifend Dienstleistungsangebote zur Unterstützung und Stabilisierung von Selbsthilfeaktivitäten bereit (vgl. Borgetto/v. Troschke 2001). Eine zentrale Aufgabe besteht in der Motivation zur Teilnahme an SHG und der Information und Beratung von Interessierten, die noch nicht SHG-Mitglieder sind. Auf Wunsch unterstützen die Kontaktstellen Betroffene bei der Gründung neuer Gruppen. Darüber hinaus bieten sie infrastrukturelle Unterstützung wie Räume, Beratung und Supervision in schwierigen Gruppensituationen an. SHK sollen die Kooperation von SHG und Professionellen (insbesondere Ärzten) stärken und durch Öffentlichkeitsarbeit den Bekanntheitsgrad der Gruppen erhöhen.

In einigen Kassenärztlichen Vereinigungen wurden Kooperationsberatungsstellen für Ärzte und SHG (KOSA) eingerichtet, deren Arbeitsschwerpunkt sich insofern von SHK unterscheidet, als sie auf die Förderung der Zusammenarbeit von Medizinern und SHG ausgerichtet sind.

Statistik

Aktuelle Schätzungen gehen davon aus, dass es in Deutschland zur Zeit ca. 70.000-100.000 SHG mit mehr als 3 Mio. Mitgliedern gibt (Matzat 1999, 2000), von denen mehr als 2/3 im Gesundheitsbereich arbeiten (vgl. Braun et al. 1997). Es gibt ca. 300 bundesweit aktive SHO und ca. 300 örtliche/regionale Unterstützungsangebote (Matzat 1999), die an unterschiedlichen Stellen angesiedelt sein können, wie z.B. bei Gesundheitsämtern, Krankenkassen, Kassenärztlichen Vereinigungen etc. Davon sind ca. 250 die bereits erwähnten SHK.

Aktuelle quantitative Schätzungen der Beteiligung an SHG liegen z.T. weit auseinander und müssen sich u.a. auf ältere Erhebungen stützen. Es handelt sich dabei überwiegend um Ergebnisse, die im Rahmen von Auftragsforschung entstanden sind und zweckorientiert von unterschiedlichen Definitionen ausgehen und unterschiedlich »zählen« (vgl. Grunow 1998). Die Zahlen liegen zwischen 1% (Grunow 1998) und 4% (Kettler/Becker 1997) der erwachsenen Bevölkerung insgesamt.

Von besonderem Interesse ist natürlich die Beteiligung der jeweils von einer Krankheit betroffenen Menschen. Schätzungen hierzu nennen eine Beteiligung von 6-9% (Grunow 1998). Auch die Mitgliederzahlen aus SHO lassen keine höheren Schätzungen zu. Die Deutsche Rheuma-Liga (DRL) hat als größte SHO bundesweit ca. 220.000 Mitglieder, ca. ein Viertel der Mitglieder aller 80 SHO, die in dem Dachverband Bundesarbeitsgemeinschaft Hilfe für Behinderte (BAGH) organisiert sind. Nimmt man als Grundgesamtheit die von einer schweren Erkrankung des rheumatischen Formenkreises Betroffenen (d.h. entzündliche, degenerative, extraartikuläre und pararheumatische Erkrankungen), so kann man von einer Prävalenz von ca. vier Millionen ausgehen. Damit erreicht auch die DRL nur einen Organisationsgrad von ca. 5 %. Ca. 50 % aller SHG sind kein Mitglied in SHO (vgl. Braun et al. 1997). Daher scheint die Annahme gerechtfertigt, dass außerhalb der DRL höchstens noch einmal so viele Rheumakranke in SHG organisiert sind. Auch wenn man diese hinzu nimmt, kann ein Überschreiten eines Beteiligungsgrades von über 10% in diesem Bereich ausgeschlossen werden. Ein Beteiligungsgrad von 10% ist eher eine Überschätzung, da nicht alle Mitglieder der DRL auch an SHG teilnehmen und eine Verdoppelung der Mitgliederzahl daher zu hoch greifen dürfte.

Der Versorgungsbedarf, d.h. der Personenkreis derjenigen, die für Selbsthilfeaktivitäten aufgrund gesundheitlicher Probleme in Frage kommen, ist schwer zu bestimmen. Nach einschlägigen Statistiken sind 8 Mio., d.h. ca. 10 % der Bevölkerung der BRD, chronisch krank und behindert. Vom Beauftragten der Bundesregierung für die Belange der Behinderten wird für den 31.12.1999 die Zahl von 6.633.466 Menschen mit schweren Behinderungen (GdB $\geq$ 50) genannt (Behindertenbeauftragter 2001).

Die größte Dachorganisation der Verbände von chronisch Kranken und Behinderten, die Bundesarbeitsgemeinschaft Hilfe für Behinderte (BAGH), gibt die Zahl der von ihr vertretenen Einzelmitglieder mit 850.000 an, eine Zahl, die wiederum ca. 10% der Betroffenen erfasst.

Insgesamt lässt sich sagen, dass die vorliegenden Schätzungen und Statistiken kaum eine verlässliche Aussage über den Versorgungsbedarf erlauben, da dieser mit großer Sicherheit höher ist als die Anzahl der Schwerbehinderten und die Hochrechnung bisher vorliegender regionaler Schätzungen nicht zu plausiblen Zahlen führt, entweder wegen starker regionaler Unterschiede oder weil diese Zahlen bereits zu hoch geschätzt sind.

Organisationsformen der Selbsthilfe

Eine umfassende empirische Untersuchung der Organisationsformen der Selbsthilfe in Deutschland liegt derzeit nicht vor. Die Begleitforschung zur Selbsthilfeunterstützung (Braun et al. 1997) bietet diesbezüglich einige hilfreiche Ergebnisse, die jedoch zwei Einschränkungen unterliegen. Zum einen wird nicht differenziert zwischen gesundheitsbezogener und sozialer Selbsthilfe und zum anderen werden nur SHG in den Modellregionen untersucht. Dennoch sind einige Ergebnisse aufschlussreich.

In den alten und den neuen Bundesländern haben sich trotz unterschiedlicher Ausgangsbedingungen vergleichbare Organisationsformen entwickelt. Mehr als ein Drittel der SHG ist Mitglied in einer SHO, deutlich weniger als ein Drittel sind Mitglied in einem Wohlfahrtsverband. Weit mehr als ein Drittel der befragten SHG sind jedoch verbandlich überhaupt nicht organisiert, also weder Mitglied in einer SHO noch in einem Wohlfahrtsverband. Am häufigsten trifft dies auf innenorientierte SHG zu, außenorientierte SHG sind in erheblich größerem Ausmaß verbandlich organisiert.

Die auf Bundesebene mit gesundheitlichen Anliegen aktiven SHO sind z.T. Mitglied der Bundesarbeitsgemeinschaft Hilfe für Behinderte (BAGH), dem maßgeblichen Dachverband von SHO auf Bundesebene und im Deutschen Paritätischen Wohlfahrtsverband - Gesamtverband (DPWV). Innerhalb des DPWV bildet das Forum »Chronisch Kranke und Behinderte« einen eigenständigen Fachbereich. Im Suchtbereich nimmt die Deutsche Hauptstelle gegen die Suchtgefahren (DHS) Funktionen eines Dachverbandes wahr. Einen Fachverband für die Selbsthilfe bildet die Deutsche Arbeitsgemeinschaft Selbsthilfegruppen (DAG SHG), die vor allem auch eine Plattform für die Selbsthilfekontaktstellen bietet. Sie ist gleichzeitig Träger der Nationalen Kontaktstelle für Selbsthilfegruppen (NAKOS). Der Deutsche Behindertenrat (DBR) schließlich ist ein Aktionsbündnis mit festen Statuten und wechselnder Geschäftsstelle. Er setzt sich im wesentlichen zusammen aus der

BAGH und ihren Mitgliedsverbänden, den unabhängigen Behindertenverbänden und den traditionellen Sozialverbänden (vgl. Borgetto 2001a).

Neben SHG, SHO und SHK haben sich auf der Ebene des Bundes, der Länder und auf der regionalen Ebene weitere Organisationsformen der Selbsthilfe entwickelt, die vorwiegend der Interessenvertretung und der Vernetzung sowie dem fachlichen Austausch dienen (vgl. Abb. 1).

Abb. 1: Organisationsstrukturen auf Bundes-, Länder- und regionaler Ebene

Bundesarbeitsgemeinschaft Hilfe für Behinderte e.V. (seit 1967)	Forum »Chronisch kranke und behinderte Menschen im PARITÄTISCHEN Gesamtverband e.V.« (seit 1990)	Deutscher Behindertenrat (seit 1999)	Deutsche Arbeitsgemeinschaft Selbsthilfegruppen e.V. (seit 1982)	Nationale Kontaktstelle für Selbsthilfegruppen (seit 1984)	Sonstige: Deutsche Hauptstelle gegen die Suchtgefahren, Selbsthilfeorganisationen

Selbsthilfe-Landesverbände, Landesarbeitsgemeinschaften Selbsthilfe/Hilfe f. Behinderte	Landesarbeitsgemeinschaften der Selbsthilfekontaktstellen
Regional: Selbsthilfe-Bezirksverbände oder örtliche Arbeitsgemeinschaften	Regional: Selbsthilfekontaktstellen (ca. 250), Kooperationsberatungsstellen f. Ärzte u.Selbsthilfegruppen

Gesundheitsbezogene Selbsthilfegruppen (ca. 50.000-70.000), organisierte und nichtorganisierte Gruppen

Quelle: eigene Darstellung

Aktivitäten und Wirkungen

Die Aktivitäten von SHG wurden v.a. in zwei Studien untersucht, in der Hamburger Studie »Gesundheitsselbsthilfegruppen« (Trojan 1986) und der Studie zur Selbsthilfeunterstützung in den neuen Bundesländern (Braun et al. 1997). Die wichtigsten Aktivitäten von SHG werden dabei in weitgehender Übereinstimmung beschrieben. Als häufigste Aktivität von SHG, wurde in der Hamburger Studie jedoch zusätzlich das »Klönen« angegeben (vgl. Tab. 2).

Anderen Aktivitäten wie der Teilnahme an Demonstrationen, dem konkreten Einüben neuer Verhaltensweisen oder Entspannungsübungen wie Meditation und Autogenes Training, wenden sich Gruppen nur manchmal zu.

Ebenfalls wurde die Verwirklichung von Zielen untersucht (Trojan 1986, vgl. Tab. 3). Nach Ansicht von jeweils über 90 % der 232 Befragten der Hamburger Studie werden selbst gesetzte Ziele geringer Reichweite und mittlerer Reichweite zumindest teilweise erreicht. Weniger erfolgreich waren die SHG bei der Umsetzung

Tab. 2: Aktivitäten von Selbsthilfegruppen

- **»Klönen«,**
- Wissenserwerb und Erfahrungsaustausch (gegenseitige Beratung) über den praktischen Umgang mit dem Problem/der Krankheit,
- Beratung und Information für andere Personen/Betroffene, die (noch) nicht Mitglied der Gruppe sind,
- Gespräche zur emotionalen Unterstützung/über eigene Gefühle wie Ängste, Traurigkeit, Freude usw.,
- Verschiedene Geselligkeiten, gemeinsame Unternehmungen (z.B. Ausflüge), Aufbau und Pflege sozialer Kontakte,
- Austausch mit Personen, die beruflich mit dem Problem/der Krankheit beschäftigt sind und Aufbau von Kooperationsbeziehungen zum professionellen Umfeld,
- Bemühungen um Unterstützung für die Gruppe (z.B. Einwerbung von Spenden), Gewinnung neuer Mitglieder,
- Praktische Hilfen für Gruppenmitglieder leisten, Besuche von anderen Betroffenen in Krankenhäusern, Pflegeheimen etc.,
- Öffentlichkeitsarbeit/Aufklärung,
- Organisation von Informations- und Erfahrungsaustausch mit anderen Gruppen,
- Mitarbeit in städtischen Gremien, informellen Arbeitskreisen und anderen Gruppen zur Interessendurchsetzung/Interessenvertretung gegenüber politischen Instanzen bzw. einzelnen Politikern.

nach: Trojan 1986, Braun et al. 1997

von selbst gesetzten Zielen großer Reichweite: diese wurden nach Ansicht von »nur« 73% bzw. 75% der Befragten zumindest teilweise erreicht. Hierbei ist anzumerken, dass diese Ziele großer Reichweite an sich schwer zu erreichen sind, und die Selbsteinschätzung der Betroffenen eher erstaunlich gut ist.

Tab. 3: Selbst gesetzte Ziele von Selbsthilfegruppen

- **Ziele geringer Reichweite**
  - Menschen zum Reden finden
  - Informationsaneignung über Krankheit
  - Selbstständiger Umgang mit der Krankheit
  - Gemeinsame Freizeitgestaltung
  - Unterstützung anderer Mitglieder
- **Ziele mittlerer Reichweite**
  - Interessenvertretung für Betroffen
  - Einstellungsänderungen bei Betroffenen
  - Einstellungsänderungen im sozialen Umfeld
- **Ziele großer Reichweite**
  - Einstellungsänderungen bei Professionellen
  - Veränderung von Institutionen

nach: Trojan 86

Darüber hinaus konnten weitere positive Veränderungen bei den Teilnehmern festgestellt werden (vgl. Tab. 4):

Tab. 4: Nicht direkt angezielte Wirkungen von Selbsthilfegruppen

Krankheit bewältigen: Verbesserung der psychosozialen bzw. physischen Befindlichkeit
*
Leben lernen: Allgemeine Kompetenzerweiterung und soziale Aktivierung
*
Verbesserung der Partnerbeziehungen
*
Verbesserung der Beziehungen in primärsozialen Netzwerken
*
Verminderung des Medikamentenverbrauchs
*
Verstärkte Inanspruchnahme von Heilmitteln
*
Sinnvolle Nutzung professioneller Dienste
*
Verbesserung der Compliance

nach: Trojan 1986, Röhrig 1989

Belastungen durch SHG fielen bei den Teilnehmern kaum ins Gewicht. Diese müssten bei Personen untersucht werden, die die Teilnahme an SHG abgebrochen haben. Das Problem der Kontraindikation von SHG ist bislang nur in einer einzigen Untersuchung thematisiert worden (Vogel 1990). Hierbei deutete sich an, dass es Personen geben könnte, für die das Scheitern oder Verlassen einer SHG eine ernst zu nehmende Belastung darstellt. Die Anlage der Studie lässt jedoch keine Schlussfolgerungen über das Ausmaß dieses Problems zu.

In einer Studie zu SHO auf Landesebene in Nordrhein-Westfalen (Innovative Dienste Köln 2001) wurden diese nach der vorrangigen Aufgabenwahrnehmung befragt. Darunter wurden die alltäglichen Aufgaben verstanden, die die meiste Energie und Zeit beanspruchen (vgl. Tab. 5). Eine Untersuchung der Erfolge dieser Arbeit von SHO liegt bislang nicht vor.

Tab. 5: Vorrangige Aufgabenwahrnehmung von SHO

- Persönliche bzw. telefonische psychosoziale Beratung von Betroffenen und Angehörigen
- Durchführung von Treffen, die der Vernetzung und dem Erfahrungsaustausch dienen
- Fachliche Beratung der Mitgliedsgruppen (z.B. über Publikationen)
- Mitgliederverwaltung und Vereinsorganisation des Landesverbandes
- Vermittlung von Interessierten in örtliche Gruppen
- Entwicklung von Informations- und Aufklärungsmaterial
- Vermittlung Betroffener zu professionellen Leistungserbringern (Therapeuten, Ärzte...)
- Durchführung von Aufklärungsveranstaltungen für die Allgemeinheit
- Unterstützung beim Aufbau neuer Selbsthilfegruppen vor Ort

nach: Innovative Dienste Köln 2001

Finanzierung

Die Finanzierung bzw. finanzielle Förderung der Arbeit von SHG und SHO erfolgt durch private Mittel, durch Mitgliedsbeiträge bei SHO, durch die gesetzlichen Krankenkassen und Träger der Rehabilitation, durch Bund, Länder und Gemeinden, aber auch durch eingeworbene Bußgelder, Sponsoring und ähnliche Mittel. Da keine umfassende Übersicht über die Finanzierung vorliegt und in der wissenschaftlichen Literatur nur wenige Angaben zu finden sind, muss teilweise auf Hochrechnungen und Schätzungen zurückgegriffen werden.

Zum Umfang der *privaten Mittel*, die überwiegend aus Reisekosten, Telefonkosten und Porto, Büromaterial, Literaturbeschaffung und ähnlichem bestehen dürften, liegen keine Anhaltspunkte vor. Legt man für die SHG-Mitglieder einen *Mitgliedsbeitrag* von DM 50.- bis 100.- (im Durchschnitt also DM 75.-) zugrunde und geht davon aus, dass die BAGH ca. 850.000 Einzelmitglieder hat (BAGH 2001), dann errechnet sich für die Mitgliedsorganisationen dieses Verbands ein Gesamtvolumen an Eigenmitteln von ca. 63,75 Mio. DM.

Nach SGB V § 20 Abs. 4 sind die *GKV-Kassen* verpflichtet, pro Mitglied und Jahr eine DM für die Selbsthilfeförderung zur Verfügung zu stellen. Demnach ergäbe sich pro Jahr eine Summe von ca. 70 Mio. DM bzw. 35 Mio. €, deren Verteilung bisher immer noch auf organisatorische Schwierigkeiten und Widerstände stößt. Diese bestehen insbesondere in der Bestimmung der Förderwürdigkeit und des Förderbedarfes, bzw. der an eine Entscheidung für eine Förderung zu richtenden Kriterien. In SGB IX §29 sind die Träger der Rehabilitation ebenfalls verpflichtet worden, die Selbsthilfe zu fördern. Ein konkreter Betrag ist im Gesetz jedoch nicht genannt worden. Derzeit finden Abstimmungsgespräche unter den Rehabilitationsträgern statt.

Bundesmittel werden projektbezogen vergeben. So wurden Selbsthilfekontaktstellen teilweise als Modellprojekte eingerichtet und die Begleitforschung durch das Bundesfamilienministerium finanziert. Weitere Einzelprojekte wie z.B. die Versorgungslandkarte der Deutschen Rheuma-Liga werden aus Mitteln des Bundesgesundheitsministeriums gefördert. Nach einer aktuellen Dokumentation von NAKOS beträgt das bundesweite Fördervolumen für die Selbsthilfe durch die *Bundesländer* im Jahr 2001 rund 28,7 Mio. DM, d.h. 0,35 DM je Einwohner. Aus der Dokumentation lässt sich ein geringfügiger Rückgang, bezogen auf das Vergleichsjahr 1999, jedoch kein allgemeiner ›Abwärtstrend‹ konstatieren. Allerdings unterscheidet sich der Pro-Kopf-Beitrag für die einzelnen Bundesländer erheblich und liegt bei »0,07 DM pro Einwohner in Sachsen-Anhalt und 2,70 DM in Bremen«(NAKOS 2001: 5). Die *Kommunen* fördern in sehr unterschiedlichem Maße, es gibt Kommunen, die praktisch keine Förderung gewähren und andere, die sehr umfangreiche Förderkonzepte entwickelt haben.

Der Finanzierungsbedarf der Selbsthilfe ist ebenfalls schwierig zu bestimmen. In der bereits erwähnten Studie zu SHO in Nordrhein-Westfalen (NRW) wurde der Finanzierungsbedarf von 39 SHO auf NRW-Landesebene auf der Basis von Selbstauskünften dargestellt (Innovative Dienste Köln 2001).

Es zeigte sich, dass 69% der SHO rein ehrenamtlich arbeiten und knapp zwei Drittel nicht über eine Geschäftsstelle mit eigenen Räumlichkeiten verfügen. Die SHO finanzieren sich zu einem großen Teil aus Eigenmitteln (vgl. Tab 6). Bei der Refinanzierung durch Zuwendungsgeber bemängeln die befragten SHO vor allem, dass die Antragstellungen viel zu kompliziert sind und unverhältnismäßig viel Zeit in Anspruch nehmen, dass der Verwendungsnachweis manchmal mehr Zeit kostet, als das geförderte Projekt selbst und dass aufgrund mangelnder Rücklagen eine Vorfinanzierung der Angebote kaum möglich ist.

Tab. 6: Finanzierung von Selbsthilfeorganisationen in Nordrhein-Westfalen, Mittelwerte

	Eigenmittel	Öff. Hand	GKV	Weitere
Bundesverbände, mit Personal	88 %	2 %	2 %	-
Bundesverbände, ehrenamtlich	70 %	4 %	12 %	3 %
Landesverbände, mit Personal	54 %	23 %	–	8 %
Landesverbände, ehrenamtlich	62 %	11 %	4 %	16 %

nach: Innovative Dienste Köln 2001

Bei dem Unterstützungsbedarf wurden keine inhaltlichen Projektideen abgefragt, sondern der Schwerpunkt auf die Strukturen der SHO gelegt. Die folgende Auflistung dient der Übersicht über den in diesem Sinne von 36 SHO geäußerten dringlichsten Bedarf.

Tab. 7: Dringlichster Unterstützungsbedarf von Selbsthilfeorganisationen in Nordrhein-Westfalen
(Häufigkeit der Nennung bei 4 Wahlmöglichkeiten, n=36)

1. Betriebs- und Sachkostenförderung / laufender Unterhalt der Landesgeschäftsstelle (61,1 %)
2. Erstellung von Informationsmaterialien für die Öffentlichkeitsarbeit (52,8 %)
3. Förderung von Personalstellen zur Unterstützung der Selbsthilfe (50 %)
4. Förderung von Veranstaltungen zur Aufklärung über die Erkrankung (44,4 %)
5. Fort- und Weiterbildung der ehrenamtlichen MitarbeiterInnen (41,7 %)
6. Fahrtkosten für Angestellte und Ehrenamtliche (36,1 %)
7. Schaffung einer Geschäftsstelle mit eigenen Räumlichkeiten für den Landesverband (33,3%)
8. Büroausstattung für die Landesgeschäftsstelle (30,6 %)
9. Qualitätsentwicklungs- und Qualitätssicherungsberatung für den Landesverband und die örtlichen Mitglieder (27,8 %)

nach: Innovative Dienste Köln 2001

Der volkswirtschaftliche Nutzen war ebenfalls Thema einiger Untersuchungen. Er konnte jedoch bislang nicht aufgrund eigener Erhebungen bestimmt, sondern nur aufgrund von Annahmen und Modellrechnungen geschätzt werden. Das Volumen wird dabei auf ca. 4 Milliarden DM geschätzt (Braun et al. 1997). Man geht davon aus, dass die Selbsthilfe durch Einsparungen ansonsten notwendiger Leistungen das 3,3-fache der Förderinvestitionen erwirtschaftet (Engelhardt et al. 1995).

In einer Untersuchung von Münchner Selbsthilfeinitiativen (Engelhardt et al. 1995) wurden die ökonomischen Wirkungen von gesundheitsbezogenen SHG beispielhaft dargestellt, konnten jedoch nicht quantifiziert werden. Die dem psychosozialen Bereich zugeordneten Angststörungen können jedoch zweifellos ebenfalls dem gesundheitlichen Bereich zugeordnet werden. Aufgrund der besseren Datenlage in diesem Bereich ergab sich unter Plausibilitätsannahmen eine Ersparnis für die öffentliche Hand (einschl. Sozialversicherung) von ca. 1,8 Mio. DM und für die Arbeitgeber von ca. 400.000 DM jährlich. Die Studie bringt sicher in der Tendenz richtige Ergebnisse, die Größenordnungen und ihre Relevanz für unterschiedliche SHG und unterschiedliche Krankheitsbereiche müssten allerdings weitergehend untersucht werden.

Kooperationsbeziehungen

Positiv ist zu konstatieren, dass sich in den letzten Jahren die Beziehungen der Professionellen, insbesondere der niedergelassenen Ärzteschaft, zu SHG und SHO stark verbessert haben. Bei einer 1993 durchgeführten Befragung von Professionellen wurde die Leistungsfähigkeit von SHG positiv eingeschätzt (vgl. Braun et al. 1997: 223).

85% der Befragten waren überzeugt, dass SHG in sozialer, gesellschaftlicher und gesundheitspolitischer Hinsicht positive Wirkungen zeigen. Die große Mehrheit war auch der Überzeugung, dass SHG zur Verbesserung der professionellen Dienstleistungen im Sozial- und Gesundheitsbereich beitragen. Fast die Hälfte (42%) wünschte sich, der professionelle Sektor möge von der Klientenzentrierung der Selbsthilfe profitieren. Sie meinten, dass sich Selbsthilfeprinzipien wie Gleichberechtigung und Autonomie stärker auf professionelle Dienste auswirken sollten. Eine Konkurrenz der Selbsthilfegruppenarbeit zu ihrer Tätigkeit wurde von den befragten Professionellen nicht festgestellt.

Dennoch ist das Verhältnis zwischen Selbsthilfe und dem professionellen Versorgungssystem noch immer von einem Ungleichgewicht geprägt (vgl. Röhrig 1989, Meye/Slesina 1990, Bachl et al. 1998, Bahrs/Nave-Ahmad 1999, SEKIS 1999, Findeiß/Schachl 2000, Findeiß et al. 2001). Weite Teile der professionellen Helfer im Gesundheitswesen nutzen die Selbsthilfe nur als Auffangnetz für nicht mehr behandelbare Patienten/Klienten. Selbst positiv eingestellte Professionelle unterstützen die Selbsthilfe oftmals vorrangig, um die eigene Arbeit mit ihren Patienten/Klienten (in Form einer Gruppentherapie/Gruppenaufklärung) effektiver zu gestalten, und weniger, um chronisch Kranke und Behinderte generell in ihrem Bemühen um Selbsthilfe und Selbstbestimmung zu unterstützen. SHG-Mitglieder wollen ebenfalls die Arbeit der Professionellen unterstützen und erleichtern, die angestrebte Arbeitsgrundlage ist für sie jedoch meist ein (nicht erreichtes) partnerschaftliches Verhältnis. Dennoch arbeiten viele Gruppen mit Professionellen zusammen, während nur ein geringer Teil der Professionellen mit SHG kooperiert. Indirekte Kooperationsformen, wie z.B. die Empfehlung oder Vermittlung an SHG bzw. Ärzte/Therapeuten, überwiegen - vor allem auf der Seite der Professionellen. Seltener sind direkte Kooperationsformen wie gemeinsame Gruppensitzungen, Öffentlichkeitsarbeit, organisatorische Unterstützung und Austausch der jeweiligen Expertise. Aus der verbal bekundeten Kooperationsbereitschaft wird jedoch auf einen Unterstützungsbedarf bei der Entwicklung einer gemeinsamen Kooperationskultur geschlossen. Modelle hierzu sind noch nicht so weit entwickelt, dass sie bereits Vorbildcharakter haben.

Gesundheitspolitische Bewertung der Selbsthilfe

Der Sachverständigenrat der Konzertierten Aktion im Gesundheitswesen (SVR) betont in allen drei Bänden seines aktuellen Gutachtens zu »Bedarfsgerechtigkeit und Wirtschaftlichkeit« die Bedeutung der Selbsthilfe (Sachverständigenrat 2001, vgl. Abb. 2). Das zentrale Ziel der Selbsthilfe bestehe in der Ermöglichung einer weitreichenden Autonomie, einer akzeptablen Lebensqualität und der bestmöglichen gesellschaftlichen und beruflichen Integration der Betroffenen. Der SVR spricht der Selbsthilfebewegung in Deutschland einen wesentlichen Beitrag zu einer neuen veränderten Rolle der Patienten zu und stellt fest, dass sie »heute einen anerkannten Partner für die Unterstützung des Patienten und die Vertretung seiner Interessen« darstellt (26). Selbsthilfe ist demnach ein Ausdruck sozialer Emanzipation, gelebter Subsidiarität, praktischer Medizinkritik und ein Beitrag zum Abbau überzogener Medikalisierung, ein Instrument zur Stärkung der Compliance und ein Ansatzpunkt für finanzielle Einsparungen. Sie hat eine unterstützende Funktion bei der Bewältigung von Krankheiten (Coping) und ihren Folgen. Diese Unterstützung reicht von krankheitsbezogenen Informationen bis hin zu Hilfen beim Neuentwurf des Lebensplanes. Die Kompetenz, die sich die *Experten in eigener Sache* »erlebt und erlitten« haben, unterscheidet sich dabei sehr von der Expertenkompetenz von Fachleuten (163-164). In Bezug auf SHG hebt der Rat die Rolle der Teilnehmer als Modell für gelungene Problemlösungen und die Steuerungsfunktion der Gruppen hervor: SHG geben »psychosoziale Unterstützung, insbesondere da, wo andere Netzwerke (z.B. Familien) überfordert sind. Sie können zudem den Einstieg ins System professioneller Hilfen erleichtern, was insbesondere dann von Bedeutung ist, wenn die Vielfalt der Hilfsmöglichkeiten für den einzelnen immer undurchschaubarer werden. Selbsthilfegruppen bieten auch Chancen für den Kontakt zwischen Laien und Professionellen und steuern damit das Nutzerverhalten im und beim Zugang ins Gesundheitssystem« (153).

Die Stärkung der Nutzer im Gesundheitswesen durch Information, Beratung, Erfahrungsaustausch und Hilfe zur Selbsthilfe wird vom SVR als ein grundsätzliches Ziel hervorgehoben. Bezogen auf die Informationsvermittlung stellt der Rat fest, dass sich durch die Initiative von Betroffenen in der Selbsthilfebewegung ein differenziertes (und nicht immer systemkonformes) Expertenwissen entwickelt hat und betont die kommunikative Kompetenz von Patienteninitiativen, gesundheitsbezogenen SHG und Patientenberatungsstellen (154 ff). Daher sieht der Rat »die Notwendigkeit, die Erfahrung von Selbsthilfegruppen stärker in das System« einzubinden (167). Insbesondere empfiehlt der SVR die Beteiligung der Selbsthilfe bei der Erarbeitung krankheitsbezogener Gesundheitsziele (64), bei der Entwicklung von Leitlinien (93).

Im Band III zur »Über-, Unter- und Fehlversorgung« bezieht sich der Sachverständigenrat u.a. auf die schriftlichen Stellungnahmen von 43 SHO sowie ein Gespräch mit 12 Vertretern von SHO. Der Rat betont, dass die Befragung von SHO Schwachstellen des Systems aufgezeigt hat, die sich in den Befragungsergebnissen anderer Institutionen so nicht widerspiegeln. Diese würden sich v.a. auf die sozialen Folgen und die persönlichen Auswirkungen der Krankheit richten, aber auch auf Probleme, die aus der Zersplitterung des Versorgungssystems in voneinander getrennte Sektoren und Zuständigkeiten mit mangelhafter Kooperation und Koordination resultieren. Somit kommt der Rat zu dem Schluss: »Betroffenen sollte nach Auffassung des Rates bei der Bewertung der Systemqualität grundsätzlich mehr Gewicht gegeben werden. Ihr Beitrag ist unverzichtbar zur Gewinnung von Informationen zur Angemessenheit der medizinischen Versorgung und sollte auch künftig in die Feststellung zur Über-, Unter- und Fehlversorgung einfließen« (27).

Abb. 2: Einflussfaktoren seitens Versorgungssystem, Selbsthilfewesen und Betroffener auf Gesundheitsstatus, Lebensqualität und soziale Integration von Patienten

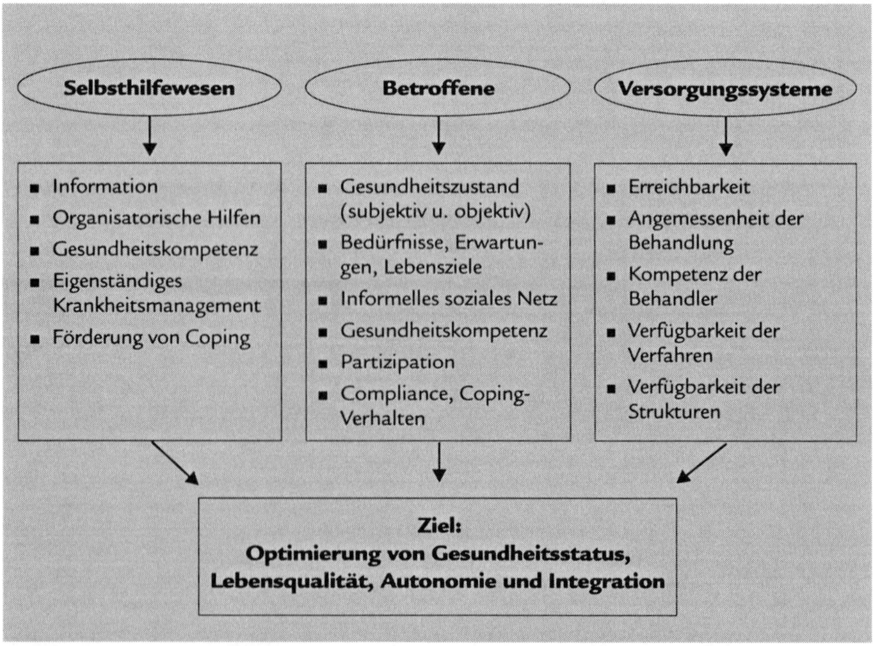

Quelle: Sachverständigenrat 2001

Forschungsbedarf

Eine im Auftrag des BMG durchgeführte Dokumentation des Forschungsstandes zur gesundheitsbezogenen Selbsthilfe in Deutschland (Borgetto 2001b) kommt zu dem Schluss, dass die vorliegenden Arbeiten in hoher Übereinstimmung belegen, dass SHG insgesamt für ihre Mitglieder einen eigenständigen, professionell nicht ersetzbaren Beitrag zur Gesundheitsförderung und Krankheitsbewältigung leisten. Allerdings ist der Forschungsstand in hohem Maße unzureichend und fragmentarisch. Die einzelnen Forschungsprojekte wurden nicht ausreichend aufeinander bezogen durchgeführt.

Die hohen gesundheitspolitischen Erwartungen an die gesundheitsbezogene Selbsthilfe können bisher nur unzureichend mit validen wissenschaftlichen Daten belegt werden. Es besteht ein großer Forschungsbedarf, u.a. bezogen auf

- die kurz-, mittel- und langfristigen *Wirkungen und Nebenwirkungen der Teilnahme an gesundheitsbezogenen SHG* für die Betroffenen und deren Bezugspersonen;
- Möglichkeiten zur wirksamen *Motivation* derjenigen *chronisch Kranken und Behinderten*, die trotz allgemeiner Interessensäußerungen Angebote der gesundheitsbezogenen Selbsthilfe bisher nicht in Anspruch genommen haben (zur Frage der Selbsthilfe bei sozial benachteiligten Gruppen vgl. Trojan 2001);
- Möglichkeiten zur Verbesserung der Kommunikation und *Kooperation zwischen Professionellen und Vertretern von gesundheitsbezogener Selbsthilfe* zur Nutzung von Betroffenenerfahrungen zur Optimierung von Versorgungsprozessen;
- die differenzierte Beschreibung und Dokumentation des derzeitigen *Systems der gesundheitsbezogenen Selbsthilfe auf Bundes-, Länder- und Gemeindeebene* und dessen Optimierungsmöglichkeiten;
- die Dokumentation der *Finanzierung von Selbsthilfeaktivitäten* und deren *Effizienz*;
- die *Durchführung und Evaluation von Modellprojekten* zur Entwicklung von Selbsthilfeleistungen, insbesondere im Kontext des Disease Management.

Die Abteilung für Medizinische Soziologie der Albert-Ludwigs-Universität Freiburg hat sich daher entschlossen, eine Clearing- und Dokumentationsstelle für Selbsthilfeforschung (CDS) aufzubauen. Insbesondere werden Daten, Berichte und Forschungsergebnisse zusammengebracht und in einer vom Bundesministerium für Gesundheit geförderten Datenbank zugänglich gemacht (CDS 2001). Die Clearing- und Dokumentationsstelle für Selbsthilfeforschung soll auch in Zukunft den jeweils aktuellen Wissensstand dokumentieren und der Scientific Community sowie der Gesundheitspolitik und -versorgung zur Verfügung stellen.

Literatur

Bachl A., Büchner B. R., Stark W. (1998): Projekt C 22 »Beratungskonzepte und Dienstleistungen von Selbsthilfe-Initiativen«. Schlussbericht. Bayerischer Forschungsverbund Public Health-Öffentliche Gesundheit. München

Bahrs O., Nave-Ahmad M. (1999): Selbsthilfegruppen im interdisziplinären Qualitätszirkel. In: Selbsthilfegruppenjahrbuch 1999. Gießen: Deutsche Arbeitsgemeinschaft Selbsthilfegruppen: 53-59

Behindertenbeauftragter (2001): www.behindertenbeauftragter.de

Borgetto B. (2001a): Strukturen und Verbände der Selbsthilfe auf Bundesebene in Deutschland, in: Borgetto B., v. Troschke J. (Hrsg.): Entwicklungsperspektiven der gesundheitsbezogenen Selbsthilfe im deutschen Gesundheitswesen. Schriftenreihe der Deutschen Koordinierungsstelle für Gesundheitswissenschaften (DKGW), Bd. 12. Freiburg: 186-200

Borgetto B. (2001b): Expertise zum Stand der Forschung zur gesundheitsbezogenen Selbsthilfe in Deutschland. Abschlussbericht an das BMG. Freiburg

Borgetto B., v. Troschke J. (Hrsg.) (2001): Entwicklungsperspektiven der gesundheitsbezogenen Selbsthilfe im deutschen Gesundheitswesen. Schriftenreihe der Deutschen Koordinierungsstelle für Gesundheitswissenschaften (DKGW), Bd. 12. Freiburg

Braun J., Kettler U., Becker I. (1997): Selbsthilfe und Selbsthilfeunterstützung in der Bundesrepublik Deutschland. Stuttgart

Bundesarbeitsgemeinschaft Hilfe für Behinderte e.V. (BAGH) (2001): Jahresspiegel 2001. Berichte der Bundesarbeitsgemeinschaft Hilfe für Behinderte und ihrer Mitgliedsverbände. Langenfeld

Clearing- und Dokumentationsstelle für Selbsthilfeforschung (CDS) (2001): www.uni-freiburg.de/medsoz/cds

Engelhardt H. D., Simeth A., Stark W. et al. (1995): Was Selbsthilfe leistet ... Freiburg

Findeiß P., Schachl T. (2000): Kooperationsförderung heißt Abschied von der Selbsthilfe/Profi - Spaltung. In: Sozialwissenschaften und Berufspraxis, Jg. 23, Heft 3: 249-259

Findeiß P., Schachl T., Stark W. (2001): Modelle der Einbindung von Selbsthilfe-Initiativen in das gesundheitliche Versorgungssystem. Unveröffentlichter Abschlussbericht zum Projekt C 2 des Bayerischen Forschungsverbunds Public Health-Öffentliche Gesundheit. München

Grunow D. (1998): Selbsthilfe. In: Hurrelmann K., Laaser U. (Hrsg.): Handbuch Gesundheitswissenschaften. Weinheim/München

Innovative Dienste Köln (2001): Gesundheitsselbsthilfe in Nordrhein-Westfalen - Leistungsspektrum und Unterstützungsbedarf. Hrsg. vom Deutschen Paritätischen Wohlfahrtsverband, LV NRW e.V.

Kettler U., Becker I. (1997): Selbsthilfeförderung in der Bundesrepublik Deutschland, in: NDV, Heft 5: 152-155

Kickbusch I., Trojan A. (1981): Gemeinsam sind wir stärker. Selbsthilfegruppen und Gesundheit. Frankfurt/M.

Matzat J. (1999): Kontaktstellen für Selbsthilfegruppen. Professionelle Hilfe zur Selbsthilfe. In: Günther P., Rohrmann E. (Hrsg.): Soziale Selbsthilfe: Alternative, Ergänzung oder Methode sozialer Arbeit? Heidelberg

Matzat J. (2000): Zur Rolle der Forschung bei der Entwicklung der Selbsthilfegruppenbewegung in Deutschland, in: Sozialwissenschaften und Berufspraxis, Jg. 23, Heft 3: 213-223

Meye M. R., Slesina W. (1990): Zusammenarbeit von Ärzten und Selbsthilfegruppen. Erprobung von Kooperationsformen im Bereich der Kassenärztlichen Vereinigung Westfalen-Lippe. Köln

NAKOS (2000): Lokale / Regionale Selbsthilfe-Unterstützung in Deutschland. Rote Adressen 2000/2001. Nationale Kontakt- und Informationsstelle zur Anregung und Unterstützung von Selbsthilfegruppen. Berlin

NAKOS (2000): Paper 5. Selbsthilfeförderung durch die Länder der Bundesrepublik Deutschland 2001. Nationale Kontakt- und Informationsstelle zur Anregung und Unterstützung von Selbsthilfegruppen. Berlin

Nefiodow L. A. (1997): Der sechste Kondratieff: Wege zur Produktivität und Vollbeschäftigung im Zeitalter der Information. St. Augustin

Sachverständigenrat (2001): Gutachten 2000/2001 des Sachverständigenrates für die Konzertierte Aktion im Gesundheitswesen. Bedarfsgerechtigkeit und Wirtschaftlichkeit. Bd. I-III. Drucksache 14/5660, -5661, -6871

SEKIS (1999): Anforderungen an die Kooperation zwischen dem System professioneller Gesundheitsversorgung und der Selbsthilfe. Unveröffentlichter Forschungsbericht der Selbsthilfe Kontakt- und Informationsstelle (SEKIS). Berlin

Röhrig P. (1989): Kooperation von Ärzten mit Selbsthilfegruppen. Zwischenergebnisse eines Forschungsprojektes zur Effektivitätsverbesserung der ambulanten Versorgung. Brendan-Schmittmann-Stiftung des NAV - Verband der niedergelassenen Ärzte Deutschlands. Köln

Trojan A. (Hrsg.) (1986): Wissen ist Macht. Eigenständig durch Selbsthilfe in Gruppen. Frankfurt/M.

Trojan A. (2001): Empowerment und Selbsthilfe bei sozial benachteiligten Gruppen. In: Borgetto B., v. Troschke J. (Hrsg.): Entwicklungsperspektiven der gesundheitsbezogenen Selbsthilfe im deutschen Gesundheitswesen. Schriftenreihe der Deutschen Koordinierungsstelle für Gesundheitswissenschaften (DKGW), Bd. 12. Freiburg: 74-90

II.

Epidemiologie

ANDREAS MIELCK

Sozial-Epidemiologie: Forschung aus der Praxis für die Praxis

Medizin-Soziologie und Sozial-Epidemiologie

In den letzten Jahren hat die ›Public Health‹-Diskussion in Deutschland zunehmend an Breite und Tiefe gewonnen. Die dabei zu beobachtende Differenzierung und Spezialisierung hat auch zur Bildung von immer mehr ›Bindestrich-Wissenschaften‹ geführt; als Beispiele seien hier nur Gesundheits-Ökonomie und Gesundheits-Psychologie genannt. Gemeinsam mit den älteren ›Bindestrich-Wissenschaften‹ wie Sozial-Medizin und Medizin-Soziologie ergibt sich somit ein großes Spektrum an wissenschaftlichen Zugängen zur Public Health-Diskussion. Jetzt gesellt sich auch immer mehr die Sozial-Epidemiologie hinzu. Die Abgrenzungen zwischen den einzelnen ›Bindestrich-Wissenschaften‹ sind nicht immer ganz klar, und manchmal hat man den Eindruck, als ob das Bewahren von Reviergrenzen wichtiger ist als das gemeinsame Lösen von Public Health-Problemen. Die jeweiligen fachlichen Schwerpunkte sind jedoch relativ eindeutig. So wird der Zusammenhang ›Gesundheit und soziale Umwelt‹ in der Sozial-Medizin von der Medizin aus, in der Sozial-Epidemiologie von der Epidemiologie aus und in der Medizin-Soziologie von der Soziologie aus betrachtet. Dabei ergeben sich selbstverständlich (und hoffentlich!) viele inhaltliche Überschneidungen, und es liegt auf der Hand, dass eine so komplexe Thematik nur durch die Kooperation zwischen Medizinern, Epidemiologen und Soziologen bearbeitet werden kann, und dass die Zusammenarbeit mit weiteren Wissenschaftsbereichen – wie z.B. Ökonomie und Psychologie – unabdingbar ist.

Der vorliegende Band konzentriert sich auf medizin-soziologische Themen. Es stellt sich daher vor allem die Frage: Was unterscheidet die Sozial-Epidemiologie von der Medizin-Soziologie? Kann die Sozial-Epidemiologie neue Fragen aufwerfen und/oder neue Antworten geben, oder wird hier nur alter Wein in neue Schläuche gefüllt? Im Folgenden soll versucht werden, eine erste Antwort auf diese Frage zu geben, indem das Aufgabenspektrum der Sozial-Epidemiologie etwas genauer beschrieben wird.

Medizin-Soziologie

In Deutschland sind die zu Gesundheitsfragen arbeitenden Soziologen vor allem in zwei Fachgesellschaften organisiert, zum einen in der Deutschen Gesellschaft für Medizinische Soziologie (DGMS; www.uni-freiburg.de/medsoz/dgms.htm) und zum anderen in der Sektion ›Medizinsoziologie‹ der Deutschen Gesellschaft für Soziologie (DGS; www.lrz-muenchen.de/~medizinsoziologie). Für einen Außenstehenden mag es befremdlich sein, dass es sowohl die DGMS als auch die Sektion ›Medizinsoziologie‹ der DGS gibt, zumal sich die inhaltlichen Schwerpunkte weit überlappen (Behrens 2001, Borgetto/v. Troschke 2001), aber diese Zweiteilung hat vermutlich vor allem historische Gründe, nämlich vor allem die Etablierung der »Medizinischen Soziologie« als Lehrfach für Mediziner (seit 1970).

Das Themenspektrum ist weit gesteckt und lässt sich wie folgt umschreiben: »Medizinische Soziologie (...) ist jene Wissenschaftsdisziplin, welche Begriffe, Methoden, Beobachtungswissen und Theorien der allgemeinen Soziologie bei der Analyse von Phänomenen der Gesundheit und Krankheit anwendet. Zu ihrem Gegenstandsbereich gehören nicht nur Erkenntnisse zur Entstehung, Verhütung und zum Verlauf von Krankheiten sowie zur Förderung von Gesundheit, sondern auch Erkenntnisse zur Auseinandersetzung mit Gesundheit und Krankheit durch gesellschaftliche Gruppen und Institutionen« (Siegrist 1995: S. 4). Dabei werden eine Vielzahl von Problemen bearbeitet, so z.B. die Mortalitätsunterschiede zwischen verschiedenen Berufsgruppen, die gesundheitlichen Effekte von sozialer Unterstützung und das Arzt-Patient-Verhältnis.

Sozial-Epidemiologie

Der Begriff ›Sozial-Epidemiologie‹ wurde m.W. zuerst von M. Pflanz verwendet. In einem Aufsatz aus dem Jahr 1967 schreibt er: »Die soziale Epidemiologie befasst sich mit der Häufung, der Entstehung, der Auslösung und dem Verlauf von Krankheiten in Abhängigkeit von sozialen Variablen. Sie bedient sich dabei vieler verschiedener Methoden und Forschungstechniken, die der naturwissenschaftlichen und psychosomatischen Medizin, der Psychologie, der Soziologie, der Bevölkerungswissenschaft, der Statistik, der Verhaltensforschung und den Wirtschaftswissenschaften entstammen. Bei der Kompliziertheit und Vielfalt der Methoden und Konzepte ist es kein Wunder, dass es erst so wenige aktive Forscher auf dem Gebiet der sozialen Epidemiologie gibt« (Pflanz 1967, S. 79). Inhaltlich stellt sich vor allem die Frage, was mit dem Begriff ›soziale Variablen‹ gemeint ist; eine genauere Erklärung wird leider nicht gegeben. Die empirischen Beispiele, die von Pflanz angeführt werden, beziehen sich auf nationale Vergleiche (z.B. Unterschiede im Körpergewicht zwischen Personen aus Ghana und aus den USA), auf Vergleiche zwischen ethnischen Gruppen (z.B. Unterschiede im Blutdruck zwischen weißen und schwarzen US-Bürgern) und auf Vergleiche zwischen sozialen Schichten (z.B. Unterschiede in der Vitalkapazität zwischen Männern aus Ghana mit hohem bzw. mit niedrigem sozialen Status). Die breite Definition lässt jedoch keinen Zweifel daran, dass dies nur Beispiele aus der Vielzahl der möglichen sozial-epidemiologischen Themen sein sollen.

Ein kleiner Rundgang durch weitere deutschsprachige Publikationen verdeutlicht, wie schwer es ist, die Inhalte der Sozial-Epidemiologie genau zu definieren. Die Unsicherheit zeigt sich vor allem in der Vielfalt und in der mangelnden Präzision der Begriffe, mit deren Hilfe versucht wird, die ›soziale Dimension‹ zu umschreiben. Die hierfür verwendeten Begriffe umfassen z.B. ›soziale Variablen‹ (Pflanz 1967), ›soziale Situation‹ (Schaefer/Blohmke 1972), ›soziale Lage‹ (Abholz 1976), ›soziale Bedingungen‹ (Badura 1987, Steinkamp 1990), ›soziale Faktoren‹ (Waller 1991), ›politische, sozialstrukturelle, sozialpsychologische Faktoren‹ (Borgers/Steinkamp 1994), ›gesellschaftliche Einflussfaktoren‹ (Siegrist 1995) und ›Zusammenhang mit der Gesellschaft‹ (Badura/Strodtholz 1998). Diese begriffliche Unschärfe ist m.E. jedoch nicht nur ein Charakteristikum der Sozial-Epidemiologie, sondern auch der Medizin-Soziologie. Klarheit besteht aber darin, dass sich die sozial-epidemiologische Forschung vor allem auf die epidemiologischen Methoden stützen sollte.

Vor kurzem wurde der erste deutschsprachige Reader zum Thema ›Sozial-Epidemiologie‹ publiziert. Dort ist die folgende Schwerpunktsetzung vorgeschlagen worden (Mielck/Bloomfield 2001b, S. 9): »Wissenschaftliche Analyse zur Beschreibung, Erklärung und Verringerung der gesundheitlichen Ungleichheit mit den Methoden der Epidemiologie. Mit dem Begriff ›gesundheitliche Ungleichheit‹ wird dabei der Zusammenhang zwischen den beiden folgenden Themen angesprochen:

- *Soziale Ungleichheit,* d.h. sowohl die Unterschiede nach Bildung, beruflichem Status, Einkommen und Vermögen (d.h. die ›vertikale‹ soziale Ungleichheit) als auch die Unterschiede nach Geschlecht, Familienstand, Nationalität etc. (d.h. die ›horizontale‹ soziale Ungleichheit);
- *Gesundheit,* d.h. sowohl Mortalität und Morbidität als auch gesundheitsfördernde bzw. -gefährdende Faktoren«.

Durch diese Fokussierung auf die gesundheitliche Ungleichheit wird u.E. das zentrale medizin-soziologische bzw. sozial-medizinische Problem (wieder) in den Mittelpunkt gerückt. Offenbar eignen sich die epidemiologischen Ansätze besonders gut zur wissenschaftlichen Analyse von gesundheitlicher Ungleichheit; wichtig ist aber selbstverständlich die Kombination mit den medizin-soziologischen und sozial-medizinischen Ansätzen. So bieten z.B. die umfangreichen Forschungsergebnisse zu den psychosozialen Belastungen und Ressourcen am Arbeitsplatz (Job Strain, Gratifikationskrisen; vgl. Greiner 2001), zu den ‚gesundheitlichen Kontrollüberzeugungen' (Janßen 2001), zum ‚Sense of Coherence‹ (Geyer 2001a) und zum Zusammenwirken von belastenden Lebensereignissen und sozialer Unterstützung (Geyer 2001b) unverzichtbare Ansätze zur Erklärung der gesundheitlichen Ungleichheit.

Ergebnisse der sozial-epidemiologischen Forschung in Deutschland

Die Trennung zwischen vertikaler und horizontaler *sozialer* Ungleichheit macht es erforderlich, auch eine Trennung zwischen vertikaler und horizontaler *gesundheitlicher* Ungleichheit vorzunehmen. Die ›vertikale gesundheitliche Ungleichheit‹ zeigt sich z.B. durch den Unterschied in der Mortalität zwischen verschiedenen Einkommensgruppen, und die ›horizontale gesundheitliche Ungleichheit‹ z.B. durch die Unterschiede in der Mortalität zwischen Männern und Frauen. In der letzten Zeit mehren sich die Arbeiten über die *horizontale* gesundheitliche Ungleichheit, z.B. über den Zusammenhang zwischen Geschlecht, Familienstand oder Nationalität einerseits und Gesundheitszustand andererseits (vgl. z.B. Bormann in diesem Band). Die meisten Arbeiten beziehen sich jedoch nach wie vor auf die *vertikale* gesundheitliche Ungleichheit, d.h. auf den Zusammenhang zwischen sozio-ökonomischem Status und Gesundheitszustand. Auch die folgenden Ausführungen konzentrieren sich daher auf diesen Zusammenhang.

Sozio-ökonomischer Status und Gesundheit

In einer kaum mehr überschaubaren Vielzahl von Arbeiten ist immer wieder gezeigt worden, dass der sozio-ökonomische Status einer Person (d.h. ihre Bildung, ihr beruflicher Status und ihr Einkommen) eng mit ihrem Gesundheitszustand zusammenhängt. Allein in den letzten beiden Jahren sind hierzu mehrere größere Arbeiten erschienen: eine Monographie mit dem Titel ›Soziale Ungleichheit und Gesundheit: Empirische Ergebnisse, Erklärungsansätze, Interventionsmöglichkeiten‹ (Mielck 2000a), ein Sammelband mit dem Titel ›Müssen Arme früher sterben? Soziale Ungleichheit und Gesundheit in Deutschland‹ (Helmert et al. 2000), ein Sammelband mit dem Titel ›Gesundheit und soziale Benachteiligung‹ (Laaser et al. 2000), ein Sammelband mit dem Titel ›Reiches Land – Kranke Kinder? Gesundheitliche Folgen von Armut bei Kindern und Jugendlichen‹ (Altgeld/Hofrichter 2000) und ein Schwerpunktheft der Zeitschrift für Gesundheitswissenschaften (Mielck

2000b). Man könnte sagen, das Thema hat Konjunktur, und die epidemiologischen Methoden haben bei diesem ›wissenschaftlichen Aufschwung‹ zweifellos eine zentrale Rolle gespielt.

Empirische Ergebnisse zu Mortalität und Morbidität

Die Studien zeigen deutlich, dass die Personen mit niedrigem sozio-ökonomischen Status zumeist eine besonders hohe Mortalität und Morbidität aufweisen. Die Studien zur vertikalen gesundheitlichen Ungleichheit beziehen sich sehr oft auf die Altersspanne zwischen 20 und 65 Jahre, d.h. auf das erwerbsfähige Alter. Die wenigen Studien aus Deutschland über jüngere und ältere Personengruppen weisen jedoch darauf hin, dass bei Säuglingen, Kindern und Jugendlichen und auch bei alten Menschen sehr ähnliche sozio-ökonomische Unterschiede im Gesundheitszustand vorhanden sind. Mit anderen Worten: In allen Altersgruppen ist der Gesundheitszustand in der unteren Statusgruppe zumeist erheblich schlechter als in der oberen Statusgruppe. Die wichtigsten Ausnahmen von dieser Regel sind Allergien und Hauterkrankungen. Offenbar sind sie in den unteren Statusgruppen besonders selten, die Ursachen dieser ›umgekehrten‹ gesundheitlichen Ungleichheit liegen jedoch noch weitgehend im Dunkeln.

Erklärungsansätze

Bei der Erklärung der gesundheitlichen Ungleichheit wird zumeist zwischen den beiden folgenden grundlegenden Hypothesen unterschieden:

- Der sozio-ökonomische Status beeinflusst den Gesundheitszustand (plakativ formuliert: ›Armut macht krank‹);
- der Gesundheitszustand beeinflusst den sozio-ökonomischen Status (plakativ formuliert: ›Krankheit macht arm‹).

Die bei uns diskutierten Erklärungsansätze beziehen sich zumeist auf die erste Hypothese. Mit einer Vielzahl von Ansätzen wird versucht, den Einfluss des sozio-ökonomischen Status auf den Gesundheitszustand zu erklären; sie lassen sich wie folgt gruppieren: Arbeits- und Wohnbedingungen, gesundheitsförderndes und -gefährdendes Verhalten, gesundheitliche Versorgung.

Zwei besonders wichtige Studien stammen aus den Niederlanden. Dort wurde m.E. zum ersten Mal versucht, den Einfluss des Gesundheitsverhaltens auf die gesundheitliche Ungleichheit zu bestimmen, und zwar bei gleichzeitiger Kontrolle verschiedener Indikatoren der Lebensbedingungen. Die Ergebnisse weisen darauf hin, dass der Einfluss des Gesundheitsverhaltens zu einem großen Teil auf den Einfluss der Lebensbedingungen zurückgeführt werden kann (vgl. Abbildung 1). Offenbar lassen sich 50-70% des Zusammenhangs zwischen Schulbildung und Gesundheitszustand durch die direkten und indirekten Effekte der Lebensbedingungen erklären, aber nur 10-25% durch die direkten Effekte des Gesundheitsverhaltens (vgl. Tab. 1). Die These ›Verhältnis-Prävention vor Verhaltens-Prävention‹ wird durch die Auswertung also eindrucksvoll unterstützt.

Tab. 1: Erklärung der gesundheitlichen Ungleichheit

	1. Studie [a] (Stronks et al. 1996)		2. Studie [b] (Schrijvers et al. 1999)
	Männer	Frauen	(kontrolliert f. Geschlecht)
Einfluss der Lebensbedingungen			
- direkt	40-50 %	30-40 %	39 %
- über das Gesundheitsverhalten	15-20 %	20-25 %	28 %
Einfluss des Gesundheitsverhaltens	15-20 %	10-15 %	25 %
Unerklärter Rest	10-30 %	20-40 %	8 %

a: Zusammenhang zwischen Schulbildung und *Morbidität* bei Kontrolle der Altersverteilung (*Querschnitt*-Studie); b: Zusammenhang zwischen Schulbildung und *Mortalität* bei Kontrolle der Altersverteilung (*Längsschnitt*-Studie)

Abb. 1: Stellenwert der Lebensbedingungen

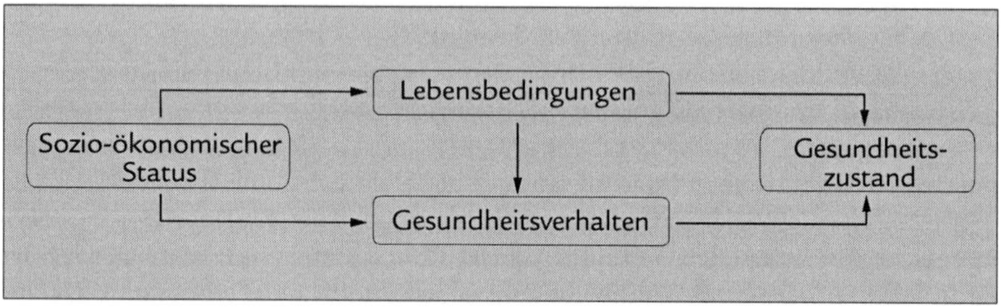

Quelle: Mielck 2000a

Inzwischen liegt auch eine vergleichbare Studie aus Deutschland vor, in der die Ergebnisse aus den Niederlanden klar bestätigt werden (Richter/Mielck 2000). Ausgewertet wurden die 1990/91 im Rahmen der Deutschen Herz-Kreislauf-Präventionsstudie (DHP-Studie) erhobenen Daten. Dabei ist die Morbidität über die Variable ›Selbsteinschätzung des eigenen Gesundheitszustandes als weniger gut oder schlecht‹ gemessen worden. Der Vergleich zwischen den fünf sozialen Schichten zeigt, dass (bei Kontrolle der Altersverteilung) die Morbidität in der unteren sozialen Schicht ungefähr 2,5mal so groß ist wie in der oberen, und zwar sowohl bei Männern als auch bei Frauen. Diese gesundheitliche Ungleichheit lässt sich bei den Männern zu 64% durch die direkten und indirekten Effekte der Lebensbedingungen erklären, aber nur zu 20% durch die direkten Effekte des Gesundheitsverhaltens. Bei den Frauen sind die Ergebnisse nicht sehr aussagekräftig, da in diesem Fall durch das Auswertungsmodell nur ein kleiner Anteil der gesundheitlichen Ungleichheit erklärt werden kann. Dies ist ein deutlicher Hinweis darauf, dass zur Analyse gesundheitlicher Ungleichheiten geschlechtsspezifische Erklärungsmodelle erforderlich sind.

Ableitung von Interventions-Maßnahmen

Auf einer allgemeinen Ebene lassen sich die folgenden Ansatzpunkte zur Verringerung der vertikalen gesundheitlichen Ungleichheit unterscheiden:

- Verringerung der vertikalen sozialen Ungleichheit (d.h. Verringerung der Unterschiede in der schulischen und beruflichen Ausbildung, im beruflichen Status und im Nettoeinkommen);
- Verbesserung des Gesundheitszustandes von status-niedrigen Personen.

Für die Public Health-Diskussion ist der zweite Ansatzpunkt von besonderer Wichtigkeit. Demnach lassen sich in Bezug auf die status-niedrigen Personen vor allem die folgenden Ziele unterscheiden: Verringerung ihrer Expositionen gegenüber gesundheitsgefährdenden Umweltbedingungen, Verstärkung ihrer gesundheitsfördernden Umweltbedingungen, Verbesserung ihrer präventiven und kurativen gesundheitlichen Versorgung, Verbesserung ihres Gesundheitsverhaltens, Verbesserung ihrer beruflichen und finanziellen Absicherung bei Krankheit.

Der erste Ansatzpunkt ›Verringerung der sozialen Ungleichheit‹ würde das Problem quasi an der Wurzel packen. Er besitzt jedoch den Nachteil, dass er fundamentale strukturelle Veränderungen erforderlich macht, die nur in langfristigen gesellschaftlichen Auseinandersetzungen erreicht werden können. Die Bemühungen um eine kurz- und mittelfristige Verringerung der vertikalen gesundheitlichen Ungleichheit sind vermutlich erfolgreicher, wenn sie sich zunächst auf den zweiten Ansatzpunkt ›Verbesserung des Gesundheitszustandes von status-niedrigen Personen‹ konzentrieren. Wenn die Angehörigen der unteren Statusgruppen einen besonders schlechten Gesundheitszustand aufweisen, dann macht es wenig Sinn, nur auf langfristige gesellschaftliche Entwicklungen zu verweisen. Notwendig sind auch möglichst kurzfristig wirkende Maßnahmen zur Verbesserung des Gesundheitszustandes der heute lebenden Personen.

Gesundheitsförderungs-Ansätze in Deutschland

Die praktische Planung von neuen Interventionsprojekten könnte am besten unterstützt werden durch eine systematische Erfassung der bereits vorhandenen Gesundheitsförderungs-Maßnahmen, die sich auch und vor allem an die sozial Benachteiligten richten. In Deutschland ist bisher erst fünfmal versucht worden, eine derartige Bestandsaufnahme zu erstellen (Sozialministerium 1996, Hofrichter/Deneke 2000, Siegrist/Joksimovic 2001, Mielck et al. 2002). Auffallend ist, dass diese Bestandsaufnahmen im Rahmen von relativ kleinen und zeitlich befristeten Projekten entstanden sind und dass sie daher keinen umfassenden und ständig aktualisierten Überblick liefern können. Interessant ist auch, dass sie alle neueren Datums sind. Offenbar wird in Deutschland erst seit wenigen Jahren versucht, die Gesundheitsförderung sozial Benachteiligter systematisch zu erfassen. Wie kaum anders zu erwarten, bieten die Berichte ein sehr heterogenes Bild. Es handelt sich jedoch um sehr wertvolle Bestandsaufnahmen. Sie verdeutlichen, dass vielerorts bereits tatkräftig versucht wird, sozial benachteiligte Personen gesundheitlich zu fördern.

In Zukunft wird es vor allem darauf ankommen, diese Maßnahmen stärker zu unterstützen. Wichtig wäre aber auch ein System, das es uns ermöglichen würde, aus den Erfahrungen der bereits durchgeführten Projekte zu lernen. Wir wissen viel zu wenig darüber, wo welche Gesundheitsförderungs-Maßnahmen für status-niedrige Personen durchgeführt wurden und wie erfolgreich diese Projekte waren. Abhilfe könnte z.B. eine allgemein zugängliche Datenbank schaffen, in der diese Maßnahmen systematisch und bundesweit gesammelt werden, und die Auskunft über besonders gelungene Beispiele (models of good practice) gibt.

Ausblick

Die sozial-epidemiologische Forschung konzentriert sich vor allem auf die gesundheitlichen Auswirkungen der sozialen Ungleichheiten und will dazu beitragen, diese Auswirkungen zu beschreiben, zu erklären und zu verringern. Dieses anspruchsvolle Ziel ist selbstverständlich nur in Kooperation mit den anderen Public Health - Wissenschaften zu erreichen. Eine gewisse Kooperation ist z.B. schon dadurch gegeben, dass einige Wissenschaftler – wie auch der Verfasser dieses Beitrages – sowohl in der Medizin-Soziologie als auch in der Sozial-Epidemiologie zu Hause sind. Derartige Überschneidungen drücken sich auch durch die Mitgliedschaft in verschiedenen Fachgesellschaften aus. Die ›Arbeitsgruppe Sozial-Epidemiologie‹ (www.sozial-epidemiologie.de) ist an die Deutsche Gesellschaft für Sozialmedizin und Prävention (DGSMP) angegliedert (www.med.uni-magdeburg.de/fme/institute/ism/dgsmp/index.htm); aber relativ viele der dort mitarbeitenden Wissenschaftler sind auch Mitglied der Deutschen Gesellschaft für Medizinischen Soziologie (DGMS) und/oder der Sektion ›Medizinsoziologie‹ der Deutschen Gesellschaft für Soziologie (DGS).

Wichtig ist jedoch auch eine enge Kooperation mit den Anbietern der sozialen und gesundheitlichen Dienstleistungen. Die Praktiker müssen die Forscher über die wichtigsten Problemfelder informieren, und die Forscher müssen aus der wissenschaftlichen Analyse dieser Problemfelder konkrete Empfehlungen zur Verringerung der gesundheitlichen Ungleichheit ableiten. Die Praktiker sollten dann versuchen, diese Empfehlungen umzusetzen und neue Problemfelder zu definieren (vgl. Abb. 2). Ein derartige Integration von Forschung und Praxis im Sinne eines ›Optimierungskreislaufes‹ ist bisher noch sehr selten.

Abb. 2: Sozial-epidemiologische Integration von Forschung und Praxis

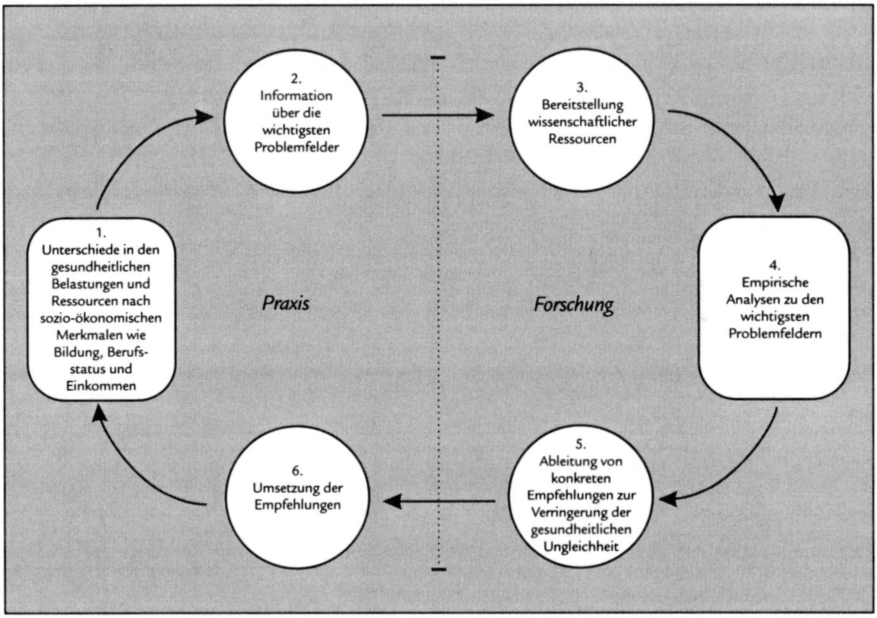

Quelle: Mielck (neue Darstellung)

Um die Aufgabe ›Forschung *aus* der Praxis und *für* die Praxis‹ erfüllen zu können, müssen die Sozial-Epidemiologen jedoch nicht nur die Kooperation mit den Praktikern der sozialen und gesundheitlichen Versorgung verstärken. Es gibt auch eine ganze Reihe von wissenschaftlichen Fragestellungen, die bisher nur unzureichend beantwortet wurden. Zu nennen ist hier vor allem das Theorie-Defizit in der oftmals sehr datenlastigen sozial-epidemiologischen Vorgehensweise (Behrens 2001, Borgetto/v.Troschke 2001). So ist z.B. unklar, wie die ›soziale Lage‹ erfasst werden sollte. Mit Hilfe der Schicht-Variablen (d.h. Bildung, Berufsstatus und Einkommen) können zwar nach wie vor zentrale Dimensionen der sozialen Ungleichheit abgebildet werden, die Komplexität der ›sozialen Lage‹ wird durch sie jedoch nur sehr unzureichend beschrieben. Abhilfe könnte eine bessere Integration der neueren Lebensstil-Modelle bringen, die »neben den Verhaltensweisen auch die spezifischen Orientierungen und Werthaltungen sowie die sozialstrukturellen Komponenten in ein gemeinsames Erklärungsmodell aufnehmen und eine komplexe Wechselwirkung zwischen diesen Dimensionen postulieren« (Niemann/Abel 2001, S. 109). Weitere offene Forschungsfragen sind z.B. (vgl. Siegrist 2001): Wie setzt sich die gesundheitliche Benachteiligung im Kindesalter bis in das Erwachsenenalter hinein fort (Lebenslauf-Perspektive)? Welchen Einfluss üben die sozialen Merkmale des Wohngebietes auf den Gesundheitszustand der Bewohner aus, und zwar unabhängig vom individuellen sozialen Status der einzelnen Bewohner (Mehrebenen-Perspektive)? Wie funktioniert die ›Übersetzung‹ von sozialen Strukturen in gesundheitsrelevantes Verhalten und Erleben (Prozess-Perspektive)? Ohne eine engere fachliche Kooperation mit den anderen Public Health-Wissenschaften wird es kaum möglich sein, diese Fragen zu beantworten und einen wichtigen Beitrag zur ›Forschung für die Praxis‹ zu leisten.

Literatur

Abholz H. H. (Hrsg.) (1976): Krankheit und soziale Lage - Befunde der Sozialepidemiologie. Frankfurt/Main: Campus Verlag

Altgeld T., Hofrichter P. (Hrsg.) (2000): Reiches Land - Kranke Kinder? Gesundheitliche Folgen von Armut bei Kindern und Jugendlichen. Frankfurt am Main: Mabuse-Verlag

Badura B. (1987): Einleitung: Fragestellung und Studiendesign. In: Badura B., Kaufhold G., Lehmann H., Pfaff H., Schott T., Waltz M. (Hrsg.): Leben mit dem Herzinfarkt. Eine sozialepidemiologische Studie. Berlin: Springer Verlag

Badura B., Strodtholz P. (1998): Soziologische Grundlagen der Gesundheitswissenschaften. In: Hurrelmann K., Laaser U. (Hrsg.): Handbuch Gesundheitswissenschaften (Neuausgabe). Weinheim & München: Juventa Verlag: 145-174

Behrens J. (2001): Das Soziale in der Sozial-Epidemiologie: Beiträge der Soziologie zur Sozial-Epidemiologie und zu ihrer klinischen Praxis. In: Mielck A., Bloomfield K. (Hrsg.): Sozial-Epidemiologie. Einführung in die Grundlagen, Ergebnisse und Umsetzungsmöglichkeiten. Weinheim: Juventa Verlag: 246-263

Borgers D., Steinkamp G. (1994): Sozialepidemiologie: Gesundheitsforschung zu Krankheit, Sozialstruktur und gesundheitsrelevanter Handlungsfähigkeit. In: Schwenkmezger P., Schmidt L. R. (Hrsg.): Lehrbuch der Gesundheitspsychologie. Stuttgart: Ferdinand Enke Verlag: 133-148

Borgetto B., v. Troschke J. (2001): Interdependenzen zwischen Sozial-Epidemiologie und Medizinischer Soziologie. In: Mielck A., Bloomfield K. (Hrsg.): Sozial-Epidemiologie. Einführung in die Grundlagen, Ergebnisse und Umsetzungsmöglichkeiten. Weinheim: Juventa Verlag: 231-245

Geyer S. (2001a): Sense of Coherence (SOC). In: Mielck A., Bloomfield K. (Hrsg.): Sozial-Epidemiologie. Einführung in die Grundlagen, Ergebnisse und Umsetzungsmöglichkeiten. Weinheim: Juventa Verlag: 196-206

Geyer S. (2001b): Belastende Lebensereignisse und soziale Unterstützung. In: Mielck A., Bloomfield K. (Hrsg.): Sozial-Epidemiologie. Einführung in die Grundlagen, Ergebnisse und Umsetzungsmöglichkeiten. Weinheim: Juventa Verlag: 207-218

Greiner B. (2001): Psychosoziale Belastungen und Ressourcen am Arbeitsplatz. In: Mielck A., Bloomfield K. (Hrsg.): Sozial-Epidemiologie. Einführung in die Grundlagen, Ergebnisse und Umsetzungsmöglichkeiten. Weinheim: Juventa Verlag: 141-156

Helmert U., Bammann K., Voges W., Müller R. (Hrsg.) (2000): Müssen Arme früher sterben? Soziale Ungleichheit und Gesundheit in Deutschland. Weinheim: Juventa Verlag

Hofrichter P., Deneke Ch. (Hrsg.) (2000): Armut und Gesundheit. Praxisprojekte aus Gesundheits- und Sozialarbeit in Niedersachsen. Landesvereinigung für Gesundheit Nds. e.V., Zentrum für Angewandte Gesundheitswissenschaften der Fachhochschule Nordostniedersachsen und der Universität Lüneburg. Lüneburg

Janßen Ch. (2001): Soziale Schicht und ›Gesundheitliche Kontrollüberzeugungen‹ (Health Locus of Control). In: Mielck A., Bloomfield K. (Hrsg.):): Sozial-Epidemiologie. Einführung in die Grundlagen, Ergebnisse und Umsetzungsmöglichkeiten. Weinheim: Juventa Verlag: 184-195

Laaser U., Gebhardt K., Kemper P. (Hrsg.) (2000): Gesundheit und soziale Benachteiligung. Lage: Verlag Hans Jacobs

Mielck A. (2000a): Soziale Ungleichheit und Gesundheit: Empirische Ergebnisse, Erklärungsansätze, Interventionsmöglichkeiten. Bern: Verlag Hans Huber

Mielck A. (2000b): Fortschritte bei der Erklärung von gesundheitlicher Ungleichheit und bei der Entwicklung von Interventionsmaßnahmen (Editorial). Zeitschrift für Gesundheitswissenschaften 8: 194-197

Mielck A., Graham H., Bremberg S. (2000): Armut macht auch Kinder krank. Können Strategien der Gesundheitsförderung gesundheitliche Chancengleichheit schaffen? Empirische Ergebnisse aus Westeuropa. 6. bundesweiter Kongress ›Armut und Gesundheit‹. Berlin

Mielck A., Bloomfield K. (Hrsg.) (2001a): Sozial-Epidemiologie. Einführung in die Grundlagen, Ergebnisse und Umsetzungsmöglichkeiten. Weinheim: Juventa Verlag

Mielck A., Bloomfield K. (2001b): Einführung. In: Dies. (Hrsg.): Sozial-Epidemiologie. Einführung in die Grundlagen, Ergebnisse und Umsetzungsmöglichkeiten. Weinheim: Juventa Verlag: 9-16

Mielck A., Abel M., Heinemann H., Stender K.-P. (Hrsg.) (2002): Städte und Gesundheit – Projekte zur Chancengleichheit. Lage: Verlag Hans Jacobs

Niemann S., Abel Th. (2001): Neue soziale Ungleichheiten, Lebensstile und Gesundheit. In: Mielck A., Bloomfield K. (Hrsg.): Sozial-Epidemiologie. Einführung in die Grundlagen, Ergebnisse und Umsetzungsmöglichkeiten. Weinheim: Juventa Verlag: 107-116

Pflanz M. (1967): Soziale Epidemiologie. Verhandlungen der Deutschen Gesellschaft für Innere Medizin 73: 78-90

Richter M., Mielck A. (2000): Strukturelle und verhaltensbezogene Determinanten gesundheitlicher Ungleichheit. Z. f. Gesundheitswiss. 8: 198-215

Schrijvers C. T. M., Stronks K., van de Mheen H. D., Mackenbach J. P. (1999): Explaining educational differences in mortality: the role of behavioral and material factors. Am. J. Public Health 89: 535-540

Siegrist J. (1995): Medizinische Soziologie (5., neue bearbeitete Auflage). München: Urban & Schwarzenberg

Siegrist J. (2001): Zukünftige Aufgaben der Sozial-Epidemiologie. In: Mielck/ Bloomfield (Hrsg.): Sozial-Epidemiologie. Einführung in die Grundlagen, Ergebnisse und Umsetzungsmöglichkeiten. Weinheim: Juventa Verlag: 358-370

Siegrist J., Joksimovic L. (2001): ›Tackling Inequalities in Health‹ – ein Projekt des ›European Network of Health Promotion Agencies‹ (ENHPA) zur Gesundheitsförderung bei sozial Benachteiligten. Abschlussbericht für das deutsche Teilprojekt. Institut für Medizinische Soziologie der Heinrich Heine Universität Düsseldorf, Bundeszentrale für gesundheitliche Aufklärung (BZgA)

Schaefer H., Blohmke M. (1972): Sozialmedizin. Einführung in die Ergebnisse und Probleme der Medizin-Soziologie und Sozialmedizin. Stuttgart: Georg Thieme Verlag

Sozialministerium Baden-Württemberg (Hrsg.) (1996): Gesundheitsförderung mit sozial Benachteiligten. Eine Bestandsaufnahme von Initiativen, Projekten und kontinuierlichen Angeboten. Stuttgart

Steinkamp G. (1990): Sozialepidemiologie als Plädoyer für eine differenzierte Erfassung von Lebenslagen und sozialen Milieus. In: Laaser U., Wolters P.,

Kaufmann F. X. (Hrsg.): Gesundheitswissenschaften und öffentliche Gesundheitsförderung. Berlin: Springer Verlag: 197-205

Stronks K., van de Mheen H. D., Looman C. W. N., Mackenbach J. P. (1996): Behavioural and structural factors in the explanation of socio-economic inequalities in health: an empirical analysis. Sociology of Health and Illness 18: 653-674

Waller H. (1991): Sozialmedizin. Grundlagen und Praxis für psychosoziale und pädagogische Berufe. Stuttgart: Verlag W. Kohlhammer

CORNELIA BORMANN und HELENE KNEIP

Arbeitslosigkeit und Gesundheit bei Frauen im Vergleich der alten und neuen Länder der Bundesrepublik Deutschland

Problemaufriss und Präventionsmöglichkeiten

Einleitung

Massenarbeitslosigkeit ist seit etwa 30 Jahren ein Problem in den meisten westlichen Industrienationen. Seit der Wiedervereinigung im Jahre 1990 betrifft die Arbeitslosigkeit auch die neuen Länder, in denen sie bis dato nicht relevant war, in einem massiven Umfang. So waren im Jahre 1998 in den alten Ländern 10,6 % der erwerbsfähigen Männer arbeitslos, während es in den neuen Ländern 17,4 % waren. Bei den Frauen war die Situation noch dramatischer; ihre Arbeitslosenquote betrug im Westen 10,3 % und im Osten erreichte sie einen Spitzenwert von 21,8 %. Aufgrund unvollständiger und fehlerhafter Indikatoren stellen die Raten aus den offiziellen Statistiken eher eine Unterschätzung dar, da z. B. die versteckte Arbeitslosigkeit ebenso wie die dynamischen Prozesse von vielfältigen Neuzugängen und Abgängen in den offiziellen Statistiken, die sich auf einen festgelegten Stichtag beziehen, nicht enthalten sind.

Arbeit stellt in unserer Gesellschaft einen wichtigen Aspekt der Lebensweise dar: Neben der Sicherung der finanziellen Basis für das Überleben ermöglicht sie soziale Kontakte, Kommunikation sowie Vertrauensbeziehungen und bietet dem Individuum eine Strukturierung des Alltags und eine soziale Orientierung, die für das Selbstwertgefühl und die Entwicklung der eigenen Kompetenz notwendig sind; über die Arbeit werden der soziale Status und die Identität des Individuums bestimmt (Jahoda 1983); an Erwerbsarbeit sind die zentralen Mechanismen der Verteilung von Macht und Einfluss gebunden. Aber auch negative Dimensionen charakterisieren die Arbeit, z.B. hohe Arbeitsbelastungen, Zeitdruck, psychische Anspannung, geringe Gestaltungsmöglichkeiten aufgrund technischer oder organisatorischer Einschränkungen etc.

Gleichzeitig hat das Problem der abnehmenden Arbeitsplatzsicherheit bzw. die Gefahr des Arbeitsplatzverlustes zugenommen. Dies ist aufgrund der hohen positiven Bewertung der Arbeit in unserer Gesellschaft einschneidend, weil der Verlust des Arbeitsplatzes mit einer Stigmatisierung, einer individuellen Schuldzuweisung und einem Gefühl des Versagens verbunden wird.

In Deutschland hat das Problem der Arbeitslosigkeit seit der Wiedervereinigung an Schärfe zugenommen. Erwerbslosigkeit hat in den neuen Ländern ein Ausmaß erreicht, wie es in den alten Ländern nicht bekannt war. Dabei sind Frauen besonders stark von Arbeitslosigkeit betroffen, wie die vorne dargestellten Zahlen zeigen. In der wissenschaftlichen Diskussion wird die Vermutung geäußert, dass die leichte Verbesserung oder zumindest der gleichbleibende Status der Arbeitsmarktsituation in Westdeutschland zu Lasten der erwerbsfähigen Menschen in Ostdeutschland geht (Kieselbach & Wacker 1995, S. 9; Frister et al. 1997). Das könnte besonders folgenschwer sein, da Arbeitslosigkeit im Bewusstsein der Bürger der ehemaligen DDR nur als ein Grundübel der kapitalistischen Wirtschaftsordnung existierte und eigentlich im Lebensalltag der DDR nicht vorkam, so dass auch keine Erfahrungen mit der Bewältigung weder im individuellen noch im gesellschaftlichen Kontext gesammelt werden konnten. Da die Arbeitslosigkeit aber in einer so immensen Größenordnung vorkommt, dass man von einer kollektiven Betroffenheit sprechen kann (Hahn & Schön 1995, S. 106), ist zu vermuten, dass Stigmatisierungen und individuelle Schuldzuschreibungen gar nicht oder weniger stark als im Westen auftreten. Diese These wird auch dadurch unterstützt, dass generell die Sicherheit des Arbeitsplatzes bei Erwerbstätigen in den neuen Ländern weniger gut beurteilt wird und fast jeder im Familien- oder Freundeskreis Erfahrungen mit Arbeitslosigkeit gemacht hat (Hahn & Schön 1996). Ostdeutsche Arbeitslose sehen sich somit vermutlich nicht wie die westdeutschen als individuell Betroffene, sondern als Angehörige des Kollektivs der Arbeitslosen im Osten (Mutz et al. 1995, S. 304). Arbeitslosigkeit wird danach bei etwa der Hälfte der Erwerbspersonen als eine momentane Übergangssituation, als ein dramatisches Ereignis oder auch als eine Chance zur Veränderung der eigenen Situation gedeutet (ebd.). Ob diese Einstellung auch heute, also 10 Jahre nach der Wende, noch besteht, muss skeptisch hinterfragt werden.

In einer anderen Studie konnte gezeigt werden, dass im Osten keine so eindeutige Marginalisierung hinsichtlich Qualifikation, Bildungsniveau, sozialer Herkunft oder besonderer biographischer Entwicklungen aufgetreten ist, weil die Entlassungen alle Berufsgruppen betreffen (Voigt & Hill 1993). Hinzu kommt die Tatsache, dass sich durch die Wiedervereinigung fast alle gesellschaftlichen und persönlichen Lebensverhältnisse grundsätzlich verändert haben; Umbrüche in der Arbeitssituation sind somit nur als ein Teil des gesamtgesellschaftlichen Umbruchs zu verstehen. Arbeitslosigkeit und Unterbeschäftigung sind also im Osten durch den gesellschaftlichen Umbruch erzeugt und werden in diesem Kontext erlebt, im Westen sind sie dagegen systemimmanent und währen seit mehr als 20 Jahren. Das bedingt ein unterschiedliches Erleben der Arbeitslosensituation (s. dazu auch Kronauer & Vogel 1995).

Ob diese allgemeine Bewertung der Arbeitslosensituation auch auf die ostdeutschen Frauen zutrifft, muss bezweifelt werden, da sie sehr viel stärker als die ostdeutschen Männer und die westdeutschen Frauen von der Arbeitslosigkeit betroffen sind; zudem hat sich für sie das Problem der Arbeitslosigkeit sehr viel schneller und dramatischer entwickelt und sie haben wesentlich größere Probleme ihre Arbeitslosigkeit zu beenden. Dadurch kommt es bei den ostdeutschen Frauen zu einem deutlich höheren Anteil von Langzeitarbeitslosen als bei den ostdeutschen Männern, aber auch als bei den westdeutschen Frauen (Bundesanstalt für Arbeit 1999). Diese für Frauen im Osten besonders schlechte Situation ist u.a. durch Unterschiede im Erwerbsverhalten bedingt. Grundsätzlich waren in der ehemaligen DDR Frauen stark auf die Vereinbarkeit von Beruf und Familie ausgerichtet, verbunden mit einer kontinuierlichen Erwerbsbeteiligung. Die Vollerwerbstätigkeit war dabei die Norm, was durch einen hohen Qualifizierungsstand sichergestellt wurde. Teilzeitarbeitsplätze, wie im Westen von Frauen präferiert, gab es fast nicht (Frister et al. 1997). Die Vereinbarkeit von Beruf und Familie war gesellschaftliche Realität. Arbeiten zu wollen und zu können besitzt für die Bürgerinnen in den neuen Ländern nach wie vor einen hohen Rang. Durch den Transformationsprozess nach der Wende hat sich die vorher bestehende gleichartige Erwerbsbeteiligung von Männern und Frauen in der ehemaligen DDR deutlich zu Ungunsten der Frauen verändert. Frauen wird es immer weniger möglich, von ihren gleichen Rechten auch Gebrauch zu machen. Dadurch werden sie in eine völlig neue Abhängigkeitsrolle gedrängt (Nickel & Schenk 1996). Es ist zu vermuten, dass die mit einer notgedrungen veränderten Lebensplanung einhergehende Arbeitslosigkeit Auswirkungen auf die subjektive Gesundheit und das psychische Wohlbefinden hat.

Forschungsstand zum Zusammenhang zwischen Arbeitslosigkeit und Gesundheit/Krankheit und zu analysierende Fragestellungen

Viele Studien – insbesondere aus dem angelsächsischen und skandinavischen Raum – konnten zeigen, dass Arbeitslosigkeit in einem negativen Zusammenhang zur Gesundheit steht (z.B. Kurella 1992; Kieselbach 1998 und 2000; Steinle 2000). Der Zusammenhang stellt sich jedoch als relativ komplex dar. So konnte die Frage, ob die schlechtere Gesundheit von Arbeitslosen die Ursache für die Arbeitslosigkeit ist, d.h. werden kranke Beschäftigte eher arbeitslos (»Selektionshypothese«), oder ob die schlechtere Gesundheit der Arbeitslosen die Folge ihrer Arbeitslosigkeit (»Kausationshypothese«) ist, bisher nicht eindeutig beantwortet werden, obgleich viele Studien einen Beleg für die Kausationshypothese liefern (z.B. Verkleij 1989; Mohr 1997).

Der Forschungsstand lässt sich folgendermaßen zusammenfassen:

- Es besteht ein positiver Zusammenhang zwischen Arbeitslosigkeit und Mortalität (z.B. Moser et al. 1986; GEK 1999).
- Sowohl auf der Ebene von Aggregat- als auch von Individualdaten besteht ein deutlicher Effekt zwischen Arbeitslosigkeit und psychischer (vor allem aus dem depressiven Formenkreis) sowie physischer Morbidität (z.B. Haynes et al. 1996; Martikainen et al. 1996).
- Arbeitslosigkeit ist signifikant häufiger mit einer schlechteren subjektiven Gesundheit und einer höheren Prävalenz von Beschwerden verbunden (z.B. Elkeles 1999; Bormann 1992; Leeflang et al. 1992).
- Die mit der Arbeitslosigkeit einhergehende schlechtere Gesundheit führt zu einer stärkeren Inanspruchnahme von medizinischen Leistungen (Elkeles 1999; Schach et al. 1994), aber zu einer geringeren Nutzung gesundheitlicher Vorsorgeuntersuchungen und präventiver Maßnahmen.
- Beschwerden nehmen mit der Dauer der Arbeitslosigkeit zu, bei Wiederbeschäftigung kommt es jedoch zu einer deutlichen Verbesserung der Gesundheit (Frese & Mohr 1987).
- Nicht nur der Zustand der Arbeitslosigkeit, sondern auch die subjektiv empfundene Arbeitsplatzunsicherheit führt zu negativen Auswirkungen auf das psychische Wohlbefinden (Harych & Harych 1997; Kieselbach 2000).

Die gesundheitlichen Beeinträchtigungen bei Arbeitslosigkeit, insbesondere bezüglich der psychischen Gesundheit, werden von Männern stärker und häufiger als von Frauen geäußert (Schach et al. 1994; Bormann & Elkeles 1997). Diese Situation wird damit erklärt, dass die Erwerbsarbeit für Frauen eine geringere Bedeutung als für Männer hat und Arbeitslosigkeit bei Frauen angesichts der Mehrfachbelastungen in Beruf, Familie und Haushalt zunächst eine Möglichkeit der Entlastung bedeuten kann (vgl. hierzu kritisch: Mohr 1993). Zudem wird auf die geschlechts-unterschiedliche Rollenverteilung in der Gesellschaft hingewiesen, die für Frauen die Möglichkeit der gesellschaftlich akzeptierten Alternativrolle als Hausfrau vorsieht. Ob diese These in einer Zeit, in der Frauen immer stärker in das Berufsleben drängen, tatsächlich noch gilt, und ob sie insbesondere für Frauen aus der ehemaligen DDR, für die Berufstätigkeit zur Normalbiographie gehörte und welche nun besonders stark von Arbeitslosigkeit betroffen sind, Gültigkeit hat, soll im Folgenden analysiert werden. Folgende Fragestellungen stehen dabei im Mittelpunkt der Analyse:

- Inwieweit unterscheidet sich der Gesundheitszustand von arbeitslosen Frauen von dem der erwerbstätigen?
- Besteht ein ähnlicher Zusammenhang zwischen Arbeitslosigkeit und Gesundheit bei Frauen in den alten und neuen Ländern?
- Haben die Erfahrungen von Diskontinuitäten in der beruflichen Karriere Einfluss auf den Gesundheitszustand bei Frauen?

Datenmaterial und methodisches Vorgehen

Als Datenbasis für die Untersuchung der dargelegten Fragen wird der im Jahre 1997/98 durchgeführte Bundesgesundheitssurvey (Das Gesundheitswesen, Sonderhefte 1998 und 1999) herangezogen. Es handelt sich dabei um eine Querschnittsbefragung und medizinische Untersuchung, die an insgesamt 7.124 Personen im Alter von 18 bis 79 Jahren in 120 sample points in den alten und neuen Ländern mit einer Responserate von 61,4 % in den Jahren 1997 und 1998 durchgeführt wurde. Für die hier vorgenommene Analyse wurden die Daten der 25- bis unter 65jährigen Frauen herangezogen, um etwaige Unsicherheiten, die zu Beginn der Berufstätigkeit auftreten können, auszuschließen. Das Survey-Design, die Stichprobenziehung und die Untersuchungsmethodik sind bereits an anderer Stelle ausführlich beschrieben worden (Das Gesundheitswesen, Sonderheft 1998).

In Bezug auf die Beschäftigtensituation werden bei den folgenden Analysen vier Gruppen unterschieden, die die Formen der Erwerbstätigkeit bei Frauen am besten widerspiegeln (s. Tab. 1).

Tab. 1: Anzahl der 25- bis unter 65jährigen Frauen und Durchschnittsalter in vier Beschäftigtengruppen in den alten und neuen Ländern

Beschäftigtengruppen	**Ost**		**West**	
	Anzahl	Alter durchchnittl.	Anzahl	Alter durchschnittl.
Zum Zeitpunkt der Erhebung voll berufstätig und ohne Arbeitslosigkeitserfahrung von mehr als 6 Monaten in den letzten 5 Jahren	314	42,2 Jahre	489	40,4 Jahre
Zum Zeitpunkt der Erhebung teilzeitbeschäftigt und ohne längere Arbeitslosigkeitserfahrung	114	41,3 Jahre	520	43,8 Jahre
Zum Zeitpunkt der Erhebung voll- oder teilzeitbeschäftigt und in den letzten 5 Jahren Arbeitslosigkeitserfahrung von mehr als 6 Monaten Dauer	110	43,6 Jahre	63	40,1 Jahre
Zum Zeitpunkt der Erhebung arbeitslos gemeldet	158	45,5 Jahre	74	44,6 Jahre

Durch die Tab. wird deutlich, dass es keine großen Unterschiede zwischen den Gruppen in Bezug auf das Alter gibt, das einen Einfluss auf den Gesundheitszustand haben könnte. Es sind also keine altersbedingten Verzerrungen bei den Gesundheitsparametern zu erwarten.

Ergebnisse

Die folgende Tabelle zeigt die Ergebnisse der deskriptiven Analyse in Bezug auf den Zusammenhang von Beschäftigtensituation und verschiedenen Gesundheitsparametern bei Frauen im Vergleich der alten und neuen Länder.

Tab. 2: Zusammenfassung der Gesundheitsparameter in Bezug auf unterschiedliche Formen der Beschäftigung bei 25- bis unter 65jährigen Frauen im Vergleich der alten und neuen Länder
(Werte in Prozent bzw. Mittelwerte)

	Arbeitslos		Beschäftigt mit Alo*-Erfahrung		Teilzeit-beschäftigt		Voll-beschäftigt	
	Ost	West	Ost	West	Ost	West	Ost	West
Weniger guter/schlechter Gesundheitszustand (Selbsteinschätzung)	18,4	28,4	14,5	15,9	9,6	12,3	10,2	13,3
Weniger guter/schlechter Gesundheitszustand (ärztl. Befragung)	14,6	24,3	3,6	12,9	6,1	8,1	7,6	10,1
Verschlechterung des Gesundheitszustandes gegenüber Vorjahr	14,0	24,3	15,5	20,6	9,6	14,8	14,6	16,0
(sehr) starke Schmerzen	14,0	10,8	9,2	16,1	7,9	11,9	10,8	11,3
Starke Behinderung wegen Schmerzen bei der Ausübung von Alltagstätigkeiten	9,6	9,6	10,0	12,9	8,0	8,9	7,1	9,3
Auffällige Beschwerdenhäufigkeit und -intensität	18,6	26,0	22,7	19,0	9,6	15,2	14,4	19,9
Raucherquote	37,3	33,8	32,7	30,2	25,4	33,3	31,2	35,5
Bluthochdruck	19,6	14,9	21,8	4,8	21,9	15,6	15,4	12,9
Starkes Übergewicht	29,7	37,8	31,8	17,7	21,2	23,7	23,1	21,6
Lebensqualität (SF 36)(Mittelwerte) - körperl. Funktionsfähigkeit	84,1	84,3	87,2	85,6	91,1	89,0	89,4	88,7
- körperl. Rollenfunkt.	83,2	81,9	85,1	79,1	90,9	82,7	86,9	83,8
- körperl. Schmerzen	64,6	61,9	65,3	61,3	70,4	63,9	66,3	64,6

- Gesundheitswahrnehmung	65,5	62,4	67,2	64,8	69,4	70,5	69,4	69,1
- Vitalität	62,3	58,4	57,2	55,6	61,9	59,5	60,2	56,4
- soz. Funktionsfähigkeit	85,5	81,9	85,8	77,2	89,0	86,5	88,5	83,8
- emot. Rollenfunktion	89,9	87,2	88,2	83,6	91,0	87,3	89,2	88,3
- psych. Wohlbefinden	69,0	70,3	70,2	64,5	71,3	71,3	73,0	70,2
Starke Einschränkung der sozialen Kontakte	5,7	10,8	3,6	11,3	3,5	3,8	3,5	4,5
Inanspruchnahme eines Arztes in den 4 Wochen vor der Erhebung	51,6	41,9	45,5	57,1	33,6	43,3	44,3	43,1

*Alo=Arbeitslosigkeit

Sowohl in den alten als auch in den neuen Ländern finden sich die schlechtesten Werte in Bezug auf die verschiedenen Gesundheitsparameter bei den arbeitslos gemeldeten und bei den zum Zeitpunkt der Befragung beschäftigten Frauen, die früher eine länger als 6 Monate währende Arbeitslosigkeitserfahrung durchlebt haben. Teilzeit- und vollbeschäftigte Frauen in beiden Teilen Deutschlands weisen demgegenüber deutlich positivere Gesundheitswerte und eine positivere Bewertung der Lebensqualität auf. Die schlechtere Gesundheit führt bei den arbeitslosen Frauen und denen mit Arbeitslosigkeitserfahrung im Westen häufiger zu einer Einschränkung der sozialen Kontakte, bei den arbeitslosen Frauen im Osten und den Frauen mit Arbeitslosigkeitserfahrung im Westen zu einer deutlich stärkeren Inanspruchnahme eines Arztes.

Auffallend ist, dass die arbeitslosen Frauen im Westen deutlich höhere Raten bei der Einschätzung des Gesundheitszustandes als »schlecht« sowie beim starken Übergewicht als die ostdeutschen Frauen aufweisen, obwohl bei den Vollbeschäftigten die Ost-West-Differenzen eher gering sind. Diese beiden Parameter zeigen darüber hinaus signifikante Unterschiede zwischen den unterschiedlichen Formen der Beschäftigung sowohl im Westen als auch im Osten auf (Osten $p < 0{,}001$; Westen $p < 0{,}001$). Bezüglich der Angaben zur Verschlechterung des Gesundheitszustandes gegenüber dem Vorjahr und der auffälligen Beschwerdehäufigkeit sind – mit Ausnahme der Raten der Beschwerdehäufigkeit der ostdeutschen Frauen ($p < 0{,}05$) – zwar keine Signifikanzen zwischen den Beschäftigungsformen im Westen bzw. im Osten feststellbar, aber wiederum deutlich höhere Raten bei den arbeitslosen Frauen im Westen als bei den arbeitslosen Frauen im Osten zu konstatieren. Das gleiche Phänomen wird anhand der niedrigen Mittelwerte bei den Skalen zur Lebensqualität erkennbar. Dieses Ergebnis deutet daraufhin, dass sich Frauen in den alten Ländern durch die Arbeitslosigkeit stärker gesundheitlich beeinträchtigt fühlen als diejenigen in den neuen. Ein in der Tendenz vergleichbares Resultat –

wenn auch nicht so ausgeprägt – ergibt sich, wenn man die Gruppe der Beschäftigten mit einer längeren Arbeitslosigkeitserfahrung betrachtet. Auch hier treten bei den meisten Gesundheitsparametern höhere Werte im Westen als im Osten auf, die nicht auf ein unterschiedliches Morbiditätsniveau in beiden Teilen Deutschlands zurückgeführt werden können, da sich die Differenzen auch bei den Teilzeit- und Vollbeschäftigten zeigen müssten. Bei diesen beiden Gruppen treten zwar in der Tendenz geringfügig höhere Werte im Westen als im Osten auf; die Unterschiede belaufen sich aber auf weniger als 5 Prozentpunkte und liegen damit deutlich unter denen der Arbeitslosen.

Obwohl die Frauen im Osten einerseits sehr viel stärker von Arbeitslosigkeit betroffen sind als die im Westen, andererseits aber auch eine stärkere Berufsorientierung aufweisen, empfinden sie die gesundheitlichen Auswirkungen weniger stark. Es lässt sich vermuten, dass diese Unterschiede mit verschiedenen gesellschaftlichen Bewertungen von Arbeitslosigkeit in Ost und West zusammenhängen. Die vorne geäußerte These, dass in den neuen Ländern aufgrund der Betroffenheit von so vielen Menschen die individuelle Schuldzuschreibung und Stigmatisierung weniger stark erfolgt, könnte einen Erklärungsansatz liefern. Aber auch die Tatsache, dass zu DDR-Zeiten der Staat für die Gewährung von Arbeitsstellen verantwortlich war und nicht das Individuum, so dass es auch nicht für den Nichterhalt einer Arbeitsstelle verantwortlich gemacht werden konnte, könnte eine Erklärungsmöglichkeit für eine geringere negative Bewertung des Zustandes der Arbeitslosigkeit sein, was dann wiederum Einfluss auf die gesundheitlichen Konsequenzen hätte. Mit Hilfe der Daten des Bundes-Gesundheitssurvey können diese Thesen nicht beantwortet werden; dafür sind weitere Studien notwendig. Da wir zukünftig jedoch mit einer Vermehrung der Diskontinuitäten im Arbeitsleben rechnen müssen, wäre generell eine Änderung der gesellschaftlichen Bewertung von Arbeitslosigkeit anzustreben, so dass es zu weniger Schuldzuschreibungen und Stigmatisierungen kommt und damit auch die negativen gesundheitlichen Folgen der Arbeitslosigkeit verringert werden könnten. In diesem Sinne müssten präventive Ansätze wirken.

Literatur

Bormann C. (1992): Arbeitslosigkeit und Gesundheit. Sozialer Fortschritt, 41, 3: 63-71

Bormann C., Elkeles T. (1997): Arbeits- und Langzeitarbeitslose. In: Weber, I. (Hrsg.): Gesundheit und gesundheitliche Versorgung bei benachteiligten Bevölkerungsgruppen in Deutschland. Stuttgart: Enke: 99-117

Bundesanstalt für Arbeit (1999): Arbeitsmarkt 1998 – Arbeitsmarktanalyse für die alten und neuen Bundesländer. Amtliche Nachrichten der Bundesanstalt für Arbeit. Sondernummer. Nürnberg

Das Gesundheitswesen, Sonderheft 2 (1998): Der Bundesgesundheitssurvey 1997/1998. 60. Jahrgang. Stuttgart: Thieme Verlag

Das Gesundheitswesen, Sonderheft 2 (1999): Schwerpunktheft: Bundesgesundheitssurvey 1998 – Erfahrungen, Ergebnisse, Perspektiven. 61. Jahrgang. Stuttgart: Thieme Verlag

Elkeles T. (1999): Arbeitslosigkeit, Langzeitarbeitslosigkeit und Gesundheit. Sozialer Fortschritt, 6, 150-155

Frese M., Mohr G. (1987): Prolonged Unemployment and Depression in older Workers: a Longitudinal study of intervening variables. In: Soc. Sci Med, 25, 2: 173-178

Frister S., Liljeberg H., Winkler G. (1997): Arbeitslosenreport 1997. Berlin: Sozialwissenschaftliches Forschungszentrum Berlin-Brandenburg/ Unabhängiges Meinungsforschungsinstitut INFO GmbH

Gmünder Ersatzkasse (1999): GEK-Gesundheitsreport: Auswertungen der GEK-Gesundheitsberichterstattung. Sankt Augustin: Asgard-Verlag

Hahn T., Schön G. (1996): Arbeitslos - chancenlos ? Verläufe von Arbeitslosigkeit in Ostdeutschland. Opladen: Leske + Budrich

Hahn T., Schön G. (1995): Besonderheiten ostdeutscher Langzeitarbeitslosigkeit. In: Andreß H.-J. (Hrsg.) (1995): Fünf Jahre danach. Zur Entwicklung von Arbeitsmarkt und Sozialstruktur im vereinten Deutschland. Berlin/New York: Walter de Gruyter: 103-138

Harych H., Harych P. (1997): Arbeitslosigkeit und gesundheitliche Folgen in Ostdeutschland: Eine Studie im Freistaat Sachsen. Ergebnisse der ärztlichen Untersuchungen und Befragungen in den Jahren 1993 und 1994. Berlin/Hamburg: Argument-Verlag: Edition Philosophie und Sozialwissenschaften 41

Haynes R., Gale S., Lovett A., Bentham G. (1996): Unemployment rate as an updatable health needs indicator for small areas. In: J Public Health Med, 18, 1:27-32

Jahoda M. (1983): Wieviel Arbeit braucht der Mensch? Arbeit und Arbeitslosigkeit im 20. Jahrhundert. Weinheim: Beltz

Kieselbach T. (1998): Arbeitslosigkeit. In: Statistisches Bundesamt (Hrsg.) (1998): Gesundheitsbericht für Deutschland. (Kapitel 4.10). Stuttgart: Metschler-Poeschel: 116-121

Kieselbach T. (2000): Arbeitslosigkeit und Gesundheit: Perspektiven eines zukünftigen Umgangs mit beruflichen Transitionen. In: Voigt U., Siemer M., Jürgens T., Jahn I. (Hrsg.) (2000): Armut im Überfluss - Gesundheit als Privileg. Eine Dokumentation des Gesundheitsforums 1999. Bremen: Ed. Temmen (Beiträge der Bremer Volkshochschule zur Erwachsenenbildung): 79-97

Kieselbach T., Wacker A. (Hrsg.) (1995): Bewältigung von Arbeitslosigkeit im sozialen Kontext. Programme, Initiativen, Evaluationen. Weinheim: Deutscher Studien Verlag, 2. Auflage

Kronauer M., Vogel B. (1995): Arbeitslos im gesellschaftlichen Umbruch. In: Andreß, H.-J. (Hrsg.) (1995): Fünf Jahre danach. Zur Entwicklung von Arbeitsmarkt und Sozialstruktur im vereinten Deutschland. Berlin, New York: Walter de Gruyter: 139-162

Kurella S. (1992): Arbeitslosigkeit und Gesundheit. Literaturstudie für die Jahre 1985 - 1991. Veröffentlichungsreihe der Forschungsgruppe Gesundheitsrisiken und Präventionspolitik, Nr. P92-202. Berlin: Wissenschaftszentrum Berlin für Sozialforschung

Leeflang R. L., Klein-Hesselink D. J., Spruit I. P. (1992): Health effects of unemployment - II. Men and women. Social Science & Medicine, 34, 4: 351-363

Martikainen P. T., Valkonen T. (1996): Excess Mortality of unemployed men and women during a period of rapidly increasing unemployment. In: Lancet, 348: 909-912

Mohr G. (Hrsg.) (1993): Ausgezählt - Theoretische und empirische Beiträge zur Psychologie der Frauenerwerbslosigkeit. Weinheim: Deutscher Studien Verlag

Mohr G. (1997): Erwerbslosigkeit, Arbeitsplatzunsicherheit und psychische Befindlichkeiten, Frankfurt/ Main: Peter Lang

Moser K. A., Fox A. J., Jones D. R., Goldblatt P. O. (1986): Unemployment and mortality in the OPCS Longitudinal Study 1971 - 1981. In: Lancet, 304: 365-367

Mutz G., Ludwig-Mayerhofer W., Koenen E. J., Eder K., Bonß W. (1995): Diskontinuierliche Erwerbsverläufe. Analysen zur post-industriellen Arbeitslosigkeit. Opladen: Leske und Budrich

Nickel H. M., Schenk S. (1996): Prozesse geschlechtsspezifischer Differenzierung im Erwerbssystem. In: Nickel H. M., Kühl J, Schenk S. (Hrsg.) (1996): Erwerbsarbeit und Beschäftigung im Umbruch. Opladen: Leske + Budrich: 259-282

Schach E., Rister-Mende S., Schach S., Glimm E., Wille L. (1994): Die Gesundheit von Arbeitslosen und Erwerbstätigen im Vergleich. Eine Analyse anhand von AOK- und Befragungsdaten. Schriftenreihe der Bundesanstalt für Arbeitsschutz - Fb 708, Dortmund

Steinle T. (2000): Gesundheitsökonomische Aspekte der Arbeitslosigkeit. Literaturreview und empirische Analyse der Daten des sozio-ökonomischen Panels. Ulm (Magisterarbeit im Aufbaustudiengang Public Health)

Verkleij H. (1989): Vulnerabilities of very long term unemployed in the Netherlands; results of a longitudinal study. In: Starrin B., Svensson P.-G. & Wintersberger H. (Hrsg.) (1989): Unemployment, poverty and quality of working life. Some European experiences. Berlin: edition sigma: 79-100

Voigt P., Hill R. (1993): Arbeitslosigkeit - ein spezifisches Phänomen in den neuen Bundesländern? Der Versuch einer Antwort am Beispiel von Mecklenburg-Vorpommern. In: Kieselbach T., Voigt P. (Hrsg.): Systemumbruch, Arbeitslosigkeit und individuelle Bewältigung in der Ex-DDR. Weinheim: Deutscher Studien Verlag: 101-123

BEATE RITZ und WILFRIED KARMAUS

Umwelt-Epidemiologie – Information für mündige Bürger und die öffentliche Gesundheit

In einer idealen Welt sind die Bürger über potenzielle soziale, chemische, biologische und physische Gesundheitsrisiken informiert. Sie treffen mündige Entscheidungen, um Gesundheitsrisiken zu reduzieren oder das Beste zur Erhaltung ihrer Gesundheit zu tun. Wir sind jedoch weit von dieser idealen Welt entfernt, denn wir wissen wenig über chemische und physische Belastungen in der Umwelt und am Arbeitsplatz sowie das Vorkommen von Erkrankungen, die aufgrund von Umwelt- und Arbeitsbelastungen resultieren. So wurde z.B. für die Vereinigten Staaten von Amerika festgestellt, dass bisher die Belastung der Bevölkerung nur für etwa 6% von ungefähr 1,400 toxischen Chemikalien bestimmt worden ist. Über die gemessenen Chemikalien liegen dann meist nur unzureichende Informationen für kleinere Bevölkerungsgruppen wie Kinder, Schwangere oder ältere Personen vor.[1]

Aufgrund unseres Halbwissens sind rationale Entscheidungen von Behörden nur beschränkt möglich und einer offenen Risikokommunikation mit den Bürgern sind Grenzen gesetzt.[2] Auch die Frage, welche chemischen, biologischen, physischen, genetischen und sozialen Risiken mit welcher Priorität ermittelt werden sollen, wird in wissenschaftlichen Gruppen, der politischen Administration und von Bürgern unterschiedlich beurteilt. So sind es dann isolierte Entdeckungen wie bspw. die bromierten Flammhemmer in der Muttermilch, die dann aktuell jeweils für Wochen die Tagesordnung bestimmen, danach an öffentlichem Interesse verlieren, z.T. von wissenschaftlichen Gruppen oder Behörden aufgegriffen werden, z.T. aber in Bedeutungslosigkeit enden. Es stellen sich daher zwei Fragen:

1. Welche wissenschaftlichen Untersuchungen können rationale Entscheidungsgrundlagen schaffen?

2. Welche Strukturen sind erforderlich, damit wir im Zustand unsicherer Grundlagen größte Sicherheit für die öffentliche Gesundheit erreichen können?

Ansätze zur Ermittlung von umweltbezogenen Gesundheitsrisiken

Epidemiologie versteht sich als eine Wissenschaft, die Krankheiten und ihre Ursachen auf der Bevölkerungsebene untersucht und die Datengrundlage für eine rationale bevölkerungsbezogene Gesundheitsversorgung und -prävention liefert. Die Arbeits- und Umweltepidemiologie konzentriert sich auf die Erforschung von Gesundheitsfolgen aufgrund von (unfreiwilliger) Schadstoffbelastung am Arbeitsplatz oder in der Umwelt. Eine Reihe von Erkrankungen und Umweltschadstoffen wird seit Jahrzehnten in vielen Ländern in staatlichen Registern und Datenbanken erfasst.

Todesursachenregister wurden in Großbritannien schon im Jahr 1837 etabliert und während des neunzehnten Jahrhunderts nahmen diese Register in England und Wales einen wichtigen Platz als demographische Barometer von Umweltbedingungen in Gemeinden und Städten ein. Sie lieferten erstmals flächendeckende Daten über den allgemeinen Gesundheitszustand der Bevölkerung und dokumentierten sozio-ökonomische, arbeits- und umweltbedingte Mortalitätsunterschiede, indem sie z.B. auf erhöhte Fallzahlen von Cholera, Dysenterie, oder arbeitsplatzbedingter Tode (z.B. Bergwerkunglücke) hinwiesen. Die Verbreitung dieser Information bildete eine zentrale Komponente in der Kampagne zur Verbesserung der allgemeinen Gesundheit in der Bevölkerung und diente als Maß für den Erfolg präventiver Medizin.[3] Todesstatistiken sind für Arbeitsepidemiologen auch heute noch wertvolle Datenquellen für die Erforschung berufs- oder expositionsspezifischer Erkrankungen, in denen sich allerdings die Studienpopulationen auf Berufsgruppen, Industrien oder ausgesuchte Arbeitsplätze beschränken (vgl. hier und im Folgenden den späteren Überblick in Tab. 1).

Geburtsscheine eröffnen eine weitere Datenquelle, die in den meisten Ländern auf nationaler Ebene zur Verfügung steht. Geringe Geburtsgewichte und Frühgeburtlichkeit dokumentieren mögliche Störungen der Entwicklung des menschlichen Fötus während eines Zeitraums der schnellen Organentwicklung und schnellen Wachstums, in dem der Organismus auf Umweltnoxen besonders sensibel reagieren kann (Tab. 1).

Nationale oder staatliche Überwachungsnetze für Luft- und Trinkwasserschadstoffe sind die am frühesten etablierten und am weitesten verbreiteten Schadstoffregister. In Kalifornien bspw. gibt es seit 30 Jahren ein staatliches Meldesystem für landwirtschaftlich verwendete Pestizide. Der Begriff »smog« wurde bereits 1905 von einem Londoner geprägt und beschrieb die Kombination von natürlichem Nebel (fog) und Kohlenrauch (smoke). Aber erst nach der vier Tage langen Smog-Episode 1952, die etwa 4000 Londoner das Leben kostete, schritt das Parlament ein und verabschiedete den Clean Air Act. In den USA fiel schon zu Beginn des zwanzigsten Jahrhunderts dem U.S. Public Health Service die Aufgabe der Prävention von Infektionskrankheiten zu, die durch Trinkwasser verbreitet werden können, wie z.B. Typhus. Später übernahm der U.S. Public Health Service auch die Überwachung von Luftreinhaltungsgesetzen an industriellen Arbeitsplätzen. Beide Schadstoffüberwachungssyteme bildeten die Prototypen für nationale U.S. Wasser- und Luftreinhaltungsgesetzgebung (Federal Water Quality Administration (1965), National Air Pollution Control Administration (1955) und Environmental Protection Agency (1970)). Letztere wurde aufgrund von öffentlichem Druck in den sechziger und siebziger Jahren des vergangenen Jahrhunderts zum Gesundheitsschutz der Bevölkerung geschaffen, nachdem die unkontrolliert wachsende Industrieproduktion über Jahrzehnte zu weit verbreiteter und sehr sichtbarer Umweltverschmutzung beigetragen hatte.

Umweltepidemiologische Studien sind erleichtert und effizient durchzuführen, wenn routinemäßige ökologische (oder ortsbezogene) Schadstoffdaten für Bevölkerungen vorliegen und zur Verfügung gestellt werden. Krankheitsdaten der Bevölkerung können dann meist aus anderen Quellen bezogen und mit den Schadstoffdaten abgeglichen werden. Ein Zweig der modernen Umweltepidemiologie, der in den vergangenen Jahrzehnten besonders viel Gebrauch von Totenscheininformationen und Routineschadstoffmessungen machte, ist daher die Luftverschmutzungsforschung. In diesem Bereich wurden weltweit Studien durchgeführt, die den Zusammenhang zwischen kurzfristigen Schwankungen von Luftverschmutzungswerten und der Mortalität der Bevölkerung untersuchten.[4-7] Studienergebnisse verschiedener Länder konnten verglichen werden und ermöglichten wertvolle Einsichten in die Wirkung von einzelnen Luftschadstoffen und von Schadstoffmischungen.[8,9] In den letzten Jahren wurden auch zum ersten Mal Studien publiziert, die die Wirkung von Luftschadstoffen auf Frühgeburtlichkeit und Geburtsgewichte analysierten.[10-18] Weitere Beispiele für den weltweit verbreiteten Einsatz solcher Routinedaten für Zwecke der Umweltepidemiologie und bevölkerungsweiten Surveillance sind Untersuchungen von Krebsmortalität in Zusammenhang mit dem Chemikaliengehalt im Trinkwasser wie z.B. Arsen oder Trihalomethane.[19-23]

Die standardisierte Dokumentation von Gesundheitsindikatoren zu Beginn und Ende des menschlichen Lebens hat in westlichen Ländern eine lange Tradition. (Es ist um so erstaunlicher, dass in Deutschland Daten zu Geburtsgewichten vernichtet werden, nachdem regionale Statistiken erstellt worden sind.) Obwohl diese Toten- und Geburtsregisterdaten inzwischen auch weltweit zur Verfügung stehen und für den Zweck vergleichender Forschung von ausreichender Qualität sind,[24] bieten sie keine Informationen zur Surveillance jener Erkrankungen, die weder bei der Geburt ermittelt werden noch unmittelbar zum Tode führen. Diese offensichtlichen Nachteile von Todes- und Geburtsregisterdaten hat ressourcenreiche Industrienationen und die Weltgesundheitsorganisation dazu veranlasst, in den vergangenen Jahrzehnten vermehrt in die Durchführung von umfangreichen Kohortenstudien und nationalen Gesundheitssurveys zu investieren, die in beschränktem Umfang Forschern seit einigen Jahren auch zur Beantwortung umweltepidemiologischer Fragestellungen dienten wie z.B. die Framingham Kohorten Studie,[25] die Nurses Health and Health Professional Kohorten Studie,[26-28] die National Health and Nutrition Examination Surveys (NHANES),[29-34] die Monitoring Trends and Determinants of Cardiovascular Disease (MONICA) Studien,[35-37] und die International Study of Asthma and Allergies in Childhood (ISAAC).[38-41] Westliche Länder haben außerdem in die Etablierung von lokalen oder nationalen Erkrankungsregistern (Krebs- und Fehlgeburtsregister) investiert, und die Liste umweltepidemiologischer Studien, die diese Daten nutzen ist sehr lang.[42-46] Diese Ansätze der Gesundheitsforschung auf Bevölkerungsebene sind mit einem erheblichen finanziellen und personellen Aufwand verbunden und für umweltepidemiologische Fragestellungen ist es wichtig, dass sie langfristig oder wiederholt durchgeführt werden. Kontinuierlich geführte Krankheitsregister beschränken sich zumeist auf relativ seltene, aber folgenschwere chronische Erkrankungen, wie bspw. Krebserkrankungen und Geburtsfehler, während Kohortenstudien und Surveys auf die Erfassung häufiger Erkrankungen in kürzeren Zeiträumen abzielen. In der Umweltepidemiologie können Krankheitsregisterdaten benutzt werden, um zeitliche oder örtliche Trends in Erkrankungsraten aufzuzeigen, die auf Umweltfaktoren beruhen können. Solche routinemäßig erhobenen Daten erlauben ungewöhnliche Erkrankungsmuster zu erkennen. Sobald der Verdacht geäußert wird, dass Umweltfaktoren in einer Region zu einer Erhöhung von Erkrankungsraten beitragen, erlauben diese Routinedaten, einem solchem Verdacht nachzugehen, indem z.B. die Erkrankungsraten vor und nach der Einführung eines Schadstoffes in die Umwelt verglichen werden. Ein großer Vorteil solcher Register für seltene Erkrankungen ist, dass eine Zusammenarbeit von Registern auf nationaler oder internationaler Ebene Fallzahlen erreicht, die groß genug sind, um die meist moderaten Effekte von Umweltschadstoffen statistisch schätzen zu können.[47] Die Schadstoffexposition muss allerdings wie bei den Mortalitäts- und Geburtsdaten sekundär erfasst werden, d.h. der Erfolg solcher Untersuchungen ist davon abhängig, ob gleichzeitig Schadstoffsurveillance durchgeführt wurde oder ob retrospektive Schadstofferhebungen möglich sind (Tab. 1).

Kohortenstudien und Surveys, die konzeptionell schon Umweltfaktoren in ihr Studiendesign einbeziehen, haben dagegen den Vorteil, dass Schadstoffexpositionen und Krankheitsdaten gleichzeitig oder im Verlauf der Studien gezielt erhoben werden (Tab. 1). Dazu muss zu Beginn der Studien festgelegt werden, welche Schadstoffe und Krankheiten erfasst werden sollen. Später können neu auftretende Fragestellungen nur untersucht werden, wenn entweder zusätzlich noch andere Krankheits- oder Schadstoffregister geführt werden, die mit den Kohorten- oder Surveydaten abgeglichen werden können, oder wenn für Schadstoffe Biomarker vorhanden sind und die notwendigen Gewebe-, Urin- oder Blutproben für alle Untersuchten gelagert wurden.

Ansätze zur bestmöglichen Information der Öffentlichkeit über Gesundheitsrisiken

Die in Tab. 1 aufgeführten Untersuchungsansätze haben jeweils wissenschaftliche Vor- und Nachteile. Sie sind auch unterschiedlich in ihrer Nähe zu den untersuchten Bevölkerungsgruppen. Erkrankungs- und ökologische Register können ohne Kontakt zur Bevölkerung durchgeführt werden. Beim Humanbiomonitoring sowie in wiederholten Surveys und Längsschnittuntersuchungen haben Wissenschaftler jedoch die Möglichkeit, gesundheitliche Probleme und Besorgnisse direkt von der Bevölkerung zu erfahren. Die Ausprägung der *zwei Kommunikationswege*, der Mitteilung von möglichen Risiken in den Bereich der Wissenschaft und der Rückmeldung der wissenschaftlichen Ergebnisse an die Bevölkerung, ist daher in den genannten Bereichen unterschiedlich. Wissenschaftler haben daher auch untereinander abweichende Standards der Verantwortlichkeit gegenüber der öffentlichen Gesundheit entwickelt. Aber selbst in einigen Ansätzen moderner Umwelt-Epidemiologie fehlt der Gedanke z.T. gänzlich, Sorgen der Bevölkerung aufzunehmen, sowie die Verpflichtung, der Bevölkerung die Ergebnisse der wissenschaftlichen Arbeit zurückzumelden.[48]

Obwohl durch öffentliche Gelder finanziert, existiert kein direkter Weg für Bevölkerungsgruppen, die sich Umweltbelastungen ausgesetzt sehen, Untersuchungen unter Nutzung von Erkrankungs- oder Expositionsregistern zu erwirken. Analysen können aufgrund von Nachfragen der politischen Verwaltung oder aufgrund von wissenschaftlichem Interesse initiiert werden. Erkrankungs- und ökologische Register (Tab. 1) sind auch meist nicht imstande, kleinräumige Belastungs- und Erkrankungsschwerpunkte zu ermitteln. Sie können das Risiko durch Analysen verschiedener gleichartiger Belastungsschwerpunkte, wie beispielsweise die Untersuchung von Fehlbildungen bei Neugeborenen in der Umgebung von Mülldeponien, abschätzen.[49]

Engagierte Bürgerinitiativen aber können meist, zur Abschätzung eines begründeten Verdachtes, kleinere Expositionsuntersuchungen (Biomonitoring, Tab. 1) durch Gesundheitsämter erwirken. Dazu zählen bspw. Messungen der Innenraumluft in Kindergärten oder Bodenanalysen in Wohngebieten. Wird der Anfangsverdacht bestätigt, dann ist der Weg offen, auf dem engagierte Bürger umfangreichere Untersuchungen erzwingen, in denen dann auch gesundheitliche Auswirkungen ermittelt werden. Dazu zählen bspw. die Kindergarten-Studie in Hamburg, die Untersuchung der Bille-Siedlung in Hamburg und die Studie um eine Müllverbrennungsanlage in Hessen.[50-53]

Tab. 1: Beiträge von Registern und Surveys zu umweltepidemiologischen Fragestellungen

Register	Vorteile	Nachteile
	Erkrankungsregister	
▪ Toten- oder Geburtsscheine	▪ standardisierte kontinuierliche Datenerhebung für die Gesamtbevölkerung ▪ erfassen viele Arten von Erkrankungen /Todesursachen ▪ liefern vergleichende Daten in Raum und Zeit (Trendanalysen möglich) ▪ relativ preisgünstig	▪ unspezifische Daten (z.B. Erkrankungen, die zum Tode führen, Geburtsgewichte und Gestationslänge). ▪ geringe Datenqualitätskontrolle ▪ keine Expositionsdaten ▪ Zusammenführung mit Expositionsdaten ohne Kontaktaufnahme mit Forschungssubjekten (Adresse z.Z. des Todes oder der Geburt) ▪ Kontaktaufnahme mit Forschungssubjekten erfordert zusätzliche Finanzierung und führt zu mit datenschutzrelevanten Problemen. Für Tote werden »Proxy-Informanten« gebraucht.
▪ Krankheitsregister (für Krebs oder Geburtsdefekte)	▪ erfassen spezifische Erkrankungen einer Art in einer Region kontinuierlich ▪ liefern vergleichende Daten in Raum und Zeit (Trendanalysen möglich) ▪ hohe Datenqualität, wenn ein Register national und/oder international anerkannt ist	▪ hoher kontinuierlicher finanzieller Aufwand ▪ nur eine Art Krankheit erfasst ▪ sammelt keine Expositionsdaten ▪ Zusammenführung mit Expositionsdaten ohne Kontaktaufnahme mit Forschungssubjekten nur über eine Adresse möglich (Adresse z.Z. der Diagnose) ▪ Kontaktaufnahme mit Forschungssubjekten erfordert zusätzliche Finanzierung und ist mit datenschutzrelevanten Probleme verbunden. Für Tote werden »Proxy-Informationen« gebraucht.

Expositionsregister		
▪ Ökologische Register (für Luft- und Wasserverschmutzung, Pestizide)	▪ erfassen eine spezifische Expositionsart auf regionaler, staatlicher oder nationaler Ebene ▪ liefern vergleichende Daten in Raum und Zeit (Datensammlung zumeist kontinuierlich) ▪ spezifische Daten unter hoher Datenqualitätskontrolle	▪ hoher kontinuierlicher finanzieller Aufwand nötig ▪ nur ein Expositionpfad (Luft, Wasser, usw.) wird erfasst ▪ Expositionserfassung ist ökologisch, d.h. selten auf Einzelpersonen beziehbar ▪ sammeln keine Erkrankungsdate ▪ Forschungssubjekte müssen nicht kontaktiert werden
▪ Personenbezogene Register (Humanbiomonitoring)	▪ erfassen eine spezifische Expositionsart in einer spezifischen Gruppe (hochbelastete) oder auf regionaler, staatlicher oder nationaler Ebene (Stichprobe) ▪ Expositionserfassung ist individuell ▪ spezifische Daten unter hohe Datenqualitätskontrolle	▪ hoher finanzieller Forschungsaufwand ▪ verschiedene Expositionen bzw. Pfade werden individuell erfasst ▪ vergleichende Daten über Zeiträume ▪ ermitteln den Gesundheitsstatus, selten Erkrankungsdaten ▪ Forschungssubjekte müssen kontaktiert werden und der Sammlung von Körpersekreten oder Blut zustimmen

Nationale Surveys (Tab. 1) werden nicht aufgrund von Arbeits- oder Umweltbelastungen initiiert, können aber Schadstoffuntersuchungen beinhalten und ermöglichen somit epidemiologische Analysen gesundheitlicher Auswirkungen der untersuchten Belastungen. Die Ergebnisse spiegeln meist Zusammenhänge wider, die in der Gesamtbevölkerung gefunden werden, d.h. in den meisten Fällen bei Hintergrundbelastungen. Diese können hoch genug sein, wie bspw. bei Blei, meist werden jedoch belastete Gruppen (z.B. Bewohner in der Umgebung von Mülldeponien) oder Teilpopulationen wie Kinder oder Schwangere nicht ausreichend erfasst, um kritische gesundheitliche Auswirkungen ermitteln zu können. Zum Ausgleich dieses Nachteils wurde vorgeschlagen, kleine Human-Biomonitoringuntersuchungen, wie z.B. Ermittlungen von Belastungen und gesundheitlichen Auswirkungen in Dortmund, Hamburg, Mannheim usw. national und international zu vernetzen.[2] Wenn jede dieser regionalen Untersuchungen Teile übernimmt, die für andere Regionen wichtig sind, und somit als Vergleichsgruppe dient, kann die Vernetzung eine effektive Alternative zu nationalen Surveys darstellen, in denen gleichzeitig mögliche Auswirkungen regionaler Expositionen ermittelt werden können.

Tab. 1.: (Fortsetzung)

Surveys		
▪ Cross-sectional oder wiederholte Surveys (NHANES, NHEXAS, ISAAC, MONICA)	▪ erfassen eine oder viele Erkrankungen und Expositionen gleichzeitig in einer repräsentativen regionalen, nationalen oder internationalen Stichprobe mit standardisierten Methoden ▪ liefert vergleichende Daten in Raum (und Zeit, bei Wiederholung) ▪ spezifische Daten unter hoher Datenqualitätskontrolle	▪ (wiederholter oder einmaliger) finanzieller Aufwand, dessen Höhe von Datenerhebungs-Protokoll und Größe der Stichprobe abhängig ist ▪ bei Querschnittsdaten werden Expositions- und Erkrankungsdaten nur zum selben Zeitpunkt erfasst (Problem der zeitlichen Folge nicht auflösbar) ▪ Forschungssubjekte müssen kontaktierbar sein und in Datensammlung einwilligen
▪ Longitudinal Cohorts (z.B. Framingham Study, Nurses Health Study, NHANES Follow-up Study)	▪ erfassen eine oder viele Erkrankungen und Expositionen gleichzeitig ▪ Längsschnittsdaten, d.h. Expositions- und Erkrankungsdaten werden zu unterschiedlichen Zeitpunkten erfasst (kein Problem der zeitlichen Ambiguität von Ursache und Folge) ▪ spezifische Daten unter hoher Datenqualitätskontrolle	▪ hoher finanzieller und Forschungsaufwand, finanzieller Aufwand abhängig von Datenerhebungsprotokoll und Größe der Stichprobe ▪ Forschungssubjekte müssen mehrmalig kontaktierbar sein und in wiederholte Datensammlung einwilligen; daher sind solche Gruppen nicht immer mit der Bevölkerung vergleichbar ▪ Protokoll schreibt vor, welche Expositionen und Erkrankungen untersucht werden können, d.h. es müssen a priori Hypothesen vorhanden sein

Der zweite Weg der Kommunikation, von der Wissenschaft an die Bevölkerung, ist ebenso unterentwickelt. Wissenschaftliche Arbeit im Bereich der öffentlichen Gesundheit wird genauso wie die im Bereich von Laborexperimenten durch Publikationen in prestigereichen Zeitschriften gekrönt, nicht jedoch von dem Erfolg des Gesundheitswissenschaftlers, Expositionen oder Erkrankungen der Bevölkerung vermindert zu haben. Im Gegenteil, die direkte Kommunikation mit der Bevölkerung wird z.T. als Verstoß gegen die Verpflichtung angesehen, dass wissenschaftliche Ergebnisse erst in weiteren Untersuchungen bestätigt werden sollten, bevor Ratschläge oder Warnungen an die Öffentlichkeit weitergegeben werden.

Risikokommunikation wurde jedoch im Rahmen von Humanbiomonitoring weiterentwickelt, da belastete Bevölkerungsgruppen die Resulte der Untersuchungen verlangt haben.[54] Zur Mitteilung wurden Broschüren oder Veranstaltungen genutzt. Es gibt bisher nur wenige Ansätze, die Ergebnisse von regionalen oder nationalen Surveys zur Umwelt oder zum Gesundheitszustand an die Bevölkerung zurückzumelden. In den Vereinigten Staaten von Amerika werden um die Großen Seen herum Fisch-Broschüren (Fish Advisories) herausgegeben, die jeweils neuere Untersuchungen zur Belastung der Fische mit polychlorierten Biphenylen und mit Quecksilber enthalten, um die Öffentlichkeit bzw. Angler über Risiken zu informieren. Auch die Bundeszentrale für gesundheitliche Aufklärung veröffentlicht Studienergebnisse in Kurzfassungen, z.B. zur Familienplanung.[55] Damit werden die Bevölkerung, Politiker und Medien über gesundheitliche Problemstellungen informiert und die Gesellschaft kann Konzepte zu deren Lösung entwickeln und diskutieren.

Entscheidungen zur Öffentlichen Gesundheit sollten nicht in Gremien von Ministerialbeamten hinter verschlossenen Türen getroffen werden, wie z.B. beim Humanbiomonitoring. Es ist notwendig, die Öffentlichkeit, die Gesundheitswissenschaft und besorgte Bürger an Entscheidungen darüber zu beteiligen, welche Belastungen mit welcher Priorität untersucht werden und welche Maßnahmen zur Reduzierung von Belastungen ergriffen werden. Von Wissenschaftlern an Universitäten in den Vereinigten Staaten von Amerika wird verlangt, dass sie mit der Bevölkerung zusammenarbeiten (outreach). Von Wissenschaftlern in Deutschland sollten nicht nur Veröffentlichungen, sondern auch Zusammenarbeit mit der Bevölkerung verlangt werden, bspw. als ein Leistungsmerkmal für Professoren. Es ist aber auch notwendig, dass Wissenschaftler, die Erkrankungs- oder ökologische Register erstellen, und Wissenschaftler, die in nationalen Surveys arbeiten, einen Teil ihrer Zeit verwenden (können), um Anfragen der Bevölkerung zu bearbeiten und um die Gesellschaft über den Zustand der öffentlichen Gesundheit zu informieren. Eine Vernetzung von Humanbiomonitoring-Untersuchungen verschiedener Regionen[2] eröffnet eine noch umfassendere und direktere Beteiligung der Bevölkerung, denn eine Vernetzung von Studien erlaubt auch eine Vernetzung von Bürgerinitiativen und den Austausch kritischer Informationen zur Verbesserung der öffentlichen Gesundheit.

Literatur

1. U.S. General Accounting Office (2000): Toxic Chemicals. Long-Term Coordinated Strategy Needed to Measure Exposure in Humans. Vol. GAO/HEHS -00-80. Washington, DC

2. Karmaus W. (2001): Of jugglers, mechanics, communities, and the thyroid gland: how do we achieve good quality data to improve public health? Environ Health Perspect;109 Suppl 6: 863-9

3. Mooney G. (1997): Professionalization in public health and the measurement of sanitary progress in nineteenth-century England and Wales. Soc Hist Med; 10: 53-78

4. Loomis D. P., Borja-Aburto V. H., Bangdiwala S. I., Shy C. M. (1996): Ozone exposure and daily mortality in Mexico City: a time-series analysis. Res Rep Health Eff Inst: 1-37; discussion 39-45

5. Simpson R. W, Williams G., Petröschevsky A., Morgan G., Rutherford S. (1997): Associations between outdoor air pollution and daily mortality in Brisbane, Australia. Arch Environ Health; 52: 442-54

6. Touloumi G., Katsouyanni K., Zmirou D., Schwartz J., Spix C., de Leon A. P., Tobias A., Quennel P., Rabczenko D., Bacharova L., Bisanti L., Vonk J. M., Ponka A. (1997): Short-term effects of ambient oxidant exposure on mortality: a combined analysis within the APHEA project. Air Pollution and Health: a European Approach. Am J Epidemiol;146: 177-85

7. Samet J. M., Zeger S. L., Dominici F., Curriero F., Coursac I., Dockery D. W., Schwartz J., Zanobetti A. (2000): The National Morbidity, Mortality, and Air Pollution Study. Part II: Morbidity and mortality from air pollution in the United States. Res Rep Health Eff Inst;94: 5-70; discussion 71-9

8. Romieu I., Borja-Aburto V. H. (1997): Particulate air pollution and daily mortality: can results be generalized to Latin American countries? Salud Publica Mex; 39 (5): 403-11

9. Samet J. M., Dominici F., Curriero F. C., Coursac I., Zeger S.L. (2000): Fine particulate air pollution and mortality in 20 U.S. cities, 1987- 1994. N Engl J Med; 343: 1742-9

10. Woodruff T. J., Grillo J., Schöndorf K. C. (1997): The relationship between selected causes of postneonatal infant mortality and particulate air pollution in the United States. Environ Health Perspect; 105: 608-12

11. Wang X., Ding H., Ryan L., Xu X. (1997): Association between air pollution and low birth weight: a community-based study. Environ Health Perspect; 105: 514-20

12. Pereira L. A., Loomis D., Conceicao G. M., Braga A. L., Arcas R. M., Kishi H. S., Singer J. M., Bohm G. M., Saldiva P.H. (1998): Association between air pollution and intrauterine mortality in Sao Paulo, Brazil. Environ Health Perspect; 106: 325-9

13. Perera F. P., Whyatt R. M., Jedrychowski W., Rauh V., Manchester D., Santella R. M., Ottman R. (1998): Recent developments in molecular epidemiology: A study of the effects of environmental polycyclic aromatic hydrocarbons on birth outcomes in Poland. Am J Epidemiol; 147: 309-14

14. Dejmek J., Selevan S. G., Benes I., Solansky I., Sram R. J. (1999): Fetal growth and maternal exposure to particulate matter during pregnancy. Environ Health Perspect; 107: 475-80

15. Ritz B., Yu F. (1999): The effect of ambient carbon monoxide on low birth weight among children born in southern California between 1989 and 1993. Environ Health Perspect; 107: 17-25

16. Loomis D., Castillejos M., Gold D. R., McDonnell W., Borja-Aburto V.H. (1999): Air pollution and infant mortality in Mexico City. Epidemiology; 10: 118-23

17. Bobak M. (2000): Outdoor air pollution, low birth weight, and prematurity. Environ Health Perspect; 108: 173-6

18. Ritz B., Yu F., Fruin S., Chapa G., Shaw G. M., Harris J. A. (2002): Ambient Air Pollution and Risk of Birth Defects in Southern California. Am J Epidemiol; 155: 17-25

19. Marienfeld C. J., Collins M., Wright H., Reddy R., Shoop G., Rust P. (1986): Cancer mortality and the method of chlorination of public drinking water: St. Louis City and St. Louis County, Missouri. J Environ Pathol Toxicol Oncol; 7: 141-57

20. Buchet J. P., Lison D. (1998): Mortality by cancer in groups of the Belgian population with a moderately increased intake of arsenic. Int Arch Occup Environ Health; 71: 125-30

21. Smith A. H., Goycolea M., Haque R., Biggs M. L. (1998): Marked increase in bladder and lung cancer mortality in a region of Northern Chile due to arsenic in drinking water. Am J Epidemiol; 147: 660-9

22.Hopenhayn-Rich C., Biggs M. L., Smith A. H. (1998): Lung and kidney cancer mortality associated with arsenic in drinking water in Cordoba, Argentina. Int J Epidemiol; 27: 561-9

23.Tsai S. M., Wang T. N., Ko Y. C. (1999): Mortality for certain diseases in areas with high levels of arsenic in drinking water. Arch Environ Health; 54: 186-93

24.Murray C. J., Lopez A. D. (1997): Global mortality, disability, and the contribution of risk factors: Global Burden of Disease Study. Lancet; 349: 1436-42

25.Futterman L. G., Lemberg L. (2000): The Framingham Heart Study: a pivotal legacy of the last millennium. Am J Crit Care; 9: 147-51

26.Feskanich D., Owusu W., Hunter D. J., Willett W., Ascherio A., Spiegelman D., Morris S., Spate V. L., Colditz G. (1998): Use of toenail fluoride levels as an indicator for the risk of hip and forearm fractures in women. Epidemiology; 9: 412-6

27.Laden F., Neas L. M., Spiegelman D., Hankinson S. E., Willett W. C., Ireland K., Wolff M. S., Hunter D. J. (1999): Predictors of plasma concentrations of DDE and PCBs in a group of U.S. women. Environmental Health Perspectives; 107: 75-81

28.Laden F., Hankinson S. E., Wolff M. S., Colditz G. A., Willett W. C., Speizer F. E., Hunter D. J. (2001): Plasma organochlorine levels and the risk of breast cancer: an extended follow-up in the Nurses' Health Study. Int J Cancer; 91 (4): 568-74

29.Chestnut L. G., Schwartz J., Savitz D. A., Burchfiel C. M. (1991): Pulmonary function and ambient particulate matter: epidemiological evidence from NHANES I. Arch Environ Health; 46: 135-44

30.Whittemore A. S., DiCiccio Y., Provenzano G. (1991): Urinary cadmium and blood pressure: results from the NHANES II survey. Environ Health Perspect; 91: 133-40

31.Gunter E. W. (1997): Biological and environmental specimen banking at the Centers for Disease Control and Prevention. Chemosphere; 34: 1945-53

32.Pirkle J. L., Kaufmann R. B., Brody D. J., Hickman T., Gunter E. W., Paschal D. C. (1998): Exposure of the U.S. population to lead, 1991-1994. Environ Health Perspect; 106: 745-50

33.Ballew C., Khan L. K., Kaufmann R., Mokdad A., Miller D. T., Gunter E. W. (1999): Blood lead concentration and children's anthropometric dimensions in the Third National Health and Nutrition Examination Survey (NHANES III), 1988-1994. J Pediatr; 134: 623-30

34.Calafat A. M., Barr D. B., Pirkle J. L., Ashley D. L. (1999): Reference range concentrations of N-acetyl-S-(2-hydroxyethyl)-L- cysteine, a common metabolite of several volatile organic compounds, in the urine of adults in the United States. J Expo Anal Environ Epidemiol; 9: 336-42

35.Hense H. W., Filipiak B., Novak L., Stöppler M. (1992): Nonoccupational determinants of blood lead concentrations in a general population. Int J Epidemiol; 21: 753-62

36.Hense H. W., Filipiak B., Keil U. (1993): The association of blood lead and blood pressure in population surveys. Epidemiology; 4: 173-9

37.Peters A., Frohlich M., Doring A., Immervoll T., Wichmann H. E., Hutchinson W. L., Pepys M. B., König W. (2001): Particulate air pollution is associated with an acute phase response in men; results from the MONICA-Augsburg Study. Eur Heart J; 22: 1198-204

38.Keil U., Weiland S. K., Duhme H., Chambless L. (1996): The International Study of Asthma and Allergies in Childhood (ISAAC): objectives and methods; results from German ISAAC centres concerning traffic density and wheezing and allergic rhinitis. Toxicol Lett; 86: 99-103

39.Asher M. I., Weiland S. K. (1998): The International Study of Asthma and Allergies in Childhood (ISAAC). ISAAC Steering Committee. Clinical and Experimental Allergy; 28 Suppl 5: 52-66; discussion 90-1

40.Hirsch T., Weiland S. K., von Mutius E., Safeca A. F., Grafe H., Csaplovics E., Duhme H., Keil U., Leupold W. (1999): Inner city air pollution and respiratory health and atopy in children. Eur Respir J; 14: 669-77

41.Ramadour M., Burel C., Lanteaume A., Vervloet D., Charpin D., Brisse F., Dutau H. (2000): Prevalence of asthma and rhinitis in relation to long-term exposure to gaseous air pollutants. Allergy; 55: 1163-9

42.Magnus P., Jaakkola J. J., Skrondal A., Alexander J., Becher G., Krogh T., Dybing E. (1999): Water chlorination and birth defects. Epidemiology; 10: 513-7

43.Raaschou-Nielsen O., Hertel O., Thomsen B. L., Olsen J. H. (2001): Air pollution from traffic at the residence of children with cancer. Am J Epidemiol; 153: 433-43

44.Kallen B. A., Robert E. (2000): Drinking water chlorination and delivery outcome - a registry-based study in Sweden. Reprod Toxicol; 14: 303-9

45.Forssen U. M., Feychting M., Rutqvist L. E., Floderus B., Ahlbom A. (2000): Occupational and residential magnetic field exposure and breast cancer in females. Epidemiology; 11: 24-9

46.Chiou H. Y., Chiou S. T., Hsu Y. H., Chou Y. L., Tseng C. H., Wei M. L., Chen C. J. (2001): Incidence of transitional cell carcinoma and arsenic in drinking water: a follow-up study of 8,102 residents in an arseniasis-endemic area in northeastern Taiwan. Am J Epidemiol; 153: 411-8

47.Dolk H., Vrijheid M., Armstrong B., Abramsky L., Bianchi F., Garne E., Nelen V., Robert E., Scott J. E., Stone D., Tenconi R. (1998): Risk of congenital anomalies near hazardous-waste landfill sites in Europe: the EUROHAZCON study. Lancet; 352: 423-7

48.Pekkanen J., Pearce N. (2001): Environmental epidemiology: challenges and opportunities. Environmental Health Perspectives; 109 (1): 1-5

49.Elliott P., Briggs D., Morris S., de Hoogh C., Hurt C., Jensen T. K., Maitland I., Richardson S., Wakefield J., Jarup L. (2001): Risk of adverse birth outcomes in populations living near landfill sites. BMJ; 323: 363-8

50.Behörde für Arbeit, Gesundheit und Soziales der Freien und Hansestadt Hamburg (1990): Hamburger Kindergartenstudie. Auswirkungen von Holzschutzmitteln auf die Gesundheit von Kindern. Hamburg

51.Behörde für Arbeit, Gesundheit und Soziales der Freien und Hansestadt Hamburg (1997): Epidemiologisches Untersuchungsprogramm Bille-Siedlung. Frankfurt am Main/Berlin/Bern: Peter Lang Europäischer Verlag der Wissenschaften

52.Bosien G. (1994): Bürger wehren sich erfolgreich – Tips und Erfahrungen. Hamburg: Eigenverlag

53.Hessisches Sozialministerium (2001): Kinder, Gesundheit und Umwelt in Südhessen. Wiesbaden: Hessisches Sozialministerium

54.Kandt I., Osius N., Höldke B., Karmaus W. (1995): The Role and Advantage of Community Activists in Epidemiologic Studies. Environmental Epidemiology in Europe. In: Frentzel-Beyme R., Ackermann-Liebrich U., Bertazzi P.A. (Hrsg.): Environmental Epidemiology in Europe 1995. Proceedings of an International Symposium. Bremen: Bremen Institute for Prevention Research and Social Medicine (BIPS): 44-50

55.Bundeszentrale für gesundheitliche Aufklärung (2000): frauen leben. Studie zu Lebensläufen und Familienplanung im Auftrag der Bundeszentrale für gesundheitliche Aufklärung. Kurzfassung. Köln: Bundeszentrale für gesundheitliche Aufklärung

MATTHIAS MORFELD, CORINNA PETERSEN und
MONIKA BULLINGER

Subjektives Wohlbefinden, objektive Lebensumstände und gesundheitsbezogene Lebensqualität bei chronisch kranken Menschen

Einleitung

Der Zusammenhang zwischen subjektivem Wohlbefinden und objektiven Lebensumständen wird in der sozialwissenschaftlichen Forschung seit über 20 Jahren thematisiert. Die Analyse der objektiven Lebensumstände in der Bundesrepublik Deutschland und deren subjektive Bewertung ist fester Bestandteil der Sozialberichterstattung. Wesentliche Datenquellen zur Sozialberichterstattung sind hierbei das Sozio-Oekonomische Panel (SOEP), die Allgemeine Bevölkerungsumfrage der Sozialwissenschaften (ALLBUS) sowie der Wohlfahrtssurvey. Ziel dieser Untersuchungen »ist die kontinuierliche Wohlfahrtsmessung und Dauerbeobachtung des sozialen Wandels« (Statistisches Bundesamt 1997).

Neben der Bereitstellung von Daten zur Sozialplanung besteht eine weitere Aufgabe dieser Surveys darin, die subjektive Wahrnehmung der Befragten zu ihrer materiellen Lebenssituation, also der objektiven Lebensbedingungen und dem damit verbundenen subjektiven Wohlbefinden, zu erfassen.

Es existiert bis heute kein Konsens darüber, wie subjektives Wohlbefinden zu operationalisieren ist. In einer wegweisenden Untersuchung von Glatzer und Zapf (Glatzer & Zapf, 1984) wird subjektives Wohlbefinden mit der Zufriedenheit mit objektiven Lebensumständen gleichgesetzt. Die ungleiche Verteilung dieser objektiven Lebensumstände gehört zu einem zentralen Forschungsthema der Soziologie und wird im Allgemeinen mit sozialer Ungleichheit beschrieben. Voraussetzung für die Entstehung sozialer Ungleichheit ist ein Mangel an begehrten gesellschaftlich anerkannten Werten. Für moderne Gesellschaften sind dies vor allem die Merkmale

Bildung, Arbeit und Geld. Eine weitere Bedingung sozialer Ungleichheit liegt darin, dass sie der Organisation der Gesellschaft entspringen muss. (Bolte & Hradil, 1988) In der Soziologie werden dabei sowohl Verteilungsumstände, die allgemein als gerecht empfunden werden (z.B. Tarifabschlüsse), wie auch die, die als ungerecht empfunden werden (z.B. Massenarbeitslosigkeit in den neuen Bundesländern), als soziale Ungleichheit aufgefasst. In der soziologischen Forschung steht dabei die Frage im Mittelpunkt, ob bestimmte Ausprägungen sozialer Ungleichheit mit Unzufriedenheit einher gehen, und ob soziale Ungleichheit als Triebfeder für sozialen Wandel angesehen werden kann (Zapf, 1971).

Für die Bundesrepublik Deutschland folgen die Untersuchungen zur Sozialberichterstattung einem eher bevölkerungsorientierten Ansatz, es geht also im Wesentlichen um die Beschreibung des Gesamtgebildes einer Gesellschaft und der darin vorherrschenden Verteilung von Merkmalen sozialer Ungleichheit. Erst in den letzten zwanzig Jahren findet die Frage nach dem Gesundheitszustand der Bevölkerung als einem der wohl bedeutendsten Merkmale sozialer Ungleichheit vermehrt Beachtung. Mit dem 1988 durchgeführten Nationalen Gesundheits-Survey der Deutschen Herz-Kreislauf-Präventionsstudie (DHP) wurden erstmalig für die Bundesrepublik repräsentative Angaben über die Häufigkeit bestimmter Krankheitszeichen, Beschwerden, Risikofaktoren und Verhaltensweisen mit gesundheitlichen Auswirkungen in der Bevölkerung erhoben (Bormann et al., 1990). Diese Daten erlaubten es, eine weitere Facette sozialer Ungleichheit abzubilden, nämlich die Ungleichverteilung von Krankheit und Sterblichkeit. Auch für die Bundesrepublik lässt sich dieser sogenannte soziale Gradient aufzeigen, so dass von einer überzufällig erhöhten Morbidität und Sterblichkeit von sozial Benachteiligten ausgegangen werden muss .

Eher diffus und heterogen stellt sich jedoch die Forschungslage bei bereits erkrankten Personen und deren Versorgungssituation dar. Auch hier bietet die Untersuchung von Glatzer u. Zapf einige Hinweise . Die Befragten des Wohlfahrtssurvey 1978 wurden dabei in drei gesundheitlich unterschiedlich schwer belastete Gruppen unterteilt . Erwartungsgemäß äußerte die Gruppe mit dem schlechtesten Gesundheitszustand die größten Sorgen um die eigene Gesundheit und gab auf einer Skala von 0-10 eine eher geringe allgemeine Lebenszufriedenheit an.

Die Folgen sozialer Ungleichheit bestehen vor allem in einem erhöhten Risiko zu erkranken. Folgen einer Erkrankung sind unabhängig von der sozialen Lage nicht nur Einschränkungen in der körperlichen Befindlichkeit, sondern auch Einschränkungen in der Lebenszufriedenheit und der psychischen Befindlichkeit. In dieser Argumentationsabfolge muss von einer stärkeren Belastung chronisch kranker Menschen unterer sozialer Schichten ausgegangen werden. Exemplarisch seien hier belastende objektive Lebensumstände wie Wohn- und Umweltbedingungen,

Arbeitsbedingungen und -belastungen sowie eine schlechtere Absicherung der gesundheitlichen Versorgung genannt. Es existieren jedoch nur wenige Untersuchungen, die dieser besonderen Belastung Aufmerksamkeit schenken . Es soll an dieser Stelle nicht geklärt werden, ob untere soziale Schichten besonders von Morbidität und Mortalität betroffen sind – dieser Umstand ist in der Literatur bereits hinreichend belegt . Vielmehr soll beleuchtet werden, ob kranke Menschen unterer sozialer Schichten unabhängig von der Art ihrer Erkrankung mit ihren objektiven Lebensbedingungen zufrieden sind.

Unter Hinzunahme einer weiteren Ebene wird untersucht, ob bestimmte psychosoziale Aspekte, wie beispielsweise Einsamkeit, soziale Unterstützung oder Selbstbild, sozial ungleich verteilt sind. Untersuchungen zu dieser Thematik sind nur vereinzelt vorhanden (Geyer, 2001a, 2001b; Janßen 2001; Keup, 1972).

Fragestellung

Während allgemeine Lebensqualität und Wohlbefinden in der soziologischen Wohlfahrtsforschung durch die subjektive Bewertung objektiver Lebensumstände gemessen werden, wird die gesundheitsbezogene Lebensqualität durch die subjektive Bewertung verschiedener Dimensionen von Gesundheit gemessen. Nach Bullinger (1997) bezeichnet gesundheitsbezogene Lebensqualität ein multidimensionales Konstrukt, das mindestens durch die vier Komponenten »psychisches Befinden«, »körperliche Verfassung«, »soziale Beziehungen« und »funktionale Kompetenz« der Befragten zu operationalisieren ist.

Die im folgenden Abschnitt dargestellte Untersuchung hatte die Beschreibung der gesundheitsbezogenen Lebensqualität chronisch kranker Menschen zum Gegenstand. Im Vorfeld dieser Untersuchung bestand die Annahme, dass die subjektive Lebensqualität von einer ganzen Reihe objektiver Aspekte und der damit verbundenen Zufriedenheit beeinflusst wird.

Weiterhin bestand die Vermutung, dass vor allem chronisch kranke Menschen als Einwohner einer Großstadt, wie es Hamburg ist, von ganz speziellen Umgebungsfaktoren betroffen sind, die in erster Linie ihre medizinische Versorgung, aber auch die alltägliche Lebensbewältigung in ihrer Wohnumwelt, berühren. Somit beschränkt sich die Untersuchung zur Lebensqualität chronisch kranker Menschen in der Stadt Hamburg in ihrem Befragungsinstrumentarium nicht nur auf die Erfassung psychosozialer Aspekte wie Lebenszufriedenheit, soziale Unterstützung und Kontrollüberzeugungen, sondern erfasst auch die Zufriedenheit mit objektiven Lebensbedingungen wie Wohnumfeld und Umwelt sowie mit der medizinischen Versorgung. Diese Daten sollen für die Beantwortung folgender Fragestellungen herangezogen werden:

- Gibt es eine sozialschicht-spezifische Verteilung der Zufriedenheit mit objektiven Lebensumständen?
- Besteht für chronisch kranke Menschen eine sozialschicht-spezifische Verteilung von Belastungen und Ressourcen?
- Lässt sich eine sozialschicht-spezifische Verteilung der gesundheitsbezogenen Lebensqualität aufzeigen?

Methode

Stichprobe

Die Grundgesamtheit der Studie bestand aus 950 Mitgliedern des Deutschen Diabetiker-Bundes, 1980 Mitgliedern der Rheuma-Liga sowie 650 ehemaligen Schlaganfallpatienten der neurologischen Abteilung des Universitätskrankenhauses Eppendorf sowie 100 Teilnehmern aus Schlaganfallselbsthilfegruppen.

Von den insgesamt angeschriebenen 3680 Personen konnten 746 (20,3 %) Personen befragt werden (vgl. Tab. 1), wobei die niedrigste Rücklaufquote für die Patientengruppe mit Rheuma verzeichnet wurde. Aufgrund von Anforderungen an den Datenschutz konnte kein Abgleich von soziodemografischen Parametern mit denen der Stammdaten aus den jeweiligen Patientenorganisationen durchgeführt werden. Insgesamt können hier keine gesicherten Hinweise auf möglicherweise bestehende Verzerrungseffekte gegeben werden.

Tab. 1: Rücklauf

Erkrankung	Angeschriebene	Rücklauf %	Teilnehmer
Diabetes mellitus	950	21.8	207
Rheuma	1980	12.8	251
Schlaganfall	750	38.4	290
Summe	3680	20.3	746

Durchführung

Die Untersuchung wurde als standardisierte Befragung in Form eines Telefoninterviews durchgeführt. Das Interview wurde durch geschulte Interviewer eines von der Abteilung für Medizinische Psychologie beauftragten Sozialforschungsinstitutes durchgeführt. Die Möglichkeit schriftlich zu antworten bestand ebenfalls.

Messinstrumente

Das Telefoninterview war modulär aufgebaut und beinhaltete Fragen zur Wohnsituation und -umgebung, gesundheitsbezogenen Lebensqualität, sozialen Unterstützung, Mobilität, Behandlung, zum Erleben der Erkrankung, zu kommunalen Dienstleistungen sowie Fragen zu Erkrankungen, zur Lebenszufriedenheit, Inanspruchnahme medizinischer Leistungen und zur Soziodemografie.

Die verwendeten Fragen stammen größtenteils aus standardisierten Fragebögen repräsentativer Untersuchungen. Fragen zur Wohnsituation/Wohnumfeld, zum Erleben der Erkrankung und zu kommunalen Dienstleistungen wurden neu konstruiert (vgl. 2).

Tab. 2: Überblick über die eingesetzten Messinstrumente bzw. Quellen

Modul	Messinstrument	Quelle
Wohnsituation, Wohnumfeld	Fragen aus der Münchener Public Health Studie	(Bullinger & Bahner, 1997)
Subjektive Gesundheit	SF-12/Health Survey	(Bullinger & Kirchberger, 1998)
	Nottingham Health Profile	(Kohlmann et al., 1997)
Soziale Unterstützung	Münchener Public Health Studie	(Bullinger & Bahner, 1997)
	Indikatoren des Reha-Status	(Gerdes & Jäckel, 1992)
	Loneliness Scale	(Badura et al., 1987)
Diabetes mellitus	Basisstudie Mecklenburg-Vorpommern	(Willich & Stiete, 1995)
Rheumatische Erkrankungen	Funktions-Fragebogen-Hannover	(Raspe, Hagedorn, Kohlmann & Matussek, 1990)
Schlaganfall	Stroke Impact Scale Barthel Index	(Duncan et al., 1999; Petersen, Morfeld & Bullinger, 2001) (Mahony & Barthel, 1965)
Krankheitsbelastung	Krankheitsbelastungsskala	(Mahony & Barthel, 1965)
Lebenszufriedenheit, andere Erkrankungen, Inanspruchnahme medizinischer Leistungen, Soziodemografie	Bundes-Gesundheitssurvey 1998	(Badura et al., 1987)

Zur Erfassung der gesundheitsbezogenen Lebensqualität wurden das Nottingham Health Profile (Kohlmann, Bullinger & Kirchberger-Blumenstein, 1997) und der SF-12 Health Survey (Bullinger & Kirchberger, 1998) eingesetzt. Die hier beschriebenen Ergebnisse beziehen sich auf das Nottingham Health Profile (NHP). Bei dem NHP handelt es sich um einen standardisierten schriftlichen Fragebogen, der Aussagen zur Selbstbeschreibung krankheitsbedingter Probleme umfasst (38 Items; dichotomes »ja/nein« Antwortformat); Die Items werden zu 6 Skalen aggregiert: Energieverlust, Schmerz, Emotionale Reaktion, Schlafprobleme, Soziale Isolation, Physische Mobilität. Diese werden auf das Intervall 0-100 normiert, wobei 100 die höchste Einschränkung repräsentiert. Tab. 2 zeigt im Überblick alle in der Studie eingesetzten Fragebögen und Module.

Für die Abbildung der sozialen Schicht wurde auf den Schichtindex nach Scheuch/Winkler zurückgegriffen (Winkler, 1998). Nach Winkler handelt es sich bei dem Index »um einen ungewichteten, mehrdimensionalen additiven Index, wobei die drei eingehenden Variablen - Schulbildung, berufliche Stellung und Einkommen - über die gleiche Kategorienzahl in kontinuierlicher Zahlenfolge verfügen. Dadurch wird eine implizite Gewichtung der Einzelvariablen ausgeschlossen. Die Zahlen werden bei Index-Berechnung als metrisch interpretiert« (Winkler, 1998, S. 69f.). Fehlende Werte zur Berechnung des Index werden aus dem Mittelwert der noch verbliebenen zwei Variablen geschätzt, so dass sich das Problem der Missing Values begrenzen lässt. Jede der drei eingehenden Variablen ist von 1-7 codiert. Somit kann der Schichtindex eine Ausprägung von 3 (niedrigste) bis 21 (höchste) annehmen.

Auswertung

Die statistische Analyse mit Hilfe des Statistikprogramms SPSS beinhaltete zunächst eine Darstellung der soziodemografischen Charakteristika der drei Diagnosegruppen und eine Berechnung der Summen- und Subskalen der gesundheitsbezogenen Lebensqualität unter Berücksichtigung der Variablen Alter und Geschlecht sowie des Schichtindexes über die drei Diagnosegruppen hinweg.

Ergebnisse

Soziodemographische Charakteristika der Stichprobe

Die Stichprobe setzt sich aus 207 Personen mit Diabetes mellitus (52.5% vom Typ II), 288 Schlaganfallbetroffenen und 251 Personen mit rheumatischen Erkrankungen zusammen. Das Durchschnittsalter der Personen mit Diabetes mellitus beträgt 60 (26-87) Jahre, für die Gruppe »Rheumatische Erkrankungen« 57 (20-83) Jahre und für Personen mit Schlaganfall 66 (31-91) Jahre. Die Unterschiede in der Altersverteilung sind signifikant ($F = 28.65$, $p=.001$). Insgesamt nahmen 209 weibliche (83.3%) und 42 männliche (16.7%) Personen mit rheumatischen Erkrankungen, 112 weibliche (54.1%) und 95 männliche (45.9%) Personen mit Diabetes mellitus bzw. 182 (63.6%) männliche und 104 (36.4%) weibliche Schlaganfallbetroffene (bei vier Personen mit Zustand nach Schlaganfall lagen keine Angaben zum Geschlecht vor) an der Studie teil. Insgesamt betrachtet nahmen also mehr weibliche Personen an der Studie teil, vor allem in der Rheumagruppe überwiegt der Anteil weiblicher Teilnehmer (χ^2= 121.137, p≤..001). Ein Großteil der Befragten wohnt seit mehr als 10 Jahren in Hamburg. Die Mehrzahl der Personen mit rheumatischen Beschwerden bzw. nach einem Schlaganfall absolvierten die Haupt- bzw. Volksschule. In der Diabetes mellitus Gruppe überwiegt der Realschulabschluss. Weiterhin ist über die Hälfte der Personen in allen drei Gruppen nicht mehr erwerbstätig. Die genauen Angaben sind Tab. 3 zu entnehmen. Abweichungen zur Stichprobengröße gehen auf missing values zurück.

Tab. 3: Häufigkeitsverteilungen der Variablen »Höchster Schulabschluss«, »Berufstätigkeit« und »Berufsgruppe«

	Rheuma		Diabetes		Schlaganfall	
Variable	**n**	**%**	**n**	**%**	**n**	**%**
Höchster Abschluss						
kein Abschluss	3	1.2	1	0.5	3	1.1
Haupt-/Volksschule	110	44.7	69	33.5	147	52.1
Realschule	83	33.7	79	38.5	68	29.1
Polytechnische Oberschule	1	0.4	0	0	-	-
Fachhochschule	14	5.7	6	2.9	17	6.0
Abitur	34	13.8	48	23.3	46	16.3
Anderes	1	0.4	3	1.5	1	0.4
Berufstätigkeit aktuell						
Ja	57	23.2	75	36.9	37	13.4
Nein	189	76.8	128	63.0	240	86.6
Berufsgruppe						
Arbeiter	25	10.0	22	10.6	85	29.3
Selbständiger	17	6.8	22	10.6	42	14.5
Angestellter	188	74.9	139	67.1	151	52.1
Beamter	20	8.0	18	8.7	10	3.5
Sonstiges	2	0.8	6	2.9	2	0.7

In der nun folgenden Analyse wird die Gesamtgruppe aller Studienteilnehmer betrachtet und keine krankheitsspezifische Trennung mehr vorgenommen.

Sozialschicht-spezifische Verteilung der Zufriedenheit mit objektiven Lebensumständen

In einem multivariaten Regressionsmodell wurde zuerst kontrolliert, welchen Einfluss neben dem Schichtindex das Alter, das Geschlecht und eine krankheitsspezifische Variable, die den Schweregrad der Erkrankung repräsentiert (»Welchen Platz im Leben nimmt Ihre Krankheit ein (in Prozent)?«), zum einen auf Aspekte, die die unmittelbare Lebensführung betreffen und zum anderen auf ausgewählte Umweltfaktoren haben. Die Fragestellung lautete hier »Gibt es in ihrer Wohngegend...?« mit einer zweistufigen Antwortvorgabe »ja/nein«. Die folgende 4 verdeutlicht die Vorgehensweise:

Tab. 4: Übersicht der Einflussprüfung

Alter – Geschlecht – Schwere der Erkrankung – Schichtzugehörigkeit	
Einflussprüfung – 1. Modell	Einflussprüfung – 2. Modell
▪ Aspekte der unmittelbaren Lebensumgebung ▪ wenig Grünflächen ▪ unfreundliche Nachbarn ▪ schlechte Verkehrsanbindung ▪ wenig Einkaufsmöglichkeiten ▪ zu wenig Naherholungsmöglichkeiten ▪ mangelnde Sicherheit	▪ Umweltfaktoren ▪ Straßenverkehr ▪ Luftverschmutzung ▪ Autolärm ▪ S-Bahnlärm ▪ Fluglärm

Die regressionsanalytische Berechnung für das erste Modell zeigt, dass die Schwere der Erkrankung, das Geschlecht und das Alter keinen Einfluss auf die Bewertung ausgewählter Aspekte der Lebensumwelt hatten. Es zeigen sich allerdings schichtspezifische Unterschiede vor allem hinsichtlich der Wahrnehmung von zu wenig Grünflächen, Einkaufs- und Naherholungsmöglichkeiten sowie der wahrgenommenen Sicherheit. Die folgende Abb. 1 verdeutlicht diese Ergebnisse. Dabei bedeutet ein hoher Wert (max. = 1) die Zustimmung zu einer negativ formulierten Vorgabe.

Für das zweite Modell zeigt die Überprüfung von Alter, Geschlecht und Schwere der Erkrankung keinen Einfluss auf die Bewertung der Bereiche wie Straßenverkehr, Autolärm und Luftbelastung.

Dabei wurde deutlich, dass es vor allem für Straßenverkehr und Fluglärm eine sozialschicht-spezifische Wahrnehmung dieser Belastung gibt. Die folgende stellt die Ergebnisse einer Varianzanalyse mit dem Faktor Schicht dar.

Abb. 1: Wahrnehmung von sozialschicht-spezifischen Aspekten der Lebensumwelt *(schichtspezifische Mittelwerte u. Standardmessfehler – Faktor Schicht, US=Unterschicht, MS=Mittelschicht, OS=Oberschicht)*

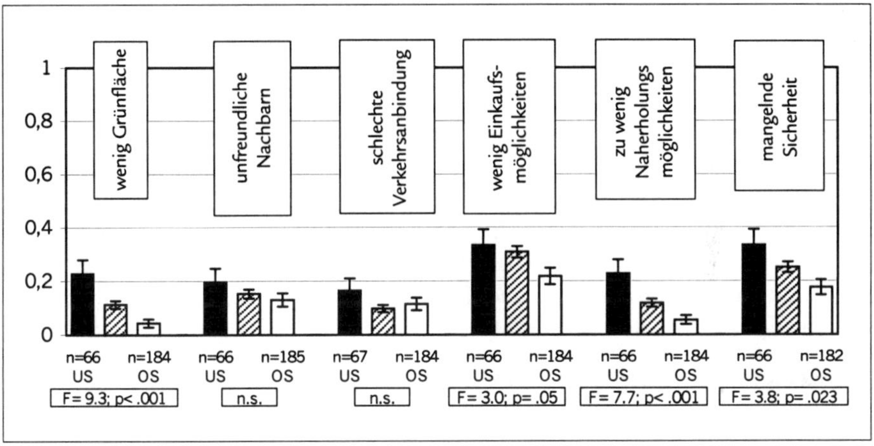

Abb. 2: Wahrnehmung von sozialschicht-spezifischen Versorgungsaspekten (ein höherer Wert weist hier auf eine schlechtere Bewertung der Lebensumstände hin)

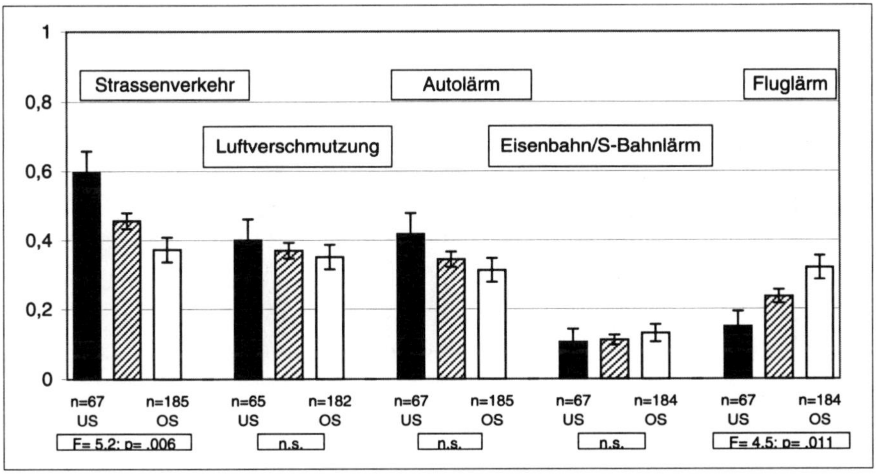

In Fortführung dieser die unmittelbare Lebensumgebung und wahrgenommene Umweltbelastungen betreffenden Aspekte wurde mit einem dichotomen Antwortformat (ja/nein) gefragt, ob für chronisch kranke Menschen ausreichende medizinische Behandlungsangebote vorhanden sind, ob genügend kommunale Dienstleistungen angeboten werden bzw. ob Apotheke und Arzt sich in unmittelbarer Lebensumgebung befinden. Hierzu wurden insgesamt 29 Einzelitems zur Beantwortung vorgelegt. Mittels Faktorenanalyse konnten aus insgesamt 27 der vorgegebenen 29 Fragen sechs Faktoren gebildet werden, die thematisch den Bereichen »Arzt & Behandlung«, »Stadt/Freiheit/Bewegung«, »Hilfsmittel im öffentlichen Leben«, »Stadt/Kirche öffentliche Informationen«, »Arzt/Apotheke/Einkauf vorhanden« sowie »Insgesamt gut versorgt und ausgestattet« zugeordnet wurden. Auch bei diesen Faktoren wurde varianzanalytisch geprüft, ob eine sozialschicht-spezifische Verteilung vorliegt. Lediglich die Faktoren »Stadt/Freiheit/Bewegung« und »Insgesamt gut versorgt und ausgestattet« zeigten signifikante Unterschiede zwischen den Sozialschichten zu Ungunsten der Unterschicht.

Sozialschicht-spezifische Verteilung psychosozialer Aspekte

Gemäß der Fragestellung, ob Belastungen und Ressourcen chronisch kranker Menschen ebenfalls sozialschicht-spezifisch verteilt sind, wird in einem nächsten Schritt untersucht, ob die erhobenen Aspekte Einsamkeit, soziale Unterstützung, Fatalismus und Selbstvertrauen einem sozialen Gradienten folgen. zeigt, dass auch hier schichtspezifische Unterschiede festgestellt werden können.

Abb. 3: Schichtspezifische Verteilung sozialer Ressourcen und Belastungen

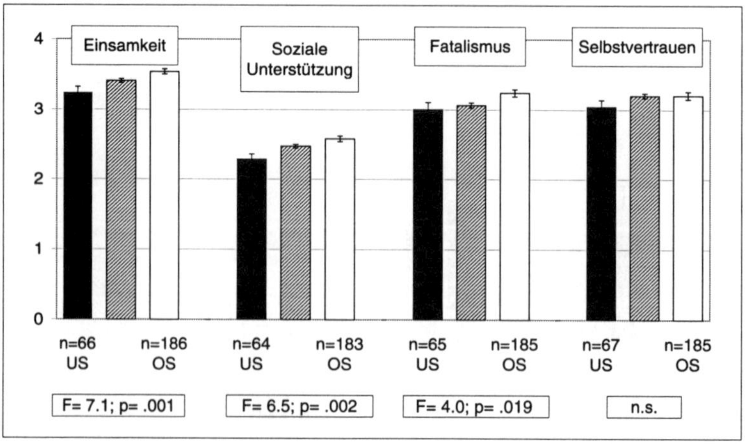

Insgesamt berichten Personen der unteren sozialen Schicht, dass sie vermehrt Einsamkeit verspüren, nur wenig soziale Unterstützung erfahren und einem Gefühl des Fatalismus anhängen. Von den insgesamt nicht sehr stark ausgeprägten Effekten hebt sich die Skala Selbstvertrauen ab. Hier konnte kein sozialer Gradient aufgezeigt werden.

Sozialschicht-spezifische Verteilung gesundheitsbezogener Lebensqualität

Die nun folgende abschließende Auswertung versucht eine Modellumsetzung, in der empirisch überprüft werden soll, welcher spezifische Einfluss auf die gesundheitsbezogene Lebensqualität wirkt. Aus diesem Grunde werden in einem multiplen Regressionsmodell alle bisher identifizierten Aspekte der Zufriedenheit mit objektiven Lebensbedingungen sowie der psychosozialen Ebene von Belastungen und Ressourcen hinsichtlich ihres Einflusses auf die gesundheitsbezogene Lebensqualität überprüft.

Ziel dieser Auswertung ist die Beantwortung der Frage, ob es zum einen ganz spezifische Einflussfaktoren auf die Lebensqualität auf der Ebene der psychosozialen Faktoren gibt und zum anderen, wenn es diese geben sollte, wie sich diese empirisch gegen Faktoren der sozialen Lage, des Geschlechts und vor allem des selbstberichteten Ausmaßes der Erkrankung durchsetzen.

Die folgende Darstellung der Ergebnisse beschränkt sich auf die Zielparameter des Nottingham Health Profiles. Der Einfluss der sozialen Lage wurde dabei dummy-codiert in die Analyse mitaufgenommen.

Tab. 5: Ergebnisse der multiplen Regression – Zielparameter Subskalen des Nottingham Health Profile

Unabhängige Variablen	*Energie*	*Schmerz*	*Emotionale Reaktionen*	*Schlaf*	*Soziale Isolation*	*Physische Mobilität*
Unterschicht		0.118				
Mittelschicht						
Oberschicht						
Ausmaß der Erkrankung (%)	0.235	0.254	0.17	0.140	0.166	0.364
Geschlecht		0.216		0.105		0.128
Alter	0.136	0.127		0.191	0.144	0.221

Faktor Bewertung medizinische Versorgung						
Faktor Stadt/Freiheit/Bewegung		-0.132		-0.151		-0.146
Faktor Hilfsmittel im öffentlichen Leben	-0.172	-0.255				-0.203
Faktor Stadt/Kirche/ öffentliche Informationen						
Faktor Arzt/Apotheke/ Einkauf vorhanden						
Faktor gut versorgt u. ausgestattet						0.148
Fatalismus	-0.241		-0.401	-0.122	-0.148	
Selbstvertrauen	-0.136					
Einsamkeit			-0.244		-0.506	
Soziale Unterstützung						
Varianzaufklärung durch die aufgenommenen Variablen	26.30%	31.10%	43.50%	13.50%	46.10%	43.30%

Die in Tab. 5 dargestellten Ergebnisse zeigen in der ersten Spalte die schrittweise aufgenommenen unabhängigen Variablen. Die in den Zellen dargestellten Werte entsprechen dem standardisierten Regressionskoeffizienten ß (std. ß). Dieser erlaubt im Vergleich der Variablen untereinander innerhalb einer Spalte den jeweiligen Erklärungsbeitrag der entsprechenden Variable für das Regressionsmodell.

Die Variablen sind so sortiert, dass die Reihenfolge der Argumentationslogik des Textes folgt: In den ersten drei Zeilen sind die Ergebnisse für die soziale Schicht dargestellt, darauf folgen die drei Kontrollvariablen Ausmaß der Erkrankung, Geschlecht sowie Alter. In den folgenden sechs Zeilen werden die Ergebnisse für die ermittelten Faktoren dargestellt, die die Bewertung objektiver Lebensumstände abbilden. Die darauf folgenden vier Zeilen repräsentieren die Ergebnisse der erhobenen psychischen Skalen Fatalismus, Selbstvertrauen, Einsamkeit und Soziale Unterstützung.

Um eine zusammenfassende Aussage treffen zu können, wird in der letzten Zeile das Ausmaß der aufgeklärten Varianz (r^2) durch die aufgenommenen Variablen dargestellt.

Insgesamt zeigt die Betrachtung der Ergebnisse, dass die soziale Lage unter Berücksichtigung der anderen Variablen kaum einen Einfluss auf die gesundheitsbezogene Lebensqualität ausübt.

Deutlich wird hingegen, dass die Kontrollvariablen »Ausmaß der Erkrankung« und »Alter« wesentlichen Einfluss auf die Lebensqualität ausüben. Insbesondere das selbstberichtete »Ausmaß der Erkrankung« hat eine hohe Erklärungskraft für alle Subskalen des NHP – mit der Interpretation, dass je höher das Ausmaß der Erkrankung und das Lebensalter ist, desto stärker die Einschränkung der Lebensqualität, vor allem der eher physisch orientierten Subskalen wie Energie, Schmerz und physische Mobilität ist.

Die Ergebnisse für die Variable weibliches Geschlecht zeigen für die Subskalen Schmerz, physische Mobilität sowie Schlaf die höchsten Einschränkungen. Für die anderen Subskalen bleibt der Einfluss unerheblich (std. ß<.1).

Auch das Alter übt auf alle Subskalen des NHP bis auf die Subskala Emotionale Reaktionen einen negativen Einfluss aus.

Bei der zusammenfassenden Betrachtung der Zufriedenheitsmaße zeigen vor allem die Faktoren »Stadt/Freiheit/Bewegung« sowie »Hilfsmittel im öffentlichen Leben« einen negativen Einfluss auf die Skalen Schmerz und Physische Mobilität. Dies bedeutet, dass Personen, die vermehrt über Schmerzen und Einschränkungen ihrer physischen Mobilität berichten, vor allem mit dem kommunalen Dienstleistungsangebot der Stadt, ihrer Bewegungsfreiheit sowie mit dem Angebot öffentlicher Hilfsmittel unzufrieden sind. Alle anderen Zufriedenheitsfaktoren zeigen keinen bzw. einen nur sehr schwer interpretierbaren Zusammenhang mit Dimensionen der gesundheitsbezogenen Lebensqualität.

Wie zu erwarten war, zeigen die erhobenen psychosozialen Faktoren vor allem auf die Subskalen wie Schmerz, Emotionale Reaktionen sowie Soziale Isolation des NHPs einen Einfluss. Beispielhaft sei hier die Skala Fatalismus (Sense of mastery) erwähnt, die einen deutlichen Bezug auf die psychisch orientierten Subskalen des NHP zeigt. Ein Ergebnis in dieser Argumentationsfolge zeigt die Variable Einsamkeit mit ihrem Einfluss auf die Subskala Soziale Isolation.

Zusammenfassung und Ausblick

Auf Basis eines einfachen Kausalmodells zeigte die soziale Lage einen signifikanten Einfluss mit allerdings nur kleinen Effekten auf objektive Lebensbedingungen und deren Bewertung in den Bereichen Straßenverkehr und Fluglärm. Die Frage, ob es in ihrer unmittelbaren Wohnumgebung ausreichend Grünflächen gibt, wurde vermehrt von Personen der Unterschicht verneint. Einen deutlichen Effekt durch die soziale Lage zeigten die Ergebnisse hinsichtlich ausgewählter Versorgungsaspekte und Naherholungsmöglichkeiten. Diese Ergebnisse stimmen überein mit den Resultaten einer Faktorenanalyse, aus der hervorgeht, dass vor allem Personen der Unterschicht ihre Bewegungsfreiheit in der Stadt und ihre allgemeine Versorgungslage als weniger günstig einschätzen.

Nach Prüfung des Einflusses der sozialen Lage auf die psychosozialen Variablen zeigte sich eine durchgängig bedeutsame Wirkung mit zum Teil mittleren Effekten - ausgenommen hiervon bleibt die Skala Selbstvertrauen. In diesem Zusammenhang wird nochmals darauf hingewiesen, dass die Teilnahme an dieser Untersuchung freiwillig war und fast ausschließlich auf Rekrutierung aus Selbsthilfegruppen und Patientenorganisationen beruhte. Somit ist davon auszugehen, dass das Selbstvertrauen der hier befragten chronisch Kranken durchgängig höher ausgeprägt ist.

In einem zusammenfassenden Schritt wurden sämtliche Variablen - auch jene, die bisher bereits als abhängige fungierten - in eine schrittweise Regressionsanalyse eingebracht, deren Zielkriterien aus den Subskalen des NHP bestanden. Hier zeigte sich, dass insbesondere das Ausmaß der Erkrankung, das Geschlecht und das Alter einen bedeutsamen Einfluss auf die selbstberichtete gesundheitsbezogene Lebensqualität hatte. Von den neu gebildeten Faktoren zeigten Aspekte der Bewegungsfreiheit in der Stadt und die Zufriedenheit mit Hilfsmitteln des öffentlichen Lebens einen Einfluss. Von den psychosozialen Variablen sind Fatalismus, Selbstvertrauen und Einsamkeit in ihrem Einfluss auf die gesundheitsbezogene Lebensqualität bedeutsam. Dies betrifft vor allem die eher psychisch gekennzeichneten Subskalen des NHP.

Eine zusammenfassende Bewertung der Ergebnisse legt einen schichtspezifischen Einfluss auf die objektiven Lebensbedingungen nahe, der bereits hinreichend vor allem in der angloamerikanischen Literatur beschrieben wurde. So zeigten beispielsweise Davey Smith et al. allein durch die Auswertung britischer Haushalte und ihrer Ausstattung mit Garten bzw. in der Nähe gelegener Freizeitmöglichkeiten einen sozialen Gradienten auf (Davey Smith, D. & Bartley, 1994). Was in der Literatur hingegen bisher nur sehr selten aufgegriffen wird, ist die Untersuchung eines sozialen Gradienten für die eher auf Personenebene zu findenden psychosozialen Aspekte wie Lebenszufriedenheit und Kontrollüberzeugungen (Berkman & Kawachi, 2000). Die hier vorgestellte Untersuchung konnte bei einem ausgewählten Klientel chronisch Kranker in Hamburg zum Teil deutliche schichtspezifische Einflüsse auf diese Aspekte aufzeigen. Allerdings sind diese schichtspezifischen Einflüsse in einem multivariaten Regressionsmodell verringert, wenn zum einen die objektiven Lebensbedingungen und deren Bewertung sowie die psychosozialen Variablen als Prädiktoren unter Kontrolle von selbstberichtetem Ausmaß der Erkrankung, Alter und Geschlecht für die gesundheitsbezogene Lebensqualität eingehen. Dies legt für zukünftige sozialepidemiologische Fragestellungen die

Wahl ausgewogenerer methodischer Analyse-Konzepte nahe. Einige Untersuchungen konnten mit dieser Vorgehensweise nicht nur den Einfluss der sozialen Lage auf Morbidität und Mortalität aufzeigen, sondern auch den durch soziale Ungleichheit über die psychosozialen Faktoren wie beispielsweise Einsamkeit und Kontrollüberzeugungen vermittelten Einfluss auf Morbidität und Mortalität. Zwei relativ neue Untersuchungen haben zum einen ein theoretisches Rahmenkonzept (Steinkamp 1993; 1999) und zum anderen die Möglichkeit einer empirischen Bewältigung (Knesebeck, 1998) nahe gelegt. Diese neuen Ansätze sollten in zukünftigen verfeinerten Analysen, beispielsweise mittels Strukturgleichungsmodellen, einbezogen werden, damit die Rolle von sozialer Ungleichheit näher beleuchtet werden kann.

Literatur

Badura B., Kaufhold G., Lehmann H., Pfaff H. et al. (1987): Leben mit dem Herzinfarkt. Berlin: Springer

Berkman L. F., Kawachi I. (Hrsg.) (2000): Social Epidemiology. Oxford: Oxford University Press

Bolte K. M., Hradil S. (1988): Soziale Ungleichheit in der Bundesrepublik Deutschland. Opladen: Leske + Budrich

Bormann C., Hoeltz J., Hoffmeister H., Klaes L. et al. (1990): Subjektive Morbidität. Beiträge des Bundesgesundheitsamtes zur Gesundheitsberichterstattung (Bd. 4/90). München: MMV Medizin Verlag München

Bullinger M., Bahner U. (1997): Erlebte Umwelt und subjektive Gesundheit. Zeitschrift für Gesundheitswissenschaften, 3. Beiheft: 89-108

Bullinger M., Kirchberger I. (1998): Der SF-36 Fragebogen zum Gesundheitszustand (Handanweisung). Göttingen: Hogrefe

Davey Smith G., Bartley M. (1994): Soziale Klasse und Mortalitätsunterschiede: Diskussion der Erklärungsansätze in Groábritannien. In: Mielck A. (Hrsg.): Krankheit und Soziale Ungleichheit. Opladen: Leske+Budrich: 425-451

Duncan P. W., Wallace D., Min Lai S., Johnson D. et al. (1999): The Stroke Impact Version 2.0. Evaluation of reliability, validity and sensitivity to change. Stroke, 30: 2131-2140

Gerdes N., Jäckel W. H. (1992): Indikatoren des Reha-Status (IRES) - Ein Patienten-Fragebogen zur Beurteilung der Rehabilitationsbedürftigkeit und des -erfolgs. Die Rehabilitation (31): 73-79

Geyer S. (2001a): Belastende Lebensereignisse und soziale Unterstützung. In: Mielck A., Bloomfield K. (Hrsg.): Sozial-Epidemiologie. Weinheim/München: Juventa Verlag

Geyer S. (2001b): Sense of Coherence (SOC). In: Mielck A., Bloomfield K. (Hrsg.): Sozial-Epidemiologie. Weinheim/München: Juventa Verlag

Glatzer W., Zapf W. (1984): Lebensqualität in der Bundesrepublik. Objektive Lebensbedingungen und subjektives Wohlbefinden. Frankfurt: Campus

Hoffmeister H., Hoeltz J., Schön D., Schröder E. et al. (1988): Nationaler Untersuchungssurvey und regionale Untersuchungssurveys der DHP (Berichte, Mitteilungen 1): DHP-Forum

Janáen C. (2001): Soziale Schicht und 'Gesundheitliche Kontrollüberzeugungen' (Health Locus of Control). In: Mielck A., Bloomfield K. (Hrsg.): Sozial-Epidemiologie Weinheim München: Juventa: 184-195

Keupp H. (1972): Psychische Störungen als abweichendes Verhalten. München/Berlin/Wien: Urban & Schwarzenberg

Kohlmann T., Bullinger M., Kirchberger-Blumstein I. (1997): Die deutsche Version des Nottingham Health Profile (NHP): šbersetzungsmethodik und psychometrische Validierung. Sozial- und Präventivmedizin, 42: 175-185

Lang S., Müller-Andritzky M. (1984): Gesundheit und Soziale Integration. In: Glatzer W., Zapf W. (Hrsg.): Lebensqualität in der Bundesrepublik Deutschland. Objektive Lebensbedingungen und subjektives Wohlbefinden. Frankfurt/New York: Campus.

Mahony F. I., Barthel D. W. (1965): Functional evaluation: The Barthel Index. Maryland State Medical Journal, 14: 61-65

Marmot M., Shipley M., Rose G. (1984): Inequalities in death - specific explanations of a general pattern. The Lancet, 1: 1003-1006

Mielck A. (2000): Soziale Ungleichheit und Gesundheit: Empirische Ergebnisse, Erklärungsansätze, Interventionsmöglichkeiten. Bern: Verlag Hans Huber.

Mühlhauser I., Overmann H., Bender R., Bott U. et al. (1998): Social Status and the quality of care for adult people wirh Type I (insulin-dependent) diabetes mellitus - a population based study. Diabetologia, 41: 1139-1150

Petersen C., Morfeld M., Bullinger M. (2001): Fragebogen über die Folgen eines Schlaganfall. Fortschritte der Neurologie Psychiatrie, 69: 284-290

Raspe H.-H., Hagedorn U., Kohlmann T., Matussek S. (1990): Der Funktionsfragebogen Hannover (FFbH): Ein Instrument zur Funktionsdiagnostik bei polyartikulären Gelenkerkrankungen. In: Siegrist J. (Hrsg.): Wohnortnahe Betreuung Rheumakranker. Ergebnisse sozialwissenschaftlicher Evaluation eines Modellversuchs. Stuttgart: Schattauer: 164-182

Statistisches Bundesamt (1997): Datenreport 1997. Zahlen und Fakten über die Bundesrepublik Deutschland. Statistisches Bundesamt, Wissenschaftszentrum Berlin für Sozialforschung, ZUMA

Willich S. N., Stiete H. (1995): Regionale Basisstudie Mecklenburg-Vorpommern. BMBF- Antrag. Unveröffentlichtes Manuskript

Winkler J. (1998): Die Messung des sozialen Status mit Hilfe eines Index in den Gesundheitssurveys der DHP. In: Ahrens W., Bellach B.-M., Jöckel K. (Hrsg.): Messung soziodemographischer Merkmale in der Epidemiologie (1/98 ed.). München: MMV Verlag

Zapf W (Hrsg.): (1971): Theorien des sozialen Wandels. Köln/Berlin: Kiepenheuer & Witsch

III.

Medizin-Soziologie und Sozialgeschichte

ANGELIKA EBBINGHAUS und KARL HEINZ ROTH

Adolf Butenandt: Der Weg eines deutschen Biochemikers von der Rockefeller Foundation zur Kaiser Wilhelm-Gesellschaft (1928 bis 1936)

In den achtziger Jahren forschte Heidrun Kaupen-Haas über den Biochemiker, Nobelpreisträger und Wissenschaftspolitiker Adolf Butenandt. Sie trug umfangreiches Archivmaterial zusammen und war die erste, die sich dabei die einschlägigen Akten der Rockefeller Foundation erschloss. Vor fünfzehn Jahren stellte sie sich schon die Fragen, die heute die internationale Gemeinde der Wissenschaftshistorikerinnen und -historiker umtreiben: Was steckte hinter Butenandts blendenden Erfolgen? Was hatten er, seine Schüler und die Gralshüter der unter seiner Präsidentschaft in den sechziger Jahren zu großer Macht und Ansehen gelangten Max-Planck-Gesellschaft, der Nachfolgerin der Kaiser Wilhelm-Gesellschaft, zu beschweigen? Welche Rolle spielte die Hormonforschung in der Bio-Politik der NS-Diktatur? Und wie konnte das Paradox erklärt werden, dass die zum Vorzeigeprojekt erfolgreicher wie machtpolitisch wertfreier Grundlagenwissenschaft stilisierte Virusforschung ausgerechnet in der Phase der »totalen« Kriegsanstrengungen der NS-Diktatur so massiv gefördert worden war? Diese Fragen, die Heidrun Kaupen-Haas schon in den achtziger Jahren stellte, lassen sich erst heute beantworten.

Seit Beginn der neunziger Jahre hat sich die Situation gewandelt. 1990 veröffentlichte der Butenandt-Schüler Peter Karlson eine Biographie, in der er die Schattenseiten der Karriere seines Lehrers mit der Darstellung seiner wissenschaftlichen Leistungen sowie detailreicher Informationen über das Binnenleben der Butenandtschen Arbeitskreise zudeckte.[1] Das war eine Provokation für alle jene, die sich seit Beginn der achtziger Jahre erneut um eine kritische Aufarbeitung der NS-Vergangenheit der Biowissenschaften bemühten, zumal der Butenandt-Kreis und die Max-Planck-Gesellschaft einige von ihnen, die wie beispielsweise der Genetiker

Benno Müller-Hill nicht auf die Publikation ihrer ersten kritischen Einsichten verzichten wollten, mit anwaltlich vorgetragenen »Berichtigungen« und Abdruckverboten zum Schweigen gebracht hatten.[2]

Fünf Jahre später starb Adolf Butenandt hochbetagt im Alter von knapp 92 Jahren. Seither fiel es seinen Schülern und den Verwaltern seines Nachlasses immer schwerer, das um ihn herum gebaute Geschichtsbild vom erfolgreichen, moralisch integren und politisch »unbelastet« gebliebenen Nestor der deutschen biochemischen Forschung zu bewahren. Der Publizist Ernst Klee stellte die ersten öffentlichen Fragen nach den Verstrickungen Butenandts und seiner Mitarbeiter in die Menschheitsverbrechen der NS-Medizin.[3] Dies geschah zu einem Zeitpunkt, als der umfangreiche Nachlass Butenandts gerade vom Archiv zur Geschichte der Max-Planck-Gesellschaft inventarisiert worden war. Da von den Akten des Kaiser Wilhelm/Max-Planck-Instituts für Biochemie fast nur noch die Betreuungsunterlagen der Generalverwaltungen konsultiert werden können, hofften die Kritiker Karlsons nun auf neue Aktenfunde. Sie wurden jedoch bald bitter enttäuscht. Butenandts Nachlass wurde bis zum Jahr 2025 gesperrt. Nur die Mitarbeiterinnen und Mitarbeiter einer inzwischen gegründeten und beim Präsidenten der Max-Planck-Gesellschaft angesiedelten Historikerkommission durften ihn einsehen, darunter auch drei Gastwissenschaftler, zu denen fairerweise auch Benno Müller-Hill kooptiert wurde. Robert N. Proctor und Müller-Hill haben inzwischen über ihre Erfahrungen bei der Durcharbeitung des Bestands berichtet.[4] Sie konnten indessen nur verifizieren und zu Protokoll geben, was ohnehin zu vermuten gewesen war: Der nicht nur hinsichtlich seines Umfangs zu den bedeutendsten Überlieferungen des Max-

1 Peter Karlson, Adolf Butenandt. Biochemiker, Hormonforscher, Wissenschaftspolitiker, Stuttgart 1990. Diese Arbeit ist wegen ihrer durchgängig apologetischen Tendenz zu Recht heftig kritisiert worden. Trotzdem hat sie – unter der Voraussetzung kritischer Lektüre – einen erheblichen Quellenwert, weil ihr umfangreiche und teilweise wörtlich zitierte Gesprächsprotokolle mit Butenandt zugrunde liegen, die für das Studium der mentalitätsgeschichtlichen Aspekte unersetzlich sind.

2 Vgl. Benno Müller-Hill, Tödliche Wissenschaft. Die Aussonderung von Juden, Zigeunern und Geisteskranken 1933-1945. Reinbek 1984. Müller-Hill hatte für eine Studie über die NS-Vergangenheit der Anthropologie und Genetik auch Gespräche mit Butenandt, Mitarbeitern des Butenandt-Kreises und früheren Kooperationspartnern Butenandts geführt. Butenandt hatte die Publikation des Gesprächsprotokolls untersagt, und die Angehörigen eines seiner ehemaligen Mitarbeiter versuchten anwaltlich die von ihnen favorisierte Sichtweise auf das Geschehene durchzusetzen. Vgl. Benno Müller-Hill, Erinnerung und Ausblendung. Ein kritischer Blick auf den Briefwechsel Adolf Butenandts, MPG Präsident 1960-1972. MS 2001, Bl. 4-6 (im Druck). Wir danken Herrn Prof. Dr. Müller-Hill für die Überlassung eines Ausdrucks.

3 Vgl. Ernst Klee, Auschwitz. Die NS-Medizin und ihre Opfer, Frankfurt a.M. 1997, S. 228 ff.; ders., Augen aus Auschwitz, in: Die Zeit, 27.1.200; ders., Deutsche Medizin im Dritten Reich. Karrieren vor und nach 1945, Frankfurt a.M. 2001, S. 350 ff.

4 Robert N. Proctor, Adolf Butenandt (1903-1955). Nobelpreisträger, Nationalsozialist und MPG-Präsident. Ein erster Blick in den Nachlass (Präsidentenkommission der Max-Planck-Gesellschaft »Geschichte der Kaiser Wilhelm-Gesellschaft im Nationalsozialismus«, Ergebnisse 2), Berlin 2000; Müller-Hill, Erinnerung und Ausblendung (wie Anm. 3).

Planck-Archivs zählende Nachlass war vor seiner Übergabe mehrfach gesäubert worden.[5] Die Unterlagen über die militärmedizinischen Forschungsprojekte waren genau so vernichtet wie die Korrespondenzen und Materialsammlungen, die Aufschluss über die Verflechtungen Butenandts und seiner Mitarbeiter mit den Netzwerken der damals führenden Exponenten der NS-Rassenanthropologie, die bis ins Konzentrationslager Auschwitz reichten, hätten geben können. Es ließ sich nur noch nachweisen, dass und zu welchen Themen der Militärmedizin, der Rassenanthropologie und der Vernichtungsforschung Arbeitsbeziehungen bestanden hatten.

Wie fragmentarisch auch immer: Diese Feststellungen genügten, um den um Butenandt herum gebauten Nimbus des unbescholtenen Biowissenschaftlers und Nobelpreisträgers, aber auch des erfolgreichsten westdeutschen Wissenschaftspolitikers der sechziger Jahre, zu beschädigen. An Butenandt interessierten jetzt nur noch die bislang so sorgsam verdeckten Schattenseiten und Abgründe. Da es aber bei den Interpretationsversuchen manchmal der Fachkompetenz und häufig der Muße zur Durchsicht komplementärer Aktenbestände sowie der zeitgenössischen Fachzeitschriften und Handbücher ermangelte, konnten Butenandts wissenschaftsethische Grenzüberschreitungen bislang nur höchst unzureichend rekonstruiert werden.

Im vorliegenden Beitrag wollen wir einen ersten Überblick über das Phänomen Butenandt versuchen. Dabei müssen wir uns aus Platzgründen auf die Analyse der ersten Etappe jener steilen Karriere beschränken, die Butenandt innerhalb von acht Jahren vom unbekannten Göttinger Chemieassistenten zum Leiter des damals renommiertesten deutschen biochemischen Forschungsinstituts aufsteigen ließ.[6] Bei ihrer Rekonstruktion konnten wir auf die archivalischen Vorarbeiten von Kaupen-Haas zurückgreifen.[7] Wir werden erstens den Weg des Hormonforschers Butenandt wissenschaftsgeschichtlich nachzeichnen. Aber wir werden nicht dabei stehen bleiben, sondern zweitens die Frage stellen, in welchen Kontexten dies geschah und welchen politischen Preis Butenandt für seine Erfolge sowie die Durchsetzung optimaler Forschungsbedingungen zu zahlen hatte.

5 Vgl. Proctor, Adolf Butenandt (wie Anm. 5), S. 10, Müller-Hill, Erinnerung und Ausblendung (wie Anm. 3), Bl. 10 ff.

6 Vgl. als Versuch einer ersten bilanzierenden Gesamteinschätzung Angelika Ebbinghaus/Karl Heinz Roth, Von der Rockefeller Foundation zur Kaiser Wilhelm/Max-Planck-Gesellschaft: Adolf Butenandt als Biochemiker und Wissenschaftspolitiker des 20. Jahrhunderts (im Druck).

7 Heidrun Kaupen-Haas hat in den achtziger Jahren die Doubletten ihrer medizinhistorischen Quellenrecherchen teilweise dem Archiv der Stiftung für Sozialgeschichte übergeben, der sie als Kuratorin angehört. Dies war eine solide Grundlage für unsere weitere Arbeit.

Die Darstellung der Sexualhormone in Göttingen 1928 bis 1933

Adolf Butenandt war ein sozialer Aufsteiger par excellence. Seine Mutter entstammte einer Bauern- und Handwerkerfamilie. Sein Vater, ein Großhandelsvertreter, verarmte in der Nachkriegsinflation. Nach dem Besuch der Oberrealschule seines Geburtsorts Lehe[8] bei Wesermünde begann er 1921 in Marburg mit dem Studium der Chemie und Biologie und wurde Mitglied der schlagenden Verbindung *Turnerschaft Philippina*, auf deren Mensurböden er sich sein Gesicht mehrfach verunstalten ließ. Nach dem chemischen Zwischenexamen wechselte er 1924 nach Göttingen, um bei dem organischen Chemiker Adolf Windaus über Naturwuchsstoffe zu promovieren, und schloss sich dem deutschnational eingestellten *Jungdeutschen Orden* an. Das Dissertationsverfahren verlief keineswegs komplikationslos. Eine erste Arbeit zur Konstitutionsaufklärung des Schilddrüsenhormons Thyroxin musste Butenandt nach einem Semester wieder abbrechen, weil die bis dahin umstrittene Strukturformel inzwischen von anderer Seite festgelegt worden war. Daraufhin beauftragte ihn Windaus mit der Untersuchung der insektenabwehrenden Stoffe der Derris-Pflanze, die ihm nur teilweise gelang. Mit diesem Zwischenergebnis über die pflanzlichen Giftstoffe der Rotenon-Reihe, das gleichwohl seine überdurchschnittliche Geschicklichkeit und Kombinationsgabe bei der Darstellung von Naturstoffen unter Beweis stellte, wurde Butenandt 1927 promoviert.[9]

Seine weitere Karriere verdankte Butenandt einem weichenstellenden Zufall. Sein Lehrer Windaus arbeitete eng mit der chemischen Industrie, insbesondere dem in Basel ansässigen Unternehmen Hoffmann-La Roche und der Berliner Schering-Kahlbaum AG, zusammen. Schering hatte Mitte der zwanziger Jahre ein erstes weibliches Sexualhormon auf den Markt gebracht, das aus standardisierten öligen Extrakten von Mutterkuchen (Plazenten) bestand. Nun war das Pharma-Unternehmen an einer Reindarstellung und anschließenden Synthese dieses Präparats aus weniger aufwendigen Vorprodukten interessiert, und wandte sich an Windaus. Windaus gab den Auftrag an den vierundzwanzigjährigen Butenandt weiter, und Walter Schoeller, der Leiter des Zentrallaboratoriums von Schering-Kahlbaum, stimmte dieser ungewöhnlichen Kooperation mit einem noch völlig unbekannten

8 Lehe wurde später von Wesermünde, und schließlich 1937 Wesermünde von dem zum Stadtstaat Bremen gehörenden Bremerhaven eingemeindet. Dies hat in der Literatur zu recht unterschiedlichen Angaben über Butenandts Geburtsort geführt.

9 Die Dissertation wurde 1938 veröffentlicht: Adolf Butenandt, Über die chemische Konstitution des Rotenons, des physiologisch wirksamen Bestandteils der Derris elliptica, Diss. Math-Naturwiss. Fakultät der Universität Göttingen, Göttingen 1928; ders./Adolf Windaus, Untersuchungen über das Rotenon, den physiologisch wirksamen Bestandteil der Derris elliptica, in: Nachrichten der Gesellschaft der Wissenschaften in Göttingen, Mathematisch-Physikalische Klasse, 1928.

jungen Wissenschaftler zu. Seit Beginn des Jahrs 1928 erhielt Butenandt die öligen Extrakte aus Berlin als Ausgangsbasis zur Darstellung der Hormonkristalle im Vakuumverfahren geliefert; später wurden auf seinen Vorschlag die Plazentaextrakte durch Schwangerenharn als Ausgangssubstanz ersetzt. Im Juli 1929 gelang ihm im Wettlauf mit mehreren ausländischen Forschergruppen die Kristallisation des Follikelhormons Östron, das er in Anlehnung an das ölige Vorprodukt des Schering-Konzerns als *Progynon* bezeichnete. 1931 folgte die Kristallisation des Androsteron, eines nahen Verwandten des männlichen Sexualhormons Testosteron. Ein Jahr später glückte Butenandt die Strukturermittlung des Östrons und des Androsterons, und im selben Jahr schloss er zusammen mit einigen Doktoranden auch die Isolierungsarbeiten am Insektengift Rotenon erfolgreich ab. Gleichzeitig begann Butenandt, der sich inzwischen mit der Strukturaufklärung des Östrons habilitiert und unter Windaus die Leitung des biologisch-chemischen Laboratoriums übernommen hatte, mit weiteren Arbeiten zur Isolierung und künstlichen Synthese der auf die Sexualorgane wirkenden biologischen Wirkstoffe, weil nur so ihre Strukturformel aufgeklärt und der Pharmazeutischen Industrie billigere Herstellungsverfahren zur Verfügung gestellt werden konnten. Ausgangspunkt dafür war die Erkenntnis, dass es sich bei allen gefundenen Substanzen und ihren Vor- beziehungsweise Abbauprodukten um Sterinkörper handelte, die sich mit ihren Ringen offensichtlich vom Grundgerüst des Cholesterins ableiten.

Das war ein brillanter Einstieg in die biochemische Forschung. Butenandt, der seit 1931 die ersten Doktoranden (Ulrich Westphal und Kurt Tscherning) um sich scharte und in diesem Jahr auch Erika von Ziegner, die für die biologischen Wirkungstests seiner Versuchsserien zuständige medizinisch-technische Assistentin, heiratete, hatte seine Entdeckungen zeitgleich mit amerikanischen, britischen und holländischen Forschergruppen gemacht. Dass er sich ihnen gegenüber durchsetzte, hatte mit seinem Spürsinn für biologisch-chemische Zusammenhänge und für den richtigen Weg zu den Strukturformeln, aber auch mit seinen engen Verbindungen zur chemischen Industrie zu tun. Schering-Kahlbaum organisierte für ihn den Wettlauf um die Patente und honorierte seine Bereitschaft, die neu dargestellten Substanzen mit dem Namen der kommerziell vertriebenen Vorprodukte auszustatten, großzügig.[10] Der junge Biochemiker lernte, dass man sich in der wissen-

10 Dafür, dass Butenandt den Unternehmen Hoffmann-La Roche und Schering-Kahlbaum alle manuskriptreif gewordenen Arbeitsergebnisse vor der Drucklegung zusandte, lieferten diese ihm laufend Chemikalien und Laborhilfsmittel und stellten ihm seit 1933 auch »Labordiener« zur Reinigung und Wartung seines biochemischen Forschungs- und Privatlabors. Zusätzlich schloss Butenandt 1934 einen Vertrag mit der Schering-Kahlbaum AG, der ihm ein Prozent des Umsatzes des unter dem Firmennamen »Progynon A« vermarkteten Follikelhormons einbrachte. Daraus bezog Butenandt allein zwischen 1936 und 1940 ein persönliches Zusatzeinkommen in Höhe von 160.000 Reichsmark, mit dem er u.a. seine verarmten Eltern unterhielt. Vgl. Proctor, Adolf Butenandt (wie Anm. 3), S. 7.

schaftlichen Welt am schnellsten durchsetzen konnte, wenn man seine Arbeit teilweise in die Zeitökonomie des chemieindustriellen Verwertungsinteresses einordnete und sich dabei gleichzeitig den institutionellen Rückhalt für solche Forschungsstrategien sicherte, die größere Zeitspannen benötigten und an denen die chemische Industrie nicht unmittelbar interessiert war.

Der Weg an die Technische Hochschule Danzig und die Förderung durch die Rockefeller Foundation

Deshalb nahm Butenandt im Frühsommer 1933 einen Ruf auf den Lehrstuhl für organische Chemie der Technischen Hochschule in Danzig an. Die Technische Hochschule war hoch ambitioniert und in deutscher Hand, aber Danzig selbst war seit 1920 Ausland, hatte eine eigene Währung (den Danziger Gulden) und stand unter der Kontrolle des Völkerbunds. Der Weggang nach Danzig war in vieler Hinsicht riskant. Der Zeitaufwand für den im Wintersemester 1933/34 beginnenden Lehr- und Ausbildungsbetrieb war erheblich: Butenandt musste nun teilweise Vorlesungen halten, deren Stoff er sich – vor allem im Bereich der technischen Chemie – selbst erst unmittelbar zuvor angeeignet hatte. Trotz großzügiger Umbaumaßnahmen und der seit 1933 laufenden Förderung seiner Projekte durch die Notgemeinschaft der Deutschen Wissenschaft war die apparative Ausstattung seines Instituts so unzureichend, dass die Fortsetzung seiner Forschungslinien in Frage gestellt war. Die nur unter dem Zeitdiktat industrieller Verwertungsinteressen funktionierende Kooperation mit Schering-Kahlbaum war jetzt zeitweilig eingeschränkt, und entsprechend reduzierten sich die Förderungsmittel von dieser Seite. Hinzu kam, dass die Existenz der Technischen Hochschule Danzig in den Jahren 1934/35 in Frage gestellt war.

In dieser Situation schaltete sich die Rockefeller Foundation ein, die von ihrer Pariser Niederlassung aus die Entwicklung der deutschen Natur- und Biowissenschaften sorgfältig beobachtete. Mit ihren gezielten Förderungen spielte sie schon seit den frühen zwanziger Jahren eine bedeutende Rolle. Seit dem Übergang der Präsidialkabinette zur NS-Diktatur verfolgte sie aber noch eine verschwiegene Zusatzstrategie: Sie half hochqualifizierten politisch und rassisch verfolgten Naturwissenschaftlern bei ihren Emigrationsplänen. Vor allem aber versuchte sie, alle jene Spitzenforscher an die amerikanischen Universitäten zu holen, die dazu bereit waren. Zu diesem Zweck reorganisierte sie die bisherige Förderungspolitik ihrer in Paris ansässigen Europa-Abteilung und machte den von ihr Umworbenen den Sprung über den Atlantik durch vorbereitende Reise- und Besuchsstipendien schmackhaft.

Im Spätherbst 1933 nahm Wilbur E. Tisdale, der für die Naturwissenschaften zuständige Experte der Pariser Europazentrale, mit Butenandt in Danzig Kontakt auf. Er befragte ihn über seine weiteren Forschungsstrategien, und Butenandt erbat sich eine erhebliche Summe zur Unterstützung der Umbaumaßnahmen in seiner biochemischen Forschungsabteilung.[11] Dies lehnte die Rockefeller Foundation ab, jedoch wurden Butenandt nach einem weiteren Besuch Tisdales im Juni 1934 Forschungsbeihilfen in Höhe von 3000 $ zur Verbesserung seiner apparativen Ausstattung bewilligt.[12] Im September 1934 kam Butenandt zusätzlich auf ein ihm schon in der Göttinger Zeit gemachtes Angebot zurück und beantragte ein Reisestipendium für den Besuch aller wichtigen Hormonforschungszentren in den USA und Kanada.[13] Diese Horizonterweiterung kam ihm sehr gelegen, denn er befand sich mit seinen Mitarbeitern, Doktoranden und den inzwischen durch die Justus Liebig-Gesellschaft finanzierten Stipendiaten in einer kritischen Phase seiner Sexualhormonprojekte und benötigte neue Anregungen. Sein Arbeitskreis kristallisierte im Frühjahr 1934 in enger Zusammenarbeit mit dem Zentrallaboratorium von Schering-Kahlbaum das von dem Gynäkologen Carl Clauberg im physiologischen Test postulierte Corpus luteum-Hormon Progesteron, das zweite weibliche Sexualhormon, und bereitete die Synthese des kurz zuvor von Ernst Laqueur in Amsterdam isolierten männlichen Sexualhormons Testosteron vor. Tisdale war beeindruckt. Er empfahl Butenandt der Rockefeller Foundation als herausragenden Nachwuchswissenschaftler der endokrinologischen Forschung. Butenandt wurden 1700 $ für die USA- und Kanada-Reise bewilligt.[14]

Als Butenandt am 8. März 1935 auf dem Lloyd-Passagierdampfer »Bremen« in New York eintraf, stand ihm die ganze Welt offen. Die Entscheidung, Danzig als Sprungbrett in die USA zu nutzen, bot ihm vielfältige Chancen. Er hatte sich mit seinen knapp 32 Jahren einen internationalen Ruf verschafft und konnte sein inzwischen auf das gesamte Spektrum der Steroidhormone ausgedehnte Expertenwissen zum Exodus nutzen. Er konnte aber auch versuchen, mit den Pfunden zu wuchern und sich optimale Bedingungen zum Bleiben auszuhandeln. Für letzteres sprach, dass er sich anlässlich einer für ihn völlig überraschend gekommenen Einladung zur Aufnahme in das »Deutsche Führerlexikon«, ein biographisches Handbuch zur Selbstdarstellung der NS-Eliten, seinen Eltern gegenüber geäußert hatte, er habe zugestimmt, denn: »Wir müssen mitarbeiten«.[15] In dem von ihm verfassten Eintrag

11 Lauder W. Jones, Rockefeller Foundation Paris, an Butenandt, 30.11.1933, in: Rockefeller Foundation, Rockefeller Archive Center (im Folgenden RA), Record Group 1.1, Series 700 (Europe), Box 21, Folder 150.

12 W. E. Tisdale, Rockefeller Foundation Paris, an den Rektor der TH Danzig, Prof. Pohlhausen, 26.6.1934; Butenandt an Tisdale, 3.7.1934, in: Ebenda.

13 Butenandt an Prof. Tisdale, Rockefeller Foundation Paris, 13.9.1934, in: Ebenda.

14 Vgl. das Data Sheet der Rockefeller Foundation über Butenandt, Eintrag vom 17.12.34, sowie die Korrespondenz zwischen Butenandt und Prof. H. M. Miller von der Rockefeller Foundation Paris über die Reiseplanung, in: Ebenda.

15 Zitiert nach Müller-Hill, Erinnerung und Ausblendung (wie Anm. 3), Bl. 17.

ließ er sich entsprechend als »rein arisch« und von »niederdeutscher« Herkunft ausweisen.[16] Zusätzlich hatte er anlässlich seiner Berufung nach Danzig versichert, er sei »vorbehaltlos bereit, an dem Aufbau des neuen Staates mitzuarbeiten.«[17]

Dennoch war das letzte Wort noch nicht gesprochen. Butenandt besuchte die führenden biochemischen Forschungszentren der US-amerikanischen Ost- und Westküste und Kanadas. Der Eindruck war überwältigend. Die Offenheit seiner Gastgeber, die enthusiastische Arbeitsatmosphäre in den Instituten, ihre interdisziplinäre Ausrichtung und ihre großzügige Ausstattung beeindruckten ihn zutiefst. Er erkannte, dass die USA auf allen ihn interessierenden Forschungsgebieten einen für Deutschland und Europa uneinholbar gewordenen Vorsprung gewonnen hatten. Auch mit deutschen Emigranten traf er sich, die ihn in dieser Einschätzung bestärkten, und ventilierte mit einem von ihnen ein Projekt zur isotopengestützten Aufklärung der Biosynthese der Sexualhormone.[18] Als er Mitte Mai 1935 zurückreiste, hatte er großzügige Angebote zur Übersiedlung an die Harvard University und die University of Chicago in der Tasche. Die offiziellen Rufe erreichten ihn einige Monate nach seiner Rückkehr. Von der Medical School der Harvard University wurde ihm für die Professur für Biochemie ein Jahresgehalt von 8000 $ angeboten.[19]

Berlin-Dahlem statt Harvard

Die Stunde der Entscheidung war im Herbst 1935 herangereift, sie konnte nun nicht länger hinausgeschoben werden. Butenandt entschloss sich zum Bleiben, obwohl die Weiterexistenz der Technischen Hochschule Danzig ungesichert war und ihm für den Fall einer Schließung von der Deutschen Forschungsgemeinschaft und dem Reichswissenschaftsministerium nur vage Ersatzmöglichkeiten angeboten wurden. Ausschlaggebend dafür waren nicht persönliche Gründe, denn er hatte seine Frau schon von den USA aus auf einen möglichen Exodus vorbereitet.[20] Maßgeblich waren die mittelfristigen Karrierechancen aufgrund des anhaltenden Exodus diskriminierter Spitzenwissenschaftler und vor allem Butenandts Beziehungen zur Industrie. Die enge Verzahnung zwischen Wirtschaft und biowissenschaft-

16 Das Deutsche Führerlexikon 1934/1935, Berlin o.J. (1934), Eintrag Butenandt S. 82-83.

17 Schreiben des anorganischen Chemikers Wilhelm Klemm an den Danziger Senator Boeck vom 6.7.1933. Klemm hatte die Berufung Butenandts nach Danzig exponiert betrieben. Archiv zur Geschichte der Max-Planck-Gesellschaft (im folgenden MPG-Archiv), III. Abteilung, Rep. 84 (Nachlass Butenandt), Karton 208. Zitiert nach Proctor (wie Anm. 5), S. 16.

18 Butenandt diskutierte mit dem 1933 aus Freiburg i.Br. emigrierten und inzwischen als Assistenzprofessor für Biochemie an der Columbia University tätigen Rudolf Schoenheimer ein gemeinsames Projekt zur Analyse der Biosynthese der Sexualhormone: Sie wollten Cholesterin mit Deuterium markieren und dann im Tierversuch Deuterium-markierte Sexualhormone nachweisen. Aus diesem damals bahnbrechenden Vorhaben wurde dann nichts, weil Butenandt den Ruf in die USA ablehnte.

19 Data Sheet der Rockefeller Foundation über Butenandt, in: RA, Record Group 1.1, Series 200 (Europe), Box 21, Folder 150.

licher Forschung war in den USA der dreißiger Jahre unbekannt und in der Roosevelt-Ära sogar verpönt. Dies hatte Butenandt sehr genau registriert,[21] und seine Betreuer von der Rockefeller Foundation hatten immer wieder darüber nachgedacht, auf welche Weise sie dieses »Manko« kompensieren könnten.[22] Dagegen hatte die deutsche chemische Industrie ihren wissenschaftspolitischen Sachwalter Heinrich Hörlein, die graue Eminenz der Pharma-Sparte der I.G. Farben, alarmiert, nachdem sie von den amerikanischen Avancen erfahren hatte.[23] Hörlein beschwor Butenandt zum Bleiben und bot ihm den Direktorenposten des gerade im Aufbau befindlichen medizinisch-pharmakologischen Forschungszentrums der I.G. Farben in Elberfeld an. Auch Schering offerierte ihm einen führenden Managerposten. Als Butenandt dies ablehnte, versicherten ihm Hörlein und Schoeller, dass sie ihm bei der Suche nach einer adäquaten wissenschaftlichen Führungsposition innerhalb des Reichsgebiets behilflich sein und für die optimale Ausstattung seiner Forschungseinrichtung aufkommen würden.

Zu Beginn des Jahrs 1936 wurde Butenandt zunächst ein Lehrstuhl für physiologische Chemie an die Universität Kiel angeboten. Im April teilte ihm dann ausgerechnet Wilbur E. Tisdale vertraulich aus Paris mit, dass er inzwischen als Direktor des Dahlemer Kaiser-Wilhelm-Instituts für Biochemie im Gespräch sei,[24] nachdem

20 Nach dem Aufenthalt in Harvard schrieb Butenandt an seine Frau: »Das war Harvard. Jetzt muss ich Dich fragen, ob Du Dich entschließen könntest, die Brücken nach Deutschland zu brechen, um mit mir und den Kindern nach hier zu ziehen. Du erschrickst? Ich habe von vornherein gewußt, von der ersten Minute, in der ich Harvard betrat, dass hier eine entscheidende Frage an mich gestellt werden würde.« Zitiert nach Karlson, Adolf Butenandt (wie Anm.1), S. 87.

21 Darüber hatte Butenandt sogar mit den deutschen Emigranten diskutiert. Als Schoenheimer (vgl. Anmerkung 20) erfuhr, dass Butenandt den Ruf nach Harvard abgelehnt hatte, wunderte ihn das nicht. Er erklärte einem Vertreter der Rockefeller Foundation, Butenandt vermisse in den USA die Unterstützung durch die Industrie, wie er sie in Deutschland genieße, und er werde sich jetzt beim Naziregime »persona grata« machen. RAL, Aufzeichnung über ein Gespräch mit Rudolf Schoenheimer, 2.2.1936, in: RA, Record Group 1.1, Series 700 (Europe), Box 21, Folder 150.

22 Aufzeichnung W.E. Tisdale´s, 5.10.1935: Danzig; Schreiben Tisdale´s an Warren Weaver, Betr. Reise zu H. Fischer nach München und zu Butenandt nach Danzig, 8.10.35; Warren Weaver an Tisdale, 25.10.1935. Alle Dokumente ebenda.

23 Heinrich Hörlein (1882-1954) war Vorstandsmitglied, »Betriebsführer« des Werks Elberfeld und Leiter der Pharmazeutischen Hauptkonferenz der I.G. Farbenindustrie AG. Zusammen mit dem Aufsichtsratsvorsitzenden Carl Krauch war er für die Beziehungen der I.G. Farben zu den chemiewissenschaftlichen Institutionen und Forschungsanstalten zuständig. Er war Schatzmeister und Senator der Kaiser Wilhelm-Gesellschaft, sowie Schatzmeister der meisten Chemischen Gesellschaften, u.a. der Deutschen Chemischen Gesellschaft, der Emil Fischer Gesellschaft zur Förderung der chemischen Forschung, der Adolf Bayer Gesellschaft zur Förderung der chemischen Literatur und der Gesellschaft der Deutschen Naturforscher und Ärzte. Über diese Kanäle pumpte die I.G. Farben seit 1933/34 erhebliche Geldmittel in den Wissenschaftssektor, um den politisch, aber auch ökonomisch bedingten *brain drain* aufzuhalten. Das Engagement Hörleins für Butenandt war nur ein Beispiel unter vielen.

24 W. E. Tisdale, Rockefeller Foundation Paris, an Butenandt, Confidential, 20.4.1936, in: RA, Record Group 1.1, Series 700 (Europe), Box 21, Folder 150.

mehrere Aspiranten, darunter Butenandts Lehrer Adolf Windaus und Richard Kuhn, der Leiter der biochemischen Abteilung des Heidelberger Kaiser Wilhelm-Instituts für medizinische Forschung,[25] abgesagt hatten. Die Dahlemer Direktorenstelle war vakant, weil ihr bisheriger Leiter Carl Neuberg 1934 aufgrund der Bestimmungen des Berufsbeamtengesetzes zum Juden stigmatisiert worden war und das Institut bis zur Ernennung eines neuen Direktors nur noch kommissarisch leiten durfte.[26]

Butenandt erhielt den Ruf auf diesen Posten Anfang Mai 1936 während einer Englandreise. Während der Mitte Mai begonnenen Verhandlungen spielte er weiter die »amerikanische Karte«[27]. Sie stach in jeder Hinsicht. Butenandt handelte den völligen Umbau des Kaiser Wilhelm-Instituts für Biochemie aus und erhielt Zusagen zur Vervollständigung der apparativen Einrichtung, für die er auch die Leihgaben der Rockefeller Foundation aus Danzig herüberholen konnte. Auch sein ordinariengleiches Gehalt wurde indirekt durch die Stellung eines Dienstwagens und den Neubau einer dem Institut unmittelbar benachbarten Dienstvilla aufgestockt, für deren Instandhaltung er auf das nichtwissenschaftliche Personal seines Instituts zurückgreifen durfte. Hinzu kam eine Honorarprofessur an der Universität Berlin, was ihm die Möglichkeit der Betreuung und Examinierung von Promotionsverfahren gestattete. Das Bleiben versprach somit uneingeschränkte Ressourcen, wissenschaftliche Handlungsfreiheit und großzügige Zusatzeinkommen durch die pharmazeutische Industrie, in die die Kaiser Wilhelm-Gesellschaft keinen Einblick hatte.[28] Das politische Argument des überzeugten Deutschnationalen, der davor zurückschreckte, sein »Vaterland« angesichts des anhaltenden Exodus von Spitzenwissenschaftlern im Stich zu lassen,[29] basierte somit auf handfesten

25 Zu Richard Kuhn vgl. Angelika Ebbinghaus/Karl Heinz Roth, Vernichtungsforschung: Der Nobelpreisträger Richard Kuhn, die Kaiser Wilhelm-Gesellschaft und die Entwicklung von Nervenkampfstoffen während des »Dritten Reichs«, in: *1999.* Zeitschrift für Sozialgeschichte des 20. und 21. Jahrhunderts, 17 (2002), im Druck.

26 Vgl. Arnold Nordwig, Vor fünfzig Jahren: der Fall Neuberg. Aus der Geschichte des Kaiser Wilhelm-Instituts für Biochemie zur Zeit des Nationalsozialismus, in: Max-Planck-Spiegel, Jg. 1983, Nr. 6, S. 49-53.

27 Für ein gemeinsam mit dem Göttinger Zoologen Alfred Kühn begonnenes Projekt über »Genhormone« – dazu weiter unten – hatte Butenandt Ende 1935 umfangreiche Förderungsmittel bei der Rockefeller Foundation beantragt und sich damit trotz seiner Absage an die Harvard Medical School eine Tür in Richtung USA offengehalten. Er zog den Antrag erst zurück, nachdem er optimale Bedingungen für die Übernahme des Dahlemer Instituts ausgehandelt und definitiv zugesagt hatte. Vgl. die diesbezüglichen Korrespondenzen in: RA, Record Group 1.1, Series 700 (Europe), Box 21, Folder 150.

28 Darüber gab es jahrelange Auseinandersetzungen mit der Generalverwaltung der Kaiser Wilhelm-Gesellschaft, aber Butenandt setzte sich letztlich durch. Vgl. die Schreiben Butenandts an die Generalverwaltung der Kaiser Wilhelm-Gesellschaft vom 17.3.1939 und 8.10.1940, in: MPG-Archiv, I. Abt., Rep. 1 A, Nr. 1463 a.

29 Dieses Argument brachte Butenandt in seinen Gesprächen und Korrespondenzen mit den Vertretern der Rockefeller Foundation 1934/35 immer wieder vor. Vgl. RA, Record Group 1.1, Series 700 (Europe), Box 21, Folder 150.

materiellen Grundlagen. Diese gedachte Butenandt jedoch keineswegs mit seinem Vorgänger Carl Neuberg zu teilen. Schon während der ersten Verhandlungsrunde mit dem Verwaltungsausschuss der Kaiser Wilhelm-Gesellschaft hatte er zu Protokoll gegeben, »dass Professor Neuberg in Zukunft in keiner Beziehung zum Institut mehr stehen soll,« womit er Rudolf Mentzel, dem Vertreter des Reichswissenschaftsministeriums im Verwaltungsausschuss, aus der Seele sprach.[30]

Unmittelbar vor dieser grundsätzlichen Weichenstellung erbrachte Butenandt die noch ausstehenden politischen Vorleistungen. Im Mai 1936 trat er in Danzig in die NSDAP ein und erhielt die Mitgliedsnummer 3.716.562.[31] Die Göttinger Nazis, die ihm noch unmittelbar vor der Übersiedlung nach Dahlem die »politische Zuverlässigkeit« absprachen,[32] hatten das Nachsehen. Butenandt mauserte sich nun zum »rotglühenden Nazi« (»red-hot Nazi«), wie Thorfin R. Hogness der Rockefeller Foundation ein Jahr später nach einem Besuch in Dahlem mitteilte,[33] und zeigte sich seither als begeisterter Anhänger des deutschen Aggressions- und Kriegskurses, für den die Wissenschaft die nötigen Machtinstrumente bereitzustellen habe.[34]

Im Dezember 1936 wurde Butenandt endgültig zum Direktor des Kaiser Wilhelm-Instituts für Biochemie ernannt, nachdem er schon im Oktober/November mit seinem Arbeitskreis, seiner Familie und seinem Forschungsinventar nach Dahlem umgezogen war.[35] Der Butenandt-Kreis umfasste schon 1937/38 einschließlich der technischen Assistentinnen und Assistenten 30 Personen und verfügte jetzt über hervorragende Arbeitsbedingungen. Als Wilbur E. Tisdale und Warren Wea-

30 Aufzeichnung über eine Besprechung zwischen Herrn Prof. Butenandt, Herrn Prof. Mentzel, Herrn Dr. Telschow und Generaldirektor Glum am 12.5.1936 über die Berufung von Herrn Professor Butenandt, in: MPG-Archiv, I. Abt., Rep. 1 A, Nr. 2041. Mentzel hatte sich noch im Mai 1935 auf einer Sitzung des KWG-Verwaltungsausschusses aus politischen Gründen gegen eine Berufung Butenandts ausgesprochen.

31 Es muss jedoch korrekterweise hinzugefügt werden, dass Butenandt Neuberg die Mitnahme der ihn nicht interessierenden Apparaturen gestattete, so dass sich dieser in einem Lebensmittelwerk in Berlin-Steglitz ein Privatlabor aufbauen konnte. 1938 emigrierte Neuberg dann in die USA. Dort erlangte er nie mehr eine feste Stellung. Trotzdem unternahm Butenandt nach 1945 nichts, um seinem vertriebenen Vorgänger den Weg zur Rückkehr zu ebnen.

32 W. Blunk, Hochschulgruppe des NSD-Dozentenbunds, an das Kreispersonalamt der NSDAP Göttingen, Betr. Begutachtung des Professors Dr. phil. Adolf Butenandt, 16.10.1936; NSDAP-Kriegspersonalamt Göttingen an das Personalamt der NSDAP-Gauleitung in Hannover, 27.10.1936. Beide Dokumente in: BArchB, Ehemaliges BDC, PK 01633 (Butenandt), O.1002 (Butenandt).

33 Rockefeller Foundation, Data Sheet Butenandt; T. R. Hogness, University of Chicago, Fellowship Report, 16.8.1937. Beide Dokumente in: RA, Record Group 12, Series 700 (Europe), Box 21, Folder 150.

34 Vgl. Adolf Butenandt, Die Biologische Chemie im Dienste der Volksgesundheit. Festrede am Friedrichstag der Preußischen Akademie der Wissenschaften am 23. Januar 1941 (Preußische Akademie der Wissenschaften, Vorträge und Schriften, H. 8), Berlin 1941.

35 Vorschlag zur Ernennung des o. Prof. Dr. Adolf Butenandt zum Direktor und Professor des KWI für Biochemie, 19.12.1936, mit Ernennungsstempel, gez. Adolf Hitler, vom 29.12.1936, in: Der Bundesbeauftragte für die Unterlagen des Staatssicherheitsdienstes der ehemaligen Deutschen Demokratischen Republik (BStU), Archiv der Zentralstelle, MfS PA 742 (Adolf Butenandt).

ver, der Generaldirektor der Rockefeller Foundation, Butenandt Ende Januar 1938 zum letztenmal besuchten, stellten sie fest, dass er alles erreicht hatte, »was man sich hinsichtlich der Ausstattung nur wünschen kann«. Butenandt brachte ihnen »warmherzig« (»warmly«) zum Ausdruck, dass er diese außergewöhnliche Stellung nur erlangt hätte, weil ihm die Rockefeller Foundation in der kritischen Konstellation der Danziger Jahre so großzügig zu Hilfe gekommen war.[36]

Ausblick

Adolf Butenandt gehörte zu den nicht wenigen deutschen Spitzenwissenschaftlern, die noch vor dem Übergang der NS-Diktatur zur offensiven Kriegsvorbereitung die Option hatten, Deutschland risikolos zu verlassen und ihre weitere wissenschaftliche Karriere aus den sich früh abzeichnenden Verstrickungen in eine Wissenschaftspolitik ohne ethische Grundsätze herauszuhalten. Butenandt hat diese Chance nicht wahrgenommen, weil ihm als Gegenleistung für sein Bleiben Arbeitsbedingungen, Einkommenssteigerungen und Prestigegewinne lockten, wie sie ihm nicht einmal die Medical School der Harvard University bieten konnte. Vielmehr hat er seine Umwerbung durch die Rockefeller Foundation und die Medizinischen Dekanate von Harvard und Chicago dazu genutzt, um seine Intelligenz und Kreativität möglichst teuer an das wissenschaftspolitisch-industrielle Machtzentrum des »Dritten Reichs« zu verkaufen. Er erwies sich dabei mit seinen 33 Jahren als kühler Rechner, der Vor- und Nachteile genau abwog und sich, sobald er seine Entscheidung getroffen hatte, zum »rotglühenden Nazi« (Thorfin R. Hogness) mauserte.

Der Preis aber war hoch. Butenandt gehörte bald zu jener besonders intelligenten und effizienzorientierten Technokratengruppe, die durch ihre bedingungslose Identifikation mit der NS-Diktatur deren aggressive Expansionspolitik nach innen und außen überhaupt erst möglich machte.

36 WW's (=Warren Weaver's) Interviews: Berlin, 21.1.1938, in: RA, Record Group 1.1, Series 700 (Europe), Box 21, Folder 150.

GERHARD BAADER

Die Zwangssterilisation in Berlin und ihre organisatorischen Grundlagen

Zwangssterilisation gehörte - wie wir alle wissen - zu den wesentlichsten Punkten nationalsozialistischer Bevölkerungspolitik. Sie wurde - anders als später die sog. »Euthanasie« - offensiv vertreten und hatte eine gesetzliche Grundlage, nämlich das »Gesetz zur Verhütung erbkranken Nachwuchses«; nach diesem Gesetz wurden im Reichsgebiet mindestens eine halbe Million Menschen zwangssterilisiert. War auch der Zwang erst in diesem typisch nationalsozialistischen Gesetz legalisiert, so ist die Diskussion um die Sterilisation als Mittel negativer Eugenik alt; sie ist ein Teil der bevölkerungspolitischen Debatte in der ganzen Weimarer Republik, und in ihr bestimmen die radikalen Rassenhygieniker immer mehr Richtung und Inhalt der Diskussion. Das Schreckgespenst, das sie an die Wand malen, klingt furchterregend: Vermehrung der Erbkranken auf Kosten der Erbgesunden, stärkere Fortpflanzung der sog. Minderwertigen, zunehmende Gefahr der Entartung des gesamten Volkskörpers. Das alles führt dazu, dass - trotz des Fehlens einer sicheren Erbprognose, vor allem bei psychisch Kranken - und der Unsicherheit des Wissens um den Anteil des Erbfaktors bei den sog. psychischen Abnormitäten, besonders bei der sog. Psychopathie - die Vorschläge zur eugenischen Sterilisation in der Weimarer Republik unter den Ärzten, aber auch insgesamt in der Gesellschaft eine so breite Zustimmung fanden, dass es zur Vorbereitung von gesetzgeberischen Schritten in dieser Sache in Sachsen, Preußen und Thüringen kam (Schmuhl 1987: S. 99-105).

Der preußische Entwurf, der bis zum 30. Juli 1932 überarbeitet wurde, hatte zwar die Vorstellung der Freiwilligkeit noch nicht aufgegeben, stimmte aber sonst fast wörtlich mit dem späteren »Gesetz zur Verhütung erbkranken Nachwuchses« überein. Festzuhalten ist, dass eine immer größere Anzahl von Ärzten bei der Vorbereitung dieses Entwurfs zu ihm positiv Stellung bezog; diese Vorstellungen waren für die Mehrzahl von ihnen konsensfähig geworden. Im Ausschuss des Landesgesundheitsrates, der über diesen Entwurf beriet, saßen neben den Rassenhygienikern auch Männer wie der Sozialhygieniker Alfred Grotjahn (Baader 1984: S. 78) oder Hans Harmsen von der Inneren Mission (Schleiermacher 1998: S. 237). Er war seit jeher ein Vorkämpfer radikaler eugenischer Maßnahmen gewesen und war bereit, sie in den Anstalten der Inneren Mission gegen die dort lebenden Pfleglinge durchzusetzen. So ist es nur konsequent, dass Harmsen sich schon 1931 auf der von ihm durchgeführten ersten »Fachkonferenz für Eugenik« der Inneren Mission in Treysa für eine Sterilisation von Bewohnern der Anstalten einsetzte (Schleiermacher 1998: S. 222f.). Auf der 2. Fachkonferenz 1932 in Berlin wurden diese Beschlüsse konkretisiert und erbbiologische Prüfungen in den Anstalten initiiert (Schleiermacher 1998: S. 234f.). Schon in Treysa hatte Harmsen gefordert, dass die Bewohner der Anstalten in von v. Verschuer ausgearbeiteten Erfassungsbögen, Individual- und Familienkarten erfasst werden sollten; durch diese planmäßige Familienforschung könnten die Anstalten Zentren der biologischen Sanierung werden, die nicht nur die Aufgabe der Bewahrung hätten, sondern darüber hinaus durch diese Forschungen einen Beitrag zur Eugenik leisten könnten. In den ebenfalls von Harmsen vorgelegten Leitsätzen vom 24. November 1932 wurde ausdrücklich darauf hingewiesen, dass nicht nur die Pflege des Kranken, Elenden und Lebensunwerten Ziel des Christentums, wie es von der Inneren Mission repräsentiert wurde, wäre und »keineswegs zur Entartung unseres Volkes« beitragen dürfe, sondern dass sich die Innere Mission vielmehr für eine »eugenische Erziehung und Aufklärung« einsetzen müsse.

Das ist das Vorfeld, in dem die Nationalsozialisten am 14. Juli 1933 das »Gesetz zur Verhütung erbkranken Nachwuchses« verabschiedeten. Wichtig sind in unserem Zusammenhang einige Faktoren; es ist nicht nur die Unsicherheit von Diagnose- und Erbfaktoren. Der Antrag auf Sterilisation konnte nicht nur von der betroffenen Person selbst, sondern auch von ihrem Vormund, von einem beamteten Arzt oder für Insassen von Kranken-, Heil-, Pflege- und Strafanstalten von dem jeweiligen Anstaltsleiter gestellt werden (Müller-Hill 1984: S. 33). Alle anderen Ärzte (Rothmaler 1991: S. 42) und Personen, die aufgrund ihres Berufes mit Kranken zu tun hatten, womit besonders Staatsbeamte gemeint waren, wurden dazu verpflichtet, beim zuständigen Amtsarzt eine Anzeige zu erstatten, wenn ihnen ›Erbkranke‹ oder ›schwere Alkoholiker‹ benannt wurden (Bock 1986: S. 184). Das ist die volle Einbeziehung des gesamten Öffentlichen Gesundheitswesens in die Durchführung dieses Gesetzes. Der Antrag wurde dann an die neu zu schaffenden Erbgesundheitsgerichte eingereicht. Sie waren den Amtsgerichten – in Berlin dem Kammergericht (Heinsdorff 2000: S. 52) – angegliedert und bestanden aus einem Amtsrichter als Vorsitzendem, sowie einem beamteten Arzt und einem sonstigen approbierten Arzt als Beisitzer. Die Berufung ihrer Mitglieder oblag den obersten Landesbehörden. Die ›Erbgesundheitsobergerichte‹ waren den Oberlandesgerichten angegliedert.

Ihre Zusammensetzung und ihre Befugnisse entsprachen denen der ›Erbgesundheitsgerichte‹. Das Urteil dieses Gerichtes war endgültig. Hatte das Gericht auf Sterilisation entschieden, wurde der oder die Betroffene von dem zuständigen Amtsarzt dazu aufgefordert, die Operation innerhalb der nächsten 14 Tage vornehmen zu lassen. Außerdem wurde ihm, wenn er nicht einen Selbstantrag gestellt hatte, mitgeteilt, dass er mit einer Zwangsvorführung zu rechnen habe, wenn er sich nicht freiwillig ins Krankenhaus begebe. Die Möglichkeit sich auf legalem Wege der Sterilisation zu entziehen, hatten die Betroffenen nur noch, wenn sie sich auf eigene Kosten in eine geschlossene Anstalt begaben oder so krank waren, dass jede Operation für sie eine Lebensgefahr bedeutete. Die Krankenhäuser und Ärzte, die die Sterilisationen durchführten, wurden von den obersten Landesbehörden bestimmt. Nach der Ausführung einer Sterilisation mussten sie einen ärztlichen Bericht über den Eingriff an den zuständigen Amtsarzt senden (Schmuhl 1987: S. 158).

Die Voraussetzung für die klaglose Durchführung all dieser Maßnahmen war eine straffe Neuordnung des Gesundheitswesens, um dieses unter dem Primat der Rassenpflege zu zentralisieren (Labisch/Tennstedt 1985: S. 214f.). Es ging um die Zerschlagung vor allem des kommunalen Gesundheitswesens, das in der Weimarer Republik das Zentrum sozialdemokratischer Gesundheitspolitik gewesen war (Winau 1987: S. 319). Doch das »Gesetz zur Vereinheitlichung des Gesundheitswesens« von 1934 legalisierte nur Verhältnisse, die vom ersten Augenblick an 1933 intendiert waren. Besonders hart waren die Eingriffe in Berlin, einem Zentrum der bisherigen Reformpolitik. Von den 1028 städtischen Ärzten waren hier 458 Juden gewesen. Sie wurden zumeist noch vor dem Inkrafttreten des »Gesetzes zur Wiederherstellung des Berufsbeamtentums« vom 7. April 1933 zusammen mit politisch Missliebigen, vor allem Sozialdemokraten und Kommunisten, entlassen (Grell 1989: S. 62). Von den 20 Stadtärzten, die 1933 im Amt waren, ist 1937 nur noch einer als Amtsarzt nachweisbar. Mit der Durchführung dieser Maßnahmen wurde ein fanatischer Nationalsozialist beauftragt, der Kreisarzt Wilhelm Klein aus Wiesbaden, der dort ab 1932 die Ortsgruppe des Nationalsozialistischen Deutschen Ärztebundes leitete. Er wurde am 13. März 1933 Staatskommissar des Gesundheitswesens der Stadt Berlin und damit auch Leiter des kommunalen Hauptgesundheitsamtes (Grell 1989: S. 63). Schon im Juli 1933 hat er sich mit Vorschlägen zur Neuordnung des Berliner Gesundheitswesens an den dafür zuständigen Staatssekretär der Reichshauptstadt Dr. Julius Lippert gewandt. Prinzipiell ging es dabei darum, das öffentliche Gesundheitswesen, das durch die Entfernung seiner qualifiziertesten Mitarbeiter durch die Maßnahmen des NS-Regimes einen schweren Schlag erhalten hatte (Stürzbecher 1972: S. 657f.), im Sinne der Vorstellungen dieser neuen Machthaber umzugestalten. »Der Leiter eines Gesundheitsamtes« – so wird es im Gesetz später heißen – »ist ein staatlicher Amtsarzt ... (diese) Bezeichnung ist im ganzen Reich dem leitenden

Arzt vobehalten«. §12 des Gesetzes legte die Einstellungsvoraussetzungen des neu geschaffenen Amtsarztes fest: arische Abstammung, ärztliche Approbation, medizinische Doktorwürde, bestandene amtsärztliche Prüfung und 5 Jahre praktische Tätigkeit als Arzt. Was hier intendiert ist, ist die Beseitigung des Stadtarztes als selbständige Institution und seine Angleichung an den staatlichen Kreisarzt. Damit sollte der Oberbürgermeister für alle Fragen des Gesundheitswesens in Berlin allein zuständig und den Oberpräsidenten von Preußen verantwortlich sein. Die Gesundheitsverwaltung sollte an den Stadtmedizinalrat als Fachdezernenten delegiert werden. Dieser »bedient sich zur Durchführung seiner Obliegenheiten des Hauptgesundheitsamtes der Stadt Berlin«. Die Gesundheitsämter der Bezirke sollten analog der Ressorteinteilung des Hauptgesundheitsamtes organisiert und von einem Medizinalrat geleitet werden. Die bisher zentrale Verwaltung aller Anstalten, auch der Heil- und Pflegeanstalten, sollte in den Aufgabenbereich des zuständigen Bezirksgesundheitsamtes fallen (Grell 1989: S. 65-69). Anfang April 1934 veröffentlichte der Oberbürgermeister in diesem Sinne auch eine umfangreiche Dienstanweisung für die Berliner Gesundheitsverwaltung; er ordnete an, die bestehenden Einrichtungen der Mütter-, Säuglings- und Kleinkinderfürsorge einschließlich neuer Eheberatungsstellen - meist Nachfolger der seit 1933 geschlossenen ehemaligen Eheberatungsstellen der Stadt - in »Beratungsstellen für Erb- und Rassenpflege« bei den Gesundheitsämtern zusammenzufassen. Diese sollten ihre Tätigkeit innerhalb von drei Wochen aufnehmen.

Es ging jedoch nicht nur darum, die Geburtenziffern durch Förderungsmaßnahmen aufgrund eines positiv-eugenischen Programms zu heben, sondern negative Eugenik zunächst bei der Durchführung des »Gesetzes zur Verhütung erbkranken Nachwuchses« durchzuführen. In dessen Rahmen wurden die Gesundheitsämter verpflichtet, »planmäßig nach Erbkranken zu fahnden«. Dies traf insbesondere auf die Schulärzte zu, die die Hilfsschulen ärztlich versorgten, auf die Beratungsstellen für Geschlechtskranke (Dirnentum und Schwachsinn), die Fürsorgestellen für psychisch Kranke und die Krüppelfürsorgestellen. »Auch im Verdachtsfall mussten die ›Erbkranken‹ dem Amtsarzt gemeldet werden. In den Bezirksämtern bereits vorhandenes Material, z. B. »Akten der geschlossenen Trinkerfürsorge«, sollte nach zu Sterilisierenden durchforstet werden. Auf die Betroffenen sollten die Ärzte so einwirken, dass sie Anträge auf Unfruchtbarmachung möglichst selbst stellten.

Der zuständige Amtsarzt war auch der Adressat der Meldungen ›erbkranker‹ Patienten aus den Heil- und Pflegeanstalten. Alle Meldungen waren auf standardisierten Formularen doppelt auszufertigen; jeweils ein Exemplar erhielt das Hauptgesundheitsamt. Im Mai 1935 gab Arthur Gütt im Auftrag des Reichs- und Preußischen Minister des Inneren die »Grundsätze für die Errichtung und die Tätigkeit der Beratungsstellen für Erb- und Rassenpflege« heraus. Sie bestätigen die Rolle der Gesundheitsämter als Instrumente der lückenlosen Erfassungsmethodik in einem einheitlichen Karteiensystem, das die Grundlage zur »Erbbiologischen Erfassung des deutschen Volkes« bilden sollte. Die ärztlichen Untersuchungen sollten vor allem die ›Sippe‹ der Klienten erfassen. Die Ärzte wurden angewiesen die durch tausendfache Brechung der ärztlichen Schweigepflicht gewonnenen Daten mit Unterstützung von Parteidienststellen und anderen Institutionen wie Krankenhäusern, Heil- und Pflegeanstalten und Gerichten zu ergänzen und zu speichern. Als »lückenloses Nachschlagewerk« sollte diese erbbiologische Kartei zunächst den staatlich-medizinischen Zugriff auf die »minderwertige erbkranke Sippe« ermöglichen; geplant war aber die Ausweitung dieser Kartei auf die gesamte Bevölkerung.

Zur Durchführung dieser Maßnahmen war die Organisation einer zentralen Behörde nötig, nämlich eines nur staatlich organisierten Hauptgesundheitsamts. Zwar liegt uns ein genauer Organisationsplan dieser Behörde erst von 1939 vor, doch wurde schon früher in ihm als Abteilung V die Abteilung für Erb- und Rassenpflege unter der Leitung von Theodor Paulstich systematisch ausgebaut. In ihr hatte die Durchführung des »Gesetzes zur Verhütung erbkranken Nachwuchses« in der Unterabteilung für »ausmerzende Erb- und Rassenpflege« ihren Platz. Wichtig wird darüber hinaus für diese Behörde der bereits erwähnte Erlass Gütts vom 21. Mai 1935 zur erbbiologischen Erfassung der gesamten Bevölkerung des Reiches. Anfang 1936 begann man diese »erbbiologische Zentralkartei« einzurichten, die nach zwei Jahren bereits ein riesiges Volumen erreicht hatte: 1938 enthielt diese Berliner »Geburtsort- und Auskunftskartei« 120.000 Karteikarten; im Laufe des Jahres steigerte sich der monatliche Zuwachs um jeweils 10 %. Hauptthema der Diskussion innerhalb dieser Behörde in den Jahren 1935-1939 waren der ungeheure Finanz- und Arbeitsaufwand, den diese mit Akribie betriebene Erfassung für das Amt bedeutete.

Außer der »zentralen Erbkartei« hatte man 1938 das »Erbarchiv« zur Auswertung und Verkartung von erbgesundheitsrelevanten Unterlagen der Gerichte, Fürsorgeinstitutionen und Krankenkassen eingerichtet. 440.900 Akten sollten bearbeitet werden; 1939 befanden sich ca. 40.000 im Hauptgesundheitsamt, davon waren 1.000 in Bearbeitung. Bis 1939 speicherte das Amt die Daten von 120.000 Berlinern, 32.000 wollte man zur Objektivierung der Befunde und aus wissenschaftlichen Interessen ärztlich untersuchen (Grell 1989: S. 69-71).

Besonders gravierend werden diese Maßnahmen für die Heil- und Pflegeanstalten. Am 8. Februar 1936 ergeht vom Reichs und Preußischen Minister des Inneren eine Weisung an den Staatskommissar für die Reichshauptstadt Berlin, diese erbbiologische Bestandsaufnahme in den öffentlichen Heil- und Pflegeanstalten durch die Provinzialbehörde vornehmen zu lassen. Der Mithilfe des Gemeindetags hat sich der Minister dabei versichert, der für die Heil- und Pflegeanstalten Erhebungen über an ihren Patienten durchgeführte Sterilisationen durchführen lässt. Für Berlin waren es 1934/35 779 (Friedländer 1995: S. 34f.). Am 2. März 1936 schließlich sendet der Staatskommissar der Reichshauptstadt Berlin bereits die Richtlinien zur Durchführung dieser Maßnahmen an den Oberbürgermeister. Der bereits erwähnte Theodor. Paulstich wird zum Landesobmann für diese Maßnahmen bestimmt, und unter seiner Leitung werden sie in den Wittenauer Heilstätten und in der Heil- und Pflegeanstalt Wuhlgarten in Angriff genommen (Emmerich 1989: S. 82). Die Heil- und Pflegeanstalten Buch und Herzberge zögern den Beginn dieser Maßnahmen noch etwas hinaus, jedoch nicht aus prinzipiellen Bedenken, sondern um neue Stellen für ihre Durchführung zu fordern. Diese Stellen werden auch neu geschaffen und zwar nicht nur in Buch und Herzberge, sondern auch in Wittenau und Wuhlgarten. Es handelt sich dabei jeweils um eine Arztstelle, um die eines Stadtsekretärs VIIa und die einer Kanzleiangestellten. Von da an laufen diese Maßnahmen planmäßig. So heißt es auch 1939 in einem Bericht der Amtsärzte an das Hauptgesundheitsamt zu Herzberge: »Verkartung ordnungsgemäß durchgeführt«, Buch »beachtet die Bestimmungen des Erlasses genau«. Den Wittenauer Heilstätten und dem im Bezirk Reinickendorf gelegenen Fürsorgeheim wird bescheinigt, dass sie die Verkartung regelmäßig und ordnungsgemäß durchführen. Mit diesen Maßnahmen befinden wir uns jedoch klar bereits im Vorfeld der sog. »Euthanasie«. Deren Fragebogenaktion ist durch eine solche erbbiologische Bestandsaufnahme zumindest inhärent vorbereitet und es ist kaum denkbar, dass die an dieser Erfassung der sog. ›Erbkranken‹ in ihren Anstalten beteiligten Psychiater sich nicht über die Verwendung dieser Daten zu mehr als statistischen Zwecken bewusst waren. Und der Schritt von Zwangssterilisation zur sog. »Euthanasie« war bei der rabiaten rassenhygienischen Politik der Nationalsozialisten gegen als erblich minderwertig definierte Menschen und besonders psychisch Kranke nur ein kleiner Schritt. Es ist kaum glaublich, dass die beteiligten Psychiater ihn nicht billigend in Kauf genommen hatten. Wichtig ist dabei Folgendes: Die ersten Betroffenen vom Patientenmord der Anstaltspatienten waren gerade die in ihnen vorher Zwangssterilisierten. Das alles heißt nichts anderes als: Zwangssterilisation und die sog. »Euthanasie« sind nur zwei Seiten derselben Medaille (Winau 1987: S. 334)

Literatur

Baader G. (1984): Die Medizin im Nationalsozialismus. Ihre Wurzeln und die erste Periode ihrer Realisierung 1933 - 1938. In: Pross C./Winau R. (Hrsg): nicht misshandeln. Das Krankenhaus Moabit 1920 - 1945 (Stätten der Geschichte Berlins, Bd. 5). Berlin: 61-107

Bock G. (1986): Zwangssterilisation im Nationalsozialismus. Studien zur Rassenpolitik und Frauenpolitik (Schriften des Zentralinstituts für sozialwissenschaftliche Forschung der Freien Universität Berlin, Bd. 48). Opladen

Emmerich N. (1989): Die Wittenauer Heilstätten 1933 -1945, in: Totgeschwiegen 1933 - 1945. Zur Geschichte der Wittenauer Heilstätten, seit 1957 Karl-Bonhoeffer-Nervenklinik (Stätten der Geschichte Berlins, Bd. 17). 2. Aufl., Berlin: 77-92

Friedlander H. (1995): The Origins of Nazi Genocide. From Euthanasia to the Final Solution. Chapel Hill/London

Grell U. (1989): »Gesundheit ist Pflicht«. Das öffentliche Gesundheitswesen Berlins 1933 -1945, in: Totgeschwiegen 1933 - 1945. Zur Geschichte der Wittenauer Heilstätten, seit 1957 Karl-Bonhoeffer-Nervenklinik (Stätten der Geschichte Berlins Bd.17). 2. Aufl., Berlin: 49-76

Heinsdorff J. (2000): Zwangssterilisationen von Alkoholikern in den Wittenauer Hilstätten (seit 1957 Karl Bonhoeffer Nervenklinik). Eine Untersuchung zum »Gesetz zur Verhütung erbkranken Nachwuchses« im Nationalsozialismus. Hist. Magisterarbeit FU Berlin (masch.)

Labisch A., Tennstedt F. (1985): Der Weg zum »Gesetz über die Vereinheitlichung des Gesundheitswesens vom 3. Juli 1934«. Entwicklungslinien und -momente des staatlichen und kommunalen Gesundheitswesens in Deutschland (Schriftenreihe der Akademie für öffentliches Gesundheitswesen in Düsseldorf, Bd. 13,1/2). Düsseldorf

Müller-Hill B. (1984): Tödliche Wissenschaft. Die Aussonderung von Juden, Zigeunern und Geisteskranken 1933 - 1945. Reinbek bei Hamburg: rororo aktuell 5349

Rothmaler C. (1991): Sterilisationen nach dem »Gesetz zur Verhütung erbkranken Nachwuchses« vom 14. Juli 1933 (Abhandlungen zur Geschichte der Medizin und der Naturwissenschaften, H. 60). Husum

Schleiermacher S. (1998): Sozialethik im Spannungsfeld von Sozial- und Rassenhygiene. Der Mediziner Hans Harmsen im Centralausssschuss für die Innere Mission (Abhandlungen zur Geschichte der Medizin und der Naturwissenschaften, H. 85). Husum

Schmuhl H.-W. (1987): Rassenhygiene, Nationalsozialismus, Euthanasie. Von der Verhütung zur Vernichtung ‚lebensunwerten Lebens', 1890 -1945 (Kritische Studien zur Geschichtswissenschaft, hrsg. von Berding, H., Kocka, J., Wehler, H.-U., Bd. 75). Göttingen

Stürzbecher M. (1972): Die Entwicklung des öffentlichen Gesundheitsdienstes im 20. Jahrhundert am Beispiel Berlins. Öff.Gesundh.-Wesen 34: 653-659

Winau R. (1987): Medizin in Berlin. Berlin/New York

DORIS FISCHER-RADIZI

Rudolf Elkan, ein engagierter Hamburger Arzt und Sexualreformer

Während der Arbeit an meiner Dissertation bei Frau Prof. Dr. Heidrun Kaupen-Haas über Hamburger Ehe- und Sexualberatungsstellen in der Weimarer Republik bin ich auf den Arzt Rudolf Elkan gestoßen, an den ich mit diesem Artikel erinnern möchte. Er hatte bereits in den zwanziger Jahren ein erstaunlich modernes Konzept zur Verbreitung von medizinischen Kenntnissen über Verhütungsmittel durch Selbsthilfegruppen und Beratungsstellen in Zusammenarbeit mit Ärzten entwickelt, wie es erst wieder in den siebziger Jahren diskutiert und in den achtziger Jahren mit der Gründung von Selbsthilfegruppen etabliert wurde. Gleichzeitig möchte ich an einen Arzt erinnern, der 1933 von den Nationalsozialisten als Jude und Sexualreformer verfolgt, misshandelt und aus Deutschland vertrieben wurde und dem es dennoch trotz vieler Widrigkeiten gelang, in England als Wissenschaftler internationale Anerkennung zu finden.

Elkan wurde 1895 in Hamburg geboren. Eigentlich wollte er Zoologie studieren, aber auf Anraten seiner Familie »warned from all sides that zoology would be the path to starvation«[37] entschied er sich für das Medizinstudium, das er 1915 begann. Im Dezember 1914 trat er wie fast alle jungen Männer seiner Generation als Kriegsfreiwilliger dem Heer bei, 1916–18 war er im Sanitätsdienst. Seine Dissertation schrieb er an der Universitätsfrauenklinik Freiburg bei Geh.Rat Prof. Opitz über »Ein neues Schwangerschaftszeichen«.[38]

Nach dem Studium arbeitete er von 1925–28 als Praktischer Arzt in Palästina[39] und ließ sich anschließend als Praktischer Arzt und Geburtshelfer in Hamburg in

37 Naomi Hull (2001): persönlicher Brief der jüngsten Tochter Rudolf Elkans.

38 Rudolf Elkan (o.J.): Ein neues Schwangerschaftszeichen, Freiburg.

39 Naomi Hull (2001), ebenda.

der Maria Louisenstraße 94 und im Horner Weg 99 nieder.[40] Damals war es aus wirtschaftlichen Gründen durchaus üblich, an zwei verschiedenen Orten Sprechstunden abzuhalten.

In seiner Praxis war Elkan mit den Sorgen der Frauen vor ungewollter Schwangerschaft, ihren gesundheitlichen Beeinträchtigungen durch häufige Schwangerschaften und den Folgen des § 218 konfrontiert. Nach damaligen Schätzungen kam auf nahezu jede Geburt eine Abtreibung, ca. 15 000 pro Jahr in Hamburg und 1 Million in ganz Deutschland.[41] Die Hälfte aller gynäkologischen Erkrankungen (jedes Jahr starben in Deutschland 10 000 Frauen an den Folgen dieser Eingriffe) führte man letzten Endes auf die Folgen der Abtreibungen zurück.

Als Maßnahme zur Prävention setzte sich Elkan früh für die Erforschung und Verbreitung von Verhütungsmitteln ein, zu der Zeit unter Ärzten ein umstrittenes Engagement. Der Erfinder des ersten Diaphragmas, der Flensburger Arzt Mensinga, veröffentlichte 1881 unter einem Pseudonym und wurde nach Bekanntwerden seiner Identität noch aus der ärztlichen Gesellschaft ausgeschlossen, da man die Verhütung der Schwangerschaft als Gewerbe und nicht als ärztliche Aufgabe ansah.[42] Einer der führenden Gynäkologen, Prof. Dr. Walter Stöckel von der Universitätsfrauenklinik Berlin, schrieb noch 1924 in seinem Lehrbuch:

> »Alle Maßnahmen aber, den Koitus in konzeptioneller Hinsicht unwirksam zu machen, entbehren der völligen Sicherheit oder wirken gesundheitsschädigend.«[43]

Der öffentliche Verkauf von Verhütungsmitteln war verboten. Erst 1928 brachte die Änderung des § 184 zur Bekämpfung von Geschlechtskrankheiten eine gewisse Lockerung[44] und zumindestens Kondome konnten in einer »Sitte und Anstand« nicht verletzenden Weise beworben und verkauft werden.[45]

In den zwanziger Jahren wurden in zahlreichen Städten aus der Frauen- und Sexualreformbewegung hervorgegangene Vereine für Geburtenregelung gegründet, um unter Umgehung des § 184 im nicht öffentlichen Raum über Verhütungsmittel aufzuklären und diese günstig an die Vereinsmitglieder abzugeben. Diese – damals als Laienorganisationen bezeichneten – Vereine, die man heute als Selbsthilfeorga-

---

40 Mitteilungen für Ärzte und Zahnärzte Groß-Hamburgs (im folgenden Text MÄZGHH abgekürzt), 1931, H. 14, S. 196.

41 Wilhelm Liepmann (1931): Vertrauensarzt und Abortus arteficialis. In: Soziale Medizin, Jg. 4, H. 10, S. 598 - 604. Erich Röper (1927): Abort und soziale Indikation. In: MÄZGHH, H. 42, S. 436 ff.

42 Heinrich Gesenius (1970): Empfängnisverhütung. München/Berlin/Wien: Verlag Urban und Schwarzenberg (3. neubearbeitete Auflage), S. 11/12.

43 Walter Stoeckel (1924): Lehrbuch für Gynäkologie. Leipzig, Hirzel, S. 535.

44 Reichsgesetzblatt § 184 , Abs. 3.

45 Rudolf Elkan (1932): Schwangerschaftsverhütung, Anleitung zum richtigen Gebrauch der wirksamsten Methoden. Nürnberg: Verlag des Reichsverbandes für Geburtenregelung und Sexualhygiene e.V., S. 6.

nisationen bezeichnen würde, hatten in Deutschland weit über 100 000 Mitglieder.[46]

Eine dieser Organisationen war der »Reichsverband für Geburtenregelung und Sexualhygiene«. Die Hamburger Ortsgruppe wurde 1933 von Frauen der Hamburger Bürgerschaft (Adele Reiche, Paula Henningsen, SPD), Ärzten (Rudolf Elkan, Hans Lehfeld), Mitgliedern des Hamburger Gesundheitsamtes und Vorstandsmitgliedern der Arbeiter-Samariter-Kolonne gegründet.[47] In der SPD wurde er skeptisch »Paula Henningsens unanständiger Verein« genannt. Die anfangs kleine Ortsgruppe zählte nach zwei Jahren bereits 1500 Mitglieder.[48] Sie erhielten gegen einen Monatsbeitrag von 40 Pfennigen die Zeitschrift »Sexual-Hygiene« und bezogen über die Geschäftsstelle günstig Verhütungsmittel. Monatlich fanden Vortragsabende unter anderem über Geburtenregelung, Schwangerschaft, aber auch Eugenik und Bevölkerungspolitik statt.[49]

Elkan war der medizinische Berater des Reichsverbandes. Er setzte sich besonders für die Verbreitung theoretischer und praktischer Kenntnisse über Verhütungsmittel ein. In einer Broschüre des Reichsverbandes beschrieb er anschaulich die damals möglichen Verhütungsmethoden. Mit dem Kollegen Neubauer entwickelte er ein Modell, an dem er Frauen in Kursen das Einsetzen des Diaphragmas erläuterte und an dem sie es auch gleich üben konnten.[50] In Werbeveranstaltungen, die von geschäftstüchtigen Herstellern unwirksamer Verhütungsmittel organisiert wurden, trat er aufklärend auf und behinderte deren Verbreitung. Auch so trug er zur »Qualitätssicherung« in der Laienbewegung bei. Er schrieb zahlreiche Artikel, hielt Vorträge vor Laien und Ärzten[51], auch auf der Generalversammlung des Reichsverbandes[52], nahm an nationalen und internationalen Kongressen für Geburtenregelung teil und arbeitete mit nationalen und internationalen Vertretern der Geburtenregelungsbewegung zusammen, so mit dem Berliner Stadtarzt Max Hodann und mit Elise Ottesen-Jensen, die in Schweden und Norwegen eine Organisation für Geburtenregelung aufbaute.[53]

46 Hans Lehfeldt (1932): Die Laienorganisationen für Geburtenregelung. In: Archiv für Bevölkerungspolitik, Sexualethik und Familienkunde, Jg. 2, S. 85.

47 Hans Lehfeldt (1932), S. 65.

48 Sexual-Hygiene, Zeitschrift des Reichsverbandes für Geburtenregelung und Sexualhygiene, Jg. 3, 1931, Nr. 6, S. 46.

49 Jahresbericht der Ortsgruppe Hamburg des Reichsverbandes für Geburtenregelung und Sexualhygiene 1931, o.O.

50 Rudolf Elkan (1932).

51 MÄZGHH, 1932, H. 26, S. 443.

52 Sexual-Hygiene, 1930, Jg. 2, H. 13, S. 104.

53 Edward Elkan (1983): Sketches of my Life, Middlesex: Pinner. Persönliches Manuskript von E.Elkan für seine Kinder und Enkelkinder. Erhalten von seiner jüngsten Tochter Naomi Hull.

Durch die ablehnende Haltung gerade der Gynäkologen wurde sowohl die Forschung wie die Ausbildung und Fortbildung innerhalb der Ärzteschaft behindert. Elkan forderte immer wieder als einen Bestandteil ärztlicher Aufgaben größere Anstrengungen zur Erforschung sicherer und unschädlicher Verhütungsmittel zum Schutz der Frauengesundheit.

»Kann man die bisherige Praxis, die Frauen in Unkenntnis der wichtigsten Hilfsmittel des Sexuallebens zu lassen, und sie - nach eingetretener Schwangerschaft - getrost dem Kurpfuscher zur gefälligen Einleitung des Abortes zu ‚überweisen', kann man diese Praxis als ‚Gesundheitsdienst' bezeichnen?«[54]

Als Reaktion auf die zunehmende Verbreitung von Verhütungsmitteln durch die Laienbewegung befasste sich 1931 die Deutsche Gesellschaft für Gynäkologie mit diesem Thema. Stoeckel verfasste 32 Leitsätze über die Behandlung der Konzeptionsverhütung im akademischen Unterricht.[55]

> »Es ist aber zweifellos, dass eine leichtfertige Handhabung oder völlige Ablehnung der Indikationen das ärztliche Ansehen schädigt.«[56]

Die Indikationen reichten vom »Schutz der mütterlichen Gesundheit«, »Verhütung minderwertiger und asozialer Nachkommenschaft« und die »soziale Indikation«[57] bis zu bevölkerungspolitischen Argumenten[58] und wurden heftig diskutiert.

Elkan und sein Kollege Neubauer kritisierten diese Indikationsregel und sprachen jedem Menschen ein Recht auf Verhütung zu.

> »Ich wüsste auch nicht, dass wir Ärzte selber in unseren Familien uns von irgend jemanden in diese Frage hineinreden ließen, dass wir uns nicht unseren wirtschaftlichen Möglichkeiten oder auch sonst mehr oder minder stichhaltigen Gründen anpassten.«[59]

Die Verbreitung von Verhütungsmitteln trug zur Verbesserung der Frauengesundheit bei. Durch die Arbeit der Laienorganisationen wurde diese Entwicklung initiiert und gefördert, wurde eine öffentliche Diskussion entfacht, die nach Jahren auch zu gewissen Zugeständnissen bei den ärztlichen Berufsverbänden führte.

Elkan vertrat mit seinen Ansichten und seinem Engagement in seiner Berufsgruppe eine Außenseiterposition. Er forderte eine Medizin, die sich an den Bedürfnissen des Individuums und des medizinisch Machbaren orientiert. Die Prävention

54 Rudolf Elkan (1930): Wege zur Überwindung des § 218, Hamburg, S. 4.

55 Fachkonferenzen für Geburtenregelung, 1931. In: Archiv für Bevölkerungspolitik, Sexualethik und Familienkunde, Jg. 1, S. 74-76.

56 Ebenda, S. 75.

57 Ein Fragebogen der Arbeitszentrale für Geburtenregelung, 1931. In: Die Medizinische Welt, Jg. 5, Nr. 48, S. 1728.

58 Bonne, der Ältere (1930). In: MÄZGHH, H. 39, S. 493.

59 Walther Neubauer (1930): Zum Thema Geburtenregelung, In: MÄZGHH, H. 39, S. 494.

gehörte nach seiner Meinung genauso zu den Aufgaben der Medizin wie die Behandlung von Krankheiten. Er hielt Aufklärung, Schulung und Öffentlichkeitsarbeit sowie Hilfe zur Selbsthilfe für eine ärztliche Aufgabe. Heute ist uns vieles davon selbstverständlich, damals waren seine Forderungen außergewöhnlich, er war ein Pionier dieser Entwicklungen.

Das Netz der Laienorganisationen für Geburtenregelung wurde 1933 von den Nationalsozialisten zerschlagen. Sämtliche Sexualberatungsstellen wurden geschlossen, die Laienorganisationen verboten, ihre führenden Mitglieder verfolgt.

Elkan wurde am 23.Juni 1933 in seiner Wohnung von einem Spezialkommando der Hamburger Ordungspolizei verhaftet.[60] Nach seiner Entlassung musste er Deutschland verlassen mit der Anweisung, absolutes Stillschweigen zu bewahren, da sonst seine Familie in Deutschland gefährdet sei.

Elkan schrieb später seine Erinnerungen für die Familie nieder:

> »Why was I so particularly hated by the Hamburg Nazis? (a) I was a Jew, baptism or not; (b) I was on friendly terms with Max Hodann, a communist municipal doctor in Berlin who often came to our meetings in Hamburg where we made intensive propaganda for birth-control, and (d) I was in contact with Elise Ottesen-Jensen who had most successfully copied our birth control organisation in Sweden and Norway.«[61]

Während seiner Haft wurde Elkan schwer misshandelt. Als er in England ankam, trug er noch die Spuren seiner Verletzungen. Eine Cousine Elkans, die ihn in London am Bahnhof abholte, berichtete:

> »E. hatte eine gebrochene Nase, Arm und viele andere Verletzungen von der brutalen Behandlung der Nazis. Er sprach nie mit mir darüber.«[62]

Unterstützung fand Elkan in London zunächst bei Helena Wright, die er in Zürich 1929 auf einer Konferenz für Geburtenregelung kennengelernt hatte, und ihrem Mann dem Chirurgen Peter Wright, die ihn zunächst bei sich aufnahmen. Finanzielle Unterstützung fand er beim Londoner Flüchtlingskomitee für seinen Aufenthalt in England. Seinen ursprünglichen Plan, nach Stockholm zu Elise Ottesen-Jensen zu gehen, mit der er vor 1933 in intensivem Austausch über die birth-control Bewegung stand, musste er aus finanziellen Gründen aufgeben.

Elkans Staatsexamen wurde in England nicht anerkannt, englische Universitäten nahmen keine Flüchtlinge auf, so dass er nach Schottland gehen musste und dort sein englisches Staatsexamen nachholte. Durch Vermittlung von Helena

60 Henning Timke (Hrsg.) (1964): Dokumente zur Gleichschaltung des Landes Hamburg 1933. In: Veröffentlichungen der Forschungsstelle für die Geschichte des Nationalsozialismus in Hamburg, Bd IV. Frankfurt/Main: Europäische Verlagsanstalt, S. 257.

61 Edward Elkan (1983), S. 52.

62 Vera Morley (2001): persönlicher Brief der Cousine Rudolf Elkans.

Wright konnte er dann in London in der Praxis von Dr. Obermer als Praktischer Arzt arbeiten. Im Rahmen dieser Tätigkeit musste er einmal sogar Albert Speer behandeln,

> »...where on one extraordinary occasion he had to go to the Ribbentrops' house and attend to Albert Speer.«[63]

Bei Kriegsausbruch wurde Elkan wie alle Deutschen interniert, zunächst in der Nähe von Liverpool, dann auf der Isle of Man.[64] Nach seiner Entlassung arbeitete er zunächst wieder als Praktischer Arzt. Nebenbei beschäftigte er sich mit der Entwicklung von Schwangerschaftstests. Zunächst arbeitete er mit seinem Freund B. P. Wiesner an Tests mit weißen Mäusen[65], später, angeregt durch die Arbeit des südafrikanischen Zoologen Hogben, mit Fröschen, Xenopus laevis D, die er nach einigen Schwierigkeiten mit den Behörden aus Südafrika bestellte und zu Hause auf dem Balkon hielt.

> »It seems that my first telegraphic order: ‚Send 100 Xenopus' aroused deep suspicions with the authorities. What kind of secret and probably dangerous war material was I ordering to the detriment of Old England?? Well, after this had been satisfactorily explained, the first Xenopi arrived and were beautifully housed in a large aquarium on my balcony overlooking the park.«[66]

Elkan konnte jetzt nebenberuflich wieder an seine Jugendleidenschaft, die Zoologie, anknüpfen und widmete sich ihr ohne finanzielle Unterstützung mit Engagement und Einfallsreichtum. So löste er das Problem des Froschfutters auf ungewöhnliche Weise.

> »But now: how to feed these?...What easier than blood of my patients? This method worked perfectly but there were not always sufficient numbers of ‚donors' at hand, so I tried emulsified butcher's liver instead and a standard Xenopus-breeding-colony was soon established.«[67]

Jahre später, 1970, Elkan war bereits 75 Jahre alt, bot ihm das Gesundheitsministerium eine Teilzeitstelle in ihren neuen eigenen Schwangerschaftstestlabors an. Er gab seine Tätigkeit als Praktischer Arzt auf und arbeitete zunächst mit Dr. Schwabader, später mit Reichenbach-Klinke über Pathologie und Erkrankungen von Reptilien und Amphibien. Mit seinen Forschungen erlangte er internationales Ansehen. Nach ihm (er nannte sich in England wegen der leichteren Aussprache Edward nach seinem zweiten Vornamen Eduard) wurde eine Stiftung – The Edward Elkan

63 Naomi Hull (2001), ebenda.

64 Naomi Hull (2001), ebenda.

65 Vera Morley (2001), ebenda.

66 Edward Elkan (1983), ebenda, S. 56.

67 Edward Elkan (1983), ebenda, S. 56.

Reference Collection of lower vertebrate Pathology - zur Förderung des wissenschaftlichen Nachwuchses benannt.[68] Elkan starb im Juli 1983 im Alter von 88 Jahren.[69] (33)

Elkan hat die Zeit der Verfolgung durch die Nationalsozialisten überlebt. Es gelang ihm trotz vieler widriger Umstände in seinem Beruf als Arzt wieder Fuß zu fassen und insbesondere konnte er durch sein unermüdliches Engagement noch im fortgeschrittenen Alter seinen Beruf mit seinem Hobby, der Zoologie, verbinden und auf diesem Gebiet als Wissenschaftler internationale Anerkennung finden. Hamburg jedoch hatte in ihm durch die Nationalsozialisten einen hervorragenden Mediziner und Wissenschaftler verloren.

68 J. E. Cooper (1987): The Edward Elkan Reference Collection of lower vertebrate Pathology, London.

69 J. E. Cooper (1987), ebenda.

HEIDE BERNDT

Medizinsoziologische Überlegungen zur psychischen Erkrankung von Max Weber

Als ich Anfang der 60er Jahre Soziologie in Frankfurt/Main studierte, blieb mir die Tatsache verborgen, dass Max Weber über Jahre an den Folgen eines schweren psychischen Zusammenbruchs litt. Obwohl Marianne Weber schon 1926 ausführlich beschrieben hatte, dass er wegen dieser »Höllenfahrt« von 1897–1902 arbeitsunfähig war und sogar seine Lehrtätigkeit aufgab, schien das damals für die soziologische Theoriediskussion ohne Bedeutung und war auch während des 15. Soziologentages 1964 in Heidelberg, zu Ehren des 100. Geburtstags von Max Weber, kein Thema. Die Auseinandersetzung mit Max Weber und seiner Zeit bleibt jedoch aktuell, denn wie Wilhelm Hennis, ein kluger, alter Max-Weber-Kenner sagt: »Jede Bemühung um Webers Werk riskiert unvermeidlich eine Auseinandersetzung um den Charakter der modernen Sozialwissenschaft« (Hennis 1982, S. 241). Das gilt umso mehr, seitdem die Sozialarbeit auf eine eigene »Sozialarbeitswissenschaft« zustrebt.

Trotz der genauen Beschreibung der Krankheitssymptome hatte Marianne Weber keine Diagnose genannt. Sollte der bedeutendste Begründer soziologischen Denkens in Deutschland mit dem Makel einer Geisteskrankheit behaftet sein? Als Auslöser der »Höllenfahrt« wurde von Marianne Weber ein heftiger Streit im Sommer 1897 mit dem Vater, Max Weber sen., genannt. Ohne sich mit seiner Familie versöhnt zu haben, starb der Vater sehr bald danach. »Kein Selbstvorwurf« wegen dieses Familienkrachs habe Max Weber erschüttert, allerdings streckte am Ende des Sommers 1897 »ein böses Etwas seine Krallen nach ihm aus«: nach einer Prüfung »überfällt ihn völlige Erschöpfung mit Kopfhitze und Spannungsgefühlen« (Marianne Weber 1950, S. 265-269). Zwei Aufenthalte in psychiatrischen Kliniken scheinen ebenso bedrückend wie nutzlos gewesen zu sein, so dass Reisen, besonders nach Italien, als das geeignete Heilmittel erschienen. Als sich Max Weber 1902 erholte, fertigte er eine Selbstdarstellung seiner Krankheit an, die Marianne Weber nach seinem Tod dem Psychiater und Philosophen Karl Jaspers gab. In Absprache mit Jaspers vernichtete Marianne Weber dieses unschätzbare Dokument während des III. Reichs (Baumgarten 1964, S. 640/41).

In einem neueren Versuch, Max Webers psychische Erkrankung psychiatrisch-diagnostisch einzuordnen, sprechen J. Frommer, Dr. med., und S. Frommer, Dipl. Soz., von einer Depression, die Weber von 1897–1902 hatte, wobei auszuschließen sei, dass es eine psychotische Depression war, da es sich um ein »erlebnisreaktives« Geschehen gehandelt habe. Weber war also nicht »geisteskrank«. Die Autoren kommen zu der Diagnose »depressive Struktur« bzw. »melancholische Persönlichkeit« (Frommer u. Frommer 1993, S. 169, 166). Nach dem gängigen Lehrbuch der Psychiatrie von Tölle (8. Aufl. 1988) sind depressive Persönlichkeiten

> »still und zurückhaltend, wirken gehemmt und bedrückt«; »die depressive Struktur kann sich hinter einer Maske scheinbarer Gelassenheit und Ausgeglichenheit verbergen.« . . »Beruflich sind sie meist solide und fleißig, dabei auf Unauffälligkeit bedacht; sie erreichen kaum gehobene Positionen«. (Tölle 1988, S. 105)

Diese Auffassung bekräftigte Tölle in einem kleinen Büchlein über »Depressionen« jüngst mit fast den gleichen Worten (Tölle 2000, S. 26).

Die Beschreibungen der Person Max Webers lassen mich an der Diagnose »depressive Struktur« zweifeln. Er galt selbst den wohlmeinendsten Zeitgenossen als »nervös« oder hochgradig »reizbar«, als »leidenschaftlich«, mit »vulkanischem Temperament« begabt, sogar als »dämonisch«. Von gehemmter, bedrückter, unauffälliger Persönlichkeit kann bei ihm nicht die Rede sein. Er war beruflich höchst erfolgreich, sich seines Wertes durchaus bewusst und im Umgang mit seinen Gegnern nicht gerade zimperlich. Sein Neffe Eduard Baumgarten umschreibt dies so: »Im Verhältnis zu Gegnern zeigte sich Weber auch sozusagen in Wildtierform mit noblem Kampfkomment« (Baumgarten 1964, S. 620). Wutausbrüche scheinen bei Max Weber nicht selten gewesen zu sein.

Ich stelle die These auf, dass Max Weber eine »hysterische Struktur« hatte. Auffällig ist die Ähnlichkeit mancher seiner Symptome mit denen von Bertha Pappenheim, der berühmten Anna O., deren Krankheit von Josef Breuer genau beschrieben und gemeinsam mit Freud 1895 in »Studien über Hysterie« veröffentlicht worden war. Freud hatte einen Teil ihrer dramatischen Symptome als »Konversionen« bezeichnet:

> »Wir sind nun gewohnt, bei der Hysterie zu finden, dass ein erheblicher Teil der ‚Erregungssumme' des Traumas sich in rein körperliche Symptome umwandelt. Es ist dies jener Zug der Hysterie, der durch so lange Zeit ihrer Auffassung als psychischer Affektion im Wege gestanden ist.«

Die jeweiligen »Konversionen« verschleiern die seelischen Auslöser. Das ist der »Gewinn« der Symptombildung. Bei »wenig konvertierter Hysterie« seien die auffälligsten Symptome »Stimmungsveränderung (Angst, melancholische Depression), Phobien und Abulien (Willenshemmungen)« (Freud/Breuer 1970, S. 70/71). Genau diese Stimmungsveränderung zur »melancholischen Depression«, besonders auch die »Willenshemmungen« kennzeichneten Webers Zustand zwischen 1897 und 1902.

Nun ist der Begriff »hysterisch« heute so gut wie zu Max Webers Zeiten so stark mit negativen Assoziationen verknüpft, dass er den Charakter eines Schimpfwortes hat. Im heute gültigen Diagnoseschlüssel, dem ICD-10, Kap. V, der 1992 den ICD-9 ablöste, den Frommer und Frommer gleichfalls außer acht lassen, ist er weitgehend durch den Begriff »dissoziative Störungen« ersetzt worden:

»Wegen der vielfach abgestuften Bedeutungen des Begriffes ‚Hysterie', wurde er nicht als Bezeichnung einer Störung . . verwendet. Unter dem Begriff ‚dissoziativ' wurden die Störungen zusammengefasst, die früher hysterisch vom dissoziativen oder Konversionstyp genannt wurden« (ICD-10, Kap. V, 2000, S. 31).

Zur Dynamik hysterischer Erkrankungen gibt es heute wenig Literatur; sehr brauchbar ist das schmale Büchlein von Stavros Mentzos: »Hysterie - Zur Psychodynamik unbewusster Inszenierungen«, das 1993 in der 2. Auflage erschien und Ordnung in die Vielgestaltigkeit dieses Krankheitsbildes bringt. Das Gemeinsame der hysterischen Symptombildungen ist die »kommunikative Funktion« bzw. der »appellative Charakter«. Insofern kann auch gesagt werden, »dass das Hysterische ausgesprochen zuschauerbezogen ist«. Es handelt sich um »tendenziöse Inszenierungen«, aber selbst wenn die Darstellungsmittel noch so »unecht« erscheinen, drücken sie echte Not aus. »Die Darstellung dient oft an erster Stelle zur Rettung des Selbstwertgefühls und der Rechtfertigung vor dem eigenen Über-Ich.« Für diese »Inszenierungen« werden meist starke Gefühle mobilisiert, die jedoch die Funktion haben, die eigentlichen, gefürchteten Gefühle abzudrängen oder zu überspielen. Eben dies gibt der hysterischen Inszenierung das Flair des Unechten. Nicht immer müssen »hysterische Szenen« laut sein, sondern sie können sich auch in Schweigen und Zeichen der Erschöpfung äußern.

Was den »kognitiven Stil« der Hysterie angehe, so falle häufig »logische Inkonsequenz« auf. »Kausale Zusammenhänge und daraus folgende Gesetzmäßigkeiten werden einfach nicht anerkannt« (Mentzos 1993, S. 56/57, 60/61, 58). Bei Max Weber kam es zu starken »kognitiven« Dissonanzen, wenn es um emotional hoch besetzte Themen ging. Wolfgang Mommsen hat das schon früh am Beispiel der politischen Schriften und öffentlichen Aktionen von Max Weber gezeigt. Ich gebe zwei Beispiele für das, was ich als extreme Widersprüchlichkeit im Verhalten von Max Weber empfinde: Tirpitz, der Flottenadmiral, drängte ab Ende Februar 1916 auf

»verschärften U-Boot-Krieg«, eine Entwicklung, die Max Weber »mit äußerster Erregung« verfolgte; denn er sah klar, dass damit die Gefahr beschworen wurde, dass Amerika zu einer Kriegserklärung herausgefordert würde. In einer »wildbewegten Nacht« habe er deswegen eine Denkschrift verfasst. Die Befürworter des verschärften U-Boot-Krieges bezeichnete er als »Hysteriker«. Als aber Tirpitz durch einen anderen Admiral abgelöst wurde, war er »über die Entlassung von Tirpitz tief empört« (Mommsen 1974, S. 248–251, 261).

Eine Szene von ähnlich krasser Widersprüchlichkeit schildert ausführlich sein Neffe Eduard Baumgarten. Max Weber wollte am Ende des I. Weltkriegs General Ludendorff dazu bewegen, sich freiwillig den Siegermächten auszuliefern, damit nicht Kaiser Wilhelm II ausgeliefert würde. Sein Neffe beurteilte diese phantastische Idee 1964 so:

> »Als die erste glaubhafte Nachricht kam, dass in der Tat verblendeter Siegerhochmut und brutale Dummheit den deutschen Kaiser zur Verantwortung ziehen wollten, flammte das heiße Temperament von Max Weber wild auf. Ihm hatte Wilhelm II durch Jahrzehnte als das Unglück Deutschlands gegolten; doch das war jetzt ausgelöscht«. (Baumgarten 1964, S. 510 f)

Ludendorff zeigte Max Weber die kalte Schulter. Mommsen konnte sich der Erkenntnis nicht verschließen, dass im »politischen Verhalten« von Max Weber ein »deutlicher Zug von ‚Unberechenbarkeit'» enthalten war, weil einige seiner »plötzlichen Kehrtwendungen unverständlich und unheimlich« sind (Mommsen 1974, S. 278/279).

Widersprüchlichkeit bzw. Gespaltenheit kennzeichnet jedoch die »hysterische Struktur«. Noch zusammen mit Breuer hatte Freud dieses Phänomen als grundlegend für die Symptombildung betrachtet:

> »Je mehr wir uns mit diesen Phänomenen beschäftigten, desto sicherer wurde unsere Überzeugung, jene Spaltung des Bewusstseins, die bei den bekannten klassischen Fällen als double conscience so auffällig ist, bestehe in rudimentärer Weise bei jeder Hysterie, die Neigung zu dieser Dissoziation und damit zum Auftreten abnormer Bewusstseinszustände, die wir als ‚hypnoide' zusammenfassen wollen, sei das Grundphänomen dieser Neurose«. (Breuer/Freud 1970, S. 14)

Der Begriff der »Dissoziation« wurde zum Schlüsselbegriff im ICD-10, als der Begriff der Hysterie gestrichen wurde. Er wurde offenbar auch rasch in der zeitgenössischen Diskussion aufgenommen, wie sich an Willy Hellpachs Buch über »Grundlinien einer Psychologie der Hysterie« zeigen lässt, die 1904 erschien und, wie Wilhelm Hennis sagt, von Max Weber »intensiv« gelesen worden war (Hennis 1996, S. 179). Zwar lehnte Hellpach den Begriff »Dissoziation«, vor allem den der »Konversion« ab, weil er sich nicht mit »unbewussten« Kräften befassen wollte, aber er würdigte ihn einer gründlichen Diskussion; als Grundlage der Hysterie sah er eine »psychophysische Disproportionalität« an, d.h. eine »Störung der normalen Zueinanderordnung der Gefühle und Ausdruckserscheinungen«. Im übrigen sei die Hysterie eine Sache der »niedersten Schichten«, sie sei gerade bei »proletarischen Männern« besonders verbreitet, während im Bürgertum eher »neurasthenische« Krankheitsbilder bei den Männern vorherrschten (Hellpach 1904, S. 320, 322, 369).

Diese Unterscheidung war um 1900 geläufig. Wie Joachim Radkau in seiner Studie über »Das nervöse Zeitalter - Deutschland zwischen Bismarck und Hitler« nachweist, waren »nervöse« Leiden weit verbreitet. Radkau vertritt die These, dass der Krieg das Mittel schien, um geschwächte Nerven, besonders die männlichen Nerven, zu stärken (Radkau 2000, S. 434). Max Weber hatte den Krieg noch als »groß und wunderbar über alles Erwarten« bezeichnet, als er seiner Schwester Lili gegenüber sein Mitgefühl darüber auszudrücken versuchte, dass ihr Mann so früh gefallen war (Baumgarten 1964, S. 493). Marianne Weber hatte notiert, dass Max Webers Gesundheit sich mit Kriegsbeginn stabilisierte. Allerdings merkt Radkau zu dieser Aussage an:

> »Noch 1949, als sie wütend darüber war, dass Hellpach bei Weber einen sich verstärkenden pathologischen Grundzug erkennen wollte, beharrte Marianne Weber darauf, ihr Mann sei ‚während und durch den Krieg gesund' geworden.«

Radkau sagt weiter:

> »Vielleicht betonte sie so sehr die Heilwirkung des Krieges, weil sie das Erlösende der Weber'schen Liebesbeziehung zu Else Jaffé nicht wahrhaben wollte!« (Radkau 2000, S. 559, Fußn. 82)

Damit bezieht sich Radkau auf ein sorgsam gehütetes Geheimnis im Leben Max Webers: seine spät gelebte Liebe zu Else von Richthofen-Jaffé, von der Marianne Weber wie auch Eduard Baumgarten, die beiden Hauptbiografen, wussten, jedoch bewusst schwiegen (Baumgarten 1977). Erst durch einen Außenseiter wurden 1974 die Ehe- und Liebesprobleme von Max Weber deutlicher benannt (Green 1974).

So enthüllt sich Max Webers Leidensgeschichte als ein besonders exemplarischer Fall des Zusammenhangs von »kultureller Sexualmoral« und »moderner Nervosität« (Freud GW VII). Wie Baumgarten seinem amerikanischen Doktoranden Arthur Mitzman erzählte, war Max Weber seit seinem psychischen Zusammenbruch oft von Schlaflosigkeit geplagt, die er auf den »Terror der nächtlichen Ejakulationen« zurückführte (Mitzman 1987, S. 284, 285). Deutlicher können sexuelle Probleme nicht benannt werden. Verständlich ist, dass Marianne Weber diese Probleme geflissentlich zu verschweigen versuchte, da sie an exponierter Stelle, nämlich innerhalb des »gemäßigten« Flügels der Frauenbewegung, öffentliche Verfechterin dieser Moral war und schwerlich zuzugeben bereit war, dass ihr Gatte sexuelle Erfüllung nur außerhalb der Ehe gefunden hatte. Max Weber unterstützte seine

Frau in Sachen Sexualmoral bis etwa 1910. Die Lockerung seines »moralischen Rigorismus« wird von Mitzman mit seiner Annäherung an Else von Richthofen erklärt (Mitzman 1987, S. 286/87). Merkwürdig ist, dass in der »Max-Weber-Industrie« diese für eine sozialwissenschaftliche Theoriebildung wichtigen Fakten bislang als bloße »Tantengeschichten« abgewertet wurden.

Schließlich lässt sich ohne große Mühe feststellen, dass die bedeutenden Werke von Max Weber nach seinem Zusammenbruch entstanden und nicht zufällig eine Auseinandersetzung mit den Normen oder »Werten« seiner bürgerlichen Herkunft bedeuten: »Protestantische Ethik« und der »Geist des Kapitalismus«. Die selbstverständliche, meist auf christlicher Grundlage beruhende Normgebundenheit, die in seinen Kreisen üblich war und durch die ethisches Handeln garantiert sein sollte, wurde von ihm in seinen verschiedenen »Methodenaufsätzen« grundsätzlich in Frage gestellt.

Ebenso wie Max Weber war auch Marianne Weber dem »kognitiven Stil« der Hysterie verhaftet. Während Max Weber sich in seinen theoretischen Arbeiten um Widerspruchsfreiheit bemühte, ja, Widerspruchsfreiheit zum Kriterium wissenschaftlichen Denkens erklärte – Sozialwissenschaft könne »nur eine formallogische Beurteilung des in den geschichtlich gegebenen Werturteilen und Ideen vorliegenden Materials« geben und eine »Prüfung der Ideale an dem Postulat der inneren Widerspruchslosigkeit des Gewollten« leisten (GAW S. 151) – war Marianne Weber dieser Wissenschaftsanspruch fremd. Widersprüche zwischen Ideal und Realität verkleisterte sie mit Sprachklischees, wie sie in der »gemäßigten« Frauenbewegung gewissermaßen en gros geliefert wurden. Edelste Absichten, tiefste Empfindungen und höchste Ideale wurden schablonenhaft vorgegeben, was schon aufgrund der superlativischen Aufblähung nicht der Wirklichkeit entsprechen kann. Max Webers Sprache unterscheidet sich stark von solchen ideologieträchtigen Ausdrucksweisen. Er wollte die Soziologie als »Wirklichkeitswissenschaft« etablieren, normativ-wertende Standpunkte und wissenschaftliche Analyse klar voneinander trennen.

Aufgrund ihrer wertgebundenen Sichtweisen bzw. ideologischen Scheuklappen konnte Marianne Weber nicht wahrhaben, was anderen in der Frauenbewegung bekannt war: Gertrud Bäumer und Helene Lange, die den größten Einfluss in der deutschen Frauenbewegung hatten, lebten in einer »Boston Ehe«, einer lesbischen Lebensgemeinschaft (Schaser 2000, S. 107–109, 196). Gertrud Bäumer verfocht also eine Sexualmoral, die in krassem Gegensatz zu ihrer gelebten Sexualität stand. Außerdem strafte sie die Ideale der Frauensolidarität, die sie verbal vertrat, durch ihr intrigantes Verhalten weiblichen Konkurrentinnen gegenüber Lügen. So hatte sie Alice Salomon vor dem I. Weltkrieg versprochen, dass diese den 1. Vorsitz des BDF (= Bund Deutscher Frauenvereine) übernehmen könne, was für Alice Salomon, eine der Begründerinnen moderner Sozialarbeit, eines ihrer wichtigsten Karriereziele war. Nach Kriegsbeginn wurde Alice Salomon auf dessen Ende vertröstet. Nach der Niederlage verwehrte Gertrud Bäumer ihr das ersehnte Amt mit dem Hinweis auf ihre jüdische Herkunft (Salomon 1983, S. 186/187). Statt dessen machte sie Marianne Weber zur ersten Vorsitzenden des BDF (Schaser 2000, S. 148/149). Es ist nicht ohne Ironie, dass Bertha Pappenheim, über deren hysterische Erkrankung wir so gut unterrichtet sind, ebenfalls dem »gemäßigten« Flügel der Frauenbewegung angehörte und auf Grundlage der jüdischen Religion die gleiche rigide Sexualmoral vertrat (De Clerck-Sachße 1981). Darüber hinaus wehrte sie sich aber gegen den dort herrschenden Antisemitismus (Bereswill, Wagner 1998, S. 52 f). Auch sie hat sich nicht vom »kognitiven Stil« der Hysterie lösen können; ihr Interesse an der verbotenen Sexualität hatte sie auf die Rettung jüdischer Frauen und Mädchen aus Bordellen verlagert.

Die medizinsoziologische Betrachtung von Max Webers psychischer Erkrankung bestätigt Freuds Entdeckungen über den Zusammenhang von unterdrückter oder abweichender Sexualität, Lüge und bürgerlicher Sexualmoral in erstaunlicher Weise und regt zu vielen Fragen an: Warum muss die Bedeutung seiner Liebesgeschichte mit Else von Richthofen noch immer heruntergespielt werden? Was hat der Konflikt, der für ihn daraus erwuchs, mit seinem unerwartet frühen Tod zu tun? Warum muss die »gemäßigte« Frauenbewegung mit ihrer verlogenen Moral immer noch idealisiert werden? Warum gibt es in der heutigen Öffentlichkeit ein Gewahrwerden der furchtbaren Folgen von sexueller Gewalt, vor allem gegen Kinder, und warum ist es so still um dieses Thema in der »offiziellen« Soziologie? Warum konnte gar ein Vorstandsmitglied der Deutschen Gesellschaft für Soziologie ein Plädoyer für pädosexuelle Beziehungen, die »Lust am Kind« (Lautmann 1994) veröffentlichen, ohne dass die Ethikkommission dieser Gesellschaft inhaltlich daran etwas auszusetzen hatte? Kurzum, die medizinsoziologische Betrachtung des »Falles« Max Weber zeigt, dass die Auseinandersetzung »um den Charakter der modernen Sozialwissenschaft« wohl doch nicht unter Außerachtlassung heikler sexueller Themen geführt werden kann.

Literatur

Baumgarten E. (1977): Brief an Nicolaus Sombart. In: Merkur Jg. 31: 296-300

Baumgarten E. (1964): Max Weber. Werk und Person. Tübingen

Bereswill M., Wagner L. (Hrsg.) (1988): Bürgerliche Frauenbewegung und Antisemitismus. Tübingen

De Clerck-Sachße R., Sachße C. (1981): Sozialarbeit und Sexualität. Eine biographische Skizze. In: Jahrbuch der Sozialarbeit 4. Reinbek bei Hamburg

Freud S., Breuer J. (1970): Studien über Hysterie (1895). Frankfurt/Main

Frommer J., Frommer S. (1993): Max Webers Krankheit – soziologische Aspekte der depressiven Struktur. In: Fortschritte der Neurologie und Psychiatrie, Jg. 61

Fügen H. N. (1985): Max Weber – mit Selbstzeugnissen und Bilddokumenten. Reinbek: 161-171.

Green M. (1976): Else und Frieda – die Richthofenschwestern. München (engl. 1974)

Hellpach W. (1904): Grundlinien einer Psychologie der Hysterie, Leipzig

Hennis W. (1996): Max Webers Wissenschaft vom Menschen. Neue Studien zur Biographie des Werks. Tübingen

Hennis W. (1982): Max Webers Fragestellung. In: Zeitschrift für Politik, Jg. 29 NF: 241-281

Internationale Klassifikation psychischer Störungen, ICD-10 Kapitel V (F), hrsg. von: Dilling H., Mombour W., Schmidt M. H., 4. Aufl., Bern/Göttingen/Toronto/Seattle 2000, WHO 1992.

Lautmann R. (1994): Die Lust am Kind - Portrait des Pädophilen. Hamburg

Mentzos S. (1993): Hysterie. Zur Psychodynamik unbewusster Inszenierungen. 2. Aufl., Frankfurt/Main (1. Aufl. 1980)

Mitzman A. (1987): The Iron Cage - An Historical Interpretation of Max Weber. 2. Aufl., New Jersey (1. Aufl. 1970)

Mommsen W. J. (1974): Max Weber und die deutsche Politik 1890 - 1920. 2. Aufl., Tübingen

Radkau J. (2000): Das Zeitalter der Nervosität - Deutschland zwischen Bismarck und Hitler. München

Salomon A. (1983): Charakter ist Schicksal - Lebenserinnerungen. Weinheim/Basel

Schaser A. (2000): Helene Lange und Gertrud Bäumer - eine politische Lebensgemeinschaft. Köln/Weimar/Wien

Tölle R. (1988): Psychiatrie. 8. Aufl., Berlin/Heidelberg/New York

Tölle R. (2000): Depressionen. Erkennen und behandeln. München

Weber M. (1989): Max Weber - Ein Lebensbild. Heidelberg 1950. 3. Auflage, erweitert um ein Essay von Günther Roth (1. Aufl. 1926)

Weber M. (1988): Gesammelte Aufsätze zur Wissenschaftslehre, 7. Aufl., zit: GAW

IV.

Ethik und Bio-Medizin

MICHAEL WUNDER

Von der normativen Macht des Visionären: Biomedizinische Entwicklung am Beispiel von Pränataldiagnostik und Präimplantationsdiagnostik

»Warum wir Gott nicht mehr die Zukunft des Menschen überlassen dürfen«, fragte sich James Watson, der berühmte Mitentdecker der DNA, im September 2000 in der Frankfurter Allgemeinen Zeitung.[1] Und Gregory Stock von der California University (Los Angeles) stellte wenig später in einem Vortrag in Kassel fest: »Kinder sind zu wichtig, um sie einem zufälligen Zusammentreffen von Eizelle und Sperma zu überlassen.«[2]

Die Symposien der Biomediziner und die Diskurse der Bioethiker sind voll mit visionären Annahmen über die Zukunft der Medizin und dem Bild einer einseitig auf technischen und medizinischen Fortschritt fixierten Menschheit. John Campbell, Neurobiologe aus den USA, erklärte 1998 auf einem Symposium zur Keimbahnintervention in Los Angeles:

> »...Eltern wollen voraussichtlich ihr Kind immer mit den neuesten und besten Fähigkeiten und Verbesserungen ausstatten, die möglich sind, statt sich auf die Chromosomen zu verlassen, die dieser Person ... über Generationen mitgegeben wurden. Es wird wichtig sein, nicht länger dieses Problem mit der Vererbung zu haben«.[3]

Nicht von der Physik und nicht von der Astronomie gehen heute die wesentlichen Zukunftsmodelle und Zukunftsvisionen aus, sondern von der Biomedizin. Ihre stärkste Vision ist zweifellos die der Überwindung der Vererbung, besser: die Überwindung des genetischen Zufalls und damit die der Auto-Evolution des Menschen.

---

1 Frankfurter Allgemeine Zeitung, 26.9.2000.

2 Frankfurter Rundschau, 23.10.2000.

3 Summary Report, Engineering the Human Germline Symposium, http.//www.ess.ucla.edu://huge/report.html, Seite 14.

Der Mensch soll durch genetische Verbesserung stabiler und gesünder gemacht werden, aber auch länger lebend und bis ins hohe Alter genussfähiger. Hinter dieser Vision treten die Visionen der Heilung bisher unheilbarer Krankheiten, wie wir sie derzeit in der Stammzelldebatte erleben, und die Steuerungsvisionen, wie sie im Bereich der Gendiagnostik verbreitet werden,[4] weit zurück.

»Genetic enhancement engineering« heißt das populäre Stichwort der internationalen bioethischen Debatte, die »Herbeiführung der genetischen Verbesserung des Menschen«. Die selektive Wegwahl bestimmten Lebens ist dabei ebenso eingeschlossen wie die selektive Auswahl besonders geeignet erscheinenden Lebens und schließlich die aktive genetische Verbesserung von Leben, sobald die biomedizinische Entwicklung dies zulässt.

Die Voraussetzung hierfür ist die Verlagerung der menschlichen Reproduktion ins Labor in einem weit größeren Ausmaße als dies heute der Fall ist. Nur die in-vitro-Fertilisation lässt die preimplantation genetic diagnosis zu, in Deutschland verkürzt als Präimplantationsdiagnostik begrifflich eingeführt. Und nur über die in-vitro-Fertilisation ist im Wesentlichen eine preimplantation genetic intervention möglich, die gezielte genetische Veränderung des genetischen Codes eines Lebewesens.

Der Embryo als verfügbares Objekt

Obwohl das Feld der bioethischen Probleme umfassend ist, spitzte sich die aktuelle Debatte in Deutschland in den letzten Jahren auf zwei Fragen zu: die Frage der Zulässigkeit der Präimplantationsdiagnostik (PID) und die Frage der embryonalen Stammzellforschung. Beide Fragen werfen bemerkenswerter Weise ethisch dieselbe Grundsatzfrage auf: Wie soll in unserer Gesellschaft mit menschlichem Leben in Gestalt des in vitro gezeugten Embryos umgegangen werden? Die Frage, welcher moralische und verfassungsrechtliche Status dem Embryo zukommt, ist die Schlüsselfrage der weiteren biomedizinischen Entwicklung.

Seit der Praktizierung der in-vitro-Fertilisation (IVF) kann ein menschlicher Embryo erstmals auf der Welt sein, ohne natürlich gezeugt zu sein und ohne geboren werden zu müssen. Damit steht die Gefahr einer Erzeugung und Nutzung des menschlichen Embryos zu fremden Zwecken im Raum. Die größere Schutzlosigkeit von extrauterinen Embryonen gegenüber natürlich gezeugten Embryonen, ihre »Unbehaustheit«, begründet ihre besondere Schutzbedürftigkeit durch den Staat.

4 Die Steuerungsvisionen lassen sich gliedern in *managed living* (z.B. Prävention durch Verhaltensänderung), *managed treatment* (z.B. rechtzeitige Einleitung medizinischer Maßnahmen, *managed working* (z.B. Zugang zu bestimmten Arbeitsplätzen) und *managed resourcing* (z.B. gesteuerte Allokation von Mitteln im Gesundheitswesen).

Der Gesetzgeber in der Bundesrepublik hat mit dem Embryonenschutzgesetz hier frühzeitig klare Maßstäbe gesetzt und die Erzeugung von Embryonen zu einem anderen Zweck als dem der Herbeiführung einer Schwangerschaft verboten. Die Erzeugung zu Zwecken der Diagnostik und möglichen selektiven Verwerfung bei der Präimplantationsdiagnostik ist damit ebenso wie die Erzeugung von Embryonen zum Zwecke der Stammzellentnahme ausgeschlossen. Des Weiteren hat der Gesetzgeber jede fremdnützige Verwendung des in vitro erzeugten Embryos unter Strafe gestellt, also auch die Nutzung sog. »überzähliger« Embryonen.

Unstrittig ist, dass das Embryonenschutzgesetz geändert werden müsste, wenn man die Diagnose von Embryonen mit der Option ihrer Tötung und die Nutzung von Embryonen für fremde Zwecke zulassen wollte. Streit besteht aber darüber, ob dies mit dem Verfassungsrecht vereinbar wäre und völlig offen ist, wie ein solcher Schritt ethisch legitimierbar wäre.

Der Embryo entwickelt sich als Mensch, nicht zum Menschen. Sobald sich Ei- und Samenzelle verschmolzen haben, kann sich aus dieser totipotenten Zelle in ununterbrochener Kontinuität ein geborener Mensch entwickeln. Diese Ursprungszelle hat von Anfang an die volle Potentialität, sich zum ganzen Menschen zu entwickeln. Zwischen ihr und dem menschlichen Subjekt besteht Identität. Diese Argumente der Kontinuität, Potentialität und Identität sind der Grund, dem Embryo von Anfang an Menschenwürde und Lebensschutz zuzuerkennen.

Dies entspricht auch dem Leitgedanken des Embryonenschutzgesetzes und noch dem common sense in unserer Gesellschaft. Dass das grundrechtlich geschützte Lebensrecht im Sinne des Artikel 2, Absatz 2, Grundgesetz mit der Verschmelzung von Ei- und Samenzelle beginnt, entspricht auch der einhelligen Meinung aller namhaften Verfassungsrechtler. Für die meisten Verfassungsrechtler ist der Embryo darüber hinaus auch Träger der Menschenwürdegarantie gemäß Artikel 1, Absatz 1, Grundgesetz. Unterschiede bestehen in der Bewertung der Verfassungsrechtler, ob eine Einschränkung des Lebensschutzes des Embryos in vitro nur in Konfliktfällen Leben gegen Leben möglich ist und ob ein solcher Konfliktfall schon bei einer PID vorliegt, des Weiteren ob der Lebensschutz unter bestimmten Bedingungen, wie der »Überzähligkeit« der Embryonen, auch abwägbar sei gegen die Hochrangigkeit von Forschungszielen, wie sie beispielsweise bei der embryonalen Stammzellforschung vorliegen.

Darüber hinaus werden immer häufiger verschiedene Graduierungspositionen ins Feld geführt, die das Einsetzen des Lebensschutzes und damit der Menschenwürde erst ab einer bestimmten Zäsur der embryonalen Entwicklung anerkennen wollen und die allesamt mit der bisherigen Rechtssprechung des Verfassungsgerichtes und der verfassungsrechtlichen Debatte in unüberbrückbarem Widerspruch stehen. Als Zäsuren dieser Art werden vorgeschlagen:

- dem Ausschluss natürlicher Mehrlingsbildung (Ende der Totipotenz) und die damit verbundene Individuation (ca. ab 6. Tag),
- dem Beginn der Gestaltwerdung durch Ausbildung des Primitivstreifens (13. bis 14. Tag)
- die Einnistung in den Uterus (6. bis 12. Tag)
- die Ausbildung der neuronalen Voraussetzungen für eine bewusste Verarbeitung von Reizen (12. Woche) oder
- die Überlebensfähigkeit außerhalb des Uterus (heute 24. Woche)

Jede dieser Zäsuren wirft Gegenfragen auf und ist heftig umstreitbar. Nicht nur die Vielzahl der Vorschläge, auch die einzelne Festlegung erweckt den Eindruck der Beliebigkeit und willfährigen Veränderung bei geänderten Forschungs- oder Verwertungsinteressen.

Eine Unterstützung erfährt die Graduierungsposition u.a. durch Verweise auf den fötomaternalen Dialog und die Bedeutung der intrauterinen Entwicklung. Worin die Beweiskraft solcher Hinweise auf die entwicklungsbiologisch unbestreitbaren Tatsachen für die Position eines angeblich erst im Laufe der Entwicklung entstehenden Würdeschutz aber liegen soll, bleibt unklar. Sind es nicht gerade die immer weitergehenden Erkenntnisse der Embryologie, die uns Ehrfurcht vor der vorgeburtlichen Entwicklung einflößen und uns geholfen haben, die »Zellhaufen«-Theorie zu überwinden?

Wenngleich viele Positionen einer graduierten Schutzwürdigkeit zwar noch lange nicht die beliebige Verfügbarkeit von Embryonen legitimieren, ließen sie aber bis zum jeweiligen Zeitpunkt des Erreichens der vollen Schutzwürdigkeit eine Güterabwägung auf der Ebene von Interessen zu. Damit könnten sowohl gendiagnostisch begründete präimplantive »Verwerfungen« als auch die Nutzung zur Stammzellentnahme begründet werden. Auch die Herstellung eines Embryos zu Diagnose- und zu Forschungszwecken wäre, wenn er vor Erreichen der vollen Schutzwürdigkeit verwendet würde, zu rechtfertigen.

Grundsatzentscheidung

Bei der anstehenden Grundsatzentscheidung kommt es gesellschaftlich meiner Ansicht nach darauf an, klug einzuschätzen, was diese Gesellschaft aushalten kann und was nicht: Eine Aufgabe der Position des höchstmöglichen Lebensschutzes des Embryos von Anfang an würde den Konsens in der Gesellschaft in Frage stellen.

Teile der Gesellschaft, insbesondere von Krankheit und Behinderung Betroffene, müssen dies als einen Eingriff in die Unverbrüchlichkeit der Menschenwürde und als Bedrohung der eigenen Menschenwürdegarantie ansehen, insbesondere wenn genetische Abweichungen, von denen sie selbst Träger sind, als Grund präimplantiver Verwerfung anerkannt sind. Eine Infragestellung der Würde des ungeborenen Menschen könnte auch die Stabilität der Würde des geborenen Menschen gefährden, beispielsweise sterbender Menschen, Menschen im Wachkoma und anderer Gruppen, die sich nicht oder nicht mehr direkt äußern können. Eugenische Gefahren bestehen latent bereits heute.

Pränataldiagnostik als Beispiel ständiger Eskalation

Eine heute häufige Alltagserfahrung von Müttern mit behinderten Kindern ist, dass es durchaus auch positive und unterstützende Reaktionen in der Umwelt gibt, aber eben immer häufiger auch Reaktionen wie »So was ist ja heute nicht mehr nötig.« Dies ist die Alltagsvariante des biomedizinischen Leitbildes des genetic enhancement engineering.

Die unselige Verquickung von Vorsorge für die Schwangere und selektiver Erfassung entwicklungsabweichender Embryonen und Föten, ja die Gleichsetzung von Schwangerenvorsorge und Verhinderung behinderter Kinder, ist heute bis ins Alltagsbewusstsein vorgedrungen. Dabei handelt es sich um zwei verschiedene Dinge, um zwei Sichtweisen und zwei medizinische Grundverständnisse.

Die Verquickung findet sich aber bereits in den »Richtlinien zur pränatalen Diagnostik« der Bundesärztekammer, wo neben der Früherkennung zur optimalen Behandlung der Schwangeren auch die »Hilfe bei der Entscheidung über die Fortsetzung oder den Abbruch der Schwangerschaft« als Ziel angegeben wird.

Die Verquickung beider Anliegen geht bis in die Einzelmethode. So werden für die 1. Ultraschalluntersuchung (im ersten Schwangerschaftsdrittel) sowohl Lokalisation, Vitalität und Altersbestimmung des Embryos als Ziele angeben, also Ziele die der Verbesserung der Betreuung, dem Ausschluss von Notsituationen und der Minimierung der Übertragungsrisiken dienen, als auch die Erkennung der frühen Organentwicklung, die dem selektiven Fehlbildungsausschluss und zunehmend der Risikoermittlung dient, wie auch die seit nun mehr 3 Jahren eingeführte Routinediagnose eines Nackenödems als Indikator für das Down-Syndrom zeigt.

Der Trend geht zu niedrigschwelligen Risikodiagnostika, die wie die Nackenödemdiagnostik in die bestehende Routineuntersuchung lautlos integriert werden, oder die – wie der seit 1988 eingeführte triple-Test – leicht in den Rahmen der Routinevorsorge eingeführt werden können. Immer mehr Schwangerschaften werden dadurch unabhängig vom Alter der Schwangeren zu Risikoschwangerschaften erklärt. Dieser Trend wird sich durch die noch an der Schwelle zur Anwendungsreife stehenden, preiswerten und leicht zu handhabenden DNA-Chips in absehbarer Zukunft weiter verstärken.[5] Weil aber diese Methoden entweder nur Wahrscheinlich-

5 vgl. Hennen, Leonhard, Datengewinn kennt kaum noch technische Barrieren, Gen - Ethischer Informationsdienst 134., 9/99, Seite 6-7.

keitsaussagen über genetische Abweichungen treffen oder eine hohe Rate falsch-positiver Ergebnisse aufweisen, sind sie die Einstiegspforte zur immer breiteren Anwendung invasiver selektive Diagnostika wie Chorionzottenbiopsie und Amniozentese.

Konzeptionell standen 1976, als die Pränataldiagnostik (PND) in den Leistungskatalog der gesetzlichen Krankenversicherung aufgenommen wurde, folgende Aspekte im Vordergrund:

- Beschränkung auf bestimmte Diagnosen, anfangs Chromosomenstörungen (numerische, aber auch strukturelle), wenig später Neuralrohrdefekte
- Beschränkung auf bestimmte Nutzerinnengruppen: Frauen mit hohem genetischen Risiko und Frauen ab 38 (später 35) Jahre
- Einhaltung besonderer Qualitätsstandards (Beratung vor und nach jeder PND)

Keine dieser Restriktionen hatte Bestand. Die nun mehr 25jährige Geschichte der Pränataldiagnostik ist die Geschichte einer am Anfang kaum absehbaren, enormen Eskalation. Die Zahl der invasiven PNDs nahm von 1.796 im Jahre 1976 auf 61.794 im Jahre 1995 zu. Gleichzeitig hielt sich der Anteil der Fälle mit genetischer Beratung stets bei knapp unter 50%.[6]

Folgende Gründe können für diese Entwicklung angeführt werden:

Ausweitung durch Nachfragedruck

Untersuchungen zu Beginn der 80er Jahre zeigen, dass insbesondere jüngere Frauen, oft aus gehobenen Bildungsschichten und gut informiert, gleich nach Einführung der PND diese zunehmend für sich beanspruchten und die Altersgrenze nicht akzeptierten. Sehr früh entstand hieraus die Anerkennung einer »psychologischen Indikation« zur PND, bei der unabhängig vom Alter und dem tatsächlichen genetischen Risiko allein die Angst, ein behindertes Kind zu bekommen, für den Einsatz einer invasiven PND entscheidend war. Dies und sicherlich auch das Kostenerstattungsverhalten der Kassen erklärt im Wesentlichen die Ausweitungen zwischen 1976 und 1982.[7]

Ausweitung durch Abwendung von haftungsrechtlichen Rückgriffen

Nach einem Urteil des Bundesgerichtshofes von 1984 begeht ein Arzt einen Pflichtverstoß, wenn er eine Schwangere mit einem erhöhten Risiko nicht auf die Möglichkeit der PND zum Ausschluss einer Trisomie 21 hinweist, – ein Pflichtverstoß, der auch zum haftungsrechtlichen Rückgriff auf den Arzt führen kann. Dieses Urteil

6 Quelle: Abrechnungsinformationssystem, Zentralinstitut für die kassenärztlichen Versorgung Köln/1997.

7 Die »Psychologische Indikation« spielt aber bis heute eine wesentliche Rolle. Nach Schätzung des Hamburger Humangenetikers Karsten Held macht der Anteil der Fälle, bei denen PND auf Grund nachgewiesener familiärer Risiken angewandt wird, nur noch 3% aller Indikationen aus, in nur weiteren 2% handele es sich um Familien, in denen bereits ein Kind mit einer Chromosomenabweichung geboren wurde.

führte zu einer weiteren großen Ausweitung der PND, insbesondere auch zur weiteren Aufweichung der medizinischen Indikation, weil viele Mediziner jetzt zur PND auch außerhalb der strengen Indikationen rieten.

Ausweitung durch angebotsinduzierte Nachfrageerhöhung

Die größte Ausweitung der Inanspruchnahme erfolgte allerdings ab Ende der 80er Jahre durch die erwähnten niedrigschwelligen Wahrscheinlichkeitsdiagnostika wie den Triple-Test und die Routinediagnostik des Nackenödems in die Schwangerenvorsorge.

Fragt man nach harten Zahlen über die absehbaren Folgen dieser Praxis, stößt man auf ein auffälliges Vakuum. »Gesonderte Daten über Schwangerschaftsabbrüche nach pränataler Diagnostik liegen nicht vor«, heißt es lapidar von der Bundesregierung in der entsprechenden Bundestags-Drucksache vom Mai 1999[8]. In der gleichen Drucksache der Bundesregierung werden dann aber einige der wenigen einschlägigen »Erfolgsdaten« der selektiven pränatalen Diagnostik veröffentlicht.

Die Zahl der Neugeborenen mit Spina bifida hat sich danach in den Jahren 1973 bis 1990 von 18,6 pro 100.000 Neugeborene auf 7,7 verringert, die Zahl der Neugeborenen mit Down-Syndrom im gleichen Zeitraum von 13,5 auf 8,7.[9]Diese Zahlen müssen vor dem Hintergrund interpretiert werden, dass hier auch andere Ursachen eine Rolle spielen, wie beispielsweise im Bereich der Spina bifida die wachsende Prävention durch Einnahme von Folsäure während der Schwangerschaft. Zum anderen ist die Meldebasis nicht einheitlich. Bei aller gebotenen Vorsicht belegen diese Zahlen aber einen bedenklichen Trend, der sich sowohl in internationalen als auch in regionalen Studien abbildet.[10]

Mag man den einzelnen Anbietern und Nutzern eugenische Motive absprechen, die eugenischen Folgen des Gesamtunternehmens Pränataldiagnostik sind nicht zu leugnen.

Präimplantationsdiagnostik als Fortführung der Pränataldiagnostik

»Warum sollte ich die Frage nach schweren Erbkrankheiten stellen dürfen, wenn der Embryo im Mutterleib eingenistet ist, aber nicht, wenn er sich noch im Reagenzglas befindet?« fragte Gesundheitsministerin Ulla Schmidt kurz nach ihrem Amt-

8 Bundestagsdrucksache 14-1045 vom 10.5.1999, Antwort der Bundesregierung auf die kleine Anfrage von Hubert Hüppe u.a., Spätabtreibung ungeborener Kinder, die Abtreibung überlebende Kinder, Übergang zur Früheuthanasie, staatliches Schutzkonzept, Beobachtungs- und Nachbesserungspflicht.

9 Quelle: Statistisches Bundesamt, Juli 1996., zit. nach BT-Drucksache 14/1045.

10 Nach dem Monitoring Zentrum zur Erfassung der Häufung von Fehlbildungen und Anomalien, Sachsen-Anhalt, wurden in den 80er Jahren in dieser Region lediglich 10% der Föten mit Trisomie 21 pränatal diagnostiziert und dann abgetrieben, 1997 40%, ebenfalls mit Abtreibungsfolge.

santritt in der Berliner Zeitung.[11] Und ihre Kabinettskollegin Edelgard Bulmahn gab wenige Tage später in der Berliner Morgenpost zu Protokoll, sie könne es nicht verstehen, »warum bei normal gezeugten Embryos erbgeschädigter Eltern solche Tests erlaubt sind, nicht aber bei künstlich befruchteten Eizellen im Reagenzglas«[12].

Die Präimplantationsdiagnostik als vorverlegte Pränataldiagnostik zu verstehen und sie mit der Notlage nach § 218 zu vergleichen, ist nicht neu. Schon in den »Zehn Thesen zur Präimplantationsdiagnostik«, die 1999 Rudolf Neidert und Albert Statz[13] für das Bundesgesundheitsministerium vor dem Diskussionsentwurf der Bundesärztekammer und vor dem Symposium der grünen Gesundheitsministerin erarbeitet haben, heißt es, dass es ein Widerspruch sei, einen Schwangerschaftsabbruch nach Pränataldiagnostik als zulässig anzusehen, das »Verwerfen« eines geschädigten Embryos vor der Implantation aber als unzulässig.

Vergleich von Unvergleichlichem

Die Popularisierung dieses Gedankens durch die Ministerinnen macht eines deutlich: Die eugenische Indikation des § 218 wurde abgeschafft und es wurde dadurch nichts erreicht. Der Wegfall der embryopathischen Indikation des § 218 seit 1995 ist ein wahrer Pyrrhus-Sieg. Offiziell heißt es zwar, die bloße Tatsache einer festgestellten Erkrankung, Entwicklungsstörung oder Anlageträgerschaft eines Kindes für eine Erkrankung sei keine Rechtfertigung für den Schwangerschaftsabbruch.[14] Faktisch hat aber die alte embryopathische Indikation in der sozial-medizinischen Unterschlupf erhalten. Dieser allgemein bekannte Umstand wird durch ministerielle Aussagen dieser Art soweit aus seinem labilen, gesellschaftlich hingenommenen Zustand gerissen, dass die ansonsten gerade von der SPD so gefürchtete, neue 218-Debatte überfällig wird.

Noch schwerer wiegt aber, dass die Gleichsetzung der Entscheidung zum Schwangerschaftsabbruch mit der Entscheidung zum extrauterinen Töten eines Embryos nicht möglich ist. Handelt es sich beim einen um eine Situation, in der das Kind ein Teil der Frau ist und eine leib-seelische Einheit bildet, handelt es sich beim

11 »Neue Verbote machen keinen Sinn – Gesundheitsministerin Schmidt lehnt eine voreilige Begrenzung der biotechnologischen Forschung ab«, Berliner Zeitung vom 3./4. Februar 2001.

12 »Buhlmahn öffnet sich für Gentest im Reagenzglas«, Berliner Morgenpost vom 11.2.2001.

13 Neidert, Rudolf, Statz, Albert, Zehn Thesen zur Präimplantationsdiagnostk, in: Ethik in der Medizin, 1999, Heft 11. 132-135.

14 Vgl. Bundesärztekammer in ihrer »Erklärung zum Schwangerschaftsabbruch nach Pränataldiagnostik« Dt. Ärzteblatt 1998; 95 A-3013-3016; und Bundestagsdrucksache 14-1045, in der es heißt: »Eine den Abbruch rechtfertigende Indikation nach §218a Abs. 2 StGB liegt nur dann vor, wenn der Schwangerschaftsabbruch unter Berücksichtigung der gegenwärtigen und zukünftigen Lebensverhältnisse der schwangeren Frau nach ärztlicher Erkenntnis angezeigt ist, um eine Gefahr für das Leben oder die Gefahr einer schwerwiegenden Beeinträchtigung des körperlichen oder seelischen Gesundheitszustandes der schwangeren Frau abzuwenden, und diese Gefahr nicht auf andere für sie zumutbare Weise abgewendet werden kann.«

anderen um eine künstlich erzeugte Trennungssituation, in der Frau und Embryo keine leibliche und in den überwiegenden Fällen auch keine seelische Verbindung haben.

Dieses Unvergleichbare lässt sich auch juristisch ausdrücken: Während der straffreie Abbruch der Abwehr einer zukünftigen, als unerträglich empfundenen Belastung dient, die ansonsten eintreten würde und anders nicht abzuwenden ist, würde die Verwerfung eines Embryos im Rahmen der PID nur der zielstrebigen Verfolgung eines Anspruchs auf ein bestimmtes Kind dienen. Von einer Notlage, die durch kein anderes Mittel abzuwenden ist, kann keine Rede sein. Die Tötung eines PID-geprüften Embryos findet aus keinem anderen Grund als dem seiner unerwünschten genetischen Ausstattung statt.

Auch die Formulierungsanleihe des Diskussionsentwurfs der Bundesärztekammer beim § 218, in dem es heißt, dass die PID nur in den Fällen erfolgen soll, wo die erwartete genetische Erkrankung des Kindes zu einer »schwerwiegenden gesundheitlichen Beeinträchtigung der zukünftigen Schwangeren bzw. Mutter« führen könnte, kann sich um diese Frage nicht herummogeln. Ebenso ist der Vorschlag »rechtswidrig, aber straffrei« einer großen Koalition von alten Befürwortern wie Jürgen Rüttgers (CDU) und Margot von Renesse (SPD) und neuen Befürworterinnen wie Andrea Fischer (Bündnis 90/Die Grünen) unter diesem Gesichtspunkt zu beurteilen, da er sich explizit auf das Konfliktmodell des § 218 beruft.[15] Die PID kann nicht zur Abwehr einer Schwangerschaftskonfliktlage herbeigeredet werden. Die Konfliktlage während einer unerwünschten Schwangerschaft kann nicht mit der Situation von Paaren gleichgesetzt werden, die ein genetisches Risiko haben und dieses bei ihrem Kinderwunsch ausschließen wollen, wobei nicht behauptet werden soll, dass letzteres keine persönlich sehr schwierige und belastende Situation sein kann. Nur: es handelt sich um eine andere Situation als eine Schwangerschaftskonfliktlage, so dass auch andere alternative Lösungen, wie Verzicht, Adoption oder Samenspende zur Verfügung stehen.

Hinzu kommt die Fragwürdigkeit einer zweiten oder gar mehrfachen Anwendung der Gedankenfigur »rechtswidrig, aber straffrei«. Wird sie ihrer Singularität beim § 218 beraubt, könnte sie leicht zur willfährigen Beugestrategie von Rechtsnormen werden. Sie könnte aber auch, wie das Beispiel der Euthanasie-Gesetzgebung in den Niederlanden zeigt, nur ein Übergangsstadium zur Aufhebung von Rechtsnormen sein. Dort ist dem 2001 beschlossenen Gesetz seit 1994 eine »verboten, aber straffrei«- Regelung vorangegangen, die übrigens genau mit dem Argument in ein Gesetz mündete, endlich rechtliche Eindeutigkeit zu schaffen.

15 »Was kann, was darf der Mensch?« DIE ZEIT, Nr. 14, 29.3.2001.

Die Norm des Verfassungsgerichtes

Wenn der Embryo Lebensschutz von Anfang an hat, so ist die PID, weil sie mit einer Schwangerschaftskonfliktlage nicht vergleichbar ist, nicht zu rechtfertigen. PID-Befürworter müssen deshalb zu einer Position greifen, dem Embryo erst ab einer gewissen Entwicklungsstufe Würde und Lebensschutz zuzuerkennen.

Das Bundesverfassungsgericht hat in seinen beiden Urteilen zur Fristenregelung beim Schwangerschaftsabbruch 1975 und 1993 aber ausgeführt: »Wo menschliches Leben existiert, kommt ihm Menschenwürde zu ... Die von Anfang an im menschlichen Sein angelegten potentiellen Fähigkeiten genügen, um die Menschenwürde zu begründen.«[16] Dies ist eine eindeutige Absage an jede Graduierungsposition, die dem Embryo erst ab einer bestimmten Entwicklungsstufe Würdeschutz zukommen lässt.

Richtig ist, dass sich beide Urteile erst auf den Embryo ab Nidation, also der Einnistung in die Gebärmutter, beziehen. Dies aber aus dem einfachen Grund, weil das Gericht in beiden Fällen nur zum Problem des Schwangerschaftsabbruchs befragt war, und sich deshalb zum Status des extrauterinen Embryos nicht geäußert hat. Dieses Faktum darf nicht so uminterpretiert werden, als ob das Gericht den Zeitraum vor der Nidation aus dem Würdeschutz ausgeschlossen habe.[17]

»Wie immer die verschiedenen Phasen des vorgeburtlichen Lebensprozesses unter biologischen, philosophischen, auch theologischen Gesichtspunkten gedeutet werden mögen und in der Geschichte beurteilt worden sind, es handelt sich jedenfalls um unabdingbare Stufen der Entwicklung eines individuellen Menschseins«[18], heißt es im zweiten Schwangerschaftsurteil explizit. Würde das Bundesverfassungsgericht mit der Frage des grundrechtlichen Schutzstatus des extrauterinen Embryos befasst, ist nicht davon auszugehen, dass es hier zu einem radikalen Kurswechsel kommt, so die Einschätzung des ehemaligen Präsidenten des Bundesverfassungsgerichtes, Ernst Benda.[19]

Ein bisschen Präimplantionsdiagnostik gibt es nicht

Eine verfassungsgerichtliche Kursänderung ist aber nicht völlig ausgeschlossen. Deshalb müssen die Befürworter der PID sich die Frage stellen lassen, wie die stets

---

16 BverfG 39, 1 (41) und 88, 203 (252).

17 Erst Recht kann nicht aus einer vermeintlichen Widersprüchlichkeit des BVG-Urteils von 1993 (verboten aber straffrei) geschlossen werden, dass man sich über das Urteil hinwegsetzen könnte und nunmehr jenseits geltenden Verfassungsrechtes im Raum reiner rechtsphilosophischer Erwägungen zum Nichtvorhandensein eines grundrechtlichen Schutzes des Embryos agieren könnte, wie es der Rechtsphilosoph Reinhard Merkel fordert, vgl. DIE ZEIT, Nr. 25/2001.

18 BverfGE 88, 203,(251 f.)

19 vgl. Benda, Ernst, Die Verfassung und das Leben, in: Christian Geyer (Hg.), Biopolitik, Frankfurt 2001, S. 247 ff.

betonte Eingrenzung auf wenige Risikogruppen mit bestimmten Diagnosen und auf hohe Verfahrensstandards in ihrer Restriktion zu halten sein soll?

Der Diskussionsentwurf der Bundesärztekammer, der die Diskussion beherrscht, fordert die enge Beschränkung der PID auf Paare mit einem hohen Risiko für eine bekannte und schwerwiegende, genetisch bedingte Erkrankung (nach derzeitigem Kenntnisstand: monogen bedingte Erkrankungen und Chromosomenstörungen), wobei Schweregrad, Therapiemöglichkeit und Prognose der in Frage stehenden Krankheit entscheidend sein sollen. Spät manifestierende Erkrankungen, die erst in einem höheren Lebensalter ausbrechen, sollen, da davor ein symptomfreies Leben möglich ist, von der PID ausgeschlossen werden. Es soll keinen Diagnosekatalog geben, sondern Einzelentscheidungen durch ein Gremium der Bundesärztekammer.

Hans Hepp, einer der Verfasser des Diskussionsentwurfs der Bundesärztekammer, betont stets, er würde sich von seinem eigenen Entwurf distanzieren, wenn ihm nachgewiesen werden könnte, dass diese Einschränkungen in der Praxis nicht zu halten seien. Die Frage, ob hier ein Tor geöffnet wird, das nicht durch Missbrauch, sondern durch die innere Logik der absehbaren Entwicklung von Nutzerinnen-Ansprüchen und Technikverbesserungen nicht mehr zu schließen sein wird, beantwortet er schlicht mit der Behauptung, die Einschränkungen würden dies genau verhindern.

Ein Lehrbeispiel für die Haltlosigkeit solcher Restriktionsbehauptungen ist die Geschichte der Pränataldiagnostik in den letzten 25 Jahren. Eine solche Entwicklung ist auch bei der PID vorhersehbar.

Die erste Ausweitung bei Zulassung der PID besteht darin, dass die künstliche Befruchtung, die bisher nur zur Überwindung der Unfruchtbarkeit zugelassen ist, von dieser Bindung entkoppelt und bei fertilen Paaren eingesetzt würde, die sie zum Ausschluss eines genetischen Risikos ihres Kindes nutzen wollen. Damit steht die IVF einem neuen Nutzerinnenkreis offen und die Frage wird sein, ob die vorgeschlagenen Begrenzungen dieses Kreises zu halten sein werden.

Weitere Ausweitungen sind heute vorhersehbar schon vorprogrammiert. Wie stabil ist eine Kategorie wie der »Schweregrad« einer genetisch bedingten Erkrankung bei der Beschränkung der PID? Alle Erfahrungen und Untersuchungen auf diesem Gebiet zeigen, dass die Meinungen der Mediziner, der Angehörigen und der Betroffenen dazu sehr weit auseinander gehen. In der Behindertenhilfe besteht ein breiter Konsens darüber, dass das Down-Syndrom eine Behinderung ist, die mit einem zufriedenen und erfüllten Leben gut vereinbar ist, wenn wir nur die richtige Unterstützung dazu bieten. In der Pränataldiagnostik wird das Down-Syndrom heute aber überwiegend als so schwerwiegend beurteilt, dass die Beeinträchtigung der Mutter den Abbruch rechtfertigt.

Wie soll der geplante Ausschluss von »spät manifesten Erkrankungen« gehalten werden, wenn Mukoviszidose als »früh manifeste Erkrankung«, deren Verlauf auf Grund der genetischen Diagnose aber nicht abschätzbar ist, für PID zugelassen ist, aber die spät manifeste Huntington-Erkrankung nicht, die nach bisherigem Wissen aber immer zum Ausbruch kommt und immer einen tödlichen Verlauf hat?

Mit welcher Begründung soll, wenn die Huntington-Erkrankung als spät-manifeste, aber tödliche Erkrankung zugelassen würde, die PID für Frauen mit einem 50 % genetisch bedingten Brustkrebsrisiko ausgeschlossen werden?

Wie soll mit Zusatzbefunden umgegangen werden? Sollte bei der PID auf Mukoviszidose, bei der im Nebenbefund auch ein Down-Syndrom festgestellt wird, dieser Embryo in den Mutterleib transferiert werden? Das erste Gerichtsurteil, das das verbietet, ist absehbar, da das Down-Syndrom wenige Monate später wiederum in Gestalt der mütterlichen Belastung ein akzeptierter Abtreibungsgrund ist. Ist das erste Gerichtsurteil dieser Art aber da, wird es die Ausweitung geben: wenn PID, dann PID auf alle zu diesem Zeitpunkt feststellbaren genetisch bedingten Behinderungen. In Großbritannien wurde der erste Schritt zu einem Standardscreening bei PID im Sommer 2001 gemacht. Britische Ärzte dürfen vor dem Einsetzen des Embryos in den Mutterleib ein »aneuploides screening« machen, bei dem kontrolliert wird, ob die richtige Anzahl von Chromosomen vorhanden ist.

Nutzerinnen, die lediglich ein Down-Syndrom ausschließen wollen, aber keine schwere genetische Belastung als Eingangsvoraussetzung für PID nachweisen können, werden sich gerade, wenn ein solches screening Schule macht, ungleich behandelt fühlen und klagen. PID wird zur Standardmethode bei der IVF werden.

Die Geschichte der PND zeigt, dass die Türe nicht mehr zu schließen ist. Bei der PID wird diese Entwicklung nicht anders verlaufen. Die Befürworter entgegnen allenfalls, es handle sich um Schwarzmalerei, eine wirkliche Antwort, wie sie ihre Restriktionen stabil machen wollen, können sie bis heute nicht geben. Der Verweis auf 70 bis 90 Paare im Jahr, um die es lediglich ginge, ist obsolet. Auch der Hinweis auf die hohe Eingangsschwelle, die die IVF bildet und die die Massennutzung verhindern würde, kann wenig beruhigen. Ein immanentes Ziel der PID ist die Optimierung der IVF und damit auch ihre Öffnung für eine größere Inanspruchnahme. Ganz davon abgesehen, wird eine sich schleichend vergrößernde Infertilität in unserer Gesellschaft und eine sich ändernde Mentalität die Inanspruchnahme der IVF beständig erhöhen.

»Working to solve genetic puzzles for the future«

Mit einem solchen Slogan werben US-amerikanische PID-Anbieter im Internet. Diagnosebeschränkungen haben dort keinen Bestand mehr. Schwerwiegende genetische Störungen finden sich in diesen Angebotskatalogen ebenso wie behandelbare

Stoffwechselerkrankungen, genetische Abweichungen, die mit einem guten Leben vereinbar sind, und genetisch erkennbare Krebsdispositionen.

Es verwundert deshalb auch nicht, dass in den USA der Bogen bereits noch weiter gespannt wurde: am 29. August 2000 wurde im US-Staat Colorado mit Adam Nash ein Junge geboren, der auf Grund einer PID unter 14 möglichen Embryonen ausgesucht worden war und nur deshalb geboren wurde, um mit seinen Blutzellen seiner 6 Jahre älteren, an der Knochenmarkskrankheit Fanconi erkrankten Schwester das Leben zu retten.[20] In Großbritannien wurde seit Anfang 2002 der Katalog zulässiger Kriterien für die Durchführung der PID um die Zeugung eines immunologisch geeigneten Blut- oder Gewebespenders erweitert.

Erschreckt stellen jetzt auch Bioethiker, wie Jeffrey Kahn, Direktor des Center for Bioethics der University von Minnesota, fest, dass damit eine Grenze überschritten worden ist: »Wir haben einen Embryo nach Merkmalen ausgewählt, die nicht das beste für ihn sind, sondern für jemanden anderen.«[21]

Präimplantationsdiagnostik und die Überwindung des genetischen Zufalls

PID, das zeigt sich hier, hat eine Scharnierfunktion: Wir betrachten sie in der derzeitigen Debatte noch weitgehend als besondere Methode der pränatalen Diagnostik im Rahmen der assistierten Fortpflanzung. PID ist aber gleichzeitig der Einstieg in die Auswahl zweckbestimmter Embryonen. Sie schafft die Voraussetzung für Verfahren zur genetischen Veränderung von Embryonen und zur Keimbahnintervention. PID zieht »preimplantation genetic intervention« PGI nach sich.

Gleichzeitig ebnet sie den Weg für die verbrauchende Embryonenforschung. Sie tut dies nicht nur ideologisch, da die »Verwerfung« in der Petrischale den verbrauchenden Umgang mit menschlichen Embryonen enttabuisiert. Sie tut dies auch ganz praktisch, da PID nur effizient eingesetzt werden kann, wenn mehr als drei Embryonen erzeugt werden, und somit PID unweigerlich zur Erzeugung jener »überzähligen« Embryonen führt, die in der embryonalen Stammzellforschung so begehrt sind.

Wer heute für die PID eintritt, muss wissen, dass Restriktionen wie die der Bundesärztekammer vor diesen Optionen in keiner Weise schützen. Nicht, weil die Menschen schlecht sind oder kriminellen Missbrauch betreiben. Ich glaube, dass niemand behaupten könnte, die bekannten und hier dargestellten Ausweitungen der PND auf Grund erhöhter, psychologisch bedingter Nachfrage oder auf Grund

20 Ein weiterer Fall aus dem Jahre 2001 aus Chicago ist bekannt, bei dem ein britisches Ehepaar mittels Embryonenselektion einen Spender für ihr erstes leukämiekrankes Kind auswählen ließ.

21 zit nach Berliner Morgenpost vom 5.10.2000.

vereinfachter Anwendungsmöglichkeiten seien Missbrauch. PID-Befürworter sollten sich davor hüten, die absehbaren Ausweitungen der PID als Missbrauch abzutun. Es wäre dies eine Verkennung der durch die Geschichte der PND bekannten Dynamik, die der genetischen Diagnostik und ihrer Annahme in der Gesellschaft innewohnt.

Man kann nicht jemanden ein Raumschiff geben, ihm sagen, er solle damit nur auf der Startbahn herumfahren, und von Missbrauch sprechen, wenn er dann damit doch in den Raum starten will.

In einer Gesellschaft, in der die Geburt eines behinderten Kindes zunehmend als vermeidbare Panne pränataler und in Zukunft vielleicht präimplantiver Diagnostik angesehen wird, droht zudem die Bereitschaft zur Integration von Menschen mit Behinderung notgedrungen immer brüchiger zu werden.

Die Entwicklung der PND liegt wie eine Parabel für die Eskalation einer modernen Medizintechnologie vor uns, deren enormes Potential durch Restriktionen gebändigt werden sollte. Die Zulassung der PID würde alle Warnhinweise, die sich aus diesem Stück jüngerer Medizingeschichte ergeben, in den Wind schlagen und der gefährlichen normativen Macht der Vision des »genetic enhancement engineering« die Türe öffnen.

GÜNTER FEUERSTEIN

Genetik und Public Health

Über konstruierte Affinitäten, ignorierte Spannungsverhältnisse und die innovationsstrategische Bedeutung ungelöster Wertkonflikte

Für die deutsche Public Health Bewegung kann man mit einiger Berechtigung feststellen, dass sie die Entwicklungen der modernen Genetik in den vergangenen Jahrzehnten kaum wahrgenommen hat.[22] Das kann positiv interpretiert werden, zeigt es doch, dass sich Public-Health nicht so schnell durch fachexterne Visionen, forschungspolitische Steuerungsversuche und publizistische Moden überformen lässt. Auf der anderen Seite ist dieses Beharrungsvermögen allerdings auch etwas beunruhigend, denn es zeigt, dass das Interesse von Public-Health-Akteuren, sich mit zukünftig wesentlichen Einflüssen auf das Verständnis von Gesundheit und Krankheit, auf die Entwicklung medizinischer Behandlungskonzepte, Leistungsangebote und Versorgungsstrukturen auseinanderzusetzen, nicht gerade stark entwickelt ist.

Die moderne Genetik wird nicht nur das medizinische System verändern, sondern auch die Grundlagen, auf denen Public Health agiert. So zeichnet sich schon jetzt eine deutliche Verlagerung medizinischer Aktivitäten und Leistungsangebote in die Behandlung *vor*medizinischer Probleme ab, speziell in die Behandlung von Gesunden, deren »Krankheit« oft nur darin besteht, dass sie aufgrund eines erhöhten genetischen Risikos Ängste davor entwickeln, mit einer gewissen Wahrscheinlichkeit im späteren Leben tatsächlich zu erkranken. Durch sogenannte prädiktiv probabilistische Gentests entsteht für das Individuum vor allem Unsicherheit, aber, selbst im Falle eines positiven Ergebnisses, noch keine Problemlage, die zu riskanten medizinischen Interventionen zwingt. Testbedingte Angstsymptomatiken be-

22 Zu den wenigen Ausnahmen rechne ich die präventionstheoretischen Überlegungen von Trojan/Stumm (1992) und Siegrist (1989/1990).

schreiben zunächst ein Problem, das in die Domäne von Psychologen fällt. Aus Public-Health Perspektive könnten erhöhte genetische Erkrankungsrisiken aber auch Ausgangspunkt für Programme zur Gesundheitsförderung, zur Verhältnis- und Verhaltensprävention sein. Teilweise geht die Prävention genetischer Risiken aber schon jetzt deutlich erkennbar in eine andere Richtung: die der teils massiven medizinischen Intervention im Sinne prophylaktischer Therapien bis hin zur prophylaktischen Chirurgie.

Ungeachtet dieser doch sehr unterschiedlichen Problemlösungsstrategien scheint, zumindest aus der Perspektive der US-amerikanischen Genetik, Public Health ein geradezu idealer Partner für die Verbesserung der humangenetischen Forschungsbedingungen, für die Implementation neuer gendiagnostischer Techniken und für die Überwindung gesellschaftlicher Restriktionen der Genetik und Molekularen Medizin zu sein. Die Genetik wird von ihren Proponenten dabei als ein Instrument beschrieben, das sich perfekt mit den Zielsetzungen von Public Health vereint. So sieht beispielsweise Omenn,[23] wie er sich ausdrückt, mit der »Heirat von Genetik und Public Health« ein »goldenes Zeitalter für die Public Health Forschung« anbrechen. In ihrem Standardwerk »Genetics and Public Health in the 21st Century« vermitteln Khoury/Burke/Thomson (2000) darüber hinaus einen Eindruck davon, wie eng und vor allem wie umfassend sie sich die Integration der Genetik in die Forschung und Praxis von Public Health, genauer gesagt, ihre Verschmelzung unter dem Begriff »Public Health Genetics« vorstellen:

> »Public health genetics has been defined as the application of advances in genetics and molecular biotechnology to improve public health and prevent disease.« »... as we think about the broader mission of public health, ... there will be unavoidable integration of new genetic information into all public health programs and across all diseases. ... All public health professionals, therefore, will need an increasing appreciation for integrating genetic research, policy and program development into their daily work.« ... »We do not particularly endorse the creation of a new public health subspeciality in genetics; rather we encourage and emphasize the smooth integration of genetics into public health practice«.
> (Khoury/Burke/Thomson 2000: 5f.)

Die Integration beider Disziplinen wird hier als vollständige Durchdringung von Public Health mit Zielen, Programmen, Diffusionsabsichten und Policies der Genetik gedacht. Dabei überwiegt die Rhetorik der unterstellten Gemeinsamkeiten und programmatischen Affinitäten. Etwas weniger gut illuminiert sind die möglichen Konfliktpotentiale der Vermischung von Konzepten, die eng mit unterschiedlichen ethischen Normen verbunden sind. Hier gruppieren sich die Spannungsver-

23 »The marriage of genetics and public health is certain to usher in a golden age for the public health sciences« (Omenn 2000a: 25; vgl. auch Omenn 2000b: 1).

hältnisse um Begriffspaare wie Autonomie versus Genetische Verantwortung, Nicht-Direktivität versus Sozialpaternalismus, und um ihren jeweils spezifischen Bedeutungshorizont. Die amerikanischen Public Health Programme sind, so Lin-Fu/Lloyd-Puryear (2000: 283f.), traditionell hochdirektiv, und werfen daher die Frage auf, wie sich die konzeptionelle Nicht-Direktivität der Genetik mit hochdirektiven Public Health Programmen verbindet, ohne in eine gefährliche Nähe zur Eugenik und zum Genozid zu rücken. Wir werden an späterer Stelle zeigen, dass dieser Widerspruch weniger darauf drängt, tatsächlich gelöst zu werden. Vielmehr ist er der Preis dafür oder gar das Mittel der Wahl, um blockierte Innovationsdynamiken in Gang zu setzen.

Die Vielschichtigkeit, in der die Public Health Verankerung der Genetik von Khoury/Burke/Thomson konzipiert ist, kann daher nicht nur als Hinweis auf Gemeinsamkeiten und Affinitäten gelesen werden, sondern ebenso gut als Hinweis auf bestehende Probleme und Restriktionen der Genetik.

Public Health Genetics. Oder: Was will die Genetik von Public Health?

Aus der Perspektive der Genetik soll sich Public Health den genannten Autoren zufolge vor allem folgenden Aufgaben widmen:

- der systematischen Sammlung, wissenschaftlichen Auswertung, Verfügbarmachung, Verbreitung und gesundheitspolitischen Nutzung bevölkerungsbezogener genetischer Daten (»population-based genetic and molecular epidemiology«) (Khoury/Burke/Thomson 2000: 9). Gewissermaßen handelt es sich hier um ein Projekt der Moderne, in dem die makroskopische Ausdehnung des medizinischen Blicks mit der extremen Verengung seiner Perspektive verbunden wird.
- der Evaluation genetischer Tests und der Entwicklung von Qualitätssicherungsprogrammen ihrer Anwendung (ebd.: 12). Im Vordergrund steht dabei die organisatorische Gewährleistung technischer Präzision.
- der Entwicklung, Implementation und Evaluation von bevölkerungsbezogenen Interventionsstrategien für Krankheiten mit einer genetischen Komponente (ebd.: 13). Dies könnte man als Versuch der Normalisierung von medizinischen Behandlungsszenarien für genetische Auffälligkeiten charakterisieren.
- einer effektiven Vermittlung der Fortschritte genotypischer Krankheitsprävention an eine breite Öffentlichkeit, einschließlich der politischen Entscheidungsträger und Leistungsanbieter im Gesundheitssektor:

> »Because the subject of human genetics can be sensitive, effective communication will be key to the success of public health programs involving genetic research results« (ebd.: 2000: 14).

Hier geht es also um effektiv gesteuerte Public Relations. Public Health scheint demnach in besonderer Weise geeignet, durch die gezielte Implementation gesellschaftlicher Diskursformationen und Deutungsmuster ein entsprechend öffentlichkeitswirksames Wahrnehmungsmanagement aufbauen zu können.

– einer Lösung der sozialen, ethischen und rechtlichen Probleme, die mit der Erhebung genetischer Informationen und dem Anspruch auf Wahrung von Vertraulichkeit entstehen können:

  »The potential for inappropriate or premature use of genetic information without adequate protections for privacy and confidentiality will demand public health leadership in evaluation and resolving the many ethical, legal, and social issues associated with genetic information« (ebd.: 20).

Man könnte dies als generelles Bedürfnis nach vorausschauendem Trouble- Shooting und nach Erzeugung von Systemvertrauen verstehen.

Mit dieser Aufgabenbeschreibung wird Public Health vor allem als Infrastrukturservice und organisatorische Ressource für die funktionale Vernetzung genetischer, präventiver und medizinischer Leistungsangebote begriffen, aber auch als Marketinginstrument, als institutionalisiertes Krisenmanagement und gegebenenfalls als Sündenbock, wenn die fortschreitende Genetisierung der Medizin zu gesellschaftlichen Konflikten führt. Die Genetik verfolgt hier offenbar die Strategie, die Reputation eines bestehenden Systems zur Externalisierung ihrer zahlreichen Problemfelder zu nutzen und zudem die vielschichtige wie weiträumige Vernetzung dieses Systems zur weiteren Verbreitung ihrer Techniken in Anspruch nehmen zu wollen. Die Attraktivität von Public Health besteht darüber hinaus natürlich auch darin, dass es der Genetik ein weitgehend positiv besetztes Handlungs- und Orientierungsfeld verfügbar macht, und damit auf der legitimatorischen Ebene durchaus Ähnlichkeiten mit dem ansonsten sehr intensiv geübten Rückgriff auf ethische Autorität und ethische Referenz erkennen lässt.

Public Health Genetik in Deutschland?

Ein mit der amerikanischen Diskussion vergleichbares Zugriffsbegehren der Genetik auf Public Health Ressourcen ist in Deutschland nicht feststellbar. Soweit überhaupt Verbindungen hergestellt wurden, sind diese in erster Linie projektbezogen, informell und auf inhaltlich wie zeitlich eingegrenzte Kooperationsbeziehungen beschränkt. Das mag auch daran liegen, dass die deutsche Public Health Landschaft für die Genetik kein vergleichbar attraktiver Partner ist. Im Besonderen gilt dies natürlich für die nicht sehr ausgeprägte institutionelle Verankerung von Public Health im deutschen Gesundheitssystem, aber auch mit Blick auf die gegenwärtig verfügbaren wissenschaftlichen Ressourcen von Public Health.

Als Studiengang und Forschungsfeld konnte sich Public Health hierzulande erst in den 90er Jahren etablieren. Der Prozess der Konsolidierung ist noch nicht abgeschlossen und wird auch dadurch erschwert, dass Public Health im engeren Sinne kein Fach ist, aber auch keine eigenständige Disziplin. Es besteht ein hoher Grad an Interdisziplinarität (Medizin, Epidemiologie, Biostatistik, Sozialwissenschaften, Ökonomie), wobei weder die konzeptionelle, noch die inhaltliche und methodische Integration vollzogen ist. Das Verbindende liegt bestenfalls in einem *gemeinsamen Grundverständnis,* das aus den nachfolgenden Elementen besteht: Public Health widmet sich dem Zusammenspiel biologischer Prozesse und sozialer Kontexte. Im Unterschied zur Medizin befasst es sich nicht mit biochemischen, sondern mit *sozialen* Interventionen. Die dabei eingenommene Perspektive ist bevölkerungs- oder gemeindebezogen und nicht, wie in der Medizin, auf die Intervention am einzelnen Patienten und die Arzt-Patient-Beziehung ausgerichtet. Dabei geht es auch nicht in erster Linie um die Behandlung von Krankheit, sondern um die Erhaltung bzw. Wiederherstellung der Gesundheit. Folgende *Leitideen* sind für Public Health von zentraler Bedeutung:

- dass Public Health zwar utilitaristisch geprägt ist, sich aber über eine enge Orientierung an ökonomischer Effizienz hinaus um eine angemessene Verteilung der Mittel und einen fairen Zugang zu den Ressourcen (»equal access«) bemüht;
- dass die Entstehungsbedingungen und Bewältigungschancen von Krankheit durch Verhältnis- und Verhaltensprävention beeinflussbar sind;
- dass es vorrangig ist, Krankheit zu vermeiden, also nicht, sie erst entstehen zu lassen und dann zu behandeln;
- dass das dafür geeignetste Instrument die systematische Aktivierung der sozialen und individuellen Gesundheitspotentiale (»health promotion«, »empowerment«) ist.

Public Health bedeutet daher *nicht,* dass eine fortschreitende Medikalisierung von nicht-medizinischen, vor- oder quasi-medizinischen Problemlagen gefördert wird. Und es bedeutet ebenfalls *nicht,* dass die Entstehung eines gesundheitsbezogenen Zwangsregimes anzustreben sei, sondern, so die Deutung der WHO (1986), dass Public Health Maßnahmen bevorzugt darauf ausgerichtet sind, ein höheres Maß an Selbstbestimmung über die eigene Gesundheit und an Befähigung zur gesundheitsförderlichen Lebensweise zu ermöglichen. Anders als in den angelsächsischen Ländern ist die utilitaristische Ausrichtung von Public Health in Deutschland deutlich verhaltener ausgeprägt. Der ideologische Gedanke der »Volksgesundheit«, speziell wenn er eine Verbindung zur Genetik aufweist, trifft hierzulande auf historisch begründete Vorbehalte, die vor allem zu einer erhöhten Sensibilität (man könnte auch Vorsicht oder strategische Zurückhaltung dazu sagen) von deutschen Humangenetikern geführt haben.

Wenn überhaupt, dann kam in Deutschland das Begehren nach einer Verschränkung von Genetik und Public Health nicht so sehr aus den Reihen der Genetiker, sondern aus einem recht engen Kreis von Public Health Akteuren. Wie das Public Health Forum (30/2001) zum Schwerpunktthema Genetik gezeigt hat, gründet die postulierte Attraktivität des neuentdeckten Aufgabengebietes der *Public Health Genetik* allerdings noch in einer Melange aus vager Fortschrittsromantik und einem um so deutlicheren Drang nach Aufgabenexpansion:

> »Neben den Informationstechnologien wird die Genetik als *das* große Zukunftsfeld für Public Health gesehen.« ... »Während im Ausland ... die Humangenetik in Public Health längst etabliert ist, ist diese Integration in der Bundesrepublik Deutschland nur in Ansätzen erfolgt. Das wird auch daran deutlich, dass sowohl der Begriff als auch das Spezialgebiet ›Public Health Genetik‹ als eigenständiger Bereich von Public Health in Deutschland noch nicht verankert ist. Es handelt sich somit um einen Bereich mit hohem Zukunftspotential, für den der dringende Bedarf eines institutionellen Aufbaus und einer inhaltlichen Weiterentwicklung besteht.« ... »So werden Krankheitsanlagen als individuelles biologisches Schicksal verinnerlicht. Verhaltensprävention wird an Gewicht verlieren, Verhältnisprävention hingegen an Gewicht gewinnen. Konsequenz ist die ›Genetisierung‹ von individuellem Leben und gesellschaftlichem Handeln. Durch diese Entwicklung wächst sowohl der individuellen als auch der öffentlichen Prävention eine neue und zugleich erheblich ausgeweitete Aufgabe zu.«. (Brand 2001: 2ff.)

Woran es jenseits all dieser Versuche, ein neues Wissensgebiet und Praxisfeld zu konzipieren, noch immer mangelt, ist die prospektive Folgenabschätzung der Verschmelzung von Genetik und Public Health. Besonders auf der begrifflichen und auf der normativen Ebene besteht hier noch erheblicher Klärungsbedarf.

Public Health und Genetik – Differenzen und Affinitäten

Die Idee der Verzahnung von Genetik und Public Health referiert vor allem auf das von beiden Wissenschaften beanspruchte Leitbild der Gesundheitsförderung und Prävention. Allerdings bedürfte es einer gründlichen Abklärung, ob und in welchem Umfang das jeweils zugrunde liegende Präventionsverständnis tatsächlich miteinander kompatibel ist. Für die Genetik kann man mit einiger Berechtigung sagen, dass sie über *kein spezifisches* Präventionsverständnis verfügt. Prävention fungiert hier eher als semantische Hülle, die relativ unabhängig von ihrer konkreten Ausfüllung auf den Nutzen der genetischen Diagnostik verweisen soll. Dabei reicht der Möglichkeitsspielraum von Prävention oft weit in den Bereich prophylaktischer medizinischer Interventionen hinein. Im Kontext pränataler Gentests kann dies deckungsgleich sein mit der Verhinderung gesundheitsgefährdeten Lebens, und im Kontext prädiktiv probabilistischer Gentests mit der pharmazeutischen oder chirurgischen Prophylaxe an Gesunden (vgl. Feuerstein/Kollek 2000; 2001).

Im Unterschied dazu liegt der Fokus von Public Health Konzepten auf der Aktivierung der sozialen und individuellen Gesundheitspotentiale und damit auf der Befähigung zu einer gesundheitsförderlichen Lebensweise. Public Health setzt dabei vor allem auf ein höheres Maß an Selbstbestimmung und Kompetenz. Dies steht in Kontrast zur fortschreitenden Vernaturwissenschaftlichung des Verständnisses von Gesundheit und Krankheit, vor allem aber in Kontrast zu einer Medikalisierung von Problemlagen, die vor- oder nicht-medizinischer Art sind. Dazu gehört unzweifelhaft die expertengeleitete Konstruktion genetischer Risiken, verbunden mit einem expertenbestimmten Regime der medizinischen Prävention.

Mit der vielfach geforderten Genetisierung der Krankheitsklassifikation, der Überwindung des Phänotypischen, verschiebt sich das Krankheitsverständnis in eine Richtung, die den Blick sowohl von komplexen Verursachungszusammenhängen als auch von individuellen Einflussfaktoren ablenkt. Besonders problematisch ist dies gerade für multifaktorielle Erkrankungen, für Krankheiten also, die nicht durch eine singuläre genetische Variation erklärt werden können, sondern im komplexen Zusammenspiel von verschiedenen Genen, speziellen Mutationen, Genprodukten, diversen Umweltfaktoren und Verhaltensweisen entstehen. Dazu gehören insbesondere die weit verbreiteten chronischen Zivilisationskrankheiten. Aufgrund ihrer zahlreichen nicht-medizinischen Komponenten im Entstehungs- und Bewältigungsprozess stehen sie im Zentrum von Public Health Konzepten und Programmen.

In genetisch fixierter Perspektive erscheinen Gesundheit und Krankheit als biologisch eingeschriebene Disposition, als Naturschicksal. Deutlich wird dies vor allem auch durch die mit prädiktiv genetischen Risikokonstrukten verbundene Grenzverschiebung zwischen gesund und krank. Menschen mit genetischen Krankheitsrisiken geraten in ein lebenslang festgeschriebenes Zwischenreich. Schon als unzweifelhaft Gesunde sind sie in doppelter Hinsicht belastet. Zum einen von der Ungewissheit, ob ihr erhöhtes Risiko überhaupt zur Erkrankung führt, wann dies geschehen wird und mit welchem Verlauf. Zum anderen durch den Entscheidungsdruck, auf medizinische Präventionsangebote zu reagieren, also auf bloßen Verdacht hin zum Patienten zu werden. Gesunde geraten dadurch in einen weitgehend ungeklärten Status, der sie allerdings in die Reichweite von Verhaltensaufforderungen, Maßnahmen oder gar Sanktionsdrohungen rückt. Begriffe für diesen Status wurden zwar schnell gefunden – man spricht von »Quasi-Kranken«, »Gesunden Kranken«, »Noch-nicht-Kranken«, oder etwas allgemeiner dem Zustand des »Riskiertseins« –, aber im Unterschied zum Kranksein gibt es keine soziale Rolle, die Entlastungspotential haben könnte.

So sehr Public Health in seinem eigenen Selbstverständnis - durchaus ähnlich der Genetik - die Autonomie und Eigenverantwortung betont, so sehr sind Public Health Konzepte natürlich auch an einer überindividuellen, einer Gruppen- oder Bevölkerungsperspektive orientiert. Genau dies ist der Punkt, an dem die Verschränkung mit der Genetik besonders problematische Züge gewinnt. Denn auf der Makroebene, auf der sich das Public Health Denken bewegt, entstehen letztlich jene abstrakten Kalküle, die den Maßstab für risikoadäquates Gesundheitsverhalten und »genetische Verantwortung« bilden. Erinnert sei in diesem Zusammenhang nur an die im Sondergutachten 1995 vom Sachverständigenrat für die Konzertierte Aktion im Gesundheitswesen getroffene Aussage, dass das medizinische Ziel der genetischen Beratung in der »Senkung der Inzidenz früh erworbener Krankheiten wie angeborene Stoffwechselstörungen (z. B. Mukoviszidose), Down Syndrom, Spina bifida, Hör- und Sehschädigung, Herzfehler, Lippe-Kiefer-Gaumen-Spalten« (SVR 1995: 52) bestehe.

Dies geschah übrigens durchaus zum Entsetzen von Humangenetikern, die, durch Erfahrung vorsichtig geworden, ihre Profession nicht in die Nähe der Bevölkerungseugenik bringen wollen. Mit anderen Worten: die heimliche und auf dem bioethischen Prinzip der Autonomie ruhende »Eugenik von unten« würde sich bei konsequenter Anwendung von Public Health Kalkülen als »Eugenik von oben«, als gesellschaftlich gewollte Eugenik offenbaren. Auch dafür gibt es bereits Legitimationsmuster. So sind risikoreiche Fortpflanzungsentscheidungen für den Bioethiker Martin Sass moralisch zwar nicht verwerflich, aber »unverantwortlich einer Gesellschaft gegenüber, die einen so schwerst Benachteiligten in die Solidargemeinschaft aufnimmt« (BMFT 1984: 123). In diese Richtung weisen auch einige der so genannten Screening-Ratios, indem sie die Kosten genetischer Screenings gegen ihren Nutzen, nämlich die kostensparende Verhinderung der Geburt Behinderter bilanzieren.

Autonomie und Sozialpaternalismus – ein widersprüchliches Konzept?

Wie bereits angedeutet, gibt es in jüngerer Zeit auch in Deutschland Überlegungen, die »Chancen« einer Verbindung zwischen Public Health und Genetik zu nutzen. Die dafür herangezogenen Begründungen betonen den konzeptionellen und intentionalen Überlappungsbereich, der zwischen beiden Handlungsdomänen besteht. Tatsächlich gibt es auf den ersten Blick einige Übereinstimmungen. Ein gemeinsamer Bezugspunkt ist die Betonung der Selbstbestimmung. Und ein weiterer ist der latente Utilitarismus, aus dem heraus beide Handlungsfelder ihren gesellschaftlichen Nutzen begründen.

Der zweite Blick gibt dann allerdings auch einige Ungereimtheiten preis. Beide Handlungsfelder unterscheiden sich insbesondere dadurch, dass sie die Gewichte anders gelagert haben. Public Health interessiert sich für das Individuum in bevölkerungsbezogener Perspektive. Hier geht es um die Verbesserung des allgemeinen Gesundheitsniveaus, und der Erfolg von Public Health Programmen misst sich letztlich an der Durchsetzung dieses Ziels. Entsprechend sind Public Health Strategien darauf ausgerichtet, Individuen durch gezielte Arrangements zu einem einsichtigen Gesundheitsverhalten zu bewegen. Das Public Health Denken impliziert damit eine Form von Selbstbestimmung, die von sozial konstruierten Vernunftgeboten und stillen Zwängen umstellt ist. Im Unterschied dazu agiert die Genetik betont individuumsbezogen und versteht sich auch in ihren Normbildungsprozessen als ergebnisoffenes Angebot. Genau genommen verabschiedet sie sich damit nicht nur demonstrativ von gesellschaftlichen Werturteilen, sondern in gewisser Weise auch von professioneller Verantwortung (vgl. dazu Feuerstein 1999: 109ff.). Sie reklamiert letztlich eine Neutralität, die es im wirklichen Leben nicht gibt. Dieser Anspruch wäre in der Verschmelzung mit Public Health nur schwer aufrecht zu erhalten. Allerdings wäre die Genetik dann mit all ihrer Widersprüchlichkeit auch im wirklichen Leben angekommen.[24]

Abschließend sei noch ein dritter Blick gewagt. Und der zeigt wiederum eine gewisse Übereinstimmung in den Ungereimtheiten. Machen wir uns nichts vor. In beiden Feldern, in der Genetik und in Public Health, trifft man auf erhebliche Ambivalenzen, die sowohl in heterogenen Orientierungen, in unterschiedlichen Situationsbeurteilungen und in kaum kompatiblen Normen angelegt sind. Screening Ratios markieren einen Teil dieser Ambivalenzen innerhalb der Genetik. Sie enthüllen eine heimliche Intention, und sei es nur aus Gründen des eigenen gesellschaftlichen Nützlichkeitsnachweises. Dieser ist allerdings davon abhängig, dass sich das autonome Individuum dieser verborgenen Intention entsprechend verhält. Genau genommen präsentiert sich hier eine im Goffman'schen Sinne zweigeteilte Welt: die Welt der Vorderbühne und die der Hinterbühne. Auf der vom Publikum wahrnehmbaren und scheinbar kontrollierten Vorderbühne spielt die Genetik das Stück der Autonomie. Zugleich wird auf der dem Blick des Publikums entzogenen Hin-

24 Zu dieser Widersprüchlichkeit gehört auch, dass der gesellschaftliche Nutzen von und damit der Bedarf an genetischen Screenings seitens der Humangenetiker nicht ausschließlich mit sogenannten Screening-Ratios, letztlich also gesundheitsökonomisch begründet wird, sondern zunehmend auch mit dem Prinzip der Patientenautonomie, bzw. dem Nachfrageverhalten von Test-Interessenten (vgl. ESHG 2000a, b). Letzteres steht in einem normativen Spannungsverhältnis zur »utilitaristischen Moralität« des Public Health Denkens (vgl. Burris/Gostin 1997: 143). Stone/Stewart (1996) verwiesen auf zwei sehr bedeutsame Probleme dieser autonomiebezogenen Bedarfsfeststellung: zum einen darauf, dass »rational evaluation could be undermined« und zum anderen auf einen "paradigm shift in the philosophy of screening in that no preventive principle is involved".

terbühne die informelle Orientierung der Akteure sichtbar. Hier zeigt sich, nach welchen Zielvorstellungen und in welcher Weise das Spiel wirklich arrangiert ist, sei es dann durch die strukturelle Direktivität materiell wirksamer Sanktionsmechanismen, durch die jeweils dominanten Deutungspräferenzen der beteiligten Profession oder durch die situative Formierung von Interaktionen und Entscheidungsprozessen im Setting der genetischen Beratung.

Bezogen auf das Verhältnis von Genetik und Public Health liegen die Dinge natürlich etwas komplexer, als Goffman (1976) sie unter dem Aspekt des »ortsbestimmten Verhaltens« beschrieben hat. Denn man darf davon ausgehen, dass sowohl die Genetik als auch Public Health über ihre jeweils eigenen Vorder- und Hinterbühnen verfügen. In unserem Fall geht es lediglich um einen Ausschnitt des Ganzen, nämlich die Verschränkung der Hinterbühne der Genetik mit der Vorderbühne von Public Health. Vorder- und Hinterbühne sind dabei nicht unbedingt ortsspezifisch organisiert, sondern eher abstrakt nach dem Muster öffentlicher/nicht-öffentlicher Information oder formeller Selbstbeschreibung/informeller Policies. So sieht auch Irmgard Nippert (2000) in den von der WHO für die europäischen Mittelmeerländer konzipierten Hämoglobinopathie-Kontrollprogrammen ein Beispiel für genetische Testangebote, die, flankiert von changierenden Wertvorstellungen, letztlich sehr eindeutig den gewünschten gesundheitspolitischen Vorgaben folgen:

> »Das diesen Programmen zugrundeliegende ,Genetic Public Health' Konzept ist deutlich: Die Bürgerin, der Bürger dieser Staaten hat sowohl ein *Recht* auf Information über genetische Risiken, ein *Recht*, auf Basis dieser Information reproduktive Entscheidungen zu treffen, aber auch eine *Obligation*, sich zu informieren und sich konform gegenüber dem ,moralischen' Imperativ (Vermeidung eines kranken Kindes) dieses Screeningangebotes zu verhalten. Die gesundheitspolitische Strategie der Hämoglobinopathie-Kontrollprogramme ist, informierte Nutzer zu erreichen, denen Entscheidungsoptionen angeboten werden, in der Erwartung, dass diese sich konform im Sinne der eigentlichen Ziele des Programms verhalten und damit die staatlichen Gesundheitsausgaben entlasten«. (Nippert 2000: 133)

Im geschilderten Fall sind Vorderbühne und Hinterbühne des Programms dem adressierten Publikum, hier: den potentiellen Nutzern des Tests, prinzipiell gleichermaßen zugänglich. Denn die Intentionen solcher Programme, die damit verbundenen Absichten und Erwartungen, sind kein abgeschirmtes Geheimwissen, das nur hinter verschlossenen Türen verhandelt wird. Vieles, wenn vielleicht auch nicht alles, kann aus öffentlich zugänglichen Publikationen erschlossen werden.

Dennoch ist die Wahrscheinlichkeit, dass die Hinterbühne genetischer Testprogramme von einer Vielzahl der potentiellen Test-Nutzer wirklich betreten wird, relativ gering. Die unterschiedlichen Intentionen des Programms hausen meist in unterschiedlichen Diskurssphären. Diese sind zwar nicht unbedingt von ortsgebundenen Zugangsbarrieren umstellt, aber dennoch sehr wirksam durch unsichtbare Mechanismen voneinander abgeschirmt. Denn ähnlich wie soziale Systeme über jeweils spezifische Selektionscodes verfügen, haben auch Menschen, die in unterschiedlichen gesellschaftlichen Kontexten agieren, spezifische Wahrnehmungskorridore, die über ihre Teilhabe an verschiedenen Diskursen entscheiden. Die Intentionen der Hinterbühne vermitteln sich den Test-Nutzern daher eher unbewusst und informell. Vielleicht kann man hier, in gewisser Parallele zum schulförmig institutionalisierten Lernen, von einem hidden curriculum genetischer Test- und Beratungssettings sprechen, einem heimlichen Lehrplan also, der nicht aus den direkten Handlungsanleitungen besteht, sondern aus Impulsen, die im unmittelbaren Arrangement und in den entfernteren Rahmenbedingungen (gesellschaftlich verankerte Vorurteilsstrukturen) genetischer Leistungsangebote angelegt sind.

In dieser arbeitsteilig arrangierten Verflechtung von Autonomie und Sozialtechnik kann sich sowohl die Genetik als auch Public Health ganz gut einrichten. Die Genetik profitiert von einem Kalkül, das den gesellschaftlichen Nutzen ihrer Techniken auch in der gesundheitspolitischen Arena demonstrierbar macht, ohne dass sie sich die dahinter stehende Wertorientierung explizit zu eigen machen muss. Insofern bleibt sie in erkennbarer Distanz zu den Konflikten, die bei einer offenen Thematisierung der delegierten Motive und Erwartungen auftreten könnten. Und die Public Health Forschung erhält ein neues prosperierendes Forschungs-, Verwaltungs- und Praxisfeld. Natürlich bleiben die in der jeweiligen Grundorientierung von Genetik und Public Health angelegten Widersprüche bei der partiellen Verschränkung beider Gebiete erhalten. Durch die subdisziplinäre Besonderung der »Public Health Genetik«, ihre relative Verselbständigung von beiden Ausgangsdisziplinen, bleiben diese im Kern weitgehend unbelastet von eventuell auftretenden Zwängen zur normativen Integration und Widerspruchsfreiheit. Gewissermaßen vollzieht die Public Health Genetik die Kultivierung und die kultivierte Verleugnung der auftretenden Widersprüche. Und vielleicht besteht ja genau darin das eigentliche Konzept der Public Health Genetik.

Literatur

BMFT (Hrsg.) (1984): Ethische und rechtliche Probleme der Anwendung zellbiologischer und gentechnischer Methoden am Menschen. Dokumentation eines Fachgesprächs im Bundesministerium für Forschung und Technologie. München

Brand A. (2001): Genetik und Public Health. Public Health Forum 30: 2-4

Burris S., Gostin L. O. (1997): Genetic Screening from a Public Health Perspective: Some Lessons from the HIV Experience. In: Rothstein M. A. (Hrsg.): Genetic Secrets. Protecting Privacy and Confidentiality in the Genetic Era. New Haven and London: Yale University Press: 137-157

ESHG European Society of Human Genetics (2000a): Population Genetic Screening Programmes. Recommendations of the European Society of Human Genetics. EUROGAPP PROJECT 1999-2000. Public and Professional Policy Committee (PPPC)

ESHG European Society of Human Genetics (2000b): Population Genetic Screening Programmes. Principles, Techniques, Practices, and Policies. EUROGAPP PROJECT 1999-2000. Public and Professional Policy Committee (PPPC)

Feuerstein G. (1995): Das Transplantationssystem. Dynamik, Konflikte und ethisch-moralische Grenzgänge. Weinheim und München: Juventa

Feuerstein G. (1999): Inseln des Überflusses im Meer der Knappheit. Angebotsexpansion und Nachfragesteuerung im Kontext gentechnischer Leistungen. In: Feuerstein G., Kuhlmann E. (Hrsg.): Neopaternalistische Medizin. Der Mythos der Selbstbestimmung im Arzt-Patient-Verhältnis. Bern: Verlag Hans Huber: 95-113

Feuerstein G., Kollek R. (1999): Flexibilisierung der Moral. Zum Verhältnis von biotechnischen Innovationen und ethischen Normen. In: Honegger C., Hradil S., Traxler F. (Hrsg.): Grenzenlose Gesellschaft? Kongressband (Teil 2) des Freiburger Kongresses der DGS, ÖGS und SGS. Opladen: 559-574

Feuerstein G., Kollek R. (2000): Risikofaktor Prädiktion. Unsicherheitsdimensionen diagnostischer Humanexperimente. In: Honnefelder L., Streffer C. (Hrsg.): Jahrbuch für Wissenschaft und Ethik 5. Berlin/ New York: Walter de Gruyter: 91-115

Feuerstein G., Kollek R. (2001): Vom genetischen Wissen zum sozialen Risiko: Gendiagnostik als Instrument der Biopolitik. Das Parlament, Beilage 27 vom 29. Juni 2001: 26-33

Goffman E. (1976): Wir alle spielen Theater. Die Selbstdarstellung im Alltag. München: Piper

Khoury M. J., Burke W., Thomson E. J. (Hrsg.) (2000): »Genetics and Public Health in the 21st Century«. Using Genetic Information to Improve Health and Prevent Disease. Oxford: University Press

Lin-Fu J. S., Lloyd-Puryear M. (2000): Access to Genetic Services in the United States: A Challenge to Genetics in Public Health. In: Khoury/Burke/Thomson: A. a. O.: 273-289

Nippert I. (2000): Vorhandenes Bedürfnis oder induzierter Bedarf an genetischen Testangeboten? Eine medizinsoziologische Analyse zur Einführung und Ausbreitung genetischer Testverfahren. In: Schmidtke J. (Hrsg.): Guter Rat ist teuer. Was kostet die Humangenetik, was nutzt sie? München, Jena: Urban & Fischer: 126-149

Omenn G. S. (2000a): Genetics and Public Health: Historical Perspectives and Current Challenges and Opportunities. In: Khoury/Burke/Thomson: A. a. O.: 25-44

Omenn G. S. (2000b): Public Health Genetics: An Emerging Interdisciplinatory Field for the Post-Genomic Era. Annu. Rev. Public Health 21: 1-13

Siegrist J. (1989/1990): Gibt es eine sozialwissenschaftliche Theorie der Gesundheit? Medizinsoziologie 2/89 und 1/90: 4-13

Stone D. H., Stewart S. (1996): Screening and the New Genetics: A Public Health Perspective on the Ethical Debate. Journal of Public Health Medicine 18 (1): 3-5

SVR - Sachverständigenrat für die Konzertierte Aktion im Gesundheitswesen (1995): Sondergutachten 1995 - Gesundheitsversorgung und Krankenversicherung 2000. Baden-Baden: Nomos

Trojan A., Stumm B. (1992): Zur Zukunft medizinischer und sozialwissenschaftlicher Strategien der Prävention. In: Dies. (Hrsg.): Gesundheit fördern statt kontrollieren. Frankfurt am Main: Fischer: 336-360

JOHANNES SIEGRIST

Welche Zukunft hat die Medizinsoziologie im Zeitalter der molekularen Medizin?

Einleitung

Medizinsoziologie, in manchen Kontexten auch Gesundheitssoziologie genannt, befasst sich mit der Anwendung soziologischer Termini, Theorien und Methoden auf die Problemanalyse von Gesundheit und Krankheit sowie von Institutionen und Berufsgruppen des Gesundheitssystems [1-3]. Die traditionelle Unterscheidung zwischen einer Soziologie *in* der Medizin, d.h. der Integration biomedizinischer und sozialwissenschaftlicher Information im Dienste eines umfassenderen Verständnisses von Gesundheit und Krankheit, und einer Soziologie *der* Medizin, d.h. der soziologischen Analyse der Einrichtungen des Gesundheitswesens als eines Subsystems der Gesellschaft [4], wird zwar der Komplexität des medizinsoziologischen Themenspektrums nicht gerecht, verweist aber auf die institutionelle Verankerung soziologischen Forschens im Einflussbereich der Medizin. Während soziologische Institutions- und Professionsanalysen auf eine epistemologische Distanz zum Medizinsystem geradezu angewiesen sind, bedarf qualifizierte soziologische Forschung zu Entstehungs- und Verlaufsbedingungen von Krankheiten und zur Förderung von Gesundheit in der Regel der interdisziplinären Zusammenarbeit mit Biomedizin und Epidemiologie [5].

In den vergangenen 50 Jahren hat Medizinsoziologie sich als eine akademische Spezialdisziplin der Soziologie international entwickelt [6], teilweise mit starker Verankerung in Sozialwissenschaftlichen Fakultäten, teilweise im Rahmen von Lehre und Forschung in Medizinischen Fakultäten oder in Schools of Public Health. Die Entwicklung in Deutschland ist einerseits durch eine lediglich periphere Vertretung dieser Spezialdisziplin an den Ausbildungs- und Forschungsprogrammen der Soziologie an Sozialwissenschaftlichen Fakultäten, andererseits durch eine starke Einbindung in Medizinische Fakultäten und, soweit vorhanden, in Schools of Public Health gekennzeichnet. Als ‚kleines' Fach mit geringen Personalressourcen in vorklinisch-theoretischen Lehreinheiten verankert, besitzt die Medizinsoziologie nur begrenzte Entfaltungschancen im Kontext Medizinischer Fakultäten, umso mehr, als sie abseits der Hauptströmungen und kompetitiven Schwerpunktsetzungen biomedizinischer – und d.h. vor allem molekularbiologischer – Forschung liegt.

Die nicht nur rhetorisch gemeinte Frage nach der Zukunft der Medizinsoziologie im Zeitalter der molekularen Medizin stellt sich auf zwei Ebenen: auf der Ebene des Geltungsbereichs eines soziologischen Erkenntnis- und Handlungsprogramms, welches einen Kontrast oder zumindest eine Ergänzung zum Erkenntnis- und Handlungsprogramm der molekularen Medizin darstellt, und auf der Ebene wissenschafts- und forschungspolitischer Entwicklungen. Die letztgenannte Ebene soll hier nur kurz angesprochen werden, da das Hauptinteresse der ersten Frage gilt. Immerhin darf nicht unerwähnt bleiben, dass das mächtige Vordringen molekularer Medizin, ihre Bahnungsfunktion angesichts einer neuen biotechnologisch-industriellen Revolution, ihre Präsenz in den Medien und ihre Fähigkeit, öffentliche und private Forschungsgelder im Bereich der Medizin weitgehend zu absorbieren und universitäre Ressourcen zu ihren Gunsten zu verteilen, eine Bedrohung der weiteren Entwicklung der sog. psychosozialen Fächer an Medizinischen Fakultäten darstellt. Im Fall der deutschen Medizinsoziologie gilt dies insbesondere angesichts ihrer begrenzten institutionellen Verankerung in der universitären Medizin und angesichts ihrer schwachen Allianzen mit der allgemeinen Soziologie. Auch fehlen in Deutschland, im Gegensatz zu mehreren europäischen Ländern, zu den USA und Kanada, Forschungsförderprogramme mit medizinsoziologischer Ausrichtung, sei es im Rahmen der Programmforschung zur Gesundheit durch Bundesministerien, sei es im Rahmen von Schwerpunktprogrammen von Stiftungen.

Dieses zuletzt genannte Vakuum steht in merkwürdigem Kontrast zu dem international anerkannten Gewicht medizinsoziologischer Erkenntnisse zu Themen wie ›soziale Ungleichheit von Morbidität und Mortalität zwischen und innerhalb moderner Gesellschaften‹ [(7)], ›soziale Netzwerke, soziales Kapital und Gesundheit‹ [(8)], ›Geschlechtsrolle und Gesundheit‹ [(9)], ›Erwerbsleben und Gesundheit‹ [(10)], ›Soziologie des Alterns und Gesundheit' [(11)], ›Soziologie des chronisch Kranken‹ [(12)], um nur besonders vordringliche medizinsoziologische Arbeitsfelder zu nennen.

Welche Bedeutung kommt Erkenntnissen zu diesen Themen im Selbstverständnis medizinischer und epidemiologischer Forschung angesichts der Hegemonie von Molekularbiologie und Molekulargenetik zu? Selbst wenn man in Rechnung stellt, dass auch wissenschaftliche Entwicklungen von bestimmten Zyklen der Aufmerksamkeit, der öffentlichen Förderung und Geltung beeinflusst werden, ist doch erstaunlich, mit welchem Tempo und mit welcher Unbedingtheit eine vergleichsweise junge Forschungsrichtung den Hauptstrom des medizinischen Wissenschaftsbetriebs bestimmt.

Die molekulare Medizin verdankt ihr rasches Vordringen den umwälzenden Erkenntnisfortschritten der Molekularbiologie, insbesondere der Molekulargenetik, ihren therapeutischen und präventiven Versprechungen sowie neuerdings ihrer Verknüpfung mit der Nanobiotechnik. Nicht ohne Sorge müssen wir zur Kenntnis nehmen, dass mit dem wachsenden genetischen Determinismus und mit den rasch verbesserten Optionen ärztlicher Manipulation molekularer Prozesse, die heute bereits das Herauslösen einzelner Proteinmoleküle aus der Zellmembrane ermöglichen, das reduktionistische Krankheitsparadigma einen neuen Siegeszug antritt. Demgegenüber verblasst die Bedeutung des funktionalen Krankheitsparadigmas, eines Paradigmas, welches die methodologische Basis aller systemisch orientierten Fachdisziplinen der Medizin bildet (13,14). Hierzu zählen etablierte Fachrichtungen wie Arbeits- und Umweltmedizin, Epidemiologie, Verhaltensmedizin und Psychosomatik ebenso wie Medizinische Soziologie und Medizinische Psychologie.

Das reduktionistische Krankheitsparadigma medizinischer Forschung erlebt ausgerechnet in einer wissenschaftsgeschichtlichen Konstellation seine Blütezeit, die durch Einsichten in Systemeigenschaften, Selbstorganisation und Nichtlinearität biologischer Prozesse geprägt ist (15). Weltweit mehren sich Forderungen nach einem Geltungszuwachs des funktionalen Krankheitsparadigmas. Dieses Paradigma betrachtet Krankheit als gestörte Kommunikation auf den verschiedenen Systemebenen, und es analysiert die Dynamik sich selbst regulierender Systeme, ihre feedback-gesteuerten, zeitlich und örtlich gemusterten, durch Synchronizität und Rhythmik gekennzeichneten Prozesse in einer neuen, der modernen Physik, Biologie und Informationstheorie entliehenen Sprache (16). Dieses Paradigma räumt dem menschlichen Gehirn, den neuronalen, neuroendokrinen und Neuroimmun-Prozessen einen zentralen Stellenwert bei der krankheitsrelevanten Informationsverarbeitung von Person und Organismus zu (17). Dieses Paradigma bewertet schließlich die epigenetischen Prozesse als mindestens so bedeutsam wie die genetischen. Dies bedeutet, dass die Mehrzahl menschlicher Krankheiten, vor allem die weitverbreiteten Zivilisationskrankheiten, in ihrem Manifestationsrisiko durch genetische Dispositionen zwar erhöht, keineswegs durch diese schicksalhaft deterministisch vorherbestimmt sind. Umwelt und Verhalten in ihrer Interaktion mit genetischer Disposition stellen in dieser Betrachtungsweise entscheidende Einflussgrößen dar (18). Die in kurzen Zeitabständen erfolgenden umfangreichen Veränderungen von Krankheitsinzidenz und Mortalität belegen mit Nachdruck den überragenden Einfluss sozioökonomischer und soziokultureller Faktoren der Krankheitsentstehung. Als Beispiel sei auf die drastische Änderung des Verteilungsmusters koronarer Herzkrankheiten zwischen und innerhalb von Industrieländern in den vergangenen Jahrzehnten und auf ihren raschen Anstieg in Schwellenländern verwiesen [19]. Diese epidemiologischen Trends unterstreichen nachhaltig die Bedeutung der sozialen Umwelt beim Verständnis von Krankheitsursachen und deren Verhütung. Medizinsoziologische Theorien und Methoden spielen in diesem Erkenntnisprogramm, im Verein mit Sozialepidemiologie, Verhaltensmedizin, Gesundheits- und Sozialpsychologie, eine zentrale Rolle.

Die Zukunft der Medizinsoziologie im Zeitalter molekularer Medizin wird daher zum einen darin bestehen können, dieses kontrastierende Erkenntnisprogramm zu bearbeiten und gemeinsam mit benachbarten Forschungsrichtungen zu unterstützen, ein Erkenntnisprogramm, welches soziale Determinanten von Gesundheit und Krankheit zum Gegenstand hat und welches sich wissenschaftstheoretisch an dem skizzierten funktional-systemischen Konzept von Gesundheit und Krankheit orientiert. In diesem Zusammenhang sollen nachfolgend einige Anregungen zu aussichtsreichen Entwicklungslinien einer soziologischen Forschung *in* der Medizin gegeben werden. Zum anderen wird einer Soziologie *der* Medizin die Aufgabe zukommen, die molekulare Medizin in ihren wissenschaftlichen und praktischen Auswirkungen als gesellschaftliches Phänomen, als soziale Bewegung zu diagnostizieren, ihre ideologischen, ökonomischen und soziokulturellen Triebkräfte kritisch zu analysieren und die aus ethischer Sicht gegebenen Risiken und Gefahren herauszustellen. Dieser zuletzt genannte Aspekt erscheint angesichts rasanter Fortschritte molekularbiologischer Kerntechnologien, insbesondere der Klonierungstechnik, als besonders vordringlich. Dass er im Rahmen dieses Beitrags nicht angesprochen werden kann, muss als kritische Begrenzung bewertet werden.

Die Erforschung sozialer Determinanten von Gesundheit erfordert eine Kombination medizinsoziologischer und sozialepidemiologischer Expertise. Nachfolgend werden drei Forschungsentwicklungen skizziert, die dem Autor beim gegenwärtigen Erkenntnisstand als besonders aussichtsreich erscheinen und denen somit bei der Sicherung zukünftiger Forschungsperspektiven der Medizinsoziologie eine wichtige Rolle zukommen kann. Die drei Forschungsentwicklungen werden unter den Stichworten ‚Lebenslauf-Perspektive', ‚Mehrebenen-Perspektive' und ›Prozess-Perspektive‹ dargestellt.

Lebenslauf-Perspektive

Obwohl die wissenschaftliche Lebenslauf- oder Lebensspannen-Analyse eine jahrzehntelange Tradition in der Psychologie besitzt, hat die medizinsoziologisch-sozialepidemiologische Forschung erst vor kurzem begonnen, diese Perspektive konsequent zu verfolgen [20]. Ausschlaggebend hierfür waren vor allem die als sensationell zu bezeichnenden Befunde zum sogenannten Latenzmodell, welche die Arbeitsgruppe um Barker in Großbritannien vorgelegt hat [21]. Danach erfolgt die soziale ‚Vererbung' ungünstiger Lebensverhältnisse der Elterngeneration auf die Kindergeneration zu einem Großteil während der Schwangerschaft: Der vulnerable Embryo ist pathogenen Einflüssen des Stoffwechsels im mütterlichen Organismus ausgesetzt, die ihrerseits das Ergebnis materieller und psychosozialer Deprivation sind. Fehlerhafte Ernährung, Alkohol-, Zigaretten-, Medikamenten- und Drogenkonsum sowie durch chronische Distresserfahrungen induzierte hormonelle und immunologische Dysbalance – sie alle beeinträchtigen die Gesundheit des heranwachsenden Organismus. Besondere Bedeutung kommt den dadurch gebahnten Fehlregulationen zu, welche Wachstum, Körpergewicht, Metabolismus und Kreislauffunktion des heranwachsenden menschlichen Organismus betreffen. Teilweise erst nach Jahrzehnten, so die Befunde Barkers, manifestieren sich diese embryonalen Vulnerabilitäten als vorzeitige Stoffwechsel- und Herzkreislaufkrankheiten im mittleren Erwachsenenalter. Dies bedeutet, dass die Noxen über einen langen Zeitraum latent bleiben und erst in einer Lebenslauf-Perspektive sichtbar und in ihrer Wertigkeit quantifizierbar gemacht werden können.

Das Latenzmodell ist in jüngerer Zeit um ein Kumulationsmodell ergänzt worden, in welchem ungünstige Folgewirkungen biopsychosozialer Deprivation im Säuglings- und Kleinkindalter auf Leistungsverhalten in Schule und Beruf, auf soziale Mobilität sowie psychische und physische Gesundheit im jungen Erwachsenenalter untersucht werden [(22)]. Wer beispielsweise mit niedrigem Geburtsgewicht geboren wird, oder wer ein retardiertes Wachstum während der Kindheit aufweist, besitzt ein deutlich erhöhtes Risiko, im frühen Erwachsenenalter einer niedrigen sozialen Schicht anzugehören oder arbeitslos zu sein.

Die Erkenntnischancen eines solchen interdisziplinären Forschungsprogramms sind beachtlich, lassen sich doch epigenetische Risiko- und Schutzfaktoren in ihrer zeitlichen Manifestation und ihrem quantitativen Beitrag zur Entwicklung vorzeitiger Morbidität und Mortalität abschätzen. Bisher weitgehend statische Konzepte der Medizinsoziologie können durch dynamische ersetzt und in ihrer Erklärungskraft durch prospektive Studiendesigns überprüft werden.

Mehrebenen-Perspektive

Mit der vor etwa 25 Jahren einsetzenden Renaissance sozialökologischer Forschung, deren Ursprung auf die sogenannte Chicagoer Schule der Soziologie im ersten Drittel des 20. Jahrhunderts zurückgeht, wurde ein eindrucksvoller Wissensbestand darüber geschaffen, dass Gesundheit in starkem Maße vom sozialen Kontext abhängig ist, in dem Menschen leben. Charakteristika sozialökologisch-räumlicher Deprivation lassen sich auf Aggregatdatenebene erfassen (sog. small area statistics), und zwischen sozialökologischen Deprivationsindikatoren und Morbiditäts- bzw. Mortalitätsraten sind in einer Vielzahl epidemiologischer Studien enge statistische Zusammenhänge aufgezeigt worden [23]. Durch Anwendung der Mehrebenen-Analyse ist es dabei möglich geworden, die ‚kompositionalen' Effekte, welche lediglich die Zusammenfassung der von Individualmerkmalen ausgehenden Wirkungen wiederspiegeln, von den ‚kontextuellen' Effekten zu trennen, welche die eigenständige Wirkung sozialräumlicher Entitäten auf die Gesundheit dokumentieren:

›Neuere Studien, welche die herkömmlichen Untersuchungspläne überwunden haben, in denen Gemeindemerkmale auf Aggregatebene mit Aggregatdaten des Gesundheitszustandes von Bewohnern in Beziehung gesetzt wurden, haben nachgewiesen, dass soziale und ökonomische Merkmale von Wohnvierteln bzw. Gemeinden tatsächlich eigenständige Prädikatoren des Gesundheitszustandes der in ihnen wohnenden Individuen bilden‹ [24].

Das statistische Verfahren der Mehrebenenanalyse gestattet, den Einfluss von Kontextmerkmalen auf die Gesundheit von Personen quantitativ abzuschätzen, und zwar nach Adjustierung der möglichen Konfundierungseffekte, welche durch die spezifische Zusammensetzung der untersuchten Population mit ihren Individualmerkmalen erzeugt werden.

Gegenwärtig konzentriert sich die inhaltliche Diskussion unter den Vertretern der sozialepidemiologischen Mehrebenenanalyse auf drei solche Kontextmerkmale: die Segregationstendenzen eines Wohngebietes [25], die Merkmale sozialen Kapitals einer Region [8], und die regional, aber auch national erfassbare Disparität der Einkommensverteilung [26]. In allen drei Bereichen sind innovative Zugänge zur Erklärung sozial ungleicher Gesundheitschancen erarbeitet worden. Sie stellen die Medizinsoziologie sowohl konzeptuell als auch methodisch vor neue Herausforderungen, denen begegnet werden sollte. In besonderem Maße gilt dies für das Konzept des sozialen Kapitals, dessen überzeugende theoretische Basis und angemessene operationelle Erfassung noch zu entwickeln sind [27].

Die Mehrebenen-Perspektive und die Lebenslauf-Perspektive müssen als zwei starke Impulse einer lange Zeit stagnierenden medizinsoziologisch-sozialepidemiologischen Forschung betrachtet werden, welche die Dynamik der wissenschaftlichen Entwicklung der näheren Zukunft maßgeblich bestimmen werden. Dennoch wird ihr Erfolg nicht zuletzt davon abhängen, wie weit sie in der Lage sind, die Kausalkette der Verknüpfung von sozial-differentieller Opportunitätsstruktur und pathophysiologischen Prozessen im Organismus betroffener Personen zu erhellen.

Prozess-Perspektive

Der einfachste Unterschied zwischen psychologischem (und biomedizinischem) Erkenntnisziel einerseits und soziologischem bzw. sozialepidemiologischem Erkenntnisziel andererseits besagt, dass erstere das Individuum, letztere das Kollektiv zum Gegenstand ihrer Analyse machen. Dieser irreführenden Vereinfachung muss entgegengehalten werden, dass es sehr wohl das Erkenntnisinteresse von Soziologie und Sozialepidemiologie ist, die Ebene von Strukturen bzw. kollektiven Prozessen mit der Ebene individuellen Handelns und Erlebens zu verknüpfen, wie andererseits die Psychologie der Einbeziehung von ‚Feldern' und ‚Umwelten' bedarf, um die Varianz ihrer Konstrukte zu erklären. Einer soziologischen Theorie, welche Kontext- und Individualdatenebene zu verknüpfen versucht, kommt die Aufgabe zu, Strukturen der sozialen Situation und Gesetzmäßigkeiten individuellen Handelns und Erlebens in einem einheitlichen Konzept zusammenzuführen. Ein solches Vorgehen wurde von Karl R. Popper als ‚methodologischer Individualismus' bezeichnet: der methodologische Individualismus geht von der Dominanz sozialer Strukturen aus, von denen menschliches Handeln und Erleben maßgeblich geprägt ist, berücksichtigt jedoch zugleich die individuellen Handlungsmotive und -muster, von denen wiederum Wirkungen (auf individueller wie auf kollektiver Ebene) ausgehen [(28)].

Medizinsoziologische Forschung, die der Logik des methodologischen Individualismus folgt, muss somit in der Lage sein, den Einfluss makro- und mesosozialer Situationsmerkmale auf die Gesundheit von Individuen über Zwischenglieder zu erklären, welche aus einer verallgemeinerbaren Theorie menschlichen Handelns und Erlebens abgeleitet werden können. Während in der allgemeinen Soziologie die Theorie der sozialen Produktionsfunktionen bzw. die Wert-Erwartungstheorie in wachsendem Maße als einheitliches, diese beiden Ebenen verknüpfendes Bezugssystem anerkannt wird [(29)], fehlt in der medizinsoziologisch-sozialepidemiologischen Forschung bisher weitgehend ein entsprechendes konsensfähiges Bezugssystem.

Da hier nicht genügend Raum für eine angemessene Diskussion dieses theoretischen Problems gegeben ist, soll zumindest eine allgemeine medizinsoziologische Forschungshypothese skizziert werden. Sie betrifft den Zusammenhang zwischen dem psychischen Bedürfnis einer befriedigenden Selbstregulation von Personen einerseits und den Chancen und Hemmnissen, den Opportunitäten und Restriktionen, welche die Sozialstruktur der personalen Bedürfniserfüllung entgegenbringt bzw. entgegensetzt. Die Forschungshypothese besagt, dass sich in dem zentralen soziologischen Konstrukt des sozialen Status einer Person drei entscheidende Aspekte der Verknüpfung von gesellschaftlicher Chancenstruktur und psychischen Bedürfnissen bündeln: die Aspekte der Leistung (Bedürfnis nach erfolgreicher Selbstwirksamkeit), der Belohnung (Bedürfnis nach positivem Selbstwertgefühl) und der Zugehörigkeit (Bedürfnis nach Kontakt zu und Einbindung in soziale Gruppen). So stärkt beispielsweise immer wieder gelingende Leistung im Kontext einer attraktiven beruflichen Position Gefühle der Selbstwirksamkeit, so festigt erfahrene Anerkennung in beruflichen und außerberuflichen Rollen das Selbstwertgefühl, und so garantiert erlebte Zugehörigkeit zu einer Primärgruppe die Selbsteinbindung in eine das Individuum transzendierende soziale oder spirituelle Gemeinschaft.

Von solchen Korrespondenzerfahrungen zwischen gesellschaftlicher Chancenstruktur und Selbstregulation gehen salutogene, gesundheitsfördernde Wirkungen aus. Andererseits evozieren misslungene Status-vermittelte Selbstregulationen chronische Stresserfahrungen und durch sie begünstigte pathophysiologische Entwicklungen. Ein Beispiel misslungener Status-vermittelter Selbstregulationen mit krankheitswertigen Folgen stellen sog. berufliche Gratifikationskrisen dar [14]. Dabei handelt es sich um ein Missverhältnis zwischen erbrachten beruflichen Leistungen und den im Gegenzug erfahrenen, nicht angemessen gewährten Belohnungen. Bei diesem zentralen sozialen Status der Berufstätigkeit erfolgen Belohnungen in Form von Geld, Achtung und Aufstieg bzw. Arbeitsplatzsicherheit. Beschäftigte, die trotz fortgesetzt hoher Verausgabung unangemessen bezahlt werden, die keine Wertschätzung durch Vorgesetzte oder Kollegen erfahren, die schließlich um ihren Arbeitsplatz fürchten müssen oder ohne Aussicht auf Beförderung in ihre Position eingeschlossen sind, weisen eine erhöhte Krankheitslast auf.

Dieses im Medium der Erwerbsrolle die gesellschaftliche Chancenstruktur mit personaler Selbstregulation und stressbedingten Erkrankungsrisiken vermittelnde Modell stellt lediglich ein Beispiel medizinsoziologisch angeleiteter Prozessforschung dar. Sowohl epidemiologische Befunde zu Gesundheitsindikatoren wie koronaren Herzkrankheiten, Depression, Alkoholabhängigkeit, eingeschränkter subjektiver Gesundheit als auch experimentelle Ergebnisse zu Indikatoren erhöhter stressbedingter zentralnervöser und kardiovaskulärer Aktivierung stützen dieses Modell [7, 11, 14].

Schlussbemerkung

Medizinsoziologische Forschung hat das Potential, genuine Erkenntnisse zu sozialen Determinanten zu Gesundheit und Krankheit zu gewinnen, welche einen wichtigen Kontrast zu dem engen Bezugsrahmen der am reduktionistischen Krankheitsparadigma orientierten molekularen Medizin bilden. Dies gilt insbesondere, wenn Medizinsoziologie durch Längsschnitt-, Mehrebenen- und Prozessforschung ihre interdisziplinäre Ausrichtung verstärkt und den methodischen Anschluss an die Epidemiologie konsequent fortführt. Es ist vorstellbar, dass aus diesem Kontrast in Zukunft eine Ergänzung wird und dass zwischen epidemiologischer und molekularbiologischer Forschung, zwischen reduktionistischem und funktionalem Krankheitsmodell heuristisch fruchtbare Beziehungen hergestellt werden. Allerdings steht die Gefahr im Raum, dass die molekulare Medizin eher durch disziplinäre Hegemonie als durch interdisziplinäre Offenheit ihren Einfluss auf die Praxis geltend machen wird. Um so wichtiger wird es dann sein, Medizinsoziologie als Kritik an einer nicht nur begrenzten, sondern zunehmend gefährlichen Praxis der Medizin zu betreiben.

Literatur

(1) Cockerham W.C. (1992): Medical Sociology. Englewood Cliff, N.J.: Prentice Hall

(2) Albrecht G., Fitzpatrick R., Scrimshaw S.C. (Hrsg.) (2000): The Handbook of Social Studies in Health and Medicine. London: Sage Publications

(3) Siegrist J. (1995): Medizinische Soziologie. München: Urban & Schwarzenberg

(4) Straus R. (1957): The nature and status of Medical Sociology. American Sociological Review, 22: 200-204

(5) Susser M. W., Watson W. E. (1986): Sociology in Medicine. New York: Oxford University Press

(6) Cockerham W. C.(Hrsg.) (2001): The Blackwell Companion to Medical Sociology. Malden: Blackwell

(7) Marmot M., Wilkinson R. (Hrsg.) (1999): Social Determinants of Health. Oxford: Oxford University Press

(8) Berkman L., Kawachi I. (Hrsg.) (2000): Social Epidemiology. Oxford: Oxford University Press

(9) Lane S. D., Cibola D. A. (2000): Gender and health. In: Albrecht G., Fitzpatrick R., Scrimshaw S. C. (Hrsg.): The Handbook of Social Studies in Health and Medicine. London: Sage Publications: 136-153

(10) Schnall P. L., Belkic K., Landbergis P., Baker D. (Hrsg.) (2000): The workplace and cardiovascular disease. Occupational Medicine. State of the Art Reviews,15: 1-334

(11) Siegrist J. (2001): Stress, aging and quality of life. European Review, 9: 487-499

(12) Charmaz K. (2000): Experiencing chronic illness. In: Albrecht G., Fitzpatrick R., Scrimshaw S. C. (Hrsg.): The Handbook of Social Studies in Health and Medicine. London: Sage Publications: 277-292

(13) Uexküll Th. v. (1986): Psychosomatische Medizin. München: Urban & Schwarzenberg

(14) Siegrist J. (1996): Soziale Krisen und Gesundheit. Göttingen: Hogrefe

(15) Weiner H. (1992): Perturbing the Organism. The Biology of Stressful Experience. Chicago: Chicago University Press

(16) Foss L., Rothenberg K. (1987): The Second Medical Revolution: From Biomedicine to Infomedicine. Boston: New Science Library

(17) McEwen B. S. (1998): Protective and damaging effects of stress mediators. New England Journal of Medicine, 338: 171-179

(18) Murray C. Lopez A. (1996): The Global Burden of Disease. Harvard: Harvard University Press

(19) Marmot M. (1996): Das gesellschaftliche Muster von Gesundheit und Krankheit. In: Kaiser G., Siegrist J., Rosenfeld E., Wetzel-Vandai H. (Hrsg.): Die Zukunft der Medizin. Frankfurt: Campus: 392-413

(20) Kuh D. L. J.; Ben Shlomo Y. (1997) (Hrsg.): A Life Course Approach to Chronic Disease Epidemiology. Oxford: Oxford University Press

(21) Barker D. J. B. (1994): Mothers and Babies and Disease in Later Life. London: British Medical Journal Publication

(22) Power C., Bartley M., Davey Smith G., Blane D. (1996): Transmission of social and biological risk across the life course. In: Blane D., Brunner E., Wilkinson R. (Hrsg.): Health and Social Organization. London: Routledge: 188-201

(23) Robert S. A., House J. S. (2000): Socioeconomic inequalities in health: integrating individual-, community-, and societal-level theory and research. In: Albrecht G., Fitzpatrick R., Scrimshaw S. C. (Hrsg.): The Handbook of Social Studies in Health and Medicine. London: Sage Publications: 115-135

(24) Kaplan G.A. (1999): Location, Location, Location (Editorial Comment) Psychosomatic Medicine, 61: 444-445

(25) Diez-Roux A. V., Nieto F. J., Muntaner C. et al. (1997): Neighborhood environments and coronary heart disease: a multilevel analysis. American Journal of Epidemiology, 146: 48-63.

(26) Wilkinson R. (1996): Unhealthy Societies: The Afflictions of Inequality. London: Routledge

(27) Muntaner C., Lynch J., Davey Smith G. (2001): Social capital, disorganized communities, and the third way: understanding the retreat from structural inequalities in epidemiology and public health. International Journal of Health Services, 31: 213-237.

(28) Popper K. R. (1977): Die offene Gesellschaft und ihre Feinde. Bd.2, München: Francke

(29) Esser H. (1999): Soziologie. Spezielle Grundlagen, Bd. 1. Frankfurt: Campus

THOMAS UHLEMANN

Gesundheitssicherung und moderne Diagnostik – am Beispiel der DNA-Chip-Technologie

Die Fortschritte der modernen Gentechnik implizieren weitreichende und nachhaltige Veränderungen im System der medizinischen Versorgung.

Folgt man den Versprechungen und Prognosen von Forschern, Herstellern und Anbietern, dann wird der Einsatz von Gentechnik mehr sein als nur ein weiterer Fortschritt der modernen Medizin: Er ist nur ein erster Ausdruck des zukünftigen Biotech-Zeitalters, das unser Leben sehr umfassend und sehr tiefgreifend verändern wird.

DNA-Chips, die hier beispielhaft thematisiert werden, erweitern ebenso wie andere diagnostische Techniken auf molekulargenetischer Grundlage die Möglichkeiten, Individuen prädiktiv oder in einem klinisch-kurativen Kontext (Gentherapie, Pharmakogenetik) zu differenzieren, ganz erheblich. Darüber hinaus bieten DNA-Chips aufgrund ihres Potentials zur schnellen, breiten, flächendeckenden sowie (zukünftig) kostengünstigen Anwendung zum ersten Mal eine wirtschaftliche Möglichkeit zur Erhebung genetischer Massendaten.

Anwendungsbezogene Visionen, die mit der neuen Technik verknüpft werden, richten sich zum einen auf Möglichkeiten der Identifizierung von Krankheitserregern bzw. krankheitsrelevanten Genen sowie unter den Stichworten Gentherapie und Pharmakogenetik auf einen unmittelbar kurativen Kontext, dessen Qualität in einer tatsächlich individuellen Gesundheitsversorgung liegen könnte, zum anderen auf die nunmehr greifbar erscheinenden Möglichkeiten eines Screenings umfassender Teile der Bevölkerung.

Krankenversicherung und Gendiagnostik

Mit der Entwicklung der molekularen Genetik und der Verfügbarkeit von Analysetechniken hat sich das Angebot an medizinischen Produkten, Medikamenten und

Dienstleistungen erheblich ausgeweitet. Für Produzenten und Anbieter genetischer Analysen ist dabei besonders interessant, dass man möglicherweise auf der Schwelle zu einem künftigen Massenmarkt steht, der global und kaum zu kontrollieren ist.

Für Lebens- und private Krankenversicherungen sind die sich abzeichnenden Möglichkeiten im Wesentlichen aus zwei Gründen brisant: Zum einen ist noch nicht ganz klar, ob sich hier nicht völlig neue Chancen für eine profitable Risikodifferenzierung auf genetischer Grundlage eröffnen. Unklar ist zum anderen auch, ob und in welcher Weise die Mitglieder bzw. Kunden von Kranken- und Lebensversicherungen diese neuen Informations-, Test- und Behandlungsmöglichkeiten nutzen werden.

Die gesetzlichen Krankenkassen stehen aufgrund ihrer Verfasstheit vor gänzlich anderen Fragen: Welche Kosten kämen durch eine Übernahme neuer molekulargenetischer Verfahren in den Leistungskatalog der GKV auf die Kassen zu? Wie sollte eine Ausweitung des Leistungsangebots finanziert werden?

Das Gesundheitssystem insgesamt steht vor der Frage einer zukünftigen Gestaltung des Verhältnisses von privatem zu gesetzlichem Sektor. Da einerseits in der GKV keine Risikodifferenzierung vorgenommen wird, andererseits eine Kontrahierungspflicht besteht, könnte sich eine Schieflage in der Risikostruktur zwischen privaten Versicherungen und gesetzlichen Kassen entwickeln. Denn so genannte »schlechte Risiken« könnten sich im Bereich der GKV sammeln, »gute Risiken« dagegen zu den privaten Versicherungen abwandern.

Private Krankenversicherungen

Bislang werden in Deutschland DNA-analytische Tests bei Abschlüssen von Lebens- und Krankenversicherungsverträgen nicht verlangt. Private Lebens- und Krankenversicherungen sowie Rückversicherer loten allerdings schon seit einigen Jahren Chancen und Nutzungsmöglichkeiten der neuen Verfahren und deren Bedeutung für die Versicherungswirtschaft aus. Mittels Modellrechnungen wurden beispielsweise Risiken bei erblichem Brustkrebs sowie bei Chorea Huntington abgeschätzt. Ergebnis der Überlegungen: Zur Zeit liege der Einsatz von Gentests zur Einschätzung eines individuellen Risikos oder der Erstellung eines Risikoprofils größerer Gruppen noch außerhalb der versicherungsspezifischen Risikoabschätzung. Es sei jedoch zu prüfen, ob Versicherungen zukünftig einen Anspruch auf Zugang zu Informationen über den genetischen Status ihrer Klientel erheben sollten. Im Übrigen reiche zur Zeit das eingesetzte Instrumentarium in der Risikoprüfung, welches u.a. auch die Familienanamnese einschließt, vollständig aus.

Risikokalkulationen

Im Unterschied zum Solidarprinzip der GKV werden in der Privaten Krankenversicherung (PKV) die Beiträge nach dem Äquivalenzprinzip kalkuliert. Die Versicherten werden entsprechend den Kriterien Umfang des Versicherungsschutzes, Eintrittsalter, Geschlecht und Gesundheitszustand bei Vertragsabschluss in möglichst homogene Risikogruppen eingestuft, deren Mitglieder alle die gleiche Prämie zu zahlen haben. Alle Versicherten einer Risikogruppe tragen als Gruppe das Gesamtrisiko. Die Einschätzung des Krankheitsrisikos und die adäquate Prämienkalkulation sind für die privaten Versicherungen essentiell.

In die folgenden Überlegungen werden darüber hinaus private Lebensversicherungen einbezogen, obwohl »Schaden« völlig anders als bei Krankenversicherungen definiert wird. Private Lebensversicherungen haben wie auch private eine soziale Funktion in der Gesellschaft, die vor dem Hintergrund einer zunehmenden Deregulierung der sozialen Sicherung noch an Bedeutung gewinnt. Zum Zweck der Alterssicherung und anderer privater Vorsorge sind viele Versicherungsnehmer zunehmend auf private Versicherungen angewiesen; die steuerliche Bevorzugung von Lebensversicherungen weist auf diese Einstufung seitens der Gesellschaft. Alles in allem können private Krankheits-, Lebens- und Pflegeversicherungen zum Bereich der persönlichen Daseinsvorsorge gerechnet werden. Einer solchen Einstufung, die in der Frage der informationellen Selbstbestimmung (Recht auf Nichtwissen) relevant wird, widersprechen die privaten Versicherungen in aller Regel.

»Der Versicherungsgedanke«

Welche Bedeutung werden Gentests für Versicherungen haben und welches sind die zentralen Argumente in den Überlegungen der privaten Versicherungen? Das Hauptargument der Versicherer greift den Umstand auf, dass der Einzelne in der Regel nicht weiß, wann und in welchem Ausmaß Krankheit auftreten wird. Gerade eine Absicherung des ungewissen Risikos sei Gegenstand des Leistungsversprechens einer Versicherung und damit der Kern des *»Versicherungsgedankens«*; eine Differenzierung »der Versichertengemeinschaft nach unterschiedlichen Risikomerkmalen würde die versicherungsmathematischen Axiome unanwendbar machen und den Versicherungsgedanken aus den Angeln heben«[25], da sich Personen mit geringem Krankheitsrisiko gar nicht versichern würden und umgekehrt solche Individuen, die mit Erkrankungen zu rechnen hätten, nach einer umfassenden Versicherung streben würden.

25 Sahmer (1995: 8).

Demnach liege der Einsatz von Gentests außerhalb der Rationalität versicherungsspezifischer Risikoabschätzung. Als ein weiterer Grund für das Nicht-Interesse an einer Durchführung von Gentests wird die mangelnde Genauigkeit und geringe Aussagekraft der Gentests, die sich auf dem Markt befinden, sowie deren Beschränkung auf die Analyse monogenetischer Krankheiten angeführt. Die Anzahl der von monogenetischen Krankheiten betroffenen Menschen sei mit ca. 3 % in der Bevölkerung zudem viel zu gering, als dass sich eine differenzierte Risikokalkulation bezahlbar mache.

Die Enquete-Kommission des Deutschen Bundestages fand solche Äußerungen jedoch nicht plausibel. Gentests wären zwar möglicherweise zur Zeit nicht profitabel, aber mit dem immer stärker zunehmenden Zugriff auch auf polygenetische und (perspektivisch auch auf) multifaktoriell bedingte Krankheiten sowie Massenkrankheiten könnte sich auch ein stärkeres Interesse der Versicherer entwickeln. Auch im Bericht des Büros für Technikfolgenabschätzung zu »Stand und Perspektiven der genetischen Diagnostik« vom April 2000 wird auf die Gebundenheit der Haltung der Versicherungen an die aktuell geringe Nutzung von Gentests durch Versicherte bzw. Antragsteller sowie auf einen möglicherweise zunehmenden Wettbewerbsdruck innerhalb der Versicherungswirtschaft hingewiesen.

Tatsächlich sind Prämien Wettbewerbspreise und werden entsprechend dem Alter, Geschlecht und Gesundheitszustand der Versicherten/Antragsteller kalkuliert. Kenntnisse über genetische (Prä-) Dispositionen könnten dabei von großem Nutzen sein, ließe sich doch die zu erwartende Morbidität und Mortalität des jeweiligen Klientel mit bislang ungeahnter Präzision abschätzen. Realiter unterscheiden sich die Prämien ja auch schon heute erheblich zwischen den einzelnen Risikogruppen und diese Differenzierung ließe sich auf objektiver Grundlage sicherlich noch weiter auffächern. Differenzierte Prämienkalkulationen aufgrund von Risikoabschätzungen und die Einteilung des Klientels in Risikogruppen sind eine Selbstverständlichkeit im Versicherungsgeschäft.

> »Die Prudential Insurance Company zum Beispiel hat die Zahl ihrer Klassifikationsgruppen von zehn im Jahre 1980 auf 19 im Jahre 1986 aufgestockt. Und ihr Vizepräsident kündigte vor kurzem an, dass seine Company noch weitere und genauere Einteilungen vornehmen wird, wenn genetische – und damit prädiktive – Tests zur Verfügung stehen.«[26]

In der Einschätzung der Interessenlage der Versicherungen ist zudem zu unterscheiden zwischen dem Interesse einzelner Versicherungsunternehmen und dem Gesamtinteresse der Versicherungswirtschaft. Denn eine weitgehende Risikodifferenzierung könnte in der Tat zu einer verschärften Konkurrenzsituation zwischen

26 Fischer (1993: 108).

den einzelnen Versicherungen und zu einem generellen Margenverfall führen.[27] Es ist evident, dass das Gesamtinteresse der Versicherungswirtschaft einer solchen Entwicklung entgegensteht. Da Differenzierungsmöglichkeiten im Bereich der privaten Versicherungen oft mit Wettbewerbsvorteilen der einzelnen Versicherer verknüpft sind, gibt es prinzipiell Anreize, diese auch zu nutzen. Begrenzungen einer weiteren Risikodifferenzierung liegen eher in der Bindungskraft von Verbandsbeschlüssen sowie im politischen Bereich; zu nennen ist beispielsweise die Unterscheidung nach ethnischer Zugehörigkeit und nach Beruf.[28]

Eine Differenzierung der Versicherungsnehmer nach bestimmten Risikokategorien wäre nur dann problematisch, wenn sich entweder seitens der Versicherungen eine derart differenzierte, riskoadäquate Prämienstaffelung durchsetzen würde, dass die individuellen Prämien schließlich sehr nahe an den tatsächlichen, individuellen Krankheitskosten lägen, oder wenn Versicherte sich ihrerseits über jeweils identifizierbare Krankheitsdispositionen informierten und auf ihrem Informationsvorsprung beruhende, individuelle Absicherungsstrategien entwickelten.

Die zentralen Befürchtungen der Versicherungen hinsichtlich der DNA-Diagnostik richten sich damit auf die Frage, ob eine entscheidende Grundlage der Versicherung, nämlich die Unkenntnis der Versicherten über ihren aktuellen und zukünftigen gesundheitlichen Status, gewährleistet bleibt, und ob es zu einer gezielten Versicherung nicht versicherbarer Personen oder schlechter Risiken unter Umgehung der Offenbarungspflicht kommt. Mit Hilfe von Gentests könnten Interessierte versuchen, ihr individuelles Risiko abzuschätzen und sich im Fall hoher Risiken finanzielle Vorteile zu verschaffen. Die Ausnutzung eines solchen Informationsgefälles wäre freilich nicht nur aus der Perspektive der Versicherungen sondern auch im Sinne des § 16 VVG missbräuchlich.

Antiselektion führt zu einer Minderung des Gewinns oder zu Verlusten (für die Versicherung) und – in der Konsequenz – zu niedrigerer Rendite (für die Shareholder) sowie zu höheren Prämien (für die Versicherten) bzw. zu einer niedrigeren Überschussbeteiligung. MacDonald (1997) schätzt den möglichen Prämienanstieg bei Lebensversicherungen auf >25 %, bei fehlender Überversicherung auf 5 bis 10 %. Deshalb ergeben sich auch für die so genannten guten Risiken Anreize, Informatio-

27 Vgl. hierzu beispielsweise die Prämiendifferenzierung im Bereich der Kfz-Haftpflichtversicherungen. Prämiensenkungen einzelner Versicherer für bestimmte Risikoklassen, etwa für Garagenparker, führten sehr schnell zu einer Verallgemeinerung dieser Differenzierung: bald boten alle Kfz-Versicherungen Bonusprämien für Garagenparker ein.

28 Dies ist in der Kfz-Versicherung allerdings kein Problem. Angehörige des öffentlichen Dienstes zahlen erheblich geringere Versicherungsprämien. Ethnische Differenzierungen waren hier allerdings auch nicht durchsetzbar. Vgl. Schöffski (2000: 154).

nen über den eigenen genetischen Status einzuholen und die Krankenversicherung gegebenenfalls zugunsten einer anderen mit niedrigerer Prämie zu wechseln sowie eine Lebensversicherung abzuschließen oder nicht.

Das Szenario großer Mobilität und einer umfassenden Antiselektion unterstellt freilich eine nutzenmaximierende Rationalität im Verhalten der Versicherten bzw. der Antragsteller, die zur Handlungs- und Kalkulationslogik der Versicherungen komplementär ist. Neuere Untersuchungen aus den USA zum Nachfrageverhalten bei Lebensversicherungen lassen ein solches Szenario allerdings wenig plausibel erscheinen.[29]

Denn mindestens drei Voraussetzungen müssten gegeben sein: Zunächst müsste die befürchtete rationale Absicherungsstrategie unterstellt werden können, zum andere müssten die Tests präzisere prognostische Aussagen ermöglichen und drittens müssten Präventionsmöglichkeiten und/oder geeignete Therapien zur Verfügung stehen. Hierfür sind die angebotenen Tests in der Regel zu ungenau; präventive und therapeutische Einwirkungsmöglichkeiten sind zur Zeit nicht verfügbar. Schließlich führt Gendiagnostik als pränatale Diagnostik über die genetische Beratung, soweit diese angeboten wird, oftmals »nur« zu dem Entscheidungsalgorithmus Abbruch ja oder nein.

Eine Befragung von Chorea Huntington-Merkmalsträgern, bei denen die Krankheit noch nicht ausgebrochen ist, ergäbe möglicherweise andere Resultate. Derartige präsymptomatisch-deterministische Krankheiten, die sich zugleich sehr frühzeitig nachweisen lassen, sind aber vergleichsweise selten. Einem Verschweigen von Kenntnissen und einer darauf beruhenden gezielten Versicherung stehen zudem gewisse Risiken nach § 16 Abs. 2 VVG, § 41 VVG sowie dem o.a. § 123 BGB gegenüber. Schöffski (2000: 158, 169) stuft das Problem der adversen Selektion im Bereich der Krankenversicherung deshalb als eher zu vernachlässigen ein. Harper und Clarke (1997: 64) heben dagegen die Bedeutung der adversen Selektion für die Krankenversicherung hervor:

> »... in contrast to life insurance, genetic tests and consequent adverse selection could be extremely important here. The consequences of predictive tests for disorders of old age, such as Alzheimer` s disease, could cause serious problems for insurance companies if those at high risk took out extensive policies covering nursing and residential care; the same problems would result if those insurance companies providing such policies were to insist on such tests being undertaken or were to exclude those at high risk.«[30]

29 Zick et al. (2000).

30 Harper and Clarke (1997: 64).

Die aktuelle Versicherungspraxis

DNA-analytische Untersuchungen und darauf basierende Risikoprofile spielen auch bei den privaten Versicherungen zur Zeit noch keine bedeutende Rolle. Zum einen sind solche Untersuchungen und Behandlungen kein relevanter Kostenfaktor im Gesamtkanon der abgerechneten Leistungen, zum anderen richteten sich Gentests bislang zumeist auf nicht sehr verbreitete monogenetische Erkrankungen. Weil sich aber weder die Dynamik der Etablierung genetischer Tests noch die möglichen Folgen hinsichtlich der Risikostruktur des Klientels und die Konsequenzen für Risikokalkulationen (und Prämien) annähernd abschätzen lassen, beanspruchen die Versicherungen die Option auf ein Junktim zwischen Gentest und Vertragsabschluss oder aber die Übermittlung aller Informationen aus solchen Tests. Aus der privatwirtschaftlichen Perspektive der Versicherungen speist sich die Rationalität dieses Vorbehalts aus der Anbieterkonkurrenz eines zunehmend gemeinsamen Versicherungsmarktes in Europa. Für gleiche Grundbedingungen in diesem Markt ist ein informationelles Gleichgewicht zwischen den Vertragspartnern nun mal ebenso notwendig wie das zwischen den einzelnen Versicherern.

Hinsichtlich des Umgangs mit genetischen Informationen ist zu unterscheiden zwischen der Situation vor bzw. nach Vertragsabschluss.

Vor Vertragsabschluss – Gesundheitsprüfung und Anzeigepflicht

Antragsteller werden in jedem Fall vertraglich verpflichtet, bestehende Informationen über Vorerkrankungen, bevorstehende Erkrankungen, mit großer Wahrscheinlichkeit zu einem späteren Zeitpunkt eintretende Erkrankungen, erfolgte Behandlungen, familiäre Erkrankungen etc. weiterzugeben.

Diese Regelung, die Offenbarungspflicht nach § 16 Abs. 1 VVG, bezieht sich auf alle gesundheitsrelevanten gefahrenerheblichen Informationen. Was als »gefahrenerheblich« einzustufen ist, wird freilich auch innerhalb der Versicherungswirtschaft kontrovers diskutiert, da unklar ist, wie einfache Genveränderungen, die nur indirekt mit Erkrankungen assoziiert sind, einzuschätzen sind. Das VVG unterscheidet nicht zwischen herkömmlicher Diagnostik und solcher auf genomanalytischer Basis, d.h. auf Gentests wird nicht explizit eingegangen. Aus der Perspektive der Versicherungen sind Gentests daher eine diagnostische Methode wie jede andere auch. Das Fragerecht der Versicherungen ist dabei nicht eingeschränkt; Einschränkungen erfordern eine gesetzliche Regelung.

Antragsteller und Versicherungsnehmer müssen zudem ihre bisherigen Kranken-, Lebens- und Unfallversicherungen und alle Ärzte, Zahnärzte, Angehörigen sonstiger Heilberufe sowie die Mitarbeiter von Kliniken und anderen gesundheitlichen Einrichtungen, bei denen sie in Behandlung waren, sehr weitgehend, nämlich pauschal, von der Schweigepflicht entbinden. Die Versicherungen sind somit jederzeit in der Lage, die Angaben der Versicherungsnehmer nachzuprüfen; eine solche Prüfung erfolgt in der Regel erst im Schadensfall.

Rechtlich ergeben sich hieraus allerdings verschiedene Probleme. So ist vor allem umstritten, als wie weitreichend die Offenbarungspflicht anzusehen ist, wann sie also mit den verschiedenen persönlichkeitsschutzrechtlichen Regelungen in Konflikt gerät. So ist durchaus fraglich, ob die Versicherungen, die nach Ergebnissen genetischer Tests fragen dürfen, auch die Durchführung eines prädiktiven genetischen Tests vor Abschluss eines Vertrages verlangen dürften. Dem berechtigten und geschützten Interesse der Versicherer an einer äquivalenten Risikokalkulation und einer Risikobegrenzung sowie der allgemeinen Vertragsfreiheit stehen hier allgemeine Persönlichkeitsrechte der Antragsteller gegenüber. Ein Gentest würde ggf. einen erheblichen Eingriff in das allgemeine Persönlichkeitsrecht der Antragsteller bedeuten und das Recht auf informationelle Selbstbestimmung verletzen sowie unter Umständen zu einer erheblichen Beeinträchtigung führen, wenn bislang nicht bekannte Krankheiten oder Krankheitsrisiken bekannt würden.

Schöffski (2000: 160) sieht Gentests im Rahmen von ärztlichen Gesundheitsprüfungen darüber hinaus als stets mit gesundheitlichen Risiken verbunden an. Dem ist entgegenzuhalten, dass die in bestimmten Fällen schon immer vorgenommenen ärztlichen Untersuchungen zur Risikoprüfung durchaus zulässig sind. Auch hierbei geht es neben einer Prüfung der Angaben eines Antragstellers um die Aufdeckung bislang unerkannter und potentieller Krankheiten.

Nach Vertragsabschluss – Leistungsausschluss im Versicherungsfall?

Nach Abschluss eines Personenversicherungsvertrages stellt sich aus der Perspektive der Versicherer die Frage, ob der Umfang der vorvertraglichen Anzeigepflicht erfüllt ist. Ist dieses der Fall, dann führen Genomanalysen, die nach dem Vertragsabschluss durchgeführt werden, weder zu Leistungsausschluss bei bestimmten Krankheiten noch zu besonderen Ansprüchen auf Leistungen.

Bei fehlender, nicht-vollständiger oder unrichtiger Anzeige nach § 17 Abs. 1 VVG und schuldhaftem Handeln des Antragstellers (§ 16 Abs. 3 VVG) steht dem Versicherer die Möglichkeit zur Verfügung, die Prämie zu erhöhen oder vom Vertrag zurückzutreten. Nicht berührt ist davon die Leistungspflicht in solchen Fällen, in denen Krankheiten, die nicht oder falsch angezeigt wurden, keinen Einfluss auf den Eintritt des Versicherungsfalls und den Umfang der Leistung haben.[31]

31 Im Fall von Arglist des Antragstellers, nicht aber bei einem Irrtum, kann der Versicherer aufgrund § 22 VVG den Vertrag nach § 123 BGB anfechten mit dem Ziel der Leistungsfreiheit.

Die informationellen Aspekte privater Lebens- und Krankenversicherungsverträge wurden hier ausführlicher thematisiert, weil sich private Anbieter den neuen Differenzierungsmöglichkeiten wohl kaum verschließen werden.

Zu befürchten ist - wie schon im Hinblick auf AIDS praktiziert - ein Junktim von Vertragsabschluss und Gentest. Letzterer wäre in einem solchen Szenario eintrittsrelevantes Auswahl- und zuschlagspflichtiges Risikokriterium. Der Abschluss von Verträgen könnte - durchaus auf freiwilliger Basis und legitimiert durch die allgemeine Vertragsfreiheit - an die Durchführung genomanalytischer Eingangstests gebunden sein; die Abdeckung genetisch bedingter oder mitbedingter Krankheitskosten könnte auf Zusatzversicherungen verlagert werden.

Gesetzliche Krankenkassen (und Gleichgestellte)

Gegenüber Privatversicherten sind Mitglieder der Gesetzlichen Krankenversicherung bzw. Gleichgestellte in einer völlig anderen Situation; das vertragliche Verhältnis unterscheidet sich fundamental. Die Mitgliedschaft in der GKV ist lediglich an die gesetzlich festgelegten Bedingungen geknüpft und Beiträge werden risikounabhängig und einkommensabhängig, also entsprechend der individuellen finanziellen Leistungsfähigkeit erhoben. Leistungen wiederum werden entsprechend den Regelungen des SGB V nach Bedarf, also unabhängig von der Höhe der gezahlten Beiträge gewährt. Es gibt darüber hinaus keine Wahlmöglichkeiten hinsichtlich des Leistungsumfangs.

Im Bereich der gesetzlichen Krankenkassen besteht eine Kontrahierungspflicht, d.h., eine Risikodifferenzierung ist generell ausgeschlossen. Hieraus könnte zunächst gefolgert werden, die Entwicklung und der Einsatz genomanalytischer Tests und die Verwendung von DNA-Chips berührte den Bereich der GKV deshalb nicht. Dieser Vorstellung ist jedoch vor allem deshalb zu widersprechen, weil Risikodifferenzierung und Risikoentmischung nicht auf den Bereich der Privaten Krankenversicherung beschränkt bleiben.

»Von einer solchen Entwicklung könnten auch die gesetzlichen Krankenkassen indirekt betroffen sein, insofern sich in ihnen die »teuren Risiken« akkumulieren, während die »billigen Risiken« in die PKV abwandern, die eine günstigere Prämiengestaltung offeriert. Eine ausgeprägte Klassenmedizin wäre die Folge. Ein Sozialstaat muss ein aktives Interesse daran haben, eine solche Entwicklung zu verhindern - durch Versicherungsaufsicht, Gesetzgebung und - im Hinblick auf einen grenzüberschreitenden Versicherungsmarkt - auch durch die Mitgestaltung international gültiger Normen.«[32]

32 Schmittke (1997: 147).

Gesetzlicher Auftrag und rechtliche Rahmenbedingungen

Der erwartete zukünftige Einsatz von DNA-Chips in der klinischen Praxis berührt vor allem zwei wesentliche, rechtlich festgeschriebene Rahmenbedingungen der Arbeit der GKV: zum einen den Versorgungsauftrag nach § 70 SGB V, und zum anderen die Beitragsfinanzierung nach § 220 SGB V. Die Leistungen müssen dabei – entsprechend § 12 SGB V – ausreichend und zweckmäßig sein, und sie dürfen das Maß des Notwendigen nicht überschreiten; zudem muss die Versorgung wirtschaftlich erbracht werden.

Welche Leistungen im einzelnen erbracht werden, richtet sich nicht nach den Wünschen und Bedürfnissen der Patienten, sondern wird ebenfalls durch das Krankenversicherungsrecht definiert und genauer ausgestaltet. Der paritätisch besetzte Bundesausschuss der Ärzte und Krankenkassen hat als »oberste beschließende Einrichtung der gemeinsamen Selbstverwaltung« »Regelungen zur Ausführung der gesetzlichen Bestimmungen über die kassenärztliche Versorgung aufzustellen«. Seine Richtlinien auf der Ebene untergesetzlicher Normbildung sind bindend für den Bereich der GKV. Der Bundesausschuss prüft die Effektivität, medizinische Notwendigkeit und Wirtschaftlichkeit vertragsärztlicher Leistungen und konkretisiert damit den nach § 27 SGB V bestehenden Sachleistungsanspruch der GKV-Versicherten auf Behandlung und Versorgung.

Eine Änderung des § 135 Abs. 1 SGB V im Rahmen des 2. GKV-Neuordnungsgesetzes erweiterte die Prüfungs- und Bewertungskompetenz des Bundesausschusses und modifizierte die Verfahrensabläufe (um das Erfordernis von Stellungnahmen der Leistungserbringer bei Entscheidungen). Neue Untersuchungs- und Behandlungsmethoden bedürfen entsprechend § 92 Abs. 1 SGB V sowie nach §§ 135 und 138 SGB V der Zustimmung des Bundesausschusses, wenn sie in den Leistungskatalog der GKV übernommen werden sollen. Genügen diese nicht den Anforderungen, die an neue Verfahren gestellt werden, dürfen sie nicht (mehr) Bestandteil des Leistungskatalogs sein; genauer gesagt, dürfen die Krankenkassen in einem solchen Fall Kosten nicht erstatten, selbst wenn ein medizinischer Erfolg evident ist.[33] Grundsätzlich haben die GKV-Versicherten keinen Rechtsanspruch auf Maßnahmen, die nicht im Leistungskatalog enthalten sind. Abgesehen von der Kostenerstattung bei individuellen Heilversuchen mit therapeutisch zweckmäßigen Methoden sind Ausnahmen nach Rechtsprechung des BSG bei Untätigkeit des Bundesausschusses vorgesehen, also wenn dieser nicht oder unzumutbar verzögert über eine neue Methode entscheidet. In einem solchen Fall müsste ein Versicherter seinen Leistungsanspruch aufgrund eines Systemversagens einklagen.

33 Dies schreibt § 12 SGB V explizit vor.

Dieser Hintergrund ist für die Frage der Übernahme neuer genomanalytischer bzw. molekulargenetischer Verfahren in den Leistungskatalog der GKV bedeutsam. Der Bundesausschuss befindet nach den schon o.a. Kriterien Nutzen, medizinische Notwendigkeit und Wirtschaftlichkeit über die Möglichkeit, solche Leistungen abzurechnen bzw. einzufordern (§§ 137, 138 SGB V) ohne vollständige Klarheit darüber zu haben, welche Konsequenzen sich hieraus für die Finanzsituation der GKV insgesamt ergeben könnten. Zum einen lässt sich die zukünftige Nachfrage bei ganz neuen Verfahren nicht ohne weiteres abschätzen, so dass festgelegte Budgets ggf. überschritten werden, weil ein zusätzliches Vergütungsvolumen gar nicht zur Verfügung steht, zum anderen ist nicht unbedingt transparent, welche Konsequenzen sich in ganz anderen Bereichen der medizinischen Versorgung ergeben könnten; beispielsweise könnte eine verbesserte (genetische) Diagnostik zu vermehrter Nachfrage nach präventiven Leistungen führen. Der Bundesausschuss stößt in seiner Entscheidungsfindung hier notwendigerweise an bestimmte Systemgrenzen.

In seinen Entscheidungen hinsichtlich einer Erweiterung des Leistungskatalogs ist der Bundesausschuss nicht völlig frei: Genügen neue Verfahren den Kriterien Wirksamkeit, medizinische Notwendigkeit und Wirtschaftlichkeit, dann besteht eine Verpflichtung zur Aufnahme in den (grundsätzlich nicht begrenzten) Leistungskatalog. Entscheidungen des Bundesausschusses zur erweiterten Kostenübernahme von Gendiagnostik können so wie auch in anderen Bereichen ggf. in Konflikt mit dem Wirtschaftlichkeitsgebot des § 12 SGB V geraten.

Darüber hinaus bietet -zumindest indirekt - der § 1 SGB V ein weiteres Einfallstor für Maßnahmen, in deren Rahmen die neuen diagnostischen Möglichkeiten von DNA-Chips bedeutsam werden könnten. Das mit dem SGB V festgeschriebene Gebot der Mitwirkung könnte zum Anlass genommen werden, unter dem Signum der Früherkennung umfangreiche Screening-Programme zu starten. Die technischen und ökonomischen Voraussetzungen liegen vor.

»Solidarischer Wettbewerb« zwischen den Kassen

Die im vorigen Abschnitt beschriebene Kompetenz und Tätigkeit des Bundesausschusses der Ärzte und Krankenkassen hat eine weitere wichtige Funktion: Die gemeinsame und allgemeinverbindliche Entscheidung von Leistungserbringern und Krankenkassen sichert die Einheitlichkeit des Leistungsangebots entsprechend dem Bedarf. Versicherte können grundsätzlich darauf vertrauen, dass sie, bei welcher Kasse sie auch versichert sind und zu welchem Vertragsarzt sie auch gehen, überall das gleiche Angebot an medizinischen Leistungen vorfinden werden, das bei Bedarf zur Verfügung steht.

Damit ist der wesentliche Teil des Leistungsangebots allerdings dem Wettbewerb der Krankenkassen untereinander entzogen, da seit 1994 der kassenartenübergreifende Risikostrukturausgleich (RSA) mit seiner Entlastung der Kassen, deren Risikostruktur bezüglich der Kriterien Alter, Geschlecht, Familien- oder Einkommenssituation der Versicherten ungünstig ist, zusätzlich dafür sorgt, dass die Beitragsdifferenzen zwischen den einzelnen Kassen nicht zu groß werden; der RSA sollte zudem mögliche selektive Effekte des Kassenwahlrechts solidarisch kompensieren. Hierin war er allerdings nur bedingt erfolgreich, wie Mitgliederwanderungen vor allem *»guter Risiken«* zu den BKKn zeigen. Die Reichweite des Risikostrukturausgleichs bleibt immanent; als Instrument zur Egalisierung einnahmebedingter Ungleichheit ist er ein Instrument der Mangelverwaltung. Das Grundproblem der Koppelung von Ausgaben an das sozialversicherungspflichtige Einkommen und damit die Bindung der Definition des medizinisch Notwendigen an die Einnahmesituation bleibt unberührt.

Der mit dem Risikostrukturausgleich bewusst induzierte Wettbewerb zwischen den Kassen fokussiert damit notwendigerweise die Ausgabenseite; in den Blick rücken Vergütungs- bzw. Honorargrößen (Leistungsausgaben), versorgungsstrukturelle Fragen und Verwaltungskosten.

Zum Tragen kommt hier aber auch ein Zielkonflikt zwischen Risikostrukturausgleich und *»solidarischem Wettbewerb«*: Zwar wird durch die herbeigeführte Angleichung der Einnahmen der Kassen eine noch stärkere unerwünschte Risikoselektion vermieden, andererseits aber die Konkurrenz zwischen den Kassen begrenzt. Viele Krankenkassen mit einer vergleichsweise schlechten Risikostruktur, die nicht vom RSA abgedeckt wird, neigen deshalb dazu, eigentlich erforderliche Beitragserhöhungen zurückzustellen, weil ein Mitgliederschwund vor allem junger, mobiler, gesunder und gut verdienender Mitglieder befürchtet wird. Neben den in erster Linie betroffenen Allgemeinen Ortskrankenkassen sind hierzu verschiedene Arbeiterersatzkassen, wie z. B. die HZK-Krankenkasse für Bau- und Holzberufe, Innungskrankenkassen und selbst einige Betriebskrankenkassen, die prinzipiell noch am ehesten von der Mitgliederwanderung profitieren, zu zählen.

Sie waren tendenziell am ehesten in der Lage, mit den jungen, gesunden Mitgliedern die so genannten *»guten Risiken«* an sich zu binden und sich mit vergleichsweise niedrigen Pro-Kopf-Ausgaben von den anderen Kassen abzusetzen.

Es ist anzunehmen, dass den traditionellen Kassen darüber hinaus aus einem weiteren, ganz neuen Bereich Konkurrenz erwächst: es gibt zunehmend kleine Krankenkassen, die eine Mitgliedschaft bundesweit über das Internet offerieren. Diese *»virtuellen Krankenkassen«* oder auch *»Kassen ohne Betrieb«*, die oftmals in Kooperation oder als Töchter vor allem von Betriebskrankenkassen entstehen, können nach Art der Direktversicherer ihre Leistungen zu einem besonders niedrigen Tarif anbieten.

Solidarprinzip und »Eigenverantwortung«

Technologische Innovationen implizieren oftmals sehr weitreichende Änderungen der gesellschaftlichen Matrix, auf der sich die Haltung einzelner oder sozialer Gruppen sinnhaft strukturiert. Technikanwendung führt häufig zu einer Praxis, in der die entstehenden Kosten ganz generell einzelnen oder bestimmten gesellschaftlichen Schichten unter dem Stichwort der *Eigenverantwortung* aufgelastet werden; hierunter sind individuelle Bewertungs- und Entscheidungsprobleme ebenso zu zählen wie Verantwortung in riskanten Verhaltensbereichen sowie Stigmatisierung und Diskriminierung gesellschaftlicher Gruppen.

Gentechnologische Innovationen, wie etwa die DNA-Chip-Technologie, erzeugen neue Indikationen für ihre Anwendung. Sie setzen damit neue genetische Standards und tragen dazu bei, dass sich die medizinischen Definitionen von Gesundheit und Krankheit verschieben. Immer neue Krankheiten werden diagnostiziert, und immer mehr Menschen können zu denjenigen gerechnet werden, die den neuen Normen nicht entsprechen. *»Normales«* wird zu Abweichendem, und bislang *»Gesunde«* werden zu *»Noch-nicht-Kranken«*. Da somatische Gentherapien bis heute nicht angeboten werden können und es auch fraglich erscheint, ob sie mittelfristig bis zur Anwendungsreife entwickelt werden können, bleibt die Diagnostik das zentrale Angebot der Gentechnik.

Eigenverantwortlich werden sich die *»Kunden«* der Krankenkassen und Versicherungen für das eine oder andere Verfahren entscheiden. Sie werden Entscheidungen über eine Inanspruchnahme treffen müssen und dabei letztlich ebenso auf sich gestellt sein wie bei der Bewältigung körperlicher, psychischer und sozialer Folgen, für die die Gesellschaft keine Lösungen bereitstellt oder bereitstellen kann.

Die bei immer mehr Menschen diagnostizierte, nunmehr genetisch begründete Abweichung von gesundheitlichen Normen kann auch die Gesellschaft insgesamt tangieren, wenn eine Situation zu entstehen droht, in der ganze Gruppen von Menschen oder bestimmte Risiken als nicht mehr versicherbar eingestuft werden; die USA geben hierfür ein deutliches Beispiel.

Ob im Solidarprinzip und in der kooperativen und paritätischen Verfasstheit der gesetzlichen Krankenversicherung vor diesem Zugriff auf die gesundheitliche Situation einzelner noch ein gewisser Schutz gesehen werden kann, bleibt sehr fraglich. Denn wenn private Versicherer in der Lage wären, mit niedrigen Prämien aufgrund einer genetischen Differenzierung »gute Risiken« an sich zu binden und Risikopersonen der Sozialversicherung überlassen blieben, dann wären Grundprinzipien unseres Solidarsystems gefährdet, da ein Risikobegriff, der auf Wahrscheinlichkeit und privater Gewinnmaximierung basiert, mit den Prinzipien des Systems der gesetzlichen Versicherung nicht zu vereinbaren ist. Welches Gewicht der Solidarität in unserer Gesellschaft zukommen soll, muss freilich politisch, das heißt öffentlich und demokratisch, ausgehandelt werden.

Der Gesetzlichen Krankenversicherung stellt sich damit die schwierige Aufgabe einer Balance zwischen den (wachsenden) Ansprüchen ihrer Mitglieder auf eine optimale medizinische Versorgung, die dem Stand der Medizin entspricht und damit die Möglichkeiten der modern DNA-Diagnostik einschließt, und einer Teilnahme an einem *solidarisch* apostrophierten Wettbewerb der Kassen untereinander.

Literatur

Burger S. et al. (2000): Wettbewerb mit beschränkter Haftung. Die BKK, 5/2000, 88. Jahrg.. Essen: 185-190

Deutscher Bundestag (Hrsg.) (1994): Bericht des Ausschusses für Forschung, Technologie und Technikfolgenabschätzung (20. Ausschuss) zur Technikfolgenabschätzung (TA)/Genomanalyse. Bundestags-Drucksache 12/7094. Bonn

Enquete-Kommission des Deutschen Bundestages, Catenhusen W.-M., Neumeister H. (Hrsg.) (1990): Chancen und Risiken der Gentechnologie. Dokumentation des Berichts an den Deutschen Bundestag. Frankfurt/New York

Fischer E.-P., Berberich K. (1999): Impact of Modern Genetics on Life Insurance. General and Cologne RE, No. 42. Köln

Harper, P.S., Clarke, A.J. (1997): Genetics, Society and Clinical Practice. Oxford: BIOS Scientific Publishers

Jung, K. (1999): Gegenwind für den Bundesausschuss. Die Krankenversicherung, 51. Jahrg.. Berlin: Erich Schmidt Verlag: 252-263

Kölnische Rückversicherungs-Gesellschaft (Hrsg.) (2000): Genetik aktuell, Ausgabe 2000

Lorenz E. (1999): Zur Berücksichtigung genetischer Tests und ihrer Ergebnisse beim Abschluss von Personenversicherungsverträgen. Versicherungsrecht, 50. Jahrg., Heft 31: 1309-1352

MacDonald A.S. (1997): How will improved forecasts of individual lifetimes affect underwriting?. In: Anderson R.M. (Hrsg.) (1997): Human genetics – uncertainties and the financial implications ahead. London: Phil. Trans. R. Soc.:1067-1076

Mahler G. (2000): Das Frankenstein-Image ist weg – Biotechnologie nimmt Gestalt an. Ärzte-Zeitung, Nr. 39, 2.3.2000: 14

Sahmer S. (1995): Genomanalyse und Krankenversicherung. Versicherungsmedizin 47 (1): 5-9

Schmidtke J. (1997): Vererbung und Ererbtes – Ein humangenetischer Ratgeber. Reinbek: Rowohlt

Schöffski O. (2000): Gendiagnostik: Versicherung und Gesundheitswesen. Eine Analyse aus ökonomischer Sicht. Karlsruhe: Verlag Versicherungswirtschaft

Schulz-Weidner W. (1993): Der versicherungsrechtliche Rahmen für eine Verwertung von Genomanalysen. Baden-Baden: Nomos

Steinvorth U. (1997): Gentechnik in der Medizin. In: DOK 3, Bonn 1.2.1997: 67-72

Uhlemann Th. (1999): Genetic engineering and german health insurances. In: Thompson A., Chadwick R. (Hrsg.): Genetic Information, New York: 71-78

Zick C. D. et al. (2000): Genetic testing does not chance life insurance demands. Am J Med Genet 93: 29-39

V.

Ethnologie, Migration und Gesundheit

THOMAS OTS

Vom individuellen Heil zur sozialen Heilserwartungsbewegung

Zu Ergebnis und Methode der Medizinethnologie, dargestellt am Beispiel der Qigong-Bewegungen in China

Vorbemerkung

Ludwik Fleck (1980) zeigte vor 70 Jahren in seinem bedeutenden Werk ›Entstehung und Entwicklung einer wissenschaftlichen Tatsache‹ die Irrungen und Windungen wissenschaftlicher Erkenntnisprozesse und die Zufälligkeiten wissenschaftlicher Entdeckungen auf. Er demonstrierte auch anschaulich, wie post hoc geradlinige Beziehungen zwischen der Untersuchungshypothese und dem Forschungsergebnis konstruiert werden. Es geht in diesem Tun darum, den Primat des eigenen Geistes, der eigenen wissenschaftlichen Ratio, zu demonstrieren: »Das haben wir auf Grund unserer Überlegungen erwartet, und so haben wir es eben auch gefunden.«

In den frühen Jahren der Erforschung fremder Kulturen sah dies ganz anders aus: Je unbekannter das zu erforschende ›Feld‹, desto mehr völlig Unbekanntes und Unerwartetes wurde ›gefunden‹ und ›gesammelt‹. Die Theoriebildung setzte zumeist nach Verlassen des ›Feldes‹ mit der Auswertung der ›Fundstücke‹ ein. Und heute? Da gehen z.B. Ethnologen mit einem großen Koffer voll kulturspezifischen Vorwissens ins ›Feld‹, und dort finden sie dann zur eigenen und zur Zufriedenheit von Autoren des Vorwissens zumeist schnelle Bestätigung desselben. Entspricht die Antwort des Interviewten/Untersuchten der allgemeinen kulturellen Tradition, so gilt die Frage als beantwortet. Unerwartetes oder kulturell nicht Konformes wird nicht erkannt oder als unwichtig negiert.

Im Gegensatz hierzu – und im Einklang mit Fleck – sehe ich innovative Forschung auch darin, ›*Antworten auf nicht gestellte Fragen*‹ zu erhalten (Ots 1999). Für die qualitativ ausgelegte medizin-ethnologische Forschung bedeutet dies, bei der jeweiligen Untersuchung offen dafür zu sein, auf Ergebnisse zu treffen, die im Untersuchungsansatz nicht vorgesehen sind bzw. den Untersuchungsrahmen gar zu sprengen vermögen.

Ich bin bei meiner Forschung über das Qigong im China der 80er und 90er Jahre des letzten Jahrhunderts über den Zusammenhang zwischen individuellem Heil und Heilserwartung ›gestolpert‹. Grundlage für dieses ›Stolpern‹ war das phänomenologische Erleben der Atmosphäre, der kontextuellen Matrix dieser Bewegung, die sich vordergründig nur um Gesundheit drehte, und die ich nur als Gesundheitsforscher zu untersuchen begonnen hatte.

Mit der Veröffentlichung meiner im Titel enthaltenen These befand ich mich lange Jahre allein. Keiner der mir bekannten Forscher über das Qigong – Ethnologen, Sinologen, Gesundheitswissenschaftler – mochte meine Sicht unterstützen. Als dann Ende Juli 1998 die Falun-Gong-Bewegung von der Regierung der VR China als umstürzlerische, staatsfeindliche religiöse Sekte klassifiziert und verboten und ihr Führer Li Hongzhi zur steckbrieflichen Suche ausgeschrieben wurde, fragten sich viele Menschen im Westen: Wie kann eine Gesundheitsbewegung etwas mit Politik bzw. einer religiösen ›Sekte‹ gemein haben?

Einleitung

1991 promovierte ich am Ethnologischen Institut der Universität Hamburg mit einer Arbeit über Qigong: ›Stiller Körper – Lauter Leib: Aufstieg und Untergang der jungen chinesischen Heilbewegung Kranich-Qigong‹, für die ich die Ehre hatte, Heidrun Kaupen-Haas als kompetente Koreferentin zu gewinnen. Damals schrieb ich in der Schlussbetrachtung:

> »Diese Untersuchung der gegenwärtigen Qigong-Bewegung in der VR China hat deutlich werden lassen, dass es sich bei ihr um mehr als eine körperorientierte Therapieform im Rahmen einer Gesundheitswelle handelt. Mag der einzelne Anhänger des Qigong auch für sich das Bedürfnis nach Gesunderhaltung, körperlicher und geistiger Stärkung sowie das Streben nach einem ›Langen Leben‹ als die wichtigsten Motivationen seines Übens erachten, so weisen verschiedene Faktoren dieser Bewegung doch darauf hin, dass es sich hier um den Ansatz einer modernen Heilserwartungsbewegung handelt. Die gegenwärtige Heilserwartung ist Ausdruck einer tiefgreifenden gesellschaftlichen Krisensituation in der VR China.«
> Thomas Ots (1991: 160)

Die augenblicklichen Geschehnisse in China – inzwischen wurden Tausende Anhänger des Falun-Gong verhaftet, etliche kamen zu Tode – haben sich seit zwanzig Jahren angedeutet. Stationen dieses Prozesses waren:

1 abdie Demokratische Bewegung mit ihrem Zentrum, der ›Mauer der Demokratie‹, in Beijing (1978/79) als Antwort auf die Große Proletarische Kulturrevolution,

2 die auf die Unterdrückung dieser politischen Protestbewegung einsetzende Qigong-Bewegung, und hier vor allem die Formen des wilden, kathartischen Qigong (*zifa qigong*; auch ›Qigong der Spontanen Bewegungen‹ genannt), die sich von allen ihren Vorläufern der stillen Innerlichkeit dadurch unterschieden, dass es zu lauten und wilden Massenprozessen kam. Die berühmteste dieser Formen, das Kranich-Qigong, soll Mitte der 80er Jahre 60 Millionen Anhänger gehabt haben.

3. Nach wenigen Jahren der Akzeptanz – viele Kader übten kathartisches Qigong und entledigten sich somit der psychischen Lasten der Kulturrevolution –, reagierten die Herrschenden in China mit abgestuften Formen der Unterdrückung.
4. Ende der achtziger Jahre nahm die Qigong-Bewegung immer mehr Züge einer Heilserwartungsbewegung mit visionären und religiösen Inhalten an. Doch schien ihr der frühkapitalistische Prozess in China das Wasser abzugraben. Das Heil wurde nun weniger in neuen Werten denn in der Möglichkeit, reich zu werden, gesehen. Doch das kapitalistische Füllhorn ergoss sich nicht über alle Menschen in China gleichmäßig, auch war der moralische Zerfall der KP Chinas nicht mehr zu leugnen. So blieb die Flamme der Heilserwartung erhalten, sie benötigte nur noch
5. eine charismatische Führer-Persönlichkeit mit einer bestimmten Vision, – z.B. Li Hongzhi mit dem ›Gesetz des Buddha-Rades‹ (*falun dafa*) –, damit die Heilserwartungssituation in eine entsprechende Bewegung übergehen konnte.

Der Kontext: die chinesische Gesellschaft in der Situation der Krise

Die Qigong-Bewegung entstand im Jahre 1979/80 und damit im Ausklang einer sehr bewegten historischen Etappe – der von Mao Zedong 1966 initiierten ›Großen Proletarischen Kulturrevolution‹. Phänomenologisch betrachtet hatte die Kulturrevolution mit Unruhe, Aufruhr und einer ungeheuren Beweglichkeit begonnen. Je länger sie dauerte, desto mehr passivierte sie die Menschen. Wenn man nicht mehr wusste, ob man nicht morgen für diese oder jene Aussage oder Handlung, die heute noch als korrekte Auslegung der revolutionären Linie Mao Zedongs und des ›Kampfes zweier Linien‹ galt, kritisiert würde, dann zog man es vor, Mauern um sich zu errichten, sich zurückzuziehen und sich still und passiv zu verhalten.

Das Ende der Kulturrevolution, die für viele Menschen in China eine Etappe voller Qualen und persönlicher Tragödien gewesen war, wurde durch den Tod Mao Zedongs im Jahre 1976 und die anschließende Verhaftung der ›Viererbande‹ eingeleitet. Letzteres Ereignis wurde bezeichnenderweise als ›Zweite Befreiung‹ verstanden. Als ein Ausdruck dieses neuen Windes entwickelte sich Ende 1978 eine spontane Massenbewegung, die als ›Demokratische Bewegung‹ oder auch als ›Pekinger Frühling‹ (*Beijing de chuntian*) bekannt wurde. Das Zentrum dieser Bewegung war die ›Mauer der Demokratie‹ im Herzen Pekings, wo Tausende von Menschen durch das Anbringen von Wandzeitungen mit der Schilderung ihres persönlichen Schicksals und mit der Forderung nach Wiedergutmachung und Rehabilitation ihrer so lange unterdrückten Bitterkeit und Wut Ausdruck verliehen. Doch als die Wandzeitungen dazu übergingen, prinzipielle Kritik an der Politik der KP und sogar an dem gerade eben erst rehabilitierten, prominentesten Opfer der Kulturrevolution, Deng Xiaoping, zu äußern, als in Beijing auf öffentlichen Plätzen freiheitliche Reden gehalten wurden, als es zu unangemeldeten Versammlungen und Demonstrationen kam, da wurde seitens der Herrschenden schnell das Ende der Demokratischen Bewegung eingeläutet.

Das Ende der Demokratiebewegung, die erneute Erfahrung der Gefährlichkeit oppositioneller politischer Tätigkeit, sollte die Geburtsstunde der Qigong-Bewegung werden: Viele Menschen zogen sich aus der engagierten Öffentlichkeit und in die Innerlichkeit zurück: Im Winter 1979/80 füllten sich die Parks mit Gruppen von Menschen, die alte und neu entwickelte Stile des Qigong übten.

Was ist Qigong?

Bei Qi handelt es sich um die chinesische Version eines Konzeptes von Lebenskraft, wie sie bei den alten Griechen als *pneuma*, bei den Indern als *prana* und bei den Tibetern als *rLung* bekannt war und ist. Qigong ist eine alte chinesische Gesundheits- und Selbstkultivierungsmethode bzw. ein Verfahren zur Erlangung ›Langen Lebens‹. Die Übenden vollziehen bestimmte Formen der Atmung, der Bewegung und der geistigen Lenkung (insgesamt: Arbeit mit oder an der Lebenskraft Qi), die zu einer intensiveren leiblichen Wahrnehmung führen. Am bekanntesten sind die stillen Formen des Qigong: Der/die Übende ist meditativ versunken. Doch in der Geschichte sind immer wieder Beispiele bekannt geworden, wo Übende in unwillkürliche, spontane Bewegungen, in Katharsis oder Trance, verfielen. Diese Erlebnisse wurden zumeist als unerwünscht angesehen und korrigiert. Auch führten sie nie zu einer solchen Massenbewegung wie in den 80er Jahren des letzten Jahrhunderts.

Eine kurze Phänomenologie des kathartischen Qigong

Ich zitiere aus meinem Tagebuch vom Winter 1984:

»Zunächst konnte ich im Zwielicht der Morgendämmerung nur ›tanzende‹ Schatten erkennen. Doch dass es sich hier um eine der vielen Formen gymnastischer Übungen handelte, machten die kehligen Schreie deutlich. Manche waren kurz, manche lang ausgezogen: Aber alle drückten tiefes Leid und Verzweiflung, Wut, Frustration und Ohnmacht aus. Und dennoch hatten sie nichts Furchterregendes oder Mitleidheischendes. Im Gegenteil, diese

Schreie, tief aus dem Inneren hervorgestoßen, waren von einem Luftkissen der Befreiung und Erleichterung getragen.

Mit dem einbrechenden Morgenlicht verstummten die Schreie langsam. Nun waren die Bewegungen besser zu erkennen. Ich versuchte, irgendetwas Systematisches, eine gewisse Ordnung auszumachen, doch nichts dergleichen war erkennbar. Wenn es hier eine Regel gab, dann war es die der Regellosigkeit, die des individuellen Ausdrucks. Manche der Übenden standen fast regungslos da, einige bewegten sich nur leicht und langsam-fließend, andere schlenkerten mit den Händen oder mit den Armen. Die Mehrzahl der etwa 100 Anwesenden aber machte ›Große Bewegungen‹: sie stampften mit den Füßen auf und trampelten herum, sie tanzten/liefen/trippelten/kreiselten über den Platz, andere schwankten bedrohlich, und wieder andere hatten sich schon nicht mehr auf den Füßen halten können. Sie waren zu Boden gefallen oder geglitten, krümmten sich, manche schrieen, brüllten, schluchzten oder weinten leise vor sich hin. Es kam zu Körperkontakten, Mann und Frau berührten sich, rieben Rücken aneinander oder hielten sich umarmt. Und zwischen all diesen wilden Leibern zappelte – einem Schamanen nicht unähnlich – der Meister hin und her, mit flügelgleich erhobenen und schwingenden Armen, den Einen oder Anderen berührend, ihn ermunternd oder beruhigend.

Nach etwa einer Stunde kamen die Bewegungen zur Ruhe. Nun führten die Anwesenden Bewegungsmuster eines standardisierten Abschlussrituals aus, fuhren sich schließlich über Nacken und durch die Haare und schleuderten etwas Unsichtbares hinweg. Viele öffneten erst jetzt ihre Augen und nahmen Kontakt mit der Umgebung auf. Man begann gelöst und fröhlich miteinander zu schwatzen.«

Dies war mein erstes Encounter mit kathartischem Qigong in China. Es war das Jahr 1984, als ich in Nanking, der Vier-Millionen Hauptstadt der Provinz Jiangsu, auf die Kranich-Qigong Gruppe stieß, die ich über die nächsten 11 Jahre erforschen sollte.

Das Qigong der ›Spontanen Bewegungen‹ – Katharsis und Trance

Der Rückzug in die Innerlichkeit und in die Selbstvergessenheit, die Konzentration auf körperliche Integrität und ›Langes Leben‹ durch die Übungen des Stillen Qigong hätte kein ›Qigong-Fieber‹ in der uns bekannten Massenhaftigkeit hervorgebracht. Die stille Selbstvergessenheit wurde in dem Augenblick zum bewegenden ›Fieber,‹ als die ersten Übenden des Kranich-Qigong spontan und unbewusst diese Stille durchbrachen, in ›Große‹ bzw. ›Spontane Bewegungen‹ und Gebrüll gerieten, als sich der unterdrückte Körper in seiner kathartischen Leibhaftigkeit gebärdete. In dieser leiblichen Befreiung, die Anfang der achtziger Jahre in China einsetzte, sehe ich den eigentlichen Anfang der augenblicklichen Heilserwartung. Erst das

›Qigong der Spontanen Bewegungen‹ pflanzte diesen Keim neuer Größe und Erlösung auch in diejenigen, die nach wie vor dem ›Stillen Qigong‹ huldigten. Mit anderen Worten: Die Spontanen Bewegungen öffneten den Weg von der Heilung zum Heil, erst durch die Spontanen Bewegungen wurde aus individuellem, kulturell-tradiertem Rückzug eine Massenbewegung mit visionärem Blick nach vorn.

Die Spontanen Bewegungen stellten einen kathartischen Prozess dar: das Sich-Äußern des Unbewussten, d.h. leibliches Sich-Regen in Reaktion auf kulturellen Verfall, auf eine unerträgliche Situation, und damit das Abschütteln alter Klammern, wodurch erst neue kulturelle Inhalte ermöglicht werden. Die Gewinnung neuer kultureller Vorstellungen läuft in Situationen ideologischer Orientierungslosigkeit, d.h. in der Situation der Ohnmacht des Geistes, über den sich wild und lautstark äußernden Leib.

Die ersten Visionen einer neuen Zeit

1979 machte in China eine Nachricht die Runde, dass zwei etwa zehnjährige Schwestern die Fähigkeit besaßen, Schriftstücke zu lesen, die sie in ihrer Achselhöhle hielten. Sehr schnell wurde auch von weiteren, meistens jungen Menschen berichtet, die diese oder ähnliche Fähigkeiten besaßen. Irgendwann hörte ich zum ersten Mal die Deutung, dass es sich bei diesen ›Außergewöhnlichen Fähigkeiten‘ (*teyi gongneng*) um eine Äußerung von Qi handele. Diese Menschen verstünden ihr Qi so zu konzentrieren und einzusetzen, dass sie dadurch Außergewöhnliches leisten können. Und plötzlich erhielten die ›Außergewöhnlichen Fähigkeiten‘ eine nationale Bedeutung. Offizielle und halboffizielle Regierungsmeinungen gaben zum Ausdruck, dass China mittels der Erforschung von Qi und Qigong und der hiermit in Verbindung gebrachten ›Außergewöhnlichen Fähigkeiten‘ eine aufsehenerregende Rolle auf der internationalen Bühne des wissenschaftlichen Fortschritts erringen könne.

Bald überschlugen sich die Meldungen und Gerüchte über Menschen mit ›Außergewöhnlichen Fähigkeiten‘, die auch in den Qigong-Journalen abgedruckt wurden. So wurde von Heilern berichtet, die angaben, ›Röntgenaugen‹ zu besitzen. Sie bräuchten sich nur vor einen Menschen hinzustellen, und schon würden sie die Krankheit im Innern desselben erkennen.

1990 wurde mir in Beijing eine Gruppe von Heilerinnen bekannt, die in einem Park Heilungen vornahmen, indem sie die Klienten durch magische Bewegungen und unverständliche Beschwörungsformeln (Glossolalia) teilweise in Schüttelkrämpfe, teilweise auch in kataleptische Zustände versetzten. Die Heilerinnen lehnten sich in bestimmten Abständen an einen mächtigen, dicken Baum, umarmten ihn, ließen die magische Kraft des Baumes in sich hineinströmen, um dann nach vorne zu schnellen und die gewonnene Kraft auf Klienten überfließen zu lassen.

Mitte der 80er Jahre schien das ganze Land in Aufregung zu sein. Irgendetwas Großartiges würde in Kürze geschehen. Diese Vision einer neuen Kraft und neuen Größe fand ich dann auch in vielen Darstellungen der Qigong-Journale wieder. Die Qigong-Übenden hatten übermenschliche Kräfte, waren unverwundbar und setzten ihre Fähigkeiten für das Allgemeinwohl ein. Viele Abbildungen zeigten identische Symbole: die aufgehende Sonne; dahinziehende Vögel; die Yin-Yang-Monade; überproportional große und kräftige Menschen; häufig war der Blick dieser Menschen nach oben gerichtet, und manchmal stiegen sie gar in die Höhe auf, wurden äthergleich, so wie es aus alten daoistischen Vorstellungen bekannt ist.

In der zweiten Hälfte der achtziger Jahre begannen die Qigong-Journale eindeutig religiös motivierte Bilder abzudrucken: daoistische Heilige, Buddha und sogar Jesus wurden abgebildet. Jetzt kam mir der Verdacht, dass ich den Beginn einer Heilserwartungsbewegung erlebte, so wie es vor Li Hongzhi schon andere Qigong-Meister ausdrückten, z.B. Qigong-Meister Chen Linfeng, der das *Huiliangong* (Qigong des Wissens und des Lotus) entwickelt hatte und 1990 meinte:

> »Qigong is a way to wake up people. All of society will be equal, as in the Buddhist Paradise.«
> **(Holley 1990: H8)**

Falun-Gong

Dies ist eine von Li Hongzhi 1992 entwickelte Form des Qigong. Im Zentrum dieser Qigong-Form steht das Falun Dafa (›Großer Gebotsrad Kultivationsweg‹). Diese Begrifflichkeit weist darauf hin, dass die moralische Umgestaltung im Zentrum der Übung steht. Die in verschiedenen Texten niedergelegten Inhalte vermengen alte buddhistische und taoistische Prinzipien der Selbsterkenntnis mit Zukunftsvisionen einer neuen mystischen Zeit. Die Falun-Gong Bewegung ist somit das, was die englischsprachige Anthropologie eine ›revivalist movement‹ nennt.

Die Texte des Falun-Gong – für jedermann im Internet zugänglich – sind voller krauser Gedankenzüge. Dies hat das Falun-Gong mit den meisten Heilserwartungsbewegungen gemein. Auch die charismatischen Führerpersönlichkeiten sind meist so widersprüchlich, dass sie die Menschen in entschiedene Gegner und noch entschiedenere und verzückte Anhänger bzw. Verteidiger ihrer Person polarisieren.

Heilserwartungsbewegungen in der chinesischen Geschichte

Wallace (1956) definierte Heilserwartungsbewegungen als in allgemeinster Weise charakterisiert durch eine bestimmte historische Situation, die von Teilen der Gesellschaft als unerträglich bzw. als Krise empfunden wird. Aus dieser existentiellen Erfahrung der Krise entwickelt sich ein Bedürfnis nach einer tiefgreifenden Umgestaltung. Dieses kulturelle Bedürfnis drückt sich in Form von Heilswünschen aus.

Aus den Heilswünschen von Individuen entsteht dann eine Heilsbewegung, wenn diese Heilswünsche in eine Ideologie (Heilslehre) münden, die eine baldige tiefgreifende Veränderung der physischen und sozialen Welt und das Eintreten eines perfekten, idealen Zustandes proklamiert, und wenn zu einem bestimmten Zeitpunkt eine charismatische Führerpersönlichkeit in Erscheinung tritt, der es gelingt, die Anhänger der Heilslehre zu organisieren und in Bewegung zu setzen.

China weist eine lange Tradition von Heilserwartungsbewegungen auf. Zu den bekanntesten Bewegungen zählen die han-zeitlichen, daoistisch beeinflussten Gelbturbane, die zyklische Apokalypsen prophezeiten und 184 n.u.Z. einen Aufstand inszenierten, der zwar fehlschlug, aber dennoch den Sturz der Han-Dynastie vorbereitete; die Fünf-Scheffel-Reis-Bewegung, deren Anführer Zhang Lu einen selbstständigen Staat gründete, der dreißig Jahre lang existieren konnte; die Weiße-Wolken-Vereinigung der Song- und Yuan-Dynastie, die die bevorstehende Ankunft des Maitreya, des buddhistischen Messias, verkündete; der Aufstand des Fang La (1120-1121), dessen Lehre eine Verquickung manichäischer, daoistischer und buddhistischer Elemente darstellte; letztlich die christlich beeinflusste Taiping-Revolution (1850-1864), die von ›Jesus jüngerem Bruder‹ Hong Xiuquan angeführt wurde, und zuletzt die Boxer-Bewegung des ausgehenden 19. Jahrhunderts, die sich gegen Fremdeinflüsse und gegen das Christentum wandte.

Heilserwartungsbewegungen in der ganzen Welt

Heilserwartungsbewegungen sind ein transkulturelles Phänomen (Linton 1943, Mühlmann 1964). Hier einige Beispiele: 1919 entstand in Melanesien eine ekstatische Bewegung, die ›Vailala Madness‹. Bei ihren Anhängern traten Phänomene auf, die sie selbst als ›Head-he-go-around‹, ›whirling motion‹, ›whirl-wind‹, ›Belly don‹t know‹, ›dizzy‹, ›ecstatic‹ und zumeist als ›crazy‹ betitelten. Die vorliegenden Beschreibungen der Bewegungs- und Verhaltensformen zeigen eine frappierende Ähnlichkeit zu den ›Spontanen Bewegungen‹ in China:

> »Die Eingeborenen wankten einige Schritte nach vorne, blieben stehen, sabberten und gestikulierten, während ihr Kopf hin und herschwang. Auch der gesamte Leib bog sich von einer Seite zur anderen.«
> Worsley (1968: 75)

Aus der europäischen Geschichte kennen wir Heilserwartungs-, Endzeit- oder apokalyptische Bewegungen, die sich von der abendländischen Spätantike bis heute durch die Geschichte des Christentums ziehen: verschiedene Katharergruppen, die Flagellanten, die Kamisarden, die Veitstänzer oder Konvulsionäre des Sankt Medardus, bis hin zu den gegenwärtigen Pfingstbewegungen der Tremulanten und Zungenredner.

Heilserwartung und Leib

> »Most revivalist movements go, in an early phase, through what Durkheim called 'efferves-cence‹. [...] Emotions run high, formalism of all kinds is denounced, the favored patterns of religious worship include trance or glossolalia, trembling, shaking or other expressions of incoherence and dissociation.«
> Mary Douglas (1982: 73)

Ein charakteristisches Moment vieler chinesischer Heilserwartungsbewegungen war die Verknüpfung von Heilserwartungen mit ekstatischen Kultformen, vor allem im Anfangsstadium der Bewegungen. Der Übergang einer jungen, lose assoziierten Bewegung in ein Stadium höherer Strukturiertheit führte meist zum Verschwinden der frühen ekstatischen Kultformen. Die Rückbesinnung auf Stille und Innerlichkeit verlief meist parallel zur Herausbildung einer klar umrissenen Heilslehre. Formen der Heilsvermittlung durch Ekstase, Besessenheit oder dank der Kraft bestimmter Medien verloren zusehends an Bedeutung und wurden überflüssig. Es scheint, dass die Herausbildung einer kulturellen oder religiösen Leitlinie und die Rolle ekstatischen Erlebens in einem reziproken Verhältnis zueinander stehen: die Ausformung einer weisenden Lehre und die damit zusammenhängende Herausbildung einer strukturierten Organisation verdrängen leibhaftiges Erleben. Die Einhaltung vorgegebener, strenger, moralisch-ethischer Normen verlangt eine geistige Innerlichkeit, sie bedarf der Besonnenheit, nicht mehr der ›Besessenheit‹ (Ots 1994).

Wie geht es weiter?

Die Geschichte hat viele Heilserwartungsbewegungen hervorgebracht, doch nur wenige waren erfolgreich und vermochten, das alte, marode Regime zu stürzen. So stark an Mitgliedern die Falun-Gong-Bewegung auch sein mag, so bezweifle ich doch, dass sie den Machthabern in Peking eine ernste Gefahr werden kann. Aber ihre Existenz ist wie ein Glockenschlag, der das Ende dieses Systems einläutet, so wie die gesamte moderne Qigong-Bewegung nach 1980 ein neuerlicher Beweis dafür ist, dass in sozialen und ideologischen Krisenzeiten die Entwicklung neuer Ideen – die Herausbildung einer neuen Ordnung – aufs engste mit leiblicher Wahrnehmung verknüpft ist: ›*der kulturierende Leib*‹.

Ausblick: Ergebnis und Methode

Während ich zwischen 1984 und 1995 in Nanjing und Beijing in verschiedenen Parks die Anhänger kathartischen Qigongs untersuchte, fanden sich westliche Sinologen und Gesundheitsforscher bei den stillen Formen des Qigong ein, oft nur einige Meter entfernt. Immer wieder wurde mir bedeutet, dass diese Form des Qigong ja eigentlich gar nichts mit Qigong zu tun habe oder es eben »kein richtiges Qigong« sei. Qigong habe den drei traditionellen Prinzipien Entspannung, Stille und Natürlichkeit (*song, jing, ziran*) zu folgen, doch die Kranich-Leute seien agitiert, in Ekstase und würden sich widernatürlich verhalten. (Über die kulturellen Vorstellungen, was Natürlichkeit sei, ist hier kein Raum zur Diskussion.) Als ich aufhörte, das ›Qigong der Spontanen Bewegungen‹ als ›richtiges‹ Qigong zu verteidigen, als ich begann, meinen Kritikern Recht zu geben, dass es sich hier nicht um eine tradierte und kulturkonforme Gesundheitsübung handele, wurde ich offen für das Neue. Die eigentliche Erkenntnis, dass es hier nicht nur um individuelle Gesundheit, sondern um ein soziales Heil handelte, kam mir durch die Repetition und Intensität meiner Interviews: Ich hatte zunächst viele Anhänger des ›Qigong der Spontanen Bewegungen‹ einmalig interviewt, und dabei fiel mir der Widerspruch auf, dass sie auf die Frage, warum sie Qigong übten, mit der stereotypen Nennung der drei traditionellen Prinzipien ›Entspannung, Stille und Natürlichkeit‹ und dem Wunsch nach besserer Gesundheit antworteten. D.h., sie antworteten mir in der kulturell geforderten Art, obwohl ihr Verhalten dieser Norm ganz und gar nicht entsprach. Mehr aus dem Gefühl heraus, dass das doch nicht stimmen könne, interviewte ich mehrere Übende bis zu acht Mal. Es waren tatsächlich mehr Unterhaltungen zwischen Freunden als Interviews. Und erst nachdem ich die Mauer zwischen ihnen und mir überwunden hatte, erst nachdem sie mich nicht mehr als den ganz Fremden betrachteten und begannen, mir ihr Herz zu öffnen, erfuhr ich von dem tiefen Leid der letzten Jahre und ihren Hoffnungen auf eine große Zukunft, der Heilserwartung.

Ich habe über die Jahre meiner Zusammenarbeit mit dieser Gruppe verschiedene Untersuchungsmethoden angewandt. Zunächst war da die aktive Teilnahme, d.h. das Lernen und Erfahren der Wirkungen des Qigong. Später kamen Besuche anderer Qigong-Gruppen und ihrer Institutionen und Gesellschaften hinzu. Es folgten Interviews und das Studium von historischen und unzähligen aktuellen Dokumenten zum Qigong.

Grundlage meiner weiteren Untersuchungen wurde immer mehr das eigene Erleben der ›Spontanen Bewegungen‘. Dieses Erleben bereitete in mir viele Fragen vor, die ich an meine Gesprächspartner richtete. Es verhalf mir vor allem dazu, mich nicht mit den zunächst gegebenen Antworten zu begnügen, sondern weiter in Richtung auf versteckte emotionale Regungen und leibliches Spüren zu fragen. Die Gespräche unterlagen keiner Planung, sondern ergaben sich aus dem Grad der gegenseitigen Vertrautheit. Viele Qigong-Formen zeichnen sich gegenüber dem stilleren Taijiquan dadurch aus, dass die Übenden hinterher zusammenstehen und sich über ihre Erlebnisse während der ›Spontanen Bewegungen‘, ihren Heilerfolg etc. unterhalten. Bei der Nanjinger Kranich-Gruppe blieben viele Übenden bis zu einer halben Stunde nach Ende der Übungen zusammen. Ich gesellte mich zu ihnen, mischte mich ein, stellte Fragen und sammelte Informationen. Nachdem ich in meine Unterkunft zurückgekehrt war, machte ich mir schriftliche Notizen.

Nach drei Monaten führte ich erstmals Interviews mit Tonaufnahmen durch. Hierdurch verloren die Gespräche jedoch ihren spontanen Charakter. Es zeigte sich rasch, dass die hiermit gewonnenen Ergebnisse kärglicher waren als zuvor, so dass ich diese Tonaufnahmen wieder absetzte und gelegentlich zu Block und Bleistift griff, wenn ich mir etwas Wichtiges notieren wollte. Auch fiel mir auf, dass jene Übenden, die ich bereits aus informellen Gesprächen kannte, bei Toninterviews auf eine andere Ebene ihrer Erklärungsmuster überwechselten. Nun ging es kaum noch um die eigenen subjektiven Erfahrungen, die Wahrnehmungen, das Erleben. Es wurde ein Erklärungsstil gewählt, der den kulturell-tradierten Erklärungsmustern, d.h. dem Denkstil (Fleck 1980) des offiziellen Diskurses entsprach. Dies waren auch die Konzepte, die mir die Kader der offiziellen Qigong-Gesellschaften anboten, die ja gemeinhin Gegner der ›Spontanen Bewegungen‹ waren. In der Zwischenzeit hatte ich mich mit einigen Mitgliedern der Kranich-Gruppe angefreundet. Nach den Übungen begleitete ich sie auf ihrem Heimweg. So kam es, dass wir wieder und wieder über ihr Qigong und ihr Erleben dabei sprachen. In diesen freundschaftlichen, informellen Gesprächen deckten meine Qigong-Freunde mir immer tiefere Schichten ihres leiblichen Spürens und persönlichen Erlebens und ihrer Visionen auf.

Wie viele Forschungsergebnisse stützen sich auf einmalige Interviews! Es sind dies vor allem diejenigen Forschungen, die unsere kulturellen Vor-Urteile bestätigen: der Blick zurück.

Literatur

Douglas M. (1982): Natural Symbols. New York: Pantheon Books

Fleck L. (1980): Entstehung und Entwicklung einer wissenschaftlichen Tatsache. Frankfurt: Suhrkamp

Holley D. (1990): Filling a Void with Qigong in China. Los Angeles Times vom 16. 10. 1990: H8

Kohn L. (Hrsg.) (1989): Taoist Meditation and Longevity Techniques. Pp. 159-192. Ann Arbor: Center for Chinese Studies, The University of Michigan - Michigan Monographs in Chinese Studies, Vol. 61

Linton R. (1943): Nativistic Movements. American Anthropologist 45: 230-240

Miura K. (1989): The Revival of Qi: Qigong in Contemporary China. In: Kohn L. (Hrsg.): Taoist Meditation and Longevity Techniques. Pp. 159-192. Ann Arbor: Center for Chinese Studies, The University of Michigan - Michigan Monographs in Chinese Studies, Vol. 61: 331-362

Mühlmann W. E. (1964): Chiliasmus und Nativismus - Studien zur Psychologie, Soziologie und historischen Kasuistik der Umsturzbewegungen. Berlin: Reimer

Ots T. (1991): Stiller Körper - Lauter Leib: Aufstieg und Untergang der jungen chinesischen Heilbewegung Kranich-Qigong. Dissertation am Ethnologischen Institut der Universität Hamburg

Ots T. (1999): Medizin und Heilung in China. 3., überarbeitete und erweiterte Aufl. Berlin: Reimer

Ots T. (1994): The silenced body - the expressive *Leib*: on the dialectic of mind and life in Chinese cathartic healing. In: Cordas T: Embodiment and Experience - the existential ground of culture and self. Cambridge (U.K.): Cambridge University Press: 116-138

Wallace A. F. C. (1956): Revitalization Movements. American Anthropologist 58, 2: 264-281

Worsley P. (1968): The Trumpet Shall Sound: A Study of Cargo Cults in Melanesia. New York: Shocken Books

BEATRIX PFLEIDERER

Körperlandschaft

Bericht über ein tiefenökologisches Projekt

Permakultur wurde von dem Australier Bill Mollison in die Welt gebracht. Wer seine Autobiografie liest, weiß, dass da ein Wortgewaltiger spricht, der auf seine eigentliche Kunst verzichtet hat, um der Erde zu dienen. Dafür respektiere ich ihn. Permakultur bedeutet ›*permanent agriculture*‹ und bezieht sich auf den Garten, den wir um unseren Wohnplatz herum anlegen. Wir pflanzen mit der Natur und nicht gegen sie. Nichts ist gegen die Natur gerichtet in einem Permakulturgarten.

Unser Projekt – La'akea Gardens – liegt auf der großen Insel von Hawaii. Als wir das Grundstück erwarben, waren rechteckige Felder in den ursprünglichen Wuchs des Regenwaldes eingefräst. Guava- und Limonenbäumchen vegetierten kränklich dahin, weil man ihnen eine Ernte abverlangte, ohne sie als Schenkende zu ehren. Was sollten wir mit einem derart von Pestiziden verseuchten Garten anfangen? Ich wusste es nicht. Soll ihn doch der Regenwald wieder holen ...

Ich lehrte damals Ethnologie an der Universität im nahen Hilo und im fernen Hamburg und hielt Kultur für etwas, das Menschen zusammenhält. Von Agrikultur wusste ich nichts oder nicht viel. Mir ging es nur darum, das Stück Regenwald zu retten, da es mir durch inselpolitische Aktionen bedroht erschien. Eines Abends brachte ein Freund Videobänder über das Werk Bill Mollisons mit. Mollison hatte in Zentralindien – meiner ethnologischen Heimat – nachhaltig Wüste in grüne, fruchtbare Gärten verwandelt. Wir gaben ihm den Zuschlag: Wer solches in einer chronischen Dürreregion vollbringt, ist ein Lehrer. Wir wurden seine Schüler und die des Landes.

Die La'akea Gardens entstehen

Permakultur heilt Landschaften. Sie lehrt, Gärten nach dem integralen Prinzip anzulegen, das der Natur abgelauscht ist. In der Natur herrscht Vielfalt und nicht Monokultur, und Vielfalt ist die Grundlage zur Einzigartigkeit des Einzelnen – und umgekehrt.

Zunächst legten wir ein Gemüsemandala an. Die Beete sehen aus wie Hufeisen und werden von ausgedienten Autoreifen gestützt. In der Mitte entstand eine »Kathedrale« aus Bananenstauden. Bald erfuhren wir einen lebhaften Zuzug von Schmetterlingen, Vögeln und Reihern. Als nächstes folgte ein Teich. Gleichzeitig wurden sehr einfache Unterkünfte errichtet, in denen unsere HelferInnen und später, als wir mit einem Kursangebot begannen, unsere SchülerInnen unterkamen. Wir lernten bald, dass sich Permakultur nicht für den kommerziellen Anbau eignet, wie wir ihn gewohnt sind. Sie bringt jedoch Fülle in den Garten, so dass man ständig von Allem hat. Wir hatten nach kürzester Zeit von nur zwei, drei Jahren Früchte von unseren eigenen Zitrusbäumen. Etwas später folgten die Jakfruitbäume (*nanka* in Südostasien) und dann die Avocados und viele andere mehr mit blühenden Farben und klangvollen Namen, wie *Abiu* in sattem Gelb oder *Dscherimoia* in stacheligem, grünem Igelgewand. In den »Unterstock« pflanzten wir nach polynesischen Vorlagen Taro, Yams und Kava und immer wieder Bananen in allen Variationen. Aber wer sollte all das »Un«-kraut jäten? Wir übernahmen das erprobte Rezept, Hühner in kleinen, maschendrahtumzäunten Ställen unter die Obstbäume zu bringen und sie in einem mehrtägigen Rhythmus durch die ganze Anlage zu »ziehen«. Gänse und Enten folgten, besonders beliebt wegen ihres unvergleichlichen Dungs. Mit Schafen waren wir leider weniger erfolgreich, sie fraßen mehr als nur das »Un«-kraut, also trennten wir uns – wenn auch ungern – wieder von ihnen.

Je mehr Lernende von überall her kamen, desto mehr Essen brauchten wir. Deshalb errichteten wir einfache, mit Plastikplanen bedeckte Gewächshäuser und pflanzten Gemüse, Salat und Gewürze an. Da wir durch die eng gepflanzten, stacheligen Ananasstauden die Enten und Hühner von den Gewächshäusern fern hielten, mussten dort andere Tiere für den Dung sorgen. Man riet uns zu *Catfish* – eine Welsart, die nun in drei Wassertanks bei ständiger Fütterung stetig wachsen. Wir führen über Plastikwasserleitungen immer ein wenig von ihnen genährtes Wasser aus den Tanks in die Beete der Gewächshäuser und haben damit einen ständigen Dungvorrat aus eigener Produktion. Die Wassertanks füllen sich durch das Regenwasser von den Dächern. Auch in anderen Bereichen versuchen wir, weitgehend autonom zu sein. Den notwendigen Strom erzeugen wir in einer Solaranlage. Die Küchenabfälle gehen in den Gänsestall, und Papierabfälle verwenden wir als Mulch in den Obstgärten.

Bald hatten wir einen Namen in den Permakulturkreisen der Vereinigten Staaten. Unsere dreiwöchigen Kurse füllen sich schon vor Bekanntgabe mit CollegestudentInnen aus Nordamerika, Europa und manchmal auch von der südlichen Erdhalbkugel. Unsere Lehrenden sind bekannte Permakulturlehrer, die Fächer sind Gartenbau (Permakultur), ökologischer Hausbau, Anfertigung von Komposttoiletten, alternative Energiegewinnung, vegetarische Küche, Feng Shui und Tiefenökologie, Tanz und Trommeln sowie Taiji und Prozessarbeit.

Das letzte Gebäude, das wir errichtet haben, ist ein »Gewächshaus für Menschen«, das anstelle der Beete einen schön geschliffenen und lackierten Bambusboden hat. Es steht auf einer leichten Anhöhe, blickt auf den Teich, die Schwitzhütte und ein Obstbaumfeld hinunter und ist sichtbarer Ausdruck unserer Bemühung, darauf zu achten, wie Erdheilung auch Körperheilung bedeutet, wie die Erfahrung der Einzigartigkeit als Teil der Vielfalt auch im Körper erfahren werden kann.

Von der Erde zum Körper

Diesen Erfahrungen haben wir einen Seminarrahmen gegeben, den wir den »*TARA*-Process« nennen. Es ist eine Synthese aus den Lehren meiner kalifornischen Meister der Transformation (wie z.B. *Stanislav Grof*) und den Lehren jener Heiler und Heilinstitutionen in Indien, die ich im Rahmen meiner Professur für Ethnologie und Medizinanthropologie viele Jahre besucht habe, um ihre Heilarbeit verstehen zu lernen.

Damals spürte ich solchen Heilungsprozessen nach, damit ich sie beschreiben und auswerten könnte, d.h. ich näherte mich eher von außen. Ich ging in Westindien zu Fuß oder mit dem Bus von Dorf zu Dorf und bat auf der Straße, mich zu HeilerInnen, Heilschreinen oder Kraftorten zu führen. Die HeilerInnen benutzten je nach ihrer Persönlichkeit einen anderen »größeren Hintergrund«, um sich für ihr Tun zu legitimieren. Meist sind sie in ärmeren Vierteln angesiedelt und auch leicht zu finden, unter anderem deshalb, weil meist vor der Tür eine größere Gruppe von Menschen sitzt und wartet. Zunächst besuchte ich jene Männer und Frauen, die von sich sagen, sie hätten ihre Heilkraft von einer höheren Kraft, z.B. von einem verstorbenen Heiligen, neben dessen Grab sie arbeiten. Sie singen Texte, die mit diesem Heiligen zu tun haben, und bringen sich so in einen erweiterten Bewusstseinszustand, in eine Entrückung, die ihnen hilft, das Problem ihrer KlientInnen zu »durchschauen«, oft im wahrsten Sinne des Wortes. Wenn die Worte nicht genügen, nehmen sie noch Wasser zur Hilfe, dessen Heilkraft sie auf die Worte des Heiligen zurückführen.

Andere beziehen ihre Heilkraft von den Elementarwesen aus der umgebenden Landschaft. In den Bergen Nordindiens besuchte ich über einige Jahre einen Heiler, der in seiner Entrückung die Berggottheit in seinem Körper spürte. Seine KlientInnen stellen ihm die brennendsten Fragen aus ihrem Alltag während er sich in dieser Trance aufhält. Die meisten der HeilerInnen kamen zu dieser Arbeit über eigene Krankheit, eigenes Unglück, so dass man sagen kann, sie haben ihre Methode am eigenen Leibe entwickelt.

Heilung auf meinem Weg

Wie überall auf der Welt werden auch in Indien Kraftorte als Heilorte benutzt – Tempel, oft unbekannt und unbedeutend, oder auch weltberühmte Anlagen wie die Schwedagon Pagode in Rangoon/Burma. Ich erwähne diesen Ort, weil ich dort persönlich eine überraschende Spontanheilung erlebt habe, die mich bis auf den heutigen Tag zum Staunen bringt.

Jedes Frühjahr benutzte ich die Semesterferien meiner Universität, um meine Feldforschungen zu den therapeutischen Systemen in Südasien weiterzuführen. Einmal, am Tag vor dem Abflug, war ich mit Kindern auf einem Waldsee Schlittschuhlaufen gegangen. Ein eingefrorener Ast brachte mich zu Boden, und mein linkes Knie tat weh. Doch es gab noch so viel zu packen und zu regeln, dass ich dem keine Aufmerksamkeit schenkte. Erst in Indien, wo es 40 Grad wärmer war als bei uns, wurde mein Knie steif und unbeweglich und behinderte mich sehr bei meiner Arbeit. Trotzdem machte ich den schon von vornherein geplanten Abstecher nach Rangoon, um Klöster zu besuchen. Am ersten Nachmittag ließen wir uns zur Großen Pagode bringen. Wir fügten uns in den großen Strom von Menschen ein, welche die lange Treppe hinaufzogen und folgten ihm weiter in der Umgehung der Pagode im Uhrzeigersinn. Ich hielt immer wieder ein und stand wie angewurzelt vor den kleinen Schreinen, die um die Pagode herum platziert sind, denn die Menschen waren dort mit einer Innigkeit in der betenden Versenkung, wie ich es noch nie an anderen heiligen Orten erlebt habe. Ich spürte im eigenen Körper die Tiefe der Gebete. So ging ich von einem der kleinen Schreine zum nächsten, in immer tiefer werdender Bewunderung für die Versenkung, zu der diese Menschen spürbar fähig waren. Mit der Zeit hatte ich die große Anlage schließlich umrundet und zog langsam die Treppe hinunter – beeindruckt, ja, entrückt. Erst auf dem Weg zum Hotel, in einem Taxi, stellte ich mit größter Freude und ebenso großer Überraschung fest, dass ich ein normales, schmerzfreies, bewegliches linkes Knie hatte. Das war der Anfang eines neuen Ansatzes für mich:

Über meinen Körper möchte ich lernen, Heilrituale zu verstehen. Dass diese »Umkehr« mich letztlich immer mehr von der akademischen Art des Lebens zu einer therapeutischen Art des Lebens brachte und letztendlich zu dem, was ich jetzt mache, ist eine andere, lange Geschichte.

Zwischen Himmel und Erde

Was habe ich daraus gelernt? Prozesse wie der berichtete bringen uns in Kontakt mit einer anderen Zeit: mit der Herzenszeit, mit der Eigenzeit, mit der mythischen Zeit der Schöpfung. Heilrituale dieses kulturellen Kontextes haben ein Gemeinsames: Sie nehmen die Kranken heraus aus der Zeit der konstruierten Linearität und vermitteln ihnen die »Schöpfungszeit«. Das kann über die (Heils-)Geschichte eines Heiligen genau so geschehen wie über die (schamanische) Verbindung zu einem Elementarwesen, wie dem Berggeist, oder die rituelle Einstimmung in einen Kraftort, wie es bei jener Pagode der Fall war. Das Eintreten in die Herzenszeit, in die damit verbundene Weite der liebenden Zeitlosigkeit, ist von unermesslicher Heilkraft. (Die Schattenseite dieses Zustandes ist übrigens der Herzinfarkt, die häufigste Todesursache weißer US-Einwohner männlichen Geschlechts über 45 Jahren. Dort wird die lineare Zeit als Angst erlebt und führt zu Konstriktionen der Koronargefäße.)

Mit dem von uns entwickelten *TARA*-Process versuchen wir einen Zugang zu dieser Schöpfungszeit zu eröffnen, und zwar indem wir über die Chakren den eigenen Erschaffungsprozess wieder erleben. Die unteren drei Chakren sind die Erde, das Wasser und das Feuer. Die große Insel von Hawaii ist immer neue Erde und beständiges Feuer. Von vielen wird die Göttin dieser Landschaft erfahren: *Pele*. Sie zerstört und erschafft. In Indien habe ich damals den Tanz des zerstörenden und erschaffenden Gottes *Shivas* gefunden. Hier begegnet mir Pele und führt mich zu der ersten Quelle der Schöpfung: der Erschaffung des Landes, des Mutterbodens – täglich neue Erde. In großer Ehrfurcht stehen wir immer wieder vor dem glühenden Lavafluss. Erde entsteht durch Feuer und Wasser. Wenn die Lava ins Meer fließt, wird sie zu Stein. Die Steine schwimmen dampfend von der glühenden Küste in die Wellen hinaus. Sie schwimmen und dampfen, bis sie untergehen und auf dem Meeresboden Erde werden. Im *TARA*-Process erschaffen wir uns aus der Erde. Deshalb beginnen wir beim Wurzelchakra und arbeiten uns von dort nach oben.

Pilgerstätte Hawaii

Die große Insel von Hawaii ist ein Kraftort, der sich den Menschen durch das Wurzelchakra erschließt. Das ist im Schöpfungsmythos des hawaiianischen Volkes verankert, den man hier ganz wörtlich nehmen darf: Das erste Kind des ersten Paares wird im Mythos als Tarowurzel eingepflanzt, um so die nachfolgenden Kinder, ja Generationen zu ernähren. Taro ist das wichtigste Grundnahrungsmittel in Polynesien. Wir Weißen sind fremd hier, also leihen wir uns die Mythen unserer Vorgänger. Auch ihre Heillehren, wie z.B. die sehr entwickelte Pflanzenheilkunde. Und auch die esoterischen Lehren wie z.B. Huna.

Erstere wird vor Ort gelebt, auch von den Nichteinheimischen; die Huna-Lehre jedoch ist ein Exportartikel geworden, in Europa bekannter als hier. Auf Hawaii selbst wird die Hunatradition sehr »unöffentlich« gehandhabt. Die Verehrung des Landes (*aina*) wird von Fremden und Hawaiianern gleichermaßen begangen. Dies bedeutet letztendlich die Verehrung von Pele, der Vulkangöttin, der Transformativen, der Kreativen; sie lebt im Krater des Kilauea, des zur Zeit aktivsten Vulkans dieser Erde.

Ich habe mein Leben hier auf Pele hin eingerichtet. Mein Haus steht auf einem Lavafeld; nachts, vom Bett aus sehe ich den roten Schein des Lavaflusses - nicht immer, aber regelmäßig. Als ich das erste Mal die Insel betrat, befiel mich ein unerklärliches Glücksgefühl. Ich sollte an der Universität über indische Heilinstitutionen einen Vortrag halten. Die *Lei* (Blumengirlande), die man mir dabei um den Hals legte, bestand aus vierzig Gardenien. Nach gut der ersten Hälfte des Vortrages hatten mich der starke Duft der Lei, die Insel, die Vulkanenergie - oder Pele - so überwältigt und in ihren Bann gezogen, dass ich für einen endlosen Augenblick - der dem Publikum nicht auffiel, wie sich hinterher herausstellte - einen erweiterten Bewusstseinszustand erlebte, der mich in endlose Weiten, weit, weit entfernt entführte. Es muss mein erster Kontakt mit Pele gewesen sein.

Später, als ich hier als Gastdozentin lebte, wachten wir einmal mitten in der Nacht schlagartig auf, sahen aus dem Fenster und nahmen einen Lavafluss im Meer wahr. Am nächsten Morgen machten wir uns an Zeitungen und sonstige Nachrichten, um das Neueste über den Vulkanausbruch zu erfahren, doch nichts Besonderes hatte sich ereignet. Erst ein Jahr später floss die Lava dorthin, wo wir sie in jener Nacht gesehen hatten, nämlich weit hinaus ins Meer, neues Land erschaffend.

Einer, der Geomantie studiert hat und unser Land, das Haus und die Innenräume einer Feng-Shui-Beratung unterzog, sagte: »Die Beziehung zu Pele ist trickreich. Es gibt kein Rezept, sondern nur deine Beziehung. Du musst sie selbst herausfinden, selbst kreieren.« Es scheint ein Lebensprojekt daraus geworden zu sein.

Hawaii liegt auf 19,5° nördlicher Breite. Dies ist geographisch gesehen ein besonderer Ort. Auf demselben Breitengrad liegen auch die Sonnenpyramide von Teotihuacan in Mexiko, der Mount Emi Koussi im Chad, der Mount Kalsibai bei Bombay, um nur einige »besondere« Stellen dieser Erde zu nennen. Auf den anderen Planeten unseres Sonnensystems liegen ebenfalls auf 19,5° besonders belebte Stellen: auf dem Mars der Vulkan Olympus Mons, auf dem Jupiter der rote Fleck, auf dem Neptun ein ähnliches Phänomen, wie Voyager II 1986 entdeckte; auf der Venus beobachtet man dort Vulkanaktivitäten, die Sonnenflecken hängen mit dieser Breite zusammen. Warum dem so ist? Stellt man sich in einer Kugel wie der Erde ein Tetraeder, mit der Spitze im Südpol stehend, vor, dann berühren die Ecken der Basis bei 19,5° die Kugelwand, also die Erdoberfläche. Der Tetraeder, das Dreieck, das sich in die dritte Dimension erhebt, ist die Grundform der Schöpfung, so auch der Kugel, der Erdkugel. An seinen Ecken ist die Oberfläche der Kugel lebendiger als an anderen Stellen. Auf so einer Stelle liegt Hawaii, und solche Stellen sind Pilgerstätten. Die Menschen, die im kulturbedingten Alltag oft ihre persönliche Wahrheit vergessen, kommen zu diesen Stellen der Kraft, um sich mit einer übergeordneten Wahrheit in Verbindung zu setzen. Hier ist die physische Voraussetzung für diese

Art von Verbindung gegeben, denn die Erde scheint sich an solchen Stellen zu öffnen; mehr als anderswo spüren wir sie im Körper.

Reisen ins Innere

Ich sitze mit zwanzig jungen Menschen in einem Kreis, um ihre »Pilgerreise« nach Hawaii zu erweitern und sie zu ihrem Körper und durch ihre Chakren zu führen. Zunächst atmen wir unsere Präsenz in den Körper, wobei wir den Atem zum Wurzelchakra lenken.

Wir begrüßen das Chakra wie einen guten Freund und bitten es, sich zu öffnen. Wenn dies nicht leicht fällt, bitten wir es, uns zu sagen, was es von uns braucht. Die Antwort fällt meist gleich aus: Liebe braucht es, sagen einige der TeilnehmerInnen übereinstimmend am Abend bei der Aussprache. Wir ermutigen es dann, sich zur Erde hin zu öffnen, groß und stark zu werden, um sich in die Erde versenken zu können. »Geht hinunter zum Herzen der Erde, um euch mit ihm zu verbinden«, sage ich. »Aber bevor ihr das tut, fragt bei ihr an, ob ihr auch willkommen seid.« »Ich habe auf dich gewartet«, hören viele, wie sie beim Gespräch berichten.

Ich bitte die Gruppe, mit jedem Atemzug die Energie aus dem Herzen der Erde in ihr Wurzelchakra zu lenken, in das Chakra, welches das Vertrauen zu uns selbst beherbergt. Das geschieht in stiller Versenkung und doch in höchster Konzentration. Manchmal kommt ein Schluchzen auf, Erschütterungen gehen durch den Körper. Eine junge Frau aus Nordamerika berichtet später, dass all ihre Bemühungen um das Wurzelchakra abgeprallt seien und dass sie das sehr traurig gemacht habe. Sie spürt in Form von Blockaden ihre Verletzungen dieser Körperregion, ihrer Erde.

Wenn sich die Verbindung zum Herzen der Erde stark und stabil anfühlt, fordere ich die Gruppe auf, diese Energie in alle Chakren des Körpers zu bringen, in alle Blockierungen. Den Prozess begleitet eine Djembe, eine Trommel aus Westafrika, die einer der Teilnehmer für uns spielt.

Heilkraft der Zeitlosigkeit

Die meisten TeilnehmerInnen solcher Erfahrungsgruppen fühlen in der besonderen Energiequalität Hawaiis einen starken Energiestrom durch ihren Körper ziehen, fast wie ein Vibrieren, eben wie Lava. Bilder tauchen auf, in der das Wurzelchakra zum Krater wird, in dem die Lava brodelt. Auch hier empfinden manche zunächst eine Blockade, einen frustrierenden Stillstand, wie sie erzählen. Wenn dies aber überwunden ist, ändern sich die Bilder – z.B. dass alle unteren drei Chakren sich mit Lava füllen, zunächst rot, dann orange, dann gelb, wie bei einem Rührteig in einer Schüssel.

Diese inneren Reisen sind nicht nur Phantasien, sondern wirkliche Erlebnisse, in denen sich die Energie des Körpers entscheidend ändert. In solchen Zuständen werden starke Körperwahrnehmungen erlebt, z.B. dass die Füße mit der Erde verschmolzen sind und der Körper sich doch gleichzeitig über die Erde erhebt, als hätte der Oberkörper Flügel bekommen - zwischen Himmel und Erde. Oft sind Schmerzen, Verspannungen und Ähnliches bei der Rückkehr von dieser Reise verschwunden. Ist es wieder die Zeitlosigkeit, die Herzenszeit, die Schöpfungszeit, die da geheilt hat?

Hinweis: Dieser Beitrag erschien erstmalig in »Hagia Chora«, Fachzeitschrift für Geomantie (Nr. 8/2001) und wird hier mit Erlaubnis des Verlags wiedergegeben.

HORACIO RIQUELME

Menschenrechte und Medizinethik unter der Militärdiktatur in Südamerika

Einleitung

Die gesellschaftlichen Erfahrungen während der Militärdiktaturen in Argentinien (1976-1983), Chile (1973-1989) und Uruguay (1973-1985) zeigen uns, in welchem Maße die Berufsethik von Medizinern durch das totalitäre System beeinflusst worden ist und wie dabei ethische Überzeugungen und Normen systematisch verletzt, aber auch starkes Engagement zu deren Verteidigung an den Tag gelegt wurden.

Die unmittelbare Teilnahme von Ärzten an repressiven Aktivitäten des Staatsterrorismus - aber auch an Widerstandsformen gegen ihn - hat zu historisch neuen Situationen geführt. Wie so häufig bei Situationen, die die alltägliche Vorstellungskraft übersteigen, ist das Wissen über diese Gebiete beruflicher Praxis bis heute eher episodischer und fragmentarischer Art geblieben und scheint ein zweifelhaftes Privileg zufälliger Zeugen und einiger weniger Forscher zu bilden. In der Zeit von 1990-1994 wurde die Studie »Medizinische Ethik und die existentielle Lage von Ärzten unter Bedingungen totalitärer Herrschaft« - mitsamt einer Feldforschung unter Medizinern in Südamerika - durchgeführt, aus der das Datenmaterial für diesen Essay stammt (Riquelme, H. 1995, 1998 & 2002).

In den drei Ländern der Studie wurden damals Berufstätige des Gesundheitswesens aufgrund sozialer Anteilnahme, in Gesellschaften mit krassen ökonomischen Gegensätzen und mit ausgeprägt sozialem Empfinden in der Intellektuellenschicht, bevorzugt zu Verfolgten des Unterdrückungsapparates, so in Argentinien:

> »Auf dem Gebiet des Gesundheitswesens ist uns das Verschwinden von mindestens 64 Ärzten, 35 Pflegern, 56 Psychologen, 19 Zahnärzten und 150 Medizinstudenten (allein) in der Hauptstadt und der Provinz Buenos Aires bekannt. Wir können bestätigen, dass über 500 weitere Angestellte des Gesundheitswesens bis heute zur Gruppe der Verhafteten-Verschwundenen gehören.«
> (›Actas‹, 1987: 22-3)

Zum unbedingten Gehorsam

Die Bereitschaft, sich einem repressiven System unterzuordnen, war explizit bei einigen Mitgliedern des ärztlichen Standes vorhanden. Die Meinung von Dr. Guido Diaz Paci über die Folter, die er gegenüber der Sonderkommission der Abteilung für Ethik der Ärztekammer von Chile geäußert hat, ist besonders relevant, weil er als Militärarzt über sechs Jahre lang für die politischen Gefangenen verantwortlich war:

> »Ich glaube, dass die Folter ein extremes Maß des physischen Drucks darstellt und dass der körperliche Druck legitim ist, wenn er nicht zu Verletzungen führt [...], jener Druck, der nur Schmerz hervorruft [...], ist dasselbe, wie der, den man seinen Kindern zufügt, wenn man sie am Ohr zieht oder sie mit einem Schlag bestraft [...], ich denke, dass auch der psychologische Druck erlaubt sein kann, wie Schlafentzug oder etwas in der Art [...].«
> (Rivas, 1990: 128)

Folter und ärztliche Praxis

Normalerweise wird eine Tätigkeit kulturell als solche erkannt, wenn sie begrifflich definiert wird. Die chilenische Ärztekammer (CMC: Colegio Medico de Chile) gibt in diesem Zusammenhang folgende Definition:

> »Die Beaufsichtigung der Folter aus ärztlicher Sicht beinhaltet die kontinuierliche Auswertung der Fähigkeit des Opfers, Misshandlungen zu ertragen. Sie umfasst auch die Behandlung der Verletzungen, die durch die Folter verursacht wurden, sowie, dass die Folter nicht angezeigt und das Opfer somit in der Gewalt seiner Häscher belassen wird.«
> (Stover, 1987: 69)

a) Folter unter ärztlicher Aufsicht:

In Argentinien beschreibt Dr. med. Liwski folgende Situation, die sich während des »Prozesses der nationalen Neustrukturierung« zugetragen hat:

> »Bereits gefesselt, war die erste Stimme, die ich hörte, von jemandem, der sagte, er sei Arzt und der mich über die Schwere der Blutungen informierte und dass ich deswegen keinen Versuch machen sollte, Widerstand zu leisten [...].«
> (Nunca más, 1984: 15-16)

In Bezug auf Chile gibt der Bericht ›Wahrheit und Versöhnung‹ (1991) detailliert über das Geschehen in der Region von San Antonio Auskunft, das als repräsentativ für die allgemeine Situation in Chile nach dem Staatsstreich von 1973 gelten kann:

> »Charakteristisch war [...] die Gegenwart von Ärzten, ebenfalls mit Kapuze, die die Folter überwachten [damit sie nicht tödlich endete] und die die am schwersten geschädigten Opfer im Notfall behandelten [...].«
> (Bericht: 24)

In Uruguay wurden Beurteilungen über die mögliche Widerstandskraft der Gefangenen in systematischer Art und Weise von medizinischer Seite begleitet:

> »Nach der Einweisung in ein Gefangenenlager wurde jeder neue Verhaftete von einem Arzt untersucht, der danach ein vollständiges medizinisches Gutachten anfertigte. Dieses Gutachten wurde an die Militärs weitergeleitet, die für den Verhafteten zuständig waren. Die Offiziere, die für das Verhör verantwortlich waren, nutzten diese Informationen über bereits bestehende gesundheitliche Probleme häufig, um die Grenzen für die Folter festzulegen. [...].«
> (Bloche, 1987: 6)

b) Spezifische ärztliche Tätigkeiten in den Haftlagern:

Während der Diktaturen scheint die ärztliche Tätigkeit in Gefängnissen und Konzentrationslagern Kriterien gefolgt zu sein, die sich von den zu Demokratiezeiten üblichen deutlich unterscheiden.

In Argentinien kann diese besondere ärztliche Einstellung aufgrund der folgenden Aussage rekonstruiert werden:

> »Während ich in La Escuelita war, wurde ich zweimal ärztlich betreut. Einmal, während einer Foltersitzung, als mir die Augen noch verbunden waren, hat jemand mein Herz und meine Lungen mit einem Stethoskop abgehorcht. Danach wurden Urinproben entnommen, weil eine meiner Nieren verletzt worden war. Ich fühlte mich wie ein Tier in einem Laborexperiment, mit einem Arzt, der meine lebenswichtigen Funktionen untersuchte, mich aber nicht als Menschen betrachtete. Ein anderer Häftling sagte mir, dass er den Arzt kennen würde. Er konnte den Arzt unter seiner Augenbinde sehen und hatte ihn erkannt. Ich erinnere mich nur, dass sein zweiter Familienname deutsch war und dass er Arzt der ersten Division der Marine in Bahia Blanca war.«
> (Stover & Nightingale, 1985: 52-3)

Dr. Mandressi fasste diese Vorkommnisse in einem lapidaren Kommentar für L. Weschler, einen Journalisten des *New Yorker*, zusammen:

> »Sie müssen verstehen, dass diese Typen Experten waren. Sie sind sehr gut ausgebildet worden, um Methoden anzuwenden, die den größten Schmerz verursachen, ohne eine einzige bedeutende körperliche Spur zu hinterlassen und insbesondere, ohne das Opfer zu töten. Es hat relativ wenig Todesfälle wegen Folter in Uruguay gegeben. Das war so, weil es normalerweise Ärzte gab, die an den Sitzungen teilnahmen.«
> (Weschler, 1991: 126)

c) Folter und grausame Behandlung auf medizinischer Basis:

Ärzte waren während der verschiedenen repressiven Aktivitäten nicht nur physisch anwesend, sondern scheinen sich auch darum bemüht zu haben, ihre professionelle Tätigkeit stets zu vervollkommnen.

Für Uruguay gibt Dr. Bloche ein Beispiel für den beruflichen Ehrgeiz bei dieser Art von Tätigkeit:

> »Ein ehemaliger Angestellter des Gefängnisses Libertad sagt, dass die Berichte der Ärzte dabei halfen, die »Aktivitäten und Verhaltensweisen der Häftlinge« streng zu kontrollieren: ›Wir haben mit der Zeit viel gelernt. Wenn wir ein sehr nervöses Verhalten beobachteten, viel Gerede, zu viele Gespräche, trafen wir Vorkehrungen, um [die Häftlinge] zu neutralisieren [...]. Wir gaben ihnen zum Beispiel weniger Freizeit, nahmen ihnen die Bücher weg, wechselten die Zellen, erhöhten die Kontrollen. All das reduzierte ihre Aktivitäten, weil sie nie ruhig schlafen konnten, sich nie ausruhen konnten‹.«
> (Bloche, 1987: 7)

d) Einsatz von nicht-therapeutischen Drogen und psychologischen Techniken:

In der Alltagssprache existiert der Begriff »therapeutisches Arsenal«, der sich auf die bekannten und gebräuchlichen Techniken und Mittel bezieht, mit denen Störungen und Krankheiten »bekämpft« werden. Hier gilt es auf die Entwicklung eines solchen Arsenals hinzuweisen, das allerdings auf nicht-therapeutische Ziele ausgerichtet war. In Chile beziehen sich mehrere Berichte auf eine Anästhesistin der Streitkräfte, die den Gefangenen Drogen verabreichte. Einer der Berichte sagt aus:

> »Einmal haben sie mich in ein Krankenhaus geführt, in dem ich von einer jungen Ärztin mit dem Namen [...] untersucht wurde. Sie sprach sehr sanft zu mir: ›Sie haben dich streng bestraft. Jetzt werden wir dich behandeln, mach dir keine Sorgen, wir werden dir eine Spritze geben, um dich zu beruhigen.‹ Sie gaben mir eine Spritze mit einem Mittel, von dem ich später erfuhr, dass es sich um Natriumpentotal handelte [...].«
> (Stover, 1987: 71)

In einem so förmlichen Land wie Uruguay ist es nicht besonders überraschend, wenn die Polizei die Justiz um die Erlaubnis bittet, Pentotal bei Verhören von politischen Gefangenen einsetzen zu dürfen, und zwar bereits im August 1970. Kurz vorher hatte der Senat der Republik eine Kommission einberufen, um die Vorwürfe der Folter zu klären, die anscheinend zu den regelmäßigen Tätigkeiten der politischen Polizei gehörte, sogar schon vor dem Staatsstreich von 1973. Ein Gerichtsmediziner, der vor dieser Kommission aussagen musste, antwortete: »Und Sie fragen, ob es Folterungen gibt? Sie müssen der einzige Uruguayer sein, der das nicht weiß« (Mañana, 1992: 133).

e) Hinrichtungen mit medizinischen Methoden:

Der Gebrauch von medizinischen Kenntnissen zur Herbeiführung des Todes von Gefangenen ist wesentlich weniger verbreitet gewesen. Die Informationen, die dieser Studie zugrunde liegen, beziehen sich nur auf Argentinien (in Chile und Uruguay ist dies nach bisherigem Kenntnisstand nicht auszuschließen, es bestehen jedoch keine soliden Aussagen darüber). Der Bericht »Nunca más« enthält hierzu folgende Aussage:

> »Die drei Fahrzeuge fahren auf einer unbefestigten Seitenstraße auf das Gelände, bis zu einem mit Bäumen bestandenen Platz, dort ist der Offizier und Arzt Dr. Berge [...]. Die drei Körper der drei ehemaligen Subversiven, die zu dem Zeitpunkt noch am Leben waren, werden aus den Fahrzeugen gebracht. Die drei werden auf das Gras geworfen, der Arzt gibt jedem zwei Spritzen, direkt ins Herz, eine rötliche Flüssigkeit; das war Gift. Zwei sterben, aber der Arzt erklärt alle drei für tot [...]. Da sprach der Priester von Wernich in einem ganz besonderen Ton zu mir, wegen des Eindrucks, den das Geschehene auf ihn gemacht hatte; er sagte mir, dass das, was wir getan hatten, notwendig gewesen sei, dass es ein vaterländischer Akt gewesen sei und dass Gott wüsste, dass es das Beste für das Land sei. Das waren seine eigenen Worte [...].«
> (Nunca más, 1984: Gerichtsakte Nr. 683)

Medizinethische Reflexion:

Nachdem die Mehrheit lateinamerikanischer Staaten die Konvention gegen die Folter unterschrieben und ratifiziert hat, die drei hier untersuchten Länder eingeschlossen, dürfte der Umsetzung des Postulats »Folter und ärztliche Praxis sind gegensätzlich und schließen einander aus« nichts mehr im Wege stehen[18]. Es ist allerdings anzunehmen, dass nicht die Verkündung von guten Absichten, sondern allein die ausdrückliche Vergegenwärtigung der tatsächlichen Übertritte, wie hier beispielhaft geschehen, das Problembewusstsein unter den Ärzten und in der Allgemeinbevölkerung schärfen, damit aus bloßen Bestimmungen Menschenrechtskultur entstehen kann.

Medizin und Justiz in zweifelhafter Beziehung

Es gibt verschiedene Gebiete der ärztlichen Tätigkeit, die das besondere Interesse jedes autoritären Regimes geweckt haben und in denen nur Personen arbeiten durften, die das volle Vertrauen des Regimes besaßen. Die Gerichtsmedizin spielte dabei eine herausragende Rolle.

Im Folgenden werden ethische Konfliktsituationen dargestellt, in denen die Wechselbeziehung zwischen Medizin und Justiz problematisch erscheint.

a) Autopsien und Praxis des »Verschwindenlassens«:

Die Funktionsweise des gerichtlichen Leichenschauhauses in Buenos Aires während der Diktatur in Argentinien wirft ein Licht auf die Formen der Komplizenschaft zwischen Gerichtsmedizinern und dem repressiven Apparat und ermöglicht so zu verstehen, wie ein Teilbereich des Systems des »Verschwindenlassens« von Toten seitens des Militärapparates funktionierte. Die Toten wurden für die Autopsie in das Leichenschauhaus gebracht, identifiziert und danach vom Militär abtransportiert und in Massengräbern als N.N. begraben, ohne die Angehörigen über diese Vorgänge zu unterrichten:

> »Es ging immer auf dieselbe Weise vor sich: die angrenzenden Straßen wurden tief in der Nacht gesperrt und die Lastwagen des Heeres kamen zu dem Häuserblock und hielten vor dem besagten Gebäude. Dort deponierten sie ihre Last. Niemand aus der schreckensstarren Nachbarschaft hätte es gewagt, laut über das zu sprechen, was alle nach und nach wussten.«
> (Madres, o. J.: 10-11)

b) Ausstellung von falschen Gesundheitszeugnissen oder Totenscheinen:

Die Absicht hinter der Veränderung von Diagnosen, der Abgabe falscher Erklärungen und unkorrekter Beurteilungen scheint nicht nur dem Versuch der Geheimhaltung zu dienen, wie im vorherigen Abschnitt, sondern zeugt auch von einem parallelen ärztlichen Tätigkeitsfeld, das als solches straflos geblieben ist.

In Chile wird die Zusammenarbeit von Medizinern mit dem Staatsterrorismus folgendermaßen dokumentiert:

> »Eine andere Form, in der die Ärzte an dem Verdecken der Folter teilnehmen, ist die Ausstellung von gefälschten Autopsieberichten und/oder Totenscheinen, eine Praxis, die durch die Nachforschungen der ethischen Abteilung bestätigt worden ist.«
> (CMC, 1985: 74-5)

Der Tod des uruguayischen Arztes Vladimir Roslik, der 1984 kurz nach seiner Verhaftung eintrat, verdient besondere Aufmerksamkeit. Dieser Todesfall führte zur ersten Nachforschung seitens der Ärztekammer über die Verantwortung von Militärärzten bei Menschenrechtsverletzungen in Uruguay. Dabei wurde deutlich, dass einige Ärzte, die beim Militär angestellt waren, grundsätzliche Schwierigkeiten damit hatten, ärztliche von militärischen Zuständigkeiten zu unterscheiden.

In seiner Aussage vor der ad hoc Untersuchungskommission der *Asociación Medica del Interior* (AMEDRIN) erwähnte Dr. Eduardo Saiz Pedrini, dass die dreimalige Untersuchung von Dr. Roslik innerhalb eines Zeitraums von weniger als 24 Stunden »auf Befehl« zur Routine gehörte. Er gab an, nicht gehört zu haben, dass dieser sich über Folter beklagt habe und dass er außerdem auf Befehl von oben die Autopsie von Dr. Roslik nach dessen Tod durchgeführt habe. In seinem offiziellen Autopsiebericht gab er an, dass der Tod auf ein »Aussetzen der Atmung und des Herzschlags« hin erfolgt sei.

Durch einen anderen Arzt, Dr. Burjel, forderte die Familie von Dr. Roslik die Durchführung einer zweiten Autopsie, die deutliche Beweise für einen gewaltsamen Tod unter den Händen seiner Häscher erbrachte (Riquelme, 1998: 68).

Der Militärarzt, Dr. Eduardo Saiz Pedrini, der die offizielle Autopsie von Dr. Roslik durchgeführt hatte, wurde danach im März 1985 aus dem Ärzteverband ausgeschlossen. Das war aber kein Hinderungsgrund dafür, dass er im selben Jahr als regulärer Arzt des uruguayischen Kontingents der internationalen Streitkräfte der UNO in den Sinai geschickt wurde (Bloche: 7).

c) Semantik der Komplizenschaft:

Ohne über bewusste oder unbewusste Kollaboration diskutieren zu wollen, soll herausgestellt werden, dass medizinische Euphemismen nützlich sind, um Menschenrechtsverletzungen zu verbergen. Ein Beispiel für eine subtil argumentative Vorgehensweise liefert Dr. Mautone, damals Chefarzt der anatomischen Pathologie des Militärkrankenhauses, der als Todesursache in seinen Berichten »akutes Lungenödem« oder »akute Insuffizienz der Lunge und des Herzens« angab, beide Krankheitsbilder »durch Stress verursacht«, bei Patienten, die offensichtlich in Folge der Folter gestorben waren. Nach eigenen Angaben überließ Dr. Mautone es der Umsicht des betreffenden Tribunals, Erklärungen über den diagnostischen Begriff »Stress« zu verlangen.

Medizinethische Reflexion:

Die willfährige Kooperation von medizinischen Gutachtern mit den Gewaltregimes verdient ein besonderes Augenmerk, umso mehr als viele dieser Ärzte dies bis heute als ein durchaus gängiges Procedere betrachten und sich wenig geneigt zeigen, ihre damalige Handlungsweise in Frage stellen zu lassen.

Die Aneignung der Nachkommenschaft

a) Definition des Problems:

Die Übergabe von Kindern, die in Gefangenschaft von »verhafteten/verschwundenen« Müttern geboren worden waren, an Personen, die mit ihnen in keinerlei Verwandtschaftsverhältnis standen, war ein gebräuchlicher Vorgang in den argentinischen geheimen Gefangenenlagern. Schätzungen zufolge sind über 300 Kinder auf diese Weise ihren Ursprungsfamilien entrissen und zur Adoption freigegeben worden.

Über diese Praxis hat Ramon Camps, ein hoher Offizier des argentinischen Heeres, in einem Interview mit dem spanischen Wochenmagazin »Interviú« fast programmatisch geäußert:

> »[...] es sind nicht Personen verschwunden, sondern Subversive. Ich persönlich habe kein einziges Kind getötet; was ich getan habe, ist, einige von ihnen wohltätigen Organisationen zu übergeben, damit diese neue Eltern für sie finden. Die subversiven Eltern erziehen ihre Kinder für die Subversion. Das muss man verhindern [...].«
> (Actas, 1987: 20)

Der Bericht von CONADEP schließt Namen von mehreren Ärzten ein, die unmittelbar an diesen Vorgängen teilgenommen haben:

»Sobald das Kind geboren war, wurde die Mutter dazu ›eingeladen‹, ihren Angehörigen, denen das Kind angeblich übergeben werden sollte, einen Brief zu schreiben [der ohne Ausnahme in den Akten verblieb] [...]. Wir haben aus Kommentaren erfahren, dass im Marinekrankenhaus eine Liste von Ehepaaren der Marine vorhanden war, die keine Kinder bekommen konnten und die [darauf warteten], Kinder von Verschwundenen zu adoptieren. Zuständig für diese Liste war eine Gynäkologin der Krankenanstalt.«
(Nunca más: 303)

R. Salguero spezifiziert diese klinische Vorgehensweise:

»Die Besonderheit dieser Patientinnen [verhaftete/verschwundene Gebärende] war, dass auf den Karteikarten weder der Name noch der Familienname der Patientin stand, sondern nur N.N..«
(Nunca más: 313)

b) Wissenschaftliche Suche nach der geraubten Nachkommenschaft:

Die Leere, die das »Verschwinden« der Generation der Eltern auch als juristische Instanz hinterlassen hatte, um nach den in Haft geborenen Kindern zu suchen, wurde von den sogenannten »Großmüttern der Plaza de Mayo« gefüllt. Dies waren Mütter von »Verschwundenen«, die wussten, dass ihre Enkel im Gefängnis geboren sein mussten und die sich für ihre Rückführung einsetzten» (Herrera & Temenbaum, 1988: 94).

Der Fortschritt der Genetik als biomedizinische Disziplin ist von unschätzbarem Wert für die Identifizierung dieser Kinder gewesen, die illegal an Paare zur Adoption übergeben worden waren, die dem Militärregime nahegestanden hatten.

Um die Identität und die Verwandtschaftsbeziehung der Kinder zu bestimmen, werden hämatologische Studien von genetischen Merkmalen aufgrund folgender modernster Methoden (Blutgruppen, Proteine und Enzyme des Blutserums, H. L. oder histologische Kompatibilität) durchgeführt. Das Ergebnis dieser Untersuchungen bildet einen abschließenden Beweis für die Bestimmung sowohl der Identität als auch des Verwandtschaftsverhältnisses und ist in die regulären Verfahren der zuständigen Gerichte übernommen worden.

Medizinethische Reflexion:

Es besteht immer noch eine große Ungewissheit über das Schicksal vieler Kinder, die während der Haft ihrer Eltern geboren wurden. Die Großmütter der Plaza de Mayo verfügen für Argentinien über eine Reihe von Spuren, um die Suche nach ihnen fortsetzen zu können. Da aber eindeutig feststeht, dass in Lateinamerika Ärzte an der unrechtmäßigen Adoption von Kindern teilgenommen haben, müssen die

Kontrollinstanzen bei den Behörden und den Berufsverbänden gefördert werden, um solche Vorfälle und neue Verletzungen des Rechts der Kinder auf die eigene Identität zu verhindern.

Ärzte und Gedankengut der Militärdiktatur

Die besondere Rolle, die Ärzte in Südamerika während der Diktaturen gespielt haben, besteht darin, dass aus ihren Reihen sowohl entschiedene Gegner als auch bedeutende Unterstützer jedes einzelnen Regimes hervorgegangen sind. Inwiefern Mediziner nicht nur auf ihrem beruflichen Gebiet, sondern auch in der Fundierung und Verbreitung totalitären Gedankenguts tätig waren, ist und bleibt eine wichtige Frage.

In diesen Zusammenhang gehört die theoretische Tätigkeit eines chilenischen Militärarztes. Dieser fasste seine Überlegungen zum Umgang mit den Anhängern der durch das Militär gestürzten Regierung Allende in einer Arbeit zusammen, die unter dem Titel »Der Unerlösbare« am 11. Oktober 1973 in der maßgeblichen Zeitung »El Mercurio« erschienen ist. Darin stellt er eine Klassifizierung des »Kontingents der 44 %, die im März 1973 für die Unidad Populär gestimmt haben« in 5 Gruppen vor (1. Extremisten; 2. sehr gefährliche und intelligente Aktivisten; 3. ideologische Aktivisten; 4. Personen, die sich in den Parteien der Unidad Popular engagieren und 5. Sympathisanten der Unidad Popular) und schlägt besondere, auf diese Grundeigenschaften abgestimmte repressive Maßnahmen vor (Reszcynsky et al., 1991: 270).

In Uruguay äußert sich Dr. Martin Gutierrez, Chefpsychiater des Gefängnisses Libertad und später Berater der regierenden Junta, deutlich über die Situation der Verhafteten in Gefängnissen und Kasernen:

Der Krieg ging in den Gefängnissen weiter. Tag für Tag, Regel für Regel war das erklärte Ziel, ihnen psychologisches Leid zuzufügen. (Bloche: 6)

Über die bedingungslose Loyalität der Ärzte gegenüber den höheren militärischen Rängen äußert sich Dr. Marabotto, auch aus Uruguay, ohne ein Blatt vor den Mund zu nehmen:

»Die Funktion des Militärarztes in jedem Land der Welt und unter jedwedem politischen Regime ist, den Befehlshaber in technischer Hinsicht zu unterstützen. In letzter Instanz ist der Befehlshaber verantwortlich für das, was in seiner Einheit getan oder unterlassen wurde; der Arzt ist ›Stabsoffizier des Befehlshabers‹, das heißt, sein Berater in medizinischen Dingen.«

(Martirena, 1992: 69)

Medizinethische Reflexion:

Die Dimension des Denkens von Medizinern, insbesondere von Militärärzten unter totalitären Regimes erlangt weiterhin große Bedeutung; denn es ist wenig plausibel, dass sie allein wie Marionetten der jeweiligen Machthaber gewirkt haben. Vielmehr kann dieses Denken bewirkt haben, dass z.B. die Einstellung, die Folter sei nur eine weitere Technik in »Kriegszeiten«, unter dem Militärpersonal, das sie anwandte, sich sehr weit verbreitete (Riquelme, 1998: 244).

Die andere Seite der Geschichte

Diese Untersuchung über die ärztliche Praxis unter militärischer Ägide in Argentinien, Chile und Uruguay wäre unvollständig, wenn nicht auch die Dimension der aktiven Reaktion gegen die totalitären Absichten der Militärregimes die ihr gebührende Erwähnung fände. In diesen Jahren der Unterdrückung kann auch die Teilnahme von Ärzten an Aktivitäten zur Wahrung der ethischen Verantwortung festgestellt werden; Personen, die über die passive Verweigerung der Mitarbeit in einem repressiven System hinaus aktiv wurden und fundamentalen Momenten der Berufsethik Ausdruck und Gehalt gaben.

Denn es gab während der Diktatur eine Reihe von persönlichen Initiativen und ökumenischen Gruppen, die sich trotz der Repressalien der Förderung der Menschenrechte widmeten, so in Chile:

> »Einer der ersten Ärzte, der den Folteropfern ärztliche Hilfeleistungen anbot, war Dr. Pedro Castillo, ein Thoraxchirurg und Mitglied des American College of Surgeons. Während einer Entlassungswelle von Akademikern 1975 war Dr. Castillo die Leitung der chirurgischen Abteilung der Universidad de Chile entzogen worden. 1981 gründete er die Nationale Kommission gegen die Folter [...]. Anfang Mai 1981 begannen Agenten der CNI, das Haus von Dr. Castillo in Santiago zu überwachen [...]. [Am 27. Mai wurde er] zu Hause festgenommen und in das Gefangenenlager in der Straße Borgoño gebracht [...]. Drei Wochen nach ihrer Verhaftung tauchten die drei Ärzte im Gefängnis von Valparaiso auf. Der zuständige Militärrichter erlaubte zwei nordamerikanischen Ärzten, Dr. Castillo und seine Kollegen zu besuchen. Sichtbar beeinträchtigt durch das, was mit ihnen geschehen war, berichteten sie, wie sie drei Wochen lang in Isolationshaft gehalten wurden, zum Großteil mit verbundenen Augen, ohne Zugang zu ihren Familien oder Rechtsanwälten [...]. Am 1. Juli 1981 entschied ein Militärgericht in Valparaiso, dass keine Beweise dafür vorlägen, dass die drei Ärzte mit terroristischen Gruppen in Verbindung stünden und dass die Anklage wegen illegaler politischer Aktivitäten nicht in die Zuständigkeit der Militärgerichtsbarkeit falle. Der Militärrichter übergab die zweite Anklage einem Zivilgericht. Dieses lehnte am 4. Juli die Anklage ab und ordnete die sofortige Freilassung an.«
> (Stover, 1987: 48-50)

Über eine nichtdiskriminierende Behandlung von Patienten liegt folgende Erfahrung aus Uruguay vor:

> »Nach einem bewaffneten Zusammenstoß zwischen dem Heer und den Tupamaros wurde ich gerufen, um in meiner Funktion als Chirurg die Verwundeten zu behandeln. Ich habe bei Herrn Z., einem Tupamaro, einen Schuss im Brustkorb festgestellt und eine Streifwunde am

Gesäß eines Offiziers. Ich verlangte, dass wir sofort mit der Behandlung von Herrn Z. beginnen sollten und man sagte mir, dass er warten könne, weil auch ein Militär verwundet sei. Ich bestand darauf, dass die Behandlung des schwerer Verwundeten auf jeden Fall medizinischen Vorrang habe und widmete mich der Behandlung von Herrn Z....«
(persönliche Mitteilung)

Medizinethische Reflexion:
Sogar nach der Rückkehr zur parlamentarischen Demokratie bleibt der Schrecken der totalitären Phase lebhaft im Bewusstsein derjenigen, die unter ihrer Ägide gelebt haben. Die Würdigung der Handlungen zur Wahrung medizinethischer Grundsätze damals ist von großer Bedeutung, denn es hat in den untersuchten Situationen auch Beispiele für aktiven und alltäglichen Widerstand seitens der Ärzte gegeben.

Ärzteprozesse inter pares unter Bedingungen der gesetzlichen Amnestie

Obwohl in keinem der drei Länder juristische Verfahren zur Klärung persönlicher Verantwortung derjenigen stattgefunden haben, die innerhalb ihrer Institutionen an der Folter, Ermordung und dem Verschwindenlassen von Personen teilgenommen haben, muss hervorgehoben werden, dass die Ärztekammern nach Formen gesucht haben, um die Grenzen der Berufsethik unter der Militärdiktatur aufzuzeigen. In größerem oder geringerem Umfang haben die Berufsverbände deutlich gemacht, dass die Tätigkeit von Ärzten zur Unterstützung des staatlichen Repressionsapparates unter keinen Umständen als zulässig betrachtet werden kann. Die ethische Beurteilung durch Kollegen hat in den drei Ländern seinerzeit ein großes öffentliches Echo gehabt.

In Argentinien wurde ein »Gesundheitsethisches Tribunal gegen die Straflosigkeit« am 3. Dezember 1987 abgehalten. Dort wurde drei Ärzten der Prozess in Abwesenheit gemacht, die von vielen ehemaligen Häftlingen als unmittelbar Verantwortliche für Folterungen, Kindesentführungen und sogar Morde erkannt worden waren.

Dr. Diana Kordon gründete ihre Argumentation als Anklägerin auf den geltenden ethischen Kodex und äußerte unter anderem:

»Der erste Artikel des 1955 vom Ärzteverband der Republik Argentinien ratifizierten ethischen Kodexes, besagt wörtlich: ›Bei jeder Handlung wird der Arzt die Kranken pfleglich behandeln und ihre *conditio humana* respektieren. Er wird seine medizinischen Kenntnisse nicht gegen die Gesetze der Menschlichkeit verwenden‹.«
(Actas: 3)

Kordon bezieht sich in ihrer Anklage auf Aussagen von Personen, die unter dem Staatsterrorismus gelitten haben und in direkter Beziehung zu den beschuldigten Ärzten gestanden hatten (vgl. die o.a. Aussagen von Dr. Liwsky). Die Anklägerin erklärte in ihrem Plädoyer:

> »Für die Anwendung der repressiven Methoden war die Teilnahme von Ärzten erforderlich. Diese beurteilten, inwiefern die Gefangenen den Qualen Widerstand leisten konnten. Sie leiteten und kontrollierten die Verlängerung der Qualen, um ein Maximum an Informationen zu erhalten. Verwerfliche Aufgabe dieser Ärzte war, die Folter zu dosieren und sich selbst aktiv an der Folter zu beteiligen. Sie nahmen auch am Raub entführter Kinder teil, die in der Haft geboren waren, indem sie die gebärenden Verhafteten/Verschwundenen begleiteten und [danach] falsche Zeugnisse ausstellten [...].«
> (Actas: 5)

Das Tribunal erklärte einstimmig die Angeklagten für schuldig, schwerwiegende ethische Fehler und Verbrechen gegen die Menschlichkeit begangen zu haben. In seiner Abschlusserklärung forderte das Tribunal Universitäten, die akademische Gemeinde, Ärztekammern, Gesundheitsinstitutionen und -behörden dazu auf, den verurteilten Ärzten den Zugang zu jeglicher Lehr-, Forschungs- und praktischer Tätigkeit zu verwehren.

Aufgrund ihrer langen institutionellen Tradition mit rechtlich wirksamen Statuten (1973 von der Militärdiktatur für ungültig erklärt), hat die chilenische Ärztekammer (Colegio Medico de Chile = CMC) bereits 1983 begonnen, ethische Konflikte in Bezug auf die politische Repression zu klären, und zwar kurz nach den ersten Verbandswahlen, bei denen die Militärregierung nicht interveniert hatte. Die Nachforschungen des Komitees für Ethik weckten große Aufmerksamkeit, weil man nicht zögerte, ärztliche Kollaborateure des repressiven Apparates der Diktatur vor ein internes Gericht zu zitieren. Damit erfüllte das Komitee die Funktion einer parallelen Gerichtsinstanz, die allein aufgrund ihrer Existenz die Blindheit der Justiz zu diesem Thema verdeutlichte und das repressive System zu Stellungnahmen zu konkreten Fällen aufforderte.

Von 1983 bis heute ist eine große Zahl von außergerichtlichen Verfahren eingeleitet worden, die die Teilnahme von Ärzten an der Repression hinterfragten. Von diesen Verfahren sind nur solche der Öffentlichkeit bekannt gemacht worden, bei denen die unmittelbare Verantwortlichkeit des beschuldigten Arztes zweifelsfrei bewiesen werden konnte.

Vor diesem Hintergrund ist es nicht verwunderlich, dass die Mitglieder des Präsidiums der CMC zwischen 1983 und 1989 ebenfalls von der Militärregierung verfolgt und als politische Häftlinge über mehrere Monate hinweg eingesperrt wurden (persönliche Mitteilung Dr. L. González, ehemaliger Vorsitzender des CMC).

In Uruguay kam es zu einer ähnlichen Entwicklung in den beiden ärztlichen Berufsverbänden, der Federacion Medica del Interior (Ärzteverband des Innern) und dem Sindicato Medico del Uruguay (Ärztekammer von Uruguay). G. Martirena erinnert sich an den Impetus bei der Bildung der Nationalen Kommission für medizinische Ethik:

> »Auch wenn dies für die uruguayische Medizin einen Affront darstellt, ist es eine unwiderlegbare historische Tatsache, dass es Militärärzte gegeben hat, die aktiv oder passiv an der Folter von politischen Gefangenen teilgenommen oder die im Dienste ihrer Obrigkeit ethische Normen verletzt haben, zu deren Achtung sie sich verpflichtet hatten [...]. Angesichts dieser Tatsachen fand im Juli 1984 – als die Diktatur in Uruguay noch im Amt war – der VII. Nationale Ärztekongress statt [...]. Mit den Stimmen aller delegierten Ärzte wurde die Nationale Kommission für medizinische Ethik gegründet.«
> (Martirena, 1988:14-5)

Kurz nachdem die Kommission ihre Tätigkeit aufgenommen hatte, fasste die Regierung einen Beschluss, unterzeichnet vom damaligen Verteidigungsminister, dem Arzt Dr. Justo M. Alonso Leguisamo, in dem die Kommission fälschlich als Tribunal bezeichnet wird:

> »Es wird den Militärärzten verboten, Aussagen irgendwelcher Art vor den ethischen Tribunalen des VII. Nationalen Ärztekongresses zu machen. Der Vorgesetzte muss von jeder Situation dieser Art informiert werden.
> Zur Veröffentlichung und Kenntnisnahme des Gesundheitsdienstes der Streitkräfte, und für das Archiv«
> (Bulletin des Verteidigungsministeriums Nr. 8082 vom 7.8.1984)

Trotz dieses Verbotes konnte die Aufklärungsarbeit der ethischen standesgerichtlichen Kommission viele Verstöße gegen die Berufsethik aufgrund von Anklagen belegen, um eine urteilsbildende Meinung zu vertreten. Bei nachgewiesenen Menschenrechtsverletzungen durch Ärzte empfahl sie den Entzug der Approbation.

Medizinethische Reflexion:

Besonders unter Berücksichtigung des offiziellen Widerwillens gegen jede Form der Hinterfragung der Zeit der Diktatur in jedem der drei Länder kann behauptet werden, dass die Aktionen der Ärzteverbände und -organisationen auf gesellschaftlicher und kultureller Ebene einmalig gewesen sind. Da diese ethisch motivierten Handlungsweisen bei anderen Verbänden und im Rechtswesen selbst jedoch keine Nachahmer gefunden haben, wirft ihr Beispiel ein besonderes Licht auf die Zustände in den Zeiten danach.

Ausblick

Auf der Basis der hier dargestellten Beispiele in all diesen Bereichen ärztlicher Tätigkeit wird deutlich, dass die systematische Darstellung konkreter Vorkommnisse von medizinisch gestützten Menschenrechtsverletzungen dazu beitragen kann, einen Zugang zu einer nicht bekannten beruflichen Sphäre zu eröffnen und dieses spezifische Wissen ins öffentliche Bewusstsein zu rücken.

Militärärzte tragen eine schwere Verantwortung bei den Verstößen gegen die Menschenrechte in Südamerika. Allerdings hatten die Ärzte in den drei Ländern, die in der Studie untersucht wurden, keinen unbegrenzten Spielraum: Individueller Widerstand wurde ihnen des öfteren entgegengehalten, und es ist nicht bekannt, dass die Ärzte, die sich dabei auf ihre hippokratischen Prinzipien bezogen haben, angegriffen oder benachteiligt worden wären; auch sind einige Militärärzte von dieser Funktion zurückgetreten, um mit den eigenen politischen und ethischen Ansichten nicht in Kollision zu geraten. Kollektiver Widerstand ist unter den Ärzten in Chile und Uruguay noch während der Militärdiktatur entstanden. Er hatte ein konkretes Ziel: die von Medizinern begangenen Menschenrechtsverletzungen publik zu machen und zu ahnden.

Es ist anzunehmen, dass die Zeit der Diktatur außer der Dimension des Schreckens auch eine globale Infragestellung des sozialen Lebens beinhaltet hat und dass für die betroffenen Ärzte aus dieser Zeit existentiell neue Herausforderungen für die Berufsethik entstanden bzw. offenkundig geworden sind. Eine akzentuierte Sensibilität für Grenzsituationen medizinethischen Handelns konnte bei den in der Studie interviewten Ärzten festgestellt werden; sie spiegelt sich situationsgemäß in der Behandlung neu entstandener Konfliktthemen wie der psychotherapeutischen Behandlung ehemaliger Folterer, des medizinischen Umgangs mit Todesstrafe und Hungerstreiks wider und bildet eine kulturelle Grundlage in den Bemühungen um eine Gesetzgebung gegen Menschenrechtsverletzungen im ärztlichen Gewand (Riquelme, 1998: 100-105).

Nach der Ära der Diktatur ist es sicher ein langer Weg dahin, dass das Postulat allgemeine Gültigkeit – nicht nur in Ärztekreisen – bekommt: »Handle nur nach derjenigen Maxime, für die du zugleich wollen kannst, dass sie ein allgemeines Gesetz werde« (Kant 1785/1903: 52).

Die berufliche Ethik von Ärzten wurde während der Militärdiktaturen in Südamerika einer schweren Prüfung unterzogen. Allein die systematische und nüchterne Betrachtung der Vorkommnisse zu dieser Zeit kann u. E. Möglichkeiten eröffnen, Einsicht in die Verletzbarkeit ethischer Postulate unter totalitären Bedingungen in das Selbstverständnis der Professionen zu integrieren, damit ihre Wiederholung zumindest aus bloßer Unwissenheit vermieden werden kann.

Literatur

Actas del Tribunal Ético de la Salud contra la Impunidad (1987). Buenos Aires

Bericht der Nationalen Kommission für Wahrheit und Versöhnung. Offizielle vollständige Fassung. La Nación, 5.3.1991. Santiago de Chile

Bloche M. G. (1987): Uruguay Military Physicians: Cogs in a System of State Terror. Washington: American Association for the Advancement of Sciences

CMC (1984a): Posición del Colegio Médico de Chile sobre la tortura (ethische Position der chilenische Ärztekammer zur Folter). In: Vida médica. Santiago, Juli 23-24

CMC (1984b): Reglamento interno sobre normas de detalle que regirán las instrucciones de los sumarios. (Interimsreglement über Detailsaspekte der Normen, die für die Ermittlungsverfahren gelten) Santiago de Chile

CMC (1985): Declaración de Colegio Médico de Chile sobre la participación médica en la pena de muerte. In: Vida médica, Vol. 36, Nr. 3: 75-82

Herrera M., Temembaum E. (1988): Identidad, despojo y restitución. Buenos Aires

Kant I. (1903): Grundlegung zur Metaphysik der Sitten. Berlin

Lagos D. (1988): Professional Ethics - Social Ethics. Mental Health and Impunity. Buenos Aires: Sudamericana

Lombardi R. (1987): Las prisiones políticas en el Uruguay, una continuación de la tortura. In: CODESEDH/CODEPU: Seminario Internacional. La tortura en América Latina. Buenos Aires: 127-133

Madres de Plaza de Mayo [Revista de/Zeitschrift der] 1986 -1988. Buenos Aires

Mañana J. (1992): Historia del Sindicato Médico del Uruguay. Montevideo

Martirena G. (1988): Uruguay. La tortura y los médicos. Montevideo

Martirena G (1992): Etica - Médicos y Derechos Humanos, Montevideo

de Pena M., Jauregui M., Mesa G. (1992): Manuskript über ärztlichen Beistand von Hungerstreikenden. Montevideo

Reszczynsky K., Rojas P. Barceló P. (1979/1991): Tortura y resistencia en Chile. Paris/Santiago de Chile

»Nunca más« - Informe de la Comisión Nacional sobre la Desaparición de Personas (1984) (CONADEP/Informe Sábato). Buenos Aires

Riquelme H. (1992): Zeitlandschaft im Nebel. Menschenrechte, Staatsterrorismus und psychosoziale Gesundheit in Südamerika. 2. Auflage. Frankfurt/M.: Vervuert-Verlag

Riquelme H. (1995): Médicos protagonistas. Entrevistas narrativas sobre las condiciones de vida y de ética profesional bajo la dictadura militar. Montevideo: Ediciones de la banda oriental

Riquelme H. (1998): Medizinische Ethik in Krisenzeiten. Ärzte zwischen Gehorsam und Auflehnung unter der Militärdiktatur in Südamerika. Baden-Baden: Nomos Verlag

Riquelme H. (2001): Die Belagerung des Gedächtnisses. Leben und Arbeit von Psychologen unter der Militärdiktatur in Südamerika. Bonn: Deutscher Psychologen Verband

Riquelme H. (2002): Etica médica en tiempos de crisis. Los médicos y las dictaduras militares en América del Sur. Santiago: CESOC

Rivas F.S. (1987): Doctors, torturers penalised by their professional body in a country where torture is practised. In: Danish medical bulletin. Vol. 34, Nr. 4: 191

Rivas F. S. (1990): Traición a Hipócrates. Médicos en el aparato represivo de la dictadura, Santiago

Stover E., Nightingale E. O.(1985): The Breaking of Bodies and Minds, Washington DC

Stover, E. (1987): The open secret: Torture and the medical profession in Chile. Washington: American Association for the Advancement of Science/AAAS

Weschler L. (1991): A Miracle, a Universe. Settling Accounts with Torturers. New York

HUBERTUS ADAM

Flüchtlingskinder in psychotherapeutischer Behandlung

Einleitung

Flüchtlingskinder und ihre Familien sind in den Ballungszentren Europas eine Bevölkerungsgruppe, die zunehmend eine kinderpsychiatrische und kinderpsychotherapeutische Versorgung erfordert. Innerhalb des Universitätsklinikums Hamburg-Eppendorf, Abteilung für Psychiatrie und Psychotherapie des Kindes- und Jugendalters, existiert seit Beginn der 90er Jahre eine Spezialambulanz für Flüchtlingskinder und ihre Familien. In den letzten Jahren wurden hier über 300 Flüchtlingskinder behandelt.

Wann spricht man aber eigentlich von einem Flüchtlingskind? Auf einem Kontinuum mit den Polen der freiwilligen Wanderung einerseits und forcierter Flucht andererseits eine klare Definition von Flucht zu finden, ist naturgemäß schwierig. In wie weit fließen externe Einflüsse wie Armut, schwierige ökonomische und ökologische Lebensbedingungen in die Entscheidung von Menschen ein, ihre Heimat zu verlassen? Ist die rechtzeitige Flucht vor einem drohenden Bürgerkrieg als »freiwillige Flucht« oder »forcierte Migration« zu verstehen? Es muss darüber hinaus aus psychotherapeutischer Sicht eine sinnvolle Definition gefunden werden, die über bestehende völkerrechtliche Aspekte, wie Genfer Flüchtlingskonvention etc. hinausreicht.

Aus unserer Sicht ist ein Flüchtlingskind ein Kind bis 18 Jahre, welches selbst oder dessen Eltern, Krieg, Bürgerkrieg oder andere Formen an »organisierter Gewalt« (Begriff der WHO, s. Geuns, 1987 (10)) erlebt hat und aufgrund dessen die angestammte Heimat verlassen hat, bzw. im Exil geboren wurde.

Flucht ist ein demütigender Zwang zum Ortswechsel und hat den ungewollten Abbruch von Beziehungen zur Folge. Flüchtlingskinder sind schon allein dadurch belastet, oft aber zusätzlich auch psychischen Belastungen außerhalb des »normalerweise zu Erwartenden« ausgesetzt. Flüchtlingskinder können vor diesem Hintergrund alle bekannten kinder- und jugendpsychiatrischen Störungsbilder entwickeln, unabhängig davon, ob sie die auslösenden Ereignisse noch erinnern, oder gar im Exil geboren wurden. Wie wir aus der Erfahrung des Holocaust und des Krieges in Deutschland lernen können, muss man erwarten, dass ehemals verfolgte Flüchtlingsfamilien manchmal über Generationen Folge- und Anpassungssymptome zeigen können. Diese brauchen nicht laut oder lärmend zu sein. Viele Arbeitsgruppen - z.B. um Judith Kestenberg, 1993 (13), Dan Bar-On, 1991, 1996 (7,8), Ilany Kogan, 1998 (14), Hans Keilson, 1979 (12) - konnten nachweisen, dass - unabhängig vom direkten Erleben der Kinder - über Generationen verfolgungsbedingte Probleme bestehen können, oft im Sinne eines kumulativen und sequentiellen Traumas mit politisch-kulturellen, migrationsbedingten, entwicklungsdynamischen, familiären und individuellen Komponenten, die krankmachend oder schützend zusammenwirken. Emotionaler Austausch, die Fähigkeit, eine gemeinsame Geschichte und Identität der Familie, und zumindest eine gewisse Gemeinsamkeit der Zukunftsplanung wieder aufzubauen, ist für Flüchtlingsfamilien daher besonders wichtig.

Belastung und Bewältigung

Die Erfahrungen, die Flüchtlingskinder im Rahmen ihrer Flucht gemacht haben, sind vielfältig. Viele haben Krieg oder Bürgerkrieg erlebt, häufig wurde direkte Gewalt, z. B. der Tod oder Verlust von nahen Angehörigen, miterlebt. Sehr oft bestanden sowohl in der Zeit vor der Flucht als auch während der Flucht sehr schlechte psychosoziale Lebensbedingungen. Auch im Exil sind die Lebensbedingungen geprägt von rechtlicher Unsicherheit, psychosozialem Anpassungsdruck sowie politischer Marginalisierung. Auch die Kinder, die erst im Exil geboren wurden, haben sich mit den Fluchterlebnissen der Eltern auseinander zu setzen. Unterschiedliche Bewältigungsstile der Eltern mit den Erfahrungen der psychischen Belastung in der Vergangenheit umzugehen, prägen das kindliche Erleben und nehmen Einfluss auf ihr Verhalten.

Bei der Beschreibung der erlebten Belastungen von Flüchtlingskindern und ihren Familien wird häufig der Begriff der »psychischen Traumatisierung« in die Diskussion eingebracht. Hierbei handelt es sich um einen vielschichtigen, inzwischen oft inflationär gebrauchten Begriff. Nicht jedes psychische Trauma führt unbedingt zu spezifischen Störungsbildern. Ob es tatsächlich zu einer Symptomatik kommt, hängt von den Variablen der traumatischen Situation ab, aber auch von biographischen Vorerfahrungen. So sind Erfahrungen mit der Lösung konflikthafter Situationen, von der physischen und emotionalen Verfügbarkeit Erwachsener in belastendenden Situationen, die als Modell für Bewältigung dienen könnten und eine haltende Umgebung wieder herstellen könnten, besonders wichtig. Ferner ist bei der Symptomausbildung von Kindern zu berücksichtigen, dass diese auch von der Fähigkeit abhängt, die Erlebnisse durch Bedeutungszumessung in einen (veränderten) Lebensplan zu integrieren und dadurch wieder ein Gefühl von Kontrolle über das, was war und sein wird, zu gewinnen.

Wir definieren daher in diesem Zusammenhang psychisches Trauma als ein vitales Diskrepanz-Erlebnis zwischen bedrohlichen Situationen oder Faktoren und individuellen Bewältigungsmöglichkeiten, welches mit dem Gefühl der Hilflosigkeit und schutzloser Preisgabe einhergeht und so eine dauerhafte Erschütterung von Selbst und Selbstverständnis bewirkt (Fischer und Riedesser, 1999 (9)). Forschungsergebnisse aus den letzten Jahren zeigen, dass die unmittelbare Reaktion und spätere pathogene Effekte bei psychischer Traumatisierung von Kindern von der Art des Traumas abhängig sind. Der pathogene Effekt eines Traumas ist bei Naturkatastrophen weniger ausgeprägt als bei den so genannten »man made desasters«. Innerhalb der von Menschen induzierten Katastrophen haben die technischen Katastrophen wie Autounfälle, Unfälle durch Fabrik- und Kraftwerkanlagen einen geringeren pathogenen Effekt als die organisierte Gewalt, einer Gewalt, die vom Staat durchgeführt, toleriert bzw. nicht verhindert wird. Ferner hängt die unmittelbare Reaktion bei betroffenen Kindern sowie der spätere pathogene Effekt davon ab, inwieweit die eigene Person selbst in Gefahr gewesen ist und inwieweit sie persönlich involviert war. Ferner von der Nähe zu Tod und Verletzung anderer, der Dauer der traumatischen Situation sowie den individuellen Coping-Ressourcen (Terr, 1992 (19); Yule, 1994 (21); Pynoos, 1995 (15)).

Nicht jedes Kind, welches eine sehr belastende traumatische Situation erlebt hat, entwickelt eine Störung. Ob ein Ereignis traumatisierend wird oder nicht, hängt auch, neben den bereits angesprochenen Faktoren, entscheidend von der kognitiven, emotionalen und sozialen Entwicklung des Kindes ab. Ferner scheint es auch Kinder zu geben, die offenbar eine Resilienz entwickelt haben, also eine Fähigkeit trotz Belastung immer wieder den ursprünglichen Zustand zu erreichen. In einigen Fällen kann sogar die Belastung als Herausforderung genutzt werden und wesentlich zur persönlichen Reife beitragen (Anthony, 1987 (6)).

Gerade bei Flüchtlingskindern ist es wichtig, die Stärken zu erfassen, Bewältigungsmechanismen differenziert zu betrachten und zu erkennen, inwieweit diese funktional, also hilfreich für die zukünftige Entwicklung sein können oder inwieweit sie dysfunktional werden. Von zentraler Bedeutung ist somit die Gesamtkonstellation, in der äußere Faktoren auf ein Kind in einer bestimmten Entwicklungssituation treffen und von diesem entwicklungsbedingt mit einer ganz spezifischen Bedeutung versehen werden (Adam et al., 1994 (2)).

Hier können sich reale oder verzerrte Wahrnehmungen mit Ausgestaltungen in der Phantasie verbinden und das ganze Spektrum von funktionalen und dysfunktionalen Abwehr- und Bewältigungsstrategien mobilisieren, die dann zu spezifischen Symptombildungen z. B. im Sinne eines posttraumatischen Belastungssyndroms aber auch zu anderen Symptomen, z. B. schweren regressiven Einbrüchen, Schuldgefühlen, etc. führen können (Adam et al., 1995 (3)).

Symptome

Wird durch eine traumatische Situation das Signal-, Angst- und Bewältigungssystem eines Kindes überrollt, so wird das Kind in extreme bedrohliche Hilflosigkeit gebracht. Es entstehen Alarmreaktionen, die zum Teil in den Symptomen der posttraumatischen Belastungsstörung beschrieben worden sind. Diese Symptome sind nicht primär als krankhaft, sondern zunächst als psycho-biologisch sinnvolle Alarmreaktionen und Bewältigungsversuche anzusehen. Es sind zum Teil komplexe Gegenmaßnahmen, die das Kind entwickelt, um die traumatisierende Erfahrung zu bewältigen und eine Wiederholung zu verhindern.

Unter PTSD wird eine Reihe von Symptomen in dem Konstrukt Post-Traumatic-Stress-Disorder zusammengefasst, welches im Wesentlichen durch folgende Symptome gekennzeichnet ist (APA, 1994 (5)): Übererregung (Hypervigilanz, übertriebene Schreckreaktion, motorische Hyperaktivität, Schlafstörungen mit Alpträumen), ferner durch »intrusives« Wiedererleben, d.h. die traumatischen Erinnerungen brechen immer wieder in das Bewusstsein ein und werden durch Schlüsselreize getriggert. Damit abwechselnd versucht der »psychische Apparat« durch Versuche der »Abstumpfung« eine Gegenregulation gegen die intrusive Erinnerung zu schaffen, »Numbing«. Hierzu sind auch die dissoziativen Mechanismen mit dem Versuch einer Meidung von allem, was an das traumatisierende Ereignis erinnern könnte, zu zählen (Schepker, 1997 (16)). Die Symptomatik kann sowohl in der Stärke als auch in der Dauer variieren und sich vor einem differenten kulturellen Hintergrund anders ausdrücken. Auf der familiären Ebene treten Auswirkungen des »Schweigepaktes« über nicht verbalisierbare Erlebnisse oft in den Vordergrund. Auch grenzüberschreitendes Verhalten, Enttäuschung und Zerfallen der familiären Strukturen sind häufig zu beobachten (Slutzki, 1979 (17)). Flüchtlingsfamilien sind nicht nur hinsichtlich der äußeren realen Handlungsmöglichkeiten eingeschränkt, sondern auch hinsichtlich der inneren Planungsfähigkeit. Legale Umstände des Aufenthaltes werden häufig zum Fokus familiärer Pathologie. Hilflosigkeit im Umgang mit den Behörden, als unwürdig empfundene häusliche Lebensumstände etwa in Containerdörfern für Asylbewerber, beschränkte Möglichkeiten aktiver Meisterung der Umwelt, Unwissenheit, Gefühle der Würdelosigkeit und Abhängigkeit, Arbeitslosigkeit bzw. Arbeitsverbot (für Flüchtlinge) behindern Bemühungen zur Integration. Fremdenfeindlichkeit wird oft als reale Erfahrung, insbesondere aber als bedrohliches Grundklima wahrgenommen.

In der Ambulanz für Flüchtlingskinder und ihre Familien konnte in den letzten Jahren ein Spektrum von kinder- und jugendpsychiatrischen Auffälligkeiten gesehen werden, welches weit vielfältiger war als die klassische »posttraumatische Stress-Störung«. Folgende Aspekte standen im Vordergrund (Walter, 1998 (20)):

- Misstrauen gegenüber anderen,
- Ängstlichkeit, Albträume und Schreckhaftigkeit,
- gestörtes Spielverhalten, erneutes nächtliches Einnässen,
- ständiges Grübeln, dauernd wiederkehrende Erinnerungen,
- Traurigkeit, selbstzerstörerisches Denken und Handeln,
- gestörte Unterscheidung von Phantasie und Realität,
- Verlust der Beziehung zu Vergangenheit und Zukunft,
- veränderte Impulskontrolle, Empathie und Kommunikationsfähigkeit,
- Rachegefühle und -phantasien,
- Überanpassung,
- Opferidentität, regressives Verhalten, u.U. sekundärer Stigmagewinn.

Kasuistik

Bei der Vorstellung in der Ambulanz berichteten die kosovarischen Eltern, dass sie seit ungefähr einem Jahr in Deutschland leben würden und unmittelbar nach der NATO-Bombardierung im Kosovo nach Deutschland geflohen seien. Der Vater berichtete, dass seine eigene Mutter schon vor mehreren Jahren gestorben sei, seinen Vater habe er während der Kriegswirren verloren, später habe er hören müssen, dass er bei einem Angriff der Serben umgebracht worden sei. Sein Elternhaus sei zerstört. Die Mutter berichtete, dass sie ihre Eltern schon vor den aktuellen Ereignissen, die zur Flucht geführt haben, verloren habe.

Die Eltern stellten ihren 13-jährigen Sohn als ein Kind vor, welches sehr nervös und sehr unruhig sei und viel Zuwendung erfordere. Er würde sehr viel an materiellen Dingen einfordern, manchmal auch aggressiv gegenüber seiner zwei Jahre jüngeren Schwester sein. Er sei sehr ängstlich und wache häufig nachts schreiend auf, erzähle dann von Albträumen. Zwar berichteten die Eltern schon im Erstkontakt, dass ihr Sohn auf eine Sonderschule gehe, jedoch wurde erst nach einer testpsychologischen Untersuchung des Kindes deutlich, dass es sich um einen mindestens lernbehinderten Jungen handelte.

Im Gespräch drückten die Eltern den Wunsch aus, der behinderte Urim solle »wieder gesund« werden. Erst im Zuge einiger Gespräche kamen Trauer, Wut und Verzweiflung der Eltern angesichts der Enttäuschung, ein kognitiv beeinträchtigtes Kind zu haben, zum Vorschein. Noch vor der Flucht sei der Vater sehr häufig, insbesondere als Urim noch ein Kleinkind gewesen sei, mit dem Kind nach Skopje gefahren und habe entgegen den Ausführungen des behandelnden Arztes seiner

Frau mitgeteilt, dass »schon alles gut« werde. Er habe gehofft, dass seine Frau ihm das glaube. Seine Frau hingegen berichtete, dass sie auch schon damals gewusst habe, dass dies wohl nicht der Realität entspreche, sie habe aber ihrem Mann nie widersprochen, weil sie befürchtete, dass ihr Mann dekompensiere.

In Gesprächen mit den Eltern wurde eine Hilflosigkeit erkennbar, als Eltern mit dem behinderten Jungen umzugehen, ihm einerseits pädagogische Grenzen zu setzen und andererseits Fördermöglichkeiten aufzuzeigen. Insbesondere der Vater war von großer und heftiger Trauer erfüllt, die Mutter konnte nur zögerlich ihre Trauer und ihre Verzweiflung besprechbar werden lassen. Deutlich wurde hierbei ein subjektiv erlebtes Schuldgefühl der Mutter, da sie meinte, zu der Lernbehinderung »durch die Geburt« beigetragen zu haben. Beim Vater wurde insbesondere Verzweiflung darüber spürbar, dass sein ältester Sohn nicht in der Lage sein wird, ihn zu versorgen, wie das eigentlich seiner familiären und kulturellen Tradition entspricht. Der Vater wurde hierbei auch an seine eigene Begrenztheit erinnert, kann er doch als ältester Sohn seinen Vater nicht adäquat beerdigen bzw. sich um sein Grab kümmern, da seine Aufenthaltserlaubnis einen kurzfristigen Aufenthalt im Kosovo nicht gestatten würde.

Nur allmählich wurden auch Aspekte ansprechbar, die direkt mit dem Erleben im Krieg im Zusammenhang standen: Die Familie habe gerade rechtzeitig vor serbischen Übergriffen im Kosovo fliehen können. Der Großvater väterlicherseits blieb aber im familieneigenen Haus zurück, wo er während der folgenden Unruhen von Serben ermordet worden sei. Unter schwierigen Umständen sei der Familie die Flucht nach Deutschland gelungen. Teilweise hätten sie während der Flucht, noch im Kosovo, Verfolgungen und Bombardierungen erlebt und hätten mehrmals um ihr Leben gefürchtet. Der Vater machte sich enorme Vorwürfe, sich nicht genug um seinen Vater gekümmert zu haben, ihn letztlich allein zurückgelassen zu haben.

Die Aufgaben des Kinderpsychiaters und Psychotherapeuten erstrecken sich hierbei neben der eindeutigen Diagnostik einer möglichen perinatalen Hirnschädigung auf eine möglichst exakte Erfassung der traumatischen Situationen, die sowohl im Krieg im Kosovo als auch während der Flucht – über die nicht detaillierter berichtet wurde – erlebt wurden. Die Symptomatik des Jungen – Schulschwierigkeiten, Verhaltensauffälligkeiten, Ängste sowie kognitive Defizite – müssen hierbei differenziert betrachtet werden. Eine Lernbehinderung hat sicher unabhängig von den traumatisierenden Ereignissen bestanden. Doch inwieweit war diese vor dem Krieg noch innerhalb der Familie kompensierbar, und welche Rolle spielen das Erleben von Krieg, der Verlust des Großvaters und der scheinbare Verlust von Eltern, die zuvor als nahezu omnipotent erlebt wurden, bei der Symptomausprägung? Die Eltern haben den Jungen nicht vor dem Krieg beschützen können, zuvor waren sie für den oft auch hilflosen Jungen immer »stark«, zumindest präsent gewesen, im Krieg verlieren Eltern oft diese Bedeutung für Kinder. Dies verunsicherte sicher auch Urim, insbesondere in der neuen Umgebung im Exil, wo er eigentlich starke Eltern gebraucht hätte. Ferner spielen die Hoffnungen eine Rolle, die die Eltern in die Flucht gesetzt haben, aber auch Gefühle von Schuld und Scham z.B. bezüglich des Zurücklassens des Großvaters.

Der Wunsch nach Gesundung des Kindes, von dem sie wissen, dass er in gewisser Hinsicht unerfüllbar ist, verbirgt den Wunsch nach einem Wiederaufbau der zerstörten Hoffnung. Es ist der Wunsch, einen Neuanfang im Exil zu erreichen. Der Wunsch nach einem »normalen Familienleben« wurde bereits einmal zerstört, als deutlich wurde, dass Urim nicht alles das erfüllen kann, was die Eltern, insbesondere der Vater, sich von ihm erhofften. Der Krieg und die Flucht zerstörten erneut ein Beziehungsgefüge innerhalb der Familie, die sich mit den Schwierigkeiten zumindest arrangiert hatte. Das Eingeständnis, dass es nicht möglich ist, ein ähnliches Arrangement im Exil einzurichten, führte dann zur psychischen Dekompensation. Die Eltern wurden zunehmend verunsichert und ängstlich. Neben der Belastung der Lernbehinderung von Urim gleichzeitig auch mit Schwierigkeiten umzugehen, die vor dem Hintergrund der traumatisierenden Situation im Krieg zu verstehen sind, und sich darüber hinaus an die neue Situation im Exil anzupassen, erscheint nahezu unmöglich. Mag das Verdrängen der Lernbehinderung in der Heimat noch intrafamiliär stabilisierend gewirkt haben, so ist es im Zuge der Verarbeitung von eigenen schrecklichen Erfahrungen, Verlust der eigenen Eltern und des Elternhauses, Kriegsgefahren und Flucht, nicht mehr möglich. Im Exil muss ein lang gepflegter Bewältigungsversuch aufgegeben werden, so dass es zu Veränderungen im familiären Umgang kommt. Urim muss natürlich bemerken, dass seine Eltern verunsichert sind, dass sie der neuen Situation hilflos gegenüberstehen und ist dadurch selbst, neben dem ohnehin schon schwierigen Bewältigungsprozess der Kriegsereignisse, zusätzlich verängstigt. Mangels kognitiver Fähigkeiten, dies auszudrücken, zeigt sich seine Symptomatik auch im aggressiven Impulsdurchbruch.

Innerhalb eines therapeutischen Vorgehens ist es Ziel, diese schwere intrafamiliäre Krise, die sich auch auf der Paarebene widerspiegelt, zu nutzen, um auch die Ressourcen der Eltern und Familie deutlich werden zu lassen. So ist es den Eltern möglich, von dem zunächst vorgeschobenen Behandlungswunsch, nämlich das Kind »gesund« zu machen, abzurücken. Hoffnungen können mit der Realität abgeglichen werden. Es ist ihnen möglich, in eine therapeutische Beziehung einzutreten, in der die eigenen Schwächen verbalisierbar werden und Möglichkeiten entstehen, auch festgefahrene Beziehungsstrukturen innerhalb der Paarbeziehung zu verändern. Aus den daraus resultierenden Veränderungen im pädagogischen Umgang mit dem Kind und der Nutzung intrafamiliärer, aber auch externer Ressourcen kann hiervon schließlich auch der Junge profitieren und sich z. B. in der Sonderschule besser eingliedern und weniger aggressive Anteile zeigen.

Therapie

Nur wenige Patienten hatten zuvor Zugang zu Psychiatern, noch weniger zu Psychotherapeuten, die es ja fast nur in »reichen« Ländern gibt. Einige Patienten haben Erfahrung mit traditionellen Heilmethoden, z.B. durch Hodjas. Sie hoffen und wünschen sich ein schnelles »Verschwindenlassen« der Probleme, ohne selbst aktiv dazu beitragen zu müssen. Es fällt ihnen schwer, auch den als mächtig erlebten Therapeuten gegenüber eine aktive Position einzunehmen und ihre Gefühle in der Beziehung zu diesen zu schildern. Dabei spielt auch die kulturelle Erfahrung, dass man gegenüber Erwachsenen zurückhaltend sein sollte, insbesondere, wenn man etwas von ihnen braucht, und die Enttäuschung über die Welt der Erwachsenen eine Rolle.

Daneben ist es aber wichtig, in den ersten Gesprächen eine offene, verständnisvolle Atmosphäre zu schaffen. Dazu gehört, Ängste aufzunehmen, zu erklären, wie Therapie in Deutschland aussieht. Sehr bewusst muss nach den Phantasien oder Erfahrungen von Hilfe und Behandlung der Patienten gefragt werden. Wer würde helfen? Zu wem wären sie gegangen? Was hätte derjenige gemacht? Lernbereitschaft, Neugier und einige wenige Worte in der Herkunftssprache helfen deutlich zu machen, dass Ressourcen bei jedem Patienten und in jeder Familie vorhanden sind und Therapeuten auch von den Patienten lernen können.

Insbesondere bei unbegleiteten oder alleinreisenden minderjährigen Flüchtlingen spielt die Notwendigkeit mit einer Legende zu leben – sei es als Abwehr belastender oder konfliktiver Erinnerungen, sei es als »Empfehlung« der beteiligten Schlepperorganisationen – eine große Rolle. Dies gilt sowohl für real durch organisierte Gewalt belastete Kinder und Jugendliche als auch bei Flucht vor der Armut oder vor der Familie. Jeder Mensch, der seine Geschichte erzählt, wählt bewusst oder unbewusst einen möglicherweise verklärten oder besonders fokussierten Teil davon je nach Kontext, in dem er ihn erzählt (Adam, 1999 (4)).

Wir sind uns bewusst, dass es so etwas wie eine »objektive Lebensgeschichte« nicht gibt, sondern dass die Art, wie diese erzählt und interpretiert wird, von vielen Faktoren abhängt:

– von der Fähigkeit und dem Wunsch, oft chaotische und dadurch traumatische Erfahrungen zu ordnen;
– von den bisherigen Bindungs- und Trennungserfahrungen und Wünschen gegenüber Erwachsenen, die im Zusammenhang mit Krieg meist von Unzuverlässigkeit, Bedrohung und Enttäuschung geprägt sind;

- von den altersabhängigen Fähigkeiten des Jugendlichen, von außen hereinbrechende Erlebnisse wahrzunehmen, zu reflektieren und adäquate Handlungsmöglichkeiten zu entwickeln sowie
- von der Fähigkeit, trotz belastender Erfahrungen an die vorherige Lebensgeschichte anzuknüpfen und sie als Ressource zu nutzen.

Im Kontakt mit unbegleiteten Flüchtlingskindern und -jugendlichen ist es wichtig, etwas über ihre Geschichte zu erfahren und ihre Stärken und Lebenserfahrungen, auf denen sie aufbauen können, zu verstehen. Allerdings können wir, anders als bei Flüchtlingsfamilien, nicht auf elterlichen Angaben und biographischen Schilderungen aufbauen, sondern müssen uns auf die Lebensgeschichte konzentrieren, wie sie vom Jugendlichen selbst erfahren und interpretiert wird. Auch wenn die erzählte Geschichte anfangs oft nicht korrekt ist, kann die Erzählweise individuelle Ausschmückungen und Konflikte spiegeln. Wir neigen dazu, früh zu erklären, dass wir wissen, dass die Situation auch uns Therapeuten gegenüber erst einmal auch von Misstrauen geprägt ist, und dass wir verstehen, dass dies oft ein überlebensnotwendiger Lernvorgang ist. Als Kinderpsychotherapeuten versuchen wir die Chance zu nutzen, uns nicht zu sehr auf die »objektive Realität« stützen zu müssen, sondern uns mehr auf die subjektive Welt und subjektive Geschichte verlassen zu können, wie sie sich in der Interaktion mit dem Therapeuten und der Einrichtung darstellt.

Therapie mit Flüchtlingskindern und -familien heißt meist Therapie mit Menschen, die vielfältig wurzellos sind. Ganz im Vordergrund steht dabei die unsichere psycho-legale Situation. Der Asylprozess schleppt sich oft über die Jahre hin. Die unterschiedlichen Arten des legalen Aufenthaltsstatus (Aufenthaltsgestattung, -befugnis, -erlaubnis, Duldung, Asylberechtigung, etc.) bedeuten oft eine reale Unsicherheit in der Zukunftsplanung sowie sozial-rechtliche Probleme in erheblichem Umfang. Häufige Termine bei der Ausländerbehörde, Anhörungen durch das Bundesamt zur Anerkennung ausländischer Flüchtlinge können als Wiederholung einer bereits erfahrenen Bedrohung erlebt werden und gefährden unter Umständen die psychische Stabilität (Adam, 1994 (1), Stolle, 2001 (18)). Hinzu kommen Schwierigkeiten bei der Integration, mangelnde Handlungsmöglichkeiten der Eltern und Unsicherheit der Motivation zum Erwerb von Deutschkenntnissen. Basal und prägend für die Einstellung zum Gastland und seinen Bewohnern ist die Erfahrung früher Ablehnung, die oft diametral den Hoffnungen gegenübersteht. Gerade die ersten Tage und Wochen in Deutschland prägen langfristig die Einstellung zum Gastland.

Viele Therapeuten lehnen die Behandlung von Patienten ab, die in einer instabilen äußeren Situation leben. Eine Behandlung muss aber auch dann möglich sein.

Der Fokus der Behandlung kann dann jedoch nicht auf Aufarbeitung der Belastungen liegen, solange man nicht einen ausreichend sicheren Raum dafür bieten kann. Die unsichere Situation erfordert von Therapeuten einen sensiblen Umgang mit der ihm oder ihr oft zugeschriebenen Macht. Oft beginnt ein Kontakt ja mit dem Wunsch nach einer hilfreichen Bescheinigung. Dann gilt es wahrzunehmen, was sich dahinter verbirgt, ohne den Wunsch der Patienten zu übersehen, an ihrem realen Leben äußerlich etwas zu ändern: eine bessere Wohnung zu finden, eine längere Aufenthaltserlaubnis zu erhalten etc. Eine kinder- und jugendpsychiatrische Behandlung von Flüchtlingskindern erfordert demnach eine »therapeutische Aufenthaltsgenehmigung«, das bedeutet einen inneren sicheren Raum. Ein Raum, in dem »über alles« gesprochen werden darf, in dem non-verbale, spielerische, kindliche und jugendliche Ausdrucksformen aufgenommen werden und versucht wird, einen »Rahmen des Verstehens« zu etablieren. Natürlich gehört dazu die Schweigepflicht gegenüber allen Behörden. Eine »therapeutische Aufenthaltsgenehmigung« erlaubt, ohne Blick auf die versicherungsrechtlich oder aufenthaltsrechtliche Situation einen behutsamen Einstieg in eine therapeutische Beziehung, von der beide Seiten wissen, dass sie unter Umständen durch Einwirkungen von außen beendet werden kann. Ein Vorgehen unter der Berücksichtigung, dass jede Stunde auch die letzte sein kann, erfordert, dass man sich an der Oberfläche der psychischen Problematik annähert und mit dem Patienten, mit den Eltern jedes weitere Vorgehen gut abspricht. Um auf die oben angeführte Kasuistik einzugehen: Zunächst standen die pädagogischen Probleme der Eltern im Vordergrund, erst später kamen Kriegserlebnis und Verarbeitungsmöglichkeiten, aber auch Schwierigkeiten dazu.

Bescheinigungen sollten daher eher von Dritten ausgefüllt werden, die oft Beratung spezialisierter Betreuer benötigen. Pädiater, Psychiater und Neurologen können so gut wie Psychotherapeuten Aussagen über Belastungen und Bedrohungen machen. Wenn Psychotherapeuten aktiv in die Realsituation eingreifen, sollten sie dies mit den Patienten problematisieren und sich selbst damit auseinandersetzen, welche Allmachtshoffnungen dann möglicherweise mit ihnen verbunden werden.

Mit einem Therapeuten, der scheinbar eine Macht über die sozialrechtlichen Umstände inne hat, kann allerdings nicht gut auch über Hass, über dissoziale Überlebensmechanismen oder andere intrapsychische Konflikte gesprochen werden. Diese und andere Gefühle, die ansonsten in die therapeutische Beziehung eingebracht werden können, bleiben dann häufig außen vor. Damit bleiben Wut und Hass – notwendige Bestandteile eines Trauerprozesses über all das Verlorene, über zerstörtes Vertrauen – außerhalb der therapeutischen Beziehung. Patienten können sich gezwungen fühlen, in der hilflosen Opferrolle zu verharren, die den Zielen einer Therapie eigentlich entgegensteht.

So kann die Erfahrung der Patienten, passiv ausgeliefert zu sein, bei den Therapeuten Gefühle der Allmacht gegenüber dem scheinbar »ohnmächtigen« Patienten hervorrufen. Andererseits fühlen sich auch die Therapeuten oft völlig hilflos. Es ist wichtig, diese Punkte in der Therapie aufzunehmen, da Macht und Ohnmacht zwei Seiten der traumatischen Erfahrung darstellen. Schuldgefühle des Therapeuten, nicht ausreichend hilfreich zu sein, spiegeln häufig eigene Schuldgefühle des Patienten wider, der das Gefühl hat, die Wünsche und Aufträge der Eltern nicht erfüllen zu können, sie nicht geschützt zu haben oder Schuldgefühle, dass die Eltern ihr eigenes Vermögen geopfert haben, um die Flucht zu ermöglichen.

Literatur

(1) Adam H. (1994): Terror und Gesundheit - Ein medizinischer Ansatz zum Verständnis von Folter, Flucht und Asyl. Weinheim

(2) Adam H., Riedesser P., Romer G., Walter J. (1994): Krieg und Verfolgung, Seelische Verletzungen bei Kindern und Eltern, in: Schäffer K.: Wir werden wieder glücklich sein und alles war ein schlimmer Traum. Freiburg: 151-167

(3) Adam H., Riedesser P., Riquelme H., Walter J., Verderber A. (Hrsg.) (1995): Children - War and Persecution. Osnabrück

(4) Adam H. (1999): Zwischenwelten - Minderjährige unbegleitete Flüchtlinge in Hamburg, in: Romeike G., Imelmann H. (Hrsg.): Hilfen für Kinder. Weinheim/München

(5) American Psychiatric Association (1994): Diagnostic and Statistical Manual of Mental Disorders, 4. Aufl. Washington D.C.

(6) Anthony J. E. (1987): Risk, Vulnerability and Resilience: An Overview, in: Anthony J. E., Cohler B. J.: The Invulnerable Child. New York/London: 3-48.

(7) Bar-On D. (1991): Die Last des Schweigens. Frankfurt/M.

(8) Bar-On D. (1996): Studying the Transgenerational After-Effects of the Holocaust in Israel. Journal of Personal and Interpersonal Loss;1: 215-247

(9) Fischer G., Riedesser P. (1999): Lehrbuch der Psychotraumatologie. München

(10) Geuns H. van (1987): The Concept of Organized Violence, in: Ministry of Welfare, Health and Cultural Affairs: Health Hazards of Organized Violence. The Hague: 7-10

(11) Khan M. (1993): The concept of cumulative trauma. Psychoanalytical Study of the Child. Yale; 18: 286-306

(12) Keilson H. (1979): Sequentielle Traumatisierung bei Kindern: Deskriptiv-klinische und quantifizierend-statistische follow-up Untersuchung zum Schicksal der jüdischen Kriegswaisen in den Niederlanden. Stuttgart

(13) Kestenberg J. (1993): What a Psychoanalyst learned from the Holocaust. International Journal of Psychoanalysis; 74: 1117-29

(14) Kogan I. (1998): Der stumme Schrei der Kinder. Frankfurt/M.

(15) Pynoos R., Steinberg A., Wrath R. (1995): A Developmental Model of Childhood Traumatic Stress, in: Cichetti D., Cohen D.: Developmental Psychopathology (Vol II), New York: 72-95

(16) Schepker R. (1997): Postraumatische Belastungsstörung im Kindesalter - Diagnose, Verlaufsprädikatoren und therapeutische Strategien. Zeitschrift für Kinder- und Jugendpsychiatrie; 25: 46-56

(16) Slutzki C. (1979): Migration and Family Conflict. Family Process; 18,4: 379-90

(18) Stolle M. (2001): Minderjährige unbegleitete Flüchtlinge in Hamburg: kinder- und jugendpsychiatrische Auffälligkeiten unter besonderer Berücksichtigung der asylrechtlichen Anhörung und des Aufenthaltsstatus. Med. Diss. Universität Hamburg

(19) Terr L. (1992): Childhood Traumas: An Outline and Overview. Annual Progress in Child Psychiatry and Child Development: 165-187

(20) Walter J. (1998): Psychotherapeutische Arbeit mit Flüchtlingskindern und ihren Familien, in: Endres M., Biermann G.: Traumatisierungen in der Kindheit und Jugend, München/Basel: 59-77

(21) Yule W. (1994): Posttraumatic Stress Disorders, in: Rutter M., Taylor E., Hersov L. (Hrsg.): Child and Adolescent Psychiatry, 3. Aufl., Oxford: 392-406

NIELS-JENS ALBRECHT

Zur Interkulturellen Kompetenz in der Kommunikation mit Migranten: Praxis und Anspruch

Einleitung

Zum 25-jährigen Jubiläum des Hamburger Instituts für Medizin-Soziologie war dem Autor aufgetragen worden, die Festversammlung mit Ergebnissen aus der Arbeitsgruppe »Migration und Gesundheit« zu konfrontieren: U.a. wurde festgestellt, dass mit Ausnahme des Kollegen Jürgen Collatz in Hannover sich bis Mitte der 90er Jahre kein Institut der Medizin-Soziologie mit dem Thema Migrantenversorgung ernsthaft befasst hatte. Über 30 Jahre wurden die spezifischen gesundheitlichen Belange einer »Randgruppe«, die immerhin ca. 15 % unserer Gesellschaft ausmacht, von unserem Fach nicht wahrgenommen. Von Kritikern wird in diesem Zusammenhang sowohl von einem unbewusstem Rassismus als auch von einer Mainstream-Anpassung gesprochen.

Aus der Geschichte des Projekts »Migrantenversorgung«

Erwachen

Anlass für die o.a. Arbeitsgruppe war die Entstehung des Projektes »Migrantenversorgung, Sprach- und Kulturmittlung« im Universitätsklinikum Hamburg (UKE). Seit 1992 arbeitete eine interdisziplinäre Planungsgruppe im UKE (Kinder- und Jugendpsychiatrie, Medizin-Soziologie, Gesundheitssystemforschung, Transkulturelle Psychiatrie, Fachbereichsplanung) daran, Standards der Qualitätssicherung auch für die Versorgung von Migranten zu etablieren. Bei einer Auswertung der Patientendaten des UKE wurde seit 1991 ein steigender Anteil von Migranten festgestellt, der 1994 fast 17 % der Gesamtpatientenzahl entsprach. Diese Patienten stammten aus über 90 Nationen; es wurden dabei 16 Hauptsprachengruppen festgestellt.

Sensibilisierung

Gegenüber dem Direktorium des UKE wurde argumentiert, dass in der klinischen Anamneseerhebung, Diagnostik und Therapie kulturspezifisch determinierte Tabubereiche berührt werden, die von Patienten und behandelndem medizinischen Personal ganz unterschiedlich gewichtet werden. Ohne spezifische Kenntnisse dieser Verhaltensweisen und Eigenarten ist es nicht möglich, eine vollständige Anamnese zu erstellen. Andererseits ist es erforderlich, dass fremdsprachige Patienten die Anweisungen des medizinischen Personals nicht nur gedolmetscht bekommen, sondern sie auch verstehen. Beides bedeutet, dass Personen, die die Arzt-Patient-Kommunikation dolmetschen, nicht nur Dolmetscher, sondern auch Vermittler zwischen zwei kulturellen Systemen sein müssen. In der Regel werden nur muttersprachliche Dolmetscher aufgrund ihrer genauen Kenntnisse der Vorstellungen von Körper und Krankheit sowie der Traditionen ihres Kulturkreises in der Lage sein, den richtigen Ton zu treffen und somit auch Tabubereiche ansprechen zu können.

Erhält das medizinische Personal keine direkten Antworten und wird keine Verständigung mit den Patienten erreicht, stellt sich schnell Gleichgültigkeit, sogar Aggression ein. Laienhafte Übersetzungen durch nicht-trainierte Dolmetscher oder Verwandte der Patienten führen oft zu unzureichender oder falscher Information bereits bei der Anamnese. Die Folge sind häufigere Untersuchungen, auch Wiederholungen von Therapien, längere Liegezeiten, letztendlich ein unnötiger finanzieller Mehraufwand, der in keinem Verhältnis zu kurzen Hinzuziehungen von medizinisch trainierten Dolmetschern steht. Die spezifische Ausbildung dieser Dolmetscher bringt für das medizinische Personal erhebliche Arbeitserleichterungen, für die Patienten das Gefühl der Sicherheit und des Verstandenwerdens und ist somit ein wesentlicher Baustein in der Qualitätssicherung ärztlichen und pflegerischen Handelns.

Abgesehen von humanitären und ethischen Gründen, aber auch ökonomischen und qualitätssichernden Aspekten, die eine Hinzuziehung von geschulten Dolmetschern verlangen, spielen auch Vorgaben der Gesetzgebung eine wichtige Rolle. Sie schreiben für fremdsprachige Patienten eine detaillierte Aufklärung über Behandlung und medizinische Maßnahmen in ihrer Sprache vor. In der Rechtsprechung sind eine Zahl von Regressforderungen bekannt, die durch Missverständnisse in der Interaktion des medizinischen Personals mit Patienten begründet wurden.

Projektplanungsmethoden

Analog zur Prüfungspraxis in der Entwicklungsmedizin (Durchführbarkeitsprüfung/Feasibility study) wurden Analysen der Makro-, Sektor-, Regional- und Projektebene erstellt. Die o.a. interdisziplinäre Planungsgruppe erhielt hierbei Informationen und Empfehlungen aus internationalen und nationalen Projekten, führte auch Projektbegehungen durch, deren Erfahrungen in das spätere Dolmetscher-Curriculum einflossen.

Zur Durchführung einer Zielorientierten Projektplanung (ZOPP) wurde bundesweit ein Expertengremium aus MitarbeiterInnen des Gesundheitswesens einberufen und erarbeitete in vier Tagen die Projektbasis nach den Schritten Beteiligten-, Problem-, Ziel-, Alternativenanalyse und dem daraus resultierenden Operationsplan.

Projektvorlauf

Dem Direktorium wurde im Juli 1994 ein umfassender Projektentwurf vorgelegt, aus dem ein Teilprojekt zur Ausarbeitung in Auftrag gegeben wurde. Hierbei handelte sich um die Entwicklung eines Curriculums zum »Training von Dolmetschern im medizinischen und sozialen Bereich«. Die Entwicklung des Curriculums für das Dolmetscher-Training erfolgte in einer Kooperation aus medizinischer, soziologischer, sprachwissenschaftlicher, psychologischer und kommunikationswissenschaftlicher Perspektive.

Bereits im August 1994 war dieses Curriculum erarbeitet; im März 1995 beantragte der Arbeitsschwerpunkt Allgemeinmedizin und Gesundheitssystemforschung finanzielle Mittel bei der Universität Hamburg, um dieses Konzept in ein Trainings-Projekt umzusetzen. Dieser Antrag wurde im April 1995 bewilligt und das Projekt noch im selben Monat gestartet.

Projektbeginn, Dolmetscher-Training

Mit einer gezielten Akquisition wurden Bewerberinnen für die Dolmetsch-Tätigkeit angeworben. Da in der ersten Projektphase nur Einsätze in die Frauenklinik und Kinderklinik vermittelt werden sollten, wurden nur Frauen berücksichtigt. Aus ca. 500 Zuschriften wurden 80 Bewerberinnen im Rahmen von strukturierten Gesprächen ausgewählt und zu dem Training zugelassen. Bei diesen Bewerberinnen handelte es sich um Migrantinnen, die neben ihrer Muttersprache (und anderen Sprachen) fließend Deutsch sprachen, eine hohe Motivation für die Tätigkeit mitbrachten, aufgrund der kulturellen Identifizierung mit den Patienten auch der schwierigen Aufgabe der Kulturmittlung gerecht werden konnten und in der Regel Erfahrungen in Übersetzungssituationen vor allem im sozialen Bereich hatten.

Unterricht und Training wurden täglich schriftlich evaluiert, so dass die Ergebnisse unmittelbar in die Gestaltung der nächsten Unterrichtseinheit am folgenden Tag einfließen konnten. Nach bestandener Abschlussklausur erhielten die Dolmetscherinnen ein Zertifikat der Universität Hamburg und des UKE.

Neben dieser Basisqualifikation wurden über zwei Jahre weitere einsatzbegleitende Fortbildungsmaßnahmen (training on the job) durch Dozenten der Kliniken im UKE angeboten, so dass die Teilnehmerinnen sich zur »Dolmetscherin im medizinischen und sozialen Bereich« qualifizierten.

Die Projektdurchführung unterlag einer kontinuierlichen Qualitätskontrolle aus gesundheitsplanerischer, medizinischer, ethnologischer und gesundheitsökonomischer Sicht. Im Einzelnen erfolgte diese durch Supervision und Gespräche mit Dolmetscherinnen, Ärzte-Beratungen und teilnehmende Beobachtung durch medizinisches und ethnologisches Fachpersonal.

Projektfazit

Bis Ende Februar 2002 wurden über 9.000 Dolmetscher-Einsätze im UKE und im Hamburger Gesundheitswesen vermittelt und dokumentiert. Durch partizipative Ansätze (Participatory Rapid Appraisal) im Rahmen von Ärztekonferenzen, Pflegeleitungskonferenzen, Einzelgesprächen mit Beteiligten, Dozenten-Gesprächen wurde festgestellt, dass

- die vor acht Jahren bei der Zielorientierten Projektplanung definierte Primärproblematik nach wie vor aktuell ist,
- eine Beziehung zwischen Compliance und Gesundheitsökonomie besteht, die sich in
  Patienten-Compliance,
  Ärzte-Compliance und
  Ärzte-Patienten-Interaktions-Compliance

differenzieren lässt und in direkter Relation zu den Projektzielen steht.

Nach einer Vorstellung des Projektes im Europa-Parlament in Straßburg und nach Erfahrungsauswertungen ähnlicher Projekte in der EU konstituierte sich ein internationales Netzwerk, u.a. mit Supervisionscharakter durch Kollegen aus Mainz, Wien, Bern, Paris, Genf, den Niederlanden und Skandinavien und verlagerte die Arbeitsgebiete im Projekt stärker in Richtung bundesweite Etablierung von Standards für das Medizinisch-Soziale Dolmetschen (MSD).

Kultur

Phänomene bei Sprach-, Kultur- und Naturwissenschaftlern

Einen kontinuierlich größer werdender Raum nahm in dieser Diskussion das Thema Kultur in der Kommunikation mit nicht deutsch sprechenden Patienten ein. Bei mehreren Tagungen auf Bundesebene ergaben sich zwischen den Teilnehmenden unüberbrückbare Auffassungsunterschiede zur Bedeutung der Kultur für die Sprache und umgekehrt.

Allein aus kulturwissenschaftlicher Perspektive gibt es unzählige Definitionen für Kultur, zudem noch mit einem breiten Interpretationsspielraum. Die Projekterfahrung lehrte, dass in der Medizin Kultur sogar als eine Umschreibung für etwas Diffuses herangezogen wird. So kann für Einzelfälle beschrieben werden, dass sie als eine Art »Unschärfejoker« eingesetzt wird, wie man diesen Missbrauch nennen könnte: Kann ein Symptom oder eine Äußerung von Migranten nicht weiter zugeordnet werden, haben die Behandelnden es mit einem »kulturellen Phänomen« zu tun. Dieses Vorgehen ist analog zu den von früher bekannten Diagnosen »Türkenbauch«, »Ganzheitssyndrom« und ähnlichen Diagnosen zu verstehen. Heute wie früher konstatiert diese Art von Symptomzuweisung eine gewisse Hilflosigkeit der behandelnden Ärzte, die sie sogar selbst mit ihren Phantasiediagnosen in den Patientenakten dokumentiert haben.

Interkulturelle Öffnung

Von Migrantenverbänden wird gefordert, den Abbau von Sprachbarrieren und die Förderung von interkultureller Kompetenz durch vermehrte Einstellungen von Migranten herbeizuführen. Hiermit würde sicherlich Mehrsprachigkeit stärker berücksichtigt werden. Ob aber gleichzeitig eine generelle Kommunikation mit fremdsprachigen Patienten in den Kliniken durch derartige Maßnahmen gesichert wäre, darf bezweifelt werden. Sicherlich würde durch derartige Maßnahmen aber ein Personalpotenzial für interkulturelles Konfliktmanagement aufgebaut werden, das dem latenten Rassismus in unserem Gesundheitswesen entgegengesetzt werden könnte.

Kulturenkompetenz

Eine Kulturenkompetenz in ersten Ansätzen ist bereits im Gesundheitswesen in unterschiedlichen Ausprägungen zu registrieren. Wie wird diese Kompetenz erlangt, wie ist sie einzuordnen? In der Regel handelt es sich um einzelne Personen, die diese Kompetenz aufgrund ihrer bi- oder multikulturellen Sozialisierung einbringen. Zutreffender wäre festzustellen, dass bei den betreffenden Personen eine Kulturenakkumulation vorgefunden wird.

Die Kompetenz, Experte für mehrere Kulturen zu sein, bedeutet nicht, alle erlebten, erlernten, studierten Kulturen neutral und im Original vertreten zu können. Vielmehr entsteht ein Ansatz zu einem Kulturensynkretismus, in der Form wie Synkretismus von verschiedenen Religionen her bekannt ist. Es wird immer eine bestimmte vorrangige Perspektive bleiben, aus der eine derartige bi- oder trikulturelle Person die zu vertretenden Kulturen betrachtet. Das Ergebnis ist also eine individuelle »Kulturenmischung« bei den betreffenden Personen.

Institutionenkultur

Auch im Gesundheitswesen wird festgestellt, dass Kultur nicht nur von Personen entwickelt wird, sondern auch von Institutionen. Es kann sogar davon ausgegangen werden, dass jede Institution eine eigene Kultur – insbesondere auch eine Kommunikationskultur - entwickelt (u.a. auch gegenüber dem deutschen Klientel). Für die Kommunikation mit Patienten und Klienten aus fremden Kulturen ist daher zunächst eine interkulturelle Öffnung erforderlich, d.h. eine Institution muss sich zunächst der eigenen Kultur bewusst werden und sich gegebenenfalls entkulturalisieren. In jedem Fall muss hierfür der eigene Standpunkt definiert werden; im Sinne der Medical Anthropology kann dann aus dieser neutralen Position erst der Dialog mit der multikulturellen Klientel erfolgen.

Trans-, inter- oder multikulturelles Gesundheitswesen

Wie aufgeschlossen ist unser Gesundheitswesen gegenüber anderen Kulturen?

Unser Gesundheitswesen ist nicht transkulturell. Denn dieses würde beinhalten, die Grenzen zu allen involvierten Kulturen zu verwischen und die Kooperation mit ihnen offener zu gestalten. Unser Gesundheitswesen ist auch nicht interkulturell. Es interagiert nicht mit anderen Kulturen, sondern ist strikt naturwissenschaftlich orientiert und lässt andere Denkansätze, Philosophien und Ideologien nicht zu. Und unser Gesundheitswesen ist nur bedingt multikulturell, denn nur in Ausnahmefällen lassen sich dezente Ansätze erkennen, die die Berücksichtigung anderer kultureller Konzepte – allerdings im Hinblick auf bessere Erfolgschancen unserer Ziele und unserer Therapieverordnungen gemäß naturwissenschaftlicher Lehre – zulassen.

Rezeption fremder Kultur und Sprache

Dies heißt dann aber noch lange nicht, dass fremdkulturelle Phänomene von Professionellen im Gesundheitswesen so rezipiert werden, wie es im Sinne der anderen Kultur gemeint ist. Da eine fremde Kultur für uns nicht in toto zugänglich ist, suchen wir uns im Kontakt mit einem Patienten aus einer anderen Kultur die Phänomene heraus, die uns auffallen, eben weil sie so fremd sind, und messen ihnen daher eine besondere Bedeutung für unser Handeln bei. In der Translationswissenschaft wird dies der naiv-natürliche Kontakt genannt.

Die fremdkulturellen Phänomene erlangen also eine spezifische Bedeutung, indem sie zur eigenen Kultur in Beziehung gesetzt werden. D.h. die eigene Kultur ist und bleibt der Maßstab für das Verstehen von Patienten aus anderen Kulturen. Anders gesagt: Da die Professionellen im Gesundheitswesen in der Regel eine naturwissenschaftliche Ausbildung haben, sind sie lediglich in der Lage, nur jene Kultur- und Kommunikations-Phänomene aufzunehmen, die – durch die naturwissenschaftliche Brille filtriert – überhaupt noch ihre Aufmerksamkeit erregen.

Die Problematik ist also noch viel komplexer als ein ohnehin kommunikationsunwilliger Mediziner sie sich überhaupt vorstellen kann: Nicht nur die Kommunikation mit einem fremdsprachigen Patienten wirft große Verstehensdefizite auf, sondern zusätzlich die ahnungslose Veränderung von Äußerungen aus dem Kontext einer anderen Kultur durch Beimessen einer neuen Bedeutung in der germano-naturwissenschaftlichen Eigenkultur.

Als Resultat verzeichnen wir eine ca. doppelt so hohe Anzahl von Fehldiagnosen bei Migranten im Vergleich zu deutschen Patienten.

Wie ist es also möglich, bei der Behandlung von Patienten aus fremden Kulturen und Nichtdeutschsprechenden eine Diagnosestellung und Therapie nach denselben Qualitätsstandards zu erreichen, wie es die Qualitätssicherung für deutsche Patienten vorschreibt? Die Erfahrungen aus dem Projekt zeigen uns eine äußerst komplexe Problematik auf.

Dolmetschen

Kommunikationshierarchie

Aus den Auswertungsgesprächen zu den Dolmetscher-Einsätzen ergab sich die Frage: Welche Aufgaben können Personen übertragen werden, die für unser Gesundheitssystem eine Sprach- und Kulturmittlung gewährleisten sollen? Hierbei spielt die Hierarchisierung in der Kommunikation vor dem Hintergrund des Dolmetschens eine besondere Rolle.

Eine der hervorstechendsten Eigenschaften der Kommunikation in den Gesundheitseinrichtungen ist die extreme Hierarchisierung. Es handelt sich auf der einen Seite um einen Experten, dessen Kommunikationsverhalten von seinem Fach – also auch von seiner fachlichen Kultur – geprägt ist, und auf der anderen Seite um einen so genannten »Normalsterblichen«. Diese Gleichgewichtsstörung im Kommunikationskontext gilt auch für Deutsche, wenn diese die »Normalsterblichen« sind; sie gilt für jede Kommunikation, in der ein Fachvertreter mit einem Laien zusammentrifft.

Ein Migrant in dieser ungleichgewichtigen Kommunikationssituation ist jedoch noch einer weiteren Ebene der Hierarchisierung ausgesetzt: Er steht nicht nur als Laie einem Experten gegenüber, sondern auch noch als Vertreter einer Minderheitenkultur einem Vertreter der Mehrheitskultur.

Dolmetschkompetenz

Ohne auf die diversen situationsabhängigen Faktoren einzugehen, die das Dolmetschen in diesen Bereichen beeinflussen, kann schon auf der ersten – der menschlichen Ebene – erkannt werden, welche ethisch, politisch und fachlich komplizierten Bedingungen auf Dolmetscher warten, da sie ja genau in das Spannungsfeld zwischen den polarisierten Kommunikationspartnern innerhalb dieses Machtungleichgewichts geraten und die Aufgabe haben, die Kommunikation zustande zu bringen und weiterzuführen. Von diesem Standpunkt aus betrachtet ist die medizinisch soziale Dolmetschtätigkeit eine politisch und ethisch, aber auch fachlich höchst anspruchsvolle Aufgabe.

Dies kann also keine Aufgabe für Angehörige und zufällige Begleitpersonen eines Patienten sein, sondern nur für Experten, und zwar für Kommunikations- und Kulturexperten, die sich nicht einfach mit der Jobbeschreibung »Dolmetschen Sie bitte alles wortwörtlich und halten Sie sich immer im Hintergrund« zufrieden geben dürfen, sondern sich Gedanken über ihre eigene Position und Rolle in diesem Kommunikationskontext machen müssen.

An dieser Stelle muss festgestellt werden, dass es nur wenige Menschen für diese Aufgaben mit den fachlichen Kenntnissen in interkultureller Kommunikation gibt. Gemessen am bundesweiten Bedarf sind es sogar verschwindend wenige.

Dolmetscherprofil

Weder die Patienten, in diesem Fall die Migranten, noch unsere Gesundheitsexperten, wie z.B. Ärzte, Pflegende und Therapeuten, die diese Dolmetschdienstleistung zur fachgerechten Ausführung ihrer Arbeit benötigen, noch die Laiendolmetscher selbst sind sich richtig im Klaren darüber, was Professionalität, Berufsethik oder Dolmetschstandards in diesen Einsatzbereichen bedeuten und ausmachen.

Diese Unzulänglichkeit ist auf die immer noch weit verbreiteten, unrealistischen Rollenvorstellungen für Dolmetscher im sozialen und medizinischen Kontext zurückzuführen. Die Rollen und Positionen, die dem Dolmetscher von den anderen Beteiligten zugeschrieben werden, haben in der Regel nichts mit dem Berufsbild eines professionellen Dolmetschers zu tun.

Experten-Verantwortung und -Naivität

Es fällt allerdings ein paradoxer Zustand auf: Obwohl die Dolmetschtätigkeit der Angehörigen immer wieder kritisiert wird, da sie tatsächlich oft zu großen Missverständnissen und Entstellungen in der Kommunikationssituation führt, scheinen unsere medizinischen Experten bisher kaum einsichtig geworden zu sein. Immer noch wird verstärkt auf Putz- und Pflegepersonal zurückgegriffen, immer noch müssen Kinder für ihre kranken Eltern und Verwandten dolmetschen, immer noch glaubt man, dass jeder, der als Deutschland-Türke/-Italiener/-Grieche/-Spanier etc. geboren wurde, auch dazu befähigt ist, bei Bedarf zwischen »seiner Kultur« (welcher denn, wenn er hier als Migrant dritter Generation geboren wurde?) und der deutschen zu vermitteln.

Also scheinen die meisten Vertreter in den Gesundheitseinrichtungen sich lieber mit dem Risiko großer Missverständnisse, dadurch gestörter Kommunikation und den daraus resultierenden gefährlichen Fehldiagnosen wie auch Non-Compliance bei Migranten zufrieden zu geben, als dass sie sich Gedanken darüber machen, welche Rahmenbedingungen für eine verbesserte Kommunikation mit Migranten notwendig wären.

Dolmetscher-Ausbildung

Auch bezüglich der o.a. Institutions-Perspektive muss angeführt werden, dass nur eine bewusste und verantwortungsvolle Verdolmetschung das Vertrauen der Migranten in die Maßnahmen unseres Gesundheitswesens sichert. Bewusstes und verantwortungsvolles Dolmetschen bedingt jedoch, dass eine Ausbildung vorausgeht, die ernst genommen werden muss. Letztendlich gibt es fünfjährige Universitätslehrgänge zum Dolmetschen oder Übersetzen. In diesem Sinne kann man heutzutage auch das Dolmetschen im Sozial- und Gesundheitswesen nicht länger als eine angeborene Fähigkeit propagieren. Deswegen haben neben den Migranten und den institutionellen Auftraggebern vor allem Dolmetschdidaktiker im Professionalisierungsprozess dieser Dolmetschtätigkeit eine Schlüsselposition inne.

Im Rahmen einer Neuorientierung ist die Zusammenarbeit zwischen Praxis und universitären Ausbildungsstätten für Dolmetscher und Übersetzer ein Muss. Das Feedback der Auftraggeber und Patienten bezüglich des Bedarfs ermöglicht eine praxisnahe Ausbildung durch Fachkräfte mit dolmetschtechnischem, medizinischem und kulturwissenschaftlichem Know-How. Für eine Ausbildung insbesondere im Hinblick auf eine fachgerechte Bewusstseinsbildung bei angehenden Dolmetschern im medizinischen und sozialen Bereich sind Dolmetschtechniken, praktische und theoretische Kenntnisse im Bereich Kommunikationsformen, Wissen über die Arbeitskulturen, ein gewisses Quantum an Fachwissen »Medizinerkultur« und »Behördenkultur« von zentraler Bedeutung.

Es geht nicht nur darum, die deutsche Sprache oder Kultur und die türkische Sprache oder Kultur zu thematisieren. Die Bewusstmachung des Phänomens einer Migrantenkultur ist ein zentraler Punkt. Im Rahmen eines größeren Themenkomplexes Migration, Kultur und Krankheit müssen Themen wie Migrationsbedingungen und -erfahrungen, Migrantenkulturen, Migrantenidentitäten, kulturspezifische Krankheitsverständnisse, kulturspezifische Auffassungen von Familie, Staat, Behörden, Institutionen, u.ä. behandelt werden.

Um den Schritt von Kulturenkompetenz zum Kulturmitteln machen zu können, muss in diesem Rahmen also auch über die kulturelle Identität der Dolmetscher reflektiert werden.

Ende der Projektgeschichte

Institutionalisierung

Als eine der letzten Aufgaben erhielt das Projekt »Migrantenversorgung im UKE« den Auftrag, den Charakter des mittlerweile europaweit bekannten Hamburger Dolmetscherdienstes vom Projekt in eine Institution zu überführen und dabei ein verbindliches Regelwerk für das Dolmetschen und Übersetzen im UKE zu erarbeiten. In Abstimmung mit einer Reihe von Verwaltungsabteilungen wurde eine Verfahrensanweisung für das Handbuch Qualitätssicherung erstellt und im März 2002 vom Vorstand des UKE ratifiziert. Die Erfahrung hat in den letzten sieben Jahren Projektgeschichte selbst diejenigen, die i.d.R. wenig mit Patienten-Kommunikation befasst sind, dahingehend beeinflusst, dass in diesem sechzehnseitigen Regelwerk für die Kommunikation mit nicht deutsch sprechenden Patienten ein »Muss« für die Hinzuziehung von fachlich qualifizierten Dolmetschern bereits in den einleitenden Absätzen vorgeschrieben wurde:

Verfahrensanweisung

Dolmetschen und Übersetzen *DIE/07.19 Version 01*

1 Ziel und Zweck

Mit dieser Verfahrensanweisung werden verbindliche Regeln für die Kommunikation mit fremdsprachigen Patienten aufgestellt. Gleichzeitig regelt die Verfahrensanweisung die Beauftragung und Nutzung von fremdsprachigen Leistungen des UKE, auch über den Patientenbezug hinaus.

Fremdsprachige Patienten haben dieselben Rechte bezüglich Information und Aufklärung wie deutschsprachige Patienten. Dies schließt auch ihren Gesprächsbedarf mit dem diagnostizierenden und behandelnden Personal ein.

1.1 Sicherstellung der Kommunikation

Zur Sicherung der Kommunikation zwischen UKE-Personal und fremdsprachigen Patienten müssen in folgenden Fällen fachlich qualifizierte Dolmetscher hinzugezogen werden:

- Einwilligungserklärungen für Behandlungen und Therapien
- OP-Aufklärungen und -Einwilligungen

– Anästhesie-Aufklärungen und -Einwilligungen

Desgleichen sollen in problematischen Fällen ebenfalls fachlich qualifizierte Dolmetscher z.B. für folgende Kommunikationssituationen hinzugezogen werden:
– Anamneseerhebungen
– Diagnosemitteilungen
– Therapievorschläge
– Entlassungsgespräche

1.2 Rechtliche Begründung
Die Beweislast für die Wirksamkeit einer erfolgten Aufklärung und der Einwilligung des Patienten in einen operativen Eingriff obliegt dem Arzt. Bei einem fremdsprachigen Patienten muss der Arzt zum Aufklärungsgespräch eine sprachkundige Person hinzuziehen, wenn nicht ohne weiteres sicher ist, dass der Patient die deutsche Sprache so gut beherrscht, dass er die Erläuterungen des Arztes verstehen kann. Es muss gesichert sein, dass die Gefahr von Missverständnissen ausgeschlossen ist. Auch insoweit trifft den Arzt die Beweislast. Die hinzugezogene Person muss daher nachweisbar des Dolmetschens fähig sein und dieses nach dem Stand der Technik anwenden können.

In der Regel trifft letzteres nicht auf Krankenhauspersonal zu, noch weniger auf Angehörige oder den Patienten begleitende Personen. Die Hinzuziehung dieses Personenkreises kann daher nicht als Beweis geltend gemacht werden.

In weniger problematischen Situationen kann die Kommunikation durch bilinguales Krankenhauspersonal gewährleistet werden. Die Hinzuziehung von Angehörigen sollte vermieden werden, da dies sowohl die Angehörigen als auch den Patienten belastet. Darüber hinaus ist eine neutrale Sprachmittlung nicht gegeben.

Ausblick

Allen am Projekt und der Erstellung der Verfahrensanweisung Beteiligten sollte jedoch bewusst sein, dass mangelnde Sensibilisierung des Personals für die Probleme von Migranten nicht durch Anordnungen und Regelwerke ausgeglichen werden kann. So sehr die o.a. Verfahrensanweisung als Wille des Klinikum-Vorstandes für eine Veränderung zu begrüßen ist, so darf doch nicht vergessen werden, dass die Einstellungen des Personals wesentlich maßgeblicher für eine adäquate Behandlung und für das Wohlbefinden der Migranten sind. Die tägliche Praxis hat uns gezeigt, dass es in diesem Sinne ein sehr komplexes Gebiet zu bearbeiten gilt.

Literatur:

Albrecht N.-J. (1999): Sprach- und Kulturmittlung. Eine Hilfe beim ethischen, juristischen, qualitätssichernden und ökonomischen Handlungsbedarf. In: Freese, G. (Hrsg): Erfahrungen und Modelle erfolgreichen Arbeitens mit MigrantInnen im Gesundheits- und Sozialwesen. Loccum: Evangelische Akademie Loccum: 34-40

Albrecht N.-J. (2000): Dolmetscher im medizinischen und sozialen Bereich: Entwurf eines Berufsprofils für den deutschsprachigen Raum. Positionspapier, Germersheim am 5. 2. 2000

Albrecht N.-J. (2000): Institutseigener Dolmetscherdienst. In: Die Beauftragte der Bundesregierung für Ausländerfragen (Hrsg.): Expertenbericht. Bonn: Bonner Universitäts-Buchdruckerei

Bahadir S. (1998): Der Translator als Migrant – der Migrant als Translator? In:TEXTconTEXT 12 = NF 2.3/4: 263-275

Bahadir S. (2000): Von natürlichen Kommunikationsbrücken zu professionellen Kommunikationskrücken. In:TEXTconTEXT 14 = NF 4,2: 211-229

Bischoff A. (1998): A mots ouverts, guide de l'entretien médical bilingue à l'usage des soignants et des interprètes. Genf: Hôpitaux Universitaires de Genève, Unité de Médicine des Voyages et des Migrations

Cankiran R. (2000): Übersetzer: Sprach- und Kulturmittler. Übersetzung im Vergleich zu kultureller Verständigung. Magister-Arbeit, Universität Lüneburg, Fachbereich Angewandte Kulturwissenschaften

Dizdar D., Bahadir S. (2000): Fachdolmetscher für den medizinischen und/oder sozialen und/oder juristischen etc. Bereich: Entwurf eines Berufsprofils für den deutschsprachigen Raum. Positionspapier, Germersheim am 5. 2. 2000

Leyer E. (1990): Verborgene Strukturen in der ärztlichen und psychotherapeutischen Interaktion mit ausländischen Patienten – dargestellt und diskutiert am Beispiel eines türkischen chronisch Schmerzkranken. In: Psychotherapie, Psychosomatik, medizinische Psychologie 40: 423-431

Pöchhacker F (1997): Kommunikation mit Nichtdeutschsprachigen in Wiener Gesundheits- und Sozialeinrichtungen. Gesundheitswesen der Stadt Wien (Hrsg.), Dokumentation 12, Wien

Pöchhacker F. (2001): Dolmetschen. Konzeptionelle Grundlagen und deskriptive Untersuchungen. Tübingen: Stauffenburg

Pöllabauer S. (1998): Nema problema, alles paletti ...? Community Interpreting aus der Sicht von NGOs – eine empirische Erhebung der Situation in Graz unter der besonderen Berücksichtigung möglicher Implikationen für die Ausbildung. Diplom-Arbeit, Universität Graz, Fachbereich für Translationswissenschaft

Stuker R. (1998): ÜbersetzerInnen im Gesundheitsbereich: Das medizinische Anamnesegespräch im Migrationskontext. Lizentiatsarbeit. Universität Bern, Institut für Ethnologie

Universitäts-Krankenhaus Eppendorf, Verwaltung (1992): Statistik zur Mitternachtsbelegung 1991, Kliniken und Nationalitäten

Universitäts-Krankenhaus Eppendorf, Verwaltung (1994): Statistik zur Mitternachtsbelegung 1993, Kliniken und Nationalitäten

Universitäts-Krankenhaus Eppendorf, Öffentlichkeitsreferat (1996): Patientenbroschüre

Universitäts-Krankenhaus Eppendorf, Stabsstelle Qualitätssicherung (2002): Verfahrensanweisung Dolmetschen und Übersetzen DIE/07.19, Version 01

Vermeer H. (1985): Was dolmetscht der Dolmetscher, wenn er dolmetscht? In: Rehbein J. (Hrsg.): Interkulturelle Kommunikation. Tübingen: Narr: 475-482

Vermeer H. (2000): Bemerkungen zum »Dolmetschen im medizinischen und sozialen Bereich« – Ausbildung und Forschung. Entwurf eines Berufsprofils für den deutschsprachigen Raum. Positionspapier, Germersheim am 5. 2. 2000

Wadensjö C. (1992): Interpreting as Interaction. On Dialogue Interpreting in Immigration Hearings and Medical Encounters. Linköping: University of Linköping. Linköping Studies in Arts and Science Nr. 83

Weiss R., Stuker R. (1998): Übersetzung und kulturelle Mediation im Gesundheitssystem. Grundlagenbericht. Universität Neuenburg, Schweizerisches Forum für Migrationsstudien, Forschungsbericht Nr. 11

Witte H. (2000): Die Kulturkompetenz des Translators. Begriffliche Grundlegung und Didaktisierung. Tübingen: Stauffenburg

VI.

Psychosoziale Versorgung

ANTJE HAAG

Psychosomatik am Allgemeinen Krankenhaus: Persönliches und Empirisches

Als ich 1973 eine halbe Assistentenstelle an der Abteilung für Psychosomatik des Hamburger Universitätskrankenhauses antrat, war drei Jahre zuvor die Implementierung der psychosozialen Fächer Medizinische Soziologie, Medizinische Psychologie und Psychosomatik in das Medizinstudium im Rahmen einer neuen AO eingeführt worden. Die Hoffnung auf eine »humanwissenschaftliche« Wende der Medizin war groß, und die Vertreter dieser psychosozialen Fächer machten sich auf, im engen Schulterschluss die Fakultäten zu überzeugen, dass diese Reform gut war.

Dieser, meiner Freundin Heidrun Kaupen-Haas gewidmete, Aufsatz gibt mir die willkommene Gelegenheit, einen Rückblick auf die letzten 30 Jahre meines Berufslebens, in denen wir gegenseitig Zeuginnen der Entwicklung unserer Fächer waren, zu versuchen.

Ich werde dieses aus einem sehr persönlichen Blickwinkel tun, als Vertreterin der ersten Generation der Psychosomatik an den deutschen Universitäten nach der gesetzlichen Einführung des Faches. Mein Arbeitsschwerpunkt ist bis heute die Integration psychosomatischen Denkens in die klinisch-somatische Medizin. Ich werde mich bei diesem Rückblick weitgehend auf eigene Erfahrungen und Forschungsergebnisse beschränken, um diese dann in die allgemeine Entwicklung einzubinden.

Die Psychosomatische Abteilung der Medizinischen Universitätsklinik, die von Adolf-Ernst Meyer geleitet wurde, war ein ungewöhnliches Gebilde. Sie war eigentlich ein Agglomerat von Einzelpraxen, damals wohl nicht unüblich. An den Türen hingen Schilder »Bitte nicht stören«, hinter diesen Türen analysierten die Kandidaten – auch ich – ihre Ausbildungsfälle – bzw. die »Fertigen« ihre Langzeitpatienten. Adolf-Ernst Meyer interessierte sich wissenschaftlich für Magersucht-Patientinnen, war aber an Versorgungsfragen wenig interessiert. Er war aber der einzige, der ständig einen weißen Kittel trug – gleichwohl habe ich ihn in den 20 Jahren unserer

Zusammenarbeit nie auf einer Krankenstation gesehen oder davon gehört, dass er eine betreten hätte.

Ich habe mich immer als Klinikerin und passionierte Krankenhausärztin erlebt. Nach Beendigung meiner psychoanalytischen Ausbildung habe ich die Couch im Laufe der Jahre immer mehr als Ablagefläche für Papiere als als therapeutisches Instrument genutzt. Ich war und bin bis heute interessiert am »Stallgeruch« der Klinik, dem Stationsleben oder dem geschäftigen Treiben der Ambulanzen. Es gefallen mir differentialdiagnostische Überlegungen über sich somatisch präsentierende Erkrankungen und deren Verlaufsbesonderheiten.

Auch wenn die von Artur Jores, dem großen Endokrinologen, der sich später ganz der Psychosomatik zuwendete, gegründete Abteilung innerhalb des Klinikums einige Sympathie hatte, was später auch auf das kluge und humorvolle Dekanat von A.-E. Meyer zurückgeführt werden konnte, so gab es doch für diejenigen, die sich für die Versorgung interessierten, wie mich, erhebliche Probleme. Solche sind allen in der Klinik tätigen Psychosomatikern bekannt: Die Patienten werden schlecht vorbereitet zu uns geschickt, die Befunde treffen häufig auf Skepsis, die Patienten erleben die Überweisung zu uns oftmals als diskriminierend, empfinden es gleichsam als »Strafe«, wenn sie keinen Organbefund vorweisen können. Dieses alles führt dazu, dass eine psychosomatische Untersuchung oft erst am Ende einer langen »Patientenkarriere« erfolgt.

Eine in Hamburg durch Reimer (1979) initiierte Untersuchung »Iatrogene Chronifizierung in der Vorbehandlung psychogener Erkrankungen« hatte belegt, dass die in eine psychosomatische Fachklinik überwiesenen Patienten im Zeitraum von der Erstkonsultation bis zur Erkennung der psychosomatischen Natur ihrer Störung bei Frauen über 7, bei Männern über 5 Jahre gedauert hatte.

Um den Weg in die Psychosomatik abzukürzen – bzw. die für Ärzte und Patienten offensichtlichen Hürden abzubauen – hatte ich eine zweimal wöchentlich stattfindende Sprechstunde in den Räumen der Medizinischen Poliklinik eingerichtet, unterstützt von deren Leiter, Prof. H. Frahm, einem ehemaligen Oberarzt von Artur Jores.

Eine psychosomatische Sprechstunde in der Medizinischen Poliklinik

Im Rahmen einer intensiven Kooperation mit den internistischen Kollegen wurde dann eine Studie – eine Art Screening – an einer unselektierten Stichprobe (alle Dienstagspatienten des ersten halben Jahres) der Internistischen Poliklinik durchgeführt, um die Relevanz eines »integrierten« Ansatzes empirisch zu untermauern. Ich wurde gleichrangig mit Röntgen und Labor in die Diagnostik einbezogen. Von den 112 in Frage kommenden Patienten lehnten – zur allgemeinen Überraschung –

nur 4 das Gespräch ausdrücklich ab, 103 kamen in die Auswertung, 5 waren aus unterschiedlichen Gründen nicht erreichbar (siehe Haag, 1985).

Die wichtigsten Ergebnisse der Studie sind folgende:

1. Bei 69 Patienten wurden im Vorfeld der Entstehung der Symptomatik eine seelische oder soziale Belastung exploriert, bei 13 war der psychosomatische Zusammenhang fraglich.
2. Die Hälfte der »psychosomatisch verdächtigen« Patienten (N=41) war gut motiviert bzw. motivierbar, psychosoziale Zusammenhänge zu reflektieren, bei 29 wurden psychotherapeutische Maßnahmen eingeleitet.
3. Die Bereitschaft, sich mit möglichen psychosozialen Aspekten bei Entstehung und Verlauf von Erkrankungen auseinanderzusetzen war umso größer, je kürzer der Krankheitsverlauf war. Dies heißt, dass die Motivation, psychosomatische Zusammenhänge zu reflektieren, negativ mit der Krankheitsdauer, die durchschnittlich 3,2 Jahre betrug, korrelierte.
4. Eine Analyse der Abschlussberichte der Internisten ergab, dass 51 Patienten keinen organpathologischen Befund aufwiesen, also »nur« funktionell erkrankt waren. 23 Patienten hatten eine sog. »Psychosomatose«, d.h. ein organisches Krankheitsbild, das durch psychosoziale Faktoren mit beeinflusst wurde.

Trotz dieser insgesamt eindrucksvollen Ergebnisse versandete die internistisch-psychosomatische Kooperation nach der Emeritierung von Prof. Frahm und einem raschen allgemeinen Personalwechsel der internistischen Assistenten, eine Entwicklung, die nicht untypisch ist. Immer wieder zeigt sich, dass psychosomatische Kooperationen abhängig von der Güte kollegialer Beziehungen sind. Bei schneller Rotation der somatischen Kooperationspartner haben sie wenig Chancen.

Eine Bedarfsanalyse psychosomatischer Dienste

In einer mit U. Stuhr (Haag & Stuhr, 1990) durchgeführten Bedarfsanalyse an neun Allgemeinen Krankenhäusern Hamburgs konnten wir zeigen, dass bei 38,4% aller stationären internistischen Patienten psychosoziale Einflüsse von ausschlaggebender pathogenetischer Bedeutung waren. Dieser Prozentsatz liegt im mittleren Bereich ähnlicher Untersuchungen, die »Experteneinschätzungen« als Grundlage hatten (Überblick bei Stuhr & Haag, 1989).

In weiteren Arbeiten haben wir dann untersucht, wie diese Einschätzung von nicht psychosomatisch ausgebildeten Berufsgruppen ist, die die Patienten unmittelbar behandeln.

So ergab eine Umfrage bei *internistischen Stationsärzten* (Schleberger-Dein et al., 1993), dass diese 20,2 % der Erkrankungen ihrer Patienten als »überwiegend oder auch teilweise psychisch bzw. psychosozial mitbedingt« ansahen. Weitere 20,9 %

der Patienten wurden als »depressiv verstimmt« eingeschätzt. Insgesamt wurde bei 15,3 % der Patienten eine psychosomatische Fachberatung für wünschenswert gehalten.

Eine weit höhere Einschätzung erfolgte durch das von uns befragte *Pflegepersonal* internistischer und chirurgischer Kliniken, das für 42,4 % der Patienten eine psychosomatische Beratung für wünschenswert und erforderlich hielt (Haag & Stuhr, 1994).

Insgesamt zeigen unsere Studien, dass die Einschätzung des Bedarfs psychosomatischer Kooperation umso höher ist, je näher die Berufsgruppe den Patienten ist, d.h., je intensiver sich die Konfrontation mit den menschlichen Problemen der Patienten darstellt. Bei der Befragung des Pflegepersonals zeigte sich, dass 66,4 % der Schwestern und Pfleger sich damit psychisch überfordert fühlten (a. a. O.).

Diagnostische Maßnahmen und Liegedauer

In den 90er Jahren rückten ökonomische Aspekte der Patientenversorgung immer stärker in den Vordergrund. Psychosomatiker, die ihr Selbstverständnis aus einem rein humanitären Engagement bezogen hatten, begannen umzudenken.

Die Untersuchungen stationär behandelter Patienten, die konsiliarisch in die psychosomatische Abteilung überwiesen worden waren, ergaben, dass es hinsichtlich des apparativ-diagnostischen Aufwandes keinen Unterschied machte, ob die Patienten manifest organisch erkrankt waren, oder ob sie »nur« funktionelle Störungen hatten. Dieses betrifft u. a. Röntgenuntersuchungen, Computertomographien, Kernspintomographien, Sonographien und EKGs. Auch bei der Auswertung der zur Anwendung gekommenen laborchemischen Untersuchungen (Routinelabor, Hormonuntersuchungen, Immunologie) ergab sich kein signifikanter Unterschied für Patienten mit oder ohne organpathologischen Befund.

Bei der 23jährigen Patientin, die mit Herzrasen, Schmerzen in der linken Brustseite und Kribbelgefühlen im linken Arm unter dem Verdacht eines Myokardinfarktes eingewiesen worden war, wurden folgende Untersuchungen durchgeführt: Blutlaboruntersuchungen, Ruhe- und Belastungs-EKG, Dopplersonographie der extrakraniellen Gefäße, Röntgenthorax, CCT, Liquoruntersuchung, Herzecho, Oberbauchsonographie. Bei allen Untersuchungen fanden sich regelrechte Werte.

Drei Tage vor der Krankenhauseinweisung hatte der Partner sich von der Patienten getrennt. In dem psychosomatischen Gespräch zeigte sich eine schon früher bestehende latente Angstbereitschaft in Trennungssituationen bei einer Patientin, die früh die Mutter verloren hatte. Die Abschlussdiagnose lautete: Funktionelle Herzbeschwerden.

Ein weiterer Befund von noch höherer ökonomischer Relevanz war, dass die Liegedauer der zur psychosomatischen Untersuchung überwiesenen Patienten insgesamt dramatisch erhöht war. Sie betrug z.B. für internistische Patienten zum Untersuchungszeitpunkt 25,3 Tage, im Vergleich zu allen im Untersuchungszeitraum stationär behandelten internistischen Patienten mit einer Liegedauer von 11 Tagen bei einem Tagessatz von 830,- DM (Herlyn, 2000).

Dabei wurden die an uns überwiesenen Patienten durchschnittlich erst nach 10 Tagen, nämlich im Anschluss an eine ausführliche apparative Diagnostik, zu uns geschickt.

Eine deutlich andere Überweisungspraxis zeigte sich bei Patienten, die psychisch alteriert erschienen. Sie wurden schon nach 4,5 Tagen zum Konsil angemeldet, was sie hinsichtlich des Überweisungszeitpunktes hochsignifikant von denen der übrigen Stichprobe unterscheidet. Es handelt sich hier um diejenigen Patienten, bei denen die psychische Problematik offen war. Die seelische Beschwerde war nicht hinter einer somatischen verborgen, wie es für die somatischen Erkrankungen typisch ist, sondern trat offen zutage.

US-amerikanische Arbeiten (siehe Übersicht bei Haag & Stuhr, 1994) konnten überzeugend nachweisen, dass eine frühzeitige Einbeziehung psychosomatischer Dienste eine Verminderung von Liegedauer und Inanspruchnahme medizinischer Maßnahmen zur Folge haben.

Unsere Untersuchungen, die eine stärkere Gewichtung psychosozialer Aspekte in der stationären Versorgung zum Ziel hatten, trugen dann 1990 zur Einrichtung einer psychosomatischen Abteilung am Krankenhaus Rissen, der zweiten psychosomatischen Institution in Hamburg, bei. Die Hoffnung einer Etablierung psychosomatischer Konsultations-Liaisondienste an den Hamburger Krankenhäusern erfüllte sich nicht.

In seiner Analyse »Warum die Psychosomatik kein Renner wird« untersucht Buchinger (1998) die Inkompatibilität von Psychosomatik und klassisch-naturwissenschaftlicher Medizin, die ein Denken in Teilen entsprechend des Modells der trivialen Maschine impliziere. Psychosomatik werde am Maßstab detaillierten Teilwissens und eindeutiger Kausalitäten und Planbarkeiten der klassischen Medizin gemessen und als unkonkret, unpraktisch und unfassbar beurteilt. Emotionale, soziale, kommunikative Zusammenhänge seien schwer fassbar und schwer überprüfbar.

Die Vulnerabilität psychosomatischen Tuns oder auch der Kooperationsbereitschaft hat jeder von uns schon zu spüren bekommen. Wie in keinem anderen Bereich der Medizin ist die Akzeptanz, ja sogar der Erfolg unserer Arbeit abhängig von der Qualität der zwischenmenschlichen Beziehungen, die wir zu unseren organmedizinischen Kooperationspartnern haben. Wahrscheinlich hat jeder von uns schon Überweisungen von Patienten durch Kollegen gehabt, die an sich »nichts von Psychosomatik halten«, aber vielleicht für uns als Personen gewisse Sympathien hegen und dann die Kooperation fortsetzen – vielleicht auch überzeugt werden.

Ich möchte von einer solchen Erfahrung berichten, wohl wissend, dass diese insgesamt wohl nicht mehr als eine anekdotische Bedeutung hat.

Psychosomatischer Liaisondienst[1] im Allgemeinen Krankenhaus Wandsbek

Der Beginn einer sechsjährigen Liaison-Tätigkeit (1992) war ein Spaziergang am Ratzeburger See, wo Professor M. Otte, der internistische Chefarzt der 2. Medizinischen Abteilung des AK Wandsbek und ich uns kennen lernten und er mich zu einer Kooperation einlud. Meine Arbeitskapazität für einen Nachmittag pro Woche in einem anderen Krankenhaus einzusetzen, legitimierte ich mit einer Mitarbeit an der Europäischen C/L-Studie, die damals in Deutschland von Herzog und Stein (1994) geleitet wurde. Meine Bedingung war, dass die Patienten, die von mir konsiliarisch gesehen wurden, jeweils in Gegenwart des behandelnden Arztes bzw. der betreuenden Schwester untersucht würden. Nach einem Jahr kam es zu einer Veränderung des Settings, ich trat gleichsam in den Hintergrund und übernahm die Rolle der Supervisorin bzw. Liaison-Psychosomatikerin. Wir beschlossen eine einmal wöchentlich stattfindende Fallbesprechungskonferenz, an der – bis auf einen Oberarzt – alle Ärzte, vom Chefarzt bis zum Arzt im Praktikum teilnahmen.

Für mich war es sehr eindrucksvoll, wie im Laufe der Zeit eine weniger ängstlich-defensive, persönlichere Haltung der Ärzte die Patienten entspannte. Ängste der Kollegen, »Lawinen loszutreten« oder mit unerfüllbaren Wünschen konfrontiert zu werden, verschwanden. Als Indiz für einen neuen Kommunikationsstil beobachtete ich, dass Sätze wie: »Da muss man mal nachbohren« oder »Haken Sie da doch mal nach« verschwanden und das Interesse an den Patienten den Beigeschmack von Indiskretion und aggressiver Neugier verlor. Durch die neue, unbefangenere Gesprächsführung konnten Aggressionen von Seiten der Patienten abgebaut und Vertrauen aufgebaut werden. Psychosomatische Aspekte wurden selbstverständlich in den Arztbriefen erläutert und Empfehlungen psycho- oder sozialtherapeutischer Maßnahmen (Selbsthilfegruppen!) nahmen zu.

Fast alle Stationsärzte haben in dieser Zeit an dem Curriculum »Psychosomatische Grundversorgung der Hamburger Ärztekammer« teilgenommen. Nicht selten wurde auf eine extensive apparative Diagnostik verzichtet, was aber leider nur kasuistisch dokumentiert wurde.

1 Das Liaisonmodell betrifft eine kontinuierliche Kooperation von Psychosomatikern in einem klinischen Team zur Vermittlung psychosozialer Kompetenz an die auf Station arbeitenden Berufsgruppen. Das Konsiliarmodell entspricht einer tratitionellen medizinischen Kooperation auf Anfrage.

Dass unsere Bemühungen um einen integrativen Ansatz nicht immer auf Begeisterung stieß, möge folgendes Kuriosum zeigen, das während dieser Zeit passierte:

> Der erfahrene Internist M. sonografiert im Nachtdienst eine notfallmäßig aufgenommene Patientin mit einer abdominellen Symptomatik. Wie er bereits vermutet hat, ergibt sich kein pathologischer Befund. Der Kollege versucht, mit der Patientin zu sprechen, sie wehrt ab. Am nächsten Morgen besteht sie auf Wiederholung der Sonographie, weil sie davon überzeugt ist, dass sie nachts »nur« von einem Psychologen untersucht worden sei.

Diese – zeitgemäß – dualistisch denkende Patientin, die schon gar keine Erwartung mehr hat, dass sich ein Arzt für ihre Person interessieren könnte – dafür müsse eigens ein Psychologe her – ist ein gutes Beispiel für die gewaltsame Austreibung des Subjekts aus der modernen Medizin.

In seinem Vortrag auf der DKPM-Tagung 1990 hat Adolf-Ernst Meyer anlässlich seiner Emeritierung etwas bitter vermerkt:

> »Wir Psychosomatiker haben viel zu lange und leider erfolglos humanistisch argumentiert, nämlich, dass wir den Menschen als Menschen behandeln, was heißt, als geschichtlich gewordene Ganzheit aus Leib und Seele und nicht als reparaturbedürftige physiko-chemische Maschine, woraus folge, dass unsere Medizin die menschengerechtere sei und folglich auch finanziert werden müsse.«

Und er beklagt den – verglichen mit der Expansion der etwa gleichaltrigen, nämlich 50jährigen Anästhesiologie – geringen Erfolg der Psychosomatik in der Medizin.

Ich bin überzeugt, dass es keine Alternative zu der humanistischen Argumentation gibt. Derzeit macht sich die Psychosomatik daran, Therapiekonzepte zu standardisieren oder Screening-Fragebögen einzusetzen, um Vergleichbarkeiten herzustellen. Diese Anpassung an sog. »naturwissenschaftliche« Methoden ist nicht ohne Gefahr, weil die Basis psychosomatischen Denkens, das Verstehen der individuellen Wirklichkeit des Patienten in dem diagnostischen Prozess verloren gehen kann. So habe ich besonders bei alten Patienten auf geriatrischen Stationen wiederholt erlebt, dass sie ängstlich und in dem Gefühl tiefer Beschämung auf den ausnahmslos routinemäßig eingesetzten »Minimal-mental-state«-Fragebogen reagierten. Wie können sie sich ernstgenommen fühlen, wenn sie nach Bundesland und Jahreszeit gefragt werden, während sie sich zu Hause mit philosophischen Schriften auseinandersetzen?

Ein häufig zitiertes Bonmot von A.-E. Meyer war, dass die Psychosomatik es in den letzten Jahrzehnten erreicht habe, vom Elend in die Armut zu kommen. Er bezieht sich auf die zögerliche Eingliederung psychosomatischer Medizin in die stationäre Akutversorgung, wie sie bereits 1988 von der Expertenkommission des

Bundesministeriums für Jugend, Familie, Frauen und Gesundheit gefordert wurde (Hoffmann et al. 1999).

Der heutige Stand der psychosomatischen Medizin ist sehr uneinheitlich. An den Universitäten hat sie es schwer, C4-Stellen werden an manchen Orten nicht wiederbesetzt. In Baden-Württemberg dagegen sieht der Krankenhausplan die Einrichtung psychosomatischer Abteilungen an Allgemeinen Krankenhäusern vor. In der ambulanten Versorgung wird seit 1982 die Teilnahme von Ärzten an den Curricula »Psychosomatische Grundversorgung« von den Kassen, wenn auch schlecht, honoriert. 1994 beschloss der Ärztetag für die Facharzt-Weiterbildungen der klinischen Fächer die Implementierung psychosomatischer Grundkompetenz. Reformstudiengänge, wie sie jetzt auch an staatlichen Universitäten wie in Berlin und Hamburg eingerichtet werden, sehen in ihrem Konzept generell eine psychosoziale Aspekte einschließende Ausbildung vor. Ich bin überzeugt, dass die Psychosomatik derzeit die größten Chancen im Sich-Einmischen in die Patientenversorgung hat und ganz besonders durch gute, engagierte Konsultations-Liaisondienste, die möglicherweise auch nachts tätig werden müssten. Als ich vor sechs Jahren meinen todkranken Chef A.-E. Meyer fragte, was er, wenn er die Chance hätte, in seinem Berufsleben anders machen würde, meinte er, dass er – nicht zuletzt als Vorsitzender des Deutschen Kollegiums für Psychosomatische Medizin – den Fehler gemacht habe, die Versorgungsaufgaben der Psychosomatik zu vernachlässigen bzw. zu unterschätzen. 1990 hat er dann in seiner Arbeit »Die Zukunft der Psychosomatik in der BRD – eine Illusion?« die Vision einer gesetzlich vorgeschriebenen Konsilpflicht für alle Patienten formuliert. Meine anfangs zitierte Arbeit aus der Medizinischen Poliklinik, wo dieses ansatzweise probiert wurde, spricht dafür, dass dieses vernünftig wäre.

Vielleicht ergibt sich aus der derzeitigen Krise der Medizin, in der eine extreme Technologieabhängigkeit, Berufsunzufriedenheit von Ärzten und Schwestern und den unter immer stärkeren ökonomischen Druck geratenden Krankenhäusern, die zu Reparaturwerkstätten degradiert werden, auch ein Chance. Nicht nur in den USA (Weil, 2000) ist eine dramatische Hinwendung der Patienten zur Alternativmedizin zu beobachten. In der Entfremdung der Medizin von ihrem humanwissenschaftlich begründeten Auftrag ist eine Neubewertung kommunikativer Kompetenz angesagt, und dieses scheint mir – insbesondere in der stationären Versorgung – von fachhistorischer Bedeutung zu sein.

Literatur

Buchinger K. (1998): Warum die Psychoanalyse kein Renner wird. Systemzwänge in der Medizin. Psyche 52: 552-5597

Haag A., Stuhr U. (1990): Das Fehlen der Seele im Allgemeinen Krankenhaus. In: Ahrens St.: Entwicklung und Perspektiven der Psychosomatik in der BRD. Springer

Haag A., Stuhr U. (1994): Psychosomatische Kooperation im Allgemeinen Krankenhaus. Pflegezeitschrift 12: 654-657

Haag A., Stuhr U. (1994): Über den Nutzen integrierter Psychosomatik im Allgemeinen Krankenhaus. In: Integrierte Psychosomatische Medizin in Praxis und Klinik. 3. Auflage. Schattauer

Haag A., Ponzen W., Würsching M. (1992): Psychosomatik im Allgemeinen Krankenhaus: Seit langem gefordert, kaum realisiert. Deutsches Ärzteblatt 89: 1920-1923

Herlyn S. (2000): Liegedauer und biotechnischer Diagnostikaufwand bei psychosomatischen Patienten in der Akutversorgung. Inauguraldissertation Hamburg

Hoffmann S. O., Liedtke R., Schneider W., Senf W.(1999): Psychosomatische Medizin und Psychotherapie. Denkschrift zur Lage des Faches an den Hochschulen der BRD. Stuttgart: Schattauer

Meyer A.-E. (1990): Die Zukunft der Psychosomatik in der BRD - eine Illusion? PPmP 40: 337-345

Reimer C., Hempfing L., Dahme B. (1979): Iatrogene Chronifizierung in der Vorbehandlung psychogener Erkrankungen. Prax. Psychother. Psychosom. 24: 123-133

Schleberger-Dein U., Stuhr U., Haag A. (1993): Die psychosomatisch-psychosoziale Bedarfs- und Versorgungssituation im Akutkrankenhaus. Ergebnisse einer Befragung internistischer Stationsärzte und Ärztinnen. PPmP 44: 99-107

Spitzer R. (1996): Der psychosomatische Konsiliardienst am Hamburger Universitätsklinikum Eppendorf. Eine retrospektive Untersuchung über zwei Jahre. Inauguraldissertation Hamburg

Stuhr U., Haag A. (1989): Eine Prävalenzstudie zum Bedarf an psychosomatischer Versorgung in allgemeinen Krankenhäusern Hamburgs. PPmP 39: 273-281

Weil A. (2000): The Significance of Integrative Medicine for the Future of Medical Education. In: The American Journal of Medicine, 108: 441-443

HANNES FRIEDRICH

Die Zukunft der Pädiatrie als Profession

Die Entwicklung der Pädiatrie ist eine Geschichte einer Profession in ständiger Veränderung. Auch wenn das Fach Pädiatrie – verglichen mit anderen Fächern in der Medizin – noch nicht sehr alt ist, hat es dennoch tiefgreifende Veränderungen erfahren, die bis heute angehalten haben. Man könnte diese Veränderung in ihrer geschichtlichen Entwicklung darstellen, illustrativer ist es jedoch, diese Veränderungen anhand eines Kinderspieles vorzuführen, indem man sich in der Phantasie Bilder über die verschiedenen Phasen der Pädiatrie nach dem Motto: *»Was ist richtig oder falsch in diesem Bild?«* vorstellt.

Im ersten Bild ist das Kind sehr krank. Sogar extrem krank, es ist hochfiebernd, der Hals ist dick geschwollen, es ist kurz vor dem Ersticken. Der Doktor weiß jedoch nichts über die Krankheiten von Kindern. Es gibt kein Wissen darüber. Das Kind stirbt. Schaut man auf das Gesicht der Mutter, die dabeisteht, sehen wir Resignation, vermischt mit Traurigkeit. Sie weiß, dass viele Kinder nicht überleben werden. Sie hofft, dass von ihren sechs Kindern vielleicht vier überleben und erwachsen werden.

In einem zweiten Bild sieht man wieder ein Kind, das sehr schwer krank ist, aber der Doktor wirkt ziemlich zuversichtlich. Doktor B. hat viele Fälle gesehen, die diesem ähnlich sind. Der Doktor verschreibt eine komplizierte Art von Behandlung, die jetzt (ungefähr 70 Jahre später) völlig vergessen und aufgegeben worden ist. Das Kind überlebt. Doktor B. ist der Held für die Eltern des Kindes. Sie haben nur zwei Kinder, und beide sind für sie außerordentlich kostbar. Einige Leute könnten jedoch sagen, dass die verbesserte Qualität des Wassers, eine bessere Zubereitung der Nahrung, bessere Hygiene und andere Verbesserungen in der Gesellschaft und im Gesundheitssystem das Kind gerettet haben.

Auf einem dritten Bild erklärt Dr. C. der Mutter, wie sie den faulen Geschmack der letzten »Wunderpille«, einer Riesentablette oder eines eklig schmeckenden Sirups dem Kind schmackhaft machen kann. Bevor die Mutter die Praxis verlässt, reicht ihr die Sprechstundenhilfe ein Merkblatt und ein Heft und erklärt ihr, wie wichtig es ist, dass bei dem Kind eine Reihe von Vorsorgeuntersuchungen und Schutzimpfungen durchgeführt werden sollten, um gegen die klassischen Kinderkrankheiten geschützt zu sein, die früher die gefährlichen Kindheitskiller waren. Dr. C. denkt manchmal, dass seine pädiatrische medizinische Praxis etwas zu sehr der Routine verhaftet ist, indem er in der Regel zumeist leichte Infektionskrankheiten und Ernährungs- und Entwicklungsprobleme behandelt und eine neue Pille nach der anderen rezeptiert. Wenn man das Bild genauer betrachtet, bekommt man den Eindruck, dass der Doktor ein bisschen unruhig wirkt, ja, sogar ein bisschen gelangweilt.

Auf einem vierten Bild sieht man ein Kind in der Praxis, ein Mädchen, das gesund wirkt. Sie kommt in die Praxis, um die üblichen Routineuntersuchungen und Kontroll-Check-ups zu durchlaufen, aber sie ist nicht krank. Als aber auf dem Bild ein schwerkrankes Kind in die Praxis hereinkommt, wird Dr. D. nervös. Er hat keine größeren Erfahrungen mehr mit schweren Erkrankungen. Dr. D. überweist das ihm bedrohlich krank erscheinende Kind an Dr. E., einen Spezialisten in einer in der Nähe befindlichen Universitäts-Kinderklinik.

Das fünfte Bild enthält merkwürdige Szenen. Das »Kind« (ein Junge) scheint 14 Jahre alt zu sein, vielleicht sogar ein bisschen älter. Er sitzt da, gebückt, mit einem etwas leeren Gesicht, er scheint Probleme in der Schule zu haben, und vielleicht sieht man im Hintergrund den Schulpsychologen stehen. Man sieht die nächste Patientin bereits im Wartezimmer. Ihr Problem scheinen traumatische Gefühle in bezug auf ihre Akne und ihre körperliche Erscheinung zu sein. Keiner von diesen Patienten ist im klassischen Sinne »krank«, aber wirkt Dr. F. gelangweilt? Mitnichten, er wendet sich den Patienten engagiert zu. Ausgebildet als Pädiater hat er jetzt eine Zusatzqualifikation erworben, die sich vor allem auf Verhaltens- und Anpassungsstörungen von Adoleszenten bezieht. Sein früherer Praxisbereich, wo es vor allem um Früherkennung und Vorsorgeuntersuchung ging und um die Behandlung von Bagatellerkrankungen, ist von spezialisierten ambulanten Kinderkrankenschwestern übernommen worden, die diese Aufgaben erfolgreich wahrnehmen.

In diesen Bildern können der Aufstieg der Pädiatrie, die verschiedenen Krisen in der Entwicklung der Pädiatrie und ihre manchmal auch überraschenden Transformationen und zukünftige Entwicklungstendenzen zum Ausdruck kommen. Die Entwicklung der Profession der Pädiatrie wird bestimmt

- durch das beschleunigte Tempo medizinischer Innovationen,
- durch die demographische Entwicklung, also die Generativität der Familie und
- durch politische, ökonomische und soziokulturelle Veränderungen.

Diese verändern auch die Hoffnungen, Ängste, Träume, Arbeitssituationen, Einkommen, Konkurrenzkämpfe und Karrieren der Pädiater.

Betrachtet man die gegenwärtige professionelle Gestalt der Pädiatrie, so kann von einer Erfolgsgeschichte gesprochen werden. Der kinderärztliche Berufsauftrag ist die umfassende gesundheitliche Betreuung der Heranwachsenden, nämlich durch Erkennung und Behandlung aller körperlichen und seelischen Erkrankungen und Reifestörungen des Kindes von der Geburt bis zum Abschluss seiner somatischen Entwicklung, einschließlich Prävention, Schutzimpfung, nicht-spezieller pädiatrischer Intensivmedizin und Sozialpädiatrie.

Die WHO hat in ihrem Programm »Gesundheit für alle bis zum Jahr 2000« konkrete Ziele auch für die Pädiatrie gesetzt, unter anderem eine weitere Senkung der Säuglingssterblichkeit, die verstärkte Förderung des Stillens, das Verschwinden von schweren Infektionserkrankungen durch Schutzimpfungen, eine weitere 25%ige Senkung der Sterbefälle bei Pneumonien, Durchfallerkrankungen und Hepatitis B sowie der durch Unfälle bedingten Todesfälle und Verletzungen, die vor allem Kinder und Jugendliche im hohen Maße betreffen. Ferner wird gefordert, dass gesunde Lebensgewohnheiten – insbesondere im Essverhalten –, sowie körperliche und sonstige Aktivitäten gefördert werden und Entstehung von Abhängigkeit von Alkohol, Tabak und psychotropen Substanzen verhindert wird. Kurzum, Kinder und junge Menschen sollen sich körperlich, geistig und gesellschaftlich voll entfalten, wobei der pädiatrischen Versorgung ein entscheidender Anteil gerade auch an der krankheitsverhindernden, krankheitsbehandelnden und gesundheitsfördernden Versorgung zugeschrieben wird.

Kinderärztinnen und -ärzte sind gegenwärtig in ihren Praxen besonders qualifiziert mit ihren Möglichkeiten, Erkrankungen und Befindlichkeitsstörungen, auch lebensbedrohliche Zustände im Kindes- und Jugendalter, zu erkennen und zu behandeln oder ihnen vorzubeugen. Der Allgemeinpädiater ist differential-diagnostisch so breit ausgebildet und erfahren, dass er neben leichteren Erkrankungen auch schwere und seltene Krankheitsfälle sowohl akuter als auch chronischer Art frühzeitig erkennt, sie an andere Fachärzte oder zur speziellen stationären Behandlung in Kliniken überweist.

Kinderärzte sind auch beteiligt an der Betreuung chronisch kranker und behinderter Kinder und auch der Begleitung der betroffenen Eltern und Familien. Sie koordinieren die therapeutischen und sozialen Maßnahmen auch zur Berufsfindung unter Einschaltung der Familien, von Rehabilitationseinrichtungen, speziellen Ambulanzen, Elterninitiativen, Ämtern usw. Primäre, sekundäre und tertiäre Prävention haben für Kinderärzte einen hohen Stellenwert, bewährt haben sich Vitamin D und Fluorid-Gaben zur Rachitis- und Karies-Verhütung, die Jodverabreichung zur Kropfverhütung läuft an. Durch die Verbesserung des Impfschutzes der

Kinder wurden die meisten lebensbedrohlichen Kinderkrankheiten ausgerottet, bzw. infektiösen Kinderkrankheiten ist ihre Bedrohlichkeit genommen worden. Die Pädiater sind zuständig für die Einführung neuer Impfstoffe und der Prüfung ihrer Verträglichkeit, sie kennen Ausschlussgründe und mögliche Nebenwirkungen, das günstigste Lebensalter für die einzelne Impfung, einzuhaltende Zeitabstände zwischen zwei Gaben und notwendige Wiederauffrischung. Sie sind verantwortlich beteiligt an der Entwicklung von Krankheitsfrüherkennungsprogrammen für Kinder und ihrer Realisierung als Pflichtleistung der gesetzlichen Krankenversicherung. Screening-Programme zur frühzeitigen Diagnostik wesentlicher Entwicklungsstörungen und Erkrankungen sind ein Hauptbereich im Aufgabenfeld der Pädiater.

Unter den rund 255.000 berufstätigen Ärzten und Ärztinnen gibt es rund 10.000 Kinderärztinnen und -ärzte. Von diesen sind 5800 niedergelassen, der Frauenanteil beträgt dabei 36%. Nach den regionalen Bedarfsplänen ist ein Kinderarzt für 14.000 Einwohner in Städten, und auf 26.000 in ländlichen Kreisen vorgesehen. Die Überschreitung dieser Quoten führt zu Zulassungssperren, womit der Zunftcharakter, wie in der gesamten Medizin, verstärkt wird. Der pädiatrische Praxis-Gesamt-Umsatz erfolgt überwiegend in Form der »sprechenden Medizin«, d.h. der persönlichen Zuwendung zum Patienten und seiner Bezugspersonen. Zwischen 30 und 40% der täglichen Arbeitszeit widmen Pädiaterinnen und Pädiater dem Bereich der Prävention, die allerdings beim Honorar nur etwa 10–12% des Gesamtumsatzes ausmachen. In Bezug auf die Einkommenserwartungen gehören die Pädiater zu der unteren Gruppe innerhalb der verschiedenen Fachgruppen. Ein kleiner Teil der ambulanten Versorgung wird von Polikliniken der Kinderkrankenhäuser und Universitäts-Kinderkliniken wahrgenommen, die Hauptlast allerdings tragen die niedergelassenen Pädiater.

Im stationären Bereich existieren Kinderkliniken und Universitätskinderkliniken, in diesen sind ungefähr 3400 Pädiater, unter ihnen 33% Frauen, beschäftigt. In dem stationären Sektor stehen 24.600 Betten (1996) (einschließlich 2840 Intensivbetten) zur stationären Behandlung schwerer oder zur Abklärung unklarer Krankheitsfälle bereit. Die Fortschritte durch die moderne Diagnostik und Therapie führen zu einer ständigen Senkung der Krankenhausverweildauer (gegenwärtig 7,4 Tage), der Nutzungsgrad der Betten lag bei 70% bzw. 80,5% der Betten in der pädiatrischen Intensivmedizin. In den deutschen Kinderkliniken arbeiten insgesamt 39.600 Kinderkrankenschwestern mit einer speziellen dreijährigen ausschließlichen Qualifizierung. In Kooperation mit Kinderärztinnen und -ärzten gewährleisten sie eine optimale stationäre Versorgung. Für alle pädiatrischen Bereiche ist die Sozialpädiatrie relevant, sie umfasst die Vorsorge für Gesundheit und Entwicklung, insbesondere Forschung und Psychohygiene der frühkindlichen Entwicklung, Entwicklungsförderung und Rehabilitation, Gesundheitserziehung, Vorbeugung gegen Infektionskrankheiten, Prophylaxe, Schul- und Vorschulhygiene sowie den Jugendarbeitsschutz.

Bezüglich ihres sich ständig erweiternden Leistungsspektrums kann die Pädiatrie zu Recht auf große Erfolge verweisen:

> »Die parenterale Flüssigkeitszufuhr, Vitamin D und Insulin, die kaum 70 Jahre alt sind, Impfungen, Antibiotika, Cortison, Zytostatika, Intensiv- und Neonatalmedizin haben zu Erfolgen geführt, auf die die Kinderheilkunde mit Recht stolz sein kann, und die ihren Niederschlag in einer statistisch signifikanten Senkung der Säuglings- und Kindersterblichkeit gefunden haben.«
> (Spranger 1994)

Das Krankheitsspektrum in der Pädiatrie hat sich durch medizinisch-biologische und medizin-technologische Fortschritte erheblich verändert: Die Infektionskrankheiten als früheres Hauptgebiet der Pädiatrie wurden zurückgedrängt, dafür gibt es neue schwere und chronische Erkrankungen. Unreife Frühgeborene und schwerstkranke Kinder überleben mittels pädiatrischer Fortschritte, leider nicht immer ohne Restschäden und Mehrfachbehinderungen. Die Zahl der chronisch kranken und behinderten Kinder steigt relativ. Soziokulturelle und umweltbezogene Störungen wie allergische und asthmatische Krankheiten ebenso psychosomatische und Verhaltensstörungen werden häufiger diagnostiziert. Einige Grundmuster dieser Störungsbilder sind bereits in dem 1845 von dem ärztlichen Schriftsteller Hoffmann verfassten »Struwwelpeter« beschrieben: die Hyperaktivität des Zappelphilipps, die Adipositas und Anorexie beim Suppenkasper, der frustriert daumenlutschende Konrad, der gewalttätige bitterböse Friederich, der tödliche häusliche Unfall beim unbeaufsichtigten Paulinchen.

Das veränderte Krankheitsspektrum hat damit zugleich die Pädiatrie in ihrer professionellen Gestalt verändert: Auf der einen Seite hat sie sich immer mehr aufgeteilt und aufgesplittert in zahlreiche Subspezialitäten mit einem qualifizierten Expertentum, das vor allem in technologischen Hochleistungs-, der Maximaltherapie verpflichteten überregionalen Zentren angesiedelt ist; auf der anderen Seite hat die Allgemeinpädiatrie sich dahingehend verändert, dass sie weniger schwere und ernsthafte Krankheiten behandelt, sondern sich weitgehend auf die Aufgabe beschränkt, leichtere Akuterkrankungen, Betreuung von chronischen Krankheiten und Behinderungen und vor allem Prävention und Beratung zu betreiben. Wenn man sich fragt, was die Aufgabe der Allgemeinpädiatrie ist, dann könnte man sagen, sie ist eigentlich zuständig für den Rest, den die Spezialisten übrig lassen, neben ihrer Funktion als Überweisungsspezialist auf dem Hintergrund einer gut ausgebildeten differential-diagnostischen Qualifikation. Diese wird in der Facharztweiterbildung erworben, die überwiegend an Universitäts- und zugelassenen Kinderkliniken absolviert wird. Die Facharztweiterbildungsinhalte sind in 29 Einzelbereiche zur Diagnostik und Therapie von Krankheiten, Entwicklungs- und Gesundheitsstörungen aufgegliedert.

Liest man sich die in den Facharztkatalogen und in der Abschlussprüfung verlangten Lernziele durch, dann muss man feststellen, dass der Kinderfacharzt ein breit qualifizierter Pädiater ist:

> »Er muss eingehende Kenntnisse, Erfahrungen und Fertigkeiten in der Beurteilung der körperlichen, sozialen, psychischen und intellektuellen Entwicklung des Kindes nachweisen, er muss mit der Ätiologie, Pathogenese, Pathophysiologie, Symptomatologie, Diagnostik, Differentialdiagnostik, Therapie und Prävention der angeborenen und im Kindesalter aufgetretenen Störungen und Erkrankungen einschließlich der Behandlung von Früh- und Neugeborenen vertraut sein, die Grundlagen der Rehabilitation kennen sowie der gebietsbezogenen Laboruntersuchung, der Sonographie, der Deutung von Röntgenbildern des Gebietes, von CT-Kenntnissen und allergologischen Untersuchungsverfahren.« (Bundesärztekammer 1993)

Kenntnisse werden weiterhin verlangt über »Genetik, Elektroenzephalographie und Elektrokardiographie und die weiterführende Laboratoriumsdiagnostik.«

Ferner soll er ökologische und sozialbedingte Gesundheitsstörungen einschließlich Kindesmisshandlung und Vernachlässigung erkennen und bewerten, Vorsorge und Früherkennungsmaßnahmen einschließlich orientierender Hör- und Sehprüfungen, die Gesundheitsberatung und Gesundheitserziehung sowie die Ernährungs- und Sexualberatung durchführen, und schließlich auch die psychosomatische Grundversorgung, die Sozialisation und Rehabilitation sowie die Erkennung und Behandlung von Verhaltens- und Leistungsstörungen wahrnehmen können.

Bei diesen Qualifikationsanforderungen fallen mehrere Dinge auf: Der Pädiater wird durch seine überwiegend an Universitätskliniken und Kinderkrankenhäusern durchgeführte Weiterbildung vor allem in hochspezialisierten Bereichen qualifiziert, die in den heutigen Kinderkrankhäusern dominieren. Die Allgemeinpädiatrie nimmt in diesen Häusern einen wesentlich geringeren Platz ein und hat auch einen niedrigeren Stellenwert. Man kann also sagen, dass der Facharzt für Kinderheilkunde ein hochqualifizierter, aber vor allem in den Subspezialitäten spezialisierter Doktor wird. Auffallend ist, dass in dem gesamten Katalog nichts enthalten ist über Jugendliche, deren biologische, psychische und soziale Entwicklung sich von Säuglingen und Kleinstkindern doch erheblich unterscheidet. Nicht umsonst heißen Pädiater daher auch »Kinderärzte« und die Kliniken »Kinderkliniken«, die vor allem mit dem Bild assoziiert sind, dass es dort überwiegend Säuglinge, Frühgeborene, pränatal auffällige Kinder und Kleinkinder gibt, zu denen Jugendliche auf keinen Fall gezählt werden wollen. Lediglich in den pädiatrischen Spezialkliniken bzw. pädiatrischen Behandlungszentren für spezielle chronische Kinderkrankheiten wie juvenilem Diabetes oder juvenilem Rheuma ist es gelungen, die zu Jugendlichen heranwachsenden Kinder auch als Jugendliche zu behalten und zu behandeln. Ferner ist hervorzuheben, dass die Weiterbildung primär die Herausbildung von »Internisten für das kleine Kind« zum Ziel hat, das heißt, trotz der Nennung von Psychosomatik, ökologisch und sozial-bedingten Gesundheitsstörungen oder Ernährungs- und Sexualberatung sowie Verhaltens- und Leistungsstörungen nehmen diese in der Weiterbildung doch einen sehr minimalen Platz ein, zumal in den meisten stationären Weiterbildungsstätten solche Fälle in Diagnostik und Therapie eher selten vorkommen.

So ergibt sich ein gewisses Paradox: Auf der einen Seite ist der Kinderarzt breit und in Spezialgebieten hochqualifiziert ausgebildet, auf der anderen Seite praktiziert er nach der Niederlassung und dem Verlassen der Klinik mehr oder weniger eine Allgemeinpädiatrie, in der viele erworbene Qualifikationen relativ selten aktualisiert werden und auf die er im Grunde wenig vorbereitet wurde. Dafür wird er als erste Instanz in der Primärversorgung mit neuen Störungen und Gesundheitsproblemen bei Kindern konfrontiert, die durch Veränderungen in der Gesellschaft, der Umwelt und der Medizin verursacht werden. Er stößt also auf ein verändertes Krankheits- und Gesundheitsproblem-Spektrum, das sich in Form gestörter Mutter-Kind-Beziehungen, pathologischer Familiendynamik, belastenden Schulmilieus und zunehmendem Stress in der sozialen Umwelt manifestiert und zu psychischen, psychosomatischen, Verhaltens- und Leistungsstörungen führt. So übernimmt der ambulant tätige Pädiater viele soziale Rollen in seiner Praxis, auf die er in seiner Ausbildung nicht vorbereitet ist. Denn er wird für die Kinder, die Eltern, - speziell die Mütter - der maßgebliche Ansprechpartner und Erstberater in Gesundheits-, Krankheits- und Pflegefragen, bei Erziehungs- und Schulproblemen.

Soziale Rollen des niedergelassenen Allgemeinpädiaters

Medizinischer Experte für Kinderkrankheiten
Spezialist für Kinder- und Jugendentwicklung
Psycho-, Ehe- und Familientherapeut
(kleine Psychotherapie)
Erziehungsexperte und -berater
Berater und Experte für Schulprobleme
Sozialarbeiter
Richter und Gesetzgeber für Familien
Staatsanwalt, Kriminalexperte und Detektiv
Surrogat als Vater, Mutter, Ehepartner, Freund

Die sich auftuende Differenz zwischen Weiterbildung und Erwerb klinischer Erfahrung im stationären Sektor und der allgemeinpädiatrischen Tätigkeit in der ambulanten Praxis ist auch ein Phänomen, das in den USA bei Pädiatern beobachtet wurde. Diese Differenz erzeugte dort eine erstaunliche Konsequenz: Es entwickelte sich ein Phänomen, das unter dem Stichwort »the dissatisfied pediatrician syndrome« die Diskussion beherrschte. Die von den Universitätskliniken in die Praxis kommenden Pädiater machten die Erfahrung, dass ein Hauptteil ihrer Arbeit vor allem in Prävention und Früherkennung bestand, ein wesentlich kleinerer Teil in der Behandlung von eher geringfügigen Erkrankungen, insbesondere Erkrankungen der oberen Atemwege, anderer akuter Infekterkrankungen und vor allem gastrointestinaler Störungen. Es verbreitete sich ein erhebliches Maß an Unzufriedenheit und Frustration, weil man das Gefühl hatte, hochqualifiziert zu sein, aber in der Praxis nicht genug gefordert zu werden. Man erlebte sich mehr als Instanz der Überwachung von Gesundheitsentwicklungen und der Prävention denn als ein kurativ tätiger Arzt. Auf der anderen Seite fühlten sie sich nicht gut vorbereitet auf das, was an Anforderungen auf sie zukam. Untersuchungen von Kinderarztpraxen zeigten, dass die große Mehrheit der Eltern, insbesondere der Mütter, sich mit psychosozialen Problemen und Anliegen hauptsächlich an sie wandten. Sie waren die ersten Ansprechpartner und nicht irgendwelche Spezialisten im psychosozialen Bereich. Andererseits stellte man auch fest, dass Pädiater primär ausgebildet waren, um organische und physische Störungen und Symptome zu entdecken und zu registrieren, während sie im Umgang mit Verhaltensstörungen eher Schwierigkeiten und die Tendenz hatten, Verhaltensstörungen in körperliche Krankheitskonzepte umzudeuten. Auch wenn der Anspruch darin bestand, alle Aspekte der Entwicklung eines Kindes zu erfassen und zu behandeln, zeigte sich doch, dass man für die psychosozialen und psychosomatischen Probleme weniger gut ausgebildet war. Außerdem machten sie die Erfahrung, dass sie in der Klinik gelernt hatten, schwere Krankheiten zu bearbeiten, die eher eine zeitlich schnelle Medizinarbeit erforderten, während Prävention und Prophylaxe, psychosoziale Beratung und psychosomatische Diagnostik und Behandlung eher eine zeitlich langsame Medizinarbeit darstellten, die viel Zeit kostete, nicht gut honoriert wurde und vor allem auch ungewohnt war bzw. Qualifikationen erforderte, die man nicht erworben hatte.

Die Reaktion auf das »dissatisfied pediatrician syndrome« bestand darin, dass man die neue Morbidität entdeckte: Man wollte die Pädiatrie ausweiten auf psychische, soziale und Verhaltensprobleme und vor allem auch expandieren von der Behandlung von Kleinstkindern auf die Behandlung von jungen Erwachsenen, insbesondere wollte man eine Adoleszentenmedizin entwickeln. Da es diese Probleme waren, die im großen Maße in der Praxis an sie herangetragen wurden, wollten sie auch entsprechend darauf antworten. Der Katalog der neuen Morbidität liest sich wie eine Ansammlung der Krankheitslehre aus der Psychosomatik: lange Listen von Symptomkonstellationen in Gestalt von Entwicklungs-, Verhaltens-, emotionalen und psychosozialen Problemen wurden nun entdeckt: anhaltendes Daumenlutschen, Stehlen, Wutanfälle, Weinerlichkeit, Destruktivität, Nägelbeißen, Gewaltanwendung, Nervosität, Schaukeln, nächtliche Alpträume, Beschmutzungstendenzen, Lügen, Schulprobleme, Probleme mit Autoritäten, Übergewicht, Anorexie, Bulimie usw.

Man entdeckte die psychosozialen Probleme von chronisch kranken und behinderten Kindern, von Adoptionskindern, von Unfallkindern, von missbrauchten und misshandelten Kindern und vor allem entdeckte man die Adoleszenzprobleme und -störungen. Entsprechend kam eine Bewegung in Gang, die Veränderungen des Curriculums für die Ausbildung verlangten, in der wesentlich mehr psychosoziale Aspekte zugrunde gelegt wurden. Untersuchungen über Zufriedenheit und Unzufriedenheit in Bezug auf die kinderärztliche Weiterbildung zeigten, dass gerade für diese Bereiche ein Defizit bestand bzw. Nachhol- und Verbesserungsbedarf, so dass entsprechend auch Curricula verändert wurden.

So gab es einen starken Trend in der Veränderung des professionellen Bildes des Pädiaters in den USA, der sich dem Bild eines Familienmediziners annäherte, der sich neben den somatischen Aspekten vor allem auch für Entwicklungsstörungen und Probleme psychosozialer Art bei Kindern und Jugendlichen interessierte. Interessant war auch, dass die anfängliche Begegnung und Kooperation mit der Kinder- und Jugendpsychiatrie eher zurückging, weil diese nun wiederum mit ihren entsprechend tiefenpsychologisch orientierten Ansätzen zu langsam für die Pädiater arbeiteten. Die Folge war, dass die »neuen Pädiater«, wie sie sich nannten, zunehmend mit Psychologen und Pädagogen zusammenarbeiteten, um einen Praxisansatz zu entwickeln, den man »Verhaltensmedizin« nennen könnte: pragmatisch, direkt bezogen und vor allem auch zeit- und arbeitsökonomisch in bezug auf die Ziele und Durchführung von Beratungen und Therapien.

Die Frage stellt sich, warum es in Deutschland nicht zu einer Krise der Allgemeinpädiatrie gekommen ist. Denn die Bedingungen sind ähnliche: auf der einen Seite die weiter zunehmende Aufsplitterung der Pädiatrie in Subspezialitäten mit hohem Expertentum, die angespannte demographische Entwicklung, die zu einem Rückgang der Geburten führte und nur durch den Zuzug der Gastarbeiter und deren höhere Generativität zeitweilig kompensiert wurde, und auf der anderen Seite die Erweiterung des Morbiditätsspektrum durch die Zunahme der Entwicklungs- und Verhaltensstörungen, die von den Familien in die Praxen hineingetragen werden.

Tab. 1: Evaluierung der pädiatrischen Facharztweiterbildung durch Kinderärzte

Bereiche der Versorgung	ungenügend %	genügend %	übermäßig %
Langzeitversorgung von gesunden Kindern vs. punktueller Versorgung	50,4	48,4	0,5
Versorgung von Adoleszenten	65,9	33,0	0,3
Versorgung von Kindern mit chronischen Dysfunktionen	18,4	74,2	7,0
Versorgung von Kindern mit chronisch cerebralen Dysfunktionen	40,4	56,8	2,1
Psychosoziale u/o Verhaltensstörungen und -probleme	53,9	44,1	1,2
Methodik u. Erhebung von psychosozialen Anamnesen und qualitative Interviews sowie Beratungsmethoden	40,8	57,1	1,3
Ambulante Versorgung innerhalb der Ausbildungsklinik (Poliklinik)	11,4	79,9	7,1
Ambulante Versorgung in niedergelassenen Praxen	44,8	49,6	1,9
Vorbereitung im Umgang mit Aufgabe als »Anwalt und Verteidiger« von gefährdeten Kindern (Kindern aus Armuts- und dissozialen Gruppen, Minoritäten, von Alleinerziehenden, missbrauchte und misshandelte Kinder, Kinder mit Behinderungen, hochbegabte Kinder)	50,5	46,8	2,1
Schulgesundheitsprobleme	64,3	34,7	0,3

Quelle: Task Force on Pediatric Education (1978:7)

Die Gründe sind mehrschichtig: Zum einen ist es die festverankerte Tradition im Selbstverständnis der Pädiater, die durch die Weiterbildung gestärkt wird, sich weitgehend gemäß ihrer fachlichen Herkunft aus der Inneren Medizin als Spezialisten in Gestalt des Internisten für das kleine Kind zu verstehen. Die somatische Orientierung herrscht vor, während psychologische, psychotherapeutische und psychosomatische sowie psychiatrische Aspekte eher am Rand bleiben und anderen

Spezialistengruppen zugeordnet und überantwortet werden. So hat sich die Kinder- und Jugendpsychiatrie und auch die Kinder- und Jugendlichen-Psychotherapie weitgehend außerhalb der Pädiatrie und in erheblicher Entfernung zu ihr entwickelt und beansprucht auch, die entsprechenden Erkrankungen und Störungen in Bezug auf das Kindes- und Jugendalter in der Forschung, Diagnostik, Therapie und Nachsorge zu behandeln.

Ferner hat sich ein eigenständiger, vom medizinischen Versorgungssektor unabhängiger psychosozialer Beratungssektor entwickelt, der sich in vielfältigen und zahlreichen Beratungsstellen öffentlicher und privater Art ausgebreitet hat. Außerdem ist in Ansätzen eine schulpsychologische Beratung entwickelt worden, die in enger Verbindung mit dem psychosozialen Beratungssektor steht. Das gilt nicht nur für den ambulanten Bereich, sondern auch für den stationären, es gibt eigenständige kinder- und jugendpsychiatrische Kliniken sowie eigenständige kinder- und jugend-psychotherapeutische Kliniken und Abteilungen, die relativ selten mit pädiatrischen Einrichtungen verbunden sind.

Das Ganze ist Ausdruck der Versäulung des Gesundheitssystems, in dem der ambulante Sektor gegen die Säule des stationären Sektors eher abgeschottet ist, eine Durchlässigkeit nicht gefragt ist und entsprechend sich auch die verschiedenen Spezialfächer gegeneinander versäulen. So kann man beobachten, dass es zu einem merkwürdigen Paradox kommt: Auf der einen Seite sind die Pädiater im ambulanten Bereich diejenigen, die im Sinne von »primary care« als erste Anlaufstelle nicht nur für organische Erkrankungen, sondern auch für psychosomatische und psychosoziale Störungen, Probleme und Erkrankungen in Anspruch genommen werden. Auf der anderen Seite werden diese dort aber nicht als professionelle Aufgabe angesehen, sondern häufig an die dafür zuständigen spezialisierten Einrichtungen und Praxen überwiesen. Das wird sich verstärken, nachdem 1998 das Psychotherapeutengesetz verabschiedet worden ist, weil damit der Bereich insbesondere der ambulanten Psychotherapie auch auf dem Gebiet der Kinder- und Jugendlichen-Psychotherapie signifikant vergrößert worden ist.

Dabei ist der Bereich von Störungen bei Kindern und Jugendlichen bis zum 18. Lebensjahr groß: Von den 80 Millionen Einwohnern der Bundesrepublik sind 23 % Kinder und Jugendliche bis zum 18. Lebensjahr. Die Prävalenz von psychisch auffälligen Kindern und Jugendlichen variiert je nach Altersgruppe erheblich und ist auch bestimmt von unterschiedlichen Faktoren wie Lebensalter, Geschlechts- und Falldefinitionskriterien. Aber die Mehrzahl der Untersuchungsergebnisse zeigt, dass für das Kinder- und Jugendalter zusammengenommen die Störungsrate für diese Gruppe zwischen 8 und 15 % liegt. Weitere 10-13 % aller Kinder und Jugendlichen zeigen Verhaltensstörungen oder psychische und soziale Auffälligkeiten, bei denen Beratung und Hilfe angezeigt sind. Wenn man nun bedenkt, dass möglicherweise die Geburtenrate und Kinderzahl in den nächsten Jahren zurückgeht, könnte sich hier ein Markt auftun, der eigentlich auch für die stationäre und ambulante Pädiatrie von Interesse ist.

Es ist aber zu vermuten, dass es wahrscheinlich hier nicht zu einer Veränderung in der professionellen Gestalt der Pädiatrie kommen wird, sondern eher zu einem stärkeren Anwachsen und einer Zunahme der ambulanten und stationären Kinder- und Jugendpsychiatrie sowie Kinder- und Jugendlichen-Psychotherapie sowie dem psychosozialen Beratungssektor und damit zur Aufrechterhaltung einer Trennung zwischen eher naturwissenschaftlich-internistischen Pädiatern und den Kinder- und Jugendpsychiatern, Kinder- und Jugendlichenpsychotherapeuten und psychosozialen Beratungseinrichtungen.

Für die Zukunft der Pädiatrie als Profession sind noch zwei weitere Themenbereiche relevant:

- Die Frage der Erweiterung der Pädiatrie um eine Jugendmedizin und
- die sich abzeichnende Auflockerung der starren Säulenstruktur im Gesundheitssystem.

Es sind in letzter Zeit Bestrebungen im Gange, den Facharzt umzubenennen in »Facharzt für Kinderheilkunde und Jugendmedizin«. Während die Jugendlichen einen erheblichen Anteil an der Gesamtbevölkerung stellen, zeigt sich, dass ihr ärztliche Leistungen in Anspruch nehmendes Verhalten am geringsten von allen Altersgruppen ist. Während kleine Kinder eine hohe Nachfragerate aufweisen, nimmt diese Rate im Jugendalter stark ab; Kinder und Jugendliche zwischen 6 und 14 Jahren stellen 5 % der Patienten in allen Arztgruppen, dabei haben sie einen Anteil von 12 % an der Bevölkerung, Jugendliche zwischen 15 und 17 Jahren stellen lediglich 2,7 % der Patienten, während ihr Anteil an der Bevölkerung 5 % beträgt. Der Anteil an der Versorgung von Jugendlichen nimmt bei den Pädiatern rapide ab, er sinkt auf 3 % bei den über 14-jährigen, und es ist festzuhalten, dass von den Jugendlichen, wenn sie überhaupt einen Arzt aufsuchen, andere Facharztspezialitäten in Anspruch genommen werden, wobei hier neben Gynäkologen für Mädchen vor allem Allgemeinmediziner und Internisten beansprucht werden. Das heißt, die speziellen Bedürfnisse in Bezug auf Gesundheit und auf die Erkrankungsbilder bei Jugendlichen sind weitgehend unbekannt bzw. werden denen von Erwachsenen analog behandelt. Lediglich im stationären Sektor gibt es Kliniken mit einem höheren Spezialisierungsgrad wie z.B. jugendpsychiatrische oder jugendpsychotherapeutische Kliniken und bestimmte pädiatrische Spezialeinrichtungen für chronische Erkrankungen, die altersadäquate Behandlungskonzepte anbieten können.

Wenn die Pädiatrie ihren Bereich auf Jugendliche ausweiten will, wird sie notwendigerweise in Konkurrenz mit den anderen Fächern geraten, eine Konkurrenz, in der sie erhebliche Probleme haben wird, sich durchzusetzen. Zum einen muss sie sich von dem Image befreien, auf kleine Kinder bezogen zu sein, wie es sich in den meisten Praxiseinrichtungen sich auch räumlich manifestiert. Zum anderen muss sie eine Jugendmedizin anbieten können, die bislang noch zu entwickeln ist. Eine Expertengruppe hat aus diesem Grunde in einem Gutachten für das Bundesgesundheitsministerium empfohlen, nationale Konferenzen zur Adoleszenten-Medizin zwischen den verschiedenen Disziplinen durchzuführen, um verbindlichere Konzepte und Ansätze zu entwickeln. Würde es der Pädiatrie gelingen, die Jugendlichen in ihre Spezialität hereinzuholen, würde sich allerdings auch die professionelle Gestalt erheblich verändern: Denn auf diesem Gebiet wird mit Sicherheit eine Verbindung von somatischen mit psychosomatischen und psychosozialen Problemen und Konflikten aufs Engste einhergehen, was den fachlichen Gehalt und die Beratungs- und Therapieansätze in der Pädiatrie erheblich verändern würde – sowohl im ambulanten als auch im stationären Sektor.

Da dieses bislang nicht erfolgt ist, gibt es inzwischen andere Ansätze, wie z.B. Modelle von interdisziplinären und integrativen Beratungs- und Behandlungszentren, wie sie in Modellversuchen jetzt vorgesehen sind. Diese setzen allerdings voraus, dass die gegenwärtige starre Struktur des Gesundheitssystems aufgelockert wird. Es gibt inzwischen zaghafte Ansätze für Veränderungen in Gestalt von sog. »integrierten Praxisnetzen«, wie sie inzwischen in der Bundesrepublik dank der Reformklauseln im Bundesgesundheitsgesetz möglich geworden sind.

Illustrieren kann man dieses an dem Modell der »Beratungs- und Behandlungspraxis«, die als Modellversuch geplant ist und Folgen für die Pädiatrie haben könnte. Hierbei werden zwei Adressatengruppen vorgesehen:

- Kinder bis zum Alter von 12 Jahren und ihre Eltern und
- Jugendliche im Alter zwischen 13 und 17 Jahren, einschließlich der darauf folgenden jungen Erwachsenengruppen.

Dieses Netz würde verschiedene Spezialitäten vorhalten: eine kinderärztliche, eine allgemeinärztliche, eine zahnärztliche und kieferorthopädische Praxis, eine psychologische und eine logopädische Praxis und schließlich krankengymnastische und psychomotorisch ausgerichtete Einrichtungen.

Deutlich ist die interdisziplinäre Orientierung mit den Möglichkeiten von Behandlung, Rehabilitation und Prävention und vor allem auch der Kooperation mit Einrichtungen im medizinischen und psychosozialen Sektor. Die Finanzierung würde über die Kassen erfolgen, die Kassenärztliche Vereinigung ist dabei ausgeschaltet. Eine solche Veränderung in der Versorgungsstruktur würde eine Herausforderung an die pädiatrische Profession wie auch an die anderen Spezialitäten darstellen, weil die versäulte Form aufgehoben würde, mehr Durchlässigkeit und Kooperation und Koordination entstünde, was wiederum auch auf die fachlichen Inhalte zurückwirken würde. Ob dies so eintreten wird, ist angesichts der Erstarrung der politischen Strukturen schwer voraussagbar.

Man kann daher für die Pädiatrie drei Arten von Professionalisierungstendenzen unterscheiden, die gegenwärtig alle zu beobachten sind:

- die verstärkte Professionalisierung in Gestalt der Herausbildung von hochspezialisierten Pädiatern, die aus ihren Spezialeinrichtungen heraus als Konsultanten auf der Basis von Überweisungen für Probleme arbeiten, für die hochspezialisierte Kompetenzen und technischer Einsatz Voraussetzung sind. Dies ist der professionelle Trend für den stationären Sektor, der in der Pädiatrie anhalten wird, in dem Sinne, dass es zu immer mehr spezialisierten Einrichtungen innerhalb der Kinderkrankenhäuser kommt, während die Allgemeinpädiatrie zunehmend mehr reduziert wird.
- die Professionalisierungstendenz in Gestalt der Veränderung der Behandlung und Inhalte des pädiatrischen Handelns, indem die pädiatrische Praxis über Kinder hinaus auf Jugendliche und ihre Familien ausgeweitet wird. Das heißt, die Professionalisierung, die aus dem Kinderarzt zusätzlich einen Familienarzt macht, der neben seiner organmedizinischen Orientierung ein stärkeres Gewicht auf psychosoziale Orientierung legt. Eine solche Professionalisierung würde eher stattfinden, wenn es zu den Praxisnetzen als einer Möglichkeit unter vielen im Versorgungssystem kommt. Das würde auch Implikationen nicht nur für den ambulanten Bereich, sondern auch für den stationären haben, weil in solche Netze auch Kinderkrankenhäuser einbezogen werden können.
- eine gemessen an dem vorherrschenden Selbstverständnis abnehmende Professionalisierung, man könnte es auch eine Aufweichung des überkommenen Berufsbildes des Pädiaters nennen. Gemeint ist damit, dass Pädiater ihre Aktivitäten auf das volle Spektrum von Gesundheitsbedürfnissen von Kindern und Jugendlichen ausweiten, wobei der Aufgabenbereich wesentlich über den jetzigen hinausginge, insofern als Lern- und Verhaltensprobleme, Schulgesundheit, Unfallprävention, Kindesmisshandlung, plötzlicher Kindstod, Drogen, Sexualitätsprobleme und Familienberatung sowie die Behandlung von psychologischen und sozialen Folgen von chronischer Krankheit vermehrt zur Aufgabe gehören würden. Das würde Veränderungen im Weiterbildungscurriculum erforderlich machen.

Es ist zu vermuten, dass bei veränderter demographischer Entwicklung alle drei Professionalisierungstendenzen zum Zuge kommen. Bislang allerdings kann davon ausgegangen werden, dass die gegenwärtige professionelle Gestalt der Pädiatrie noch eine ganze Weile anhält.

Literatur

Angermeyer M. C. (Hrsg.) (1981): Chronisch kranke Kinder und Jugendliche in der Familie. Stuttgart: Enke

Dreger J. (1997): Sozialpädiatrische Zentren in Ost und West. Medizinsoziologische Studien zu Idee und Arbeitsalltag einer Form ambulanter, interdisziplinärer Betreuung für behinderte Kinder und ihre Familien. Dissertation Göttingen

Drotar D. (1995): Consulting with Pediatricians. Psychological Perspectives. New York/London: Plenum Press

Feetham S. L. (1998): Issues in health services research. Children and families and the health care system. In: Broome M. E., Knafl K., Pridham K., Feetham S. (Hrsg.): Children and families in health and illness. London/New Delhi: Sage Publications

Friedrich H. (1982): Familie und Kinderkrankenhaus. Interaktions- und Kommunikationsprozesse zwischen Krankenhauspersonal und Familie, ihre Abhängigkeit von der Organisation von Therapie und Pflege sowie ihre Determinanten in der psychischen, sozialen und ökonomischen Situation. Stuttgart: Kohlhammer

Hoepner-Stamos F. (1999): Chronische Erkrankungen im Jugendalter. Psychosoziale Folgen schwerer und leichter Beeinträchtigungen. Weinheim/München: Juventa

Kindernetzwerk (Hrsg.) (1998): Kindernetzwerk für kranke und behinderte Kinder und Jugendliche in der Gesellschaft e. V.: Wer hilft weiter. Einrichtungen der Vorsorge und Rehabilitation für Kinder und Jugendliche (Kinder-Rehaführer). Lübeck: Schmidt Römhild

Mayall B. (1996): Children, health and the social order. Buckingham/Philadelphia: Open University Press

Pawluch D. (1996): The New Pediatrics. A Profession in Transition. New York: Aldine De Gruyter

von der Hardt H. (1997): Versorgungssituation chronisch kranker Jugendlicher im Übergang in das Erwachsenenalter. Expertise für das BMG. Frankfurt/Main: VAS

CHRISTIANE DENEKE und HEIKO WALLER

Gesundheitsarbeit in sozialen Diensten – Eine erfolgreiche Strategie gegen gesundheitliche Benachteiligung

Einleitung

Gesundheitsarbeit in sozialen Diensten ist ein Teil der gesundheitsbezogenen Sozialarbeit. Diese lässt sich in *Sozialarbeit im Gesundheitswesen* und *Gesundheitsarbeit im Sozialwesen* aufteilen. Der zuerst genannte Bereich dürfte weitgehend bekannt sein: Sozialarbeit im Gesundheitswesen findet - wie der Name sagt - in Einrichtungen des Gesundheitswesens statt, also im Krankenhaus, im Gesundheitsamt, in der Suchtkrankenhilfe sowie in ambulanten und komplementären psychiatrischen Einrichtungen, um nur die wichtigsten Einrichtungen zu nennen. Ziel der Sozialarbeit im Gesundheitswesen ist die Vermeidung bzw. Verminderung krankheitsbedingter sozialer Probleme.

Gesundheitsarbeit im Sozialwesen dagegen findet in Einrichtungen des Sozialwesens - also in sozialen Diensten - statt. Ziel der Gesundheitsarbeit im Sozialwesen ist die Vermeidung bzw. Verminderung sozialbedingter gesundheitlicher Probleme. Gesundheitsarbeit ist Teil einer ganzheitlich verstandenen Sozialarbeit. Sie erweitert den Blick von den traditionell im Mittelpunkt der Sozialarbeit stehenden sozialen Problemen der KlientInnen auf die mit ihnen verbundenen Probleme von Gesundheit und Krankheit. Gesundheitsarbeit im Sozialwesen kann in den meisten Handlungsfeldern der Sozialen Arbeit realisiert werden. In der folgenden Auflistung haben wir den Handlungsfeldern Sozialer Arbeit (vgl. auch Chassé & von Wensierski 1999) beispielhaft einige für Gesundheitsarbeit besonders geeignete soziale Dienste zugeordnet:

- Allgemeiner Sozialdienst; Erziehungshilfen (z.B. Sozialpädagogische Familienhilfe, Heimerziehung, betreutes Wohnen);
- Jugendpflege (z.B. Jugendzentren, Ferienmaßnahmen, Bildungsstätten)

- Sozialarbeit im Rahmen der Behindertenhilfe (z.B. Wohnheime und Werkstätten für Behinderte)
- Altenarbeit (z.B. Alten- und Pflegeheime, Sozialstationen)
- Sozialarbeit mit Personen mit besonderen sozialen Schwierigkeiten (z.B. Beratungsstellen und ambulante Hilfen für Wohnungslose, Sozialarbeit im Bereich der Strafjustiz, Berufsbetreuung)
- Psychosoziale Beratungs- und Betreuungseinrichtungen (z.B. Erziehungsberatungsstellen, Frauenhäuser, Kinderschutzzentren)
- Ausländer-, Aussiedler- und Flüchtlingsberatung

Aus der Sozialepidemiologie ist bekannt, dass sozial benachteiligte Bevölkerungsgruppen - also der Kern der Klienten der Sozialarbeit - die meisten Gesundheitsprobleme und auch die meisten unzureichend behandelten Krankheiten aufweisen (vgl. z.B. Weber 1997, Marmot & Wilkinson 1999, Mielck 2000). Zusätzlich wissen wir aus der Versorgungsforschung, dass insbesondere Angebote der Gesundheitsförderung und Prävention diese Bevölkerungsgruppen kaum erreichen.

So schreiben Kahl u. a. zu den Ergebnissen des Gesundheitssurveys 1997/98: »Insgesamt haben 10,5 % der Befragten angegeben, während der letzten 12 Monate an gesundheitsfördernden Maßnahmen teilgenommen zu haben, Frauen doppelt so häufig wie Männer (13,8 % zu 7 %). Unterschiede in der Inanspruchnahme gesundheitsfördernder Maßnahmen bestehen auch zwischen Ost und West ... und nach sozialer Schichtzugehörigkeit. Während in der Oberschicht 12,6 % und in der Mittelschicht 11,2 % der befragten Gesundheitsförderungskurse besuchen, waren es in der Unterschicht nur 7,1%« (vgl. z.B. Kahl u. a. 1999). Besonders gravierend zeigt sich der Schichtgradient bei Frauen (Unterschicht: 8,3 % - Oberschicht: 18 %). Die »Komm-Struktur« der meisten Angebote stellt also gerade für sozial Benachteiligte eine Zugangsbarriere dar. Dagegen weisen Angebote, die zur Zielgruppe kommen (z.B. in Betrieben), einen deutlich geringeren Schichtgradienten auf (vgl. Kirschner 1995). Obwohl der neue §20 SGB V, Abschnitt 1, seit Januar 2000 gesundheitliche Chancengleichheit zur expliziten Aufgabe der Primärprävention durch gesetzliche Krankenkassen macht, gibt es kaum Handlungsstrategien in diese Richtung.

Die Sozialarbeit hingegen erreicht diese Bevölkerungsgruppen in der Regel im Rahmen ihrer sozialen Dienste. Sie kann somit gezielt dazu beitragen, dass aus der sozialen Benachteiligung nicht zusätzlich auch noch eine gesundheitliche Benachteiligung wird.

Die Soziale Arbeit ist jedoch erst am Anfang, sich auch als Gesundheitsarbeit zu profilieren. Die Deutsche Gesellschaft für Sozialarbeit hat dazu eine wichtige Stellungnahme erarbeitet (Mühlum u. a. 1997). Darüber hinaus gibt es erste Buchveröffentlichungen zu diesem Thema (Brieskorn-Zinke & Köhler-Offierski 1997; Homfeldt & Hünerstorf 1997, Sting & Zurhorst 2000, Ortmann & Waller 2000). Auch im Ausland ist diese Entwicklung neu, wie ein Blick in die Veröffentlichungen z.B. von Jones und Bloomfield (1996) aus Großbritannien oder Reisch und Gambrill (1997) aus den USA zeigt.

Mackenbach (1993) unterscheidet vier Strategien zur Bekämpfung sozial bedingter gesundheitlicher Ungleichheit (vgl. auch Benzeval u. a. 1995; Gepkens & Gunning-Schepers 1996):

- Reduktion sozialer Unterschiede
- Minimierung krankheitsbedingter sozialer Ungleichheit
- Reduzierung ungesunder Lebensstile in unteren Sozialschichten
- Kompensatorische Gesundheitshilfen für untere soziale Schichten

Die im Mittelpunkt dieses Beitrags stehende Gesundheitsarbeit bezieht sich im Wesentlichen auf die beiden letztgenannten Bereiche, d.h. auf die Reduzierung ungesunder Lebensstile in unteren Sozialschichten und auf die kompensatorischen Gesundheitshilfen für untere Sozialschichten.

Am Zentrum für Angewandte Gesundheitswissenschaften (ZAG) der Universität und Fachhochschule in Lüneburg, an dem die beiden AutorInnen tätig sind, wurde in den vergangenen Jahren ein Forschungsschwerpunkt zur »Gesundheitsarbeit in sozialen Diensten« aufgebaut. Vier größere anwendungsbezogene Forschungsprojekte wurden bzw. werden zu diesem Themenkomplex durchgeführt:

- Gesundheitsförderung und Prävention mit sozial benachteiligten Bevölkerungsgruppen im Rahmen sozialer Dienste mit den Schwerpunkten Netzwerk Frauengesundheit und dem Gemeinwesenarbeitsprojekt PreisWerte Ernährung (überwiegend gefördert vom Ministerium für Wissenschaft und Kultur des Landes Niedersachsen)
- Armut und Gesundheit. Bestandsaufnahme, Bewertung und Entwicklung von gesundheitsbezogenen Interventionsprojekten in Niedersachsen (gefördert vom Bundesministerium für Bildung und Forschung)
- Gesunde Ernährung für Jugendliche. Förderung der Ernährungssituation benachteiligter männlicher Jugendlicher im Rahmen von Jugendzentren (überwiegend gefördert vom Bundesministerium für Verbraucherschutz)
- Zur Lebenssituation allein erziehender Frauen und ihrer Kinder unter besonderer Berücksichtigung ihrer Gesundheit (gefördert vom Bundesministerium für Bildung und Forschung)

Die Ergebnisse aus dem bereits abgeschlossenen Forschungsprojekt »Armut und Gesundheit« sollen im Folgenden zusammenfassend dargestellt werden.

Armut und Gesundheit – Interventionsprojekte in Niedersachsen

Das Projekt wurde in Kooperation mit der Landesvereinigung für Gesundheit Niedersachsen und unter Mitarbeit von P. Hofrichter und A. Richter durchgeführt. Wir beginnen mit einigen Fragen zur Definition und zur Verbreitung von Armut in Niedersachsen.

Das verbreitetste Konzept von Armut ist das der relativen Armut in der von der EG-Kommission vorgeschlagenen Begriffsbestimmung. Arm sind danach: »Einzelpersonen oder Familien, die über so geringe Mittel verfügen, dass sie von der Lebensweise ausgeschlossen sind, die in dem Mitgliedsstaat annehmbar ist, in dem sie leben« (zit. nach Habich & Krause 1995).

Diese Definition berücksichtigt folgende Aspekte:

- Armut ist räumlich und zeitlich begrenzt.
- Armut wird haushalts- und familienbezogen betrachtet.
- Die Armutsmessung zielt auf die Ressourcen ab, die einem Haushalt zur Verfügung stehen.
- Armut ist umfassend zu verstehen. Sie muss die gesamte, in einer Gesellschaft annehmbare Lebensweise einbeziehen.

Entsprechend diesem Konzept werden diejenigen Haushalte bzw. Personen als arm definiert, die über weniger als 50 % des durchschnittlichen nationalen Nettoeinkommens pro Kopf der Bevölkerung verfügen.

An diesem Konzept und der Armutsschwelle von 50 % orientiert sich auch der Niedersächsische Landesbericht zur Entwicklung von Armut und Reichtum, auf dessen Material und Teilfortschreibung wir uns weitgehend beziehen (vgl. Niedersächsischer Landtag 1998).

In Niedersachsen waren 1999 11,7 % der Bevölkerung arm im Sinne der obigen Definition, d.h. sie hatten ein Einkommen, das unter 50 % des Landesdurchschnitts lag. Die relative Einkommensarmut (50 %-Grenze) lag 1999 in allen Bundesländern insgesamt bei 12,1% (vgl. Tab. 1).Der Landesdurchschnitt des Nettoeinkommens lag 1999 also bei 2002 DM pro Person, die 50%-Armutsschwelle bei 1001 DM pro Person und Monat.

Armut ist sehr unterschiedlich verteilt: je größer die Haushalte sind, desto höher ist der Anteil der Armen – zwischen 6,8% der Personen bei 2-Personen-Haushalten und 28,5% bei Personen in Haushalten mit fünf oder mehr Personen. Diese Diskrepanz wird noch größer, wenn man zwischen 2-Personen-Haushalten, bestehend aus zwei Erwachsenen, und 2-Personen-Haushalten, bestehend aus einem Elternteil mit einem Kind, unterscheidet. Während die Armutsquote in den 2-Personen-Haushalten in den letzten Jahren gesunken ist (von 7,8 % in 1997 auf 6,8 % in 1999), ist die Armutsquote von Personen, die in Haushalten mit fünf oder mehr Personen leben, gestiegen (von 26,3% auf 28,5%). Besonders stark von Armut betroffen sind also Familien mit drei oder mehr Kindern. Dies waren in Niedersachsen 171.000 Familien, über 10.000 davon sind Familien von allein erziehenden Frauen.

Frauen sind generell etwas stärker von Armut betroffen als Männer, besonders aber allein erziehende Frauen mit rund 35%. 1995 waren 18,7% der Familien mit Kindern in Niedersachsen allein erziehende, davon 83% Frauen.

Tab. 1: Relative Armut in Niedersachsen

Entwicklung der relativen Armut in den Jahren 1995 bis 1999 Bevölkerung mit 50% des gewichteten durchschnittlichen Nettoeinkommens pro Kopf und weniger				
	Niedersachsen		Deutschland	
Jahr	in %	Schwelle in DM	in %	Schwelle in DM
1995	13,2	945	13,2	949
1996	12,4	954	12,4	946
1997	11,9	957	12,5	952
1998	11,6	973	12,4	973
1999	11,7	1001	12,1	1006
Entwicklung in %	-1,5	5,9 %	-1,1	6,0 %

Quelle: Eichhorn 2000

Andere besonders von Armut betroffene Gruppen sind Arbeitslose (1998: 47%) oder Personen mit einer geringen Ausbildung (Hauptschule ohne Lehre: 20%). Die Arbeitslosenquote betrug im Jahr 1999 in Niedersachsen 11,5 %, der Anteil der Schulabgänger ohne Schulabschluss ca. 9,3 %.

Im Folgenden werden die wichtigsten Forschungsfragen und -ergebnisse aus dem Forschungsprojekt zusammenfassend dargestellt:

- *In welchem Umfang und in welcher Ausgestaltung gibt es Angebote der Gesundheitsförderung und Prävention für sozial Benachteiligte im Rahmen Sozialer Dienste in Niedersachsen?*

Neben neun Vernetzungsangeboten zum Thema »Soziale Benachteiligung und Gesundheit« konnten wir in Niedersachsen 74 Angebote recherchieren, die sich direkt an sozial Benachteiligte wenden. Die Angebote sind zu 62 % dem Sozialsektor zuzurechnen und richten sich meist multi-thematisch (sowohl Gesundheits- als auch soziale Themen berücksichtigend) an vielfältige Teilzielgruppen. Die Angebote sind meist auf Dauer angelegt und finden regelmäßig, meist täglich, statt.

Eine Zuordnung der Anbieter zu Trägergruppen und diese zu Sektoren ergibt folgendes Bild (*vgl.* Übersicht 1):

Übersicht 1:
Anbieter von Gesundheitsförderung und Prävention für sozial Benachteiligte

Trägergruppe	Anzahl	Anteil	Sektoren	Anteile
Spitzenverbände der freien Wohlfahrtspflege	19	25,7 %		
sonst. Sozialwesen*	17	23,0 %		
Lobby-Organisation	5	6,8 %		
Selbsthilfeorganisation	3	4,1 %		
Kirchliche Träger	2	2,7 %	Sozialsektor	62,2 %
Gesundheitswesen**	7	9,5 %		
ÖGD	5	6,8 %		
Reha-Organisation	3	4,1 %	Gesundheitssektor	20,3 %
Bildung	4	5,4 %		
Kommune, Kreis***	4	5,4 %	Bildungssektor	10,8 %
Justizvollzugsanstalt	4	5,4 %		
sonstige Träger	1	1,4 %	sonstige Sektoren	6,8 %
Gesamtergebnis	74	100 %****		100 %

* Zuordnung zu einem Spitzenverband der freien Wohlfahrtspflege nicht oder nicht eindeutig gegeben; ** ohne ÖGD und Reha-Träger; *** als Träger von Volkshochschulen
**** Summenbildung ergibt mehr als 100 % wegen der Rundungen
Quelle: eigene Erhebung

■ *In welchem Umfang und in welcher Ausgestaltung gibt es Angebote der zielgruppenspezifischen Versorgung für sozial Benachteiligte im Rahmen Sozialer Dienste in Niedersachsen?*

Es gibt 17 zielgruppenspezifische Versorgungsangebote, die zu ca. 60 % dem Sozialsektor zuzurechnen sind. Die Angebote richten sich hauptsächlich an Wohnungslose, Kinder und Jugendliche und MigrantInnen. Eine »Hannoverlastigkeit« ist deutlich (10 der 17 Angebote befinden sich in Hannover).

Tab. 2: Zielgruppen der Angebote

Zielgruppen	Erstnennung	in %	Gesamtnennungen	in %
Kinder, Jugendliche	23	31,1	35	22,6
Frauen, Mädchen	11	14,9	20	12,9
MigrantInnen	11	14,9	14	9,0
Gemeinwesen	7	9,5	14	9,0
Wohnungslose	6	8,1	7	4,5
Kranke und Behinderte	5	6,8	15	9,7
Arbeitslose, allg. sozial Benachteiligte	5	6,8	5	3,2
Häftlinge, Haftentlassene	4	5,4	5	3,2
Eltern	2	2,7	17	11,0
MultiplikatorInnen			21	13,5
Alte Menschen			1	0,6
Männer, Jungen			1	0,6
Gesamt	74	100	155	100

Quelle: eigene Erhebung

- *Existieren gesundheitsförderliche, präventive oder Versorgungsangebote außerhalb von formellen »Anbietern« Sozialer Dienste, die die Zielgruppe der sozial Benachteiligten erreichen und von diesen angenommen werden?*

Rein informelle Angebote sind selten bzw. konnten von uns kaum recherchiert werden. Immerhin 30 % der Anbieter sind frei-gemeinnützig ohne deutliche Spitzenverbandszugehörigkeit. Drei Angebote sind geringgradig organisiert und eher auf ehrenamtlicher Basis tätig. Zwei davon sind in der Flüchtlingsarbeit aktiv. Nicht einzeln in die Erhebung aufgenommen wurden die 32 niedersächsischen Tafelprojekte, die alle ehrenamtlich tätig sind. Die Gesundheitsrelevanz ist eindeutig, der Gesundheitsbezug für die Akteure aber nicht unbedingt gegeben.

- *Ist die Verteilung der Angebote auf Teilzielgruppen und Gesundheitsbereiche bedarfsgerecht?*

Während die Verteilung auf die Teilzielgruppen die Verteilung von sozialer Benachteiligung in der Bevölkerung strukturell widerspiegelt (vgl. Tab. 2) spricht die einseitige regionale Häufung (in Hannover) und die geringe Gesamtzahl der Angebote gegen eine Bedarfsgerechtigkeit. Die Chance, außerhalb Hannovers auf ein speziell für die eigene Zielgruppe ausgerichtetes Angebot der Gesundheitsförderung, Prävention oder der zielgruppenspezifischen Versorgung zu stoßen, ist gering.

- *Besteht ein Bedarf an Vernetzung zwischen Anbietern und wie ist dieser Bedarf ggf. zu decken?*
Es besteht nicht so sehr ein Vernetzungsbedarf zwischen Anbietern, sondern ein Bedarf an Vernetzungsmöglichkeiten zwischen dem Sozial- und dem Gesundheitssektor für potentielle Anbieter. Dieser Bedarf, dessen Deckung eine Voraussetzung für die Schaffung weiterer Angebote darstellt, kann über gemeinsame Fortbildungen oder gezielte Informationen über die Ansätze und Handlungsmöglichkeiten der Professionellen des jeweils anderen Sektors erfolgen.

- *Existieren Implementationshemmnisse für bedarfs- und zielgruppengerechte Angebote?*
Die Implementationshemmnisse sind vielfältig. Sie liegen in

– der Finanzierung der Sozialen Arbeit, die Gesundheitsförderung und Prävention nur bedingt als Leistung anerkennt und kaum sektorübergreifende Kooperationszeit ermöglicht;
– der ungesicherten Finanzierung von Gesundheitsförderung und Prävention;
– den nicht vorhandenen Anreizen, gesundheitsbezogene Angebote für sozial Benachteiligte zu schaffen;
– der geringen Sektorverknüpfung, die stärker ein Verweissystem als ein Kooperationssystem darstellt und Problemlagen eindimensional zuordnet (»arm« oder »krank«);
– den geringen Kenntnissen über die jeweils andere Profession, deren Arbeit und Kooperationsmöglichkeiten;
– der geringen Wahrnehmung relevanter Aspekte des Sozialen bzw. der Gesundheit durch die jeweils andere Profession;
– der starken Orientierung der Professionellen am Verhaltensmodell von Gesundheitsproblemen und der damit zumindest vereinzelt verbundenen Schuldzuweisung an die Betroffenen.

Auch in anderen Ländern wird der Zusammenhang von Armut und Gesundheit immer häufiger zum Thema gemacht und es werden neue kompensatorische Gesundheitshilfen für Angehörige unterer Sozialschichten entwickelt (vgl. z.B. das von Laughlin und Black (1995) herausgegebene eindrucksvolle Handbuch »Poverty and health - Tools for change« oder das Projekt von Ginzberg u. a. (1997) zur Verbesserung der Gesundheitsversorgung armer Bevölkerungsgruppen in New

York). Allerdings spielt die Soziale Arbeit in diesen Veröffentlichungen - bislang - keine nennenswerte Rolle. Nur in den Projekten der gesundheitsbezogenen Gemeinwesenarbeit wird der Bezug zur Sozialen Arbeit deutlich (vgl. z.B. Minkler 1997; Waller 2000).

Literatur

Benzeval M. u. a. (Hrsg.) (1995): Tackling inequalities in health. An agenda for action. London: King's Fund

Brieskorn-Zinke A., Köhler-Offierski A. (1997): Gesundheitsförderung in der Sozialen Arbeit. Freiburg: Lambertus Verlag

Chassé K. A., von Wensierski H.-J. (Hrsg.) (1999): Praxisfelder der Sozialen Arbeit. Weinheim/München: Juventa Verlag

Eichhorn L. (2000): Relative Armut und relativer Reichtum 1999. In: Statistische Monatshefte 10

Gepkens A., Gunning-Schepers L. J. (1996): Interventions to reduce socioeconomic health differences: a review of the international literature. European Journal of Public Health 6: 218-226

Ginzberg E. u. a. (1997): Improving health care of the poor. The New York City Experience. New Brunswick/London: Transaction Publishers

Habich R., Krause P. (1995): Armut in der Bundesrepublik Deutschland - Probleme der Messung und die Reichweite empirischer Untersuchungen. In: Barlösius E. u. a. (Hrsg.): Ernährung in der Armut. Berlin: Edition sigma: 62-86

Homfeldt H. G., Hünerstorf B. (Hrsg.) (1997): Soziale Arbeit und Gesundheit. Neuwied: Luchterhand Verlag

Jones L., Bloomfield J. (1996): Promoting health through social services. In:

Scriven A., Orme J. (Hrsg.): Health promotion. Professional perspectives. Houndsmills: Macmillan Press: 95-105

Kahl H. u. a. (1999): Inanspruchnahme von Früherkennungsuntersuchungen und Maßnahmen zur Gesundheitsförderung. Gesundheitswesen 61, Sonderheft 2: 163-168

Kirschner W. u. a. (1995): § 20 SGB V. Gesundheitsförderung, Krankheitsverhütung. Untersuchung zur Umsetzung durch die Krankenkassen. St. Augustin: Asgard Verlag

Laughlin S., Black D. (Hrsg.) (1995): Poverty and health. Tools for change. Birmingham: The Public Health Alliance

Mackenbach J. P. (1993): Inequalities in health in the Netherlands. European Journal of Public Health 3: 112-118

Marmot M., Wilkinson R. G. (Hrsg.) (1999): Social determinants of health. Oxford: Oxford University Press

Mielck A. (Hrsg.) (2000): Soziale Ungleichheit und Gesundheit. Bern u. a.: Verlag Hans Huber

Minkler M. (Hrsg.) (1997): Community organizing and community building for health. New Brunswick u. a.: Rutgers University Press

Mühlum A. u. a. (1997): Sozialarbeit und Gesundheitsarbeit. Versuch einer Positionsbestimmung. DGS-Mitgliederrundbrief. Dezember

Niedersächsischer Landtag (1998): Drucksache 14/220: Niedersächsischer Landesbericht zur Entwicklung von Armut und Reichtum. Hannover

Ortmann, K., Waller H. (Hrsg.) (2000): Sozialmedizin in der Sozialarbeit. Berlin: Verlag für Wissenschaft und Forschung

Reisch M., Gambrill E. (Hrsg.) (1997): Social work in the 21st century. Thousands Oaks: Pine Forge Press

Sting S., Zurhorst G. (Hrsg.) (2000): Gesundheit und soziale Arbeit. Weinheim/München: Juventa Verlag

Waller H. (2000): Gesundheitsförderung durch Gemeinwesenarbeit in sozialen Brennpunkten. In: Ries, H. A. u. a. (Hrsg.): Lernkulturen einer zivilen Gesellschaft. Neuwied: Luchterhand Verlag: 177-194

Weber I. (Hrsg.) (1997): Gesundheit sozialer Randgruppen. Stuttgart: Enke Verlag

CHRISTIANE ROTHMALER

»... den subjektiven Faktor in den Gutachten zu mindern.«

Gerichtsärztlicher Dienst und Kastration 1928-1945 in Hamburg

Am Beispiel der Hamburger forensischen Gutachten vor dem Hintergrund der zeitgenössischen psychiatrischen und kriminologischen Literatur zur Kastration gefährlicher Sittlichkeitsverbrecher sollen die »Denkstile« einer Science community als »Denkkollektiv«, wie sie der polnische Arzt und Wissenssoziologe Ludwik Fleck analysiert hat, dargestellt werden (Fleck 1935, dt. 1. Aufl. 1980). Hierbei gehe ich insbesondere auf den Bedeutungswandel und den Machtzugewinn des Gerichtsärztlichen Dienstes (GÄD) bei den Gesundheitsämtern bzw. der ÄrztInnen in den Justizvollzugsanstalten und ihr Verhältnis zur Universitätspsychiatrie/Gerichtsmedizin seit 1933 ein und arbeite die Auswirkungen dieser Veränderungen auf die betroffenen DelinquentInnen aus. Ich möchte meine Überlegungen über die forensisch-psychiatrischen Gutachten zur Kastration »gefährlicher Sittlichkeitsverbrecher« während der NS-Zeit, die ich an einem andern Ort übersichtsartig dargestellt habe (Rothmaler 1997: 107-150; dies. 1999: 257-303), vertiefen. Mit meinem Beitrag möchte ich an Heidrun Kaupen-Haas' medizinhistorische Forschungen anschließen und Fragen aufgreifen, die wir – z.T. in vielen Jahren gemeinsam – an die Geschichte der Medizin im Nationalsozialismus (Kaupen-Haas, Ebbinghaus und Roth 1984), der Psychiatrie (Kaupen-Haas und Rothmaler 1994; Kaupen-Haas 1994: 15-40; 1997: 95-110) und des wissenschaftlichen Rassismus (Kaupen-Haas und Saller 1999) gestellt haben.

Gefährlich wie der Verkehr mit Rauschgiften

Im Frühjahr 1928 kam es zu einer heftigen Auseinandersetzung zwischen dem GÄD der Gesundheitsbehörde Hamburg und dem Psychiater des Allgemeinen Krankenhauses Barmbek Professor Knaak über die forensische Begutachtung eines

Transvestiten, gegen den ein Gerichtsverfahren eröffnet worden war, weil er sich öffentlich in Frauenkleidern gezeigt hatte. Knaaks Gutachten hatte den Freispruch des homosexuellen Angeklagten A. bewirkt, mit der Empfehlung, dem Mann wegen seiner sexuellen Orientierung das öffentliche Tragen von Frauenkleidern zu gestatten. Gegen dieses Gutachten und den Freispruch lief der GÄD Sturm: »Ich habe persönlich größte Bedenken, dass man überhaupt einem Transvestiten die Erlaubnis zum Tragen von Frauenkleidern gibt. Ebenso sollten wir Front machen gegen eine Begutachtung, wie sie Dr. Knaak glaubt vertreten zu können. Man kann auch Perversitäten züchten«, so der Präsident des Gesundheitsamtes Dr. Pfeiffer. Sein Untergebener, Dr. Schwarz, insistierte: »Es ist Sache der Staatsanwaltschaft, sich mit derartigen Gutachten nicht zufrieden zu geben. Ich glaube nicht, dass ein Gerichtsarzt A. exkulpiert hätte. Wenn ich nicht sehr irre, bin ich in der gleichen Angelegenheit schon einmal mit Dr. Knaak zusammen vor Gericht gewesen. Und habe damals die Verurteilung des A. erreicht.« »Ich habe bei der Untersuchung der Transvestiten seinerzeit vor etwa 2 Jahren gesehen, dass es keineswegs richtig noch notwendig ist, solchen Menschen das öffentliche Tragen von Weiberkleidung zu erlauben. Das führt nur zu Unfug, wie vorliegender Fall beweist. Ich bin auch durchaus der Meinung, dass man Perversionen züchten kann und zwar sehr leicht«, so Amts- und Gerichtsarzt Dr. Völckers. Sein Kollege Dr. Rautenberg brachte die Debatte im März 1928 auf dem Punkt: »Nach persönlicher Erfahrung besteht ein grundsätzlicher Gegensatz in der gerichtsärztlichen Beurteilung gegenüber Professor Dr. Knaak; daher sollte das Gericht respektive die Staatsanwaltschaft stets das Gutachten eines Physikus (Amtsarztes, C.R.) anfordern«. Präsident Pfeiffer empfahl, mit den Gerichten zu verhandeln, dass diese nicht »so einseitige Gutachten« gelten lassen sollten und warnte: »Ich sehe in der Art der Begutachtung eine große allgemeine Gefahr, die man mit allen Mittel bekämpfen muss, *genau wie den Verkehr mit Rauschgiften*«.[2]

Die Aufregung unter den Ärzten des Hamburger GÄD war verständlich, sahen sie sich doch schon seit langem in einen Kompetenzenstreit mit den klinischen Psychiatern, allen voran denen der Irrenanstalt Hamburg-Friedrichsberg um Wilhelm Weygandt (Weber-Jasper 1996) verwickelt. Zielstrebig und früh hatte dieser für die Institutionalisierung der Gerichtsmedizin plädiert, da er in ihr zu Recht ein außerordentliches, auch pekuniär einträgliches Betätigungsfeld für die Psychiatrie sah (Weygandt 1911/12: 209-220). Die zunehmende Praxis der Gerichte, Gutachten eher bei den klinischen Psychiatern als bei den Amts- und Gefängnisärzten anzufordern hatte zu einem Konkurrenz- und Kompetenzkampf unter den Ärzten ge-

2 Der gesamte Vorgang bei Staatsarchiv Hamburg (StaHH), Medizinalkolleg (Med.Koll) I, 17, Bl. 148-150.

führt, der historisch bedingt war: Erst in der zweiten Hälfte des 19. Jahrhunderts löste sich die an den Universitäten bis dahin anderen Fächern beigeordnete Gerichtsmedizin aus ihrem Kontext und begann, sich gegen den Widerstand der ehemaligen »Lehrinhaber« wie z.B. der Gynäkologen (Bischoff 1978) oder der Pharmakologen als eigenständiges Fach zu konstituieren (Mantel 1993; Herber 1994: 510-528). Die neuen Professoren mussten aber weiterhin die Funktion des Kreis-Gerichtsarztes ausüben.

Erst 1901 wurde die Gerichtsmedizin obligates Lehrfach, damit also an ein Ordinariat gebunden, 1924 wurde sie Prüfungsfach. Dennoch hatten noch 1927 viele Universitäten auf einen Lehrstuhl verzichtet, die Gerichtsmedizin wurde weiterhin als Nebenfach in Form eines Lehrauftrages durch Kreis- und Amtsärzte gelehrt, meist als Versicherungsmedizin und Sozialhygiene/Sozialmedizin; die forensische Psychiatrie erhielt vorerst einen untergeordneten Status (Kockel 1928: 1-13). Aber einflussreiche Gerichtsmediziner wie die Ordinarien Willy Vorkastner und Richard Kockel forderten massiv, dass nur Psychiater und nicht etwa Pathologen oder technische Kriminalisten die Gerichtsmedizin repräsentieren sollten, gleichwohl gab es erhebliche inhaltliche Abgrenzungsprobleme zur klinischen Psychiatrie (Kockel 1928). Auch die Ämterfusion von Kreisarzt und Fachprofessur sollte aufgehoben werden (Vorkastner 1925: 89-102). In diesen Bestrebungen, sich einerseits immer mehr Kompetenzen auch gegenüber der Justiz einzuverleiben, um es als Lehrfach an den Universitäten zu konstituieren und um andererseits die Amtsärzte als nun staatlich zu prüfende Gerichtsärzte gegenüber der klinischen Psychiatrie, vor allem aber für die Polizei und die Justiz als Gutachter und Kriminalisten fachlich zu qualifizieren, war der Konflikt zwischen den Gerichtsärzten und den klinischen Psychiatern angelegt.

Im Vergleich zu vielen anderen Universitäten verfügte die Hamburger Universität zu diesem Zeitpunkt über keinen Lehrstuhl für Gerichtsmedizin (Janssen 1989: 356-359). Dieser wurde erst 1939 mit der Berufung des Juristen und Kriminalbiologen Ferdinand von Neureiter geschaffen (Rothmaler 1999: 279). Auch in Hamburg hatten die Amtsärzte – entsprechend der Forderung, die Gerichtsärzte müssten gleichfalls »Kriminalisten« sein – bei den polizeilichen Ermittlungen mitzuwirken, polizeiliche Sektionen auszuführen und für die Gerichte forensische Gutachten anzufertigen. Z. B. war Hans Koopmann vom GÄD Mitglied der Hamburger Mordkommission und Lehrbeauftragter für Gerichtsmedizin an der Hamburger Universität. Bis zur Einführung der Gerichtsmedizin als Prüfungsfach für Amtsärzte waren die Kreis-, Gefängnis- und Amtsärzte eher Autodidakten, kamen sie doch vielfach aus »fremden« Fächern. Insbesondere ihre mangelhafte Aus- und Weiterbildung in forensischer Psychiatrie wurde schon früh zum Dreh- und Angelpunkt der Kritik. Emil Kraepelin, der Nestor der deutschen Psychiatrie, warnte: »Die Aufgaben, welche die forensische Beurteilung zweifelhafter Seelenzustände an uns stellt, sind so ziemlich die schwierigsten, die wir überhaupt zu lösen haben; sie setzen daher eine so vollkommene Beherrschung der psychiatrischen Wissenschaft voraus, wie sie billigerweise nur von einem Fachmanne verlangt werden kann. Die psychiatrische Ausbildung derjenigen Ärzte, welche die ungeheure Mehrzahl der Fälle zu beurteilen haben, reicht (...) auch nicht im entferntesten aus (...). Die Zahl der tagtäglich bei uns abgegebenen völlig unzulänglichen oder geradezu falschen Gutachten ist (...) außerordentlich groß« (Kraepelin 1904/05: 141-151). Diese nie abreißende Kritik machte den GÄD und die Gefängnisärzte von allen Seiten angreifbar. Dessen waren sich insbesondere letztere bewusst: »(...) dass die vorgesetzte Behörde den Ärzten an größeren Strafhäusern Gelegenheit gibt, von Zeit zu Zeit in Universitätsstädten Kurse (über Kriminalpsychologie und Psychiatrie, C.R) zu hören. Das wird der erste Schritt zum Ziele der Schaffung eines in allen Sätteln gerechten Gefängnisärzte-Standes sein« (Leppmann 1905:36).

Auch die Justiz stellte hohe Anforderungen an die Gutachter (Oppermann 1914: 229-238). Mit der Etablierung der Gerichtsmedizin als Lehr- und Prüfungsfach an den Universitäten wurden also die wissenschaftlichen Standards auch für die Amts- und Gefängnisärzte heraufgesetzt. Sie konnten daher nicht mehr so »weiterwurschteln«. Zu Recht befürchteten sie eine inhaltliche und organisatorische Beschränkung ihrer Macht im Verhältnis zu der Justiz und der klinischen Psychiatrie. Folglich mischten sie sich hartnäckig in die Debatten um die Strafrechtsreform bzw. um die Verabschiedung eines Strafvollzugsgesetzes in der Kaiserzeit und in der Weimarer Republik ein, wie sich an den Debatten in der »Monatsschrift für Kriminalpsychologie und Strafrechtsreform« und der »Deutschen Zeitschrift für die gesamte gerichtliche Medizin« dieser Jahre gut verfolgen lässt (u.a. Gentz 1927: 219-234; Reuter 1928: 186-209; Mueller 1933: 65-95).

Mit der Verabschiedung des »Gesetzes zur Vereinheitlichung des Gesundheitswesens« am 3.7.1934 (Herber 1989: 337-359; Labisch 1986) wurden die Amtsärzte, also auch der GÄD, endlich mit einer umfassenden Macht ausgestattet: Ihnen bzw. »ein mit der gerichtsärztlichen Tätigkeit beauftragter Arzt (wie die Gefängnisärzte, C.R.) wurde »die volle gerichtsärztliche Tätigkeit übertragen«. Ab 1935 durften die Gerichtsmediziner der Universitäten nur mit Einwilligung des Reichsministeriums für Erziehung, Wissenschaft und Volksbildung nebenamtlich als forensische Psychiater auftreten. Die Gefängnisärzte durften nur die Häftlinge begutachten. Damit wuchs also dem Reichsinnenministerium durch den GÄD an den Gesundheitsämtern und dem Reichsjustizministerium durch die Gefängnisärzte in den Vollzugsanstalten entscheidende Definitionsmacht in der Forensik – in unserm Falle der Sexualdelinquenz – zu, wurden die Gerichte doch angewiesen, nur in besonderen Fällen auf Amts- oder Gerichtsärzte als Sachverständige zu verzichten

(Gütt 1939: 478-485). Rautenberg, nunmehr Leiter des Hamburger GÄD, konnte seine alte Forderung von 1928 als erfüllt sehen. Der politische Wille des NS-Regimes hatte die Ärzte des GÄD gegenüber ihren Kollegen von der Universität formal und inhaltlich aufgewertet: »Die gerichtsärztliche Begutachtung kann also zweifellos heute dem Rechtsempfinden des Volkes besser Rechnung tragen als früher« (Miesbach 1938: 672).

Sie und die Gefängnisärzte sollten entscheidenden Einfluss auf die Kastrationspraxis ab 1933 nehmen. Dass die Hamburger Ärzte des GÄD und der Gefangenenanstalten buchstäblich zu Herren über Leben und Tod wurden, zeigt sich an ihrer Gutachtertätigkeit im Kriege bei Strafverfahren, in denen sie bei drohender Todesstrafe über die Zurechnungsfähigkeit der Angeklagten nach § 51 StGB entscheiden sollten (Sarodnik 1995: 420-446). Im Gegensatz zu den klinischen Psychiatern entschieden sie fast ausschließlich auf volle Verantwortung der Angeklagten, damit also für die Todesstrafe. Auch wenn sie selbst keine Hand angelegt hatten, gleichwohl bei den Hinrichtungen anwesend waren, kehrten die Gerichtsärzte die mittelalterliche Praxis des Henkers als Heiler um (Herzog 1994: 309-332).

Häufig setzten sich die Gerichte in den Fällen, wo sie sich eher schonend über die Angeklagten geäußert hatten, über ihr Votum hinweg.[3] Den Wünschen des Reichsjustizministeriums, in Kriegszeiten habe der § 51 StGB hinter den Interessen des Volkes zurückzustehen, kamen offenbar auch die Hamburger Gutachter nach: »Die Sachverständigen verfolgen in ihren Gutachten im Allgemeinen dieselben Richtlinien. Nur selten weichen Gutachten aus ganz besonderen Gründen von diesen Richtlinien ab« (zit. n. Sarodnik 1995: 446). Das war der Preis, den die Ärzte des GÄD für ihre Komplizenschaft an die Justiz zu zahlen hatten: Sie waren nicht mehr Herren des Verfahrens. In der wissenschaftlichen Auseinandersetzung um die Kriminalbiologie und die Kastration zwischen Juristen und Psychiatern gab es eine ähnliche Entwicklung.[4] Es waren die Juristen, die die Psychiater in der theoretischen Debatte vor sich hertrieben (Herber 1994: 519).

3 Der § 51 StGB erhielt mit der Verabschiedung des Gesetzes gegen die gefährlichen Gewohnheitsverbrecher vom 24.11.1933 eine neue Fassung mit erheblicher Auswirkung auf die gerichtsärztliche Gutachtertätigkeit, also auch für die DelinquentInnen.

4 Auf diese Debatte kann ich leider aus Platzgründen nicht eingehen.

»Der Sachverständige ist daher der Meinung, dass die Entmannung des Angeklagten angeordnet werden muss.« Kastrationen in Hamburg 1934-1945

Das »Gesetz gegen die gefährlichen Gewohnheitsverbrecher und Maßregeln zur Sicherung und Besserung« vom 30. November 1933 (RGBL I:995) galt neben dem »Gesetz zur Verhütung erbkranken Nachwuchses« (GzVeN) vom 14. Juli 1933 (RGBL I: 529) als das wichtigste bevölkerungs- und kriminalpolitische Gesetz (Rothmaler 1991). Es war ausschließlich gegen Männer gerichtet, die bereits mehrfach wegen sexueller Delikte vor Gericht gestanden hatten oder als besonders »gefährliche Sittlichkeitsverbrecher« galten - eine juristische Definition, die den Psychiatern in ihren Gutachten zur Untermauerung ihrer Kastrationsempfehlung vorgegeben war. Ausgenommen waren Männer, die wegen Homosexualität nach § 175 StGB, wegen Inzest/Blutschande nach § 174,1 StGB oder wegen sexueller Übergriffe auf Abhängige verurteilt worden waren, »weil diese Art der Verbrechen nicht notwendig auf einen entarteten Geschlechtstrieb schließen lässt« (Bonk 1939/40: 343). Bei weitem überwog unter den Sexualdelinquenten die Zahl der Männer, die wegen »unzüchtiger Handlungen an Kindern« nach dem § 176,3 StGB nicht nur zu Gefängnis- und Zuchthausstrafen sondern auch zur Kastration nach § 42k StGB und Sicherungsverwahrung verurteilt wurden.[5] In wenn auch geringerer Zahl wurden auch die Exhibitionisten nach §§ 183 und 42k StGB verurteilt. Mit dem Inkrafttreten beider Gesetze erhielten die Ärzte in den Gefängnissen eine zusätzliche Aufgabe: Männer, die die Gerichte nach einer ärztlichen Empfehlung des GÄD wegen eines Sexualdeliktes zu einer Kastration nach § 42k der »Maßregeln« bzw. nach dem Art. 5, Abs.3 der »Maßregeln« (rückwirkende Anordnung einer Kastration für den Zeitraum, wo die »Maßregeln« noch nicht rechtskräftig waren) verurteilt hatten, vor dem Eingriff »kriminalbiologisch«ebenso zu begutachten, wie die Männer, die nach § 14 des »GzVeN« in der Fassung vom 26.6.1935 bzw. 4.2.1936 »freiwillig« eine Kastration an sich ausführen ließen. Ausschließlich unter dieser Voraussetzung wurden Homosexuelle kastriert (Sparing 1997: 169-212; Rothmaler 1997: 139-146).

5 Auch Frauen wurden unter diesem Paragraphen angeklagt und verurteilt (Rothmaler 1997: 145-146).

Tab. 1: Durch das Hamburger Landgericht abgeurteilte Sexualdelikte.[6]

	1933 **N=27**	1934 **N=41**	1935 **N=89**	1936 **N=50**	1937 **N=92**	1938 **N=252**	1939 **N=207**	1940 **N=182**	1941 **N=174**	1942 **N=133**	1943 **N=91**	1944 **N=50**	1945 **N=19**
§174 **N=138**	2	5	8	6	12	10	19	16	22	15	11	10	2
§176,3 **N=977**	24	35	55	31	64	203	135	128	110	99	63	19	11
§176,3 Dt. Reich					6969		6286	4345	4054	4374	1278 **1. Hj.**		
§183 **N=278**	1	1	12	13	26	39	43	38	42	19	17	21	6

Im Dezember 1936 genehmigte der Reichsjustizminister dem Zentrallazarett des Hamburger Untersuchungsgefängnisses, Männern die Hoden zu entfernen. Die Überlieferung der Zahlen für die in Hamburg ausgeführten Kastrationen ist recht widersprüchlich (Pfäfflin 1988: 591-603).[7] Vermutlich sind etwa 550 Männern zwischen 1934 und 1942 im OLG-Bezirk Hamburg - zum größten Teil zwangsweise - die Hoden entfernt worden. Setzt man diese Zahl ins Verhältnis zu den im gleichen Zeitraum im gesamten Deutschen Reich etwa 2135 ausgeführten Kastrationen, so entfallen allein auf den OLG-Bezirk Hamburg ein Viertel (25,7%) aller im Deutschen Reich angeordneten und ausgeführten Kastrationen. In erster Linie kamen Männer aus den unteren sozialen Schichten vor den Strafrichter, weil sie immer wieder - zumeist Mädchen - sexuell belästigt hatten. Den angeklagten Männern wurde, abhängig vom Geschlecht des Kindes, eine bestimmte sexuelle Identität - Hetero-, Homo- oder Bisexualität - unterstellt; waren Jungen in die sexuellen Akte involviert, wurden die Männer zusätzlich nach § 175 bzw. § 175a StGB verurteilt.[8] Über ihre sexuelle Orientierung sagen diese Begriffe zunächst nichts aus, sondern

6 Fettgedruckt sind die publizierten Zahlen des Statistischen Reichsamtes zu § 176,3. Vgl. Bundesarchiv Koblenz (BAK), R22/1160: Die Entwicklung der Kriminalität im Deutschen Reich vom Kriegsbeginn bis Mitte 1943. Hrsg. vom Statistischen Reichsamt. Berlin 1944. Genauer bei Rothmaler 1997: FN 162. Die Verurteilungen nach §175, 175a habe ich hier nicht berücksichtigt.

7 Genauer bei Rothmaler 1997: FN 149, Lassen 1992: 216-289.

8 Diese Verbindung von § 176,3 StGB mit den §§ 175 und 175a StGB war das Einfallstor, durch das auch Homosexuelle kastriert wurden. Zu den medizinischen Lösungsversuchen der Homosexualität vgl. Jellonek 1990: 140-175.

eher etwas über den sexual- und psychopathologischen Diskurs, der innerhalb der Jurisprudenz und der Forensik herrschte.[9]

»... dass die Betreffenden durch die Entmannung nur eine krankhafte Geschlechtlichkeit verlieren«. Zu den Hamburger Kastrationsgutachten

Als sich also die Hamburger Amtsärzte 1928 über den klinischen Psychiater Knaak so echauffierten, befanden sie sich nicht nur mitten in der Auseinandersetzung um ihre Kompetenz, Einfluss und Pfründe; auch aus inhaltlichen Gründen lehnten sie die Gerichtsentscheidung ab: Vertrat Knaak in seinem Gutachten eine sexualreformerische und an der Psychoanalyse geschulte Haltung gegenüber der sexuellen Orientierung des Angeklagten, sahen die Ärzte des GÄD die öffentliche Ordnung bedroht, wenn Gerichte es dulden sollten, dass das Geschlecht einem Menschen nicht eindeutig zuzuordnen war und dieser es auch öffentlich zeigte. So gefährlich und zerstörerisch wie das Rauschgift waren das Geschlechtliche und seine Sichtbarmachung. Indem sie Knaak die »Züchtung von Perversionen« unterstellten, rückten sie ihn in die Nähe der gefährlichen Transvestiten; damit wurde er selbst zu einer öffentlichen Gefahr. Knaak hatte aber etwas Entscheidendes getan: Er hatte mit einem herrschenden Denkstil der Psychiatergemeinschaft gebrochen. Die »Denkstile« des Wissenssoziologen Ludwik Fleck würde man heute »Paradigmen« nennen. Für ihn waren Denkstile und Denkkollektive (er analysiert sie am Beispiel der Entwicklung des Krankheitsbegriffes der Syphilis und ihrer Therapie) immer historisch und sozial gebunden. In der Vorwegnahme von Foucault stellt sich seine Geschichte des Wissens über Generationen hin »wie ein erregtes Gespräch von mehreren Personen gleichzeitig miteinander und durcheinander« dar (Fleck 1935/1980: 23). Fleck definierte den Denkstil als »gerichtetes Wahrnehmen mit entsprechendem gedanklichen und sachlichen Verarbeiten des Wahrgenommenen. Ihn charakterisieren gemeinsame Merkmale der Probleme, die ein Denkkollektiv interessieren; der Urteile, die es als evident betrachtet; der Methoden, die es als Erkenntnismittel anwendet. (...) Zugehörig zu einer Gemeinschaft erfährt der kollektive Denkstil die soziale Verstärkung. (...) Er wird zum Zwang für Individuen, er bestimmt, ‚was nicht anders gedacht werden kann‹«. (Fleck 1935/1980: 130). Die meisten Gefängnis- und Amtsärzte – ein eigenes Denkkollektiv – der 20er bis 40er Jahre waren zwar als Psychiater ausgebildet; aber eine Ausbildung in Gerichtsmedizin und Erbbiologie hatten sie ebenso wenig erhalten wie ihnen soziologisches oder sozialwissenschaftliches Wissen im medizinischen Kontext zugängig war. Ihre kulturell und sozial bedingten Vorurteile gegenüber den Häftlingen durchdachten nur

9 In den KBU-Akten der Frauen tauchen derartige Erwägungen nicht auf

wenige (Gruhle 1939: 215-234). Als besonders problematisch sollte sich jedoch erweisen, dass sowohl die Gefängnisärzte als auch die Ärzte des GÄD Gutachten anfertigten über Männer, die wegen eines Sexualdeliktes zur Kastration verurteilt werden sollten, obwohl sie nur über oberflächliche sexualwissenschaftliche Kenntnisse verfügten, die freilich eher dem Alltagswissen entsprachen. Auffällig häufig wurde »die allgemeine menschliche Erfahrung« oder ihre eigene als Beleg für den Wahrheitsgehalt ihrer Behauptungen angeführt.[10]

Waren Ziel und Erfolg der Kastrationen wissenschaftlich, medizinisch und ethisch ebenso fragwürdig wie die der Massensterilisationen, so hatten beide doch eines gemeinsam: Sie waren ein gigantischer Menschenversuch (Baader 1988: 14-45), den es in diesem Ausmaß vorher noch nicht gegeben hatte und von dem keiner der Beteiligten wusste, wie er ausgehen würde. Im Grunde war es auch unerheblich: »...als wir ja bezüglich der Auswirkungen und Erfolge der Entmannungen nach den verschiedensten Seiten hin noch viele Erfahrungen sammeln müssen, wenn die Gesamtzahl der Fälle nicht allzu klein bleibt« (Kapp 1935: 306-315). Der Arzt Franz Kapp, Leiter der Kriminalbiologischen Sammelstelle des Kölner Gefängnisses Klingelpütz, war der einzige, der das von seinen Kollegen so wortreich verschwiegene Thema des Menschversuches explizit ansprach: »(...) auch unsere kranken Verbrecher sind keine Versuchskaninchen, nein, aber wir lernen auch an ihnen wie wir auch an unseren sonstigen Kranken in jedem einzelnen Falle lernen, besonders, wenn die angewandten Methoden und Mittel noch nicht nach allen letzten Auswirkungen hin erprobt und bekannt sind; und das ist doch sehr häufig der Fall, aber kein Mensch denkt im Ernst daran, zu behaupten, dass wir bei solcher Allgemeineinstellung unsere Kranken zu Versuchskaninchen herabwürdigen«. Dass sich die Gerichts- und Gefängnisärzte - Ärztinnen meldeten sich nicht zu Wort - dieses Problems dennoch bewusst waren, belegt die Fülle ihrer in den einschlägigen Zeitschriften veröffentlichten Artikel, die mit ermüdenden, bis in die sprachliche Formulierung hinein gleichlautenden Kasuistiken - »unser Menschenmaterial« - die Empirie und den für die Delinquenten vertretbaren post-operativen Schaden beschworen (z.B. Kort 1934: 587-610; Meywerk 1938: 503-507; Bonk 1939: 339-365; Bunsmann 1940: 248-253).

Bedrohlich für den Erfolg dieses Experimentes war hingegen die Sorge einiger Autoren, die Kastration würde genau die unerwünschten Charaktereigenschaften der verstümmelten Männer wie »Hypersexualität«, »geschlechtliche Überreizbarkeit«, »gesteigerter geschlechtlicher Reizhunger« oder antisoziales Verhalten verstärken, deretwegen sie kastriert worden waren (z.B. Wiethold 1935: 146). An dieser

10 Leider gibt es zur Zeit nur die sehr fehlerhafte, historisch schlecht betreute Übersichtsarbeit von Marc Dupont (1996) über die Sexualwissenschaft im »Dritten Reich«.

Warnung arbeiteten sich vor allen Dingen die Gefängnisärzte, die ja täglich mit dieser Klientel konfrontiert waren, ab. Die Sinnhaftigkeit der Kastration wurde nicht bezweifelt: Sie *musste* einfach eine heilende und eine vor allem für die Öffentlichkeit besänftigende Wirkung haben. »Wenn eine Auffassung genug stark ein Denkkollektiv durchtränkt, wenn sie bis ins alltägliche Leben und bis in sprachliche Wendungen dringt, wenn sie im Sinne des Wortes zur Anschauung geworden ist, dann erscheint ein Widerspruch undenkbar, unvorstellbar«, analysierte Fleck die »Beharrungstendenz der Meinungssysteme« (ders. 1935/1980: 40-41).

Wie sein ehemaliger Lehrer, der Hamburger Psychiater Wilhelm Weygandt, für den Männer nach ihrer Kastration »zu gebrauchsfähigeren Hilfskräften« und zu »ruhigeren arbeitswilligeren Haustieren« wurden (Weygandt 1934: 262-263), glaubte auch Wilhelm Meywerk, der Leiter der kriminalbiologischen Sammelstelle des OLG-Bezirkes Hamburg, an die »sozialisierende« Wirkung dieser Verstümmelung (Meywerk 1938: 503-507). In einer Publikation über die Forschungsergebnisse der Hamburger Kastrationspraxis bekräftigte der erneut seine These von der »Resozialisierung durch Entmannung« (Meywerk 1943: 1-61). Sein ehemaliger Kollege aus der Psychiatrie in Hamburg-Friedrichsberg übte vernichtende Kritik an seiner wissenschaftlichen Methode und an der Stichhaltigkeit seiner These (Langelüddecke 1943: 148-153). Dieser von den beteiligten Ärzten als solcher verstandene Menschenversuch war also hinnehmbar, obwohl doch alle ÄrztInnen im Deutschen Reich die Katastrophe bei den Lübecker Tuberkuloseimpfversuchen 1930 an Kindern armer Leute (Hahn 1995: 61-79)[11] und den Skandal um den Dermatologen Albert Neisser 1898/99 wegen seiner Versuche zur Serumtherapie der Syphilis an Prostituierten und gesunden Kinder als Kontrollgruppe noch gut in Erinnerung haben mussten (Elkeles: 135-148).

Warnungen vor den nicht abzuschätzenden Folgen der Kastrationen und vor dem kritiklosen Umgang mit dem Begriff »gefährlicher Sittlichkeitsverbrecher« gab es genug. Insbesondere die skeptische Haltung des Psychiaters Johannes Lange (Lange 1934: 582-587) und das elaborierte Indikationskonzept Wietholds (ders. 1935: 135-149) bildeten eine argumentative Hürde für die Befürworter der Kastration. Um also wenigstens ein Mindestmaß an Langzeitkontrolle zu gewährleisten, mussten sich die Ärzte mit den Folgen ihrer Handlungen auseinandersetzen: So hatten die Kriminalbiologischen Dienste der Haftanstalten die kastrierten Männer mehrfach im Zwei-Jahresrhythmus »nachzuuntersuchen«, um die möglichen körperlichen und seelischen Folgen ihrer Verstümmelung zu dokumentieren.[12] Die Ärzte des GÄD waren von dieser nicht nur für die kastrierten Männer, sondern

11 In Hamburg hatte sich auch Hans Koopmann an diesen Versuchen mit virulenten TB-Bazillen, die er als Lungenfacharzt an Kindern armer Leute ausführte, beteiligt.

möglicherweise auch für sie selbst unangenehmen Pflicht befreit. In der 1937 am Reichsgesundheitsamt eingerichteten »Kriminalbiologischen Forschungsstelle« in Berlin sollten dieses »Urmaterial« wie auch die »anderen« kriminalbiologischen Akten von Ferdinand von Neureiter wissenschaftlich ausgewertet werden.[13] Aber schon nach den ersten Analysen aller Gutachten zeigte sich das ganze Ausmaß mangelnder wissenschaftlicher Kompetenz der ÄrztInnen. In einer Beschwerde an das Reichsjustizministerium wurde über die schlechte formale und inhaltliche Qualität der Gutachten geklagt. Insbesondere die Kastrationsgutachten ließen ein sorgfältiges Abwägen für und wider eine Kastration vermissen.[14] Hier rächte sich die mangelnde Qualifikation der Amts- und Gefängnisärzte in sexualpathologischen Fragen in Verbindung mit der ihnen vom NS-Staat übertragenen Machtfülle; eigentlich waren sie Handwerker und versuchten sich doch als Wissenschaftler. Gleichzeitig signalisierten ihre Gutachten und Aufsätze ihr mangelndes Interesse an oder gar ihre aggressive Haltung gegenüber den Delinquenten (Leonhardt und Foerster 1996: 163-167). Durchweg galten die »Kinderverderber« als perverse willensschwache Psychopathen, die für die Kinder deswegen eine Bedrohung darstellten, weil sie diese vorzeitig sexuell erregten. Die in den Kastrationsempfehlungen stereotyp auftauchende Sprachregelung über die »zu früh erregte« Sexualität der Kinder, die nicht weiter begründet wurde, negiert zunächst Sigmund Freuds 1904/05 verfasste Theorie der infantilen Sexualität. Darüber hinaus reformuliert sie, wenn auch in verkürzter Form, diesen Topos aus einer der detailliertesten Veröffentlichungen zur Sexualdelinquenz von 1905: »Bei minder entwickelten Kindern (im Gegensatz zu Erwachsenen, C.R.) besteht die Gefahr, dass durch unzüchtige Vornahmen an ihnen der Geschlechtstrieb vorzeitig geweckt wird, ehe ihr Körper geschlechtsreif ist, und ehe ihr Verstand und ihr Charakter ausgeprägt genug ist, um zu Geschlechtsleben selbständig Stellung zu nehmen. (...) Viel berechtigter ist die Befürchtung, dass nervös nicht ganz taktfeste Kinder durch den Schreck und die Furcht nachhaltig an ihrer Gesundheit geschädigt werden können«. Dieser Gefängnisarzt hatte sich mit Freuds Thesen zur Sexualität und Hysterie auseinandergesetzt: »Er (Freud, C.R.) führt (...) die Hysterie jedes Mal auf (...) die Zwangsvorstellungen, auf einen von dem Erkrankten selbst in der Kindheit mit Lust ausgeführten geschlechtlichen Akt, zurück. Wäre diese Auffassung richtig, dann müsste man die Gemeingefährlichkeit der Sittlichkeitsverbrecher an Kindern noch viel höher ein-

12 Archiv des Generalstaatsanwalts beim OLG Hamburg, 4204-1a/2, Unterakte 1: Schreiben des Reichsjustizministeriums vom 30.1.34. Zu einzelnen Befunden vgl. StaHH, 242-4, KBS Nr.23.

13 Diese Forschungsstelle steht für die Förderung der staatlichen hochschulfreien Forschung durch die NS-Wissenschaftspolitik (Lundgreen 1994).

14 StaHH, 242-4, KBS Nr. 8: Schreiben Ernst Rodewald an das RJM vom 21.3.1939.

schätzen, als es jetzt schon geschieht. Jedoch die Mehrzahl der Nervenärzte hält sich, unseres Erachtens mit Recht, einer Verallgemeinerung der von Freud verteidigten Thesen fern«. Aber so ganz kann er es nicht »von der Hand weisen, dass bisweilen die Sittlichkeitsverbrecher die seelische Gesundheit des Kindes untergraben helfen, auch wenn die Augenblickswirkung (der Tat, C.R.) nicht so bedenklich erscheint« (Leppmann 1905: 317-318).

Der Psychiater Gustav Aschaffenburg stellte 1906 »sein Material« von 200 zu Gefängnis verurteilten Sittlichkeitsverbrechern aus seiner Tätigkeit als Gefängnisarzt vor. Als das »wichtigste Delikt« erachtete er »die Angriffe auf Minderjährige« nach § 176,3 StGB. Diese Gruppe »überragte die Zahl der anderen soweit, dass sie bei meinem Material mehr Personen umfasst, als die anderen alle zusammen«. Bemerkenswerterweise äußerte sich Aschaffenburg bei der psychiatrischen Darstellung dieser Gruppe nur einmal über die Männer mit den Begriffen »perverse Sexualempfindung« bzw. »Psychopath«, die er nicht weiter erklärte. Tatsächlich aber hält er einen moralischen Diskurs über die unverschuldete Verdorbenheit der Kinder (»Wenn die Kinder verdorben sind, so muss eine Einwirkung stattgefunden haben, die sie verdorben hat.«) und die Gemeingefährlichkeit der Täter: »Wer sich als gemeingefährlich erweist, hat kein Recht, zu verlangen, dass man ihm die Möglichkeit gibt, seinen gemeingefährlichen Trieben nachzugehen« (Aschaffenburg 1905/06: 399-416). In dieser Rhetorik formuliert sich bereits das gesamte Programm, wie wir es später in den Kastrations-Gutachten vorfinden werden: »Er hat dadurch eine ganze Anzahl von Knaben verdorben und gefährdet die männliche Jugend schwer. Denn vorwiegend ist er pädophil veranlagt. Deshalb ist meines Erachtens im Interesse der öffentlichen Sicherheit und zum Schutze der männlichen Jugend seine Entmannung geboten«.[15] Zur Erklärung der Psychodynamik oder Psychopathologie dieses »pädophil Veranlagten« verlor der Gutachter kein Wort, so, als ob das Reizwort ausreichte, um »Alles« zu erklären und zu verstehen. Karl Bonhoeffer kam 1906 zu dem Schluss, »dass die Zahl der psychisch Abnormen und Degenerierten unter den Sittlichkeitsdelinquenten sehr hoch ist«, diese vermindert Zurechnungsfähigen vorerst aber im Strafvollzug »als vorläufiger Sammelort« belassen werden können. »Dabei wird man die Gründung von Sonderanstalten für die therapeutisch beeinflussbaren – ihrer sind freilich leider nicht sehr viele – und Dauerverwahranstalten für die gefährlichen Antisozialen und für die eigentlich sozial parasitären Elemente nicht entbehren können« (Bonhoeffer 1906: 465-473). »Sollte die Entmannung nicht angeordnet werden, wäre eine Sicherungsverwahrung auf lange Sicht hinaus unbedingt erforderlich«, empfahl 1937 der Leiter der Heil- und Pflege-

15 StaHH, KBU-Akte Otto D., AZ 339/1937.

anstalt Sachsenberg den Richtern bei dem obigen Angeklagten. Obwohl die männlichen Angeklagten gegen die Mädchen vielfach physische Gewalt ausgeübt und ihnen auch schwere Verletzungen zugefügt hatten, thematisierten die Psychiater den sexuellen Übergriff nie in diesem Sinne, sie interessierte ausschließlich der »perverse sexuelle Trieb« und die sexuelle Potenz der Täter: »Die Unfähigkeit zum normalen Geschlechtsverkehr aus sexualtechnischen Gründen (Erektionsunfähigkeit) ist mit ausschlaggebend dafür, dass er sich seine ‚Sexualpartner' in Kinderkreisen suchte. Selbstverständlich gehört dazu noch eine gewisse seelische konstitutionell bedingte Bereitschaft. Es muss also eine anlagemäßige seelische Eigenart vorliegen«. (....) Dieser Gutachter des Bremer Gesundheitsamtes empfahl die Kastration mit der Begründung: »Typische Art des Vergehens impotenter Greise«.[16] Die Stereotypie vom »sexualtechnischen Unvermögen zum Geschlechtsverkehr« als Erklärung des sexuellen Übergriffes auf Mädchen finden wir z.B. bei Bonhoeffer, der sich aber mit der Begründung, sie seien vermindert zurechnungsfähig, schützend vor die alten Männer stellte (Ders. 1906: 469) oder bei Leppmann, wo die »kalt-abweisende Ehefrau« den Ehemann zur »Kinderschändung« treibe (Leppmann1905: 305). Waren besonders viele Mädchen Opfer der sexuellen Attacken eines Angeklagten, spielte dessen hohes Alter für die beabsichtigte Kastration keine Rolle: »Trotzdem ist J. noch in der Gefahrenzone und man muss damit rechnen, dass er gerade mit der Abnahme der Potenz diesen abnormen Sexualtrieb (...) besonders empfinden und verwirklichen wird. Seine Geschlechtsdrüsen geben noch die Säfte und Hormone ans Blut ab, welche allerdings zur normalen Sexualbetätigung immer weniger ausreichen, daher ihn umso eher auf die Bahn abnormer Betätigung treiben können, zumal der abnorme Trieb, kleine Mädchen unsittlich zu berühren, in ihm liegt. Man wird daher trotz seines Alters nur in der Entmannung die notwendige Maßnahme sehen, *um ihn zu heilen und die Kinder vor ihm zu schützen*«.[17] Selten forderte ein Gutachter so unverblümt und gefühlsbetont die Bestrafung der Lust wie der Hamburger Gerichtsarzt Reuss 1939: Von »sexuell lustvoll gehobener Gemütsverfassung«, von »starkem Drang nach wollüstiger Abwechslung und Abenteuer« eines »biederen Onkels« und »Wolfs im Schafspelz« ist die Rede. Die Kastration dieses nach § 176,3 StGB Angeklagten hielt er für »unbedingt erforderlich«, da sie »Dauererfolg« verspreche, wobei unklar bleibt, was mit »Dauererfolg« gemeint ist.[18] »Weil die Zahl der bisher Entmannten zu einem exakten Beweis« der Theorie, wo »das Verlangen nach perversen sexuellen Handlungen durch die Psyche bedingt sei«, noch nicht die genügende Erfahrung biete, lehnte der Gutachter aus dem Ge-

16 StaHH, KBU-Akte Adolf D., AZ 323/1937.

17 StaHH, KBU-Akte Friedrich J., AZ 134/1935.

18 StaHH, KBU-Akte Richard G., AZ 521/1939.

fängnis Neumünster es ab, diese Theorie überhaupt zu erwägen; er verließ sich eher auf die Dampfkesseltheorie: Die Hormone waren an den sexuellen Übergriffen auf Kinder schuld.[19]

Weder die Rhetorik noch das wissenschaftliche Verständnis über die »Sittlichkeitsverbrecher« noch die Programmatik sind als spezifisch nazistisch anzusehen (Hommen 1999). In ihnen äußern sich nur traditionelle Denkstile der forensischen Psychiatrie (Lorenz 1999). Auch wenn es sich möglicherweise um einen Druckfehler handelte, möchte ich meinen Beitrag doch mit der folgenden Fehlleistung eines Gefängnisarztes abschließen: »Wir müssen von dem Umstande ausgehen, dass der Staat kein unbedingtes Recht auf »Befriedung« des Geschlechtstriebes anerkennt« (Miesbach 1938: 671).

Literatur

Aschaffenburg G. (1905/06): Zur Psychologie der Sittlichkeitsverbrecher. In: Monatsschrift für Kriminalpsychologie und Strafrechtsreform, Bd. 2 (folgend MtschrfKrimPsych)

Baader G. (1988): Versuch - Tierversuch - Menschenversuch. In: Rainer Osnowski (Hrsg.), Menschenversuche. Wahnsinn und Wirklichkeit. Volksblatt. Köln

Bischoff K. O. (1979): Frauenärzte an der Universität Tübingen und ihr gerichtsmedizinische Gutachtertätigkeit im 19. Jahrhundert. Diss. med. Tübingen

Bonhoeffer K. (1905/06): Sittlichkeitsdelikt und Körperverletzung. In: MtschrfKrimPsych, Bd. 2

Bonk F. (1939/40): Zur Indikation der Entmannung von Sittlichkeitsverbrechern auf Grund von 180 Bobachtungen. In: Deutsche Zeitschrift für die gesamte gerichtliche Medizin, Bd. 32 (folgend DZfdgGM)

Bunsmann F. (1944): Beobachtungen an entmannten Sittlichkeitsverbrechern aus dem Zuchthaus Münster i. W. In: DZfdgGM Bd. 33

Elkeles B. (1985): Medizinische Menschenversuche gegen Ende des 19. Jahrhunderts und der Fall Neisser. In: Medizinhistorisches Journal Bd. 20 (folgend MHJ)

Dupont M. (1996): Sexualwissenschaft im »Dritten Reich«. Eine Inhaltsanalyse medizinischer Zeitschriften. Diss. med. Marburg

Fischer W. u.a.(Hrsg.) (1994) Exodus der Wissenschaften aus Berlin. Fragestellungen - Ergebnisse - Desiderate - Entwicklungen vor und nach 1933. 1. Aufl., Berlin/New York: De Gruyter

Fleck L. (1935): Entstehung und Entwicklung einer wissenschaftlichen Tatsache. Einführung in die Lehre vom Denkstil und Denkkollektiv. 1. Aufl., Basel: Benno Schwabe. Frankfurt/ Main: Suhrkamp 1999[4]

Gentz W. (1928): Der Strafanstaltsarzt im Entwurf des Strafvollzugsgesetzes. In: DZfdgGM, Bd. 12

Grau G. (1998): »Unschuldige Täter«. Mediziner als Vollstrecker der nationalsozialistischen Homosexuellenpolitik. In: Mitteilungen der Magnus-Hirschfeld-Gesellschaft Nr. 28

Gruhle H. W. (1939): Die kriminalbiologische Untersuchung und Begutachtung: Antlitz, Gestalt, Haltung und Gebaren des Verbrechers. In: Monatsschrift für Kriminalbiologie und Strafrechtsreform, Bd. 30 (Folgend MtschrfKrimBio.)

Gütt A. (1939): Neuordnung des gerichtsärztlichen Dienstes in Deutschland. In: der Öffentliche Gesundheitsdienst, Teil A, Nr. 5 (folgend ÖGD)

Hahn S. (1995): »Der Lübecker Totentanz«. Zur rechtlichen und ethischen Problematik der Katastrophe bei der Erprobung der Tuberkuloseimpfung 1930 in Deutschland. In: MHJ, Bd. 30

Herber F. (1989): Gerichtsmedizin: Belege und Gedanken zur Entwicklung eines medizinischen Sonderfaches in der Zeit des Faschismus. In: Thom A., Caregorodcev G. I. (Hrsg.): Medizin und Hakenkreuz. Berlin: VEB Verlag Volk und Gesundheit

19 StaHH, KBU-Akte Theodor G., AZ 207/1936

Ders. (1994): Zwischen Gerichtsmedizin und Strafrechtswissenschaft: Kriminologie und Kriminalbiologie in Berlin. In: Fischer W. u.a. (Hrsg.): Exodus der Wissenschaften

Herzog M. (1994): Scharfrichterliche Medizin. Zu den Beziehungen zwischen Henker und Arzt, Schafott und Medizin. In: MHJ, Bd. 29

Hommen C. (1999): Sittlichkeitsverbrechen. Sexuelle Gewalt im Kaiserreich. 1. Aufl., Frankfurt/ New York: Campus

Janssen W. (1989): Das Institut für Rechtsmedizin. In: Ursula Weisser (Hrsg.), 100 Jahre 1889-1989. Universitätskrankenhaus Eppendorf. 1. Aufl., Tübingen: Attempto

Jellonek B. (1990): Homosexuelle unter dem Hakenkreuz. Die Verfolgung von Homosexuellen im Dritten Reich. 1. Aufl., Paderborn: Schöningh

Kapp F. (1935): »Androhung« der Entmannung. In: DZfdgGM, Bd. 24

Kaupen-Haas H., Ebbinghaus A., Roth K. H. (Hrsg.) (1984): Heilen und Vernichten im Mustergau Hamburg. Gesundheits- und Bevölkerungspolitik im »Dritten Reich«. 1. Aufl., Hamburg: Konkret Literatur

Dies. (1994): Die Veränderung des Blicks. Biologisierung gesellschaftlicher Verhältnisse durch die Psychiatrie Emil Kraepelins. In: Kaupen-Haas H., Rothmaler C. (Hrsg.), Soziale Hygiene und Public Health Bd.1: Naturwissenschaften und Eugenik. Frankfurt a. Main: Mabuse

Dies. (1997): Ungleichheit und Krankheit im Zeitalter der Durchsetzung der naturwissenschaftlich-technischen Psychiatrie in München. In: Wahl G., Schmidt W. (Hrsg.): Heilen – Verwahren – Vernichten. Mochenthaler Gespräche zur Geschichte der Seelenheilkunde. Reichenbach: Verlag Kommunikative Medien und Medizin

Dies., Saller C. (Hrsg.) (1999): Wissenschaftlicher Rassismus. Analysen einer Kontinuität in den Human- und Naturwissenschaften. 1. Aufl., Frankfurt am Main: Campus

Kockel R. (1928): Alte und neue Wege in der gerichtlichen Medizin. In: DZfdgGM, Bd. 11

Koopmann H. (1936): Beitrag zur Histologie der Hoden kastrierter Sittenverbrecher. In: DZfdgGM, Bd. 26. Sonderdruck

Kort G. (1934): Sittlichkeitsverbrecher. In: MtschrfKrimPsych, Bd. 25

Kraepelin E. (1904/05): Der Unterricht in der forensischen Psychiatrie. In: MtschrfKrimPsych, Bd. 1

Labisch A. (1986): Der Weg zum »Gesetz über die Vereinheitlichung des Gesundheitswesens« vom 3. Juli 1934. Entwicklungslinien und -momente des staatlichen und kommunalen Gesundheitswesens in Deutschland. Schriftenreihe der Akademie für öffentliches Gesundheitswesen in Düsseldorf, Bd. 13, I, 2

Lange J. (1934): Entmannung von Sittlichkeitsverbrechern. In: MtschrfKrimPsych, Bd. 25

Langelüddeke A. (1943): Resozialisierung durch Entmannung. Bemerkungen zu der gleichnamigen Arbeit von Wilhelm Meywerk. In: MtschrfKrimBio, Bd. 34

Lassen H. C. (1992): Der Kampf gegen Homosexualität, Abtreibung und »Rassenschande«. Sexualdelikte vor Gericht in Hamburg 1933-1939. In: Justizbehörde Hamburg (Hrsg.): »Für Führer, Volk und Vaterland...«. Hamburger Justiz im Nationalsozialismus. Ergebnisse. Hamburg

Leonhardt M, Foerster K. (1996): Forensische Psychiatrie im Nationalsozialismus. Eine kasuistische Annäherung. In: Psychiatrie und Recht, Jg. 14

Leppmann F. (1905): Die Sittlichkeitsverbrecher. In: DZfdgGM Bd. 29: 277-318, Bd. 30: 34-85

Lorenz M. (1999): Kriminelle Körper – gestörte Gemüter. Die Normierung des Individuums in Gerichtsmedizin und Psychiatrie der Aufklärung. 1. Aufl., Hamburg: Hamburger Edition

Lundgreen P. (1994): Staatliche hochschulfreie Forschung in Berlin und die NS-Wissenschaftspolitik. In: Fischer W. u.a. (Hrsg.), Exodus der Wissenschaften

Mantel S. (1993): Die Beziehung zwischen der gerichtlichen Medizin und der ‚sozialen Medizin' sowie der medizinischen Kriminalistik in Deutschland in der ersten Hälfte des 20. Jahrhunderts. Diss. Med. Würzburg

Meywerk W. (1938): Das soziale Verhalten entmannter Sittlichkeitsverbrecher nach der Haftentlassung. In: MtschrfKrimBio, Bd. 29

Ders. (1943): Resozialisierung durch Entmannung. In: MtschrfKrimBio, Bd. 34

Miesbach (1938): Aus der gerichtsärztlich-gutachterlichen Praxis. In: Der ÖGD, Teil A, Nr. 17

Mueller B. (1933): Der Reichstagsentwurf eines Einführungsgesetzes zu einem allgemeinen deutschen Strafgesetzbuch vom Standpunkt des gerichtlichen Mediziners aus. In: DZfdgGM, Bd.21

Oppermann W. (1914): Die Aufgabe des ärztlichen Gutachtens. In: MtschrfKrimPsych Bd. 10

Pfäfflin F. (1988): Chirurgische Kastration vor und nach 1945. In: Kaiser G. u.a. (Hrsg.): Kriminologische Forschung in den 60er Jahren. Projektberichte aus der Bundesrepublik Deutschland. Freiburg i. Br.

Reuter F. (1928): Entspricht der Standpunkt, den der Strafgesetzentwurf 1927 in der Frage der Sexualdelikte einnimmt, unserer medizinischen Auffassung? In: DZfdgGM, Bd. 12

Rothmaler C. (1997): »Prognose zweifelhaft«. Die kriminalbiologische Untersuchungs- und Sammelstelle der Hamburgischen Gefangenenanstalten 1926 - 1945. In: Kriminalbiologie. Schriftenreihe der Justizakademie des Landes NRW, Bd: 6

Dies. (1999): Von »haltlosen Psychopathinnen« und »konstitutionellen Sittlichkeitsverbrechern«. In: Kaupen-Haas H., Saller C.: Wissenschaftlicher Rassismus. Analysen einer Kontinuität in den Human- und Naturwissenschaften. 1. Aufl., Frankfurt am Main: Campus

Sarodnik W. (1995): Psychiatrie und Todesstrafe. Gutachten über die strafrechtliche Verantwortlichkeit von Angeklagten zwischen 1939 und 1945. In: Justizbehörde Hamburg (Hrsg.): »Von Gewohnheitsverbrechern, Volksschädlingen und Asozialen...«. Ergebnisse. 1. Aufl., Hamburg

Sparing F. (1997): Zwangskastration im Nationalsozialismus. In: Kriminalbiologie. Schriftenreihe der Justizakademie des Landes NRW, Bd: 6

Vorkastner W. (1925): Die Stellung und Aufgaben der gerichtlichen Medizin. In: DZfdgGM, Bd. 5

Weber-Jasper E. (1996): Wilhelm Weygandt (1870-1939). Psychiatrie zwischen erkenntnistheoretischem Idealismus und Rassenhygiene. Abhandlungen zur Geschichte der Medizin und Naturwissenschaften Bd. 76. Husum: Matthiesen

Weygandt W. (1911/12): Die Entwicklung der gerichtlichen Psychiatrie und Psychologie. In: MtschrfKrimPsych, Bd. 8

Weygandt W. (1934): Über Kastration. In: Rüdin E. (Hrsg.): Erblehre und Rassenhygiene im völkischen Staat. 1. Aufl., München

Wiethold (1935): Zur Frage der Entmannung gefährlicher Sittlichkeitsverbrecher. In: DZfdgGM, Bd. 24

CHARLOTTE KÖTTGEN

Wegsperren hilft nicht

»Solange Armut, Hunger und Unwissenheit nicht beseitigt werden,
macht man ein Volk zu Dieben und Räubern.«
(Pestalozzi)

Einleitung

In jedem Wahlkampf wird das Wegsperren von »kriminellen Kids, Intensivtätern, jugendlichen Gewalttätern« – und wie sie sonst noch verallgemeinernd heißen – zum symbolischen Allheilmittel der Politik. Am 12.12.2001 stirbt ein 19-jähriger, gesunder Mann nach der gewaltsamen Verabreichung von Brechmitteln durch Ärzte. Diese Maßnahme diente der Strafverfolgung, der Mann soll die verschluckten Drogen erbrechen. Die zwangsweise Verabreichung des Brechmittels dient nicht der Heilbehandlung, zu der der ärztliche Eid verpflichtet. Der Brechmitteleinsatz soll den Täter überführen, um ihn auszuweisen oder einzusperren. Weshalb aber werden vergleichbare Methoden bei den steigenden Zahlen an Wirtschafts-Kriminellen, die sich Unterschlagung, Steuerhinterziehung, Geldwäsche, Bestechung u. a. leisten und die das Allgemeinwohl empfindlich schädigen, weder gefordert noch angewandt?

Die todbringende, ärztlich durchgeführte Gewaltmaßnahme wird damit gerechtfertigt, dass der junge Mann schließlich »ein Dealer« war! Die Würde des Menschen, auch eines Dealers, ist unantastbar, sagt das Grundgesetz. Obwohl die Wiederholung des tödlichen Risikos nicht ausgeschlossen werden kann und die Ärztekammer den sofortigen Stopp des Einsatzes von Brechmitteln verlangt, sollen die Zwangsmaßnahmen in Hamburg dennoch fortgesetzt werden. Die geschürte Angst vor der Jugend wird zu Wahlkampfzwecken regelmäßig benutzt und missbraucht.

Kriminalitätskurven werden wie an der Börse gehandelt. Das Grauen wird gesteigert. Mit sex and crime lassen sich Geschäfte machen (Ostendorf,1998[20]). Der

20 Ostendorf, H: FR am 30.11.1998.

Jugendliche, dem sein Vater einen guten Anwalt zur Seite stellen kann, wird nicht in gleicher Weise bestraft.

Ist die Verhältnismäßigkeit der Mittel hier noch gewahrt?

Bedroht der Dealer auf der Straße tatsächlich die innere Sicherheit, wie es täglich suggeriert werden soll?

- Viele der Kinder und Jugendlichen, die sich prostituieren, Drogen nehmen und dealen, sind selbst Gewaltopfer und/oder von Freunden der Familie oder eigenen Angehörigen missbraucht worden. Oft, aber nicht immer, handelt es sich um Kinder der Armut. Viele haben wenig Schutz, aber von früh auf Gewalt und Vernachlässigung erlebt. In selbstzerstörerischer Weise werden auch noch Suchtmittel genommen, um die Erinnerungen zu verdrängen. Ohne Hilfe werden aus manchen Opfern nahtlos Täter. Die zahllosen Freier auf dem so genannten Babystrich oder Sextouristen werden kaum wegen Unzucht mit Minderjährigen verfolgt! Der Schaden, den sie anrichten, ist unermesslich. Sie sind nicht selten biedere Männer oder gar Familienväter. Die Opfer körperlicher und sexueller Gewalt leiden lebenslänglich an den Folgen. Dazu gehören: Selbstverletzungen, psychosomatische, neurotische Krankheiten, Sucht, Affektdurchbrüche, Gewalthandlungen.
- Die Täter sind scheinbar normale Familienangehörige.
- Der 19-jährige Afrikaner ist nicht als Dealer geboren. Er würde vermutlich nicht dealen, hätte er Chancen für einen legalen Broterwerb.
- Die Kriminalität der Wohlstandsbürger, die Nutzer der Prostitution, die Kindesmissbraucher, die Großdealer, Waffenschmuggler in Kriegsgebiete und Geldwäscher, sie werden rechtsstaatlich nicht in gleicher Weise sanktioniert. Ausschlaggebend bei der Sanktionierung seiner Tat ist die soziale Herkunft des Jugendlichen: »Der Unterprivilegierte wird durch eine schärfere juristische Definition des objektiven Tatbestandes eher zum Kriminellen« (Hartmann, 1996)[21]. Dies untergräbt die öffentliche Moral und die Wertmaßstäbe.

Wie sind Gewalt und Delinquenz zu erklären?

»Die Angst der Bevölkerung vor Kriminalität, wie (un-)begründet sie auch sein mag, muss ernst genommen werden« (Jugend-Gerichtstag, 2001[22]). Deshalb müsse eine gezielte Aufklärungsarbeit über Kriminalität, über deren Ursachen sowie über präventive Maßnahmen und geeignete Reaktionsmöglichkeiten erfolgen. Auch neuere

21 Hartmann, S.: Jugendgerichtshilfe und Jugendstrafverfahren bei Ladendiebstahl. Sozialmagazin, 21. Jg., H. 2/1996, S. 42 - 48.

22 25. Deutscher Jugendgerichtstag vom 28.09. - 02.10. Oktober 2001 in Marburg: Thesenpapier.

Forschungen bestätigen viele der vorhandenen Erkenntnisse aus früheren Untersuchungen, die den direkten Zusammenhang zwischen sozialen Problemlagen und dem Vorkommen von Gewalt- und Jugend-Delinquenz bestätigt haben (Moser, 1970[23]; Petri, 1975[24]; Rauchfleisch, 1992[25]).

Findet die dringend nötige Aufklärung statt? Während noch vor einigen Jahren deutlich mehr berechtigte Empörung über die sexuelle und körperliche Gewalt an Kindern die Medien beschäftigte, wird jetzt überwiegend von Gewalt durch Jugend geredet. »Besorgnis erregend ist in Wahrheit nicht die Jugend, sondern die Situation, in die sie hinein wächst«, schrieb DIE WOCHE noch am 27.6.1997 völlig zu Recht.

Die Gewalt gegen Kinder ist nach dem Gesetz strafbar.

»Je härter die Sanktion, desto größer die Gefahr der Rückfälligkeit. Sanktionseskalation ist kontraproduktiv. Die häufige justizielle Praxis des von Mal zu Mal schärferen Zugriffs hat mehr, nicht weniger Kriminalität zur Folge,« so Haas, damals Polizeipräsident in Stuttgart. Er spricht sich vehement gegen die Ausgrenzung durch soziale Spaltung, gegen Abschreckung, schärfere Gesetze und gegen Wegsperren aus (Haas, 1998 [26]).

Die Abwendung vieler Jugendlicher von der Schule, und damit von der bürgerlichen Gesellschaft, begann sehr oft nach ersten Ausgrenzungen, dazu kann das Sitzen bleiben in der Schule oder eine Sonderbeschulung gehören, die als Entwertung erlebt werden. Aus seinem Gruppenverband, der Familie, einer Gruppe im Heim u. a. herauszufallen, ist für jedes Kind nachhaltig verletzend.

Pisa war nicht die erste Studie, die gezeigt hat, dass das deutsche (Schul-)System hochgradig ungerecht ist. Pisa war ein Schock. Das System der Schule versagt danach - besonders bei den sozial Schwachen.

Die Frage, wie oft und weshalb es zu Kriminalität und auch Gewalthandlungen kommt, wurde mit den Untersuchungen von Pfeiffer (1997[27]) noch einmal gestellt. Auch hier kam nicht ganz überraschend heraus:

4/5 der Jugendlichen und Heranwachsenden, die durch Zunahme an Jugendgewalt auffallen, gehören sozialen Randgruppen an.

23 Moser, T.: Jugendkriminalität und Gesellschaftsstruktur. Frankfurt a. M.; Suhrkamp, 1970.

24 Petri, H., Lauterbach, M.: Gewalt in der Erziehung - Plädoyer zur Abschaffung der Prügelstrafe. Frankfurt a. M.: Fischer-Athenäum, 1975.

25 Rauchfleisch, U: Allgegenwart von Gewalt. Göttingen: Vandenhoeck & Ruprecht, 1992.

26 Dr. Haas, Polizeipräsident Stuttgart: 7 Thesenpapier zur Jugendkriminalität in Deutschland vom 18.03. 1998. Nicht veröffentlicht.

27 Pfeiffer, C u. a.: Forschungsbericht Nr. 67 des kriminologischen Forschungsinstitutes Niedersachsen e.V.: »Kriminologisch-rationaler Umgang mit jugendlichen Mehrfachtätern«, Dr. Löhr in ZRP 1997 Heft 7.

Mehr als die Hälfte der jungen Gewalttäter weist ein niedriges Bildungsniveau auf, das ihnen im Berufsleben schlechte bis mäßige Perspektiven eröffnet. Solche Jugendlichen empfinden sich als Verlierer. Das Risiko der Entstehung von Jugendgewalt erhöht sich drastisch, wenn drei Faktoren zusammentreffen: Die Erfahrung innerfamilialer Gewalt, gravierende soziale Benachteiligung der Familie, schlechte Zukunftschancen der Jugendlichen auf Grund eines niedrigen Bildungsniveaus. Nach wie vor gilt also: Wer soziale Benachteiligungen oder durch seine Eltern massive Schläge und Misshandlungen erlebt hat, wird erheblich häufiger selber gewalttätig als nicht geschlagene junge Menschen

Die erfolgreiche Integration in Schule und Beruf, mehr soziale Gerechtigkeit und der Kampf gegen familiäre Gewalt sind die besten Mittel gegen Kriminalität und für mehr Sicherheit.

Weshalb hat Hamburg die geschlossenen Heime abgeschafft?

Geschlossene Heime existierten in Hamburg bis 1980.

Auf geschlossene Unterbringung in der Heimerziehung wurde, zeitgleich mit Hessen, seither verzichtet. Seit 1984 nahm Hamburg definitiv keine geschlossenen Unterbringungsplätze in anderen Bundesländern mehr in Anspruch, trotz hartnäckiger gegenläufiger Gerüchte. Grund für die Öffnung war die bekannte Tatsache, dass Orte der Ausgrenzung – dazu zählen geschlossene Heime und die meisten Anstalten – oft genau die Probleme erzeugen, zu deren Abschaffung sie gedacht sind. Darüber gibt es Erfahrungen aus zwei Jahrhunderten, besonders bezogen auf den Strafvollzug (Foucault, 1974[28]). Der 1975 veröffentliche Bericht der Enquete-Kommission zur Lage der Psychiatrie bescheinigte den psychiatrischen Anstalten in der Bundesrepublik Deutschland. »elende, menschenunwürdige« Verhältnisse.

Die Folgen geschlossener Unterbringungen sind:

Bandenbildung, Induktion von Kriminalitätskarrieren vor und nach der Entlassung, Drogen- und sexueller Missbrauch, dazu gehören Vergewaltigungen der Schwächsten durch die Stärkeren. Dem geschlossenen System immanent ist Gewaltausübung, die sich fortsetzt, sind aber auch Apathie, Stereotypien, Verblödung, Selbstmorde, die Entwicklung von Verhaltensauffälligkeiten, »Anstaltsartefakte« (Ciompi,1980[29]).

In geschlossenen Heimen ist weder in der Vergangenheit noch in der Gegenwart Resozialisierung und/oder Erziehung zur Selbständigkeit in Freiheit bei den so genannten »Schwierigsten« überzeugend erreicht worden. Die Methoden zur Bestra-

28 Foucault, M.: Überwachen und Strafen. Frankfurt/M.; Suhrkamp, 1974.

29 Ciompi, L: Ist die chronische Schizophrenie ein Artefakt? Argumente und Gegenargumente. Fortschr.Neurol.Psychiat.48:237-278, 1980.

fung, Behandlung, Erziehung, Betreuung und Besserung waren im Laufe der Geschichte oft schwer voneinander abzugrenzen, so die übereinstimmende Analyse. Gewalt produziert neue Gewalt (Goffman, 1977[30], Foucault, 1969[31], Dörner,1969[32], Basaglia,1971[33], Blasius,1978[34]).

Vor allem ist die viel beschworene Sicherheit der Bevölkerung nicht garantiert. Entweichungen aus geschlossenen Einrichtungen sind häufiger, eine freiwillige Rückkehr selten. Die Flucht aus geschlossenen Einrichtungen ist von selbst- und fremdgefährdenden Handlungen begleitet. Ein geflohener Insasse muss sich Wohnung und Essen mit Gewalt beschaffen. Das vor allem erhöht seine Gefährlichkeit. Einsperren hat Folgen für den Einzelnen, für die Gesellschaft, ohne dass damit Gewaltbereitschaft und Kriminalität abgebaut würden. (Foucault,1974, [35]).

Der Slogan: »Die Erziehung im Käfig erzieht zum Leben im Käfig« drückte knapp aus, was die Vergangenheit gelehrt hatte. Für viele Jugendliche aus den Randgruppen war die geschlossene Unterbringung die Vorübung für die Karriere als Delinquenter und für den »Knast« (v. Wolffersdorff,1996 [36]).

Ist Erziehung – weitgehend – ohne Zwang möglich?

Die ab 1980 beschlossene, damals praktizierte und politisch getragene Erziehung ohne Zwang war erfolgreich, wie Reinhold Schone (1991[37]) mit seiner Untersuchung über die Jahre 1979–1989 für Hamburg nachweisen konnte. Das will heute niemand und wollte auch damals keiner wahrhaben. Anspruch und Wirklichkeit der Heimreform wurden im Auftrag der Freien und Hansestadt Hamburg untersucht. Auf die Ergebnisse soll im Folgenden kurz eingegangen werden. Wegen der heftigen Angriffe durch die Presse und Politik lautete die entscheidende Frage:

Sind die vormals geschlossen untergebrachten Jugendlichen durch andere Instanzen - also Jugendstrafvollzug oder eben Jugendpsychiatrie - aufgefangen worden, und ist es zu vermehrten Krankheitszuschreibungen oder vermehrter Verlagerung auf die Justiz gekommen?

---

30 Goffman, I.: Asyle. Über die soziale Situation psychiatrischer Patienten und anderer Insassen. Frankfurt/M., Suhrkamp; 1977/England, 1961.

31 Foucault, M.: Wahnsinn und Gesellschaft. Frankfurt/M., Suhrkamp; 1969.

32 Dörner, K: Bürger und Irre. Frankfurt/M.,Suhrkamp; 1969.

33 Basaglia, F.: Die negierte Institution oder die Gemeinschaft der Ausgeschlossenen. Frankfurt/M., Suhrkamp;1971.

34 Blasius D.: Der verwaltete Wahnsinn. Eine Sozialgeschichte des Irrenhauses. Frankfurt/M.; Fischer, 1978.

35 Foucault, M: Überwachen und Strafen. Frankfurt/Main, Suhrkamp;1974.

36 v. Wolffersdorff,C;. Sprau-Kuhlen, V.; Kersten, J.: Geschlossene Unterbringung in Heimen. Kapitulation der Jugendhilfe? München, DJI; 1996.

37 Schone, R: Informationen, Standpunkte, Empfehlungen, Band 10, Untersuchung im Auftrag der Freien und Hansestadt Hamburg, Amt für Jugend: »Grenzfälle« zwischen Heimen und Psychiatrie., Hamburg, 1991.

Für den Untersuchungszeitraum 1979–1989 wurden alle Jugendlichen in öffentlicher Erziehung - offen und ohne Zwang - untergebracht, auch jene, bei denen es um Abwendung von Untersuchungshaft ging. Es gab die so genannten Diversionskonzepte zur Haftvermeidung; dabei handelte es sich um pädagogische, Arbeits- und Beschäftigungsprogramme statt Strafe. Ziel war eine pädagogische Einflussnahme zwecks besserer Integration (Bittscheidt-Peters,1998[38]):

- *Fallzahlen in stationären Einrichtungen der Heime nahmen in diesem Zeitraum kontinuierlich ab, aber auch die Fallzahlen in den beiden (Jugend)- Psychiatrien, der Untersuchungs-Haft und dem Jugend-Strafvollzug (Schone, 1991[18]).*

Einige weitere Ergebnisse waren:

- Die Heimplätze wurden zwischen 1979 und 1989 dramatisch reduziert, die Heime wurden verändert: weniger Institution, mehr Normalität, d.h. ein familienähnliches Zusammenleben mit Profis für Kleinkinder, die aus der Familie heraus müssen, statt anstaltsähnliche Unterbringungen. Ziel war die Erziehung zu mehr Selbstständigkeit. Es gab weitgehenden Verzicht auf Verschiebungen und auswärtige Unterbringungen.
- Weder kam es zu vermehrtem Zugriff durch die Jugendgerichtsbarkeit, noch zu mehr Krankenhauseinweisungen in geschlossene Stationen in und um Hamburg, auch nicht zu mehr Zuschreibungen durch Diagnosen wie Hyperaktivität, oppositionelles Verhalten, emotionale und soziale Störungen, die seither mit dem neuen Diagnoseschlüssel, dem so genannten ICD-10, (Dilling, H 1991[39]) eingeführt wurden.
- Die Abschaffung der geschlossenen Unterbringung stößt damals vielmehr auf breiten Rückhalt durch die Fachkräfte der Jugendhilfe und der Jugendpsychiatrie in Hamburg. Das Platzangebot in den jugendpsychiatrischen Kliniken wird von beiden Seiten für ausreichend angesehen. Die jugendpsychiatrischen Kliniken in Hamburg fühlen sich nicht als Ausfallbürgen für unbewältigte Krisen der Heimerziehung. Jugendhilfe und Jugendpsychiatrie kooperieren zum damaligen Zeitpunkt, verglichen mit anderen Bundesländern, auf einem relativ hohen Niveau gegenseitiger Akzeptanz der jeweiligen Fachkompetenz. Jugendhilfe und Jugendpsychiatrie sind aufgerufen, ein gemeinsames Krisenkonzept zu entwickeln. 30 - 40% der jugendpsychiatrischen Patienten des Universitätskrankenhauses werden anschließend in der Jugendhilfe betreut. Der Arzt in der Psychia-

38 Bittscheidt-Peters, D: Repression statt Perspektiven. In: C. Köttgen (Hrsg.): Wenn alle Stricke reißen, Bonn, Psychiatrieverlag 1998.

39 Dilling, H et al: Internationale Klassifikation psychischer Störungen (ICD-10):, Bern, Göttingen, Toronto, Verlag Hans Huber, 1991.

trie bezeichnet die Klinik deshalb als eine Art Übergangs-Wohnheim für diese Fälle.

- Durch den Abbau von Heimplätzen konnten frei werdende Gelder in die Qualifizierung der Mitarbeiter der Jugendhilfe u. a. gesteckt werden.
- Die Kriminalitätszahlen zeigten keinen Anstieg. Repressionen können insgesamt abgebaut werden (Schone, 1991[40]).
- Auch oder gerade für die Schwierigsten entwickelte sich in Ansätzen eine Art gemeinsame Versorgungsverantwortung.
- Die Jugendhilfe hatte sich aus dem Status der Hilfsdisziplin, dem Souterrain der Justiz und Medizin, befreit.
- Sozialpädagogen verstanden sich als Experten und qualifizierte Fachkräfte für schwierige soziale Lebenslagen.

Diese Nachuntersuchung zeigte eine in vieler Hinsicht erfolgreiche, deutlich repressionsfreiere Jugendarbeit und eine bessere Kooperation mit den vielfältigen angrenzenden psychosozialen Diensten.

Erfolge zeigte auch eine andere Untersuchung im Auftrag des Bundesministeriums (BMFSFJ, 1998[41]). Zu den Leistungen und Grenzen der Heimerziehung wurde festgestellt: In den Hilfen zur Erziehung gibt es in 75 % der Fälle Besserungen. Erfolge also, die andere Behandlungs- und Straf-Systeme nicht aufweisen. Weshalb wird die Jugendhilfe dennoch systematisch schlecht geredet?

Faktisch sind es immer Einzelfälle, die benutzt werden, um der gesamten Jugendhilfe Versagen zu attestieren. Besonders in Wahlkämpfen taugen positive Nachweise liberaler Konzepte nicht für Schlagzeilen.

Die soziale Entwicklung der 90er Jahre

Wenn sich die Spaltung der Gesellschaft in Arme und Reiche verschärft, steigen die Kriminalitätskurven, so einer, der es wissen musste, der Polizeipräsident Haas aus Stuttgart (Haas, 1998[7]): Wenn Sozialhilfe als Gradmesser für neue Armut gelten kann, sind in Hamburg seit 1980 etwa 3-mal so viele Familien von Armut betroffen wie früher (Bange, 1998 [42]).

Die viel beschworene ideale Standardfamilie existiert immer seltener, die Restfamilie wird mit Ansprüchen hoffnungslos überfrachtet, vor allem mit überhöhten sozialen, pädagogischen und emotionalen Forderungen. Dazu kommen: höhere

40 Schone, R., Fußnote 18.

41 Bundesministerium für Familien, Soziales, Frauen und Jugend (BMFSFJ): Leistungen und Grenzen von Heimerziehung. Berlin, Köln u. a.; Kohlhammer, 1998.

42 Bange, D.: Analyse des zweiten Armutsberichts der Behörde für Arbeit, Gesundheit und Soziales der Freien und Hansestadt Hamburg unter jugendhilfepolitischen Aspekten. Im Auftrag des Amtes für Jugend, Hamburg, 1997.

Scheidungsraten, transkulturell zusammengesetzte Familien, (Vielväter-, Lebensabschnitts-, Eineltern-Familien sowie die Pflege-, Adoptiv- und andere Arten von Ersatz-Familien).

Der Einfluss der Medien und Peers bestimmt das Leben von Kindern noch mehr als früher.

Etwa 500.000 Kinder und Jugendliche beanspruchen bundesweit Hilfen zur Erziehung und/oder leben bei Ersatzeltern, Betreuern u. a. Das Trauma, aus der Familie herauszufallen, ist groß (Bundestagsdrucksache, 1998[43]). Die Ausstattung der Einrichtungen hat nicht in notwendiger Weise Schritt halten können. Eine Enquete-Kommission zum Thema Jugendkriminalität analysierte für die Hamburger Betreuungssituation viele Mängel (Drucksache der FHH, 2000[44]). Anzusetzen wäre danach bei den strukturellen Verbesserungen, d.h. bei Kooperation der verschiedenen (Spezial-) Dienste, dem Ausbau der pädagogischen Hilfen zur Haftvermeidung, gemeinsamer interdisziplinärer Versorgungsverantwortung, verbesserter Eingliederung und Regelversorgung in Schule und Kindergarten bzw. Tagesheim (Köttgen, 1998[45]).

Der Akzent in den Jahren nach 1990 wird auf die Heilung der Kräfte des Marktes gelegt. Die privatwirtschaftliche Konkurrenz, auch eine große Vielfalt an Angeboten, ist tatsächlich entstanden; gleichzeitig nimmt aber auch – da vor allem der Profit und Erhalt der Budgets und Institutionen Maßstab wird – eine Entsolidarisierung und eine Ausgrenzung der Schwächsten zu. Die Gruppe derer, die in die schönen, neuen Praxen und Spezialeinrichtungen nicht mehr passen wollen, wird größer.

Eine solche Stimmung macht nicht Halt vor den Trägern der Jugendhilfe: Auch hier gibt es eine Verschärfung der Konkurrenz, der Kampf um die Wenigen mit besserer Prognose. Teile der Jugendhilfe sind mit den Folgen der Armut und Ausgrenzung alleine gelassen. Der öffentliche Druck verlangt mehr z.B. geschlossene Unterbringung. Die geschlossene Unterbringung ist zum kurzsichtigen Symbol der Sicherheit geworden. Es wird auf Patentrezepte gesetzt. Es geht um die Verteilung der knapper werdenden Ressourcen. Nicht das Wohl der Kinder, sondern das Wohl der »Besserverdienenden« und Träger von Institutionen bestimmt die Debatte: qualifizierte medizinisch-therapeutische Angebote für die einen, Wegsperren für die anderen. Ein Ausbau von Plätzen in allen genannten Bereichen hat nicht zu mehr Sicherheit beigetragen.

43 Bundestags-Drucksache 13/11368: Bericht über die Lebenssituation von Kindern und die Leistungen der Kinderhilfen in Deutschland, Zehnter Kinder- und Jugendbericht. Die Bundesregierung; 1998.

44 Bürgerschaft der Freien und Hansestadt Hamburg; Bericht der Enquete-Kommission zum Thema: »Jugendkriminalität und ihre gesellschaftlichen Ursachen« Hamburg; Drucksache 16/4000 der Bürgerschaft, Mai 2000.

45 Köttgen, C: (Hrsg.): Wenn alle Stricke reißen. Bonn, Psychiatrieverlag 1998.

Mehr Kinder werden nach außerhalb (hier von Hamburg aus) in Psychiatrien und zwischen Jugendhilfeeinrichtungen hin und her verschoben. Zeitweise waren es fast die Hälfte der stationär untergebrachten Jugendlichen und Kinder in den Hilfen zur Erziehung.

Die Jugendlichen kehren als Entwurzelte an ihre Heimatorte zurück und viele suchen dann den Halt auf dem abschüssigen Gelände der Kieze, hier werden sie für alle sichtbar störend »ausgegrenzt und mittendrin«. Ihre lebenswichtigen Beziehungen wurden auf dieser unfreiwilligen Wanderschaft abgebrochen. Die bei Schone (1991[18]) noch beschriebene gute Kooperation weicht Abgrenzungs- und Konkurrenzstreitigkeiten. Elementare Bedürfnisse junger Menschen bleiben - bei zunehmend mehr jungen Leuten - auf der Strecke. Es sind benachteiligte Jugendliche, Kinder von Migranten, Aussiedlern, Armuts-Familien, die in geschlossenen Einrichtungen verwahrt, mit Psychopharmaka ruhig gestellt, bzw. »behandelt« werden; sie bewegen sich zwischen Heimen, Strafen und Psychiatrien. Es war absehbar, dass die Ausgrenzung und auch die Gewalt weiter steigen würden.

Zu den rechtlichen Grundlagen der geschlossenen Unterbringung

Längerfristige geschlossene Unterbringung ist nach dem Kinder und Jugendhilfegesetz (KJHG) nicht zulässig. »Eine längerfristige geschlossene Unterbringung in Einrichtungen der Jugendhilfe ist nach derzeitiger Rechtslage allein nach dem Jugendgerichtsgesetz (JGG) möglich« (Schlink und Schattenfroh 1997[27]).

Zur Vermeidung von Untersuchungshaft oder Strafvollzug nach dem JGG wird häufiger in der Jugendhilfe untergebracht.

— 1631 Satz 1 BGB ist verfassungswidrig und nichtig.«
— »Die Psychiatrischen Krankengesetze (PsychKG) sind für eine geschlossene Unterbringung in der Jugendhilfe nicht tauglich.«

»Kurzfristig ist eine geschlossene Unterbringung in einem Heim der Jugendhilfe möglich als »Inobhutnahme« auf Grund von § 42 Abs. 3 Sozialhilfegesetzes (SGBVIII) und §1631 S. 2, BGB«. »Hier ergeben sich aber Voraussetzungen aus dem präzisen Begriffstatbestand, wonach eine konkrete Gefahr für Leib und/oder Leben des Kindes oder Dritter die geschlossene Unterbringung erforderlich machen muss. Die Interessen der Eltern sind dabei zu berücksichtigen« (Schlink und Schattenfroh, 1997[46]).

46 Schlink, B. und Schattenfroh, S: Die Zulässigkeit der geschlossenen Unterbringung Minderjähriger in Einrichtungen der Jugendhilfe. Zitate stammen aus einem Gutachten im Auftrag der Bundesarbeitsgemeinschaft der Landesjugendämter: Humboldt-Universität Berlin., Juli 1997.

Rechtmäßig dürfen Jugendliche nach dem Jugendgerichtsgesetz (JGG) nur zur Vermeidung der Untersuchungshaft geschlossen untergebracht werden. § 42 KJHG (Inobhutnahme) dient zum Schutze des Lebens und dessen von Dritten, sofern diese akut bedroht sind und nur solange, wie die Gefahr anhält.

Gibt es mehr Sicherheit durch Wegsperren?

Die Erfahrungen sprechen dagegen. Die Rechtsprechung im KJHG schränkt geschlossene Unterbringung junger Menschen, wegen der bekannten negativen Folgen, auf Dauer sehr eng ein, zeitlich und in Bezug auf die Gründe (Selbst- und /oder Fremdgefährdung, solange sie anhält). Einfache Patentrezepte gibt es in der Praxis und der Rechtsprechung nicht.

Freundlichere geschlossene Systeme sollen bei den gewalttätigen und delinquenten Wegläufern dazu beitragen, Beziehungen herzustellen, so wird von Vertretern argumentiert, die für mehr Strafen sind. Es soll kein Entlaufen möglich sein. Also doch Gefängnisse? Aber selbst dort gibt es Entweichungen.

Die Zahlen der misslungenen Resozialisierungen im Jugendstrafvollzug sprechen gegen diese Thesen. Durchschlagende Erfolge der geschlossenen Unterbringungen sind nicht bekannt. Berichte über neue geschlossene Einrichtungen überzeugen nicht, da strenge Ausschlusskriterien bei den Aufnahmen gelten. Die Jugendhilfe aber muss alle dort abgewiesenen, auch Drogenabhängige, Minderbegabte und Migranten ohne Sprachkenntnisse, in ihre Arbeit einbeziehen (Senatsdrucksache 16/4000, 2000[47]). Erfolgreiche Integration von vormals Ausgegrenzten ist langwierig. Besser ist frühzeitige Förderung und mehr Gerechtigkeit.

Schlussbemerkung

Bringt jemand sich oder andere in Gefahr, muss natürlich akut vor Gefährdung geschützt werden, mit den jeweiligen Mitteln, die sich in der Situation ergeben. Droht jemand aus dem Fenster zu springen, bedroht er/sie andere, wird eingeschritten, mit aller Kraft. Der Jugendliche soll in dieser Krise nicht alleine gelassen werden, schon gar nicht alleine eingesperrt sein. Betreuer oder Bürger bringen diesen Menschen an einen Ort, der sicher ist. Es gilt den Grund für die Krise zu erfahren und zu versuchen Abhilfe zu schaffen, alles andere ist unterlassene Hilfeleistung. Das ist die ganz normale Bürgerpflicht, die noch immer Gültigkeit besitzt.

Eine geschlossene Institution bleibt auch dann geschlossen, wenn keine Gefahr mehr besteht, erzeugt künstlich ein System, das neue Gefahren der Gewalt produziert. Jugendliche werden versuchen auszusteigen, sich aus dem Fenster abzuseilen, sich und andere dadurch zu gefährden, sie entwickeln Hass auf die Mauern und die

47 Bürgerschaft der Freien und Hansestadt Hamburg (Drs. 16/4000): Jugendkriminalität. Hamburg, Mai 2000.

Wärter. Alle Anstalten, seien es Heime für Behinderte, Alte, psychisch Kranke und Delinquente, sind, sobald sie aufgebaut wurden, belegt worden, meist wurden sie erweitert. Sie schufen jeweils die Probleme, zu deren Behebung sie den Auftrag hatten: chronisch psychisch Kranke, Hospitalisierte, Gangs, Banden von Delinquenten, Outlaws. Entwicklungen bewegen sich wellenförmig. Muss jeder Irrtum wiederholt werden?

Diese Gesellschaft braucht Jugend, sie ist überaltert und von Hinfälligkeit befallen. Jeder Jugendliche zählt. Die Jugend ist die Hoffnungsträgerin einer Gesellschaft. Große Teile der Jugend werden als Schulversager, Delinquente, psychisch Behinderte und Sucht-Kranke abgestempelt. Sie werden erzeugt durch ein subtiles System der Ausgrenzung und Perspektivlosigkeit. An dem Mechanismus sind viele - auch Fachleute und Politiker - beteiligt. Die Alten frönen ihrem Jugendkult und rächen sich an denen, die noch jugendlich sind. Die Wut und Verzweiflung junger Menschen schlägt zurück: Vandalismus, Gewaltdelikte und Drogen sind nur Symptome, nicht die Ursache. Sie können verschärft aber auch abgebaut werden.

Es gibt keine Sicherheit, solange soziale Ungerechtigkeiten herrscht. Wir brauchen eine andere Haltung, eine veränderte Sicht auf Jugend.

Jede Metropole hat ihre Probleme mit Jugendkriminalität. Immer sind es wenige, die alle ratlos machen. Dieser gesellschaftlichen Herausforderung und den neuen Problemlagen, z.B. den Folgen von Kriegen und Armutswanderungen, wird man sich zu jeder Zeit stellen müssen.

Das gelobte Land des gelungenen »Law-and-Order-Prinzips« (die USA) bezahlt mittlerweile horrende Summen für die Sicherheiten der Besitzenden. Fast 20% der Gefängnisinsassen seien aber psychisch kranke Menschen: »Wir sind wieder da gelandet, wo wir vor 150 Jahren schon einmal waren«, klagt Fuller Torrey (vom NIMH[48]). In den teuren und ineffektiven Aufbewahrungsanstalten sammeln sich die Ausgegrenzten mit sozialen, rassischen und psychischen Problemen, oft junge Leute. Die Kriminalisierung Armer und Irrer ist längst wieder Realität.

Es wird für bessere Lebensbedingungen, berufliche und schulische Qualifizierung, strukturell verankerte Kooperation und Vernetzung gekämpft werden müssen. Je breiter das Fundament ist, auf dem die gemeinsam angebotenen fördernden und fordernden Hilfen stehen, desto wirksamer sind sie. Gut bezahlte Fachkräfte mit Forschungs- und Publikationsmöglichkeiten befinden sich weiterhin in den stationären und besser ausgestatteten universitären, vor allem medizinischen Einrichtungen, während die Basisversorgung von der Jugendhilfe und der sozialen Arbeit mit relativ immer weniger Mitteln geleistet wird. Das Interesse an deren gelun-

48 Torrey F.(National Institute of Mental Health): Irrfahrt in den Knast. Spiegel 51/1998.

genen Konzepten und Erfolgen ist gering, diese Arbeit wird kaum beforscht. Wenn aber doch einmal geforscht wurde, werden gute Ergebnisse als Ideologie abgetan, sie werden kaum publiziert und möglichst nicht rezipiert. Die Ideologie des Wegsperrens treibt derweil neue Blüten.

Konzepte für mehr Integrations- und Teilhabechancen aller Kinder und Jugendlicher, so konnte gezeigt werden, sind besser als die Wiederholung untauglicher »Patentrezepte«.

VII.

Krankenhaus und medizinische Versorgung

HANNELI DÖHNER

Care und Case Management für chronisch kranke alte Menschen

Das Hamburger Modell zur vernetzten Versorgung[1]

Einleitung

Viele alte hilfebedürftige Menschen erhalten eine Versorgung, die zum einen nicht ihren individuellen Bedürfnissen und zum anderen nicht dem wissenschaftlichen Erkenntnisstand entspricht. Gründe dafür sind vor allem die Unüberschaubarkeit und mangelnde Verknüpfung der Angebote und der Finanzierungsmöglichkeiten. Nicht nur die alten Menschen und ihre Angehörigen, sondern auch die Mitarbeiter der verschiedenen Sozial-, Pflege- und Gesundheitsdienste sprechen von einem »Dschungel« der Angebote. Konsequenzen sind z. B. medizinisch unnötige Krankenhausaufenthalte, nicht gewünschte Heimeinweisungen, Vereinsamung, mangelnde soziale Unterstützung.

Als Antwort auf die Problemanalyse wird immer wieder die bessere »Vernetzung« gefordert – ein inflationär benutzter Begriff, insbesondere im Zusammenhang mit der Versorgung alter und chronisch kranker alter Menschen. Unser fragmentiertes Gesundheits- und Sozialsystem produziert vielfältige Schnittstellen, zu deren Bewältigung (von der Schnittstelle zur Nahtstelle) multidisziplinäre und sektorübergreifende Arbeitsweisen und multidimensionale Instrumente erforderlich sind, die dem Ziel der klienten- bzw. patientenorientierten Versorgung bei umfassenden Problemlagen sowie der effizienten Nutzung begrenzter Ressourcen gerecht werden.

Die *Schnittstellenproblematik* zeigt sich auf verschiedenen Ebenen zwischen:

— Versorgungssektoren: ambulant, teilstationär und stationär

1 Die männliche Plural-Form wurde ausschließlich wegen der kürzeren Schreibweise gewählt.

- Versorgungsstufen: Grundversorgungs- bis Spezialversorgungseinrichtungen
- Versorgungsbereichen: Prävention, Kuration, Rehabilitation, Sterbebegleitung
- Berufsgruppen: Ärzte, Pflegekräfte, Therapeuten, Sozialarbeiter, Seelsorge u. a.
- professionellem und nicht-professionellem Versorgungssystem
- Kostenträgern: Gesetzliche Krankenversicherung (SGB V), Soziale Pflegeversicherung (SGB XI), Bundessozialhilfegesetz (BSHG), Rentenversicherung
- Leistungsträgern: staatlich, gemeinnützig, privat

Entsprechend vielfältig sind die Problemlösungsansätze. Das vorliegende Konzept zum Versorgungsmanagement für ältere hilfebedürftige Menschen - das Hamburger Modell zur vernetzten Versorgung - ist gegliedert in die Bereiche »Strukturelle Vernetzung im Gemeinwesen« (Care Management) und »Vernetzung im Einzelfall« (Case Management). In den beiden Abschnitte werden die wesentlichen Bausteine beschrieben, die in verschiedenen Projekten und Regionen erprobt wurden. Die dargestellten Bausteine sind vorrangig im außerstationären Bereich angesiedelt, da die Altenarbeit sich primär an dem alltäglichen Lebensumfeld der Menschen orientieren sollte.

Zur Illustrierung der unterschiedlichen Bausteine werden Umsetzungs-Beispiele aus Hamburg gewählt, insbesondere aus den Forschungs- und Praxisprojekten, an denen der Arbeitsschwerpunkt Sozialgerontologie initiativ, beratend, unterstützend und/oder wissenschaftlich begleitend beteiligt war (vgl. zum Projekt Ambulantes Gerontologisches Team (PAGT): Döhner, Mutschler & Schmoecker 1996, Kofahl & Döhner 1997; Döhner, Bleich, Kofahl & Lauterberg 1999 und Döhner, Bleich, Kofahl & Lauterberg 2002; zu den beiden Projekten im Norddeutschen Forschungsverbund: Döhner & Schick 1999; Posiadly & Döhner 1999). Die Zusammenführung der einzelnen Bausteine zu einem umfassenden Vernetzungsansatz hat eine patientenorientierte, ökonomische und effiziente Versorgung älterer Menschen durch Optimierung der Ressourcen und eine Systemgrenzen überwindende Zusammenarbeit zum Ziel.

Strukturelle Vernetzung im Gemeinwesen: Care Management

In diesem Abschnitt werden fünf wesentliche Bausteine zur Vernetzung im Stadtteil präsentiert. Diese Elemente von Care Management sind wichtige Voraussetzungen für eine qualifizierte Vernetzung im Einzelfall.

Baustein 1: Lokaler Arbeitskreis

Die Basis der meisten Initiativen zur lokalen Vernetzung der Altenarbeit sind Arbeitskreise, in denen sich regelmäßig Vertreter der Anbieter von sozialen und gesundheitlichen Dienstleistungen treffen. Sie unterscheiden sich allerdings in der konkreten Zusammensetzung (z. B. wie stark nicht-professionelle Angebote wie Selbsthilfegruppen einbezogen werden), ihrer Zieldefinition (z. B. eher Orientierung auf Eigeninitiative vor Ort oder Forderungen an die Politik), ihrer Arbeitsweise (z. B. Organisation von Arbeit im Plenum und in Untergruppen) und ihrer konkreten Arbeitsinhalte (z. B. Ausbau der Vernetzung, Transparenz der Angebote in der Region oder Bearbeitung konkreter und aktueller Themen wie »Pflegeversicherung« oder »Vorsorgevollmacht«).

Umsetzung: Aktionskreis »Alter in Eimsbüttel«

Im Rahmen eines Forschungsprojektes wurde eine Datenbank der Sozial- und Gesundheitsdienste in dem Hamburger Bezirk Eimsbüttel (s. Umsetzungsbeispiel: Wegweiser Eimsbüttel) erarbeitet. Die hier erfassten Anbieter waren der Einladungsverteiler für eine erste regionale Veranstaltung zur Vernetzung in der Region. Zentrales Ergebnis war der Aufbau eines regelmäßig tagenden Arbeitskreises, des Aktionskreises »Alter in Eimsbüttel«. Obgleich es keine formale Grundlage für die Arbeit gibt, hat sich eine hohe Verbindlichkeit der Mitglieder etabliert. Die abendlichen Treffen finden monatlich in wechselnden Einrichtungen statt, der Kreis ist grundsätzlich offen für neue Mitglieder.

Der Aktionskreis arbeitet seit nun fast fünf Jahren ohne jegliche Zusatzfinanzierung. Er lebt von dem persönlichen Engagement aller Beteiligten und hat der Altenarbeit im Stadtteil eine neue Qualität gegeben. Allerdings hat sich auch gezeigt, dass eine qualitative Weiterentwicklung nur begrenzt zum Nulltarif zu haben ist. Ob es Sinn macht, den Aktionskreis zu einer *Pflegekonferenz*, wie sie im Pflegeversicherungsgesetz vorgesehen ist, zu entwickeln, oder ob eine Pflegekonferenz auf Bezirksebene parallel dazu entstehen sollte, ist eine für diese Region noch unbeantwortete Frage.

Baustein 2: Wegweiser durch die lokalen Angebote für ältere Menschen

Grund legend für sowohl weitere Ansätze zur Zusammenarbeit der Anbieter als auch für die Koordination der Dienste für einzelne Personen ist die Transparenz der lokal vorhandenen Angebote. Dafür gibt es in den meisten Regionen inzwischen Broschüren sehr unterschiedlicher Qualität und Aktualität. Um dem Anspruch der vielfältigen Bedürfnisse älterer Menschen gerecht zu werden, müssen diese Wegweiser ein breites Spektrum von Angeboten der Gesundheitsförderung bis zur Sterbebegleitung umfassen.

Umsetzung: Wegweiser Eimsbüttel

Eine erste Auflage des Wegweisers Eimsbüttel (Arbeitsschwerpunkt Sozialgerontologie 1995), der in erste Linie für die Nutzung durch die Mitarbeiter der Gesundheits- und Sozialdienste konzipiert war, wurde 1995 noch im Rahmen des erwähn-

Abb. 1: Struktur des Wegweisers Eimsbüttel

ten Forschungsprojektes realisiert. Allerdings konnte keine kontinuierliche Aktualisierung geleistet werden, obgleich dies wegen der schnellen Veränderungen der Angebote im Altenbereich unbedingt erforderlich ist, wenn der Wegweiser wirklich für die alltägliche Beratung einen Wert behalten soll. Erst sechs Jahre später, im Jahre 2000, wurde im Aktionskreis ein Weg gefunden, die Aktualisierung zu ermöglichen. Dabei werden für die unterschiedlichen Zielgruppen unterschiedliche Medien berücksichtigt: eine durch Anbieter finanzierte gemeinsame Homepage, eine CD-ROM-Version und eine durch Werbung finanzierte Broschüre. Die Abb. 1 zeigt den Zugang, wie er im Internet präsent ist.

Baustein 3: Lokales öffentliches Forum für Altersfragen

Die Aktivitäten der lokalen Arbeitskreise, die zur besseren Versorgung älterer Menschen in den Regionen entwickelt werden, sollen auch der Stadtteil-Öffentlichkeit transparent gemacht werden. Dazu führt der Aktionskreis in zweijährlichem Rhythmus größere Veranstaltungen für die Bevölkerung durch.

Umsetzung: Altersforen in Eimsbüttel

Bisher haben drei Altersforen in Eimsbüttel stattgefunden. In der Veranstaltung 1995 hat sich der Aktionskreis erstmalig einer breiteren Öffentlichkeit vorgestellt. Die beteiligten Anbieter aus der Region haben sich mit ihren Dienstleistungen präsentiert, indem sie versucht haben, die Besucher in verschiedene Aktivitäten zu integrieren, d. h. es konnten beispielsweise Hilfsmittel ausprobiert, Freizeitaktivitäten erprobt oder angeregt und zu weiteren Angeboten konkrete Kontakte hergestellt sowie erste Erfahrungen mit ihnen gemacht werden. 1999 stand die Veranstaltung im Kontext des Internationalen Jahres der Senioren und wurde unter dem Arbeitstitel »Vorsorge für das Alter« veranstaltet. Dabei hatten die Themen: »Veränderung des Betreuungsrechtes«, »intergenerative Wohnformen«, »medizinische Vorsorge« oder »Gedächtnistraining« einen besonderen Stellenwert. Für Herbst 2002 ist das nächste Forum geplant.

Baustein 4: trägerübergreifendes Sprechstundenangebot

Obwohl es überall Beratungsangebote für ältere Menschen und ihre Angehörigen gibt, ist es für die Bürger von hoher Bedeutung, sich von einer möglichst neutralen Stelle beraten zu lassen. Die Erfahrungen in verschiedenen Bundesländern zeigen, dass dies am besten durch ein trägerübergreifendes Angebot gewährleistet werden kann, bei dem hoch qualifizierte Mitarbeiter aus den unterschiedlichen Bereichen ihre Kompetenzen zusammenführen.

Umsetzung: Koordinations-, Anlauf- und Informationsstelle Eimsbüttel – KAI

Bei KAI wird seit 1996 einmal wöchentlich von Mitgliedern des Aktionskreises (s. Abb. 2) ein persönliches und telefonisches Beratungsangebot organisiert, bei dem die Bürger des Stadtteils sich über alle Fragen zum Altern und Alter beraten lassen können.

Abb. 2: Trägerübergreifendes Sprechstundenangebot des Aktionskreises Eimsbüttel

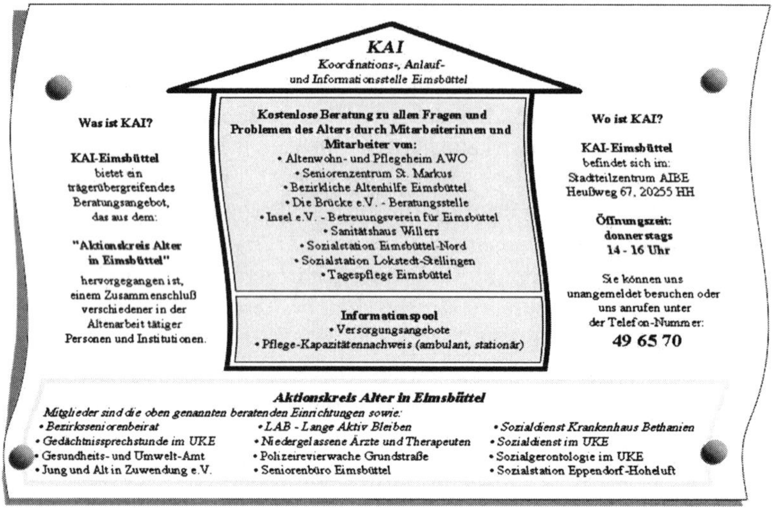

Es wird für jeden Monat ein neuer Beratungsplan aufgestellt, der die Bürger am besten durch das lokale Wochenblatt erreicht, aber auch durch Mund-zu-Mund- Propaganda. Die Themen umfassen z. B.: Ernährung, Gedächtnistraining, Sicherheit im Straßenverkehr, verschiedene Krankheitsbilder, Pflegeversicherung, Gesundheits- und Sozialdienste für ältere Menschen selbst sowie auch zur Entlastung pflegender Angehöriger. Seit längerer Zeit ist das am meisten nachgefragte Thema bei KAI: Vorsorgevollmacht und Patientenverfügung (vgl. Holzammer 2000).

Baustein 5: Berufs- und sektorübergreifende Weiterqualifizierung

Bei aller Berechtigung und Notwendigkeit berufsspezifischer Qualitätszirkelarbeit ist gerade für das Qualitätsmanagement in der Versorgung älterer Menschen mit komplexen Hilfebedarfen eine berufs- und sektorübergreifende Zusammenarbeit auch auf der Ebene der Weiterqualifizierung erforderlich, um die Voraussetzungen für eine ganzheitliche und umfassende Herangehensweise im Einzelfall zu schaffen. Defizite der Kenntnisse über die Inhalte und Arbeitsweisen der jeweils anderen Bereiche kennzeichnen die derzeitige Situation.

Umsetzung: Interdisziplinärer Gesprächskreis Geriatrie – IGG

Als eine herausragende Aktivität des Aktionskreises Alter in Eimsbüttel ist die Initiative zu diesem berufs- und sektorübergreifenden Gesprächskreis zu benennen. Im IGG (vgl. Merk 1997; Struck 1998) arbeiten seit über sechs Jahren Mitarbeiter aus den medizinischen, pflegerischen, therapeutischen und beratenden Einrichtungen sowohl aus dem stationären als auch aus dem ambulanten Bereich zusammen (s. Abb. 3), um als Voraussetzung für verbesserte Kooperation sich und ihre Arbeit besser kennen zu lernen, sich exemplarisch über bestimmte Probleme in der Versorgung älterer Menschen auszutauschen und einen Konsens/Leitlinien zu den erforderlichen Maßnahmen zu entwickeln und umzusetzen.

Abb. 3: Teilnehmer des Interdisziplinären Gesprächskreis Geriatrie (IGG)

Zwischenbilanz

Die im vorangegangenen Teil beschriebenen Bausteine zur Vernetzung sollten optimalerweise in jeder Versorgungsregion vorhanden sein. Dabei sollte genau geprüft werden, ob bestimmte Instrumente oder Verfahren, die sich in einer Region bewährt haben, unverändert übertragen werden können oder den spezifischen Gegebenheiten angepasst werden müssen. Grundsätzlich sollten sich die konkrete Ausgestaltung und die jeweiligen Verantwortlichkeiten immer an den *lokalen Besonderheiten* orientieren, um angemessen für die konkreten Bedarfe zu sein und damit eine gute Voraussetzung für Akzeptanz zu haben. Es lässt sich nur selten ein bestimmter Träger oder eine bestimmte Berufsgruppe für die Rolle des Koordinators einzelner Bausteine festschreiben, da die Aufgabe des »Vernetzers« immer ein Machtpotenzial in sich trägt, dessen eigennütziger Ausnutzung vorgebeugt werden muss. Hierzu bedarf es eines kontinuierlichen Vertrauensaufbaus und ggf. auch schriftlicher Vereinbarungen, die von allen Beteiligten getragen werden müssen. Die Erfahrungen nicht nur in Eimsbüttel zeigen, dass die *externe Moderation* durch nicht an der Versorgung Beteiligte – in diesem Fall eine universitäre Einrichtung ohne Versorgungsauftrag – vor allem beim Aufbau solcher Prozesse hilfreich ist.

Vernetzung im Einzelfall: Case Management

Die beschriebenen Vernetzungsansätze im Stadtteil bieten den Einrichtungen und ihren Mitarbeitern wesentliche Grundlagen zu einer verbesserten Zusammenarbeit im Einzelfall. Bei den neuen Kooperationsformen stehen Hausärzte und Pflegedienste im Zentrum des Interesses (vgl. Döhner & Schick 1996; Garms-Homolová & Schaeffer 1998). Die Hausarztpraxis ist nach wie vor die wichtigste Anlaufstelle für ältere gesundheitlich beeinträchtigte Menschen. Hier ist deshalb auch der Ort, an dem die zentrale Dokumentation und Koordination der Versorgung des älteren Menschen angesiedelt sein sollte (vgl. § 73 SGB V). Der Hausarzt ist dabei auf eine gute Kooperation mit den anderen beteiligten Berufsgruppen und Versorgungssektoren angewiesen. Es ist erforderlich, ein abgestimmtes Dokumentationssystem aufzubauen, durch das die Transparenz für alle Beteiligten, d. h. professionelle Helfer, Laienhelfer, Patienten und Angehörige unter Wahrung des Datenschutzes gewährleistet ist. Ein solches Dokumentationssystem dient vorrangig der Versorgungskontinuität, -qualität und -ökonomie. Es bietet aber darüber hinaus eine wichtige Datengrundlage für Gesundheitsberichterstattung bzw. Altersberichterstattung.

Ein professionelles Case Management (vgl. Wendt 1991; Wissert et al. 1996) beinhaltet ein systematisches Vorgehen, das sich an dem in Abb. 4 dargestellten Zyklus orientiert. Vorstellungen über ein Case Management, das bei ausschließlich medizinischer Dokumentation und schriftlicher oder telefonischer Weitervermittlung an andere Dienste stehen bleibt, greifen im Bereich des Versorgungsmanagements älterer Menschen mit komplexen Problemlagen, aber auch im Bereich vieler chronischer Erkrankungen zu kurz. Die Qualität ist ohne kompetente *persönliche Begleitung* – in bestimmten Situationen über längere Zeit, manchmal bis zum Tod eines Patienten oder sogar unter Einschluss der Trauerarbeit der Angehörigen – nicht gesichert.

Die meisten abgeschlossenen oder noch laufenden Modelle zum Case Management gehen davon aus, dass es eine Person oder Berufsgruppe gibt, die am besten geeignet ist für das geriatrische Case Management. Dadurch haben sich Konkur-

Abb. 4: Case-Management-Zyklus

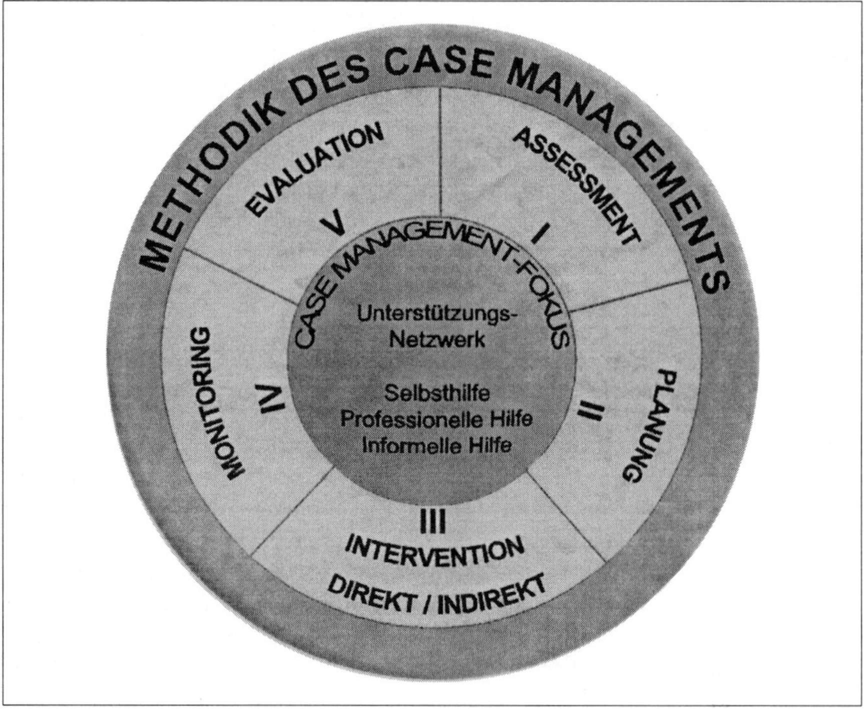

renzen aufgebaut, die sicherlich für die Problemlösung der älteren Menschen mit sehr unterschiedlichem und häufig komplexem Hilfebedarf nicht von Nutzen sind. Der Ansatz des Hamburger Modells besteht deshalb darin, das *Case Management als eine Aufgabe* zu verstehen, die grundsätzlich von verschiedenen Berufsgruppen und unterschiedlichen Institutionen wahrgenommen werden kann, bei Klärung der unterschiedlichen sich ergänzenden Aufgaben eventuell auch gemeinsam.

Obgleich die Aufgabe des Case Managements grundsätzlich vorrangig von bereits an der Versorgung oder Betreuung Beteiligten übernommen werden sollte, bedarf es dabei der Unterstützung einer erfahrenen Case Managerin, damit auch die Professionellen, die bisher kein systematisches Case Management durchgeführt haben, ihre neue Aufgabe qualitativ angemessen übernehmen können. Es gibt aber auch Konstellationen, in denen es bisher keine zentrale Vertrauensperson für die Patienten gibt. In dieser Situation bietet die hauptamtliche Case Managerin den Patienten an, diese Rolle zu übernehmen. Auch in ausgewählten, vermutlich besonders komplexen Fällen wird die hauptamtliche Case Managerin zumindest in der Anfangsphase die zentrale Ansprechperson sein, bis eine Übergabe möglich ist.

Die persönliche Kenntnis der Patienten sowie ihres Umfeldes sind Grundvoraussetzungen für eine patientenorientierte Arbeit. Deshalb sind das geriatrische Assessment und Hausbesuche ein zentraler Bestandteil eines Case Managements. Je nach Situation werden auch Familienangehörige einbezogen, denen bei Bedarf auch Entlastungs- und Unterstützungsangebote (s. Baustein 9: Unterstützung pflegender Angehöriger) gemacht werden.

Im Folgenden sollen fünf zentrale Bausteine zur Vernetzung im Einzelfall näher ausgeführt und mit Umsetzungserfahrungen in Hamburg illustriert werden.

Baustein 6: Screening und Assessment

Es besteht Konsens darüber, dass einem umfassenden multidimensionalen geriatrischen Assessment ein Kurz-Assessment oder Screening vorangestellt werden muss, da die umfassende Erhebung - ein Basis-Assessment (vgl. Runge & Wahl 1996) ggf. ergänzt durch einen krankheitsspezifischen Teil - nur für eine ausgewählte Gruppe der älteren Patienten erforderlich ist. Die Auswahl eines bestimmten Instrumentes zur Erhebung der Gesundheits- und Versorgungssituation wird bestimmt durch die Abstimmung mit bereits in anderen Bereichen eingesetzten Verfahren (z.B. in der Pflege, beim MDK oder in Kliniken) (vgl. Steinhagen-Thiessen 1998; Nikolaus & Pientka 1999), die multiprofessionelle Akzeptanz sowie ein möglichst ökonomisches Vorgehen. Dabei ist das Problem, dass die meisten Assessment-Verfahren (vgl. Steinhagen-Thiessen 1998; Nikolaus & Pientka 1999) aus dem Bereich der geriatrischen Kliniken stammen und wegen ihres Umfanges und Zeitaufwandes nicht unverändert in den ambulanten Bereich oder den Bereich des Akutkrankenhauses übertragen werden können.

Umsetzung: EASYcare und COPE-Index

Auf europäischer Ebene wurde im Rahmen von EU-finanzierten Projekten z. B. das Kurz-Assessment EASY*care* für ältere Menschen (Philp et al. 1998; Döhner & Kofahl 1999; Döhner, Kofahl & Philp 1999) entwickelt, das weitgehend auf bereits erprobten Teilen anderer Instrumente (z. B. Barthel-Index) basiert. Das Instrument wurde in Pilotstudien erprobt, und mit Hilfe eines speziell dafür aufgebauten Schulungsprogramms in den verschiedenen Ländern in den Bereich der Primärversorgung implementiert. Es ist sowohl für die Betreuungsplanung und Verlaufskontrolle (Ergebnisorientierung) im Einzelfall als auch für die Gesundheitsberichterstattung geeignet.

In Ergänzung dazu wurde der COPE-Index (Nolan & Philp 1999) entwickelt, der in standardisierter Form durch 15 Items die subjektive Einschätzung der negativen

Abb. 5: Verknüpfung der Versorgungsbereiche durch Beratung und Begleitung im Rahmen von Case Management

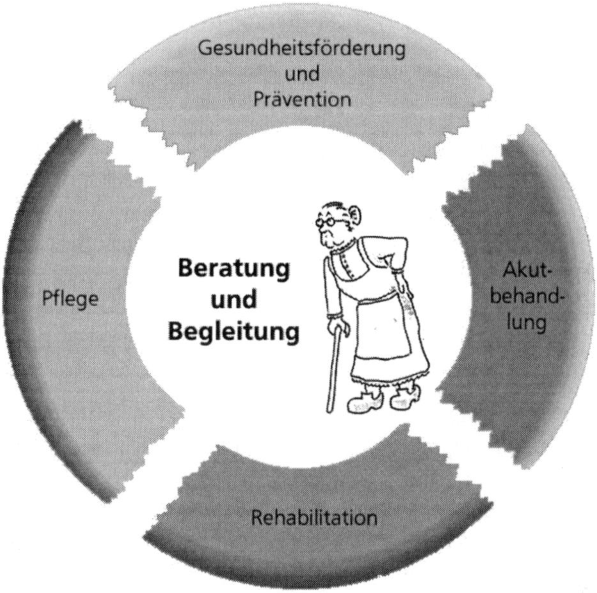

und positiven Aspekte bei der Pflege von Angehörigen erhebt. Die Einbeziehung des familiären Umfeldes bereits im Assessment entspricht der anhaltend hohen Bedeutung der Betreuung älterer Menschen durch Angehörige im häuslichen Bereich (vgl. Blinkert & Klie 1999).

Die Ergebnisse des Assessments sind Grundlage für eine Planung, die die unterschiedlichen Perspektiven der Beteiligten einbezieht (Patient, Angehörige, beteiligte Professionelle). Die Hilfeplanung orientiert sich an der individuellen Lebens- und Gesundheitssituation des einzelnen Patienten unter Einbeziehung seiner Wünsche und seines sozialen Umfeldes. Sie bezieht sich auf präventive, therapeutische, rehabilitative und pflegerische Maßnahmen (s. Abb. 5) und berücksichtigt gleichermaßen somatischen wie gerontopsychiatrischen Hilfebedarf.

Baustein 7: Teamsitzungen mit Fallbesprechungen

An regelmäßig stattfindenden Teamsitzungen nehmen alle in die Versorgung des Patienten einbezogenen Personen teil, also je nach Situation vor allem der Hausarzt, Pflegepersonen und ggf. Therapeuten und Case Manager. Die Einbeziehung weiterer Personen/Institutionen, z. B. Fachärzte, Rehaberater oder Fallmanager der Krankenkassen, ist im Einzelfall zu prüfen. So werden berufsspezifisch unterschiedliches Wissen und Erfahrungen im Interesse einer umfassenden und patientenorientierten Versorgung zusammengeführt.

Die Aufgaben der multiprofessionellen Planung des Case Managements und der Rückkoppelung der Ergebnisse der Maßnahmen, ggf. auch die Modifikation der Vorgehensweise und die Evaluation erfolgen in diesen Teamsitzungen. Dabei basieren die Entscheidungen nicht mehr auf einseitigen Expertendefinitionen sondern verstärkt auf Kommunikation und Aushandlungsprozessen zwischen den Beteiligten, also auf gemeinsamer Problem- und Zieldefinition.

Umsetzung: Ambulantes Gerontologisches Team

Der Baustein: Teamsitzungen in der Hausarztpraxis als zentrales Abstimmungsgremium wurde bereits im Projekt PAGT über mehr als drei Jahre erprobt und von den Beteiligten als erfolgreich und unverzichtbar eingeschätzt (vgl. Döhner, Bleich, Kofahl & Lauterberg 1999 und 2002). Nach ihrer Einschätzung ist dies ein wesentlicher Bestandteil von Case Management, da hierdurch die Qualität beim Patienten gesichert und die Zufriedenheit der Mitarbeiter gestärkt wird. Die Arbeitsweise der Teams orientiert sich an den folgenden Prinzipien: Selbstbestimmung bei der Inanspruchnahme von Hilfen, Kontinuität in der Betreuung, Kooperation aller an der Versorgung Beteiligten, Koordination der Hilfen sowie Hilfe zur Selbsthilfe und Selbständigkeit.

Der ständige interprofessionelle Austausch hatte einen hohen Fortbildungswert für alle Beteiligten. Patienten, Angehörige und professionelle Betreuer sprachen von mehr *Sicherheit in der Betreuung*, einem wesentlichen Faktor für Versorgungsqualität. Es konnten medizinisch unnötige Krankenhauseinweisungen, insbesondere auch in der Sterbephase, und ungewünschter Umzug in ein Pflegeheim im Allgemeinen vermieden werden.

Baustein 8: Multidisziplinäres Dokumentationssystem

Während die Zusammenarbeit im ambulanten Bereich durch die Teamsitzungen gesichert wird, bedarf es zusätzlicher Verfahren zur Verbesserung des Informationsflusses zwischen ambulantem und stationärem Bereich. Hierzu wurden viele Varianten von Pflegeüberleitungsbögen entwickelt. Diese Vielfalt ist für die betreuenden Personen eine erhebliche Zusatzbelastung, da sie immer wieder mit neuen Bögen konfrontiert werden. Es erschwert das Verständnis und senkt die Motivation zur Fortsetzung der Dokumentation.

Neben der Vereinheitlichung der Bögen sollte ein *multidisziplinäres*, also nicht allein auf die Pflege bezogenes *Dokumentationssystem* eingeführt werden, das beim Patienten verbleibt und ihn bei der Inanspruchnahme der verschiedenen ambulanten und stationären Versorgungsangebote begleitet. Es dient dazu, den Patienten, den Angehörigen und den an der Versorgung Beteiligten die Transparenz über die Maßnahmen und die Ergebnisse zu erleichtern. Außerdem hilft es dem Hausarzt in seiner umfassenden Dokumentationspflicht (§ 73, SGB V). Dadurch, dass ein solches Patienten-Begleitbuch Eigentum des Patienten ist, wird er stärker in die Verantwortung für seine Gesundheit einbezogen (vgl. Sozialministerium Baden-Württemberg 1999; Höhmann, Müller-Mundt & Schulz 1998, Döhner & Kofahl 2000).

Umsetzung: Gesundheitsmappe

Ein neuer Ansatz, der besonderen Situation geriatrischer Patienten gerecht zu werden, wurde mit der Gesundheitsmappe des Hamburger Krankenhauses Bethanien (s. Abb. 6) realisiert, einem multidisziplinären Überleitungsinstrument vom stationären in den ambulanten Bereich, in dem die Berichte aller an der Versorgung des jeweiligen Patienten in der Klinik beteiligten Berufsgruppen zusammengefasst und dem Patienten als sein Eigentum bei Entlassung mitgegeben werden. Die dort enthaltenen Daten basieren vor allem auf dem multidimensionalen Assessment (vgl. AGAST 1997), das inzwischen in unterschiedlicher Ausführlichkeit Standard der geriatrischen Kliniken geworden ist. Dies ist allerdings in Akutkrankenhäusern bisher noch kaum der Fall, obgleich hier der Bedarf wegen der mangelnden geriatrischen Perspektive und aufgrund der erheblichen Konsequenzen für die Patienten bei eventueller Fehlsteuerung in eine inadäquate Weiterversorgung deutlich ist (vgl. Jansen 1998).

Die Ergebnisse der wissenschaftlichen Begleitforschung (vgl. Döhner & Kofahl 2000) zu den Erfahrungen mit der Gesundheitsmappe zeigen, dass der größte Teil der Patienten der Interventionsgruppe und noch deutlicher ihre Angehörigen die Mappe positiv bewerten. Unter den professionellen Versorgern ist die Akzeptanz bei den Pflegekräften am höchsten, allerdings begnügen Ärzte sich häufig mit dem Arztbrief, und den Therapeuten wird die Mappe seltener gezeigt. Hinsichtlich der Gestaltung der Mappe selbst sowie auch ihrer Anwendung scheint hier weiterer Entwicklungsbedarf zu liegen.

Baustein 9: Unterstützung pflegender Angehöriger

Es gibt eine hohe Bereitschaft von Familienangehörigen zur Pflege älterer Menschen (Schneekloth et al. 1996). Allerdings bedarf es zusätzlicher Unterstützungs- und Entlastungsmaßnahmen, damit die Angehörigen ihre Aufgaben längerfristig und auch in besonders schwierigen Situationen weiterhin wahrnehmen (Mattmüller & Vogel 1995). Neben den bereits vorhandenen Angeboten, wie z. B. Tagespflege und Kurzzeitpflege, sollen weitere Möglichkeiten aufgezeigt werden, wie sie auch im § 45 des Pflegeversicherungsgesetzes beschrieben werden. In Kooperation mit Anbietern vor Ort und mit Unterstützung durch Kontakt- und Informationsstellen für Selbsthilfegruppen sollten auf der Grundlage der Erfahrungen durch das Case Management neue Formen entwickelt und erprobt werden.

Umsetzung: Sprechstunden der Case Managerin für Angehörige in der Hausarztpraxis

Bei PAGT hat sich gezeigt, dass es häufig schwierig ist, während der Hausbesuche bei den älteren Menschen auch einmal mit den Angehörigen allein zu sprechen, um ihre Situation zu klären. Da die Familienmitglieder im Allgemeinen denselben Hausarzt haben wie ihre älteren Angehörigen, können sie mit ihm über ihre Probleme sprechen. Wenn es um konkrete Entlastungs- und Unterstützungsmöglichkeiten geht, ist der Hausarzt häufig überfordert, kann jedoch auf das Know-How der hauptamtlichen Case Managerin zurückgreifen, die in seiner Praxis feste Sprechstundenzeiten anbietet. Hier kann das Angehörigen-Assessment (vgl. Baustein 6) durchgeführt werden und ggf. auch an spezielle Beratungsangebote für pflegende Angehörige weiter verwiesen werden. Die Aufgabe der Case Managerin liegt hier vor allem darin, die Angehörigen zu motivieren, Entlastungsangebote rechtzeitig in Anspruch zu nehmen und nicht erst dann, wenn die Pflegenden bereits völlig überfordert sind und dadurch schon Konflikte in der Familie und bei ihnen selbst gesundheitliche Beeinträchtigungen aufgetreten sind.

Baustein 10: Begleit- und Besuchsdienst als bürgerschaftliches Engagement

Zur Unterstützung und Entlastung des professionellen Case-Managements sollten ehrenamtliche Helfer gewonnen werden. Durch die Person des Case Managers werden Schwellenängste auf beiden Seiten abgebaut, der gegenseitige Vertrauensaufbau wird erleichtert und die Freiwilligen / Ehrenamtlichen haben zugleich eine Bezugsperson, mit der sie sich austauschen können. Diese Beziehung dient der Problemlösung in Konfliktfällen ebenso wie der positiven Anerkennung ihrer Tätigkeiten. Darüber hinaus sprechen Erfahrungen dafür, dass es auch Gruppentreffen der Ehrenamtlichen geben sollte, in denen sie sich untereinander austauschen können. Die Case Manager bieten auch hier wieder gute Voraussetzungen für das Zusammenführen von Patienten und Ehrenamtlichen, da sie die älteren Menschen und ihre Situation so gut kennen, dass sie die bei den Ehrenamtlichen erforderlichen Kenntnisse und Fähigkeiten einschätzen können und ggf. auch unterstützend und vermittelnd eingreifen können. Diese Aufgabe sollte ebenfalls in Zusammenarbeit mit den fast überall vorhandenen Beratungsstellen organisiert werden, bei denen häufig bereits Gruppen von Ehrenamtlichen tätig sind und auch professionell begleitet werden.

Die Idee der Unterstützung durch Begleit- und Besuchsdienste im Rahmen von bürgerschaftlichem Engagement wurde im Rahmen von PAGT als notwendig erachtet, konnte aber in der Projektlaufzeit nicht mehr systematisch umgesetzt werden. Die Case Managerin kann so bei Tätigkeiten entlastet werden, die nicht ihrer hohen Professionalität bedürfen und kostengünstiger zu realisieren sind. Als Beispiel ist hier an die Begleitung beim Einkaufen oder bei Spaziergängen zu denken, aber auch an Hausbesuche bei Alleinlebenden, um mit ihnen Gespräche zu führen und sie vor Isolation zu bewahren, indem sie bei der Aufrechterhaltung sozialer Kontakte unterstützt werden.

Ausblick

Case und Care Management als Ansätze zu einzelfallorientierter und gemeinwesenorientierter Vernetzung sind Arbeitsbereiche, die zunehmend an Bedeutung gewinnen müssen und werden. Obgleich ihr Beitrag zur Qualitätssicherung inzwischen konsensfähig ist, bedarf die ergebnisorientierte und gesundheitsökonomische Bewertung noch weiterer wissenschaftlicher Untermauerung, damit die vorrangig in Modellvorhaben realisierten Erfahrungen eine Chance für die Finanzierung in der Regelversorgung erhalten. Sollte sich das beschriebene Konzept im Bereich der geriatrischen Versorgung bewähren, spricht viel dafür, dass die Modellerfahrungen später auch auf andere Patientengruppen, insbesondere die chronisch kranken jüngeren Patienten, in angepasster Weise übertragen werden können.

Die meisten einzelnen Bausteine haben sich in unterschiedlichen Umsetzungsbeispielen nicht nur in Hamburg über zum Teil mehrere Jahre bewährt. Es bedarf jetzt einer Gesamtevaluation in dem kombinierten System von Care und Case Management einer Versorgungsregion, die fokussiert ist auf die Zufriedenheit der Patienten und ihrer Angehörigen, die Mitarbeiterzufriedenheit sowie die ökonomischen Aspekte.

Literatur

AGAST - Arbeitsgruppe Geriatrisches Assessment (Hrsg.) (1997): Geriatrisches Basisassessment: Handlungsanleitungen für die Praxis. Red: Bach M., Hofmann W., Nikolaus T.. 2. Akt. Aufl., München: MMV

Arbeitsschwerpunkt Sozialgerontologie im Institut für Medizin-Soziologie Hamburg der Universität Hamburg (Hrsg.) (1995): Wegweiser Eimsbüttel. Angebote für ältere Menschen. Hamburg

Blinkert B., Klie T. (1999): Pflege im sozialen Wandel: Studie zur Situation häuslich versorgter Pflegebedürftiger. Hannover: Vincentz Verlag

Döhner H., Kofahl C. (1999): Qualitätsverbesserung der Primärversorgung - das SCOPE-Projekt. In: Public Health Forum 25, 8

Döhner H., Kofahl C. (Hrsg.) (2000): Versorgungsmanagement - eine Angelegenheit nur der Profis? Die Gesundheitsmappe in der Hand des Patienten. Sankt Augustin: Asgard Verlag

Döhner H., Schick B. (1999): Stadtteilbezogene Kooperation in der Primärversorgung älterer Menschen. In: Deutsche Gesellschaft für Public Health e.V. (Hrsg.): Public-Health-Forschung in Deutschland. Bern / Göttingen / Toronto / Seattle: Verlag Hans Huber: 317-323

Döhner H., Schick B. (Hrsg.) (1996): Gesundheit durch Kooperation - Die Rolle der Hausarztpraxis in der geriatrischen Versorgung. Gerontologie Band 6. Münster und Hamburg: LIT Verlag

Döhner H., Kofahl C., Philp I. (1999): Health Outcome-Instrumente in der Primärversorgung älterer Menschen. Erste Ergebnisse einer Konzertierten Aktion der EU (SCOPE). In: Geriatrie Forschung, Vol. 9, No. 3: 103-109

Döhner H., Bleich C., Kofahl C., Lauterberg J. (1999): Interdisziplinäres Case-Management in Kooperation mit dem Hausarzt: Verbesserung der Versorgung und der Lebensqualität geriatrischer Patienten. In: Deutsche Gesellschaft für Public Health e.V. (Hrsg.): Public-Health-Forschung in Deutschland. Bern / Göttingen / Toronto / Seattle: Verlag Hans Huber: 324-329

Döhner H., Bleich C., Kofahl C., Lauterberg J. (2002): Case Management für ältere Hausarztpatienten und ihre Angehörigen: Projekt Ambulantes Gerontologisches Team - PAGT. Schriftenreihe des BMFSFJ, Band 206. Stuttgart: Kohlhammer Verlag

Döhner H., Mutschler R., Schmoecker M. (Hrsg.) (1996): Kooperation, Koordination und Vernetzung in der Altenarbeit. Neue Ansätze und erste Erfahrungen. Gerontologie Band 7. Münster und Hamburg: LIT Verlag

Garms-Homolová V., Schaeffer D. (1998): Medizin und Pflege. Kooperation in der ambulanten Versorgung. Wiesbaden: Ullstein Medical

Gesundheit und Gesellschaft (2001): Berliner Gesundheitspreis 2000. Alter und Gesundheit - mehr Qualität durch vernetzte Versorgung. Vorstellung der Preisträger. G+G Spezial 5/2001

Höhmann U., Müller-Mundt G., Schulz B. (1998): Einführung kooperativer Qualitätssicherungskonzepte im Krankenhaus. Endbericht 1998. Eschborn

Holzammer D. (2000): Besucherzahlen der KAI-Beratungsstelle. Unveröffentlichte Auswertung, Sozialstation Lokstedt-Stellingen. Hamburg

Jansen G. (1998): Geriatrie-Gutachten Hamburg. Im Auftrag der Behörde für Arbeit, Gesundheit und Soziales der Freien und Hansestadt Hamburg. Vervielfältigtes Manuskript der Gesellschaft für Systemberatung im Gesundheitswesen, Kiel und Großhansdorf

Mattmüller U., Vogel G. (1995): Die Profis sind gefordert. Burnout bei pflegenden Personen in Privathaushalten. Häusliche Pflege, 10: 739-742

Merk B. (1997): Interdisziplinärer Gesprächskreis Geriatrie. In: Geriatrie Praxis 5: 80-83

Nikolaus T., Pientka L. (1999): Funktionelle Diagnostik. Assessment bei älteren Menschen. Wiebelsheim: Quelle & Meyer Verlag

Nolan M., Philp I. (1999): COPE: towards a comprehensive assessment of caregiver need. In: British Journal of Nursing, Vol 8, No 20: 1364-1372

Philp I., Armstrong G., Coyle G., Chadwick I., Machado A. B. C. (1998): A better way to measure disability in older people. In: Age and Ageing, 27: 519-522

Posiadly F., Döhner H. (1999): Versorgung älterer Menschen in der letzten Lebensphase: Defizite und Veränderungsansätze. In: Deutsche Gesellschaft für Public Health e.V. (Hrsg.): Public-Health-Forschung in Deutschland. Bern / Göttingen / Toronto / Seattle: Verlag Hans Huber: 330-335

Runge M., Wahl J.-H. (1996): Ambulantes geriatrisches Assessment. Werkzeuge für die ambulante geriatrische Rehabilitation. Darmstadt: Steinkopff Verlag

Schneekloth U. et al. (1996): Hilfe- und Pflegebedürftige in privaten Haushalten: Endbericht. Bericht zur Repräsentativerhebung im Forschungsprojekt

»Möglichkeiten und Grenzen selbständiger Lebensführung«, Band 111.2, Schriftenreihe des Bundesministeriums für Familie, Senioren, Frauen und Jugend. Stuttgart: W. Kohlhammer GmbH

Sozialministerium Baden-Württemberg (Hrsg.) (1999): Modellversuch Ostfildern »Qualitätssicherung in der Langzeitbetreuung geriatrischer Patienten«. Der Patientenpass Ostfildern als Instrument für eine einrichtungs- und berufsgruppenübergreifende Zusammenarbeit. Stuttgart

Steinhagen-Thiessen E. (Hrsg.) (1998): Das geriatrische Assessment. Materialien und Berichte der Robert-Bosch-Stiftung Nr. 48. Stuttgart: F. K. Schattauer Verlagsgesellschaft

Struck C. (1998): Stadtteilorientierte Kooperation in der Versorgung älterer Menschen. Erfahrungen aus einem interdisziplinären Gesprächskreis. Soziologische Diplomarbeit. Universität Hamburg

Wendt W. R. (1991): Unterstützung fallweise: Case Management in der Sozialarbeit. Freiburg im Breisgau: Lambertus Verlag

Wissert M. et al. (1996): Ambulante Rehabilitation alter Menschen: Beratungshilfen durch das Unterstützungsmanagement. Freiburg im Breisgau: Lambertus Verlag

ALF TROJAN, STEFAN NICKEL und SILKE WERNER

Belastungen senken – Ressourcen stärken!

Prävention und Gesundheitsförderung bei MitarbeiterInnen im Krankenhaus

Der Krankenhaussektor hat sich in den vergangenen Jahren dramatisch verändert. Diese Veränderungen werden auch anhalten. Hintergrund ist ein starker gesetzlicher Druck, der zu verschiedenen Veränderungen der Rahmenbedingungen für Krankenhäuser geführt hat.

Der Krankenhausreport 2001 (Arnold u.a. 2001) dokumentiert seit 1991 erhebliche Veränderungen der Krankenhausversorgung: Einer kürzeren Verweildauer, weniger Betten und einem Rückgang der Pflegetage stehen steigende Fallzahlen gegenüber. Zwar ist die zahlenmäßige Ausstattung mit ärztlichem und pflegerischem Personal nach wie vor auf hohem Niveau, die Zahl der Vollkräfte hat jedoch insgesamt um 2,3 % abgenommen (seit 1991), während die Fallzahlen um 16,3 % gestiegen sind. Die Abnahme der durchschnittlichen Verweildauer beträgt 26 %. Dies hat mit den anderen genannten Faktoren zusammen zu einer erheblichen Verdichtung der Arbeitsprozesse geführt.

Angesichts dieser Situation drohen einerseits verstärkte Belastungen und Gesundheitsgefährdungen für das Personal und andererseits Qualitätsverluste in der Patientenversorgung. Das Bewusstsein über diese deutlichen Verschlechterungen hat zu einem in der jüngeren Vergangenheit stark gestiegenen Aufwand an Qualitätsverbesserungsmaßnahmen und in diesem Zusammenhang auch an PatientInnen- und MitarbeiterInnen-Befragungen geführt (vgl. Satzinger u.a. 2001; Siebeneick u.a. 2001; Redmann, Rehbein 2000). Auf der Basis entsprechender eigener Untersuchungen werden wir in diesem Beitrag Ergebnisse zur Situation der Pflegenden und Ärzte in den Krankenhäusern berichten (Abschnitt 2) und einige strategische Überlegungen zur Stärkung der Mitarbeitergesundheit anstellen (Abschnitt 3). Eingangs soll jedoch zunächst auf den Stellenwert der »Mitarbeiterorientierung« in Programmatik, Praxis und Theorie eingegangen werden.

Stellenwert der Mitarbeiterorientierung

Schon seit Mitte der 90er Jahre gibt es das internationale WHO-Projekt der Gesundheitsfördernden Krankenhäuser (Health Promoting Hospitals). Die beiden vorrangigen Zielbereiche dieses Projektes sind einerseits die Patientenorientierung und andererseits die Mitarbeiterorientierung (bzw. gesundheitsfördernde Projekte für diese beiden Zielgruppen). Aber auch viele andere Krankenhäuser, die sich nicht diesem WHO-Programm verschrieben haben, in dessen Zusammenhang auch mehrere unserer Projekte durchgeführt wurden, versuchen PatientInnen- und MitarbeiterInnen-Orientierung auf der Agenda ihrer Aktionsprogramme hochzusetzen. Kaum ein Krankenhaus kann es sich heutzutage leisten, auf Programme des Qualitätsmanagements und der Zertifizierung (insbesondere EFQM und KTQ) zu verzichten. Ohne dass wir dies hier noch ausführlich belegen müssten, stehen auch in solchen Programmen MitarbeiterInnen-Orientierung und PatientInnen-Orientierung ganz oben in der Programmatik qualitätssichernder Maßnahmen.

Angesichts dieser Entwicklung wäre anzunehmen (und zu hoffen), dass sich Mitarbeiterorientierung und Belastungsniveau in der Praxis auch entsprechend verbessern. Ein Blick auf empirische Ergebnisse zeigt jedoch, dass Verbesserungen nicht erkennbar sind, möglicherweise sogar Verschlechterungen angenommen werden müssen.

Im Vorgriff soll hier ein zentrales Ergebnis aus den (im 2. Abschnitt näher beschriebenen) eigenen Untersuchungen präsentiert werden. In zwei Kliniken sollten die Ärzte und Pflegenden auf einer fünfstufigen Zustimmungsskala sich zu dem Statement äußern »Mitarbeiterorientierung hat einen sehr hohen Stellenwert hier im Krankenhaus«. Die Zustimmung (Kategorien »stimmt völlig«/ »stimmt ziemlich«) wurde nur von 3 bzw. 4% der Pflegenden angekreuzt. Bei den Ärzten gab es zwar eine etwas höhere Zustimmung (11% bzw. 23%); insgesamt zeigen diese Ergebnisse jedoch, dass aus Sicht der Betroffenen eine Mitarbeiterorientierung in den Krankenhäusern so gut wie gar nicht wahrgenommen wird.

Aber nicht nur die Betroffenen selbst sehen das so: Eine bundesweite Repräsentativbefragung (Wasem/Güther 1998; N = 2181) benutzte das Statement »Ärzte bzw. Pflegende in Krankenhäusern sind überlastet«. Dass dies »voll und ganz« bzw. »eher« zutrifft, meint die Bevölkerung bezüglich der Ärzte zu 68%, bezüglich der Pflegenden zu 73%. Auch die Außenwahrnehmung lässt also nichts Gutes über die Arbeitssituation der Beschäftigten in Krankenhäusern vermuten. Auch eine schon ältere Erhebung (Kochan 1999), in der der Krankenhaussektor mit anderen Branchen verglichen wurde, zeigt die besondere Bedrohung dieses Bereichs:

- Bei vier von sechs eher als psychomentale Stressfaktoren zu verstehenden Arbeitsbedingungen sind Krankenhausbeschäftigte stärker belastet (Termin-

Abb. 1: Modell der Belastungs- und Stressforschung

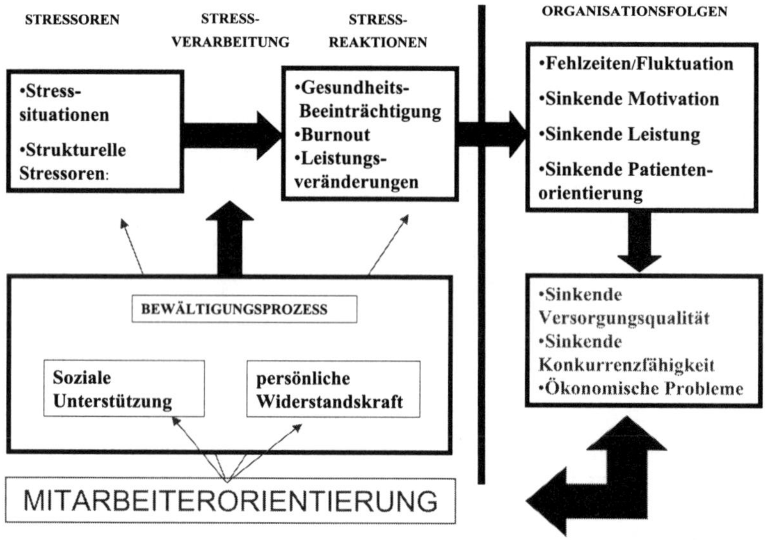

(Kobasa u. Kash 1987 nach Herschbach 1991,S.39-40)

druck, Teilarbeit, hohe Konzentrationsanforderungen, Lärmbelastung); nur bezüglich Kreativität und Handlungsspielraum stehen sie etwas besser da.

– Bei fünf von neun eher körperlichen Belastungen sind bei Krankenhausbeschäftigten ebenfalls (zum Teil sehr deutlich) erhöhte Niveaus festzustellen, insbesondere Nachtarbeit, Schichtarbeit, Heben von Lasten größer als 20 kg, Zwangshaltungen, Gefährdungen). Die Belastungsfaktoren Staub, Klima, Lärm und Schmutz spielen im Krankenhaus natürlich eine geringere Rolle.

Diese mit verschiedenen methodischen Zugängen gewonnenen Ergebnisse sind starke Indizien dafür, dass der Krankenhaussektor ein vorrangiges Feld für Interventionsansätze der Prävention und Gesundheitsförderung darstellt bzw. darstellen sollte.

Grundlage für die Erklärung und Maßnahmenentwicklung sind Zusammenhänge, wie sie im Folgenden am Modell (vgl. Abb. 1) dargestellt werden.

Ausgangspunkt ist das traditionelle Modell der Belastungs- und Stressforschung (hier von uns nach Herschbach 1991 verändert übernommen). Individuelle Stressreaktionen wie Gesundheitsbeeinträchtigungen, Burnout und Leistungsveränderungen der MitarbeiterInnen erzeugen auch Veränderungen der Organisationsebene: erhöhte Fehlzeiten und Fluktuation, sinkende Motivation, Sinken der Leistungen und schließlich auch sinkende Patientenorientierung, was wiederum zu sinkender Versorgungsqualität und Konkurrenzfähigkeit und damit letztlich zu Problemen des Überlebens für ein Krankenhaus führt. Als zentrale Gegenstrategie stellt das Modell die Mitarbeiterorientierung heraus. Mitarbeiterorientierung bedeutet in diesem Zusammenhang, auf alle Stress-Situationen, strukturelle Stressoren, den Bewältigungsprozess mit den dazugehörigen Ressourcen und schließlich auch auf schon vorhandene Stressreaktionen einzuwirken mit dem Ziel, den negativen Zirkel von individueller Überlastung und schließlichem ökonomischen Kollaps der Organisation zu durchbrechen.

Im folgenden Abschnitt werden wir einige Ergebnisse berichten, die auf der Basis dieses Modells erhoben wurden und zu wissenschaftlich begründeten Maßnahmen der Prävention und Gesundheitsförderung im Krankenhaus führen sollen.

Ergebnisse eigener Befragungen von Pflegenden und Ärzten

Die folgenden Studienergebnisse beruhen auf Erhebungen in zwei Krankenhäusern (A und B genannt). Zentrales wissenschaftliches Ziel war ein Vergleich der Einschätzung verschiedener Qualitätsdimensionen sowohl aus der Patienten- wie auch aus der Mitarbeiterperspektive (»Parallelisierte PatientInnen- und MitarbeiterInnen-Befragung«). Neben gemeinsam eingeschätzten Qualitätsdimensionen der Patientenorientierung gab es jedoch auch gesonderte Fragen für die Beschäftigten zu ihrem Gesundheitszustand und ihrer Einschätzung der eigenen Arbeitssituation. Mit einer Ausnahme werden wir in diesem Zusammenhang nur auf Ergebnisse bezüglich der Situation der *Beschäftigten* im Krankenhaus eingehen.

Die Klinik A ist kleiner von der Bettenzahl und weniger komplex; außerdem hat der Aufbau eines systematischen Qualitätsmanagements dort eher begonnen. In diesem Krankenhaus antworteten 39 ÄrztInnen (Rücklauf: 58%) und 84 Pflegende (Rücklauf: 47%), sowie 638 PatientInnen (Rücklauf: 36%).

Im Krankenhaus B waren es 40 ÄrztInnen (Rücklauf: 53%), 91 Pflegende (Rücklauf: 68%) und 597 PatientInnen (Rücklauf: 35%).

Auf methodische Einzelheiten soll in diesem auf allgemeine Aussagen orientierten Beitrag verzichtet werden; sie sind in den Berichten an die Krankenhäuser und einem in Vorbereitung befindlichen Endbericht nachzulesen.

Vorab soll betont werden, dass es sich bei beiden Krankenhäusern um von den PatientInnen durchaus geschätzte, positiv beurteilte Einrichtungen handelt. Insgesamt fielen (wie auch in anderen Studien) Einschätzungen der PatientInnen besser aus als die Einschätzungen des Personals, wobei sich die Profile meist unterschieden. Dies deutet auf eine nur selten ähnliche Wahrnehmung und auf ein anderes

Anspruchsniveau bei den PatientInnen hin. 91% bzw. 92% gaben im Gesamturteil den Krankenhäusern das Prädikat »ausgezeichnet«, »sehr gut« oder »gut« (auf einer fünfstufigen Skala). Ähnlich gut (92%) schnitt das Krankenhaus bei ÄrztInnen des Krankenhauses A ab; Krankenhaus B lag nur bei 73% der positiven Antwortkategorien. Am kritischsten urteilten die Pflegenden: 57% positive Einschätzungen in Klinik A und 55% in Klinik B.

Gesundheitliche Situation der MitarbeiterInnen

Allgemeinbeschwerden des Personals wurden auf der Liste von Zerssen (1976) gemessen, die vom Bestwert 0 bis zum schlechtesten Wert 3 reicht. Der schon etwas ältere Durchschnittswert für die Normalbevölkerung (eine neue Eichung des Instruments findet derzeit statt) liegt bei 0,59. Dieser Wert wird in den Antworten der Pflegenden in beiden Kliniken übertroffen: 0,67 in Klinik A und 0,73 in Klinik B. Die Ärzte liegen besser und unterhalb des Durchschnittswerts der Normalbevölkerung: 0,37 in Klinik A und 0,46 in Klinik B.

Ein Blick auf die Rangliste der am häufigsten genannten Beschwerden zeigt weitgehend übereinstimmende Ergebnisse:

- Im Vordergrund stehen bei den Pflegenden eindeutig die Schmerzen des Bewegungsapparates (Kreuz, Rücken, Nacken und Schulter).
- Danach folgt ein Komplex psychomentaler Beschwerden, nämlich übermäßiges Schlafbedürfnis, Grübelei, Reizbarkeit, innere Unruhe, Schweregefühl/Müdigkeit in den Beinen sowie Mattigkeit. Mit einer Ausnahme ist der Mittelwert der Beschwerden in der Klinik B stets etwas höher als in Klinik A.
- Bei den selteneren Beschwerden dominieren Symptome des Magen-Darm-Traktes.
- Die Rangfolge der Beschwerden ist bei den Ärzten und Ärztinnen die gleiche, liegt jedoch auf einem niedrigeren Niveau (zwischen maximal 0,97 und minimal 0,46). Auffällig ist jedoch eine Trias von übermäßigem Schlafbedürfnis, Mattigkeit und Reizbarkeit in Klinik A; die Mittelwerte liegen hier mit 1,19 bis 1,16 deutlich am höchsten von allen Beschwerden der Ärzte in Klinik A und B.

Die nicht unerheblichen Beschwerden des Stütz- und Bewegungsapparates und die psychomentalen Symptome sind als Stressreaktionen zu verstehen, für die als individuelle Bewältigungshilfen inzwischen schon in manchen Kliniken »Rückenschulen« und »Stressbewältigungskurse« angeboten werden. Die Homogenität der Ergebnisse gibt eindeutige Hinweise auf notwendige Bewältigungshilfen. Für die Analyse der strukturellen Stress-Situationen und Auslösefaktoren sind jedoch weitere Ergebnisse zur Arbeitssituation hinzuzuziehen.

Der Erschöpfungszustand des Personals wurde mit Hilfe der »Überdruss-Skala« nach Aronson, Pines und Kafry (1983) gemessen. Hierzu gibt es keine Normstichprobe. Die Studien, die in die Gesamtstichprobe eingingen, wurden zwischen 1976 und 1980 bei insgesamt 3916 Personen aus verschiedenen Berufsgruppen in verschiedenen Ländern durchgeführt. Der Wert der Gesamtstichprobe lag auf einer Skala von 1 (positiv) bis 7 (negativ) bei 3,3. Die Autoren geben jedoch an, dass bereits ein Wert über 3 auf das Erleben von Ausbrennen oder Überdruss hinweist. Dieser zuletzt genannte Wert wird von den Pflegenden sowohl in Klinik A als auch in Klinik B überschritten (3,09 bzw. 3,08). Auch hier liegen die Ärzte in beiden Kliniken etwas besser als die Pflegenden (2,53 in A bzw. 2,87 in B).

Insgesamt erscheinen diese Ergebnisse grenzwertig. Aus zahlreichen Äußerungen von Betroffenen und ExpertInnen aus verschiedenen Klinik wissen wir jedoch, dass allgemein in den Krankenhäuser »Demotivationssyndrome«, »Innere Kündigung«, »Ausbrennen« und ähnliche Phänomene zunehmen. Es ist eine offene Frage, wann die derzeit wohl noch gerade kompensierbaren Probleme in einen kritischen Bereich geraten. Auch unter dem Gesichtspunkt zunehmender Personalknappheit wird eine mitarbeiterorientierte Verbesserung der Arbeitssituation der Krankenhausbeschäftigten unausweichlich sein.

Arbeitsbedingungen

Die Arbeitsbedingungen wurden sehr differenziert in Testskalen mit jeweils fünf oder mehr Items erfasst. Dabei handelte es sich um folgende Skalen:

- Arbeitsinhalte,
- berufliche Erfolgsmöglichkeiten,
- Kooperation und Konfliktmanagement,
- physische Arbeitserschwernisse,
- strukturelle Arbeitserschwernisse,
- Qualitätskultur des Krankenhauses.

Die Items bestanden aus einzelnen Aussagen, denen auf einer fünfstufigen Skala mehr oder weniger stark zugestimmt werden konnte. Die Summenwerte dieser Skalen wurden auf Punkte in einer neuen Skala umgerechnet, die bis 100 reichte: 100 Punkte entsprachen dabei bester Qualität. Die Ergebnisse der sechs Dimensionen werden hier exemplarisch für die Pflegenden wiedergegeben (vgl. Abb. 2 auf S. 390).

Diese und weitere Ergebnisse sollen hier nur knapp und verallgemeinernd zusammengefasst werden. Dies ist deswegen nicht sehr schwer, weil die Punktwerte für die beiden beteiligten Kliniken und die beiden Berufsgruppen sehr stark dem selben Profil folgen und sich nur in Einzelfällen um wesentliche, interpretierbare Punktzahlen (über ca. 15) unterscheiden. Als generelle Tendenzen sollen hervorgehoben werden:

Abb. 2: Arbeitsbedingungen der Pflegenden im Überblick

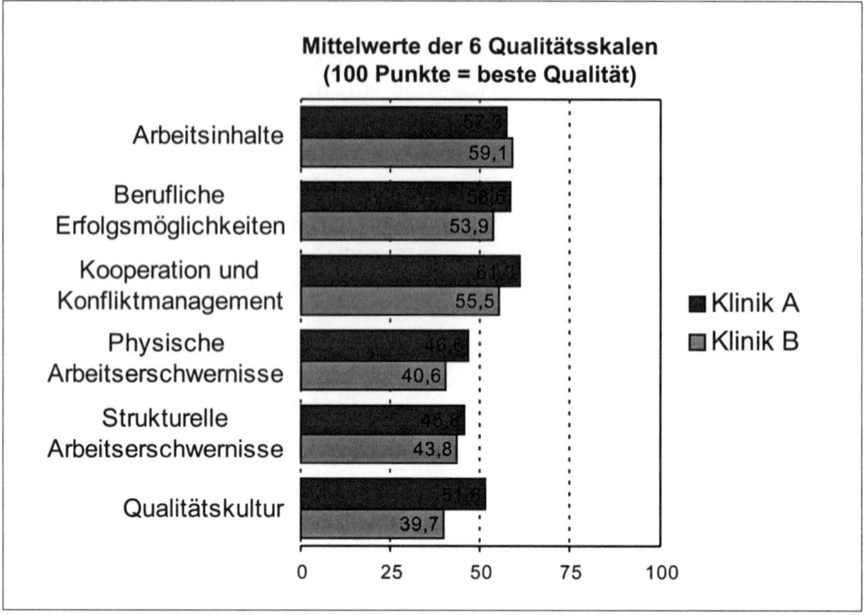

Die Ärzte der Klinik B beurteilen die Arbeitsbedingungen um 15 ± 4 Punkte negativer als die Ärzte der Klinik A.

Die Beurteilungen der Pflegenden in den beiden Kliniken unterscheiden sich deutlich geringer: Mit einer Ausnahme (Arbeitsinhalte) wird die Klinik B von den Pflegenden um ca. 6 ± 4 Punkte kritischer beurteilt.

Diese Unterschiede sind in der Tendenz klar und hängen wahrscheinlich mit der schon länger und intensiver entwickelten Qualitätskultur in Klinik A sowie mit der geringeren Komplexität dieser (kleineren) Klinik zusammen. Die Unterschiede sind in den beiden Krankenhäusern allerdings an keiner Stelle (auf Ebene der Gesamtskalen) substanziell so unterschiedlich, dass sich verschiedene Schlussfolgerungen für Qualitätsmanagement oder Gesundheitsförderung daraus ergeben würden. Folgende Ergebnisse hatten unsere Befragungen:

- Die drei ersten Skalen (Arbeitsinhalte, berufliche Erfolgsmöglichkeiten, Kooperation und Konfliktmanagement) unterscheiden sich kaum; alle Werte liegen zwischen 50 und 60 Punkten; eine Ausnahme bilden lediglich die Ärzte der Klinik A, deren Punktwerte für diese drei Skalen zwischen 61 und 69 liegen.

- Diesem Block relativ besser bewerteter Skalen steht ein unterer Block relativ negativ bewerteter Skalen gegenüber: physische Arbeitserschwernisse, strukturelle Arbeitserschwernisse und Qualitätskultur. Die Werte liegen für beide Krankenhäuser und Berufsgruppen überwiegend zwischen 40 und 46 Punkten – mit zwei Ausnahmen:
- Die Ärzte der Klinik B beurteilen strukturelle Arbeitserschwernisse (30 Punkte) und Qualitätskultur des Krankenhauses (34 Punkte) als besonders kritisch, kritischer auch als die Pflegenden des selben Krankenhauses (44 und 40 Punkte).
- Die Beurteilung der Qualitätskultur ist in Klinik A deutlich besser als in Klinik B; für beide Berufsgruppen liegt sie in Klinik A ziemlich exakt bei 52 Punkten, in Klinik B hingegen nur bei 34 (ÄrztInnen) bzw. 40 Punkten (Pflegende).

Diese Ergebnisse deuten übereinstimmend darauf hin, dass unter strategischen Gesichtspunkten die strukturellen und, dicht gefolgt, die physischen Arbeitserschwernisse den wichtigsten strategischen Ansatzpunkt für die Prävention und Gesundheitsförderung darstellen. Besonders im Krankenhaus B kann der erreichte Zustand der Qualitätskultur noch nicht befriedigen.

Dass bei diesen drei Bereichen die wichtigsten Schwächen liegen, zeigen auch (in diesem Beitrag nicht weiter behandelte) Stärken-Schwächen-Diagramme, die für das Qualitätsmanagement der Krankenhäuser angefertigt wurden. (Hierzu werden nicht nur die Mittelwerte der Zufriedenheit, sondern auch die durch Regressionsanalysen nachträglich ermittelten Wichtigkeiten der einzelnen Skalen für die Gesamtzufriedenheit (Beta-Gewichte) herangezogen.)

Für die Krankenhäuser sind natürlich auch die differenzierten Ergebnisse, die sich bei der Analyse der einzelnen Items ergeben, relevant. Mit diesen Informationen, die außerdem getrennt nach den Bereichen Innere Medizin und Chirurgie ausgewertet wurden, lassen sich Fragen beantworten, die für eine verfeinerte Steuerung der Qualität und gezieltere Maßnahmen der Prävention und Gesundheitsförderung wichtig sind, z.B. die Benennung der relevantesten Maßnahmen für die unterschiedlichen Berufsgruppen in den verschiedenen Fachbereichen der Krankenhäuser. Während dies im Zusammenhang unseres Beitrages nicht im Einzelnen zu interessieren braucht, ist es doch interessant auf die Rangliste größter Arbeitsbelastungen bzw. der am negativsten beurteilten Items zu schauen:

Arbeitsbelastungen (Anteil der 2 positiven Antworten = als 10%) der *Ärzte*
- Überstunden (Klinik A und B),
- Stellenwert der Mitarbeiterorientierung (A und B),
- Nutzungsmöglichkeit der Pausen in vollem Umfang (B),
- Konflikte zwischen Patientenbetreuung und anderen Aufgaben (B),
- genügend qualifiziertes Personal (B).

Erstaunlich übereinstimmend (mit oft noch negativeren Werten zwischen 4 und 9 Punkten) kamen diese Aspekte auch in der Rangliste größter Arbeitsbelastungen der *Pflegenden* vor. Zusätzlich wurden hier noch als besonders negative Punkte genannt:

- Möglichkeiten zur beruflichen Weiterbildung im Haus (B),
- angemessenes Gehalt (A),
- häufige Unterbrechungen der aktuellen Arbeit (A),
- körperliche Belastungen durch Heben/Tragen (A).

Schon dieser eher summarische Blick auf die Rangliste negativ bewerteter Einzelitems bestätigt die Ergebnisse der vorangegangenen Abschnitte. Relevante Ansatzpunkte für Interventionen sind vor allem die Mitarbeiterorientierung, Belastungen des Stütz- und Bewegungsapparates sowie psychomentale Belastungen, bessere Qualifizierungsmöglichkeiten und mehr qualifiziertes Personal sowie strukturelle Faktoren (Arbeitsunterbrechungen, Überstunden, Pausenregelungen u.a.m.).

Was ist verallgemeinerbar?

Wegen der Unterschiedlichkeit der einzelnen Fragestellungen, methodischen Zugänge, Befragungspopulationen etc. sind systematische Vergleiche mit anderen Studien natürlich kaum möglich. Aus der uns zugänglichen Literatur zu größeren Studien in den vergangenen ca. 10 Jahren lassen sich jedoch einige markante Ergebnisse bestätigen. Plakativ zusammengefasst lässt sich verallgemeinernd sagen:

- Bei Pflegenden scheint es mehr Beschwerden als in der Normalbevölkerung zu geben (vgl. auch Herschbach 1991).
- Muskulo-skelettale und psycho-soziale Beschwerden stehen beim Krankenhauspersonal im Vordergrund.
- Die Arbeitssituation wird durch Pflegepersonal meist negativer beurteilt als durch Ärzte (vgl. Herschbach 1991, Liebich/Milla 1999, Kaluza 1989, Dörning u.a. 2001).
- Strukturelle und physische Belastungen sind Hauptgefährdungsfaktoren für Gesundheit und Mitarbeiterzufriedenheit (Herschbach 1991, Kaluza 1989).
- »Erfolgsmöglichkeiten« bestimmen maßgeblich die gesundheitliche Situation und den Burnout-Pegel (Aronson u.a. 1981).

Die Qualitätskultur, die in älteren Studien nicht systematisch untersucht wird, wird von den Beschäftigten in unseren Untersuchungen anscheinend kritischer beurteilt als die verschiedenen anderen Dimensionen der Arbeitssituation und -belastungen. Die Diskrepanz zwischen Rhetorik und Realität scheint hier besonders groß zu sein. Dies gilt auch für die Einzelaspekte der »Mitarbeiterorientierung«.

Der auffällige Befund, dass Ärzte – trotz wohl im allgemeinen ebenso starker Beanspruchung – in der Regel weniger unter den Arbeitsbedingungen leiden, könnte einerseits durch Mitarbeitercharakteristika dieser beiden unterschiedlichen Berufsgruppen, andererseits durch unterschiedliche Bewältigungsprozesse, am stärksten aber wohl durch weniger berufliche »Gratifikationskrisen« der Ärzte, d.h. die seltenere Erfahrung eines Ungleichgewichts zwischen hoher Verausgabung und beruflichen Belohnungen (auf ökonomischer, sozio-emotionaler und statusbezogener Ebene) erklärt werden.

Ansätze zur Stärkung der Mitarbeitergesundheit

In diesem abschließenden Abschnitt soll die Frage nach dem Umgang mit diesen Problemen gestellt werden. Aus den Gesundheitsfördernden Krankenhäusern gibt es Analysen der verschiedenen »Projekte« in solchen Krankenhäusern. In der letzten uns zugänglichen Auszählung (Netznachrichten des Dt. Netzwerkes Gesundheitsfördernder Krankenhäuser Nr. 1, 2000, S. 12) wurden 348 Projekte der Gesundheitsförderung für Mitarbeiter identifiziert. Im Vordergrund standen Gesundheitsinformationen (55 %), Gesundheitserziehung (49 %) und »Training« (41 %), also individuenbezogene Maßnahmen. Projekte, die methodisch der Organisationsentwicklung (39 %) oder der Verbesserung der Kommunikation (30 %) zugeordnet wurden (Mehrfachnennungen waren möglich), fanden sich deutlich geringer. Aus dieser Analyse und den vorangegangenen Ergebnissen lässt sich folgern, dass eine Umsteuerung sowohl in den gesundheitsfördernden als auch anderen Krankenhäusern unbedingt nötig erscheint: Strukturelle Maßnahmen müssen Vorrang vor individuellen Bewältigunghilfen und Gesundheitsförderungsangeboten bekommen!

Diese Forderung wird untermauert durch die Antworten, die wir (vgl. aber auch gleichsinnig Herschbach 1991) auf offene Fragen nach Entlastungswünschen der Pflegenden und Ärzte bekamen: In beiden Krankenhäusern gab es zusammen genommen 254 Äußerungen, die von uns bestimmten selbstgebildeten Kategorien zugeordnet wurden. Dabei entstand die folgende Rangliste von Entlastungswünschen (jeweils die Anzahl der Nennungen insgesamt):

- mehr und qualifiziertes Personal (159),
- mehr/neue technische Hilfsmittel/Entlastung von körperlichen Arbeiten (115),
- interne und externe Fortbildungen (70),
- bessere Zusammenarbeit/Information/Kommunikation (55),
- mehr Zeit für Patienten (41),
- bessere Räumlichkeiten/Dienstzimmer (33),
- Anerkennung/Unterstützung von Vorgesetzten (30),
  effektivere Organisation der Arbeitsabläufe (24),

- Mitbestimmung über eigenen Tätigkeitsbereich (22).

Dieses Ergebnis der offen gestellten Abschlussfragen in unseren Studien bestätigt noch einmal und spezifiziert (noch genauer ist dies natürlich in den Einzelaussagen der Fall), wo und wie strukturelle Entlastungen, Verbesserungen und gesundheitsfördernde Maßnahmen ansetzen könnten.

Für die Umsetzung von Gesundheitsförderung und Qualitätsmanagement im Krankenhaus gibt es eine Reihe positiv erprobter Instrumente, insbesondere betriebliche Gesundheitsberichterstattung, Gesundheitszirkel u.ä. Arbeitsgruppen, Maßnahmen der Organisationsentwicklung und des Organisationslernens, Qualitätsmanagement-Systeme und Beteiligung an Zertifizierungen. Im Rahmen der allgemeinen betrieblichen Gesundheitsförderung sind natürlich viele Konzepte, Instrumente und Erfahrungen zu finden, die ohne große Veränderungen auch auf das Krankenhaus als Arbeitsplatz übertragbar sind (vgl. BKK Bundesverband 1999; Badura u.a.1999; Pfaff, Slesina 2001).

Ein besonders positives Beispiel der Konkretisierung solcher allgemeinen Instrumente gibt es in München (vgl. Liebich, Milla 2000). Auf der Basis einer Mitarbeiterbefragung im Krankenhaus Schwabing waren als kritische (strukturelle!) Qualitätsaspekte identifiziert worden: bestimmte Arbeitsbelastungen, der Führungsstil, die übergreifende Zusammenarbeit und interne Information sowie die Identifikation mit dem eigenen Krankenhaus. Unter intensiver Beteiligung der Mitarbeiter wurden die Verbesserungsinstrumente zu einem ganzen Strauß von Maßnahmen gebündelt:

- Verpflichtung der Führungskräfte zu abteilungsinterner Diskussion,
- Zielentwicklungsworkshops einmal jährlich,
- Verantwortliche der verschiedenen Verantwortungsebenen planen ihre Projekte für ein Jahr im Voraus,
- Diskussion der Projektplanung im Plenum der Mitarbeiter,
- Mitarbeiterforen, Projektbörsen, Expertenbörsen,
- Fortbildungskonzepte mit spezifischen Schwerpunkten sowie
- systematische Führungskräfte-Entwicklung.

Hervorzuheben ist in dieser Umsetzung einer Mitarbeiterbefragung insbesondere die starke Qualifizierung und Involvierung der Führungskräfte auf allen Ebenen. Nach unseren Erfahrungen scheitern viele Umsetzungen von Patienten- und / oder Mitarbeiterbefragungen daran, dass Maßnahmen von seiten der Krankenhaus- und Bereichsführungen nicht oder nur halbherzig unterstützt werden.

Aus unseren Studien haben wir Gründe anzunehmen, dass Patienten- und Mitarbeiterorientierung im Konflikt miteinander stehen. So wurden von den Pflegenden in beiden Krankenhäusern die zwei positivsten Antworten in entsprechenden Items nur extrem selten genannt:

- genügend Zeit für Angehörige der Patienten 4 % (A) bzw. 8 % (B);
- keine Konflikte zwischen Patientenbetreuung und anderen Aufgaben: 13 % (A) bzw. 10 % (B).
- Die Ergebnisse für die Ärzte waren lediglich im Krankenhaus A besser, im Krankenhaus B bzgl. der Patienten sogar schlechter als bei den Pflegenden des selben Krankenhauses.

Auf diese Zielkonflikte sollte abschließend aufmerksam gemacht werden. Mit unserem Konzept der kombinierten PatientInnen- und MitarbeiterInnen-Befragung versuchen wir beide Perspektiven gleichzeitig im Auge zu behalten, damit Patienten- und Mitarbeiterorientierung, nicht gegeneinander ausgespielt sondern angemessen ausbalanciert werden können.

Als Bilanz und Empfehlung möchten wir abschließend folgende Grundsätze festhalten:

- MitarbeiterInnen-Orientierung ist die zentral wichtige Strategie der Selbstbehauptung im Konkurrenzkampf der Krankenhäuser.
- Das Pflegepersonal bedarf stärkster Aufmerksamkeit, aber auch Ärztinnen und Ärzte sind stark belastet.
- Strukturelle Arbeitserschwernisse stehen im Zentrum der Probleme.
- Es werden Akzentverschiebungen von den individuenbezogenen zu strukturbezogenen Gesundheitsförderungs-Projekten für MitarbeiterInnen nötig sein.
- Qualitätskultur im Krankenhaus ist häufig ein kritischer Punkt, sie kann nur mit den MitarbeiterInnen verbessert werden. Hierfür gibt es ein Potenzial ungenutzter Bereitschaft bei den MitarbeiterInnen.
- Gesundheitsförderung als Gesamtpolitik muss Zielkonflikte zwischen PatientInnen- und MitarbeiterInnen-Orientierung miteinander in Einklang bringen.

Tatsächlich gibt es – wie wir aufgezeigt haben – vereinzelt positive Beispiele, in denen Mitarbeiterbefragungen konsequent und unter Beachtung dieser allgemeinen, empirisch gesicherten Empfehlungen umgesetzt werden. Dies ist bisher jedoch eher die Ausnahme als die Regel. Prävention und Gesundheitsförderung für Pflegende und ÄrztInnen – im Sinne der Maxime »Belastungen senken – Ressourcen stärken« – bleibt daher eine Zukunftsaufgabe von hohem Rang.

Das Projekt wurde gefördert vom BMBF unter der FKZ 01EG9813 im Rahmen des Norddeutschen Forschungsverbundes Public Health.

Literatur

Arnold M., Klauber J., Schellschmidt H. (Hrsg) (2001): Der Krankenhausreport 2001. Stuttgart: Schattauer Verlag

Aronson E., Pines A. M. , Kafry D. (1983): Ausgebrannt. Vom Überdruß zur Selbstentfaltung. Stuttgart: Klett-Cotta-Verlag

Badura B., Ritter W., Scherf M. (1999): Betriebliches Gesundheitsmanagement - ein Leitfaden für die Praxis. Berlin: Edition Sigma

BKK Bundesverband, Europäisches Informationszentrum (1999): Beispiele guter Praxis betrieblicher Gesundheitsförderung. Essen: Eigenverlag

Großhaus R., Perkuhn K., Goecke R., Satzinger W. (2001a): Mitarbeiterorientierte Patientenbefragung: Ein Modell für effektive Ergebnisverwertung. In: Satzinger W., Trojan A., Kellermann-Mühlhoff P. (Hrsg.): Patientenbefragungen in Krankenhäusern. Konzepte, Methoden, Erfahrungen. St. Augustin: Asgard-Verlag: 371-376

Herschbach P. (1991): Psychische Belastungen von Ärzten und Krankenpflegekräften. Weinheim: VCH Verlagsgesellschaft, Edition Medizin

Kaluza G., Conrad H.-J., Köpf I., Zimmermann H., Basler H.-D. (1998): Gesundheitsförderung im Krankenhaus: Bedarf und Nachfrage - Ergebnisse einer Mitarbeiterbefragung. Zeitschrift für Medizinische Psychologie, Heft 1: 60-66

Kobaza S. C. O.; Kash K. M. (1997): Stress in oncology staff: measurement and management. Current concepts in Psychooncology and AIDS. New York: Sloan Kettering Institute: 137-144

Kochan F. (1999): Gesundheitsgefahren im Krankenhaus. In: Tagungsbericht: Prävention arbeitsbedingter Gesundheitsgefahren und Erkrankungen in Pflegeberufen. Tagung vom 13./14. November 1998. Dortmund/Berlin: Schriftenreihe der Bundesanstalt für Arbeitsschutz und Arbeitsmedizin (Tb 93): 9-18

Liebich B., Milla G. (2000): Konsequenzen aus einer umfassenden Mitarbeiterbefragung im Krankenhaus Schwabing. In: Dokumentation des 9. Münchner Qualitätsforum 1999: Qualitätsmanagement im Krankenhaus. München: Selbstverlag: 43-49

Pfaff H., Slesina W. (Hrsg) (2001): Effektive betriebliche Gesundheitsförderung. Konzepte und methodische Ansätze zur Evaluation und Qualitätssicherung. Weinheim/München: Juventa Verlag

Pfaff H., Münch E., Badura B. (2000): Belastungen und Ressourcen im Dienstleistungsbereich: das Beispiel der Krankenpflege. In: Badura B., Litsch M., Vetter C.: Fehlzeiten-Report 1999. Psychische Belastungen am Arbeitsplatz. Berlin: Springer Verlag: 72-88

Redmann A., Rehbein I. (2000): Gesundheit am Arbeitsplatz. Eine Analyse von mehr als 100 Mitarbeiterbefragungen des WIdO 1995-1998. Bonn: WidO, Wissenschaftliches Institut der AOK

Satzinger W., Trojan A., Kellermann-Mühlhoff P. (Hrsg.) (2001b): Patientenbefragungen in Krankenhäusern. Konzepte, Methoden, Erfahrungen. St. Augustin: Asgard-Verlag

Siebeneick S., Dörning H., Lorenz C. (2001): Parallelisierte Personal- und Patientenbefragung. In: Satzinger W., Trojan A., Kellermann-Mühlhoff P. (Hrsg.): Patientenbefragungen in Krankenhäusern. Konzepte, Methoden, Erfahrungen. St. Augustin: Asgard-Verlag

Wasem J., Güther B. (1998): Das Gesundheitssystem in Deutschland: Einstellungen und Erwartungen der Bevölkerung. Neuss: Janssen Cilag AG, Eigenverlag

Zerssen D. v. (1976): Die Beschwerden-Liste. Manual. Weinheim: Beltz Test

MARIA MISCHO-KELLING

Zur Integration der Artikulations- und Informationsarbeit der pflegerischen und medizinischen Arbeit im Krankenhaus

Einleitung

Die Organisation der Krankenhausversorgung steht seit Ende der 60er Jahre immer wieder im Mittelpunkt der öffentlichen Diskussion, und seit Mitte der 70er Jahre sind das Gesundheitswesen und insbesondere das Krankenhaus Gegenstand der »Kostendämpfungspolitik« und von »Strukturreformen«. Die im Zuge dieser Politik eingeleiteten Maßnahmen haben in den vergangenen Jahren u.a. zur Reduzierung stationärer zugunsten ambulanter Leistungen geführt. Dies schlug sich auch in der Verweildauer nieder, die in Deutschland 1993 bei durchschnittlich 13,8 und 1999 bei 10,8 Tagen lag (s. Berning & Rosenow 2001: 395). Die geplante flächendeckende Einführung von Diagnostic Related Groups (DRGs) als Vergütungssystem ab dem Jahr 2003 wird diesen Trend verstärken und zu einer Verknappung von Krankenhauskapazitäten führen.

Alle Reformgesetze der letzten Jahre haben das politische Ziel, die eigentliche stationäre Behandlung auf das Nötige zu reduzieren und die Patienten möglichst früh anderen Versorgungsformen zuzuführen. Im Interesse einer am Gesundheitsbedarf des Patienten orientierten medizinischen und pflegerischen Versorgung müssen Ärzte und Pflegekräfte daher ihren Blick auf das *Leben des Patienten vor und nach dem Krankenhausaufenthalt* richten. Sie müssen sich gleichermaßen dafür interessieren, welchen Beitrag der Patient und/oder seine Bezugspersonen hinsichtlich seiner Gesundheit, seines Wohlbefindens und seiner Pflege bisher geleistet haben, bzw. welchen sie in Zukunft leisten können. In diesem Sinn empfiehlt der Sachverständigenrat der Konzertierten Aktion im Gesundheitswesen in seinem Gutachten 2000/2001 den Akteuren mit Nachdruck die Einbeziehung des Patienten und die Berücksichtigung seiner Sichtweise bei den ihn betreffenden klinischen Entscheidungen. Daraus ergibt sich auch die Notwendigkeit eines ständigen Austauschs der Berufsgruppen über die von ihnen und vom Patienten zu leistende Arbeit.

Das Konzept der Verlaufskurve als gemeinsamer Bezugspunkt für die Gestaltung der pflegerischen und medizinischen Dienstleistung

Medizinische und pflegerische Tätigkeiten werden im Krankenhaus in einem arbeitsteiligen, zum Teil hoch spezialisierten sowie in einem zwischenmenschlichen Prozess erbracht. Aus diesem Grund werden sie als soziale und personenbezogene Dienstleistungen bezeichnet, als deren hervorstechendes Merkmal das Uno actu-Prinzip betrachtet wird. Es besagt, dass Erbringung und Verbrauch der Dienstleistung sich orts- und zeitgleich vollziehen und an die leibliche Gegenwart der handelnden Personen (hier: Pflegekraft-Patient, Pflegekraft-Patient-Arzt, Arzt-Patient) gebunden ist. Dieses Prinzip wird in jeder Dienstleistungssituation wirksam und führt dazu, dass der Prozess- und Verrichtungsaspekt bis zu einem gewissen Grad in der Dienstleistung ›verschwindet‹. Gleichwohl wirken die pflegerischen und medizinischen Dienstleistungen insofern auf den Patienten ein, als durch sie Ressourcen des Patienten freigesetzt, aber auch vernichtet werden können. Die jeweilige Dienstleistung kann Veränderungen herbeiführen, Neues bewirken oder lebenswichtige Funktionen aufrechterhalten. Für die Bewertung der Dienstleistung seitens des Patienten kommt dem Geschehen in der Uno actu-Beziehung eine zentrale Bedeutung zu, erfährt der Patient darin doch unmittelbar, ob z.B. die Pflegekraft ihr Handeln an seinem aktuellen Pflegebedarf ausrichtet und ob das dabei hergestellte immaterielle Gut - das »Produkt« - der Herstellung von Gesundheit bzw. der Handlungsfähigkeit im weitesten Sinn dient.

Die professionelle Gestaltung des Gesamtprozesses sowie seiner Teilprozesse und der adäquate Umgang der Professionellen mit der Dynamik, die diesem Prozess zugrunde liegt, ist von außerordentlicher Bedeutung. Dieser Aspekt wird gegenwärtig ebenso unterschätzt wie der Umstand, dass die einzelnen Berufsgruppen in hohem Maß auf die Kooperation untereinander angewiesen sind. Hier erweist sich, wie Untersuchungen belegen (s. z.B. Group & Roberts 2001), die historisch entstandene Arbeitsteilung zwischen Medizin und Pflege und die aus ihr abgeleitete »Dominanz« der Medizin über die Pflege nicht nur als strukturelles Hindernis, sondern auch als nicht zu unterschätzender Kostenfaktor (Aikens et al. 2001). Zudem wird die Kooperation zwischen Arzt und Pflegekraft durch die nach wie vor einseitige Ausrichtung der Organisation der Krankenhausarbeit auf die Bedürfnisse einer naturwissenschaftlich orientierten und technikzentrierten Medizin erschwert. Der Vorrang der medizinischen Behandlung vor der umsorgenden und mitfühlenden Pflege ist Arnold (2001: 8ff.) zufolge auf Veränderungen in der Krankenhausversorgung im Laufe der letzten Jahrzehnte zurückzuführen. Dies geht mit einer Intensivierung des Leistungsgeschehens einher, das sich in der im Laufe weniger Jahre erreichten kurzen Verweildauer niederschlägt, und führt dazu, dass die pflegerischen Belange der Patienten in den Hintergrund treten.

Die Überbewertung des Medizinischen und die Unterbewertung des Pflegerischen fördert nicht unbedingt die Kooperation zwischen Arzt und Pflegekraft. Diese stellt aber eine wesentliche Voraussetzung für das Gelingen ihrer Arbeit dar (s. Gerlach 2001). Beide sind aufeinander angewiesen, weil das Handeln des einen dasjenige des anderen unmittelbar beeinflusst. Aus diesem Grund benötigen die verschiedenen Berufsgruppen im Krankenhaus einen gemeinsamen Bezugsrahmen, der allen Beteiligten, nicht nur den Ärzten, genügend Gestaltungsspielraum einräumt. Hier empfiehlt sich das Konzept der *(Krankheits-) Verlaufskurve* (illness trajectory), welches von Strauss und seinen Mitarbeiterinnen (Soziologinnen, Pflegewissenschaftlerinnen 1985, 1987, 1988) zur Analyse der im Rahmen der Gesundheitsversorgung zu leistenden Arbeit am, um, für und mit dem Patienten entwickelt, immer weiter ausformuliert und in neueren Veröffentlichungen (Corbin & Strauss 1988: 33 ff., 1992, Corbin 1994) als Verlaufskurven-Modell beschrieben wurde.

Das Konzept der Verlaufskurve geht radikal vom Patienten als handelnder Person aus. Es berücksichtigt die Tatsache, dass die Menschen heute das Krankenhaus oder andere Institutionen der Gesundheitsversorgung zunehmend aufgrund chronischer Krankheitszustände und weniger aufgrund akuter, einmaliger Krankheitsepisoden aufsuchen. Die besondere Bedeutung, die das Konzept der Verlaufskurve für die Pflege und für die Medizin hat, ergibt sich aus dem Ansatz, alle Aspekte des menschlichen Handelns in den Blick zu bekommen und die Prozesse zu beschreiben, die für das Verständnis des menschlichen Lebens von zentraler Bedeutung sind. So verweist es auf die dynamischen, zeitlichen und sich wandelnden Aspekte menschlichen Handelns, auf die erlebten und durchgemachten menschlichen Erfahrungen im zeitlichen Verlauf sowie auf alle Handlungen und Interaktionen, die diesen Verlauf und die in ihm gemachten Erfahrungen formen und strukturieren. Im Mittelpunkt des Konzepts stehen die Menschen, die den Verlauf einer Krankheit aktiv gestalten und auf ihn Einfluss nehmen. Dies sind der Patient, seine Angehörigen und Bezugspersonen sowie die Angehörigen der verschiedenen Gesundheitsberufe (s. hierzu Strauss 1993: 53f., Mischo-Kelling 1996: 636ff.).

Wichtige Konzepte des Verlaufskurvenmodells sind das ›Phasing‹, also die unterschiedlichen Verlaufskurvenphasen (insgesamt neun), die Verlaufskurvenprojektion und das Verlaufskurvenschema. Während sich das erste Konzept auf die unterschiedlichen Phasen und die sich ständig ändernden Situationen in Bezug auf das Management der Verlaufskurven bezieht, versucht das Konzept der Verlaufskurvenprojektion die unterschiedlichen Vorstellungen des Patienten, seiner Bezugspersonen und aller anderen, mit denen er in Kontakt kommt und die an der Arbeit der Verlaufskurve beteiligt sind, einzufangen. Es liegt auf der Hand, dass diese höchst unterschiedlich sein und allen Beteiligten ein erhebliches Maß an Abstimmung abverlangen können. Das dritte Konzept, das Verlaufskurvenschema, beinhaltet den Plan für die Gestaltung des gesamten Verlaufs, die Kontrolle aller auftretender Symptome sowie den Umgang mit Beeinträchtigungen und Behinderungen (Corbin 1994).

Ärzte und Pflegekräfte müssen wissen, dass der Patient mit ihnen in der konkreten Dienstleistungssituation nicht als »unwissendes« Wesen in Kontakt tritt und dass er der wichtigste »Arbeiter« an der Verlaufskurve ist. Für die vom Patienten zu leistende Arbeit können Erwägungen, die mehr den biographischen Erfordernissen und den Notwendigkeiten des täglichen Lebens geschuldet sind, Einfluss auf Entscheidungen hinsichtlich seines Umgangs mit der Krankheit und somit auch auf die Richtung des (Krankheits-) Verlaufs haben (s. Corbin & Strauss 1992: S.10f.). Im zeitlichen Verlauf und in den verschiedenen Phasen können mit Blick auf die Biographie des Patienten persönliche, soziale und physiologische Aspekte mehr oder weniger stark im Vorder- bzw. Hintergrund stehen (s. Robinson 1990. 1173ff.). Arzt und Pflegekraft werden mit den Erwartungen, dem Wissen und den Fähigkeiten des Patienten, also mit seiner Verlaufskurvenprojektion konfrontiert. Dieser arbeitet (sofern er nicht komatös oder ohne Bewusstsein ist), durch den Einsatz seines Verstandes, seines Körpers, seiner Zeit und Möglichkeiten (Strauss et al. 1985, Corbin & Strauss 1989, 1992, Strauss 1993, Wiener & Dodd 2001) aktiv an der Pflege und der medizinischen Versorgung mit. Der Arzt und die Pflegekraft müssen akzeptieren, dass der Patient Koproduzent ist (s. auch Badura 1994). Durch seine Reaktionen und seine Mitarbeit nimmt er Einfluss auf die aktuelle medizinische Behandlung und Pflege.

Das Handeln von Arzt und Pflegekraft und die von ihnen eingesetzten Technologien wirken sich ganz konkret auf die Person des Patienten aus, auf seinen Entwurf der eigenen Biographie und darauf, wie er sein tägliches Leben gestaltet. Ihr Handeln schreibt sich sozusagen in den Körper und die Lebensgeschichte des Patienten ein. In diesem Zusammenhang gilt es, sich zu vergegenwärtigen, dass der Krankenhausaufenthalt des Patienten von kurzer oder von längerer Dauer, dass es der erste, ein wiederholter oder der letzte sein kann. Im Sinne der Verlaufskurve kann der aktuelle Krankenhausaufenthalt neue oder modifizierte Arrangements der Arbeit nach sich ziehen. Zudem können die Verlaufskurven einzelner Patienten bei gleichem Krankheitsbild sehr unterschiedlich ausfallen. Daher kann die zu verschiedenen Zeitpunkten zu leistende Arbeit den Einsatz jeweils anderer personeller und materieller Ressourcen erfordern. Weil die Arbeitsteilung innerhalb einzelner und zwischen verschiedenen Berufsgruppen jedes Mal eine andere ist, sind die Folgen der klinischen Entscheidungen und der Organisation der Versorgung für das Leben des

Patienten und seiner Familie sowie für seinen Umgang mit der Krankheit nach seiner Entlassung stets mitzubedenken (s. hierzu Robinson 1993: 20ff.). Pflegekraft und Arzt müssen das Vertrauen des Patienten gewinnen, ihn zur Mitarbeit motivieren, bzw. sich seiner Mitarbeit versichern. Es geht um die Besinnung auf Gesundheitsgewinne erzeugende Prozesse und um die Einbettung des technisch-medizinischen und pflegerischen Handelns in das förderliche Umfeld einer partnerschaftlichen Arzt-Patient-Pflegekraft-Beziehung, die koproduzierende Potenziale nutzt. Letzteres geht nicht ohne eine verbesserte Aufklärung und Beteiligung des Patienten bei der klinische Entscheidungsfindung (s. Badura & Schellschmidt 1999).

Arzt und Pflegekraft müssen ferner den Umstand anerkennen, dass das Zuhause des Betroffenen in der Regel sein Haupttätigkeitsfeld ist. Zu Hause findet die Bewältigung von gesundheitlicher Beeinträchtigung bzw. der Beeinträchtigung der eigenen Pflegekompetenz, von Krankheit und Behinderung statt. Zu Hause müssen der Alltag, die mit ihm verbundenen Verpflichtungen im Haushalt in Hinblick auf den Erwerb des Lebensunterhaltes sowie die Erziehung von Kindern bzw. die Sorge um Angehörige geregelt und organisiert werden. Das Zuhause ist der Ort, wo die biographischen Konsequenzen der Krankheit ebenso hervortreten wie die Schwierigkeiten, die sich aus der Behandlung ergeben. Hier sind die diversen Anpassungsleistungen der Betroffenen zu erbringen (s. Corbin & Strauss 1988, 1992, Corbin 1994, Wiener & Dodd 2001).

Das skizzierte Verlaufskurven-Modell bietet für die medizinische und die pflegerische Versorgung einen gemeinsamen Bezugspunkt des beruflichen Handelns. Es gibt dem Handeln eine Struktur und liefert Orientierungspunkte für den Austausch innerhalb und unter den Berufsgruppen. Bei der Arbeit an der Verlaufskurve kommen verschiedene Arbeitsformen wie Maschinen-, Sicherheits-, Wohlbefindens- und Gefühlsarbeit, die Arbeit des Patienten, die Fehler-, Körper- und Aushandlungsarbeit, die biographische Arbeit, die *Artikulations-* und *Informationsarbeit* zum Tragen. Die Umsetzung des Modells setzt die Bereitschaft der verschiedenen Berufsgruppen voraus, sich untereinander und mit dem Patienten über dessen Probleme und Nöte auseinander zu setzen und nach Lösungen zu suchen. Die Artikulations- und Informationsarbeit ist die Basis für die Kooperation zwischen Arzt und Pflegekraft sowie mit dem Patienten und seinen Bezugspersonen. Hierauf soll im weiteren eingegangen werden.

Formen der Artikulation der pflegerischen und medizinischen Arbeit während des Krankenhausaufenthalts

Die im Rahmen der Versorgung eines Patienten anfallenden Aufgaben erstrecken sich über einen befristeten Zeitraum und folgen einem Muster: Aufnahme, Diagnostik, Behandlung und Pflege, Entlassung oder vorstationäre Behandlung/Diagnostik, Behandlung und Pflege, nachstationäre Behandlung. An der Versorgung eines Patienten im Krankenhaus sind verschiedene Menschen mit unterschiedlicher Aufgabenstellung, mit unterschiedlichen Kompetenzen und Verantwortlichkeiten beteiligt. Die Zuweisung von Aufgaben geschieht implizit oder explizit, indem auf bewährte Formen der Arbeitsteilung, auf Berufsrollen, Traditionen, Routinen und vorherrschende Standards zurückgegriffen wird. Was zu tun ist, muss in irgendeiner Form artikuliert werden, und es müssen entsprechende *Informationen* weitergegeben werden. Dieser Prozess ist teils formal, teils informell geregelt. Die zu erledigenden Aufgaben werden entweder mündlich in direkter Kommunikation und Interaktion mitgeteilt oder schriftlich fixiert.

Die Abstimmungsprozesse zwischen den Berufsgruppen und die hierbei notwendige Artikulations- und Informationsarbeit (Strauss et al. 1985, Strauss 1988) begleiten den gesamten Pflege- und Behandlungsprozess. Sie stellen die Koordination der hierbei anfallenden Aufgaben sicher und ermöglichen eine kontinuierliche Anpassung von Medizin und Pflege an die jeweilige Situation des Patienten. Die Artikulation der erforderlichen Arbeit und die entsprechende Information erzeugen eine die jeweils nächsten Schritte des Versorgungsprozesses betreffende Erwartungssicherheit. Sie umfassen den gesamten Abstimmungsprozess zwischen den einzelnen Berufsgruppen, Stationen und Abteilungen einschließlich der vielfältigen Bemühungen einzelner Personen, Stationen etc. Sie bestimmen sich letztlich durch die Art und Weise, wie die einzelnen Berufe im Krankenhaus miteinander umgehen.

Bei der Aufnahme – die Anamnese des Arztes und der Pflegekraft

Mit der Aufnahme des Patienten ins Krankenhaus beginnt die Artikulationsarbeit des diensthabenden bzw. betreuenden Arztes[2]. In der heute bestehenden Arbeitsorganisation ist es der *Arzt*, der nach der Erstuntersuchung und der Erhebung der Anamnese eine erste Vorstellung von den zu ergreifenden diagnostischen und therapeutischen Maßnahmen, also vom Behandlungsplan und den damit verbundenen Aufgaben entwirft. Er artikuliert diese mehr oder weniger deutlich in mündlicher oder schriftlicher Form und delegiert die erforderlichen Tätigkeiten und Maßnahmen nach Dringlichkeitsgesichtspunkten und in einer zeitlichen Reihenfolge an die anderen mit der Versorgung befassten Berufsgruppen. Zeitgleich oder zeitversetzt sollte idealerweise die Artikulationsarbeit der Pflegekraft, die den ersten Kontakt mit dem Patienten aufnimmt, einsetzen, indem sie die für die Pflege wich-

2 In ihrem Buch »Social Organization of Medical Work« befassen sich Strauss und Mitarbeiterinnen in erster Linie mit der Artikulationsarbeit des Arztes; diese ist aber nicht auf ihn beschränkt. Es kann leicht der Eindruck entstehen, dass hier die Rolle des Arztes »über-« und die der Pflege »unterschätzt« wird.

tigen Informationen einholt. Diese können sich je nach den Aufnahmemodalitäten im Sinne der Erstversorgung auf einige wenige Fragen konzentrieren. Diese Informationen werden dann im weiteren Verlauf im Rahmen der Pflegeanamnese vervollständigt. Die Artikulation der Pflegearbeit findet ihren schriftlichen Niederschlag im Pflegeplan, der gemeinsam mit dem Patienten erstellt und abgesprochen wird und zunächst vorläufigen Charakter hat.

Die ärztliche wie die pflegerische Anamnese ermöglichen dem Arzt und der Pflegekraft herauszuarbeiten, an welchem Punkt und in welcher Phase der Verlaufskurve der Patient sich befindet, welche Anstrengungen er auf sich nehmen muss, um seinen erreichten »Lebensstandard« aufrechtzuerhalten bzw. mit der neuen Situation fertig zu werden, welche Erfahrungen der Patient mit Behandlung und Pflege bislang gemacht hat und wie diese sich in der Folge auf seinen eigenen Umgang mit der gesundheitlichen Beeinträchtigung auswirken. Diese Kenntnisse und deren Verknüpfung mit den jeweiligen aktuellen Einschätzungen der Situation des Patienten ermöglichen dem Arzt und der Pflegekraft, ihre medizinischen und pflegerischen Vorstellungen in Beziehung zu den Aktivitäten zu setzen, die aufseiten des Patienten und seiner Bezugspersonen für ein Leben mit seinen gesundheitlichen Beeinträchtigungen, mit der Krankheit erforderlich sind. Somit können sie ihr Handeln an den Möglichkeiten des Patienten ausrichten und ihn bei seiner »Arbeit an der Verlaufskurve« aktiv unterstützen. Und so erfahren sie auch, mit welchen Erwartungen der Patient ins Krankenhaus kommt und welche Anforderungen er und seine Bezugspersonen an die medizinische und pflegerische Versorgung stellen. Damit können sie einschätzen, wie sie und die Organisation des Krankenhauses auf diese Erwartungen und Anforderungen eingehen und inwieweit sie dem Patienten gerecht werden können.

Untersuchungen zeigen, dass erst die Berücksichtigung und Respektierung der Informationen des Patienten und seiner Bezugspersonen hinsichtlich seiner Krankheit (s. Stewart et al. 1995) und seiner Bewältigungsstrategien die Pflegekraft und den Arzt bzw. das gesamte Team in die Lage versetzen, seine Versorgung mit ihm abzustimmen, zu planen und in die bestehenden Arbeitsabläufe und Routinen zu integrieren. Was der Patient gegenüber dem Arzt und der Pflegekraft über sich und sein Leben preisgibt, hängt u.a. von der inhaltlichen Gestaltung der ärztlichen und pflegerischen Anamnese ab (s. z.B. Adler, Hemmeier 1986, Köhle et al. 1980, Adler, Bertram, Haag et al. 1994, Zenz 1994, Mischo-Kelling 1996, 2001).

Die gegenseitige Information und Verständigung des behandelnden Arztes und der für den Patienten zuständigen Pflegekraft bezüglich ihrer Einschätzung des Patienten und seiner Probleme ermöglicht ihnen, ein gemeinsames Verständnis der Gesamtsituation des Patienten sowie eine gemeinsame Arbeitsbasis mit dem Patienten und seinen Bezugspersonen zu entwickeln. Dies um so eher, je mehr die Zusammenarbeit von gegenseitigem Respekt getragen wird. Dabei wird die Interpretation der gewonnenen Daten maßgeblich von der jeweiligen klinischen Erfahrung sowie von den Vorstellungen beeinflusst, die der Arzt mit der Medizin (s. Lupton 1994, Radwin 1995), die Pflegekraft mit der Pflege und beide mit der Versorgung kranker Menschen verbinden. Derzeit verlaufen diese Prozesse in der Pflege und in der Medizin eher unabhängig voneinander bzw. nebeneinander her, so dass es scheint, beides hätte wenig miteinander zu tun. Dieser Eindruck wird durch die Ergebnisse einer jüngst veröffentlichen Studie zur interprofessionellen Kommunikation untermauert, die die Patientendokumentation in drei Krankenhäusern auf je drei Stationen untersucht. Die Analyse ergab, dass die Dokumentation der pflegerischen und ärztlichen Anamnese, die Verlaufsdokumentation und die Dokumentation der ärztlichen und pflegerischen Entlassberichte erhebliche Lücken aufwiesen (s. Klapper et al. 2001).

Die Umsetzung des Behandlungs- und Pflegeplans

Die Tätigkeiten und Aufgaben, die im Zuge des Krankenhausaufenthalts eines Patienten aufgrund der durch den Arzt veranlassten medizinischen Diagnostik und Therapie anfallen und die aufgrund seines Pflegebedarfs entstehen, müssen in den Tagesablauf der Station integriert werden. Für einen Großteil dieser Koordinationsaufgaben ist die Pflege zuständig. Ihr obliegt im Allgemeinen die Koordination jener Aktivitäten, die in anderen Bereichen des Krankenhauses, in Labor, Röntgenabteilung oder Funktionsbereichen erfolgen und deren konkrete Durchführung nicht im unmittelbaren Zuständigkeitsbereich der Pflege liegt. Als problematisch erweist sich hierbei, dass die jeweilige Station ihre Arbeitsabläufe häufig an den Arbeitsabläufen der verschiedenen Abteilungen und Funktionsbereiche ausrichten muss. Das widerspricht einer patientenorientierten Versorgung und lässt erkennen, dass eine Verständigung von Pflegekraft und Arzt über ihr Tun und die Einschätzung des Patienten allein nicht ausreichen. Der Erfolg ihrer Bemühungen hängt vielmehr auch von der Organisation des Versorgungsprozesses insgesamt ab.

Hier haben sich in den letzten Jahren Ansätze herauskristallisiert, die den Patienten zum Ausgangspunkt organisatorischer und baulicher Überlegungen nehmen. So geht das in einem Hamburger Allgemeinen Krankenhaus entwickelte Klinikmodell für einen Krankenhausneubau konsequent vom Patienten aus und schlägt sich in Konzepten wie multiprofessionelles Behandlerteam und primäre Zuständigkeit nieder.

Die Visite als zentraler Ort des Informationsaustauschs zwischen Medizin und Pflege

Zentraler Ort für den Informationsaustausch ist die tägliche Visite. Sie ist zugleich der Ort der Entscheidung über medizinische und pflegerische Maßnahmen am Patienten (s. Weidmann 1990: 139). Untersuchungen zufolge (Raspe 1983, Seidl &

Walter 1984, Siegrist 1988, Weidmann 1990, Reiter 1991, Kaupen-Haas 1993, Buscham 1997) werden ihre Struktur und ihr Verlauf von den an Ort und Stelle stattfindenden Absprachen hinsichtlich der Organisation bzw. Koordination der medizinischen und pflegerischen Aktivitäten bestimmt. Dies hat oft genug zur Folge, dass für das eigentliche Gespräch mit dem Patienten kaum Zeit bleibt und dass auf sein Informationsbedürfnis nur unzureichend eingegangen wird. Tatsächlich werden die Patienten aus unterschiedlichen Gründen wenig am Visitengespräch beteiligt. Die Dauer der täglichen Arztvisite beträgt pro Patient im Durchschnitt drei bis vier Minuten. Das Gespräch wird zur Hälfte vom Arzt (2 Min.), zu einem Viertel von der den Arzt begleitenden Pflegekraft (1 Min.) und schließlich vom Patienten (ebenfalls 1 Min.) bestritten (s. Siegrist 1988:231f.). Hier stellt sich die Frage, was während der Visite verhandelt wird und von wem. In den genannten Untersuchungen dominierte der Arzt das Visitengespräch, während die an der Visite teilnehmende Pflegekraft und der betroffene Patient sich weniger einbringen konnten, wobei die Beteiligung der Pflegekraft zeitlich gesehen in der Regel zu Lasten des Patienten ging (s. u.a. Raspe 1983: 113ff.). Diese Daten zeigen nicht nur die Grenzen der herkömmlichen Visite auf, sie belegen auch eine unzureichende Berücksichtigung der Patienteninteressen.

Dass die Visite durchaus im Sinne einer patientenorientierten Versorgung gestaltet werden kann, belegen andere Untersuchungen. So wurde bei der Neustrukturierung des Visitengeschehens im sog. *Ulmer* Modell das Ziel verfolgt, den Patienten wieder in den Mittelpunkt des Geschehens zu rücken (s. z.B. Bliesener & Köhle 1986, Siegrist 1988, Seidl & Walter 1984), während in einem anderen Fall die Reorganisation des Pflegedienstes den Anlass zu einer Überprüfung des Visitenkonzepts gegeben hatte (s. Reiter 1991). Beim Ulmer Visitenkonzept wurde mehr Zeit für den Patienten gewonnen. Der in Ulm verfolgte psychosomatische Ansatz bezog zwar die Pflege mit ein, ließ ihr aber, wie am Visitenkonzept deutlich wird, nach wie vor wenig Gestaltungsspielraum. Pflegerelevante Informationen konnten von der zuständigen Pflegekraft zwar in die Vorbesprechung eingebracht werden, doch geht aus den Ausführungen nicht hervor, welchen Einfluss sie auf die Gestaltung der Visite und die weitere Behandlung gehabt haben. Es kann jedoch vermutet werden, dass über ihre Relevanz keine Klarheit bestand (s. auch Reiter 1991).

In der von Reiter (1991) durchgeführten Untersuchung der Visiten auf zwei internistischen Stationen in einem Krankenhaus der Grund- und Regelversorgung ging es um die Frage, wie sich eine veränderte Einstellung von Ärzten und Pflegekräften in Bezug auf Krankheit, Kranke und Pflege auf das tägliche Handeln auswirkt. Im Zuge der Reorganisation der pflegerischen Arbeit auf der Grundlage des von der Autorin modifizierten Pflegemodells von Roper et al. (s. Mischo-Kelling 1996, 2001) und der Umsetzung des Pflegeprozesses ergab sich die Notwendigkeit, die herkömmliche Visite neu zu gestalten. Im Mittelpunkt sollte der Patient stehen, und die Pflegekräfte sollten die Visite aktiv mitgestalten. Es sollte zu einem Gespräch zwischen Arzt, Patient und Pflegekraft kommen, und die pflegerischen Belange sollten in die Planung mit einbezogen werden. Die Neugestaltung sollte schrittweise geschehen und der Veränderungsprozess mithilfe wissenschaftlicher Methoden festgehalten werden. Insgesamt zeigt die Analyse der Visitenprotokolle, wie schwierig es für alle Beteiligten war, tradierte Verhaltensweisen zu überwinden, und wie schwer es speziell den Pflegekräften fiel, pflegerische Belange in die Visite einzubringen. Es wurde deutlich, dass eine Veränderung der Visite nur gelingen kann, wenn Ärzte und Pflegekräfte bereit sind, sich einem Lernprozess auszusetzen. So sind die ersteren nicht gewohnt, *»sich in der Visite auf das Vermittlungsziel zu konzentrieren und Informationen von der Schwester oder dem Pfleger abzufordern. Die anderen hingegen müssen neue Kompetenzen für ihre Arbeit entwickeln und ihr Schweigen aufgeben.«* (Reiter ebenda: 194) Insgesamt weisen die Analysen darauf hin, dass das zentrale Instrument der Visite noch zu wenig für eine kontinuierliche Informationsgewinnung und für einen Informationsaustausch zwischen Arzt, Patient und Pflegekraft genutzt wird.

Aus einer Erwartungs- und Zufriedenheitsstudie von 360 Patienten vor dem stationären Aufenthalt in einer kardiologischen Abteilung der Universität Bochum geht die Bedeutung der Visite für die Patienten hervor. Sie erwarten diese täglich, wobei die Hälfte der Befragten sich mit fünf Minuten täglicher Aufmerksamkeit des Stationsarztes zufrieden gibt. Ein Drittel der Patienten erwarten zehn Minuten und der Rest fordert zwischen 15 und 30 Minuten. Die Erwartungen von Kassen- und Privatpatienten unterscheiden sich. Erwartet der Kassenpatient eine bis zwei Chefarztvisiten pro Woche, so wünscht der Privatpatient den Chefarzt täglich zu sehen und das am liebsten zweimal (s. Schwing 2001). Eine andere Visitenform, die sich in den letzten Jahren herausgebildet hat, ist die so genannte Pflegevisite.

Entlassungsplanung und das Entlassungsgespräch

Wenn die Patienten und nicht die Professionellen die wichtigsten Arbeiter an der Verlaufskurve sind, kommt der Entlassungsplanung und dem Entlassungsgespräch eine fundamentale Bedeutung zu. Idealer Weise sollte der Zeitpunkt der Entlassung schon bei der Aufnahme geplant werden, damit im Laufe des Krankenhausaufenthalts die entsprechenden Maßnahmen wie die rechtzeitige Einbeziehung des Sozialdienstes, die Kontaktaufnahme mit nachsorgenden Einrichtungen (z.B. Pflegeheimen, Rehabilitationseinrichtungen, ambulanten Pflegediensten), die Vermittlung wichtiger Fähigkeiten (Umgang mit Hilfsmitteln usw.) ergriffen werden können. Ansätze in dieser Richtung finden sich in so genannten »Critical Pathways« oder auch »Geplanten Behandlungsabläufen«, in denen die Themen

»Entlassungsplanung« und »Entlassungsgespräch« standardmäßig vorgesehen sind.

Ergebnisse aus Patientenbefragungen (s. Schupeta & Hildebrand 1999: 113ff.) weisen darauf hin, dass die Artikulations- und Informationsarbeit in diesem Bereich noch zu wünschen übrig lässt. So gaben von 11 160 befragten Patienten 16,8% an, dass der Entlassungstermin nicht mit ihnen abgesprochen sei. Das heißt, dass sie keine Möglichkeit hatten, sich und ihre Bezugspersonen darauf vorzubereiten. Dass es erhebliche Informationsdefizite in für den Patienten relevanten Bereichen gibt, zeigen die Antworten auf die Frage, wie gut sich die Patienten über verschiedene Punkte unterrichtet fühlten. Ein Teil der Patienten fühlte sich sehr schlecht (7,5%), ein gleich großer Teil schlecht (7,5%) und ein nicht unerheblicher Teil der Patienten mittelmäßig (16,1%) über wichtige Anzeichen zur Beobachtung ihrer Erkrankung informiert. Ähnlich verhielt es sich bei der Unterrichtung über körperliche Belastbarkeit bzw. gesundheitsschädigendes Verhalten (hier ergaben sich in etwa die gleichen Prozentanteile). Insgesamt zeigen die Ergebnisse dieser Untersuchung, aber auch die Ergebnisse einer wiederholten Patientenbefragung (s. Trojan & Nickel 2001), dass Ärzte und Pflegekräfte ihre Augenmerk bei der Artikulations- und Informationsarbeit auch auf die Entlassung richten müssen. Die zuletzt genannte Untersuchung unterstreicht, dass kommunikationsbasierte Themen wie etwa der Erwerb persönlicher Fähigkeiten oder die Unterstützung durch Informationen für den Patienten wichtig sind, aber in der Routinearbeit leicht in den Hintergrund geraten können. Wie die zweite Patientenbefragung zeigt, können solche Befragungen durchaus ein Mittel sein, die Professionellen zu sensibilisieren, indem sie ihre Aufmerksamkeit auf diese Bereiche lenken. Denn um erfolgreich an seiner Verlaufskurve arbeiten zu können und um die im Krankenhaus geleistete Arbeit zu Hause bzw. in anderen Einrichtungen fortsetzen zu können, ist der Patient auf Informationen, Aufklärung und Unterrichtung angewiesen.

Weitere Formen der Artikulations- und Informationsarbeit

Um den Informationsaustausch zwischen Arzt und Pflegekraft zu fördern und einen gemeinsamen Arbeitsansatz zu entwickeln, haben sich vor allem auf internistisch-psychosomatisch orientierten Stationen, im Bereich der geriatrischen Nachsorge und in der Rehabilitation spezifische Besprechungsformen herausgebildet. Hierzu zählen etwa die tägliche Morgenbesprechung, die Stationskonferenz und die berufsgruppenübergreifende Fallbesprechung. Im Rahmen der Reorganisation der Arbeitsprozesse und der Bildung von Behandlungsteams in einem großen Allgemeinen Krankenhaus wurden die o.g. Erfahrungen aufgenommen und tägliche Besprechungsrunden eingerichtet. Diese Besprechungsrunden haben sich im Bereich der neurologischen Stationen gut bewährt und die Zusammenarbeit von

Pflege und Medizin positiv beeinflusst, wohingegen sie sich auf einer allgemein-internistischen Station bislang noch nicht etablieren konnten.

Schluss

Die pflegerische Versorgung und die medizinische Behandlung des Patienten setzen auf verschiedenen Ebenen seiner Persönlichkeit an, auf der *biologischen* (Organismus und Krankheiten), auf der *personalen* (erlebendes Subjekt), auf der *interpersonellen* (Individuum und Beziehungssystem) sowie auf der *soziokulturellen* (der Einzelne in der Gesellschaft). Damit greifen sie in verschiedene aufeinander bezogene Prozesse ein, deren Zusammenspiel es mit sich bringt, dass sie von den Professionellen nicht vollständig beherrscht werden können. Die (Krankheits-) Verlaufskurve eines Patienten kann als ein sich über *längere Zeit erstreckendes Projekt* mit vielen Unbekannten aufgefasst werden. Während der Patient, seine Angehörigen oder Bezugspersonen und zu gegebener Zeit der Arzt und die Pflegekraft an ihrer Gestaltung arbeiten, unterliegt der Patient natürlichen Entwicklungs- und Alterungsprozessen. In deren Verlauf werden die Beteiligten immer wieder damit konfrontiert, dass die bestehenden oder entstehenden physischen, psychischen und sozialen Schädigungen durch ihr Handeln nicht nur gebessert, sondern u.U. auch verschlimmert werden können. Wenn die Beteiligten sich jedoch konsequent an den gesundheitlichen Bedürfnissen des Patienten orientieren, haben sie die Chance, in positivem Sinn zu seiner Lebensqualität beizutragen.

Literatur

Adler R., Hemmeier W. (1986): Praxis und Theorie der Anamnese. Stuttgart: Gustav Fischer

Adler R., Bertram W., Haag A. et al. (Hrsg.) (1994): Integrierte Psychosomatische Medizin in Praxis und Klinik. Stuttgart; Schattauer

Adler R. (1994): Die Verwirklichung des biopsychosozialen Modells – Erfahrungen seit 1978. In: Adler R., Bertram W., Haag A. et al. (Hrsg.): Integrierte Psychosomatische Medizin in Praxis und Klinik. Stuttgart: Schattauer

Aikens L. H., Sloane D. M. (2001): An International Perspective on Hospital Nurses' Work Environments. In: Policy, Politics & Nursing Practice. Vol. 2, No. 4 (Nov.): 255-263

Arnold M. (2001): Die Zukunft des Akutkrankenhauses. In: Arnold M., Litsch M., Schellschmidt H. (Hrsg.): Krankenhausreport 2000. Schwerpunkt: Vergütungsreform mit DRGs. Stuttgart: Schattauer

Badura B. (1994): Arbeit im Krankenhaus. In: Badura B.; Feuerstein G. (Hrsg.): Systemgestaltung im Gesundheitswesen. Zur Versorgungskrise der hochtechnisierten Medizin und den Möglichkeiten ihrer Bewältigung. Weinheim und München: Juventa

Badura B, Schellschmidt H. (1999): Bürgerorientierung im Gesundheitswesen. Herausforderung und Chance für das Arzt-Patient-Verhältnis. In: Feuerstein G., Kuhlmann E. (Hrsg.) (1999): Neopaternalistiche Medizin. Der Mythos der Selbstbestimmung im Arzt-Patient-Verhältnis. Bern: Hans Huber

Bauer A. (1995): Theorie der Medizin. Dialoge zwischen Grundlagenfächern und Klinik. Heidelberg/Leipzig: Johann Ambrosius Barth

Berning R., Rosenow Ch. (2001): Statistische Krankenhausdaten: Grund- und Kostendaten der Krankenhäuser. In: Arnold M., Litsch M., Schellschmidt H. (Hrsg.): Krankenhausreport 2000. Schwerpunkt: Vergütungsreform mit DRGs. Stuttgart: Schattauer

Bliesener Th., Köhle K. (1986): Die ärztliche Visite. Chance zum Gespräch. Westdeutscher Verlag

Buscham H. (1997): Beobachtungen zur Arzt-Patient-Kommunikation bei Ultraschalluntersuchungen. Dissertation, Fachbereich Medizin der Universität Hamburg

Corbin J., Strauss A. (1988): Unending Work and Care. Managing Chronic Illness at Home. San Francisco/London: Jossey-Bass Publishers

Corbin J., Strauss A. (1992): A Nursing Model for Chronic Illness Management based upon the Trajectory Framework. In: Woog P.: The Chronic Illness Trajectory Framework. The Corbin and Strauss Nursing Model. New York: Springer Publishing Company

Corbin J. (1994): Chronicity and The Trajectory Framework. Veröffentlichungsreihe der Forschungsgruppe Gesundheitsrisiken und Präventionspolitik. Berlin: Wissenschaftszentrum Berlin für Sozialforschung: 94-202

Fagerhaugh S., Strauss A., Suczek B., Wiener C. (1987): Hazards in Hospital Care. Ensuring Patient Safety., San Francisco/London: Jossey-Bass Publishers

Gerlach A. (2001): Interdisziplinäre Zusammenarbeit am Krankenbett?! Häretische Thesen und kritische Überlegungen. In: Hochschulforum Pflege, 5. Jg., Nr. 1: 11-13

Group Th. M., Roberts J. I. (2001): Nursing, Physician Control and the Medical Monopoly. Historical Perspectives on Gendered Inequality in Roles, Rights, and Range of Practice. Bloomington: Indiana University Press

Jahresgutachten 2000/2001 des SVR KAG: Dokumentation II: Obligatorische Einbeziehung des Patienten. In: KMA - April 2001: 15-16

Kaupen-Haas H. (1993): Arzt-Patient-Kommunikation ‚Revisited'. Am Beispiel internistischer Stationsvisiten. In: Löning P., Rehbein J. (Hrsg.): Arzt-Patienten-Gespräche.

Köhle K., Simons C., Böck D., Grauhan A. (1980): Angewandte Psychosomatik. Die internistisch-psychosomatische Krankenstation - Ein Werkstattbericht. ROCOM-Verlag

Klapper et al. (2001): Patientendokumentation. Sicherung interprofessioneller Kommunikation im Krankenhaus. In: Pflege. Die wissenschaftliche Zeitschrift für Pflegeberufe. Dez., Heft 6, 14. Jg.: 387-393

Lupton D. (1994): Medicine as Culture. Illness, Disease and the Body in Western Societies. London: Sage Publications

Mischo-Kelling M. (2001): Grundzüge einer Theorie der Pflege in der Chirurgie. In: Karavias Th., Mischo-Kelling M. (Hrsg.): Chirurgie und Pflege., 2. Auflage, Stuttgart/New York: Schattauer

Mischo-Kelling M. (1996): Artikulation und Kommunikation im Prozess der Versorgung. In: Mischo-Kelling M., Zeidler H. (Hrsg.): Innere Medizin. 3.Auflage, München: Urban & Schwarzenberg

Radwin L. E. (1995): Knowing the Patient: A Process Model for Individualized Interventions. In: Nursing Research, Vol. 44, No. 6, Nov./Dez.: 364-370

Raspe H.-H. (1993): Aufklärung und Information im Krankenhaus. Göttingen: Verlag für Medizinische Psychologie im Verlag Vandenhoeck und Ruprecht

Reiter G. (1991): Beobachtungen von internistischen Stationsvisiten im Zusammenhang mit Versuchen, die Pflege zu reformieren. Dissertation zur Erlangung des Grades eines Doktors der Medizin der Universität Hamburg

Robinson I. (1990): Personal Narratives, Social Careers and Medical Courses: Analysing Life Trajectories in Autobiographies of People with Multiple Sclerosis. In: Soc. Sci. Med., Vol. 30, No 11, 1990: 1173-1186.

Robinson C.A. (1993): Managing Life with a Chronic Condition: The Story of Normalization. In: Qualitative Health Research, Vol.3, No.1, Febr.: 6-28.

Schwing C. (2001): Erwartungs- und Zufriedenheitsstudie von Krankenhauspatienten. Fachkundliche Zuwendung wichtiger als Hotelleistung. In: KMA - August 2001: 30

Seidl E., Walter I. (1984): Der Patient im Krankenhaus. Studien über Rechte, Information und Schlaf der Kranken. Wien/München/Bern: Verlag Wilhelm Maudrich

Siegrist J. (1988): Medizinische Soziologie. 4. Auflage, München: Urban & Schwarzenberg

Stewart M. et al. (1995): Patient-Centered Medicine. Transforming the Clinical Method. Thousands Oaks/London/New Delhi: Sage Publications

Strauss A (1988b): The Articulation of Project Work: An Organizational Process. In: The Sociological Quarterly, Vol. 29, No. 2:163-178

Strauss A., Fagerhaugh S., Suczek B., Wiener C. (1985): Social Organization of Medical Work. Chicago/London: The University of Chicago Press

Strauss A. (1993): Continual Permutations of Action. New York: Aldine de Gryter

Wiener C. L., Dodd M. J. (2001): Coping Amid Uncertainty: An Illness Trajectory Perspective. In: Bernstein Heyman R., Corbin J. M. (Hrsg.): Chronic Illness. Research and Theory for Nursing Practice. New York: Springer Publishing Company

Weidmann R. (1990): Rituale im Krankenhaus. Eine ethnopsychoanalytische Studie zum Leben in einer Institution. Wiesbaden: Deutscher Universitätsverlag

Zenz J. (1994): Aufbau und Entwicklung eines psychosomatischen Krankenpflegesystems. In: Adler R., Bertram W., Haag A. et al. (Hrsg.): Integrierte Psychosomatische Medizin in Praxis und Klinik. Stuttgart: Schattauer Verlag

UWE KOCH und ANJA MEHNERT

Folgen der Budgetkürzungen für die rehabilitationsmedizinische Versorgung

Zum Problemhintergrund

Chronische Erkrankungen nehmen aufgrund der veränderten Alterszusammensetzung der Bevölkerung und der Fortschritte in der akutmedizinischen Versorgung einen wachsenden Anteil im Gesamtspektrum der Erkrankungen ein. Dementsprechend wird auch international eine Zunahme des Bedarfs an medizinischen Rehabilitationsmaßnahmen gesehen.

Die medizinische Rehabilitation hat in Deutschland eine lange Tradition und entwickelte sich getrennt von der akutmedizinischen Versorgung. Das System kann im internationalen Vergleich als ein besonders gut ausgestattetes Versorgungssystem betrachtet werden. Konzeptionell ist es stark durch die Rentenversicherung geprägt und verfügt über ein dichtes Netz von spezialisierten Versorgungseinrichtungen. Die Behandlung orientiert sich an einem umfassenden integrativen und interdisziplinären Ansatz.

In den letzten 15 Jahren ist in Deutschland eine zunehmend kritische Diskussion zu verzeichnen, die sich vor allem auf die strukturellen Aspekte des Systems bezieht. Die Kritik an der medizinischen Rehabilitation richtet sich unter anderem auf die mangelnde Bedarfsorientierung und ungeklärte Fragen der Nutzungsadäquanz, auf Reibungsverluste durch verschiedene Trägerzuständigkeiten, Schnittstellenprobleme zwischen präventiven, kurativen, rehabilitativen und pflegerischen Maßnahmen, die unzureichende Flexibilität in der Gestaltung der rehabilitativen Angebote, den hohen Institutionalisierungsgrad und die damit verbundenen hohen Kosten, die starke Betonung von stationären Leistungen bei gleichzeitigem Fehlen ambulanter und wohnortnaher Maßnahmen, den fehlenden Erfolgsnachweis sowie eine unzureichende wissenschaftliche Fundierung (vgl. hierzu auch Koch & Bürger, 1997; Koch & Bürger, 1998; VDR, 1991).

Anfang der 90er Jahre leiteten die Rentenversicherungsträger einen deutlichen Veränderungsprozess ein, der seinen zentralen Impuls durch den Abschlussbericht der Reformkommission der Rentenversicherung (VDR 1991) erhielt. Die Innovationen fokussierten vor allem auf neue Konzepte zur Frührehabilitation, auf Flexibilisierung in der Maßnahmengestaltung (zeitliche Dauer, Abfolge etc.), auf Erweiterung der nicht-stationären Angebotsformen, auf eine stärkere Verzahnung von medizinischer und beruflicher Rehabilitation, auf die Einführung von Qualitätssicherungsprogrammen sowie auf den Ausbau und die Förderung der Rehabilitationswissenschaften (Koch, 2001).

Die Bemühungen um Innovationen in der medizinischen Rehabilitation wurden allerdings Ende 1996 stark durch das vom Bundestag verabschiedete Wachstums- und Beschäftigungsförderungsgesetz (WFG) beeinflusst. Das Gesetz sah allein für den Bereich der Rehabilitation der Rentenversicherung Einsparungen von jährlich insgesamt über 3 Milliarden DM vor. Dabei wurde festgelegt, das Ausgabenniveau auf den Stand von 1993 minus 600 Millionen DM festzuschreiben. Weitere Eingriffe betrafen die Dauer der rehabilitativen Maßnahmen, die Zuzahlungspflicht für Versicherte, die Reduzierung der Intervalle für Wiederholungsmaßnahmen, die Höhe der geleisteten Übergangsgelder und die mögliche Anrechnung der Zeiten in der medizinischen Rehabilitation auf Urlaubsansprüche.

Die Reaktionen auf die gravierenden Einschnitte waren vielfältig. Beklagt wurden u.a. Kündigungen von Bettenkontingenten bei den Vertragskliniken in erheblichem Umfang, massive Antragsrückgänge von Versicherten auf Gewährung medizinischer Rehabilitationsmaßnahmen sowie die drohende Schließung für eine größere Zahl von Rehabilitationskliniken aufgrund der finanziellen Einschränkungen und die damit verbundenen Auswirkungen auf die Beschäftigungssituation.

Unter dem Eindruck von zahlreichen Protesten der Öffentlichkeit, der betroffenen Kliniken wie auch der Rentenversicherung wurde 1997 eine partielle Aufhebung dieser Sparbeschlüsse vorgenommen. Diese sahen in finanzieller Hinsicht eine Anhebung der Volumina für 1998 um 450 Millionen DM und 1999 um weitere 450 Millionen DM (davon 210 Millionen DM für die Kinderrehabilitation durch die Krankenversicherung) vor. Ab dem Jahre 2000 wurde die Ausgabenentwicklung in der medizinischen Rehabilitation an die jährliche Lohnentwicklung gekoppelt.

Das tatsächliche Ausmaß der Folgen des WFG in den verschiedenen Bereichen wie auch die längerfristigen Auswirkungen des gesetzlichen Eingriffs wurden allerdings nie umfassend und systematisch untersucht. So ist bis heute nicht bekannt, wie viele Rehabilitationskliniken tatsächlich aufgrund des Gesetzes schließen mussten. Auch die Strategien der Rentenversicherung in Hinblick auf die von ihr vorzunehmenden Budgetkürzungen in Bezug auf die Kliniken waren nicht in vollem Umfang transparent. Noch weniger ist bekannt, wie sich die Kürzungen auf die Qualität der Leistungserbringung in den Kliniken ausgewirkt haben.

Zielsetzung und methodisches Vorgehen der Untersuchung

In Ermangelung empirischer Daten zu den Folgen des WFG für die medizinische Rehabilitation entschlossen wir uns, im Frühjahr des Jahres 1999 eine qualitative Untersuchung bei leitenden Ärzten von Rehabilitationskliniken durchzuführen. Das Ziel war, eine Beschreibung der in der Klinik zu beobachtenden Folgen des Gesetzes aus Sicht dieser betroffenen Experten zu erhalten.

Bezüglich des gewählten Zugangs nutzten wir das im Rahmen zahlreicher größerer rehabilitationswissenschaftlicher Projekte und Qualitätssicherungsvorhaben aufgebaute Netzwerk von Arbeitsbeziehungen zu einer großen Zahl von Rehabilitationskliniken. Durchgeführt wurden insgesamt 30 Telefoninterviews mit leitenden Ärzten; davon jeweils 6 aus den Bereichen »Kardiologie«, »Orthopädie«, »Onkologie«, »Psychosomatik« und »Sucht«. Alle Interviews wurden auf der Grundlage eines teilstrukturierten Erhebungsbogens durch den Erstautor geführt. Die Dauer schwankte zwischen 15-40 Minuten. Die Gespräche wurden simultan und unmittelbar nach dem Gespräch in einem Protokollbogen aufgezeichnet und anschließend inhaltsanalytisch ausgewertet.

Die *Befragungsinhalte* der Interviews betrafen:

- Belegungsentwicklung und erforderliche Umstrukturierungsmaßnahmen
- Veränderungen in der Patientenzusammensetzung
- Veränderungen in der Personalsituation und Arbeitsbelastung
- Veränderungen des diagnostischen und therapeutischen Angebots
- Auswirkungen auf Interaktionen und organisatorische Prozesse
- Auswirkungen auf den Erfolg der Rehabilitation
- Abschließende Gesamteinschätzung der Folgen des WFG

Die Gespräche mit den leitenden Ärzten waren durch eine hohe Auskunftsbereitschaft geprägt. Alle angesprochenen 30 Ärzte erklärten sich unmittelbar zum Interview bereit und stellten in der Regel deutlich mehr Zeit zur Verfügung als ursprünglich erbeten. Zum Teil drückten die Ärzte auch ihre Dankbarkeit aus, dass von wissenschaftlicher Seite die aus dem WFG resultierenden Probleme in den Kliniken wahr- und ernst genommen wurden. Die Gespräche zeichneten sich auch durch ein hohes Ausmaß an Offenheit aus. Gleichzeitig betonten die Befragten die Notwendigkeit, klinikbezogene Informationen vertraulich zu behandeln.

Ergebnisse

Belegungsentwicklung und erforderliche Umstrukturierungsmaßnahmen

Tab. 1 gibt zunächst differenziert nach den fünf berücksichtigten Indikationen Informationen über die Bettenzahl der einbezogenen Kliniken vor Inkrafttreten des WFG. Darüber hinaus werden die *durchschnittlichen prozentualen Belegungsquoten* in den Folgejahren berichtet.

Tab. 1: Klinikgröße und Belegungsentwicklung in den befragten Kliniken

Belegung in Prozent					
	N	ursprüngliche Bettenzahl	1997	1998	1999
Kardiologie	6	180 - 340	73	77	81
Orthopädie	6	125 - 250	64	72	90
Onkologie	6	110 - 220	71	66	76
Psychosomatik	6	65 - 240	71	73	86
Sucht	6	40 - 240	90	87	92
Gesamt	30	40 - 340	74	75	85

Die Daten und ergänzend durchgeführte Analysen zeigen, dass im Durchschnitt aller dreißig Kliniken 1997 und 1998 jedes vierte Bett in den Kliniken nicht belegt war. 1999 zeigt sich ein deutlicher Trend zur Verbesserung dieser Situation. Es zeigen sich große Unterschiede zwischen den Kliniken wie auch zwischen den Indikationsbereichen. So war die Situation in der Orthopädie und Onkologie in den kritischen Jahren 1997 und 1998 besonders ungünstig. Die Suchtkliniken waren dagegen weniger von der Entwicklung tangiert. Weiterhin zeigte sich, dass die 12 in die Befragung einbezogenen rentenversicherungseigenen Kliniken mit 10-15% deutlich geringere Einbrüche als die privatwirtschaftlich geführten Kliniken aufwiesen.

Der erhebliche Belegungsrückgang führte in den Kliniken zu verschiedenen *Umstrukturierungsmaßnahmen*. So kam es in fast jeder zweiten Klinik zu einem deutlichen Abbau von Betten bzw. einer zeitweiligen Bettenstilllegung von bis zu 40% der Ausgangskapazität. Als weitere strukturelle Maßnahmen wurden die Schließung einer Abteilung und/oder Teilklinik, die Stornierung eines Neubaus und einer geplanten Klinikerweiterung sowie die Schließung eines Forschungsinstituts genannt.

... zwei leitende Reha-Ärzte irgendwo in Deutschland

Weiterhin berichteten die befragten Ärzte von einem Wandel in der *Belegerstruktur* in zahlreichen Kliniken. So kam es vor allem im Bereich der Rehabilitation der Rentenversicherung zu einer »Regionalisierung« der Patientenzuweisung; letzteres vor allem bedingt durch Kontingentbereinigungen überregionaler Kostenträger. Zum Teil konnten die Kliniken ihre Belegungseinbrüche durch Belegungen durch die Krankenversicherungen ausgleichen.

Die Ärzte beklagten die schwierige Kalkulierbarkeit der *Belegungspolitik* einiger Rentenversicherungsträger, die zum Teil ihre Position in der kritischen Zeit nach dem WFG mehrfach veränderten. Des Weiteren wurde auf die Ungleichbehandlung von rentenversicherungseigenen und Kliniken in privater Trägerschaft verwiesen. Einige Kliniken, die nah an Bundesländergrenzen lagen, schilderten ein besonderes Problem, dass nämlich das Kriterium der insgesamt akzeptierten Regionalisierungsstrategie nicht die Distanz zur Klinik, sondern die Landesgrenze darstellte.

Die Ärzte berichteten, dass in der Kommunikation mit Klinikeignern, Kostenträgern in der Belegschaft wie aber auch im eigenen Denken der jeweils gegebene Belegungsgrad der Klinik in den letzten zwei Jahren eine dominierende Rolle gespielt habe (Abb.1).

Veränderungen in der Patientenzusammensetzung

Die Interviews machen deutlich, dass bezüglich der Patienten nicht nur quantitative sondern auch qualitative Veränderungen stattfanden. Die leitenden Ärzte berichteten bezüglich der Patientenzusammensetzung folgende *Veränderungstrends*:

- Zunahme älterer, multimorbider und schwerer Erkrankter (in 3 von 4 Kliniken)
- Erheblicher Anstieg des AR-Anteils (ca. zwei Drittel bei den somatischen Indikationen)
- Früh- und Frühstverlegungen aus den Akutkliniken
- Zuweisung deutlich geringer motivierter Patienten

Insgesamt sind damit die Rehabilitationskliniken mit deutlich *schwierigeren Patienten* konfrontiert. So wurde z.B. von einigen onkologischen Rehabilitationskliniken berichtet, dass es zunehmend Patienten gibt, die einer Chemotherapie bedürfen, wobei die Finanzierung meist ungeklärt ist. Einige psychosomatische Kliniken berichteten über eine Zunahme schwer psychiatrisch erkrankter Patienten mit einem hohen psychopharmakologischen Behandlungsbedarf und einzelne Suchtkliniken von einer Zunahme straffälliger drogenabhängiger Patienten, bei denen bei bestehender geringer Behandlungsmotivation ein Therapieerfolg in einer Drei-Monats-Therapie erwartet wird.

Nach der Einschätzung der befragten Ärzte legen zuweisende Krankenhäuser im Rahmen des AR-Verfahrens den Begriff »Rehabilitationsfähigkeit« sehr extensiv aus. Als Extrembeispiele werden Frühverlegungen von Patienten drei Tage nach Herzinfarkt oder wenige Tage nach Amputation bei noch bestehenden Akutkomplikationen genannt. Auch würden zunehmend pflegebedürftige Patienten in die Rehabilitationskliniken »abgeschoben«.

Veränderungen in der Personalsituation und Arbeitsbelastung

Drei Viertel der berücksichtigten Kliniken berichteten einen substantiellen *Personalabbau*. Dieser wurde durch Kündigungen (in ca. 40% der Kliniken), durch Auslaufenlassen befristeter Verträge (in ca. 65% der Kliniken) sowie durch Kurzarbeit (in ca. 20% der Kliniken) realisiert. Darüber hinaus wurden als Maßnahmen der Reduktion von Personalkosten vorzeitige Berentung und »Outsourcing« von Maßnahmen, Gehalts- und Arbeitszeitreduktion sowie Abgeltung von Überstunden durch Freizeitausgleich berichtet.

Besonders betroffene Berufsgruppen der Personalreduktion waren Ärzte (in ca. 65% der Kliniken) und Psychologen/Psychotherapeuten (in 75% der Kliniken für Psychosomatik und Abhängigkeitserkrankungen). Umfangmäßig geringer aber trotzdem deutlich ist der Abbau von Pflegekräften, Krankengymnasten und Fachkräften im Hauswirtschafts- und Küchenbereich (jeweils ca. 35% der Kliniken).

Wie im Abschnitt »Belegungsentwicklung« angemerkt, hat sich die diesbezügliche Situation der Rehabilitationskliniken 1999 spürbar verbessert. Bezogen darauf verwiesen die befragten Ärzte häufiger auf ein anderes Problem: Die verbesserte Situation in einem Teil der Kliniken schlägt sich überhaupt nicht oder zeitlich deutlich verzögert in einer Wiedereinstellung des zuvor entlassenen Personals nieder (ca. 40 % der Kliniken).

Die veränderte Personalausstattung der Kliniken führt zum einen zu einer ungünstigeren *Therapeuten-Patienten-Relation*, zum anderen zu einer Zunahme der Arbeitsbelastung der Mitarbeiter. In Bezug auf die Therapeuten-Patienten-Relation berichteten 40 % der Ärzte eine erhebliche (Kommentar »90 % Belegung mit 65 % des Personals«) und weitere 30 % eine leichte Verschlechterung. In 20 % der Kliniken ist zwar die Relation zwischen Therapeuten und Patienten gleich geblieben, die schwieriger gewordene Patientenzusammensetzung würde aber inzwischen deutlich mehr Personalkapazität erfordern. Nur wenige Kliniken (ca. 10%) berichteten eine unveränderte oder sogar leicht verbesserte Therapeuten-Patienten-Relation als Folge der geringeren Patentenbelegung und eines nicht oder zögernd vollzogenen Personalabbaus.

Noch eindeutiger sind die Ergebnisse bezüglich der Einschätzung der *Mehrbelastungen der Mitarbeiter.* Etwa 70% der Ärzte sprechen von einer deutlich erhöhten und 20% sogar von einer unzumutbaren Arbeitsbelastung. Als Gründe für die Zunahme der Belastung wurden neben der ungünstigeren Therapeuten-Patienten-Relation die schwierigeren Patienten, deren kürzere Verweildauer sowie die erhöhte Erwartungshaltung der Patienten genannt. Hinzu kommen negative Folgen einer hohen Personalfluktuation und ein zusätzlicher Arbeitsaufwand durch höhere Anforderungen durch Maßnahmen der Qualitätssicherung und des Berichtswesens sowie der Zeitaufwand für die wichtiger gewordene Akquisitionsarbeit.

Veränderungen des diagnostischen und therapeutischen Angebots

Aus der veränderten Patientenzusammensetzung und Personalsituation sowie vor dem Hintergrund einer größeren Konkurrenz zwischen den Kliniken waren auch Auswirkungen auf das diagnostische und therapeutische Leistungsangebot zu erwarten. In Hinblick auf die *Dichte des Leistungsangebots* sehen ca. 60 % der befragten Ärzte eine mehr oder weniger stark ausgeprägte »Ausdünnung«, während ca. 40 % eine unveränderte und in einzelnen Fällen sogar eine Intensivierung berichteten. Die Auswirkungen der ungünstigeren Personalrelation zeigen sich am eindeutigsten darin, dass sich der Anteil der Gruppenarbeit zu Lasten der Einzelarbeit erheblich erhöht hat (in ca. 50% der Kliniken).

Die Nachfrage, welche *diagnostischen und therapeutischen Angebote umfangmäßig oder ganz reduziert* wurden, führte zu folgenden Nennungen: weniger Psychodiagnostik und psychotherapeutische/psychosoziale Angebote in somatischen Rehabilitationskliniken, weniger spezialisierte Gruppenprogramme in den psychosomatischen und Suchtkliniken und eine geringere Frequenz an Schulungsprogrammen und Physiotherapie.

Aus den veränderten Anforderungen durch andere Patienten wie von Kostenträgerseite resultierten aber auch in einem Teil der Kliniken *neue diagnostische und therapeutische Angebote.* Diese beziehen sich vor allem auf beruflich-medizinische Rehabilitationsmaßnahmen sowie erweiterte indikative Gruppenangebote (z.B. Diabetesschulung, Fibromyalgieseminar, Schmerz- und Tinnitusgruppe). Vereinzelt wurden auch Aktivitäten wie differenzierte Rehabilitationsdiagnostik, strukturierte

Einführungsprogramme, Angehörigengruppen und spezifische Angebote für ausländische Patienten genannt.

Gefragt wurde auch, ob im Zusammenhang mit den Maßnahmen des WFG Auswirkungen in Richtung auf eine von den Kostenträgern angestrebte Flexibilisierung und stärkere Vernetzung festzustellen sind. Die *Flexibilisierung* bezieht sich dabei vor allem auf die Gestaltung der Verweildauer einzelner Patienten in den Kliniken. Hier hatte der Kostenträger bei einer insgesamt durchschnittlichen Verkürzung den Kliniken eine höhere Autonomie in der Entscheidung eingeräumt, welche Patienten eine kürzere oder längere Verweildauer in der Klinik erhalten. Während 60% der Ärzte die Kürzung der Verweildauer mit einer noch stärkeren zeitlichen Normierung der Rehabilitationsmaßnahmen in Verbindung bringen, berichteten ca. 40% der Kliniken von einer stärkeren zeitlichen Flexibilisierung. Diese wurde grundsätzlich als positiv eingeschätzt, gilt allerdings jeweils nur für umfangmäßig begrenzte Teilgruppen aus der Gesamtheit aller Patienten. Eine Intensivierung der *Vernetzung* wurde nur vereinzelt in Form einer engeren Zusammenarbeit mit Akutkliniken, Beratungsstellen, niedergelassenen Ärzten in der Nachsorge sowie mit Einrichtungen der Arbeitsverwaltung berichtet.

Um die Veränderungen in der Gestaltung des therapeutischen Angebots aus der Sicht der befragten leitenden Ärzte zu skizzieren, seien einige exemplarische Zitate berichtet (Tab. 2).

Tab. 2: Zitate und Kommentare zur Veränderung des therapeutischen Angebots

- Das Angebot konnte nur mit erheblicher Anstrengung in etwa aufrecht erhalten werden.
- Offiziell konnte der Status gehalten werden!
- Weil weniger Patienten da waren, konnte zumindest zunächst das Angebot gehalten werden.
- Wir mussten in die »Masse« gehen.
- Wir haben uns aufs Wesentliche konzentriert.
- Psychotherapie von 50 auf 30 Minuten reduziert.
- In Urlaubszeiten ist es mit der Aufrechterhaltung des Leistungsangebotes wegen der personellen Kürzungen sehr schwierig.
- Für Kurzzeitpatienten konnte die volle Breite des Angebotes nicht aufrecht erhalten werden.
- Statt gezieltem Mountainbike-Training jetzt Spaziergänge der schwer kranken Patienten um die Klinik in Begleitung von zwei Betreuern mit Handys.

Auswirkungen auf Interaktionen und organisatorische Prozesse

Die befragten Ärzte berichteten in den Gesprächen über erhebliche Veränderungen in den kommunikativen und organisatorischen Prozessen. Bezogen auf den von ihnen selbst gestalteten *ärztlichen Führungsstil* beschreibt knapp die Hälfte eine Zunahme von Hierarchie und stärkerer Strukturierung. Die *Interaktion der Mitarbeiter* untereinander wurde in zwei von drei Kliniken als angespannter und deutlich konfliktbelasteter charakterisiert. Einige Kliniken beschrieben ein stark durch Schwankungen geprägtes Betriebsklima. Eine kleine Teilgruppe von 10% berichtete einen anderen Trend, man sei unter den Belastungen enger zusammengewachsen.

Um die unterschiedlichen Auswirkungen des WFG auf die Interaktion zwischen den Mitarbeitern noch etwas genauer zu skizzieren, seien exemplarisch einige in den Interviews von den Ärzten abgegebene Zitate berichtet (Tab. 3).

Bezüglich ihres *Kontakts mit dem jeweiligen Klinikträger* berichteten knapp die Hälfte der leitenden Ärzte eine schwierigere Interaktion und davon eine Teilgruppe gravierende Konflikte. Bei etwa einem Drittel der Kliniken wurde von einem schwierigeren *Verhältnis mit Kostenträgern*, allerdings stark abhängig von einzelnen Kostenträgern, berichtet. In Einzelfällen wurde die Situation wie in dem nachfolgenden Kommentar beschrieben: »Deprimierend. Es geht den Klinikträgern nur noch um den Ruf, und damit um das Geld, nicht um den Patienten. Für mich ist das eine große menschliche Enttäuschung«.

Tab. 3: Zitate und Kommentare zur Interaktion zwischen den Mitarbeitern

- Mitarbeiter befanden sich in einem unaufhörlichen »Versöhnungsprozess«.
- Mitarbeiter haben ein stärkeres Verantwortungsgefühl entwickelt.
- Hohe Arbeitsbelastung verursacht erstmals hohe Personal-Fluktuation.
- Die Mischung von Angst und Frustration lässt keine Aufbruchstimmung mehr zu.
- Existentielle Verunsicherung, die kein vernünftiges therapeutisches Klima zulässt.
- Zwischenmenschlichkeit wurde relativiert.
- Es kehrte eine neue Sachlichkeit ein, die Vor- und Nachteile hat.
- Viele Alltagsprobleme in der Interaktion sind inzwischen wieder auf ein Normalmaß zurückgekehrt (Überempfindlichkeiten haben keinen Platz mehr).
- Das inzwischen dominierende ökonomische Denken findet sich auch in der therapeutischen Situation.
- Konflikte, wenn es an die Erbhöfe ging.

Das *Berichtswesen* wurde von etwa zwei Dritteln der befragten Ärzte als inzwischen noch umfangreicher und bürokratischer beschrieben. Zum Teil wurde dabei auf den erhöhten Arbeitsaufwand durch den standardisierten Entlass-Bericht und das Peer-Review-Verfahren aus dem Qualitätssicherungsverfahren der Rentenversicherung verwiesen. Etwa ein Drittel beschreibt aber auch einen Entwicklungsschub durch Verbesserung der Prozeduren und die Einführung von EDV.

Die Auswirkungen auf die *Qualitätssicherung* wurden ebenfalls unterschiedlich bewertet. So sah etwa die Hälfte eine starke im Prinzip als positiv eingeschätzte Aktivierung von Maßnahmen der Qualitätssicherung, während ca. 30% der befragten Ärzte darauf verwiesen, dass die Realisierung von Qualitätssicherungsmaßnahmen unter den angespannten personellen und Arbeitsbedingungen eher schwieriger geworden ist.

Eindeutig hat sich der Bedarf und der Aufwand für zu leistende *Öffentlichkeitsarbeit* verändert (85%). In diesem Zusammenhang verwiesen die Ärzte insgesamt auf eine stärkere Marketingorientierung innerhalb ihrer täglichen Arbeit, die zum Teil als mit der ärztlichen Aufgabenstellung schwer vereinbar beschrieben wurde. Um die zum Teil ambivalente Haltung zur ärztlichen Aufgabenstellung »Öffentlichkeitsarbeit« zu illustrieren, werden in Tab. 4 einige Kommentare wiedergegeben.

Tab. 4: Zitate und Kommentare zur Öffentlichkeitsarbeit

- Jetzt haben wir auch die vorher abgelehnten Hochglanzprospekte.
- Je weniger wir zu tun haben, desto mehr Öffentlichkeitsarbeit. »Wo der Hund den Schwanz hebt, müssen wir uns melden, um zu sagen, dass es uns gibt.«
- Zum eigenen therapeutischen Arbeiten komme ich als leitender Arzt kaum noch, weil ich permanent als Multiplikator tätig bin.

Auswirkungen auf den Erfolg der Rehabilitation

Abschließend wurden die leitenden Ärzte gebeten, sich zu den Auswirkungen des WFG auf die Zielsetzung und den *Erfolg der Rehabilitation* zu äußern. Während ca. 25% der Ärzte keine gravierenden Auswirkungen auf den Rehabilitationserfolg erwarteten und weitere 25% darauf hinwiesen, dass Einflüsse auf den Erfolg wegen der fehlenden Vergleichbarkeit nicht beurteilbar seien, meinten 50% der Arzte, dass der Erfolg geringer ausfalle bzw. bestimmte Therapieziele unter den veränderten Bedingungen nicht mehr erreichbar seien. Letzteres bezieht sich vor allem auf edukative und psychosoziale Zielsetzungen.

Ergänzend gefragt nach den *gravierendsten negativen Auswirkungen* des WFG wiesen nochmals 30% explizit darauf hin, dass das gegenwärtige Rehabilitationsangebot den Patienten und dem Rehabilitationsauftrag nicht mehr gerecht werde; in gleicher Häufigkeit wurden der unangemessene Zeit- und Arbeitsdruck und die existentielle Bedrohung und Verunsicherung der Mitarbeiter genannt. Ein Viertel der Befragten beklagte negative Auswirkungen auf das Klima in den Einrichtungen mit einem Verlust an Kultur, einer Zerstörung des therapeutischen Klimas und einer Dominanz des Geldes im Denken und Handeln. Des Weiteren wurde auf die durch das WFG ausgelöste Planungsunsicherheit und Perspektivlosigkeit hingewiesen.

Auf die Frage, ob mit dem Gesetz auch *positive Entwicklungen* verbunden waren, nannten ein Viertel bis ein Drittel der Ärzte folgende als für die Rehabilitation durchaus konstruktiv bewertete Entwicklungstendenzen: Hinterfragen von Selbstverständlichkeiten, mehr Reflexion und Transparenz, Aktivierung von verborgenen Ressourcen, keine Ressourcenverschwendung, Aktivierung der Qualitätssicherung und besseres Erreichen von wirklich Rehabilitationsbedürftigen. Vereinzelt wurden das Zusammenrücken der Mitarbeiter, eine verstärkte Konzentration auf den Patienten von Seiten der Klinik genannt. Patienten ihrerseits wüssten inzwischen die Rehabilitation mehr wertzuschätzen.

Diskussion

Der Beschluss und die Umsetzung des WFG Ende 1996 stellte den vermutlich gravierendsten Eingriff in die medizinische Rehabilitation seit Ende des zweiten Weltkriegs dar. Die mit dem Gesetz verbundenen Einschnitte trafen das Versorgungssystem weitgehend unvorbereitet. Erwartungsgemäß fiel die Kritik am Gesetzgeber hart aus, zumal die Begründungen für die einzelnen Maßnahmen keine klare Konzeption und keine hohe Kompetenz in Fragen der Rehabilitation erkennen ließen. Auch die Rentenversicherung kritisierte die Gesetzesvorgaben zumindest in der Initialphase sehr eindeutig, geriet dann aber im Zuge der von ihr vorzunehmenden Umsetzung des Gesetzes zunehmend selbst in die Kritik. Dies lag vor allem darin begründet, dass sie sich bei ihrer pluralistischen Struktur schwer tat, klare und transparente Prinzipien zu formulieren, wie die zu leistenden Einsparungen realisiert werden sollten.

Das Spektrum der tatsächlich eingetretenen oder vermuteten Auswirkungen ist breit. Es reichte von der Schließung zahlreicher Kliniken mit den daraus resultierenden Arbeitsplatzverlusten in oft strukturschwachen Regionen über Qualitätseinbußen in der Erbringung rehabilitativer Leistungen bis hin zu langfristig ungünstigen gesundheitlichen Folgen für rehabilitationsbedürftige Versicherte, denen in der Folge des Gesetzes rehabilitative Leistungen nicht zugänglich waren.

Eine systematische und wissenschaftlich fundierte Analyse der Folgen des WFG wurde nicht geleistet. Das damit verbundene Informationsdefizit überrascht vor dem Hintergrund einer sich zu dieser Zeit sehr dynamisch entwickelnden Rehabilitationsforschung (Bengel & Koch, 2000). Wenn man aber bedenkt, dass als potentielle Förderer für ein solches Forschungsprojekt am ehesten das Bundesministerium für Arbeit oder die Rentenversicherung in Frage gekommen wäre, so ist die Zurückhaltung, die vermutlich negativen Folgen der inhaltlich im Detail wenig begründeten gesetzlichen Eingriffe in das rehabilitative Versorgungssystem auch noch durch eine selbstinitiierte empirische Studie zu demonstrieren, nachvollziehbar. Aus wissenschaftlicher Perspektive ist allerdings festzustellen, dass eine Chance, wichtige Erkenntnisse über das Rehabilitationssystem zu gewinnen, vertan wurde.

Wegen des Informationsdefizits an empirischen Untersuchungen wurde 1999 mit Eigenmitteln der Abteilung für Medizinische Psychologie, Universitätsklinikum Hamburg-Eppendorf, eine qualitative Befragung von leitenden Ärzten aus Rehabilitationskliniken unterschiedlicher Indikationsbereiche durchgeführt, um die Gesetzesfolgen aus Perspektive der Rehabilitationskliniker zu beschreiben und zu analysieren. Da keine zusätzlichen finanziellen Ressourcen für die Untersuchung zur Verfügung standen, musste die Zahl der befragten leitenden Ärzte auf N=30 begrenzt werden. Damit kann die Untersuchung nicht den Anspruch auf Repräsentativität erheben. Da sich aber jeder angesprochene Arzt zum Interview bereit erklärte und ein breites Spektrum unterschiedlicher rehabilitativer Einrichtungen berücksichtigt wurde, ist eine hohe Selektivität der Ergebnisse wenig wahrscheinlich.

Auch könnte man die Position vertreten, dass die gewählte Perspektive (leitende Ärzte) mit einem systematischen Bias verbunden ist. Die Ärzte sind sehr unmittelbar von den Folgen des Gesetzes betroffen bzw. müssen dieses im Alltag durch personal- oder patientenbezogene Maßnahmen durchsetzen und sind zum Teil einem schwierigen Dialog mit Klinik- und Kostenträgern ausgesetzt. In dieser Rolle darf ihnen ein Recht zugestanden werden, »zu klagen«, zumal sie in der Phase der Entwicklung des Gesetzes wenig Chancen hatten, selbst Einfluss zu nehmen. Auf der anderen Seite haben sie in ihrer Rolle eine besonders günstige »Beobachtungsposition« bezüglich der Gesetzesfolgen und dürfen zu Recht als relevante Befragungsgruppe bezeichnet werden.

Aus Sicht der leitenden Ärzte zeigen sich die Folgen des WFG zunächst einmal in der finanziellen Bedrängnis der Kliniken. Bei der Bewältigung der besonders 1997 und 1998 festzustellenden erheblichen Belegungseinbrüche kam es allerdings in der Regel nicht zu grundsätzlichen Umstrukturierungen der Kliniken. Die Reaktionen bestanden vor allem in Bettenstreichungen, Personalabbau und anderen Rationalisierungsversuchen. Von Seiten des therapeutischen wie administrativen Personals werden in vielen Kliniken eine erhebliche Zunahme der Arbeitsbelastungen, eine Verschlechterung des Betriebsklimas und eine Zunahme von Hierarchien berichtet. Das WFG hat nach Beobachtung der Ärzte zu einer deutlichen Erhöhung der Zahl schwer zu rehabilitierender Patienten geführt, die jetzt auf der Grundlage einer ungünstiger gestalteten Therapeuten-Patienten-Relation genauso erfolgreich wie bisher behandelt werden sollen. Die bisherige Dichte und Qualität der rehabilitativen Behandlung kann in vielen Kliniken offensichtlich nicht gehalten werden. Bezüglich der damit verbundenen Auswirkungen auf den Rehabilitationserfolg sieht etwa die Hälfte der befragten Ärzte deutliche Einbußen.

Es werden aber nicht nur negative, sondern auch einige positive Folgen des Gesetzes von den leitenden Rehabilitationsärzten beschrieben. So werden die Umsetzung des Prinzips ‚Bedarfsgerechtheit' bei der Vergabe von Rehabilitationsmaßnahmen stärker berücksichtigt, Rationalisierungsreserven besser genutzt und einige »Selbstverständlichkeiten« berechtigterweise in Frage gestellt.

Heute, 2002, gelten die Folgen des WFG als weitgehend überwunden und gegenwärtig beurteilen viele Kliniken ihre Belegungssituation wieder als positiv. Dies schließt aber keineswegs aus, dass nicht in absehbarer Zukunft neue Eingriffe in das System der medizinischen Rehabilitation erfolgen können. Vor allem im Kontext der zumindest indirekt auch die Rehabilitationskliniken betreffenden Umstellungen der Krankenhausfinanzierung auf Fallpauschalen (DRG's), aber auch der Umsetzung von Konzepten der Integrierten Versorgung nach SGB V (§140) (vgl. Morfeld et al., 2002, in Druck) ergeben sich neue strukturelle Herausforderungen für die medizinische Rehabilitation. Dieser wichtige Versorgungsbereich ist gut beraten, Fragen des Bedarfs, der erforderlichen Qualität bei der Leistungserbringung und Wirksamkeit durch sorgfältige empirische Forschung zu dokumentieren und zu belegen. Das gegenwärtig realisierte rehabilitationswissenschaftliche Verbundforschungsprogramm, finanziert von der Rentenversicherung und vom Bundesministerium für Forschung, schafft hierfür gute Voraussetzungen. Um sicher zu stellen, dass nicht nochmals ein inhaltlich so wenig kompetent begründetes, die Rehabilitation betreffendes Gesetz die politischen Hürden so leicht überwindet, ist es aber auch wichtig, die zur Zeit gewonnenen Forschungsergebnisse zu aggregieren, in Handlungsempfehlungen umzusetzen und sie nicht nur in wissenschaftlichen Kreisen, sondern auch mit politischen Entscheidungsträgern zu kommunizieren.

Literatur

Bengel J., Koch U. (Hrsg.) (2000): Grundlagen der Rehabilitationswissenschaften. Themen, Strategien und Methoden der Rehabilitationsforschung. Berlin: Springer

Koch U., Bürger W. (1997): Innovationen und Veränderungen in der medizinischen Rehabilitation. In: 10 Jahre ctt. Festschrift der Caritas Trägergesellschaft Trier e.V.: 144-157

Koch U., Bürger W. (1998): Aktuelle Veränderungen in der medizinischen Rehabilitation in Deutschland. Public Health Forum 6 (21): 2-5

Koch U. (2001): Der Wandel der rehabilitativen Einrichtungen unter dem Einfluss knapper werdender Ressourcen. In: Heinrich-Haus Engers (Hrsg.): Psychologen/innen in der Behindertenhilfe. Bericht des Symposiums in Neuwied Engers. Bonn: Deutscher Psychologen Verlag: 76-96

Morfeld M., Mehnert A., Koch U. (2002). Integrierte Versorgung und medizinische Rehabilitation. Die Rehabilitation (in Druck)

Verband Deutscher Rentenversicherungsträger (VDR) (1991): Bericht der Reha-Kommission. Empfehlungen zur Weiterentwicklung der medizinischen Rehabilitation in der gesetzlichen Rentenversicherung. Frankfurt a. M.: VDR

AutorInnen

ADAM, HUBERTUS

Dr. med. Facharzt für Psychiatrie und Psychotherapie des Kindes- und Jugendalters, analytischer Paar- und Familientherapeut. Geb. 1959 in Hannover, Medizinstudium in Hamburg, promoviert bei Prof. Dr. H. Kaupen-Haas zum Thema: Gesundheit von Flüchtlingen, erschienen im Beltz Verlag: »Terror und Gesundheit – Ein medizinischer Ansatz zum Verständnis von Folter, Flucht und Exil«.

Fachärztliche Leitung der allgemeinen Ambulanz, sowie der Spezialambulanz für Flüchtlingskinder und ihre Familien in der Abteilung für Psychiatrie und Psychotherapie des Kindes- und Jugendalters des Universitätsklinikums Hamburg Eppendorf. Ärztlicher Leiter der von Stefanie Graf gegründeten Stiftung »Children for Tomorrow« und in dieser Funktion verantwortlich für psychotherapeutische Versorgungsprojekte (neben Hamburg) in Kapstadt, Mosambik und Kosovo.

ALBRECHT, NIELS-JENS

geb. 1950, studierte in Hamburg Medizin und nach Aufenthalten in Entwicklungsländern Ethnologie (Schwerpunkt Medizin- u. Entwicklungs-Ethnologie). Seit 1983 Lehre am Institut für Medizin-Soziologie in Hamburg. 1988 Gründer u. Leiter des Norddeutschen Seminars Gesundheitsversorgung in Entwicklungsländern (Universität Hamburg); 1990 Gründer u. Leiter des Entwicklungsmedizinischen Forums in Bonn, Veranstalter von nationalen und internationalen Kongressen. 1994 Aufbau u. Leitung des Projektes Migrantenversorgung am Universitätsklinikum. 1998 Gründungsmitglied des Bundesarbeitskreises Transkulturelle Pflege, Mitglied in Expertengremien des Bundesministerium für Gesundheit und der Bundesausländerbeauftragten sowie der entwicklungsmedizinischen Zusammenarbeit. Seit 2000 Koordination eines internationalen Fachgremiums Medizinisch-Soziales Dolmetschen und Leitung des Arbeitsschwerpunktes »Migration und Gesundheit« am Fachbereich Medizin der Universität Hamburg; Geschäftsführer von albrecht medical consult (a.m.c.).

BAADER, GERHARD

geb. 1928, Studium der Klassischen Philologie, Germanistik, Linguistik und Geschichtswissenschaft an der Universität Wien 1948-1952. 1952 Promotion zum Dr. phil.; 1954-1966 Wisschenschaftlicher Mitarbeiter am Mittellateinischen Wörterbuch der Bayrischen Akademie der Wissenschaften in München, mit dem Schwerpunkt Wissenschaftsgeschichte. Ab 1967 Wissenschaftlicher Assistent, ab 1968 Akademischer Rat bzw. Oberrat am Institut für Geschichte der Medizin der Freien Universität Berlin. 1979 Habilitation, 1983 apl. Professor. 1993 emeritiert; von da ab auch Visiting Professor an der Hebrew University in Jerusalem Hadassah Medical School. Arbeitsschwerpunkte Sozialgeschichte der Medizin, ab 1980 insbesondere Medizin im Nationalsozialismus und ihre medizinethischen Implikationen.

BERNDT, HEIDE

geb. 1938, Studium der Soziologie in Frankfurt/Main am Institut für Sozialforschung, 1959-1966, davon 2 Semester an der Freien Universität Berlin, 1962/63. Von 1966-1974 wissenschaftliche Assistentin für Stadt- und Architektursoziologie am Sigmund-Freud-Institut, Frankfurt/Main, von 1976-78 freiberuflich tätig, u. a. für das Wissenschaftszentrum Berlin. Seit 1979 an der Alice-Salomon-Fachhochschule, Berlin, für das Fach Sozialmedizin. Publikationen: Das Gesellschaftsbild bei Stadtplanern, 1968, Die Natur der Stadt, 1978, Aufsätze u.a.: Hygienebewegung im 19. Jahrhundert als vergessenes Thema von Stadt- und Architektursoziologie, in: Die Alte Stadt 14 (1987), ›Wertfreie‹ Sozialmedizin? Hans Schaefers Einfluß auf die akademische Sozialmedizin nach dem II. Weltkrieg, in: Naturwissenschaften und Eugenik, Bd. 1, Frankfurt-Main 1994.

BORGETTO, BERNHARD

geb. 1963, Dr. phil., Dipl.-Soz., Studium der Soziologie, Volkswirtschaft und Pädagogik in Frankfurt/M., Jerusalem (Israel) und Heidelberg. Stellv. Sprecher der Sektion Medizinsoziologie in der Deutschen Gesellschaft für Soziologie (DGS), Leiter der Clearing- und Dokumentationsstelle für Selbsthilfeforschung (CDS) und des Forschungsschwerpunkts Gesundheitsselbsthilfe der Abt. Medizinische Soziologie, Universität Freiburg. Weitere Arbeitsschwerpunkte: Rehabilitation, Qualitative Methoden, Versorgungsforschung, Qualitätsmanagement, Chronische Erkrankungen, Biographie- und Lebenslaufforschung. 1997-1999 Referent f. Gesundheits- und Sozialpolitik der Dt. Rheuma- Liga BV, davor wiss. Mitarbeiter der Abt. Med. Soziologie, Universität Gießen. Pub. u.a.: Berufsbiographie und chronische Krankheit, Westdt. Verlag, 1999; Soziale Statuslage und gesellschaftliches Altern nach koronarer Bypassoperation (mit U. Gerhardt), Z Soz Prävmed, 1993; Interdependenzen zwischen Sozial-Epidemiologie und Medizinischer Soziologie (mit J.v.Troschke), in: Mielck & Bloomfield (Hg.): Sozial-Epidemiologie, Juventa, 2001; Selbsthilfe im Gesundheitswesen. Stand der Forschung und Forschungsbedarf, Bundesgesundheitsblatt 2002.

BORMANN, CORNELIA
geb. 1954, Dr. phil. (Soziologie) an der Universität Hamburg. Mitarbeiterin beim DLR-Projektträger, Bereich Gesundheitsforschung. Arbeitsschwerpunkte: Public Health/Gesundheitswissenschaften, soziale Ungleichheit, Versorgungsforschung, Rehabilitationsforschung, Ethik in der Medizin, Genderforschung.

BULLINGER, MONIKA
geb. 1954, Dr. phil.; stellvertretende Direktorin der Abteilung für Medizinische Psychologie, Universitätsklinikum Hamburg-Eppendorf, Universität Hamburg. Schwerpunkte: Lebensqualitätsforschung, Gesundheitspsychologie, Verhaltensmedizin, Umweltmedizin, interkulturelle medizin-psychologische Forschung.

DENEKE, CHRISTIANE
geb. 1948; Diplom-Soziologin; 1979 bis 1988 wissenschaftliche Mitarbeiterin im Institut für Medizin-Soziologie, Universitätskrankenhaus Eppendorf im Schwerpunkt Selbsthilfe- und Netzwerkforschung; seit 1997 wissenschaftliche Mitarbeiterin der Fachhochschule Nordostniedersachsen, Zentrum für Angewandte Gesundheitswissenschaften, in Lüneburg; Arbeitsgebiete: Intervention und Evaluation im Bereich »Soziale Benachteiligung und Gesundheit«; Projektplanung, -organisation und -finanzierung. Vorsitzende der Landesvereinigung für Gesundheit Niedersachsen e.V.

DEPPE, HANS-ULRICH
Dr. med., geb. 1939, gründete 1972 die Deutsche Gesellschaft für Medizinische Soziologie und war ihr erster Vorsitzender, seit 1973 Professor für Medizinische Soziologie und Direktor des Instituts für Medizinische Soziologie im Fachbereich Humanmedizin der J.W. Goethe-Universität Frankfurt a.M. Forschungsschwerpunkte: Vergleich von Gesundheitssystemen, soziale Bewegungen im Gesundheitswesen.

DICK, GABRIELE
geb. 1967, Soziologin M.A., Studium der Sozialarbeit/Sozialpädagogik in Nürnberg (Vordiplom), Studium der Soziologie, Geschichte, Germanistik in Freiburg/Breisgau. Wiss. Mitarbeiterin der Abt. Medizinische Soziologie, Universität Freiburg. Forschungsinteressen und Schwerpunkte: gesundheitsbezogene Selbsthilfe; Zweigeschlechtlichkeit und soziale Konstruktion; Körperkonzepte und Bewegung/Sport; Bevölkerungs- und Biopolitik; Pränataldiagnostik und Reproduktionstechniken; Umgang mit Krebsdiagnosen und Heilungschancen.

DÖRNER, KLAUS
geb. 1933, Prof. Dr. med., Dr. phil.; Psychiater und Soziologe. Tätigkeit an der Psychiatrischen Universitäts-Klinik Hamburg, dann von 1980-1996 ärztliche Leitung der Westf. Klinik für Psychiatrie Gütersloh. Publikationen zur praktischen Psychiatrie, Psychiatriegeschichte, Nationalsozialismus, Versorgungssystem und Medizin-Ethik.

EBBINGHAUS, ANGELIKA
Dr. phil., Dipl. Psych., M.A. Psychologische Psychotherapeutin und Historikerin. Langjährige Tätigkeit als Psychotherapeutin, Vorsitzende der Stiftung Sozialgeschichte und Mitherausgeberin der historischen Zeitschrift 1999. Heute in Bremen u.a. auch als Patientenberaterin und im Netzwerk »Seelische Gesundheit« tätig. Zahlreiche Publikationen zur Medizin- und Wissenschaftsgeschichte sowie zur Frauen- und NS-Geschichte.

FEUERSTEIN, GÜNTER
geb. 1951, PD Dr. phil., Soziologe, Wissenschaftler im Forschungsschwerpunkt Biotechnik, Gesellschaft und Umwelt der Universität Hamburg, Privatdozent an der Fakultät für Gesundheitswissenschaften der Universität Bielefeld. Zahlreiche Veröffentlichungen, u.a.: Das Transplantationssystem. Dynamik, Konflikte und ethisch-moralische Grenzgänge: Weinheim 1995; Systemgestaltung im Gesundheitswesen (mit Bernhard Badura): Weinheim 1994 und 1996; Rationierung im Gesundheitswesen (Hrsg. mit Ellen Kuhlmann): Wiesbaden 1998. Arbeitsschwerpunkte: Medizinsoziologie, Innovations- und Diffusionsforschung; Technikfolgenforschung, Gesundheitssystemanalyse; Soziologie der Bioethik.

FISCHER-RADIZI, DORIS
geb. 1956, Dr. med., Allgemeinärztin. Promoviert 1993 bei Frau Prof. Dr. Heidrun Kaupen-Haas über Ehe- und Sexualberatungsstellen in Hamburg während der Weimarer Republik. Seit 1998 niedergelassen als Allgemeinärztin in Hamburg.

FRIEDRICH, HANNES
Prof. Dr. phil. geb. 1940, Studium der Soziologie, Psychologie und Philosophie. Ausbildung in Psychoanalyse und Psychotherapie; Leiter der Abteilung Medizinische Soziologie im Zentrum Psychosoziale Medizin der Georg-August-Universität. Lehr- und Kontrollanalytiker am Institut für Psychoanalyse und Psychotherapie (Lou Andrea Salome Institut).

HAAG, ANTJE
geb. 1940, Dr. med., Fachärztin für Psychiatrie und Neurologie, Psychoanalytikerin. Oberärztin der Abteilung für Psychosomatik und Psychotherapie am

Universitätsklinikum Hamburg-Eppendorf. Arbeitsschwerpunkte: Versorgungsforschung, Konsultations-Liaison-Dienst, sozialer Wandel und psychosomatische Störungen, Psychosomatik in der Dermatologie.

KARMAUS, WILFRIED

geb. 1949, Dr. med. (Universität Hamburg), MPH (University of North Carolina), Associate Professor am Department für Epidemiologie, Michigan State University; Forschung: Epidemiologie von Umwelteinwirkungen in der Lebensphase »Konzeption bis 10 Jahre« mit dem Schwerpunkt atopischer Erkrankungen; Lehre: Fortgeschrittene Methoden der Epidemiologie, Umwelt

KNEIP, HELENE

geb. 1952, Dr. rer. pol. (Volkswirtschaft) an der Universität Bremen. Geschäftsführerin der Hartmannbund-Stiftung »Ärzte helfen Ärzten«. Arbeitsschwerpunkte: Beratung übergesiedelter Ärztinnen und Ärzte und Kontingentflüchtlinge bezüglich der beruflichen Integration, Unterstützung von Arztkindern in besonderen Situationen, Spendeneinwerbung. Von 1978-1996 als Wissenschaftlerin im Wissenschaftlichen Institut der Ärzte Deutschlands (WIAD).

KOCH, UWE

geb. 1943, Dr. phil., Dr. med., Studium der Psychologie und Medizin an der Universität Hamburg (1965-1976), Habilitation im Fach Medizinische Psychologie am Universitätsklinikum Hamburg-Eppendorf (1978), Leiter des ersten Lehrstuhls für Rehabilitationspsychologie an der Universität Freiburg (1979-1994), seit 1993 Direktor der Abteilung für Medizinische Psychologie, Universitätsklinikum Hamburg-Eppendorf, Forschungsschwerpunkte: Chronische Erkrankungen, Krankheitsbewältigung, Lebensqualität, stationäre Psychotherapie, Evaluation und Qualitätssicherungsforschung im Gesundheitssystem, Rehabilitationsforschung

KÖTTGEN, CHARLOTTE

geb. 28.06.1941, Dr. med., Fachärztin für Psychiatrie/Neurologie und für Kinder und Jugendpsychiatrie/ -psychotherapie. Seit 1972 Assistentin im Universitätsklinikum Hamburg-Eppendorf, u.a. Beteiligung am Aufbau der Jugendpsychiatrie und sozialpsychiatrischer Projekte im Rahmen der Deutschen Gesellschaft für Soziale Psychiatrie, DGSP. Von 1979-1984 Forschungsarbeit in einem Projekt der Deutschen Forschungsgemeinschaft (DFG) mit jungen Menschen, die früh in eine Psychose geraten sind. Erforschung der therapeutischen Arbeit mit Angehörigen (hierzu viele Veröffentlichungen); seit 1984-2002 Leiterin eines Jugendpsychiatrischen-psychologischen Dienstes des Landesjugendamtes Hamburg mit unterschiedlichen praktischen und Grundsatz-Aufgaben, hier gegenwärtig noch tätig. In dieser Funktion an der Erarbeitung eines Positionspapieres der Gesundheitsminister- und Jugendministerkonferenz-Konferenzen beteiligt, zum Thema: Jugendhilfe und Jugendpsychiatrie. Herausgeberin und Beteiligung an Veröffentlichungen u.a. »Arbeitsfähig oder unbrauchbar?« Die Geschichte der Kinder- und Jugendpsychiatrie seit 1933 am Beispiel Hamburg (Mabuse, 1994), oder »Wenn alle Stricke reißen«, (Hg.) Psychiatrieverlag, 1998.

MEHNERT, ANJA

geb. 1973, Dipl.-Psych., Studium der Psychologie an der Universität Hamburg (1993-1999), Aufbaustudiengang Gesundheitsökonomie an der European Business School (2000), seit 1999 wissenschaftliche Mitarbeiterin der Abteilung für Medizinische Psychologie, Universitätsklinikum Hamburg-Eppendorf; Forschungsschwerpunkte: Psychoonkologie

MIELCK, ANDREAS

geb. 1951, Dipl. Soz. und Dr. phil. (Hamburg), ›Master of Public Health‹ (University of North Carolina at Chapel Hill, USA, Department of Epidemiology); seit 1989 wissenschaftlicher Angestellter am ›Institut für Gesundheitsökonomie und Management im Gesundheitswesen‹ des Forschungszentrums für Umwelt und Gesundheit (GSF) in 85758 Neuherberg; e-mail: mielck@gsf.de; Arbeitsschwerpunkt: Soziale Ungleichheit und Gesundheit; Sprecher der ›Arbeitsgruppe Sozial-Epidemiologie‹ der Deutschen Gesellschaft für Sozialmedizin und Prävention (DGSMP); seit 1993 Lehrbeauftragter für Sozial-Epidemiologie an der Universität Ulm und an der Ludwig-Maximilians-Universität München.

MIES, MARIA

Dr., (71) ist emeritierte Professorin für Soziologie an der Fachhochschule Köln, FB Sozialpädagogik. Sie hat fünf Jahre am Goethe Institut in Indien gearbeitet und hat über indische Frauen promoviert. Sie war und ist aktiv in der internationalen Frauenbewegung, der Ökologiebewegung und der Dritte-Welt-Bewegung und ist Mitbegründerin einer Reihe von Initiativen und Organisationen in diesen Bereichen, u. a. des Studienschwerpunkts »Women and Development« am Institute of Social Studies, Den Haag. Arbeitsschwerpunkte: Methodologie der Frauenforschung, der Subsistenzansatz, Kritik der Gen-und Reproduktionstechnik und der globalisierten, kapitalistischen Wirtschaft. Seit vier Jahren ist sie aktiv in der internationalen Antiglobalisierungsbewegung. Veröffentlichungen u.a.: Patriarchat und Kapital, Ökofeminismus (zus. mit V. Shiva), Eine Kuh für Hilary, Die Subsistenzperspektive (zus. mit V. Bennholdt Thomsen), Lizenz zu Plündern: Das Mail (zus. mit C. v. Werlhof) und Globalisierung von unten.

MISCHO-KELLING, MARIA

geb. 1955, Krankenschwester, Dipl. Sozialwirtin, Dipl. Soziologin; Unterrichtstätigkeit in der Aus-, Fort- und Weiterbildung für Krankenpflegepersonal, Lehraufträge an verschiedenen Universitäten und Fachhochschulen, wissenschaftliche Mitarbeiterin in der Medizin-Soziologie Hamburg, Mitwirkung beim Aufbau des Lehramtsstudienganges »Pflegewissenschaft« an der Universität Bremen. Seit 1994 Pflegedienstdirektorin im Allgemeinen Krankenhaus Barmbek, LBK Hamburg. Diverse Veröffentlichungen u.a. zur Theorie der Pflege und zu Themen der Pflegewissenschaft und Sozialwissenschaft.

MORFELD, MATTHIAS

geb. 1964; Diplom-Soziologe, Diplom-Gesundheitswissenschaftler, Studium der Soziologie an der Otto-Friedrich-Universität Bamberg; Studium der Gesundheitswissenschaften an der Universität Bielefeld, wissenschaftliche Tätigkeit in der pneumologischen Umweltepidemiologie, seit 1997 wissenschaftlicher Mitarbeiter in der Abteilung für Medizinische Psychologie am Universitätsklinikum Hamburg-Eppendorf, Universität Hamburg. Arbeitsschwerpunkte Rehabilitationsforschung, Sozialepidemiologie, Gesundheitssystemforschung, Umwelt und Gesundheit.

NICKEL, STEFAN

geb. 1966, Diplom-Soziologe, Studium der Soziologie an der Universität Hamburg. Tätigkeiten in der empirischen Begleitforschung und Methodenberatung. Seit 1997 wissenschaftlicher Mitarbeiter am Institut für Medizin-Soziologie, Abt. II, Universitätsklinikum Hamburg-Eppendorf, Universität Hamburg. Schwerpunkt: Patienten-Befragungen. Studienschwerpunkte: Organisationsforschung und -entwicklung, Kommunale Arbeitsmarkt- und Sozialpolitik, Kriminalsoziologie, Methoden der empirischen Sozialforschung.

NOVAK, PETER

geb. 1937; Studium der Medizin, Philosophie, Psychologie und Soziologie in Heidelberg; Prof. Dr.med. Dr.phil., Leiter der Abteilung Medizinische Soziologie der Medizinischen Fakultät der Universität Ulm; stellvertretender Sprecher des Humboldt-Studienzentrums für Philosophie und Geisteswissenschaften der Universität Ulm; Vorsitzender der »Koordinationsstelle Regionales Netzwerk (Selbsthilfebüro KORN)« in Verbindung mit der Universität Ulm; Mitglied des Arbeitskreises Psychiatrie der Stadt Ulm; Mitglied des Ausschusses »Lehre« der Deutschen Gesellschaft für Public Health; Mitinitiator und Dozent des Studiengangs Public Health der Universität Ulm; Mitglied des wissenschaftlichen Beirats der »Deutschen Koordinierungsstelle für Gesundheitswissenschaften«; Mitglied des Advisory Board des »Center of Urban Well Being«, Carmel/CA.

Letzte Arbeitsschwerpunkte: Lebensweisen und Gesundheit; betriebliche Gesundheitsförderung; Health Promoting Hospitals; Selbsthilfegruppen; Ethik in den Wissenschaften.

OTS, THOMAS

promovierte 1985 bei Heidrun Kaupen-Haas über die Möglichkeiten der Integration chinesischer und westlicher Medizin. Schwerpunkt der augenblicklichen Arbeit: erkenntnistheoretische Analyse der Chinesischen Medizin als Vorbedingung einer transkulturellen Übersetzung und Modernisierung. Weitere berufliche Stationen: Medizinethnologische Promotion in Hamburg zum Thema Qigong. Ein Jahr als »visiting fellow« bei Arthur Kleinman an der Harvard University. Professuren für Sozialmedizin/Anthropologie (Görlitz) und Gesundheitsförderung (Flensburg), aus familiären Gründen 1996 Wechsel nach Graz. Editor der »Deutschen Zeitschrift für Akupunktur« und Dozent der »Deutschen Ärztegesellschaft für Akupunktur«.

PETERSEN, CORINNA

geb. 1973, Dipl.-Psych., Studium der Psychologie an den Universitäten Mainz und Hamburg; seit 2000 wissenschaftliche Mitarbeiterin in der Abteilung für Medizinische Psychologie der Universität Hamburg; Forschungsschwerpunkte: gesundheitsbezogene Lebensqualität, chronische Erkrankungen im Kindesalter, Psychoonkologie.

PFLEIDERER, BEATRIX

geb. 1941, Promotion 1973, Professur, Ethnologie Hamburg 1982–1992, Gastprofessuren in Indien und den U.S.A., Feldforschungen in Nordafrika (zu Arbeitsmigration), Indien (zum kommerziellen Hindifilm und zur kulturellen Kontextualisierung von Krankheit) Deutschland (zu Arbeitsmigration und kulturbedingtem Gesundheitsverhalten) und Hawaii (zu Kolonialismus, Körper und Land). Bücher- und Zeitschriftenveröffentlichungen der Feldforschungsergebnisse. Rabindranath Tagore Literaturpreis 1996 für "Die besessenen Frauen von Mira Datar Dargah" (Campus 1994). Seit 1992 Aufbau und Leitung eines ökologischen Projekts im Regenwald auf Hawaii. 1991 bis 1994 Ausbildung in Transpersonaler Psychologie in Kalifornien, u.a. in Atemtherapie bei Stanislav Grof. Seit 1994 Seminare in transpersonaler Psychologie in den U.S.A. und in Europa. Websites: Permakultur-Hawaii.com und HealingworkshopsHawaii.com.

RIQUELME, HORACIO

geb. 1951, Priv. Doz. Dr. med. Dr. phil.; Studium der Medizin und Philosophie in Chile und Deutschland. Promotion in Medizin bei Heidrun Kaupen-Haas; Promotion in Philosophie (Univ. Bremen), Facharzt für Psychiatrie; seit 1978 Forschungen und Publikationen zu medizinethischen, medizinanthropologischen und migrationsbezogenen Fragestellungen in Europa und Lateinamerika; gegenwärtig lehrt er das Fach Sozialtherapie an der Technischen Universität Berlin. Schwerpunkte: Menschenrechte und Medizinethik; transkulturelle Psychiatrie; psychische Traumatisierung; Migration, Minderheiten und psychische Gesundheit; kollektive Erinnerungsarbeit.

RITZ, BEATE

Dr. med., Ph.D. (USA) geb. 1959, Medizinstudium an der Universität Hamburg 1977-1983. Von 1984 - 1989 wissenschaftliche Mitarbeiterin und Hochschulasistentin in der Medizinischen Soziologie und der Psychiatrie des Universitätsklinikums Hamburg Eppendorf, Hamburg. Von 1989-1995 Studium der Epidemiologie (UCLA). Seit 1995 Professorin für Arbeits- und Umweltepidemiologie an der School of Public Health der University of California Los Angeles. Arbeitsschwerpunkte sind Luftverschmutzungsforschung, Krebserkrankungen nach Strahlen- und Chemikalienexposition am Arbeitsplatz und neurologische Erkrankungen (Morbus Parkinson) als Folge von Pestizidexpositionen.

ROTH, KARL HEINZ

geb. 1942, Dr. phil., Dr. med., Studium der Medizin und der Geschichtswissenschaft, Promotionen in Hamburg (Medizin, bei Heidrun Kaupen-Haas) und Bremen (Geschichte). Langjährige Tätigkeit in einer allgemeinärztlichen Gemeinschaftspraxis in Hamburg-St. Pauli. Mitbegründer der Stiftung für Sozialgeschichte des 20. Jahrhunderts und Mitherausgeber der Zeitschrift 1999. Lebt seit 1998 in Bremen. Zahlreiche Publikationen zur Medizin- und Wissenschaftsgeschichte, zu Methodenfragen der Geschichtswissenschaft sowie zur Wirtschafts- und Sozialgeschichte des 20. Jahrhunderts.

ROTHMALER, CHRISTIANE

geb. 1946, Ärztin und Sozialhistorikerin. Publikationen und Forschungsschwerpunkte zur Sozial- und Wissenschaftsgeschichte der Medizin, der sozialen Delinquenz, sowie der Frauengeschichte in der erste Hälfte des 20. Jahrhunderts.

SCHMACKE, NORBERT

geb. 1948, Prof. Dr. med., Arzt und Gesundheitswissenschaftler. Leiter des Stabsbereichs Medizin im AOK-Bundesverband. Hochschullehrer am Fachbereich Human- und Gesundheitswissenschaften der Universität Bremen. Bücher- und Zeitschriftenveröffentlichungen zur Geschichte der Psychiatrie, zur NS-Medizin, zum Öffentlichen Gesundheitsdienst und zu patientenorientierter Medizin. Letzte Buchveröffentlichung (als Herausgeber): Gesundheit und Demokratie. Von der Utopie der sozialen Medizin. VAS Frankfurt 1999

SCHULLER, MARIANNE

geb. 1942, Prof. Dr. phil.; Studium der Medizin; Studium der Literaturwissenschaft, Kunstgeschichte und Philosophie in Heidelberg und Berlin (Freie Universität); Assistentin für Literaturwissenschaft an der Ruhr-Universität Bochum; Professorin an der Marburger Universität, Dramaturgin am Deutschen Schauspielhaus in Hamburg und am Bremer Theater am Goetheplatz; Professorin für Literaturwissenschaft an der Universität Hamburg; Stiftungsprofessuren in den USA.

Arbeitsschwerpunkte: Literatur und Wissenschaften vom Menschen (Medizin, Psychiatrie, Psychoanalyse); Gender-Studies; Theater. Zahlreiche Aufsätze im Bereich der Forschungsschwerpunkte und im 'klassischen' Feld der Literaturwissenschaft; Forschungsprojekte: »Körperbilder. Mediale Verwandlungen des Menschen in der Medizin.« (gefördert durch die Volkswagen-Stiftung und die Deutsche Forschungsgemeinschaft); »Gewißheit, Fiktion und Alterität. Wahn und Wissen in Klinik, Theorie, Politik und Kunst/Literatur« (in Planung). Letzte Buchveröffentlichungen: »Singularitäten. Literatur - Wissenschaft - Verantwortung.« (zusammen mit Elisabeth Strowick), Freiburg i.B. 2001; Gender Revisited, Stuttgart und Leipzig 2002.

SIEGRIST, JOHANNES

geb. 1943, Prof. Dr. phil., Direktor des Instituts für Medizinische Soziologie der Heinrich-Heine-Universität Düsseldorf und Leiter des dortigen Zusatzstudienganges Public Health (seit 1992). Davor Professor für Medizinische Soziologie an der Universität Marburg. Gastprofessuren u.a. an der Johns Hopkins University Baltimore, USA und der Universität Utrecht, Niederlande.

Forschungsschwerpunkte: Sozialepidemiologie chronischer Erkrankungen (Schwerpunkt Erwerbsleben), soziologische Evaluationsforschung im Gesundheitswesen. Zahlreiche nationale und internationale Veröffentlichungen, als Bücher u.a. Medizinische Soziologie (1995), Soziale Krisen und Gesundheit (1996).

TROSCHKE, JÜRGEN FRHR. V.

geb. 1941 in Gladbach, Prof. Dr. med., Arzt, Sozialmediziner, Gruppendynamischer Trainer; Leiter der Koordinierungsstelle Gesundheitswissenschaften/ Public Health; Leiter der Abteilung für Medizinische Soziologie der Universität Freiburg; Vorsitzender der DGMS; Mitglied im zentralen Gutachtergremium des BMFT-Förderschwerpunktes Public Health;

Vorsitzender des BMFT-Förderschwerpunktes Sozialwissenschaftliche AIDS-Forschung; Vertreter der DGMS in der AWMF; Geschäftsführendes Vorstandsmitglied der Deutschen Gesellschaft für Public Health, seit 1999; Schriftführer und Präsidiumsmitglied der Arbeitsgemeinschaft der Medizinischen-Wissenschaftlichen Fachgesellschaften in der Medizin (AWMF), seit 1999; Mitglied des Scientific Board der EUPHA; Wiss. Beirat des Nomination Committee der WFPHA; stellv. Vorsitzender der Deutschen Gesellschaft zur Unterstützung und Förderung prothesenbedürftiger Kinder in Vietnam; Mitglied im Ausschuß für Öffentliches Gesundheitswesen der Landesärztekammer Baden-Württemberg; Mitglied im Forum »Öffentlicher Gesundheitsdienst/Gesundheitswissenschaften/Kommunalpolitik« des Sozialministeriums Baden-Württemberg; Beiratsmitglied der Freiburger Arbeitsgemeinschaft Gesundheit in der Stadt Freiburg und im Landkreis Breisgau-Hochschwarzwald; Mitglied in den wissenschaftlichen Beiräten der Zeitschrift für Gesundheitswissenschaft, Deutschen Medizinischen Wochenschrift, International Journal of Health Education; (Mit)Herausgeber der Zeitschrift Prävention, des Public Health Forum; Mitglied im Gutachtergremium des Schweizer Nationalfonds im Förderschwerpunkt Aids-Forschung.

UHLEMANN, THOMAS

Dr. disc. pol., M.A., Studium Soziologie, Geschichte, Politikwissenschaft in Göttingen und Hamburg, Weiterbildung in Medizin-Soziologie in Göttingen (Prof. H. Friedrich), Forschungsprojekte zum Thema Krankheitsbewältigung, Gesundheitssicherung und Rehabilitation in Göttingen; von 1992 bis 2002 Wissenschaftlicher Assistent am Institut für Medizin-Soziologie des Universitätsklinikums Hamburg-Eppendorf (Prof. H. Kaupen-Haas), aktuelle Projekte: Krankenversicherung und Neue Technologien, DNA-Chip-Diagnostik sowie Forschung zu Themen der sozialen Sicherung im internationalen Vergleich (z.Z. EU-Projekt zur Gesundheitsreform in China).

WALLER, HEIKO

geb. 1943, Studium der Medizin (Dr. med.) Soziologie und Sozialpädagogik (Dr. phil.) in Hamburg sowie der Medizinsoziologie (M.Sc.) in London. 1971-1974 allgemeinmedizinische und sozialpsychiatrische Tätigkeit, 1974-1978 wissenschaftlicher Assistent am Institut für Medizin-Soziologie der Universität Hamburg, seit 1978 Professor für Sozialmedizin im Fachbereich Sozialwesen der Fachhochschule Nordostniedersachsen in Lüneburg, seit 1992 geschäftsführender Leiter des Zentrums für Angewandte Gesundheitswissenschaften der Fachhochschule und der Universität Lüneburg. Sprecher der Sektion Health Promotion der European Public Health Association. Lehr- und Forschungsaufenthalte an den Universitäten East-London, Paris XIII und Berkeley. Veröffentlichungen zu sozialmedizinischen, sozialpsychiatrischen und gesundheitswissenschaftlichen Themen.

WERNER, SILKE

geb. 1966, Arzthelferin, Studium der Soziologie an der Universität Hamburg. Seit 1998 studentische Mitarbeiterin am Institut für Medizin-Soziologie, Abt. II, Universitätsklinikum Hamburg-Eppendorf, Schwerpunkt: Mitarbeiter- und Patientenbefragungen. Studienschwerpunkte: Migrationssoziologie, Soziologie Abweichenden Verhaltens, Stadt- u. Regionalsoziologie, Medizin-Soziologie, Medizin-Ethnologie, Sozialpsychologie.

WUNDER, MICHAEL

geb. 1952, Dr. phil., Diplom-Psychologe und Psychotherapeut, Leiter des Zentrums für Beratung, Diagnostik und Psychotherapie der Evangelischen Stiftung Alsterdorf in Hamburg, Leiter eines Entwicklungshilfe-Projektes der Behindertenhilfe und Psychiatrie in Rumänien, Mitglied der Enquete-Kommission »Recht und Ethik der modernen Medizin« des Deutschen Bundestages, zahlreiche Veröffentlichungen zur Medizin im Nationalsozialismus und zu Fragen der Gesundheitspolitik, Biomedizin und Bioethik.

Die Herausgeber

DÖHNER, HANNELI
geb. 1946, Dr. phil. (Soziologie); seit 1975 Mitarbeiterin im Institut für Medizin-Soziologie; seit 1985 Leiterin des Arbeitsschwerpunktes Sozialgerontologie in der Abteilung II; Themenschwerpunke in Lehre und Forschung: Versorgungsstrukturanalyse, Vernetzung und Verzahnung, Case-und Care-Management in der Primärversorgung, professionelle und nicht- professionelle HelferInnen, Kooperation zwischen Wissenschaft und Praxis, Geriatrische Assessment-Verfahren in europäischen Verbünden.

TROJAN, ALF*
geb. 1944, Dr. med., Dr. phil., M.Sc. (London); Direktor der Abteilung II des Instituts für Medizin-Soziologie und Geschäftsführender Direktor, Universitätsklinikum Hamburg-Eppendorf, Universität Hamburg. Seit 1974 Forschung und Lehre in Medizin-Soziologie, zuletzt mit Arbeitsschwerpunkten Selbsthilfe- und Netzwerkforschung, lokale Gesundheitsförderung und Gesundheitsberichterstattung, Public Health/Gesundheitswissenschaften; Stadtentwicklung und Gesundheitsförderung, Patienten- und Mitarbeiter-Befragungen.

* *auf einem Foto aus den Anfangszeiten der Medizin-Soziologie*